KB236294

바둑 新 사전 시리즈
접바둑에 대한 두려움에서 벗어나 대국할 수 있게 도와주는 핵심 접바둑사전!

접바둑 新 사전

10

양재호 九단 해설

BM 성안당

머리말

바둑의 이점은 남녀노소, 상하급수에 관계없이 누구나 즐길 수 있다는 데 있다. 특히 중, 저급자들이 상수를 상대로 얼마든지 대국할 수 있다는 게 큰 매력이다. 급수에 맞게 미리 적당한 치석(置石)을 놓고 상대하면 되는 것이다.

바둑판 위에는 9개의 화점(花點)이 있다. 바로 이 자리에 치수에 맞게 9점부터 2점까지 미리 치석을 놓아 접바둑을 둘 수 있는 것이다. 특별한 경우 13점이나 25점 등, 상황에 따라 다양한 접바둑을 시도할 수 있지만 10점 이상의 바둑은 접바둑으로의 기능이 떨어지므로 본 교재에서는 생략하였다.

본 교재는 총 80형으로 구성하였다. 그 가운데 접바둑의 가장 기본인 9점과 4점 접바둑은 각각 15형씩 비중을 좀 더 높였고, 비슷한 모양에서 나올 수 있는 유형은 가급적 생략하였다. 특히 9점 접바둑을 숙지하면 6점 접바둑까지는 무난하게 소화해낼 수 있도록 구성하였으며, 4점 접바둑을 이해한다면 3점 이하 접바둑에서도 충분히 자신감을 가질 수 있도록 실전중심의 해설을 첨부하였다.

또한 접바둑에서 가장 기본이 되는 '날일자 받음'과 '한칸 행마'에 대해 많은 부분을 할애하였다. 각별히 이 두 행마에 대해서는 숙지할 필요가 있으므로, 이 변화에 대해서는 확실히 알아두기 바란다. 마지막으로 초반에 하수들이 특히 많이 당할 수 있는 모양을 집중적으로 다루었다. 초반에 잘 나오는 함정수를 비롯해 초반전술 등, 꼭 익혀야 할 기본형은 빠뜨리지 않으려고 했다.

다만 접바둑에서 주의할 것은 너무 움츠러들지 말라는 것이다. "싸움을 피하고 집만 짓는다면 이긴다"는 생각이나 손해인 줄 뻔히 아는데도 불구하고 괜히 물러나는 행마를 해서는 안 된다. 접바둑 역시 최소한의 기본기가 요구되고 기본 행마를 필요로 하는 것이다.

부디 이 책을 통해 한 단계, 아니 몇 단계 바둑실력이 향상되는 기회를 갖기 바라며, 상수들의 공포에서 벗어나는 계기가 되었으면 하는 바람이다.

2001년 6월   양재호

8점 접바둑 ·· 105

제19형

제20형

제21형

제22형

제23형

제24형

제25형

제26형

제27형

제49형　기본형 이후(1)······························· 313
제50형　기본형 이후(2)······························· 319
제51형　침입 이후(1)································· 325

3점 접바둑 ··· 385

2점 접바둑 ···447

9점 접바둑

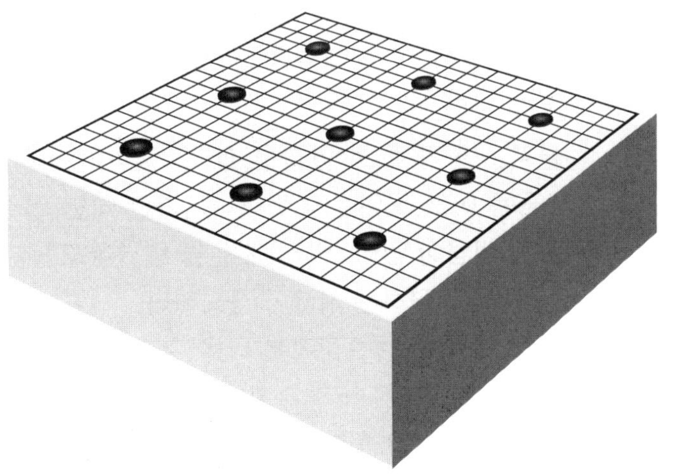

9점 접바둑의 요령

　9점 바둑의 특징은 좌우, 상하 4변이 모두 3연성 포진으로 이루어져 있고, 중앙의 천원(天元)을 차지하고 있어 흑의 세력이 철옹성을 이루고 있다는 데 있다. 그러므로 아무리 상수(上手)라 할지라도 초반에 무너지지만 않는다면 9점의 위력은 엄청난 위력을 발휘할 것이다.

　9점 접바둑을 두는 요령은 첫째, '날일자'를 잘 기억하고 있어야 한다. 상수가 날일자로 걸쳐올 때 바로 '날일자 받음'만 잘해도 9점 접바둑은 무난하게 소화할 수 있다.

　둘째, '한칸'으로 연결을 할 줄 알아야 한다. 9점 접바둑은 어느 곳이든지 뛰어나가기만 하면 연결하는 데 큰 어려움이 없다. 일단 내 돌을 연결하고 난 후, 상수의 돌을 공격하는 자세가 중요하다.

　본 장(章)에서는 9점에서 나올 수 있는 기본형 위주로 다루어 보았다. 15형까지의 패턴을 잘 숙지하여 8점, 7점, 6점 접바둑까지 순식간에 정복하기를 바라마지 않는다.

 **버리는 작전(1)**

9점 접바둑에서 상수가 하수를 상대로 가장 많이 사용하는 수법 가운데 하나! 백1·3·5 전법이다. 흑 4까지는 가장 견실하게 응수했는데, 흑으로선 다음이 어렵다.

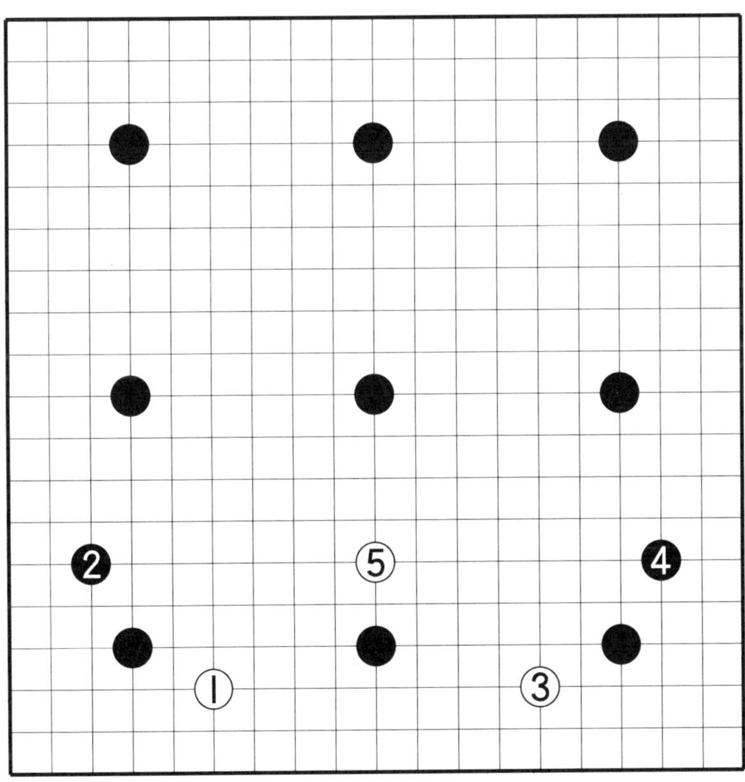

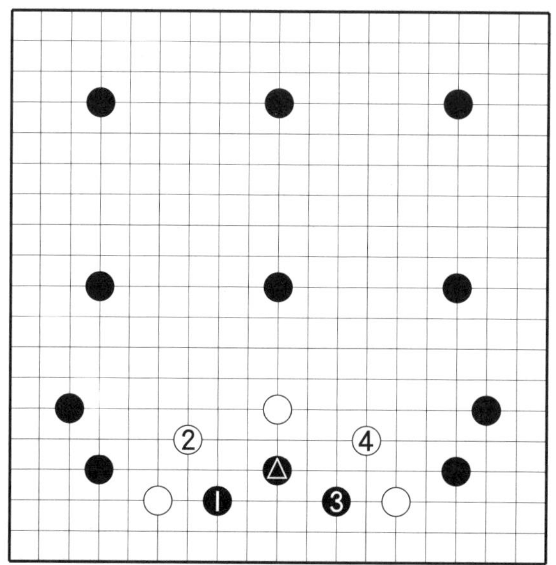

1도

1도(상수의 주문)

흑이 안에서 살자고 하는 것은 상수의 주문이다. 흑⒜ 한점을 살리기 위해 안에서 허둥대는 경우가 많은데, 이렇게 되면 흑은 출로가 막히게 된다.

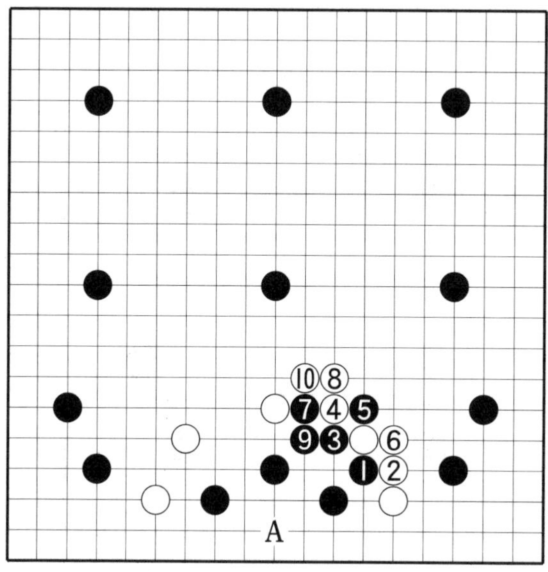

2도

2도(이적수 연발)

흑은 아직도 불안해 흑1부터 살았다는 확신이 설 때까지 필사적으로 노력하지만, 이 모든 수들이 백을 도와주는 이적수에 해당된다. 또 이 흑은 향후 A의 뒷맛도 남아 있다.

16

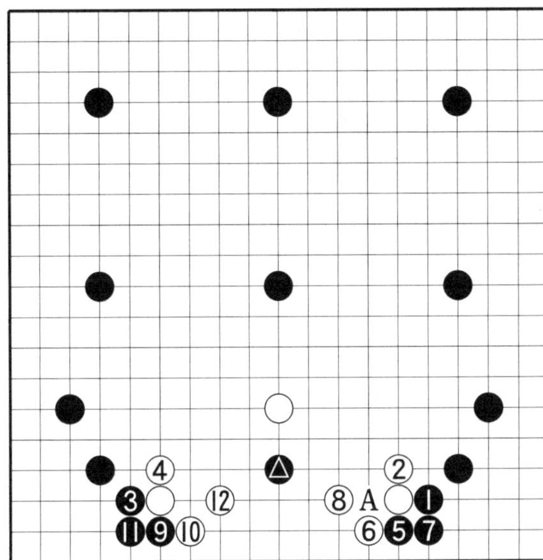

3도

3도(돌을 버린다)

　흑은 ▲ 한점을 버리는 작전이 바람직하다. 흑5·7이 상당히 큰 수이며, 백8은 A의 곳이 크기 때문에 생략하기 힘들다. 백12까지 흑은 한점을 버렸지만, 알토란같은 실리를 벌었다.

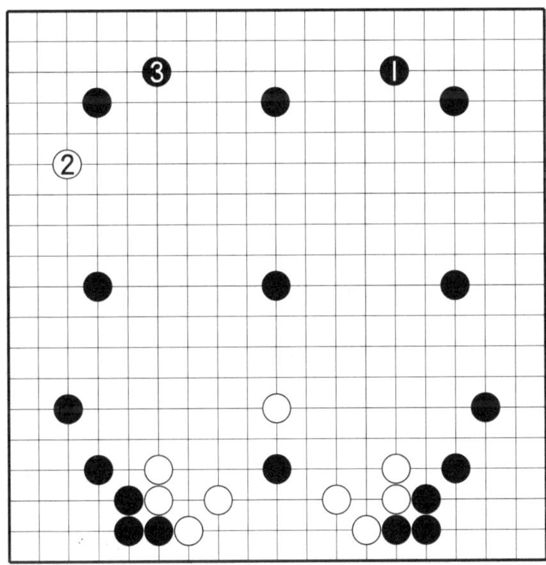

4도

4도(날일자 응수)

　흑은 귀중한 선수를 잡아 반상 최대의 곳인 흑1 자리를 차지한다. 백2에는 흑3으로 철저하게 견실한 날일자로 응수해, 9점의 위력을 살려나간다.

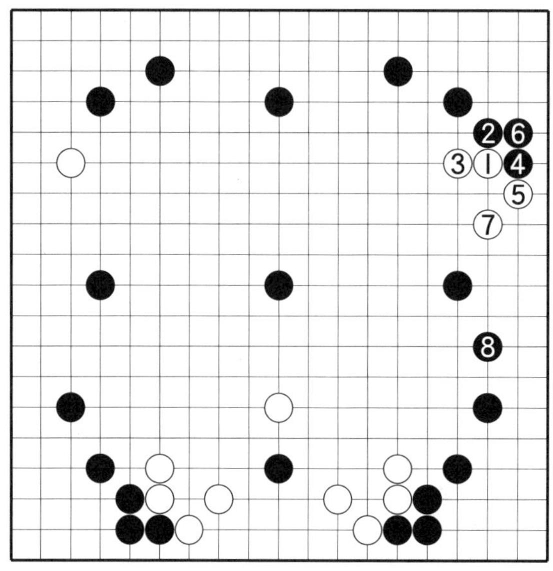

5도

5도(젖혀이음)

흑의 자세가 너무 견실해 백은 어떻게 해볼 도리가 없다. 겨우 찾아낸 곳이 백1의 날일자 걸침이지만, 흑이 6까지 젖혀 잇고 8로 지켜버리면 백은 난감한 모습이다.

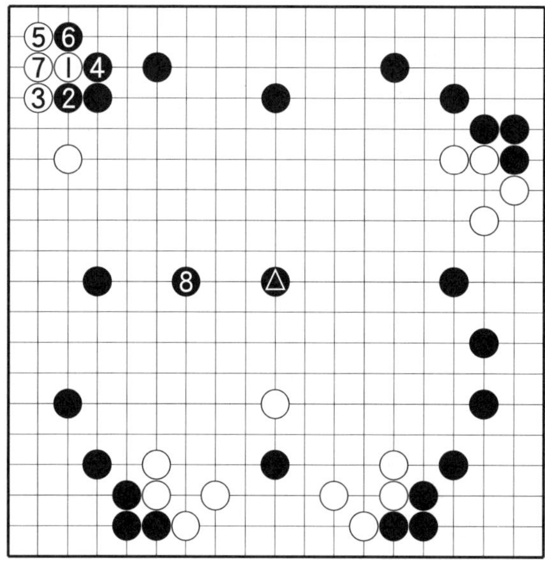

6도

6도(시비를 걸어)

백1로 드디어 변화의 나팔을 불지만, 흑은 간명하게 처리하면 그만이다. 백7까지 강요한 후 중앙의 흑△ 한 점을 보강하며 흑8로 뛰어나가면, 견실하기 이를 데 없다.

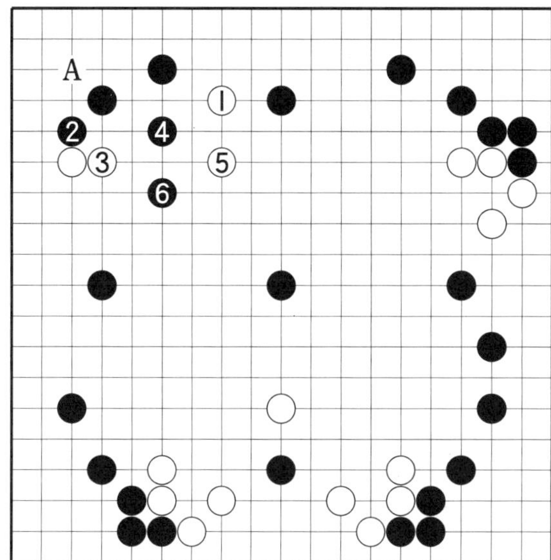

7도

7도(함정수)

백은 A의 침입보다
는 변화를 꾀하기가
쉽다. 백1이 그 유명
한 함정수인데, 흑의
마지막 고비이다. 이
때 흑2·4가 함정수를
타파하는 최상의 행마
법이다.

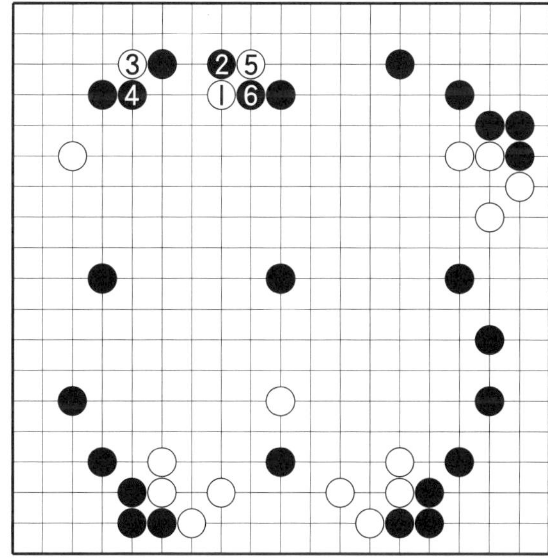

8도

8도(함정수 걸림)

흑1 때 백2로 받는
것은 아주 위험하다.
넘는다고 무심코 받기
가 쉽상인데, 이것이
야말로 백에게 철저히
당하는 지름길이다.
계속해서…

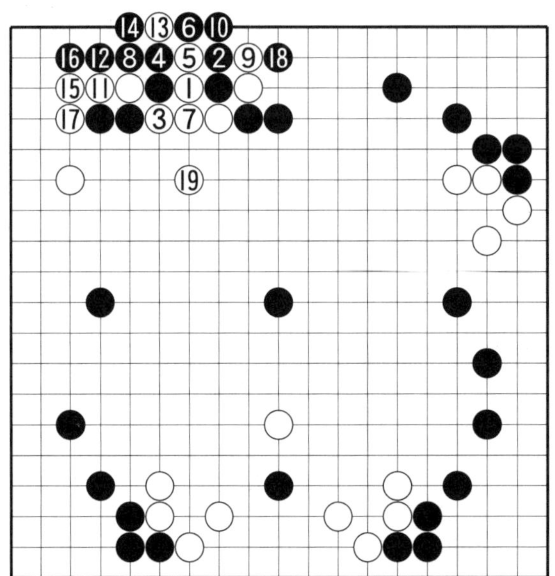

9도

9도(흑, 크게 당함)

백1 이하 7까지 잇는다. 그리고 백11로 살그머니 나가는 게 중요한 수순이고, 백19까지는 필연이다. 이것은 흑이 아주 크게 당한 모습.

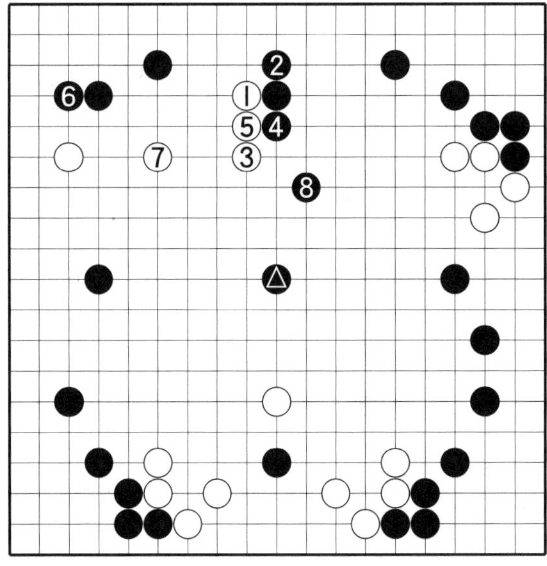

10도

10도(상수의 변칙)

백1로 응수타진해 와도 걱정할 게 없다. 가만히 흑2로 늦추고 흑6으로 귀를 지키는 게 좋다. 그리고 흑8로 뛰어나가면 흑이 아주 활발한 모습이다. 흑8은 중앙의 흑△ 한점을 응원할 뿐 아니라 우변 백 넉점도 노리고 있다.

버리는 작전(2)

흑의 날일자 응수는 제1형에서 이미 견실한 응수라고 배웠다. 이번에도 마찬가지로 흑6으로 지키며 흑 한점을 버리는 작전이다.

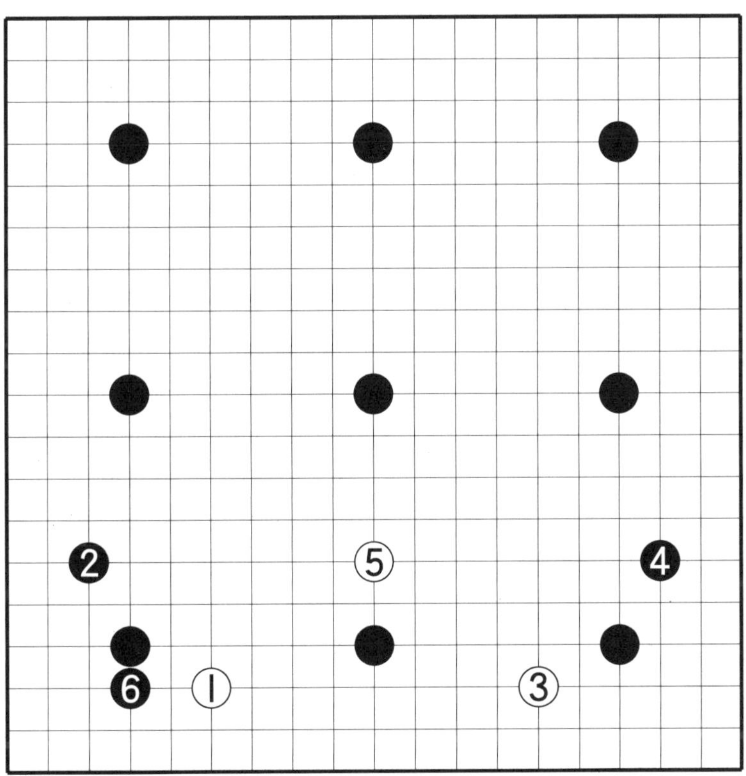

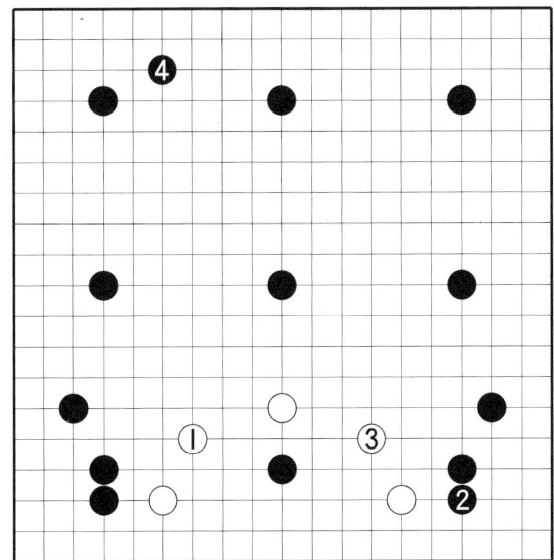

1도

1도(발빠르게)

　백1은 거의 절대점이라고 할 만한 씌움이다. 흑 한점을 포획하는 급소점. 이때 흑은 다시 2로 지켜 실리를 벌면서 백3을 유도하고, 4의 큰 곳을 차지한다.

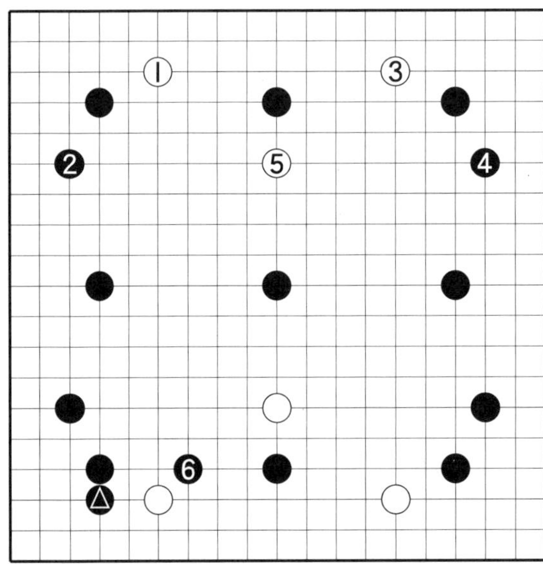

2도

2도(귀중한 선수)

　만약 흑▲에 백이 손을 빼고 상변을 개척하면, 역시 차분하게 흑4까지 받아준 후 백5를 기다려 귀중한 선수를 취한다. 그리고 흑6의 통타!! 다음을 기대해 보자.

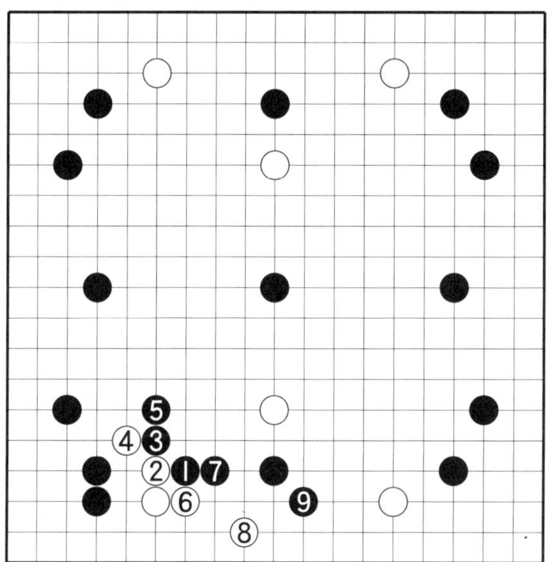

3도

3도(하수의 응징)

흑1에 백은 달리 응수할 뾰족한 수가 없다. 고작 백2 정도인데, 이때 강력한 흑3이 좋은 수이다. 흑9까지 되고 보면, 백은 손뺀 것을 후회하지만 이미 때는 늦은 상황.

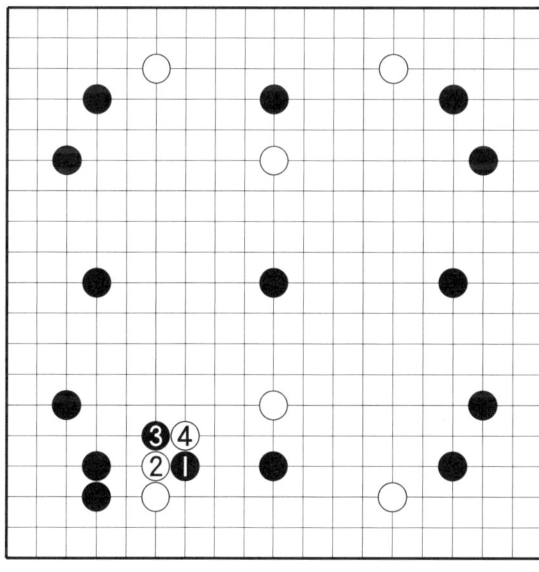

4도

4도(상수의 무리수)

하수의 입장에서 보면 흑3으로 젖히기가 쉽지 않다. 왜냐하면 백4가 두렵기 때문이다. 하지만 여기서 백4는 완전한 무리수며, 철저하게 백을 괴롭힐 수 있다. 계속해서…

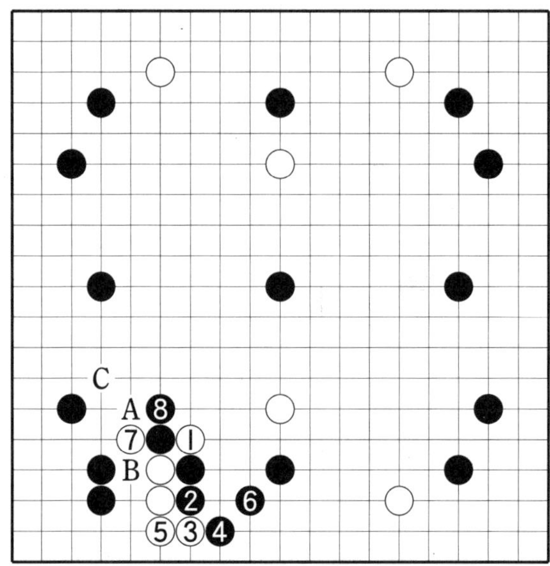

5도

5도(백 망함)

침착하게 흑2로 막는 게 호수이다. 백은 어떻게 해 볼 도리가 없다. 백3 이하로 움직이는 것은 더욱 무리. 흑8까지 되면 백은 살 길이 없다. 이후 백A는 흑B. 백B면 흑C 정도로 그만이다.

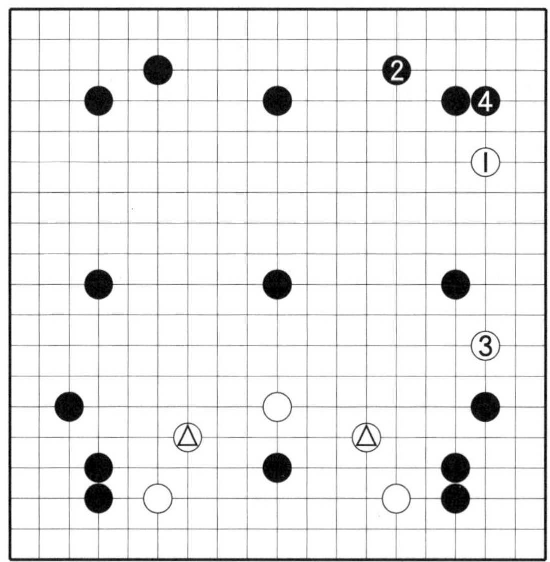

6도

6도(흑 활발함)

그러므로 백이 △로 지키는 것은 거의 필연. 그 틈을 이용한 흑은 이미 하변이 견고해졌고, 좌상귀까지 지켜 활발한 모습이다. 백1·3은 전단을 구한 모습이지만, 흑4로 견실하게 귀를 지키는 게 이번 주제의 핵심.

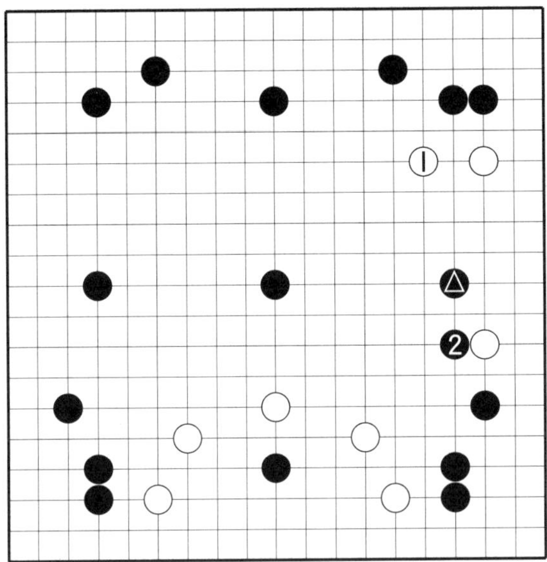

7도

7도(연결을 시도)

이 장면에서 백의 응수는 여러 가지가 있지만, 그 가운데 직접 백1로 움직이는 것. 그렇다면 흑은 고립에 처할 뻔한 흑❹ 한점을 연결한다. 흑이 아주 견실한 모습이다.

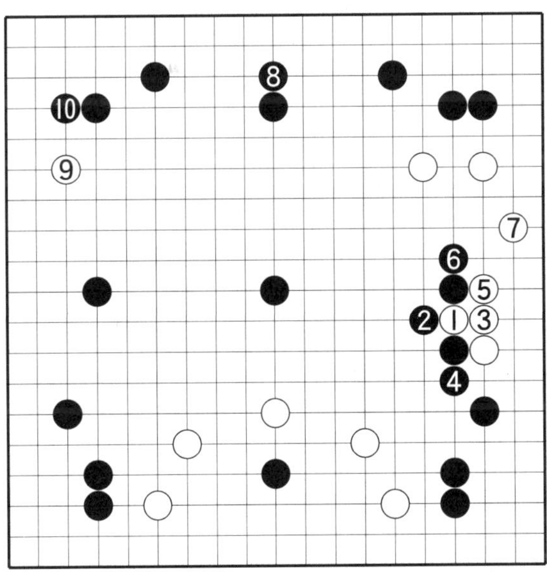

8도

8도(9점의 위력)

이번에도 백7까지 안에서 삶을 구걸할 수밖에 없고, 이때 흑은 다시 견실한 흑8. 백9에는 다시 흑10으로 귀를 지켜, 이 부근에서 이미 9점 접바둑의 위력은 천지를 진동한다.

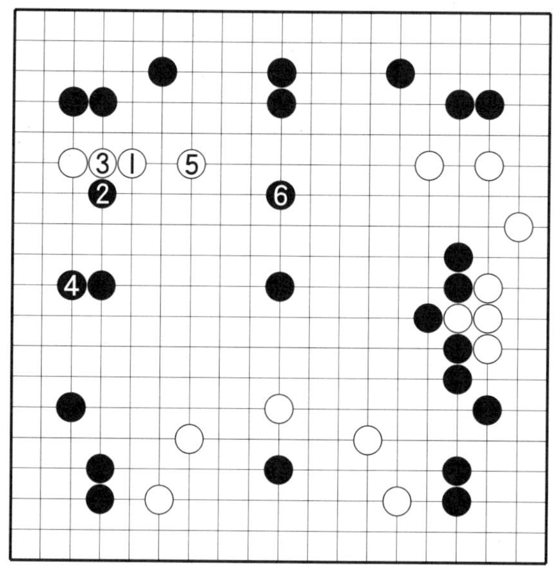

9도

9도(초반에 끝남)

좀 더 이후 진행을 예상해 보자. 백1 정도로 움직이는 것은 이미 백의 입장에서 의욕상실을 느끼게 될 것이다. 흑4의 지킴과 6의 보강 등, 백은 여기서 더 두어볼 데가 없다.

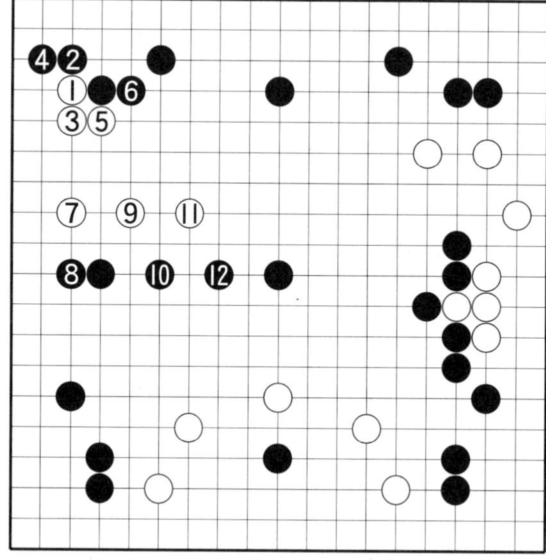

10도

10도(마지막 숙제)

하수는 붙여오는 것을 제일 싫어한다. 지금 백1도 마찬가지이다. 여기서 흑은 침착하게 흑2로 받고 백7까지 허용해 준다. 하지만 흑12까지 되고 보면, 이것도 **9도**와 크게 다를 바 없다.

제3형 — 버리는 작전(3)

　백3의 걸침이 낯설지만, 하수는 이런 데 개의치 않는다. 백3은 상수의 일반적인 걸침이고 하수의 입장에선 9점의 기착점을 살려, 계속해서 흑2·4로 견실한 자세를 취한다. 흑A의 탈출은 8점 바둑에서 다루기로 한다.

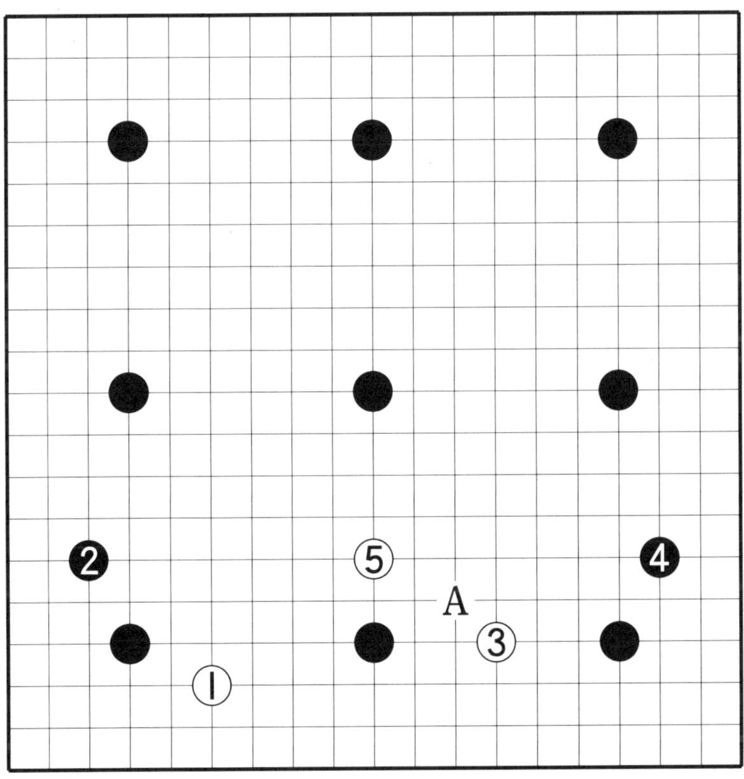

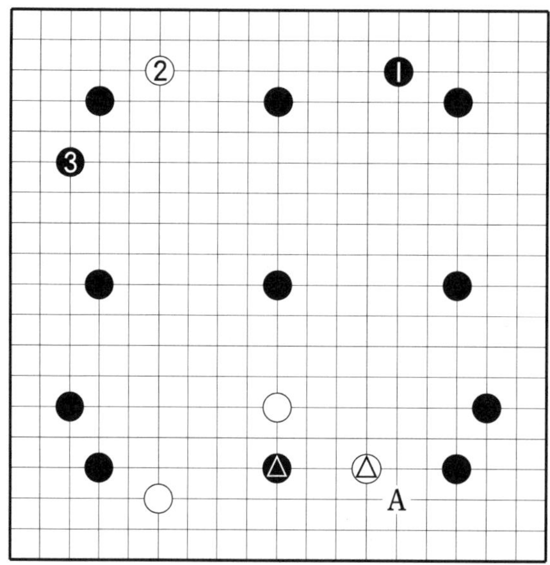

1도

1도(견실 일변도)

흑은 백△가 A의 곳보다 한칸 더 좁게 있는 마당에, 여기서 손을 빼지 못할 이유가 없다. 역시 흑△를 버리는 작전으로 간다. 흑1로 신천지를 개척하고, 백2에는 다시 흑3으로 견실하게 지킨다.

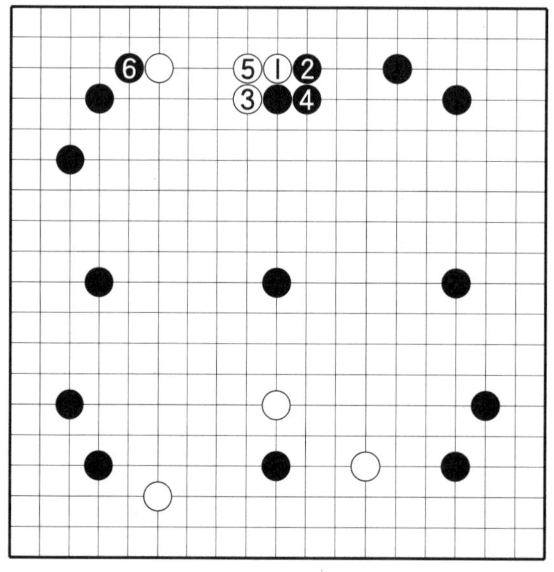

2도

2도(백의 변화구)

흑의 견실함에 지친 백은 드디어 백1로 붙이는 시비를 걸지도 모른다. 이때 흑이 주의해야 할 것은 당황해서는 안 된다는 것이다. 흑2로 침착하게 받고, 재빨리 흑6까지 실속을 챙긴다. 흑 대만족.

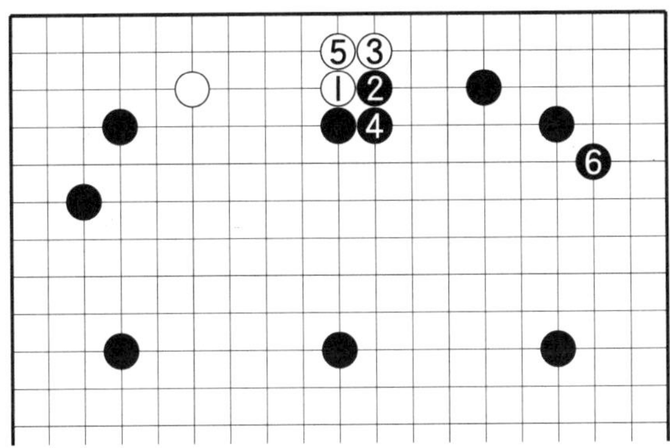

3도

3도(방향을 틀어)

이런 장면에서 흑이 눈여겨봐야 할 것이 있다. 이 곳에서 약간 손해를 보더라도 재빨리 큰 곳을 차지하는 게 상책이다. 흑6으로 지키면 무난.

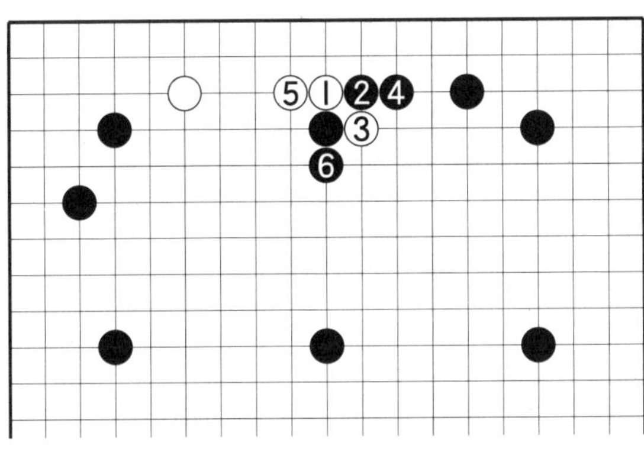

4도

4도(늘어둠)

흑의 입장에서 걱정이 백3으로 맞끊어 올 때이다. 이때 꼭 숙지해야 할 것은 단수는 금물. 반드시 '한 곳을 는다'를 기억하도록. 흑6까지면 흑 대만족.

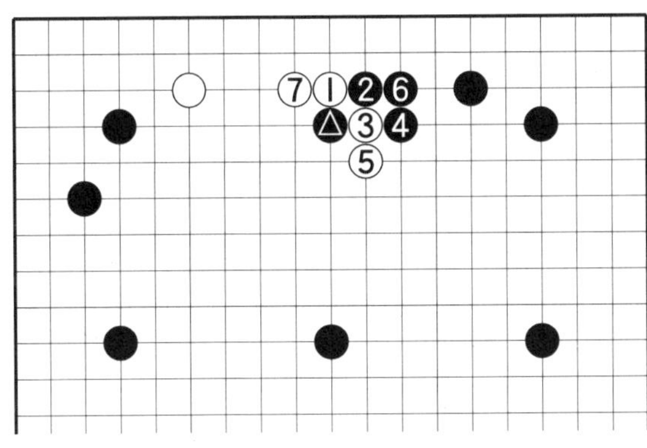

5도

5도(흑, 속수)

'단수는 금물'이라고 했다. 백3 때 어느 곳이든지 단수를 쳐서는 안 된다. 따라서 흑4는 악수. 백7까지 되고 보면 흑△ 한점이 외롭다.

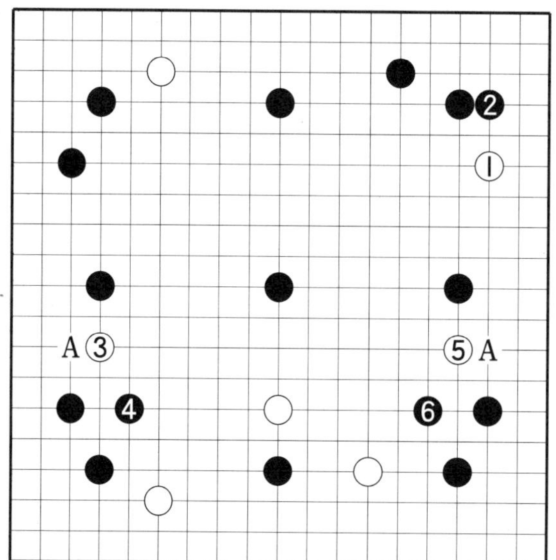

6도

6도(실전진행)

아마7단과 4급의 바둑에서 나온 실전이다. 백의 현란한 발빠름이 눈에 들어오는 장면. 하지만 흑은 백이 하자는 대로 해 주어도 계속해서 9점의 위력이 살아 있는 장면이다. 여기서 중요한 것은 백3·5에 A의 곳에 받아서는 안 된다는 사실.

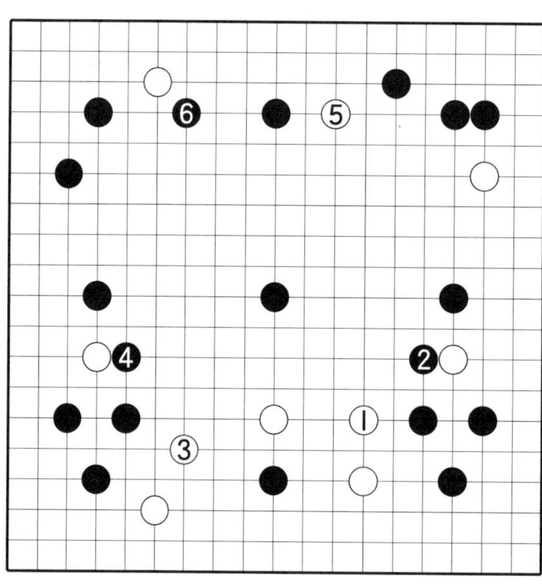

7도

7도(경과도)

지금까지는 흑이 교과서대로 아주 잘 둔 바둑이다. 상수의 입장에서는 숨이 막힐 지경이다. 백5로 다시 변화를 구했지만, 흑6의 정확한 응수로 난처하다.

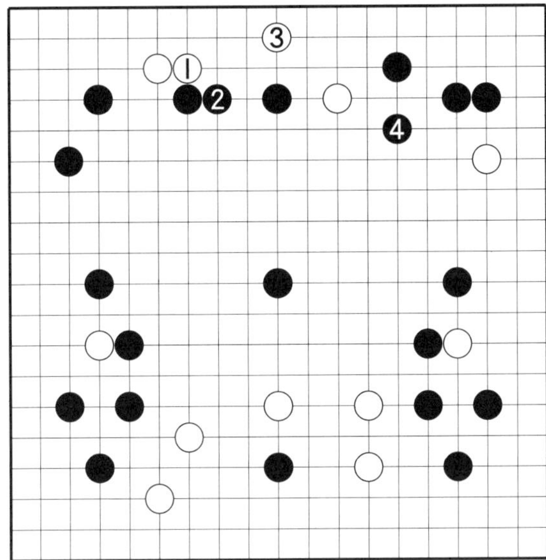

8도

8도(충분하지만)

백1·3은 접바둑에서 나오는 흔한 행마이며, 이때 흑4가 너무 견실에 치우친 점이다. 물론 한 수의 가치가 있고, 아직까지 흑이 매우 유리한 것은 사실이지만 더 큰 곳이 많다.

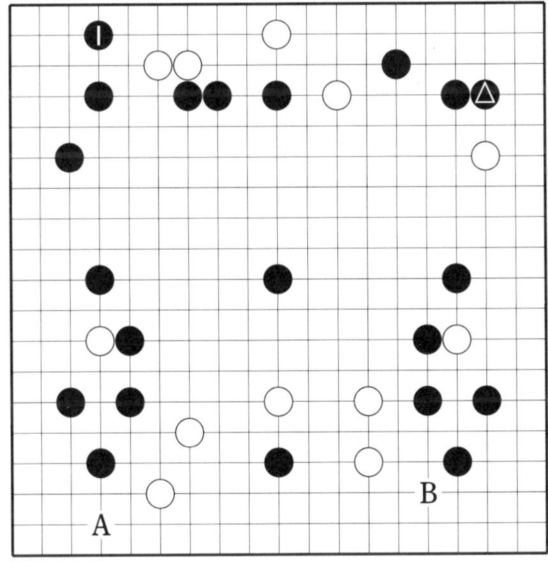

9도

9도(집으로 우세)

흑은 우상귀가 ▲로 지켜져 있기 때문에 아주 견실한 모습이다. 그러므로 이왕 지킬 것 같으면 좌상귀를 흑1로 지키는 게 제일 좋다. 그렇지 않더라도 흑A나, B도 아주 좋은 자리.

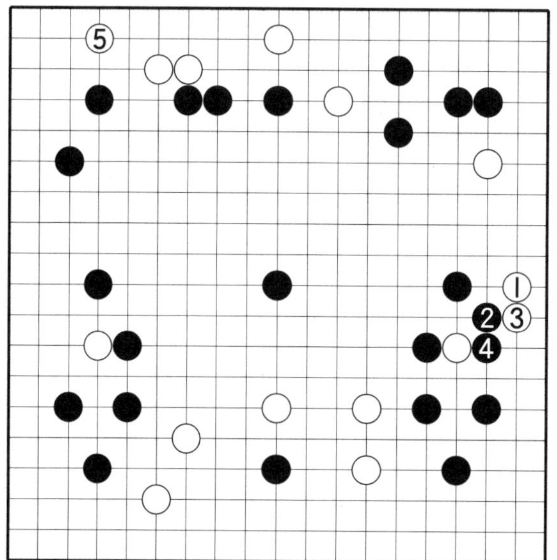

10도

10도(손따라 둠)

  백1의 저공비행은 상수의 상투적인 수. 이때 모두 흑2로 받기 쉽지만, 여기서는 흑2로 받아서는 안 된다는 것을 강력하게 말하고 싶다. 흑4까지는 흑이 당한 모습. 백은 귀중한 선수를 잡아 5를 선착한다.

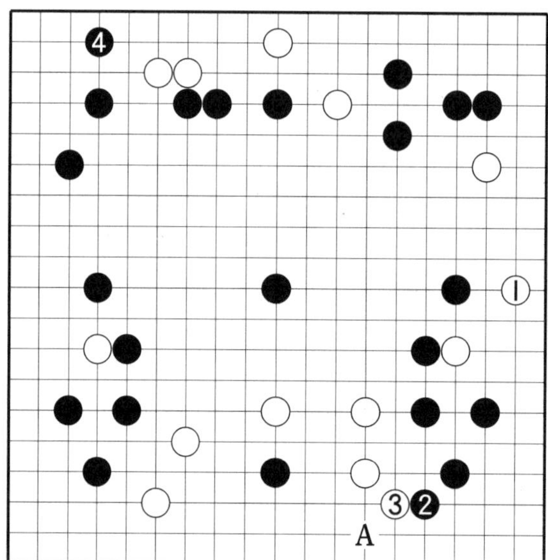

11도

11도(내 갈길로)

  백1에는 손빼는 게 제일 좋은 수다. 지금 장면에서 큰 곳이 너무 많은데, 이곳을 받아준다는 것은 이해할 수 없다. 지금은 A의 곳을 째려보며 흑2로 지키는 게 좋고, 백3이면 다시 흑4로 큰 곳을 차지한다.

제4형

  9점 바둑에서 충분히 활용할 수 있는 수법 가운데 하나가 흑2의 붙임이다. 이미 흑▲가 놓인 시점에서 이 점들의 기착점을 활용하는 흑2는 9점 바둑에서 유력하게 사용된다.

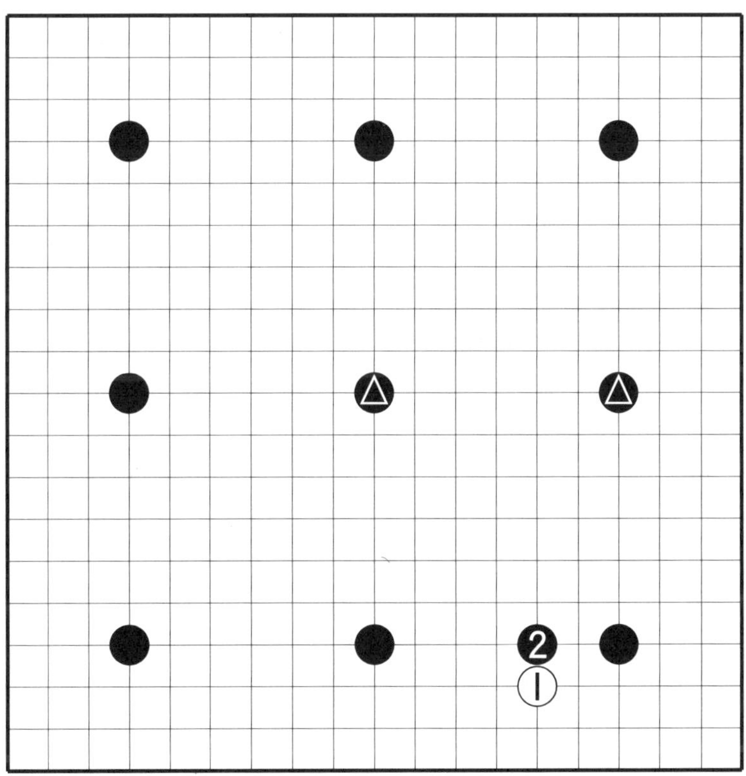

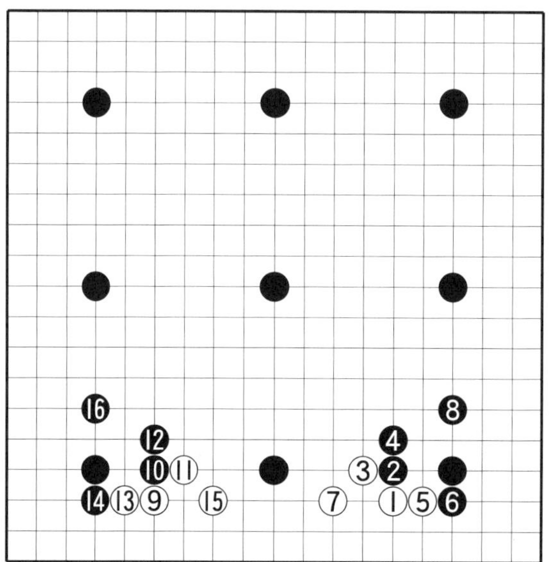

1도

1도(견실한 작전)

흑2로 붙이고 백5로 들어오면, 흑8까지는 필연의 진행이다. 백9에는 다시 흑10, 그리고 16까지 된다면, 흑의 실리가 돋보인다.

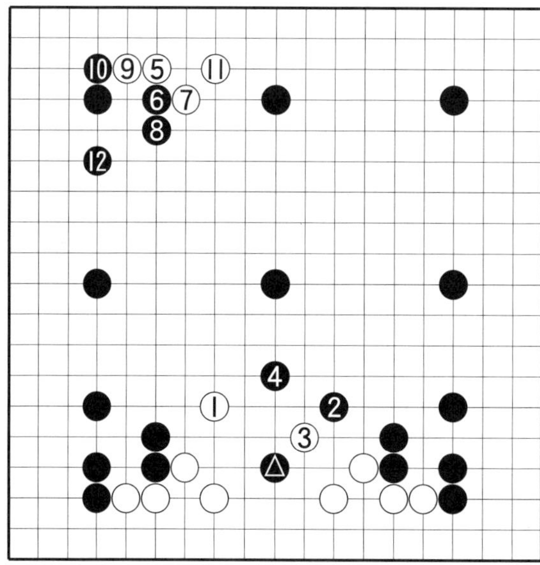

2도

2도(버리는 작전)

어차피 9점 바둑에서는, 백이 공격의 실마리를 풀려고 하는 흑 ▲ 한점은 버리고 시작하는 게 좋다. 백1이면 과감하게 흑2·4로 모양을 키운다. 백5에는 다시 12까지 견실하게!!

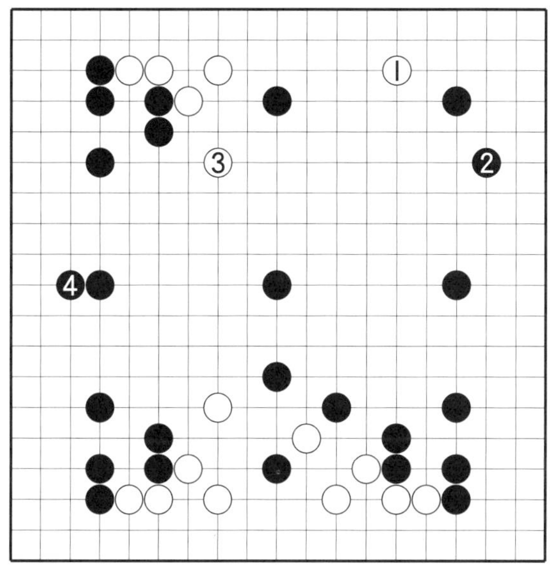

3도

3도(철주)

백의 전단은 계속되지만, 흑은 초반 변화에 대한 몇 가지 응수를 알고 있다면 걱정할 게 없다. 이번에는 흑2로 지키고 백의 동태를 살핀다. 백3은 놓칠 수 없는 요처이고, 이때 흑4의 '철주'를 배운다.

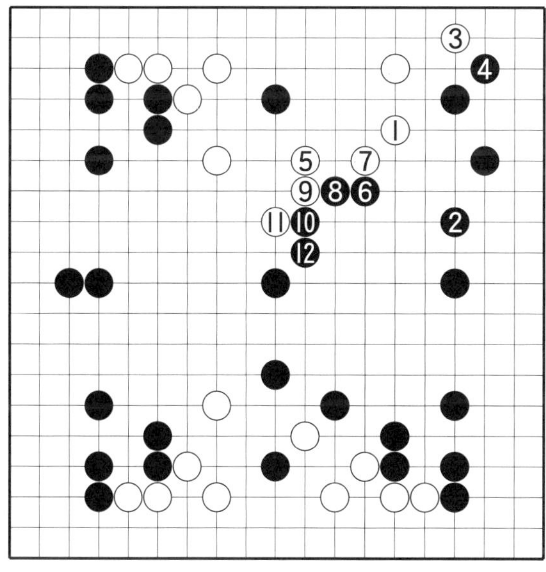

4도

4도(흑세력 웅장)

백은 1로 상변을 크게 확장하려고 하지만, 흑은 개의치 않고 또 한번 과감하게 버린다. 흑6부터 12까지 상변을 통째로 버려도, 우중앙에 이르는 흑진은 천지를 진동한다.

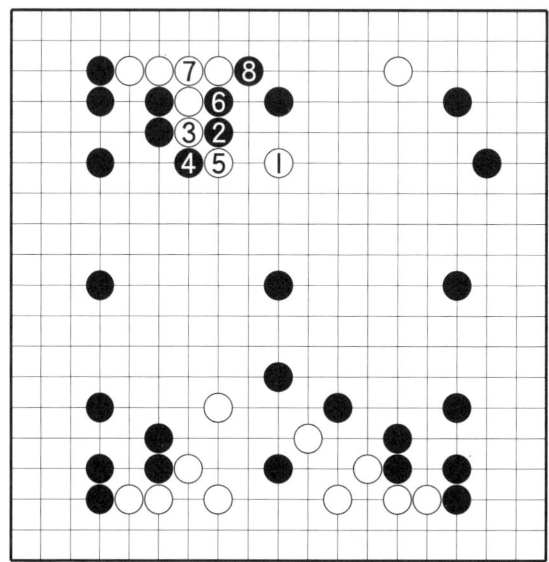

5도

 애초 백1부터 공격의 실마리를 풀려고 하는 것은 백의 무리이다. 흑2의 한 방으로 백은 곤경에 처한다. 백3·5는 더더욱 무리. 흑8까지면 자체로 잡힌 모습이다.

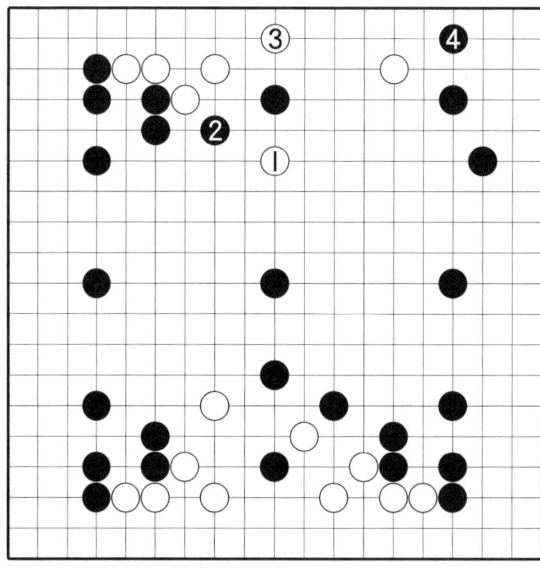

6도

6도(흑, 발빠름)

 그러므로 흑2에는 백3으로 물러날 수밖에 없고, 이렇게 밑으로 기어서 살 수밖에 없다. 그때를 기다려 흑은 다시 큰 곳인 4를 차지해 여유를 부린다.

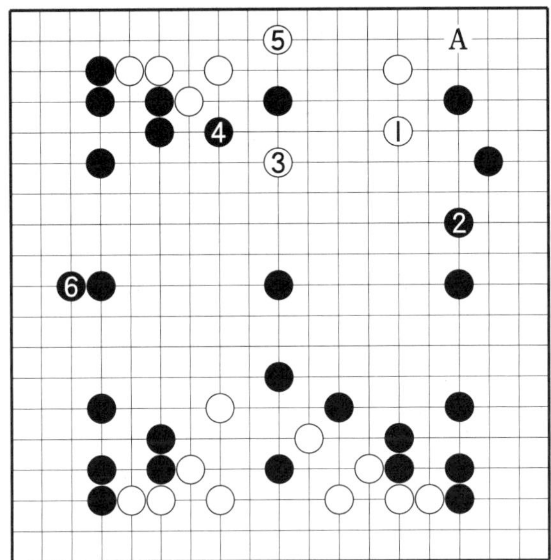

7도

7도(흑, 여유)

백1·3으로 공격해와
도 흑은 흔들림이 없
다. 재차 흑4를 활용
한 후 이번에는 흑6으
로 지킨다. 흑2가 놓
인 시점에서 A의 곳
보다는 6의 곳이 더
좋다.

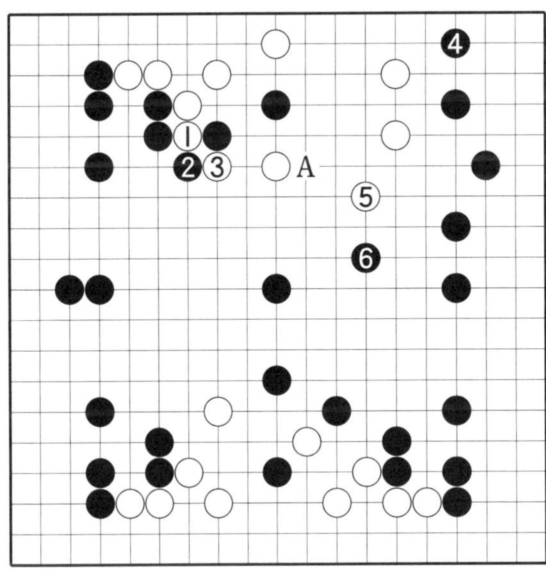

8도

8도(또 버린다)

7도에 이어 백1로 만
약 이곳을 뚫고 나오
면, 흑은 또 한 번 버
린다는 생각으로 다음
작전을 짠다. 흑2·4
로 실속을 챙긴다. 백
5는 A의 곳이 남아 있
어 보강이 절대 필요
하다. 흑이 활발한 모
습.

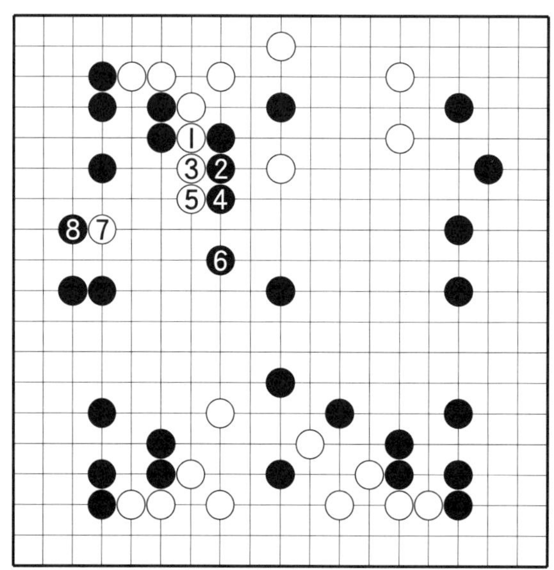

9도

9도(경우의 수)

지금과 같은 경우라면 백1 때 흑2로 나와도 무방하다. 뚫리는 게 좀 아프긴 하지만, 흑6까지 뛰어놓고 백7에 흑8로 지키면 별 것 없다

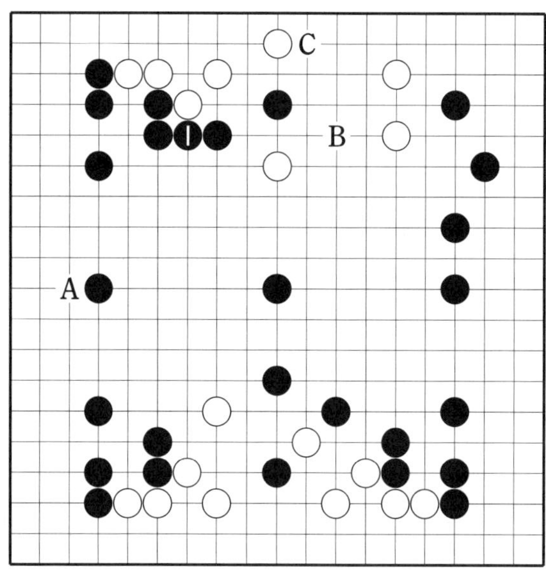

10도

10도(변화를 없앰)

만약 흑이 다른 변화가 마음에 안든다면, 지금과 같이 A에 지키는 것으로는 흑1로 꽉 이어두는 것도 두터운 점이다. 이 점은 향후 B의 공격과 C의 활용을 남겨두고 있다.

제4형에서는 백9 대신 A로 지키는 것을 배웠다. 지금 백9는 중앙 흑 세력을 다분히 의식한 점으로, 한 발이라도 중앙을 향해 더 나아가겠다는 의지가 내포되어 있다.

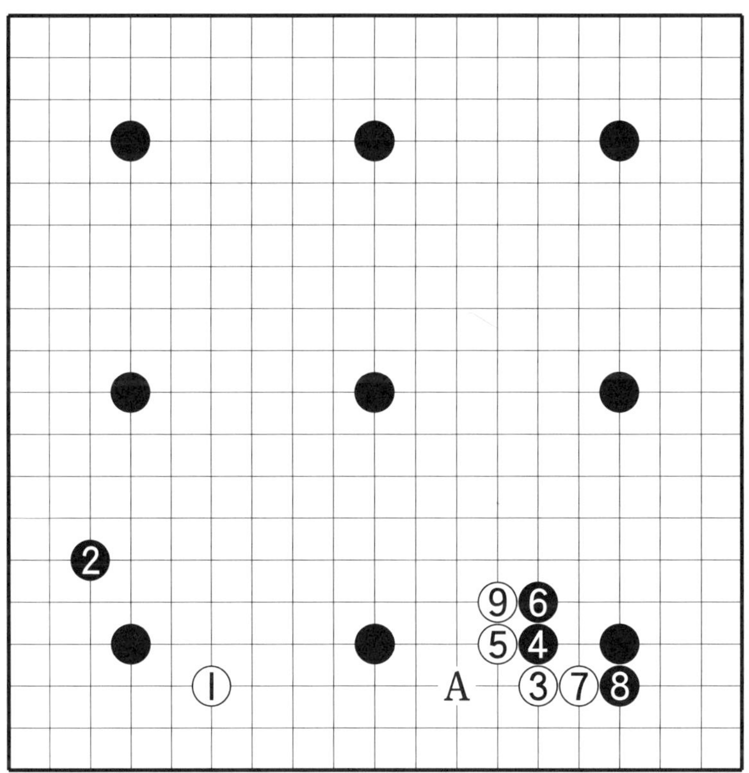

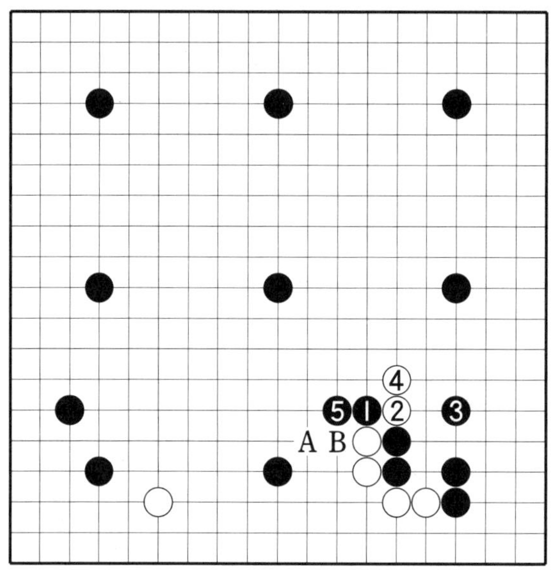

1도

1도(백, 고전)

흑1의 젖힘이 강력한 점이다. 백2로 끊는 게 조금은 겁나지만, 흑3으로 한 발 물러나 보강하면 여유있는 모습이다. 주위를 살펴보면 온통 흑밖에 안보인다. 흑5 다음 백A는 당장 흑B로 가른다. 백의 고전이 역력하다.

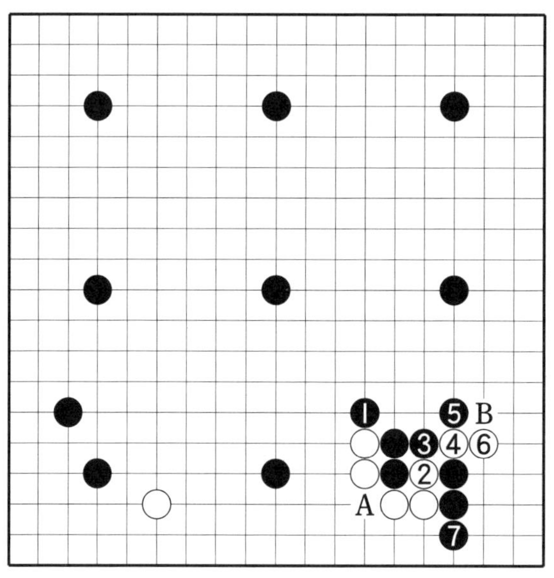

2도

2도(백, 무리한 절단)

흑1에 백2·4의 절단이 두렵지만, 흑7의 빠짐이 선수로 듣고 있어 백이 잘 안 된다. 이후 흑은 A와 B를 맞본다.

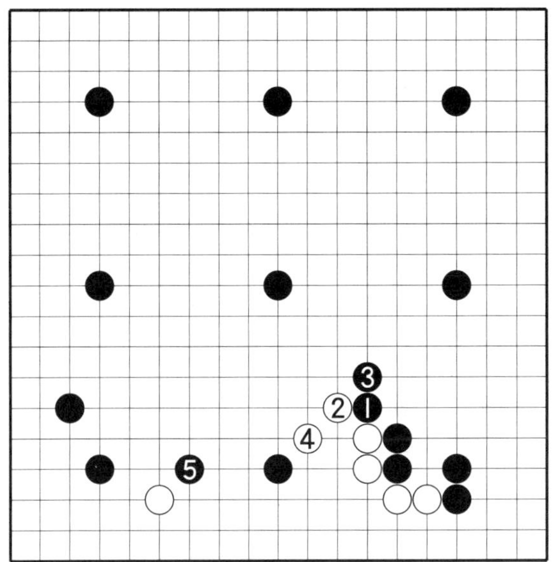

3도

3도(흑, 여유)

백2·4가 강력해 보이지만 사실은 별 것 없다. 흑은 우변에 실리는 실리대로 챙기고, 백4의 보강에 흑5로 여유있게 타개에 성공한다.

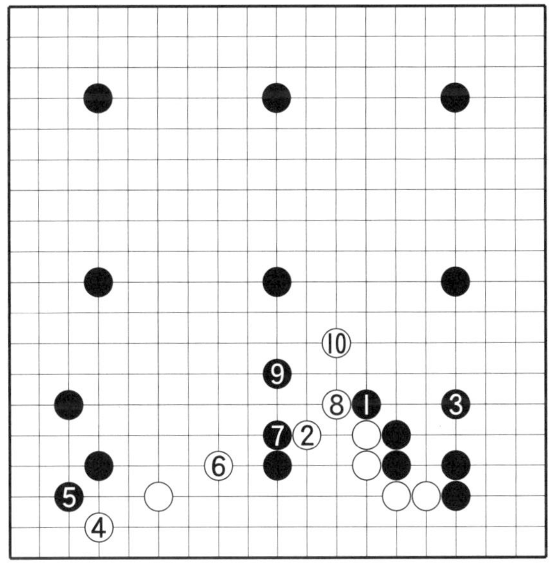

4도

4도(머리를 내밈)

백2에는 흑3으로 지키는 게 좋은 수며, 백6까지는 근거를 확보한 수순. 이때 흑은 직접 7로 움직이며 백10까지 결정할 수도 있지만, 이것보다 더 간명한 수가 있다.

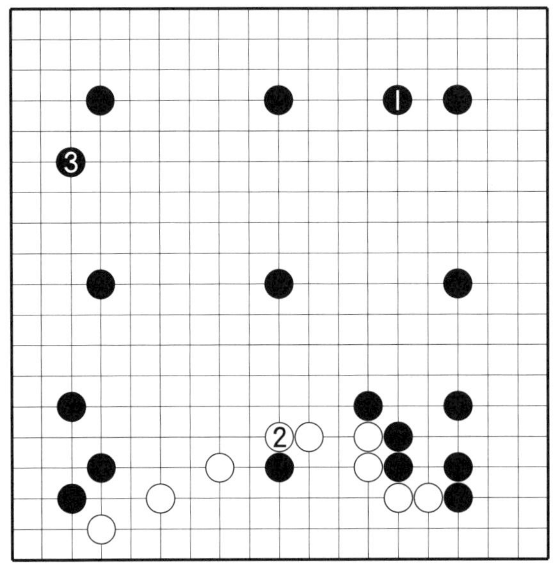

5도

하변의 흑 한점을 움
직이는 것도 나쁘지는
않지만, 백이 중앙으
로 머리를 내민 자세
가 좋아 흑도 꼭 찬성
할 수만은 없다. 차라
리 흑1·3으로 두 번
두는 게 간명한 방법
이다.

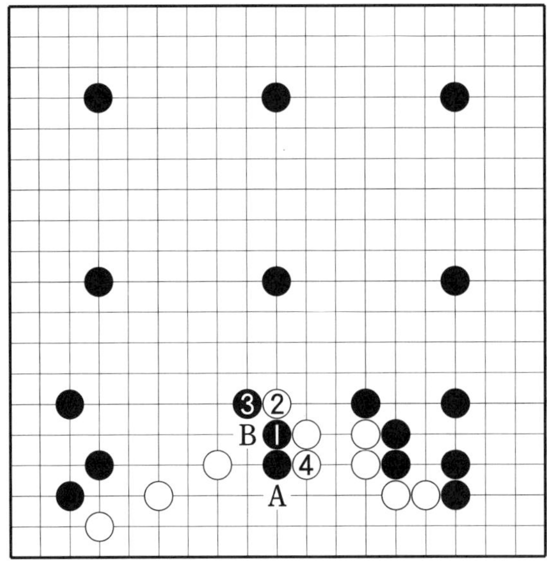

6도

6도(매우 난해하다)

흑1로 바로 움직이는
것을 반대한 이유는
백2의 강력한 젖힘도
있기 때문이다. 흑3에
는 백4가 급소점으로
흑의 행마상 A로 빠
져야 하는데, 백B로
끊으면 아주 난해한
싸움이 된다.

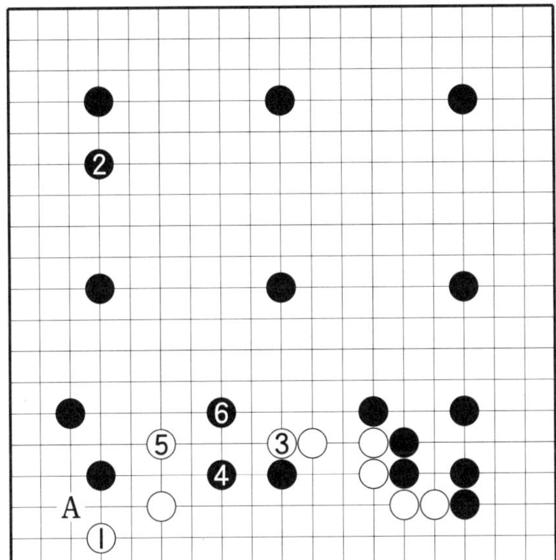

7도

7도(흑의 변신)

　흑은 애초에 백1로 미끄러져 들어왔을 때 A를 보류하고 흑2로 손을 뺄 수도 있다. 백3·5에는 흑4·6으로 가볍게 행마해 나가고, 향후 A의 곳을 노려 백을 곤마로 만든다.

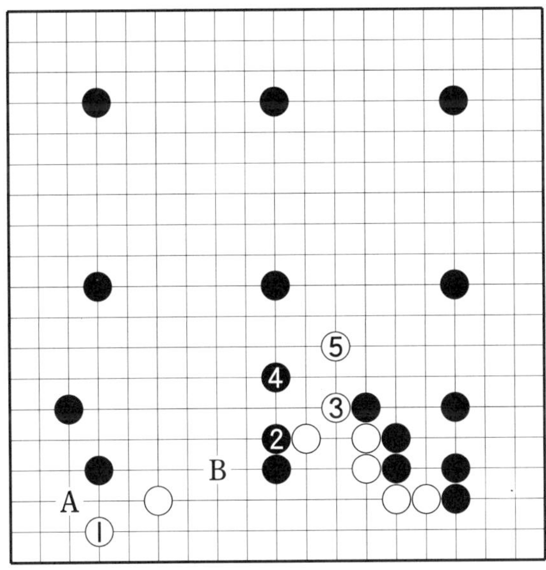

8도(4도로 환원)

　백1에 흑2로 직접적인 움직임은 백5의 머리를 허용해 기분이 나쁘다고 했다. 지금도 흑2의 직접적인 움직임은 흑A와 백B만 생략되었을 뿐 **4도**와 다를 바 없다

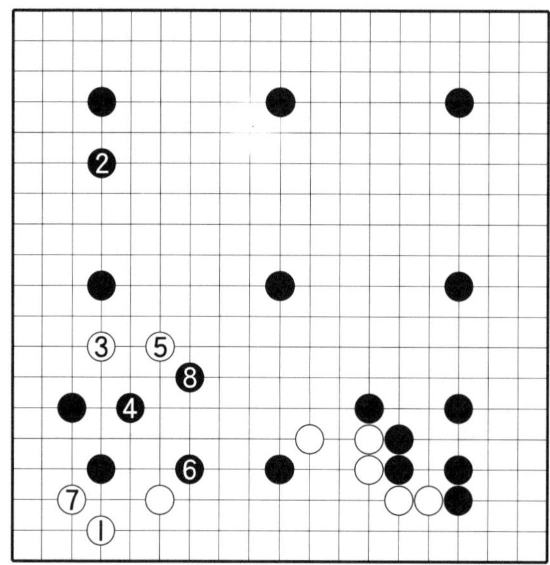

9도

9도(주도권)

백1에 흑2로 발빠르게 움직인 것은 백3에 대한 대비책이 있어야 가능한 것이다. 흑4로 지키는 수를 읽고 있어야 한다. 백5로 나오면 흑6의 압박, 백7을 강요하고, 흑8이면 주도권을 잡는다.

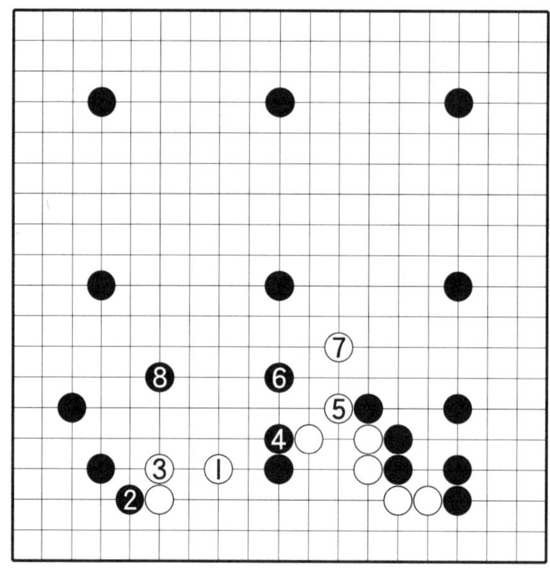

10도

10도(백, 옹졸)

그렇다고 처음부터 흑 한점을 수중에 넣자고, 1로 좁게 공격하는 것은 정말로 흑의 바람이다. 흑2를 활용하고, 이제는 백도 아직 미생이므로 흑4·6으로 중앙으로 나와도 좋다.

 제6형

　　바둑실력이 향상될수록 돌의 효율을 극대화하는데 주력한다. 흑2·4는 중앙경영에 뜻을 둔, 돌의 효율을 최대한 살리려고 한 수법이다.

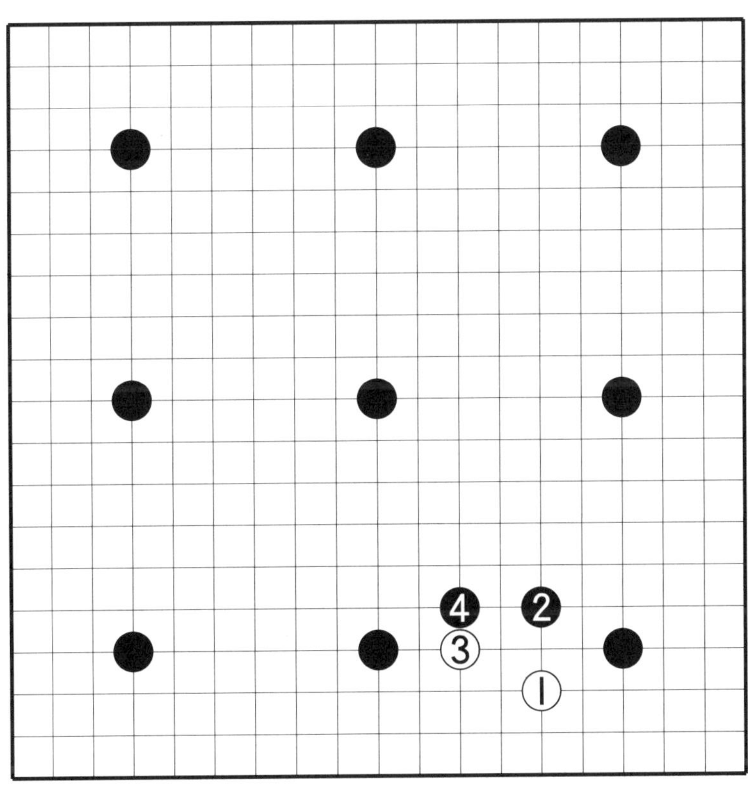

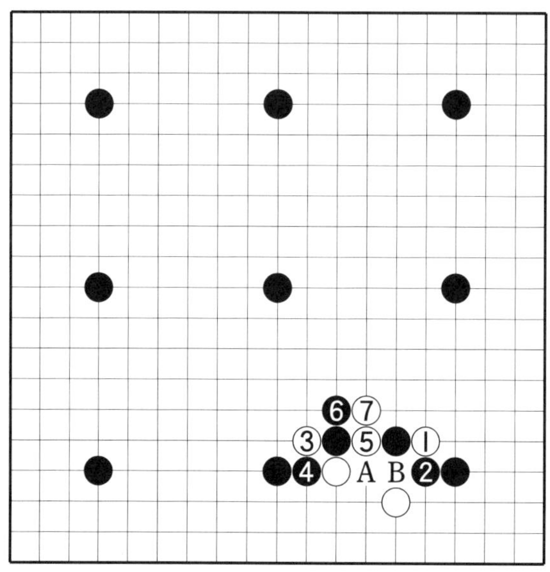

1도

1도(백의 책략)

백1·3은 족보에 나와 있는 유명한 수법이다. 이때 흑4·6이 강렬.

백7까지 되고 보니 흑A에는 백B로 양단수를 당하는 게 보여, 여기서 흑이 한 발 물러나기 쉬운데, 그렇다면 백의 책략에 걸려든 꼴이다.

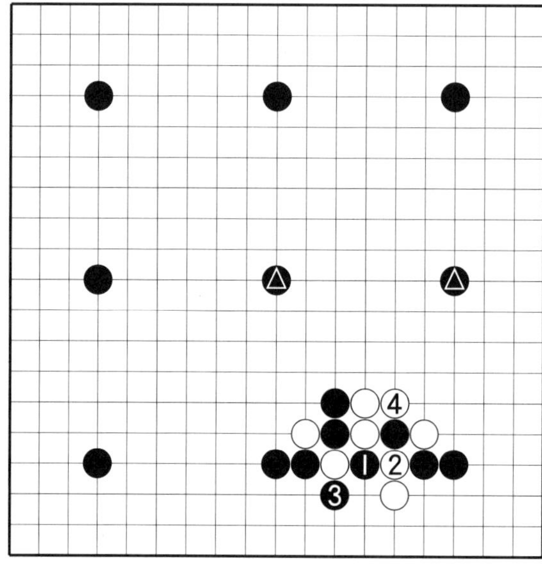

2도

2도(흑, 당함)

흑은 과감하게 1로 끊어가는 게 통렬하다. 하지만 백2 때 덜컥 백 한점을 따내는 것은 백4를 당해 흑▲ 두 점이 약화된다. 흑의 불만.

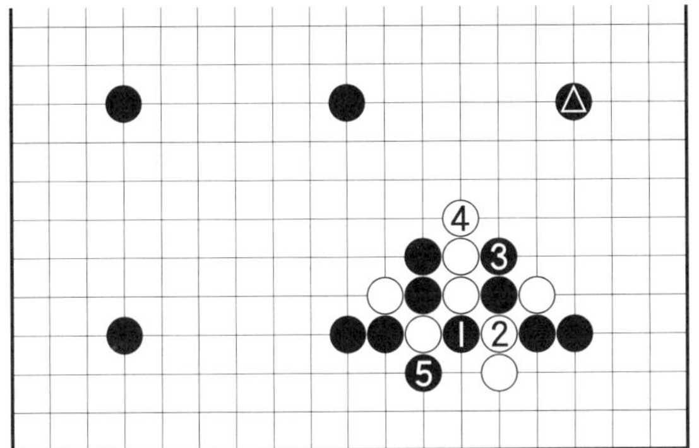

3도

3도(축머리)

흑3으로 무조건 나가고 볼일이다. 그리고 흑5로 따내고 나면, 흑 두점은 우변의 흑 ▲ 한점이 축머리 역할을 하므로 한 수로 잡히는 일은 없다.

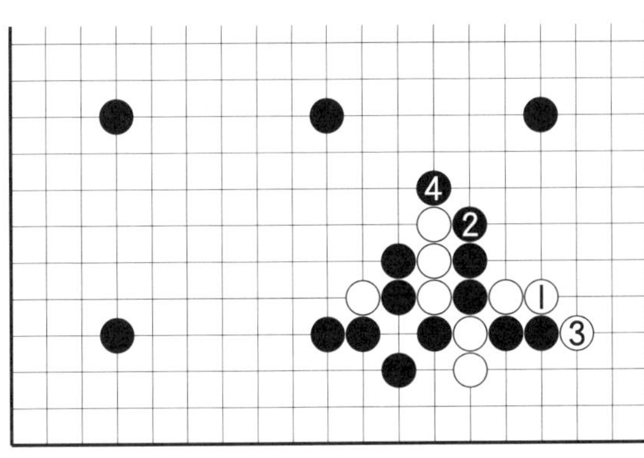

4도

4도(바꿔치기)

그러므로 백은 1로 귀를 위협하는 정도이며 흑은 동문서답, 흑 2·4로 중앙 흑 석점을 접수한다. 이것은 귀에 아직까지 맛이 남아 있어 흑이 유리하다.

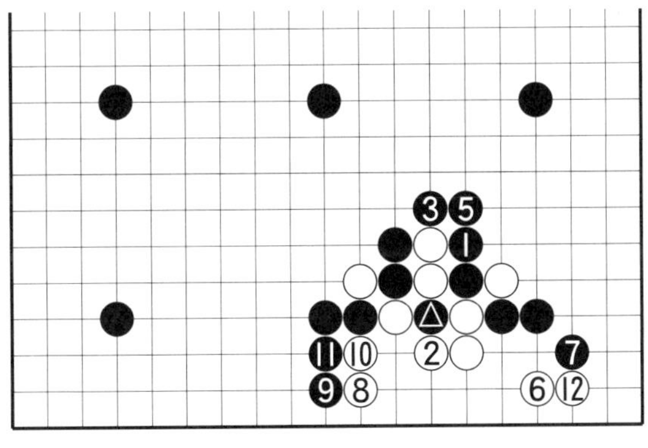

5도

5도(흑, 대환영)

흑1 때 백이 2로 따내는 것은 흑이 환영할 만한 일. 흑3으로 꽉 틀어막은 후 백12까지 살려주어도, 흑의 외세는 백의 실리에 비할 바가 아니다.

6도(겁먹은 수)

처음으로 돌아와, 백의 양쪽 붙임에 흑은 어떤 수가 있을 것이라고 미리 짐작해, 흑2로 물러서는 것은 안된다. 비록 흑4까지 소기의 목적을 달성했지만, 흑△ 한점이 다칠 뿐만 아니라 백5면 주도권은 백에게 있다.

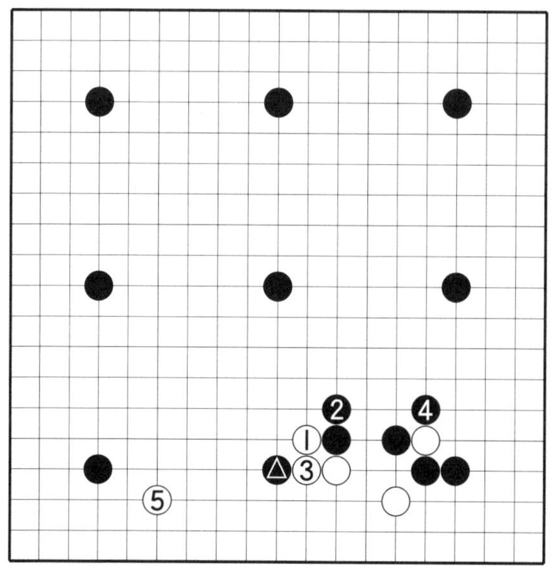

6도

7도(흑, 활발)

4도 다음 백의 한 수는 흑△ 한점의 공격을 바라보며, 1로 걸치는 것이다. 흑은 역시 견실하게 받는 게 좋고, 만약 백5까지 틀을 잡는다면 흑6으로 지켜 발빠름을 유지한다.

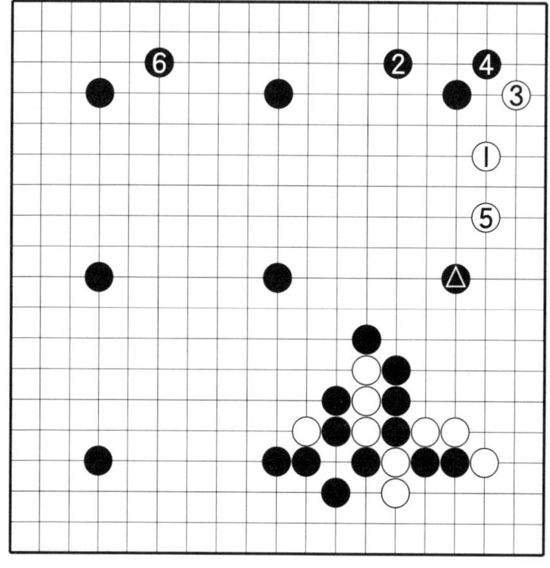

7도

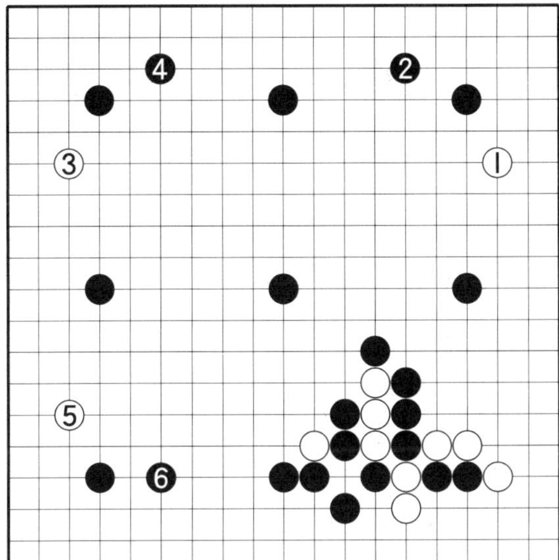

8도

8도(때를 기다린다)

흑2 때 백도 이 부근에서 손을 뺄 확률이 높다. 그렇게 하더라도 흑은 걱정이 없다. 일단 백이 하자는 대로 해 주어도 전혀 불만이 없다. 흑6까지 받아두고 때를 기다리면 된다.

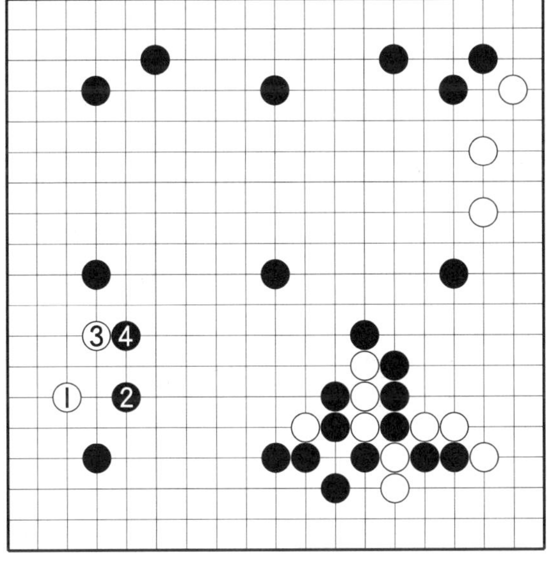

9도

9도(일관된 작전)

7도 다음 백1로 걸쳐 오면, 흑은 처음에 배웠던 대로 2·4로 중앙 세력을 맘껏 키운다. 이 두 수로 백은 달리 뾰족한 수가 없다는 게 답답하다.

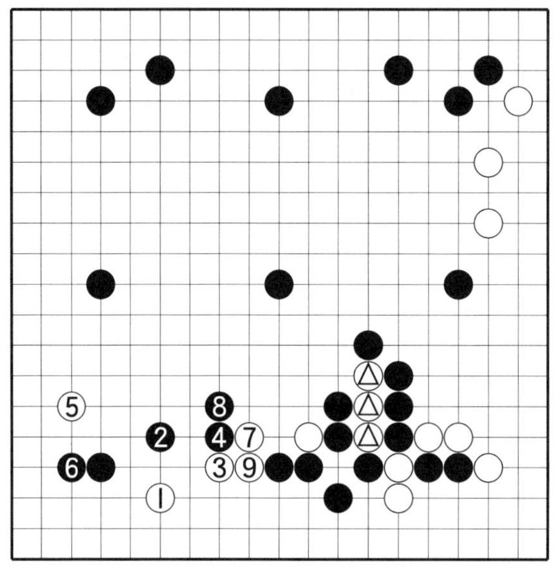

10도

10도(두터움 활용)

백1쪽에 걸쳐도 흑은 2·4를 선택한다. 여기서 백5가 급전을 일으킬 수 있는 점이지만, 흑6의 지킴이 침착한 호수. 백7에는 이제 흑8로 늦추어도 좋다. 백△ 석점을 잡은 하변 흑이 두터워 충분한 싸움이다.

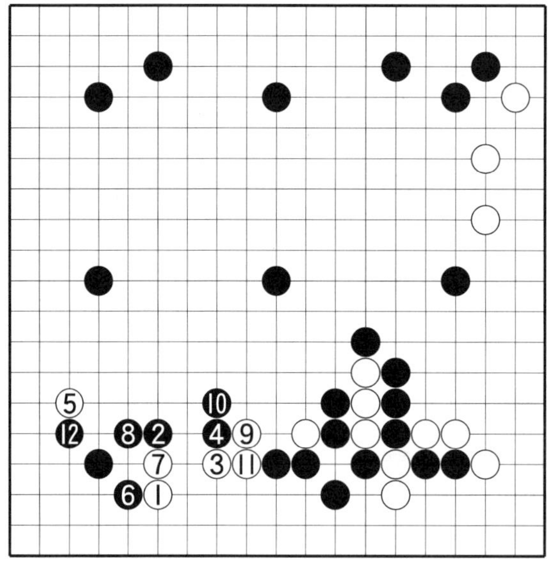

11도

11도(여유있는 싸움)

힘이 있다면 백5에는 흑6으로 압박해도 좋다. 흑8로 늦춘 다음 백의 탈출을 기다린다. 백11까지 예상되지만 흑12면 백은 양쪽이 급한 모습이다.

세력작전(2)

　흑2에 A의 곳이 신통치 않아 백3으로 파고드는 수법도 있다. 이 때는 흑4가 당연한 막음이고 백5까지는 필연. 이때 흑의 다음 한 수가 아주 중요하다.

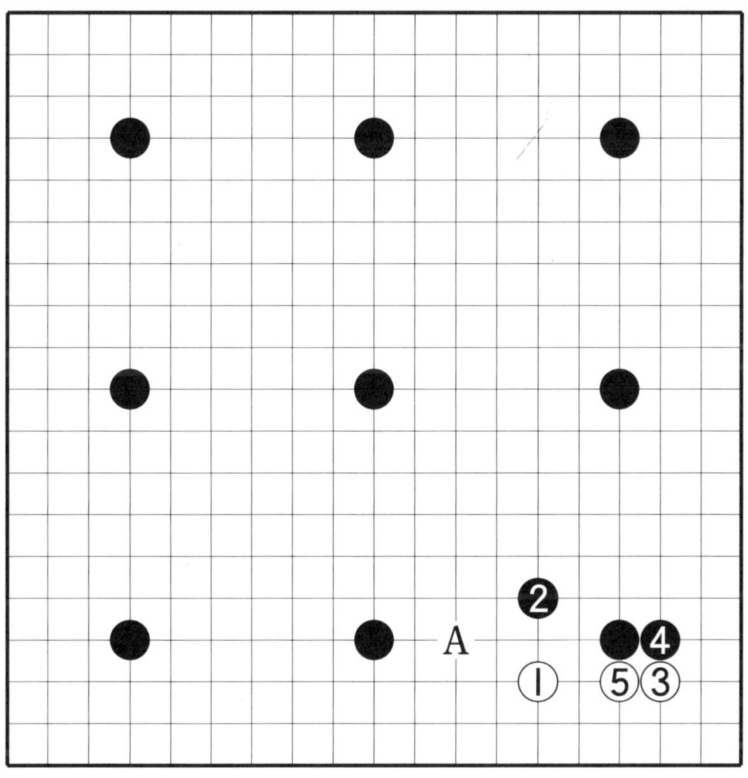

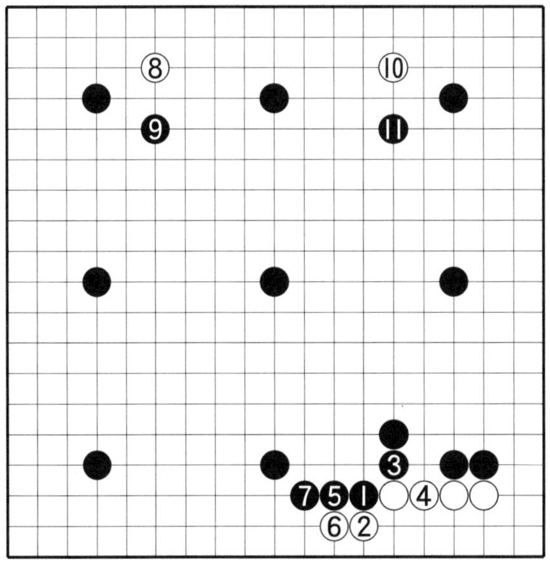

1도

1도(강력한 수)

흑1로 붙이는 게 강력한 점이다. 그리고 흑1을 선택했다면 흑3을 선수하는 것도 잊어선 안 된다. 흑7까지는 백의 실리도 좋지만 흑의 세력이 더 돋보인다. 백8·10에도 흑은 9·11로 응수!

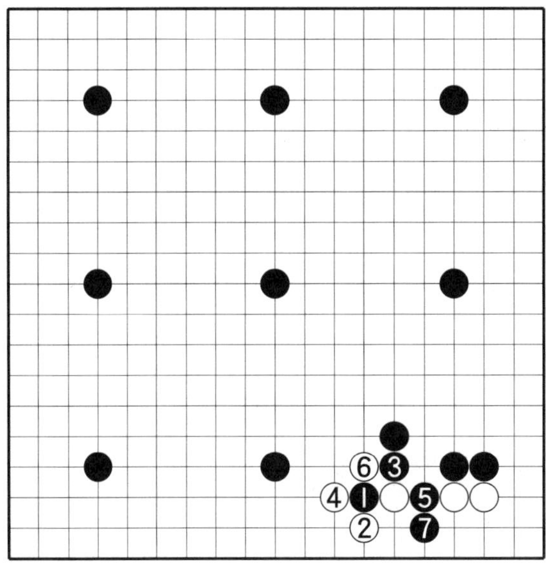

2도

2도(바꿔치기)

만약 흑3에 백4로 버텨온다면, 흑은 과감하게 5·7로 바꿔치기를 선언한다. 이것 역시 흑이 전혀 나쁘지 않다. 실리가 매우 짭짤.

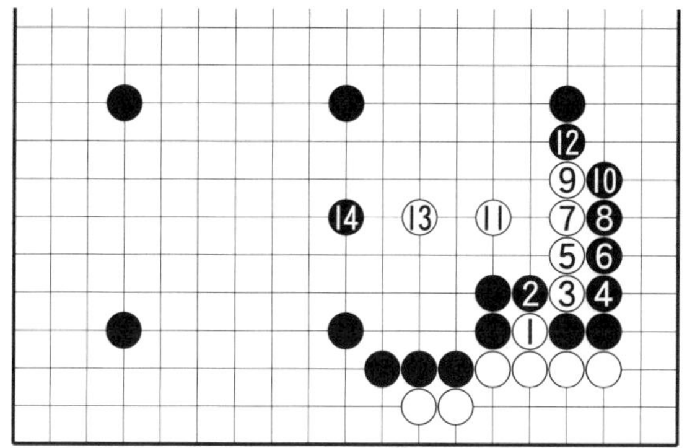

3도

3도(노림이지만)

백의 유일한 노림이 1·3으로 끊는 것이지만, 흑이 4·6으로 몰고나가면 별 것 없다. 백13까지 그럴 듯하지만 흑14면 오히려 곤마가 된다.

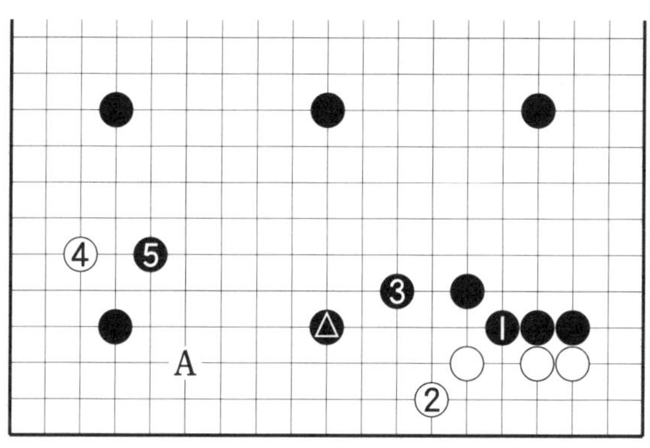

4도

4도(다른 수단)

흑의 응수로는 흑1·3도 있다. 백4는 바른 걸침이다. 가령 A에 걸친다고 가정한다면, 지금은 흑△ 한점이 거의 연결된 상태이므로 영향력이 떨어진다.

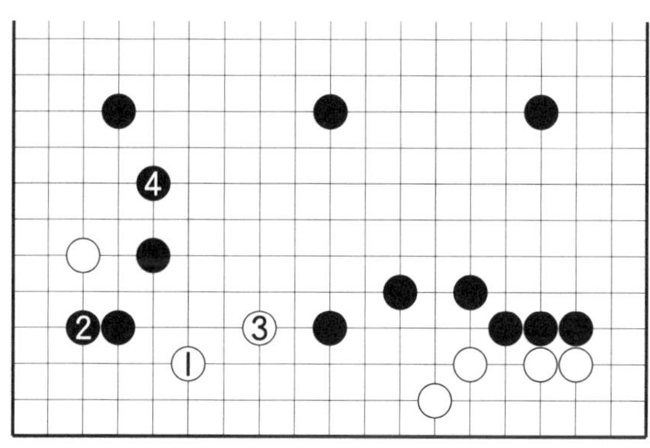

5도

5도(백의 교란)

백1은 쉽게 두어주지 않겠다는 교란전술. 하지만 흑2가 양쪽을 노리는 좋은 점. 흑4까지 흑이 활발한 모습이다.

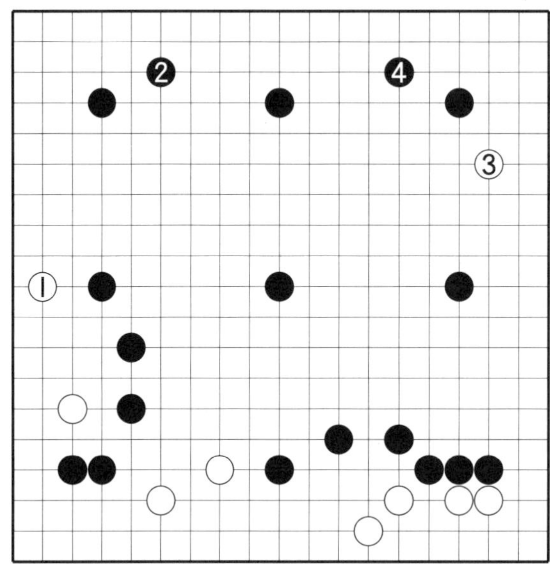

6도

6도(가정도)

실전에서 흔히 등장할 수 있는 점이 백1 같은 점이다. 여기서 꼭 알아 두어야 할 것은, 이렇게 초반부터 2선으로 날라오는 것은 쳐다보지 말라는 것이다. 재빨리 흑2로 방향을 틀어 큰 곳을 차지하는 게 좋다.

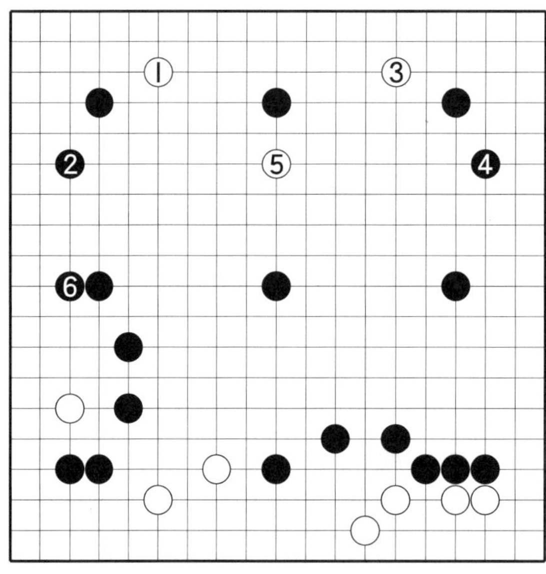

7도

7도(확실히 잡아둠)

또 백이 좌변을 생략하고 발빠르게 움직여도 흑은 때를 기다리면 된다. 흑4까지 받아두고 백5 때 재빨리 흑6으로 좌변을 확정짓는다. 이것으로 좌변 백 한점은 잡힌 모습이다.

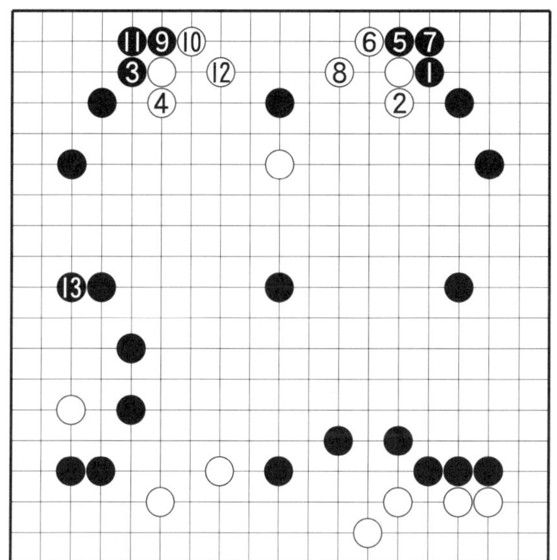

8도

8도(결정을 지음)

  흑의 또 다른 작전 가운데 하나는 제1형에서 배운 대로 상변을 결정짓는 것이다. 백12까지 강요한 후 흑13으로 지켜도 아주 좋은 수순이다.

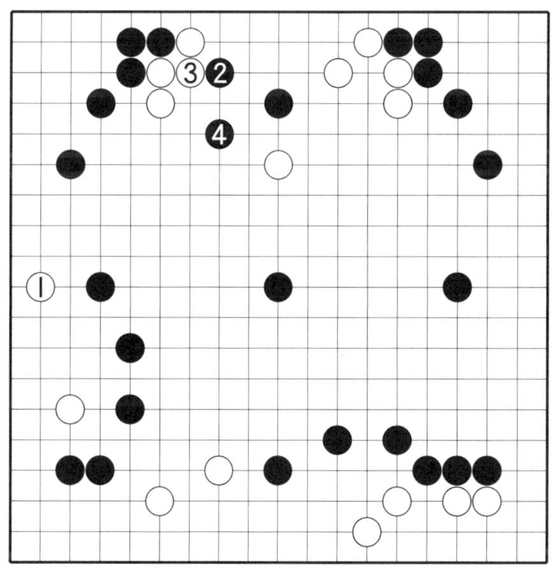

9도

9도(백의 변신)

  만약 백1로 변신을 꾀한다면 흑도 상변의 단점을 추궁한다. 흑2·4면 백이 당장 어려운 모습이지만, 9점 접바둑인 것을 감안하더라도, 흑이 상변의 흑 석점만 살아온다면 불만없는 모습이다.

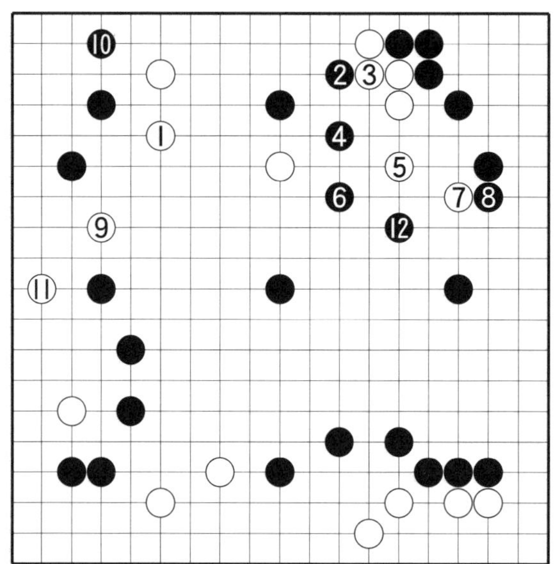

10도

10도(접전)

9점 접바둑이라도 싸움을 전혀 안하고 승리할 수는 없다. 바로 이런 곳인데, 백1같이 2의 곳에 지키지 않고 처음부터 크게 씌워올 때가 겁난다. 흑은 12의 공격을 위해 백11까지 참아주어도 좋다.

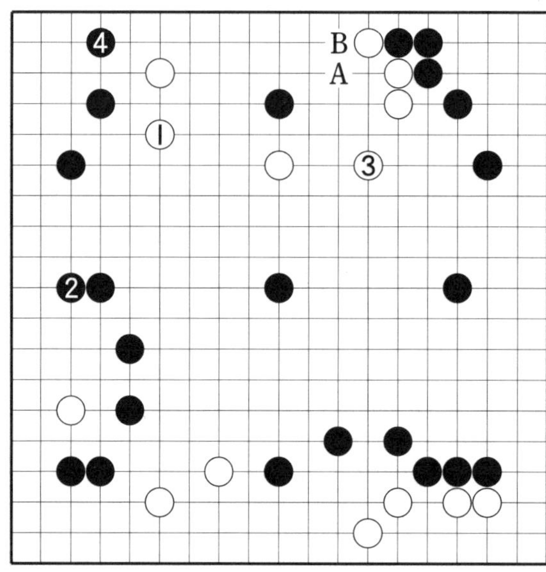

11도

11도(접전이 싫다면)

만약 접전을 피하려면 백1에 흑2로 참아두면 그만이다. 백3으로 다시 크게 씌우지만, 흑은 자기 길을 가면 그만이다. 상변 백집은 아직 A나 B의 단점이 남아 있다.

강력한 젖힘

　백은 흑2에 대해 A나 B의 두 곳 모두 좋은 결과를 얻지 못했다. 그래서 찾아낸 점이 백3의 붙임. 무엇인가 흑을 위협하는 점인 것도 같지만, 흑에게는 강력한 4의 젖힘이 있다.

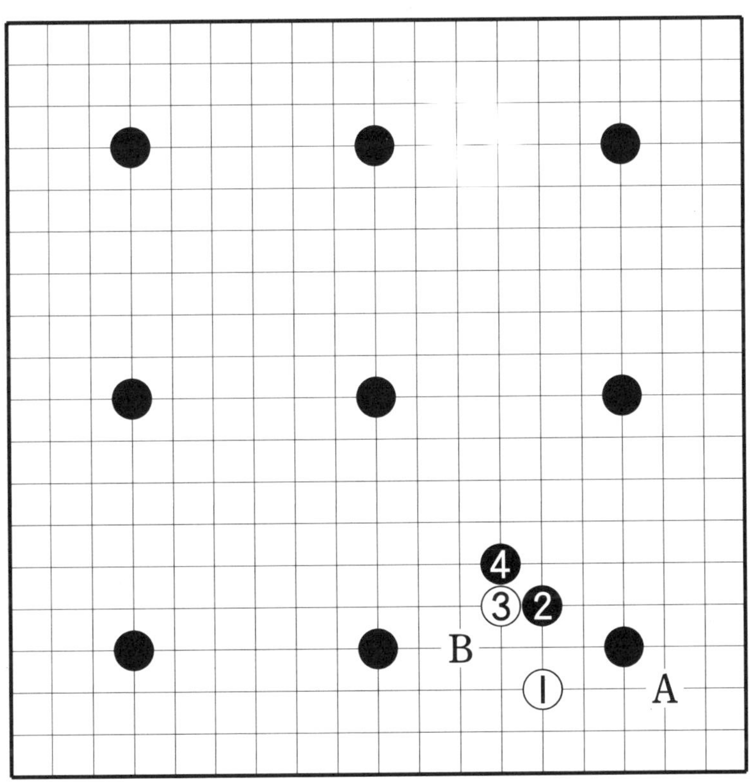

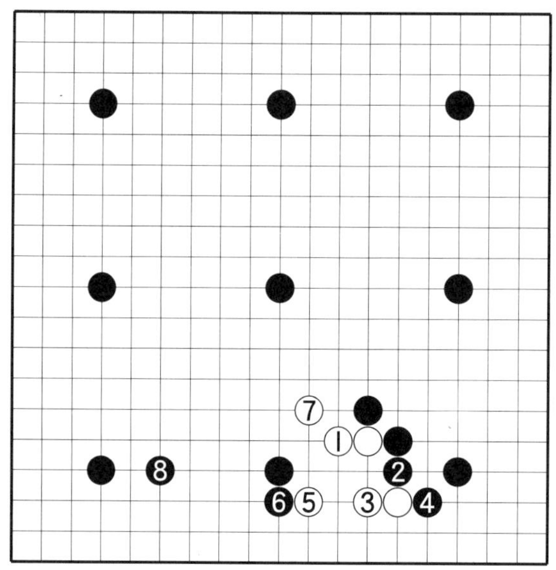

1도

1도(흑, 주도권)

백1은 당연한 점이고 흑4, 백5까지는 무난한 진행이다. 백은 7로 머리를 내밀어 숨통은 트였지만, 흑8이면 역시 주도권은 흑에게 있다.

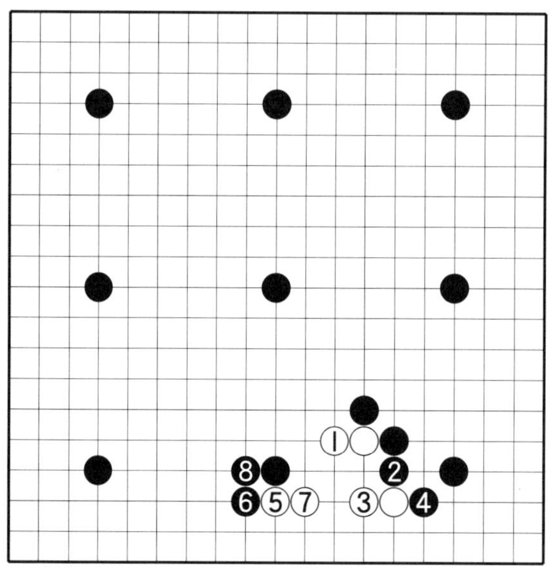

2도

2도(간명한 수법)

흑은 백이 5에 붙여 오는 게 겁날 수도 있다. 여기서 수읽기가 안 된다면 지금과 같이 6으로 받으면 그만이다. 흑8까지 전혀 어려움이 없는 모습.

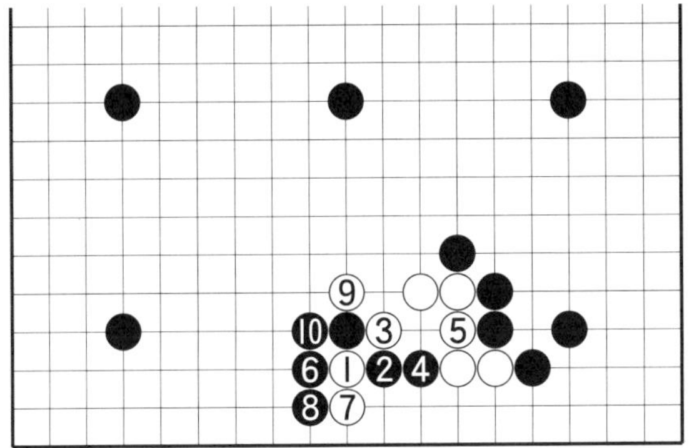

3도

3도(최강수)

백1에는 흑2의 젖힘이 강렬하다. 이 점까지 기대할 수 없겠지만, 이 부근에 대해 확실하게 알고 있다면 흑2가 가능하다. 흑10까지 대만족.

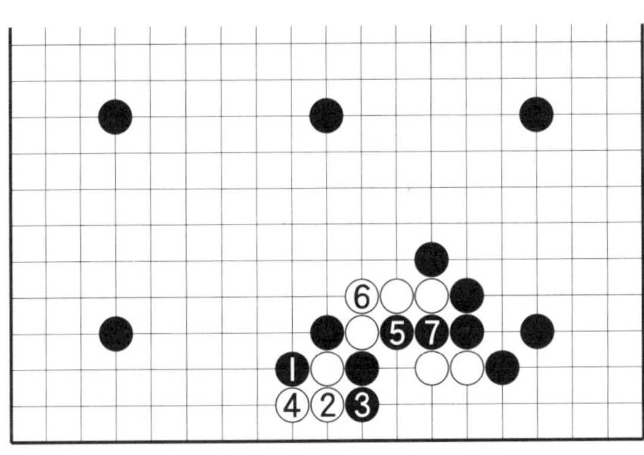

4도

4도(변신, 흑 만족)

흑에게는 다른 변화도 가능하다. 흑1·3으로 직접적인 공격이 있는 것이다. 그리고 7까지 백 두점을 확실하게 잡아둔다.

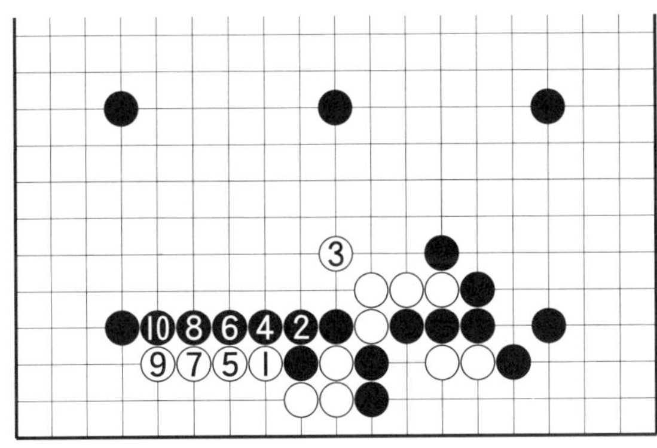

5도

5도(흑 두터움)

4도에 이어 백이 선택할 수 있는 수는 백1이다. 흑은 잇게 되고 만약 백3이면 흑10까지 힘차게 밀어둔다. 또 백3으로 4에 밀면 흑3으로 씌운다.

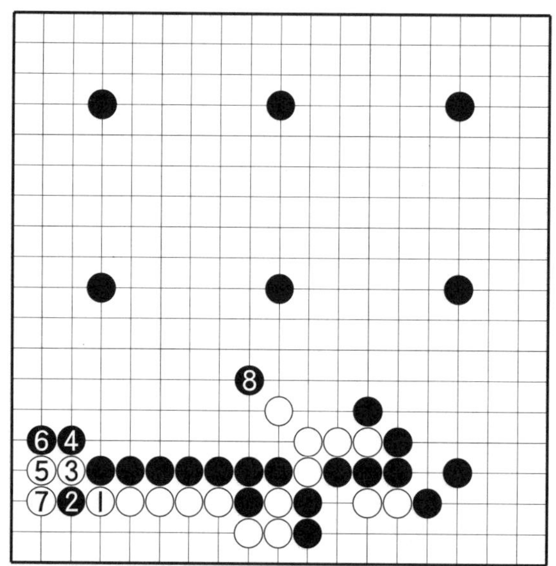

6도(백, 절망)

5도에 이어 백은 1을 손뺄 수 없는 게 괴로움이다. 백7까지 실리를 벌었지만, 흑8을 당해 절망적인 모습이다. 만약…

6도

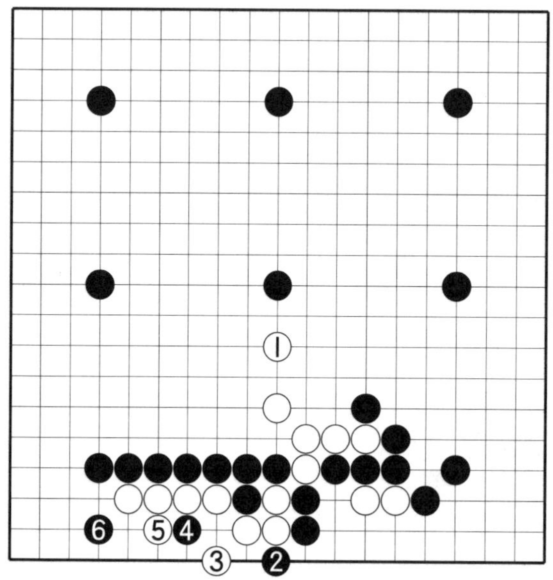

7도(사활공부)

이런 장면에서 백은 손빼기가 쉽다. 가령 백1로 지키기가 쉬운데, 이것은 매우 위험한 발상이다. 흑은 이런 경우에 백을 잡을 수 있는 공부가 필요하다. 백2부터 6까지 백 죽음.

7도

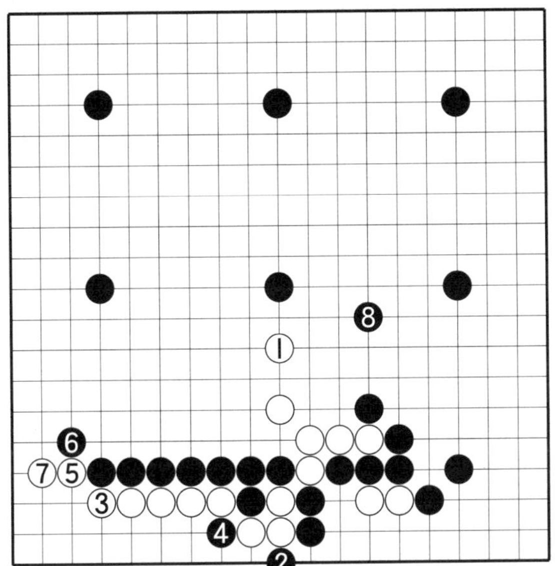

8도

8도(흑 대만족)

흑2 때 백3으로 변신하는 수가 있긴 하지만, 백7까지 굴욕적으로 살아야 하고 흑8을 당하면 견딜 수 없는 모습이다. 이렇게 되면 바둑이 초반에 끝난거나 다름없다.

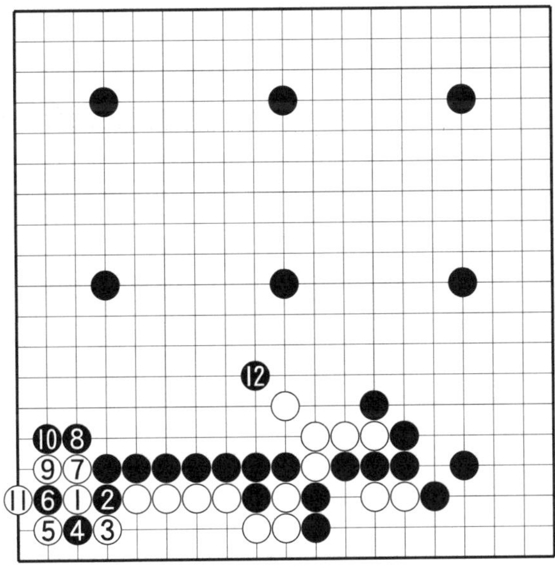

9도

9도(테크닉)

백은 마음이 급해 **6도** 백1로 이렇게 한칸으로 보강할 수도 있다. 이때 흑은 약간의 테크닉이 필요한데, 흑4·6의 맥점을 알고 있어야 한다. 흑10까지 몰고 12를 차지하면 **6도**와 비슷한 결과.

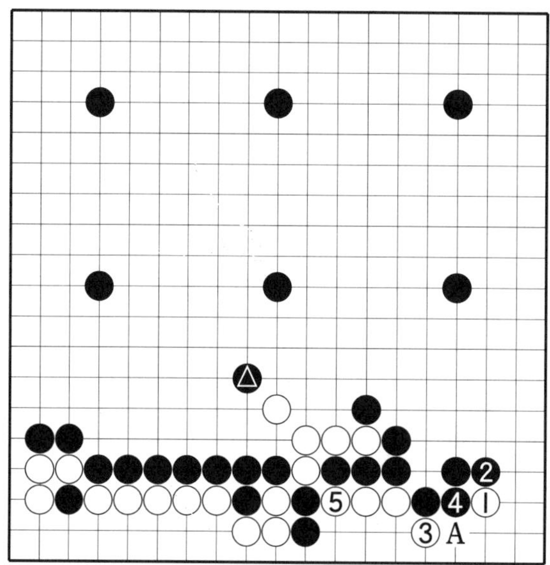

10도

10도(주의사항)

 흑△를 당하고 백은 1로 응수를 물어 볼 수가 있다. 이때 흑은 철저하게 조심하지 않으면 안 된다. 무턱대고 흑4까지 받았다가는 백의 통렬한 끊음을 당해 무엇을 했는지 모르게 된다. 여기서 흑2는 A가 정수.

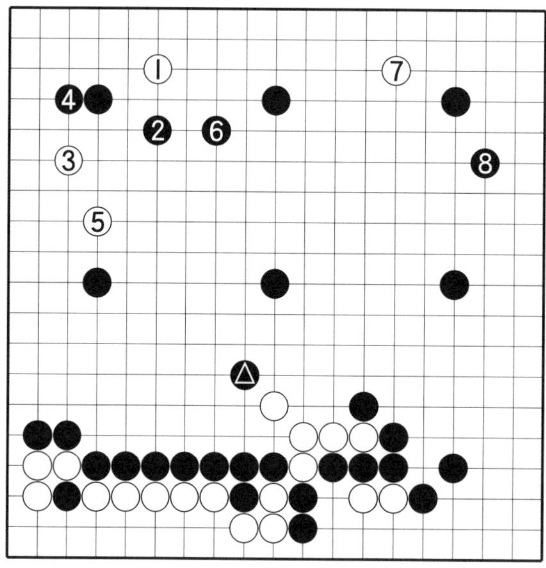

11도

11도(복습)

 흑△를 당하면 백은 이 부근에서 손을 빼고 먼저 큰 곳으로 방향을 전환하게 된다. 이때 흑이 알아 두어야 할 것은 서두르지 말아야 한다는 것. 일단 하자는 대로 해 주고 기회를 노리는 게 좋은 생각이다.

9점 바둑은 화점에 모든 돌이 있기 때문에 이미 이 자체로 상대를 공격할 준비를 하고 있다. 그러므로 백1 때 흑은 ▲를 이용하여 2·4로 강력하게 백을 추궁할 수 있는 것이다. 또 흑▲는 중앙 흑■가 큰 응원군이 되기도 한다.

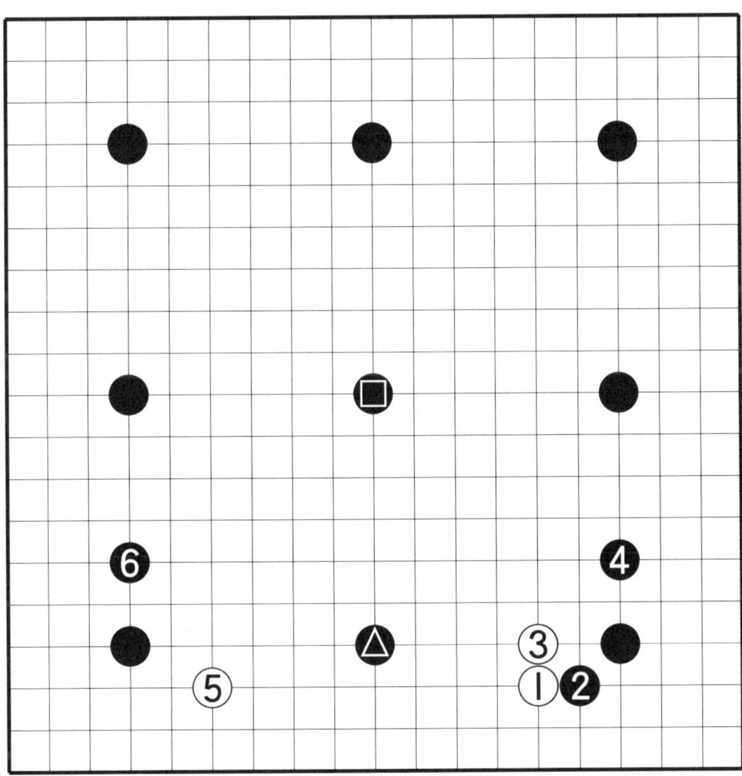

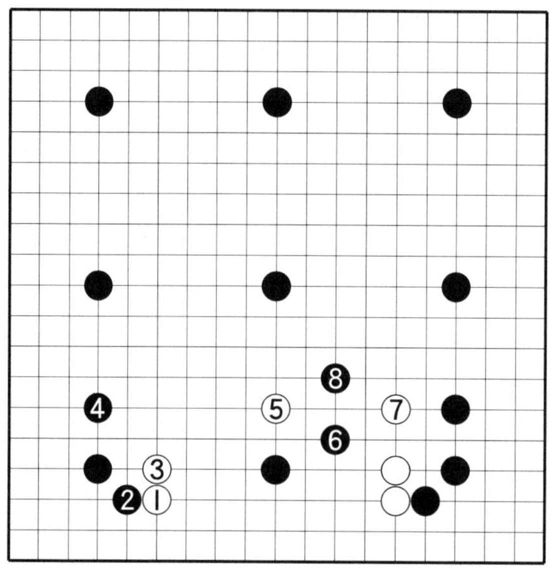

1도

1도(어려운 싸움)

백은 바로 1로 걸치는 게 좋고, 여기서 흑이 다시 2·4를 결정하면 이번에는 백의 모자가 안성맞춤이 된다. 흑은 계속해서 6·8로 백을 압박해가고, 이후 어려운 싸움이 예상된다.

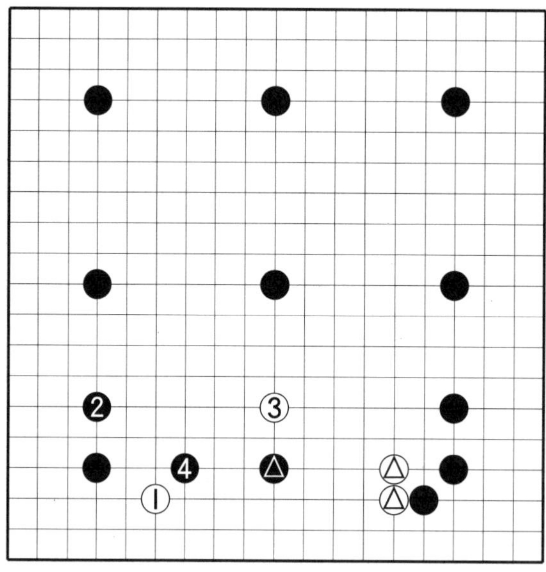

2도

2도(적극적인 수)

흑▲는 이미 백△의 협공 위치에 놓여 있다는 것을 감지해야 한다. 그러므로 백1에는 흑▲에 영향을 안 주기 위해 그냥 2로 받는 게 좋다. 백3의 공격에 대해 탈출을 용이하게 하기 위해서이다. 흑4가 적절한 타이밍.

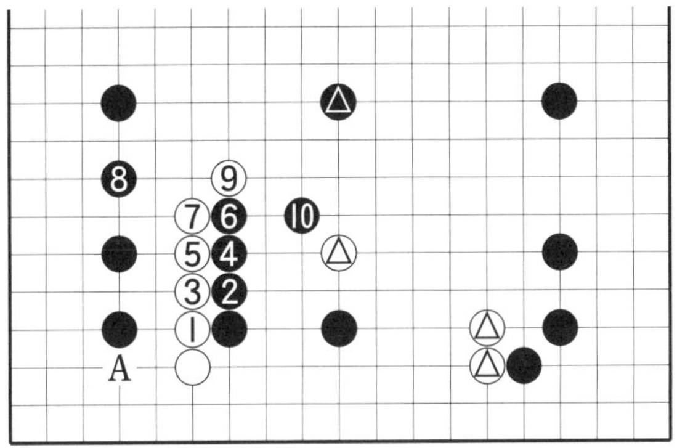

3도

3도(흑, 작전성공)

백7까지 힘차게 나오지만 실속이 없다. 흑10까지 작전 성공. 백△ 석점이 약해질 뿐 아니라 나중에 흑A면 좌하 백도 약해진다. 흑△가 큰 힘이다.

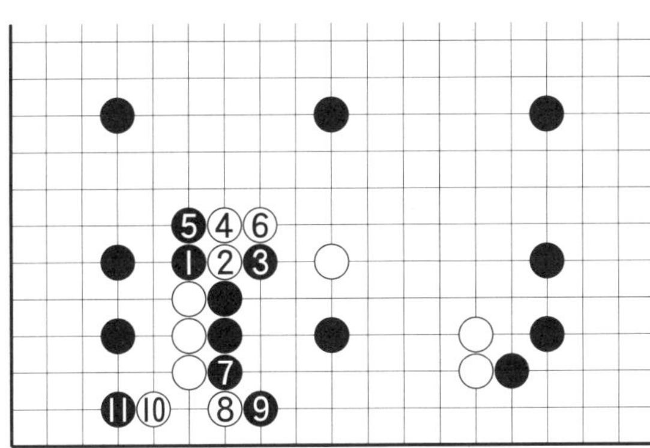

4도

4도(초강력)

흑1은 하수의 무서움을 보여주는 수. 기리에 맞고 바른 행마라면 겁날 게 없다는 뜻이다. 흑11까지 필연의 진행이고….

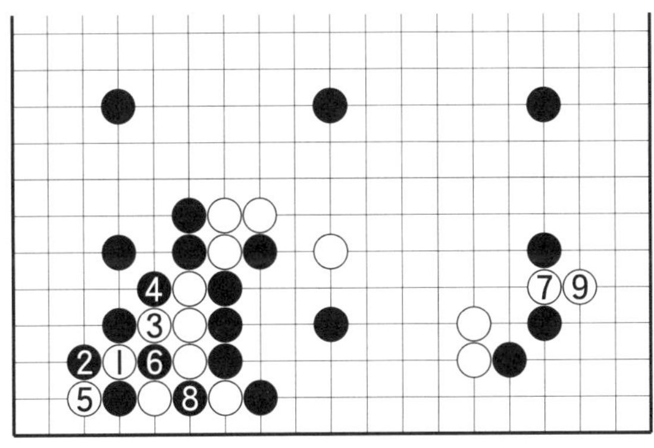

5도

5도(만패불청)

만약 백1부터 5까지 패를 걸어온다면, 흑은 강력하게 맞받아쳐 패를 결행한다. 초반은 만패불청, 백9까지 바꿔치기가 되지만 흑이 많이 유리하다.

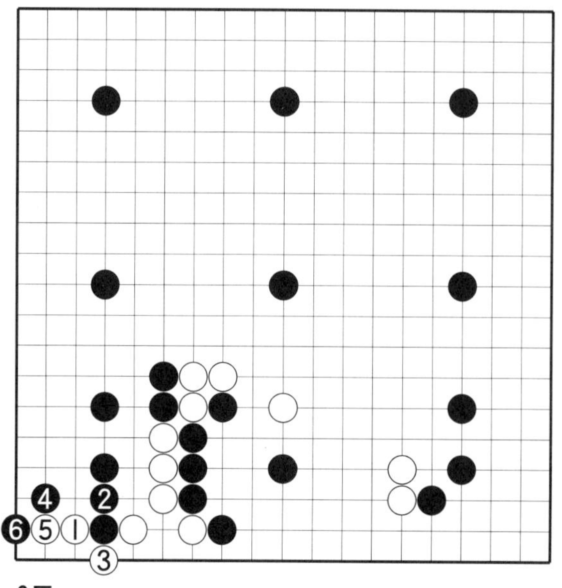

6도

6도(현혹수단)

백1이 흑을 홀리는 수지만 흑2로 잇게 되면 그만이다. 그리고 흑4로 지켜놓는다. 백은 5부터 안에서 삶을 구하지만, 결국 흑6 이하의 치열함에 살지도 못한다.

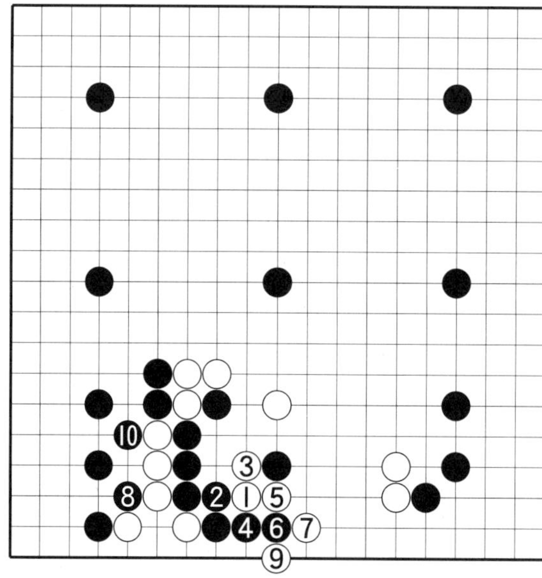

7도

7도(한 수 차이)

백이 수상전으로 가자는 것도 안 된다. 백1부터 수를 줄이지만 흑은 6까지 수를 늘릴 수 있는 것이 자랑이다. 흑10까지 백이 한 수 부족.

또…

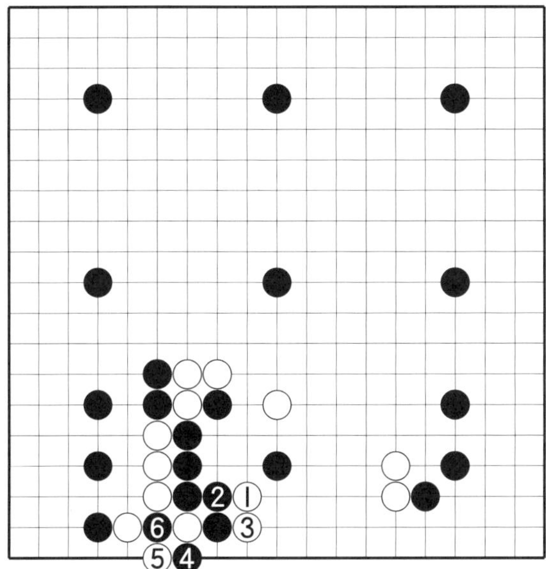

8도

8도(만패불청)

수상전을 하려면 할 수 없이 백3으로 내려올 수밖에 없는데, 흑은 과감하게 4로 몬다. 백도 이을 수는 없고 패로 받아야 하는데, 역시 만패불청이므로 백이 견딜 수 없다.

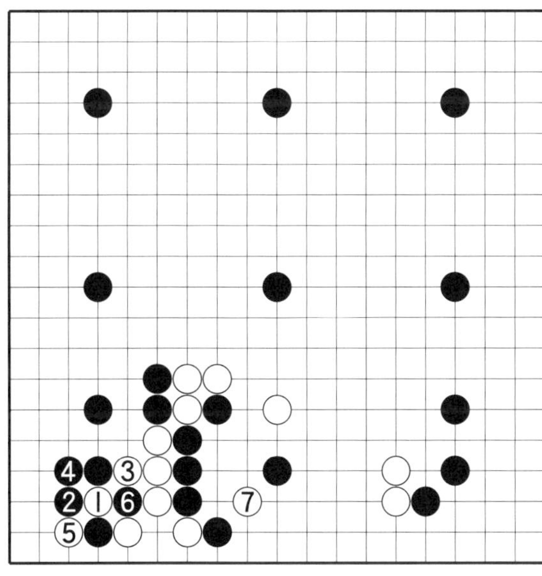

9도

9도(약한 모습)

거슬러 올라가 백이 1·3으로 버텨왔을 때 흑이 4로 물러나는 것은 약한 모습이다. 흑 6으로 패를 따내지만, 백에게는 한 수의 여유가 있어 백7이 통한다. 흑이 망한 모습.

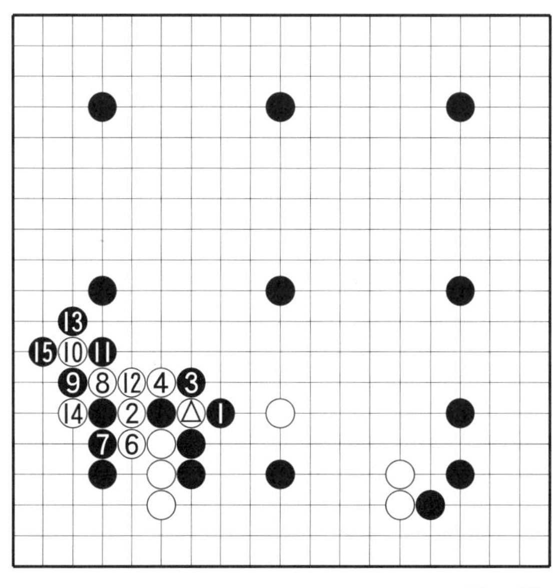

10도

10도(마지막 저항)

그러므로 흑1에 백은 나갈 수 없고 2·4로 되모는 정도이다. 계속해서 백8·10이 강력하지만, 흑은 여유 있게 15까지 실속을 챙긴다.

계속해서…

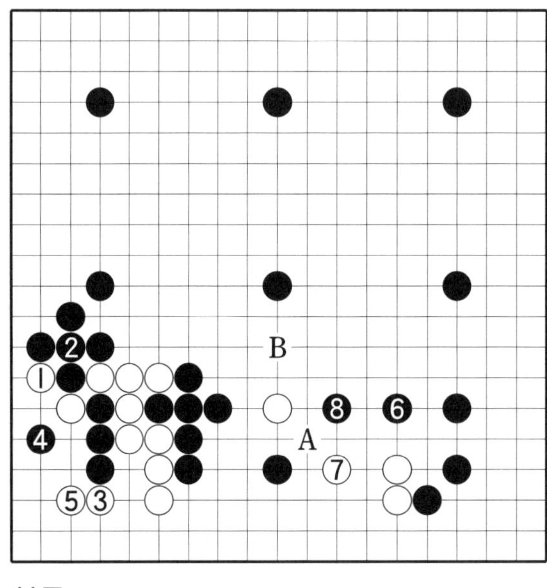

11도

11도(흑, 호조)

백은 계속해서 기분을 내지만, 흑6으로 손이 돌아와서는 아무 것도 아니다. 백7에는 흑8로 공세를 취하고, 만약 백A면 흑B가 급소. 전투에서 흑이 대성공을 거둔 모습이다.

제9형에서는 흑8의 씌움이 강력했다. 그래서 백은 A로 나오기 전에, 먼저 사전공작으로 백9에 붙이는 작전이 있다.

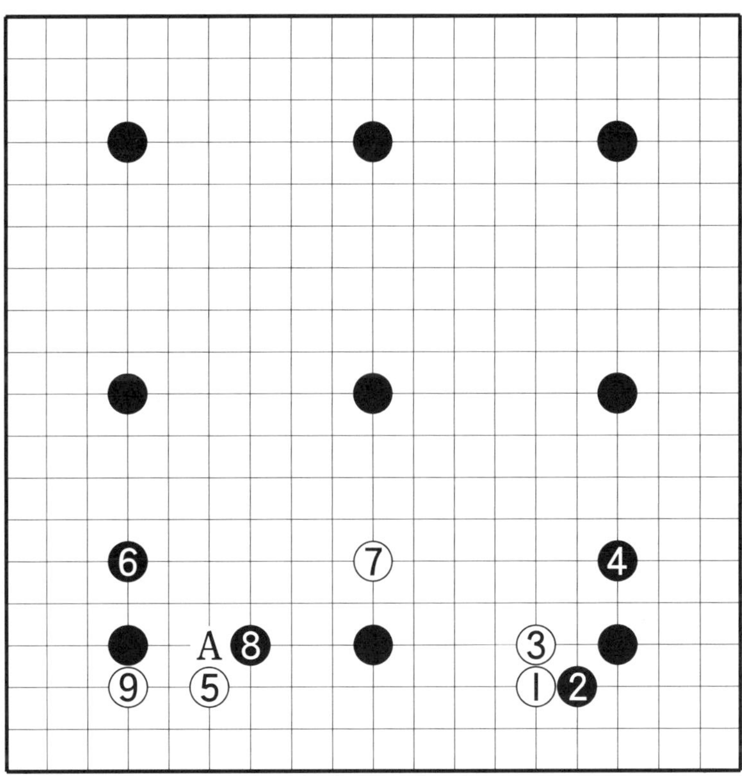

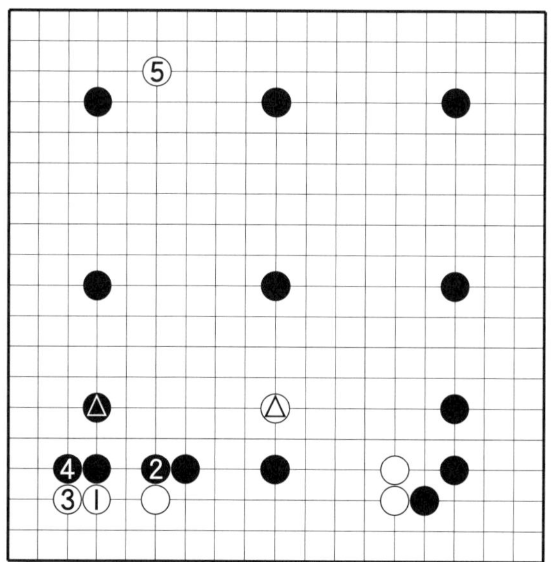

1도

1도(흑, 나약한 태도)

백1에 흑2로 막는 것이 무난하다고 생각될지 모르지만, 그렇지 않다. 백은 실리를 챙기고 잽싸게 5로 방향을 틀어 주도권을 잡는다. 흑은 ●가 중복이고, 백△에 의해 제한을 받는다.

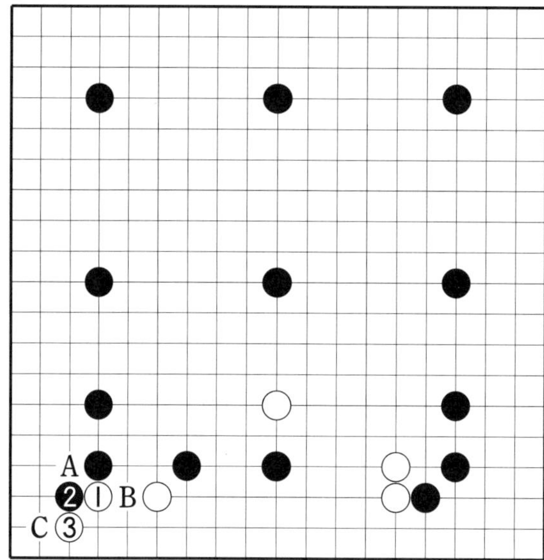

2도

2도(세 가지 응수)

흑은 무조건 2로 젖히고 봐야 한다. 백3은 예정된 수순이고, 이 다음 흑이 어렵다. A, B, C 가운데 가장 좋은 곳을 찾아야 하는데…

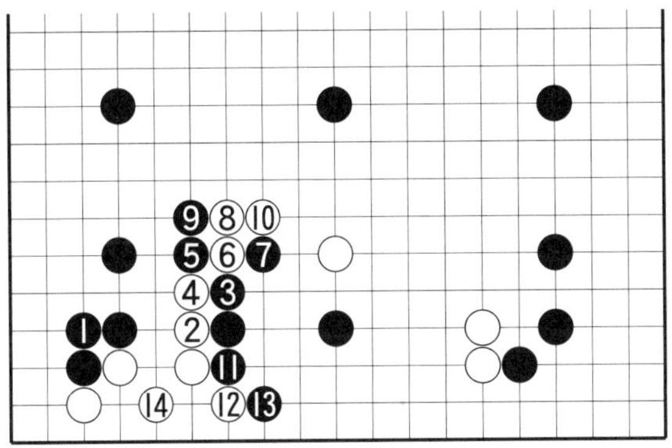

3도

3도(백의 의도)

가장 무난한 수가 흑1로 잇는 것처럼 보인다. 하지만 이것은 백의 바람이다. 흑5를 기다려 백6으로 끊어가는 게 주효한 작전. 백14까지 되려 흑이 걸려든 느낌이다.

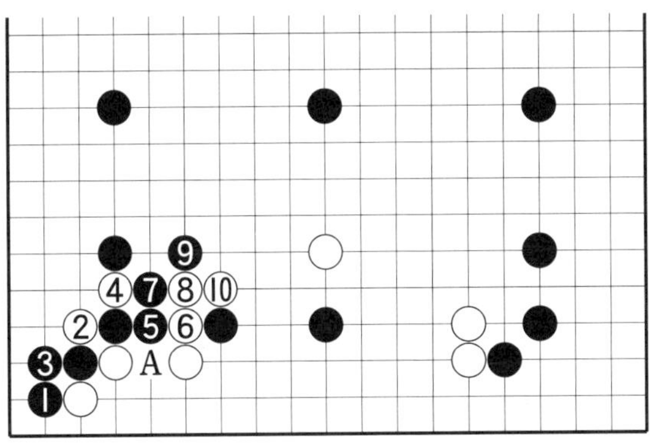

4도

4도(기분만 냈다)

흑1의 젖힘도 생각할 수 있다. 하지만 백2부터 몰아가는 행마법이 좋아, 백10까지면 흑이 당한 모습. 나중 백A의 곳도 선수.

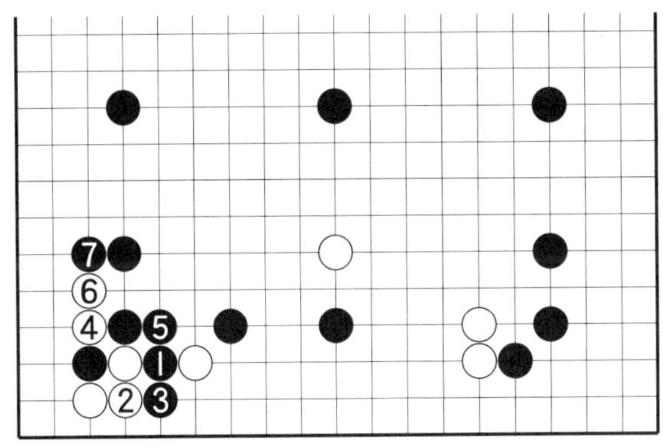

5도

5도(바른 행마)

과감하게 흑1·3으로 뚫는 게 바른 행마. 백은 4·6으로 살 수밖에 없는데, 흑7로 막고 보면 전체적으로 흑이 두터운 모습이다.

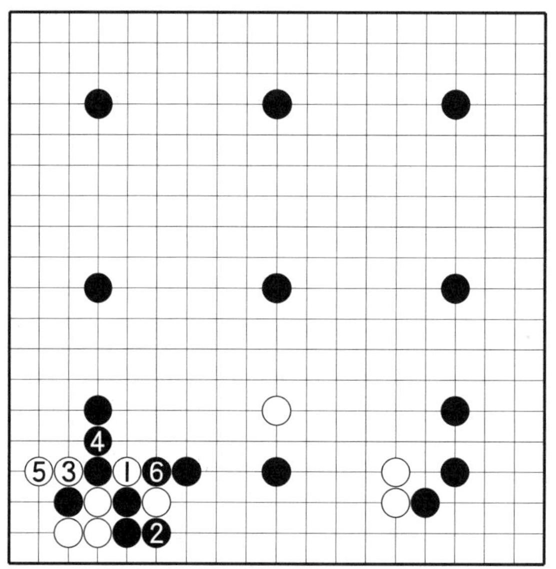

6도

6도(흑, 두터움)

이제와서 백이 먼저 1부터 끊는 것도 별 일이 아니다. 흑2가 침착한 수며, 백3부터 흑6까지 되고 나면, 전체적으로 흑이 두터운 모습이다.

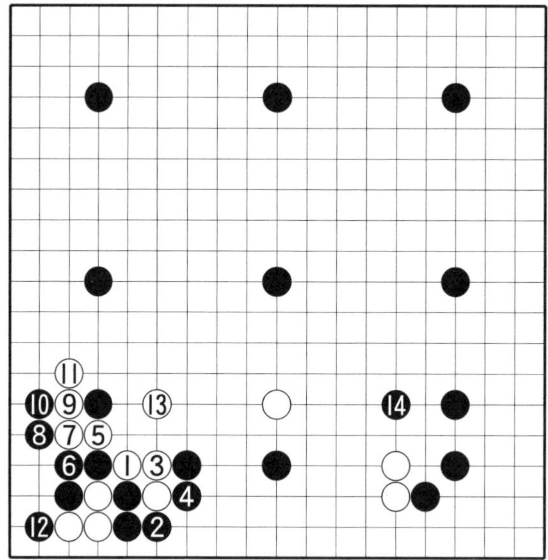

7도

7도(중앙을 중시)

백이 중앙을 중시하려면 3으로 잇는 수가 있다. 흑4부터 필연의 수순을 거쳐 실리 대 세력으로 갈리지만, 아무래도 흑14를 차지해서는 9점의 위력이 그대로 남아 있다.

72

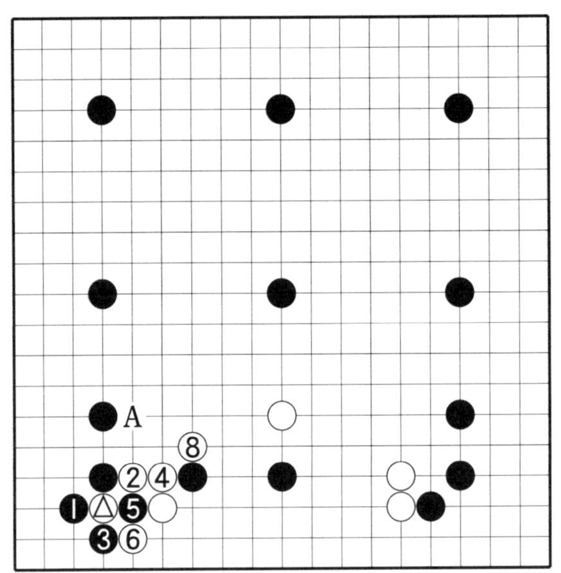

8도

8도(백의 변신)

 그래서 흑1에 백은 2로 변신할 수도 있다. 여기서 흑3은 백의 주문이다. 백4가 호착으로 8까지 되면 흑이 불만이다. 흑7로 8에 서면 A에 붙여나간다.

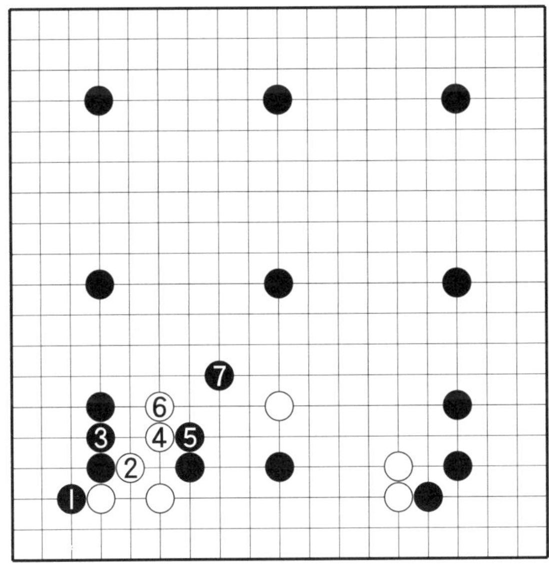

9도

9도(백, 괴롭다)

 흑3으로 꽉 잇는 게 이 장면에서 부분적인 정수이다. 만약 백이 밖으로 탈출을 시도하는 것은, 흑7까지 백은 공중에 떠다니는 곤마신세를 면치 못한다. 흑의 모습이 활기차다.

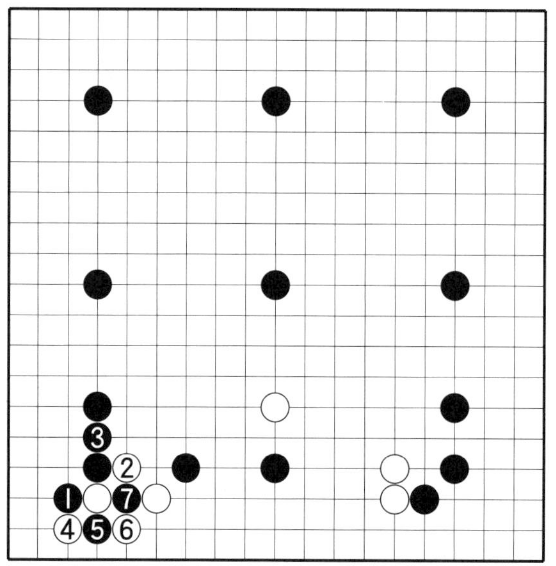

10도

10도(만패불청)

그렇다고 안에서 살자고 백4로 강력하게 버티는 것도 신통치 않은 것은 마찬가지. 흑은 겁낼 것 없이 5·7로 패를 결행한다. 초반의 패는 만패불청.

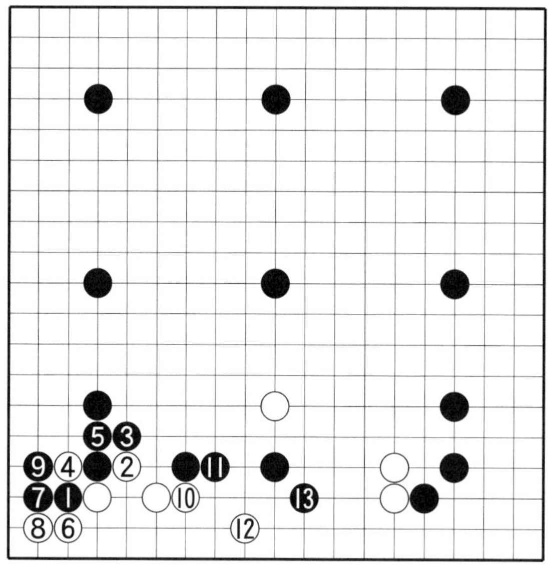

11도

11도(추천 수법)

이 장면에서 최강의 응수이자 강력하게 권하는 수가 흑3의 막음이다. 백4·6이 약간 아프지만, 흑은 중앙을 봉쇄했다는 게 엄청난 수확이다. 흑13까지 흑의 자태를 보라!!

　9점 바둑에서 흑2·4는 상당히 적극적인 공격법이다. 상수를 상대로 이렇게 압박하는 것은 많은 공부가 뒤따라야 한다. 이번에는 A의 걸침 대신 백5로 한 발 늦춘 다음 7에 씌운 변화이다.

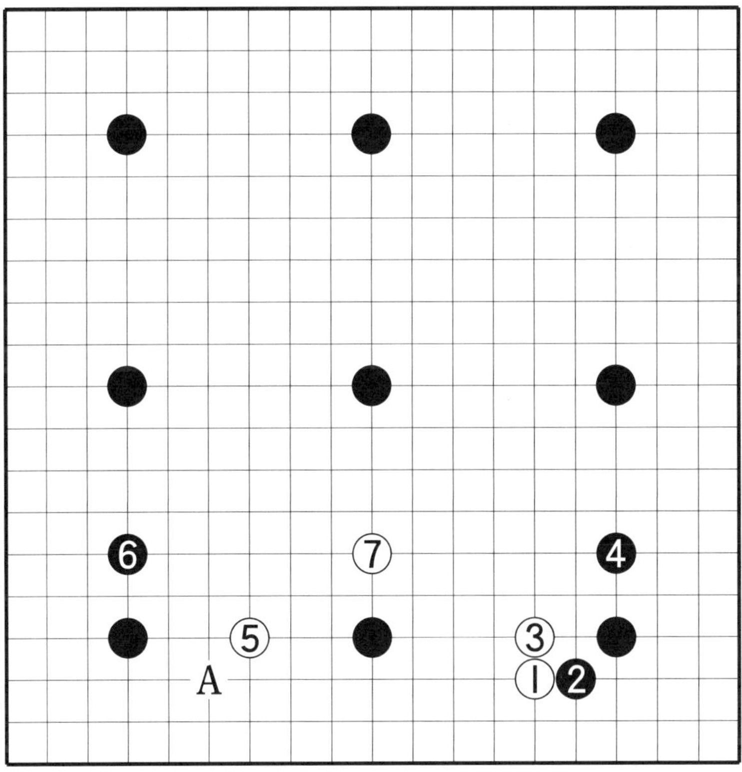

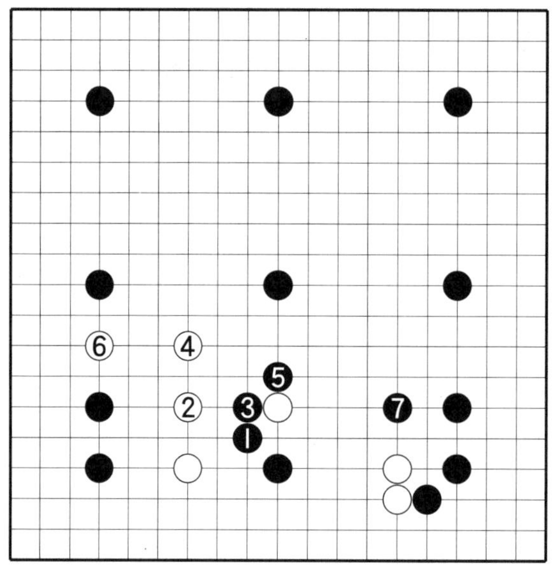

1도

1도(최선의 대응)

이미 기착점이 있다고 하더라도 상수를 상대로 공격한다는 것은 치밀함이 없어서는 안 된다. 지금도 흑은 정확한 수순에 의해 7까지 빈틈이 없다.

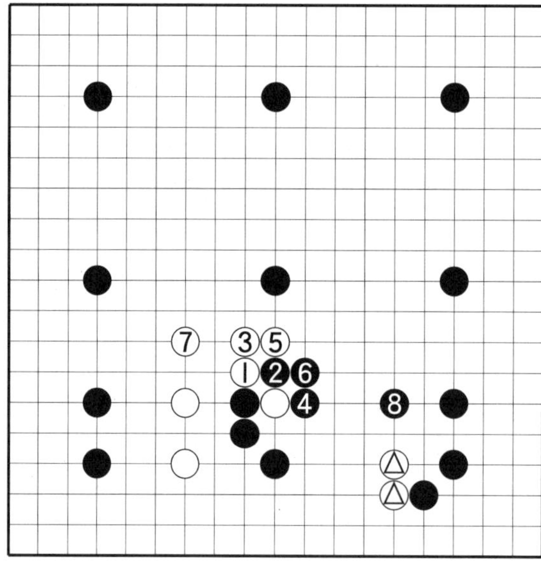

2도

2도(백, 무리)

1도 백4로 본도와 같이 1로 젖히는 게 될 듯 하지만 잘 안 된다. 흑2로 끊어가는 게 강력한 응징수단. 백7을 보강하지 않을 수 없을 때 흑8이면 백△ 두점이 고립된다.

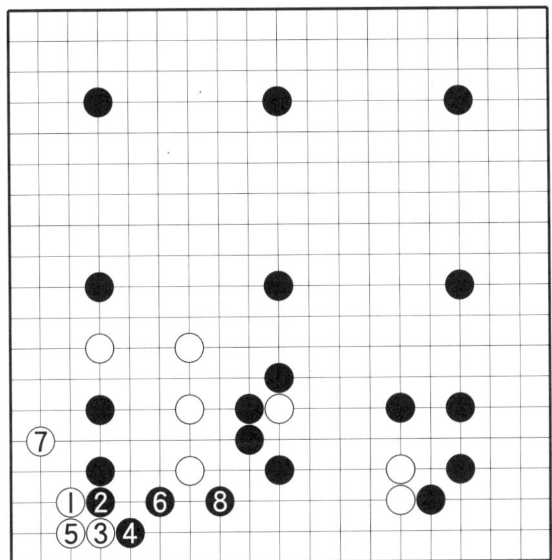

3도

그러므로 **1도**가 서로 최선의 응전이고, 다음 본도 백1은 좌하귀 흑 두점에 대한 공격의 나팔이다. 이때 흑2는 필연이며, 만약 백3부터 7까지면 흑8로 별 것이 없다.

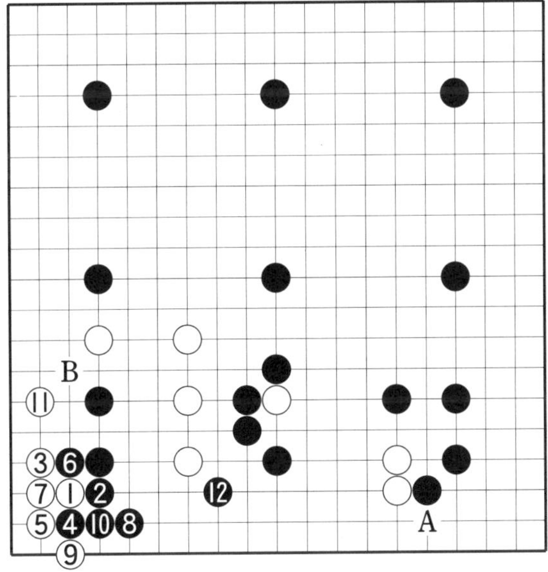

4도

4도(대동소이)

백3이 약간 흑에게 변화를 준 점이지만, 흑은 8로 지키는 수가 좋아 12까지 넘는 데는 지장이 없다. 이후 흑은 A와 B를 맞보기로 한다.

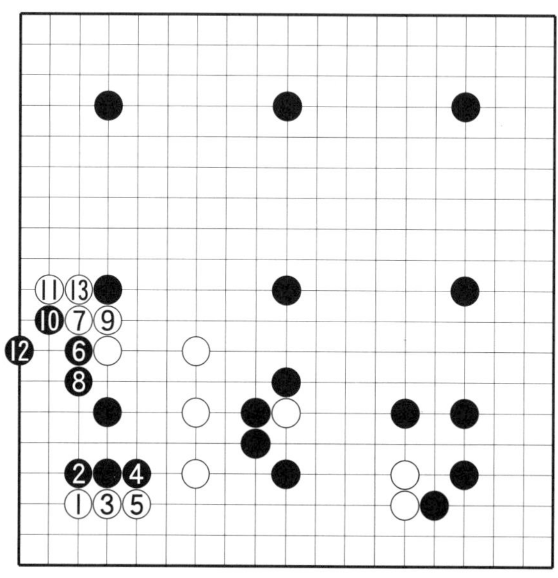

5도

5도(흑, 최악)

 상수를 공격하기 위해서는 최소한의 공격법은 익히고 있어야 한다. 지금과 같이 백1 때 흑2로 물러나는 것은 있을 수 없는 일이다. 흑12까지 안에서 쌈지를 떠서는 이 바둑을 이길 수 없다.

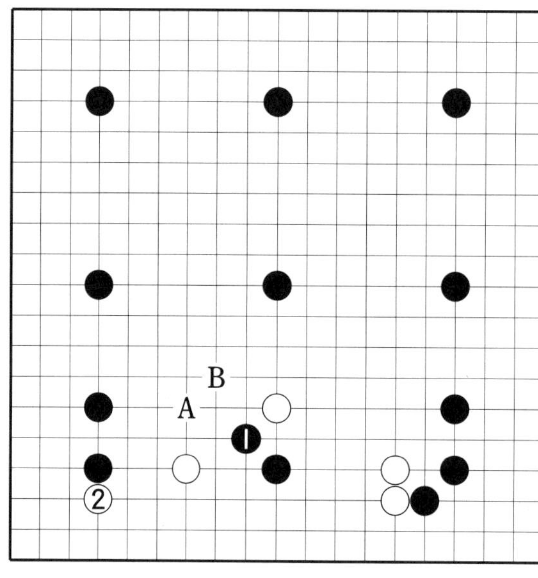

6도

6도(응수타진)

 백은 A로 나가기 전에 2에 붙여 응수를 묻는 게 재미있는 점이다. 이쪽 응수 여하에 따라 B에 씌워갈지도 모르기 때문이다.

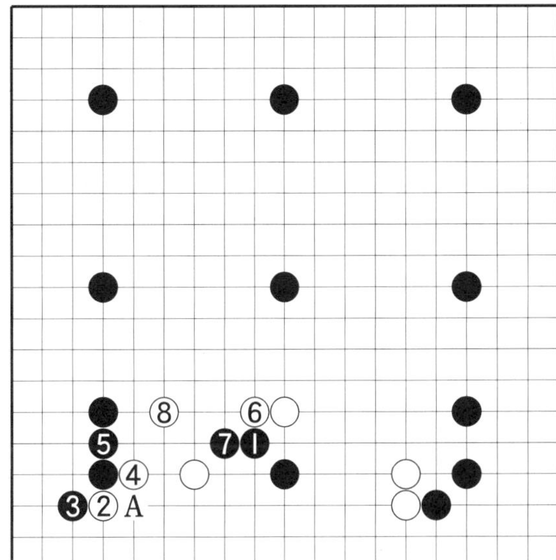

7도

7도(위력적)

흑은 자칫 하변 두점에 영향을 미칠지도 모르기 때문에 A로 젖히는 것은 생각할 수도 없다. 흑3이 보통의 발상이고, 이때 백은 기회를 잡았다고 생각해 백8까지 흑을 크게 공격해간다. 흑은 갑자기 답답해지기 시작하는데…

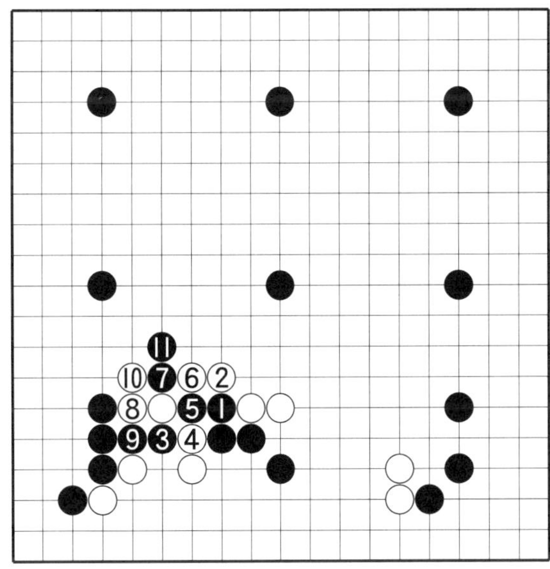

8도

8도(백, 망함)

7도까지는 흑이 답답한 모양이었지만, 정확한 탈출법을 알고 있다면 걱정할 게 없다. 흑1부터 정확한 수순에 의해 흑11까지 되고 보면 백이 망한 꼴이다.

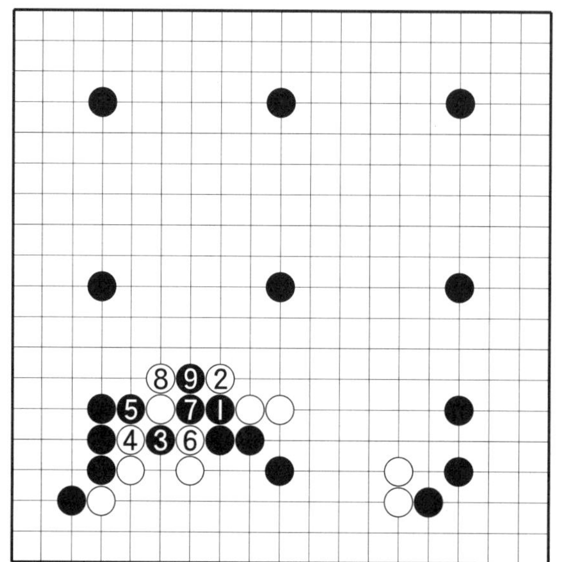

9도

9도(탈출 성공)

흑3의 건너붙임에 백 4로 물러나도 비슷한 결과이다. 흑9까지 머리를 내밀면 백은 이 흑을 막을 길이 없다. 역시 백이 망한 모습.

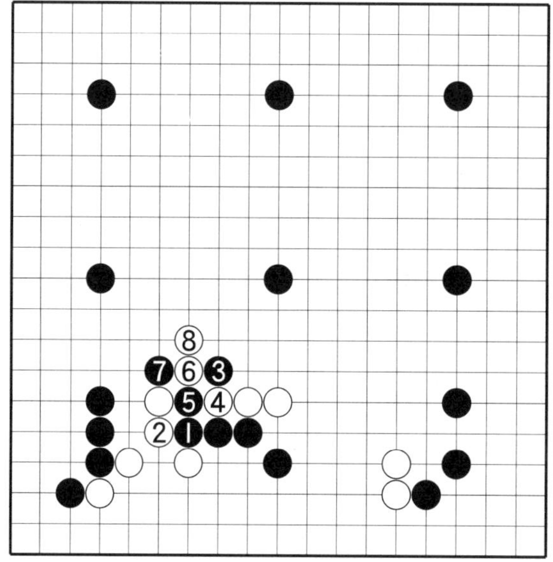

10도

10도(흑, 조심)

이런 장면에선 정확한 수읽기를 요한다. 가령 흑1부터 출발하면 안 된다는 것이다. 흑7까지 발버둥을 치지만 밖으로 나오는 수단은 없다. 흑은 순식간에 위험에 처하게 된다.

 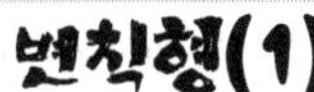

백1은 상수의 상투적인 걸침법. 이에 대한 흑의 응수 가운데 A의 날일자는 견실하고, 흑2의 한칸은 적극적인 응수다. 이때 백은 손을 빼서 3의 날일자, 드디어 5의 변칙수를 들고 나왔다.

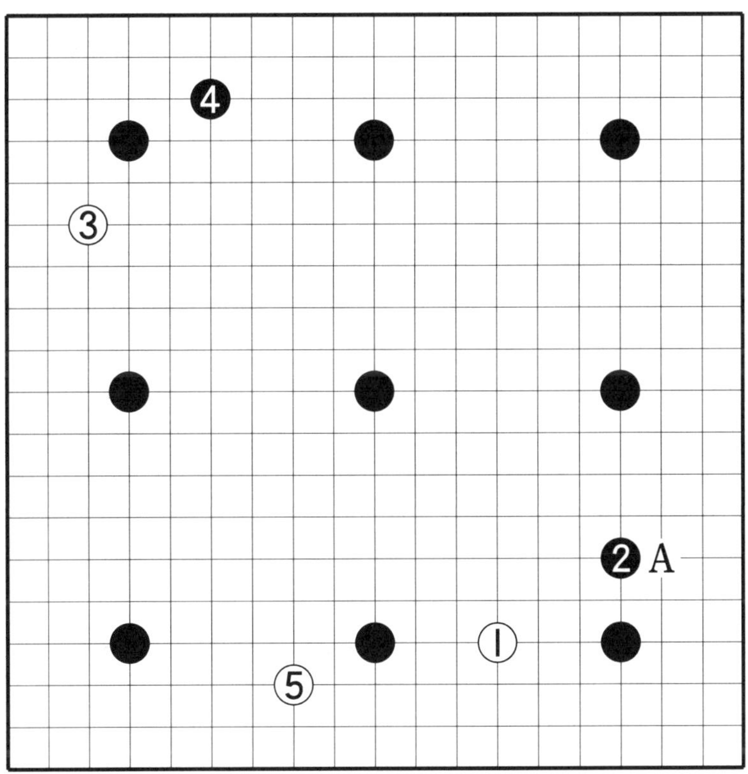

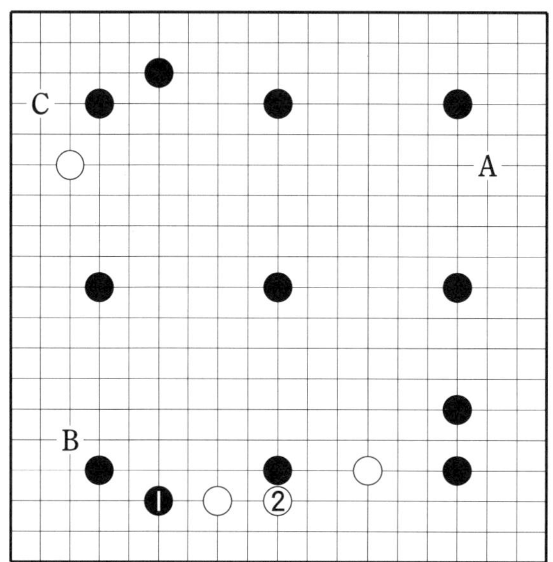

1도

1도(예정된 행동)

백의 노림은 애초에 흑1을 기다려 백2로 붙인 점, 사실 여기서 흑은 손을 빼고 A, B, C 등 큰 곳으로 방향을 틀어도 좋다. 실전에서도 손을 뺀 경우가 많다.

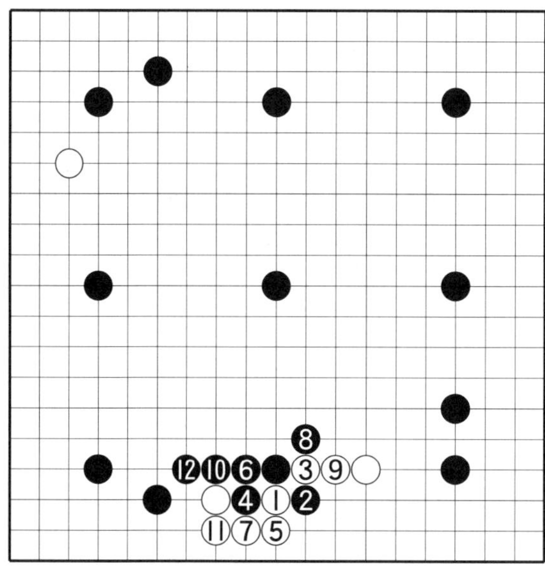

2도

2도(추천수)

백1에 대한 흑의 응수로서, 가장 무난하고 간명한 방법으로 흑2가 있다. 백3은 예정된 끊음이지만, 흑4부터 12까지 간명하게 처리하면 흑이 나쁠 것이 없다.

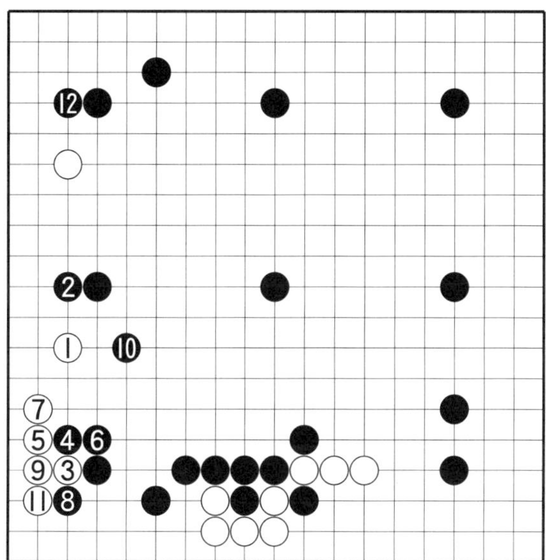

3도

3도(예상도)

 백은 다시 흑의 약점을 파고들어 1부터 흑진을 공략하지만, 흑은 조그맣게 살려준다는 각오로 실리를 허용한다면 불만이 없다. 흑12를 선착해서는 흑의 우세.

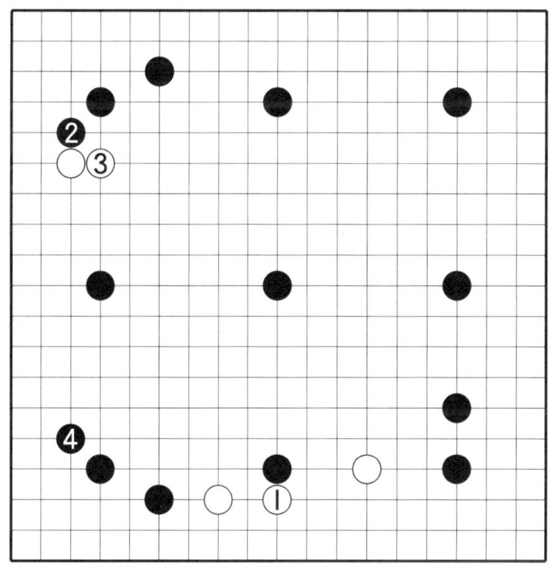

4도

4도(손빼기 작전)

 사실 하수의 입장에서 백1로 붙여오면 골치 아프다. 자칫 잘못 응수하면 크게 당하기 때문. 그러므로 가볍게 손을 빼고 흑4까지 실리를 챙긴 후 관망하는 것도 아주 좋은 작전이다.

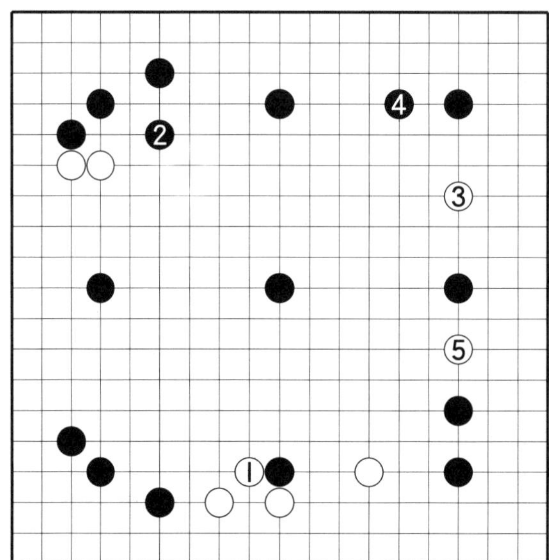

5도

5도(잘게 쪼갠다)

4도에 이어 좀 더 예상되는 진행을 살펴보면, 백1과 흑2는 서로 자기 갈 길을 가겠다는 두터운 자리이고, 백3·5가 다시 흑을 잘게 쪼개며 괴롭게 만드는 변칙수이다.

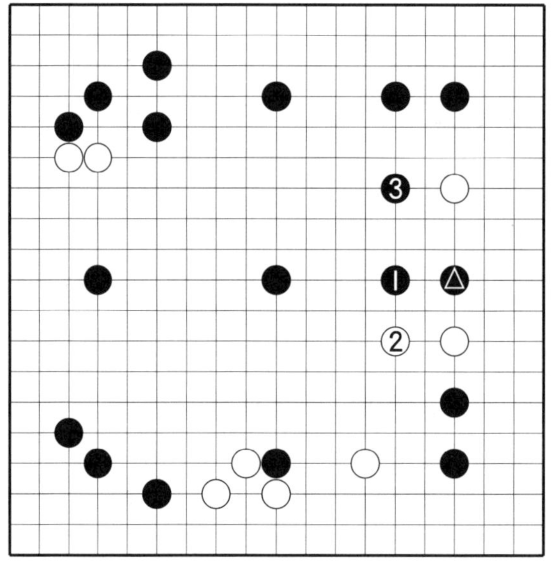

6도

6도(당당하다)

흑은 일단 겁내서는 안 된다. 가장 급한 게 무엇이고, 어떻게 해야 할 것인가를 결정한다면 간단하다. 지금은 흑△가 가장 급하기 때문에 서둘러야 한다. 흑1은 아주 당당한 모습.

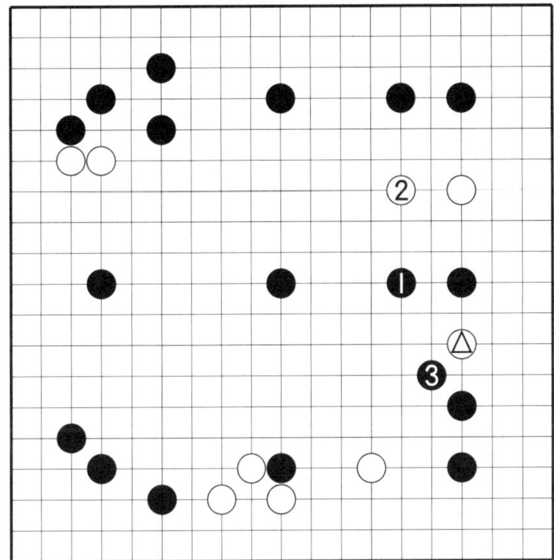

7도

7도(백을 응징)

6도 흑3이 너무 뼈아 프므로 흑1에는 백2의 보강도 생각해 볼 수 있다. 하지만 지금은 흑3이 너무 좋아 백△ 한점이 고스란히 잡힐 위기에 처한다. 백△ 의 무리함을 공격하는 장면이다.

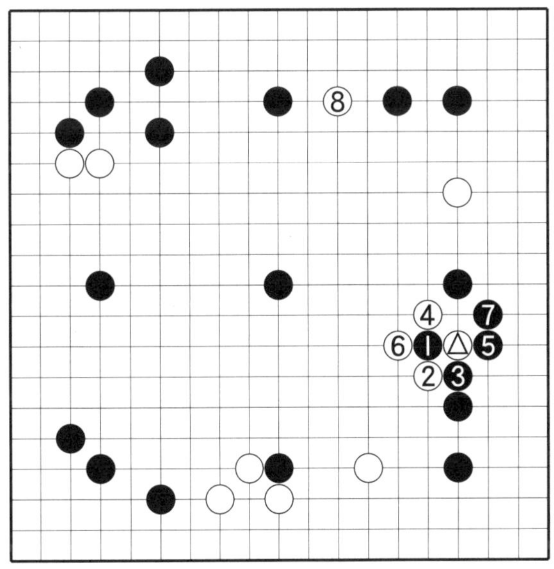

8도

8도(낙제점)

실전에서는 백△로 침공해왔을 때, 지금 과 같이 아래로 넘어 가는 경우가 많다. 흔 히 볼 수 있는 과정이 지만, 흑은 낙제점 대 응이다. 중앙 백이 두 터워진 것을 보라!

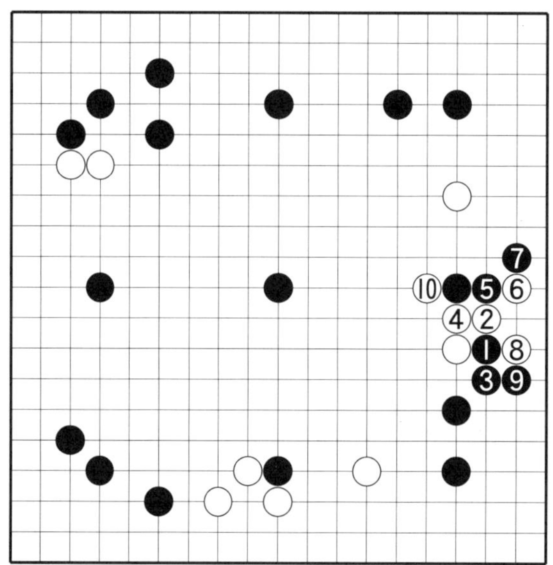

9도

9도(빵점짜리)

이런 장면에서 최악의 그림을 보고 있는 것이다. 흑1·3은 지금까지 잘 두어온 행마에 결정적으로 찬물을 끼얹은 꼴. 백10까지 당하면 승패가 뒤바뀔지도 모른다.

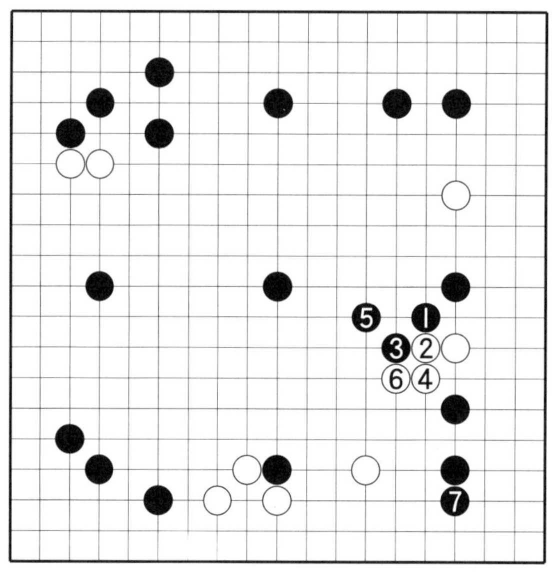

10도

10도(추천수)

이런 장면에서 가장 적극적이며 추천할 만한 행마가 바로 흑1의 마늘모다. 그리고 백6까지 강요한 후 흑7로 지켜두고, 백의 허점을 노리는 것이 이상적이다.

 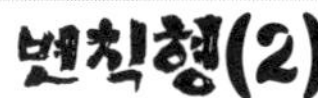

　백1·3같이 접바둑에서는 이렇게 뚜벅뚜벅 걸치는 장면이 흔하게 나온다. 문제는 백5인데, 순리대로라면 흑은 A에 지키는 것이다. 하지만 아무래도 6의 모자가 눈에 들어오므로, 흑은 먼저 이 자리를 지키고 보았다. 자! 이후의 행보는?

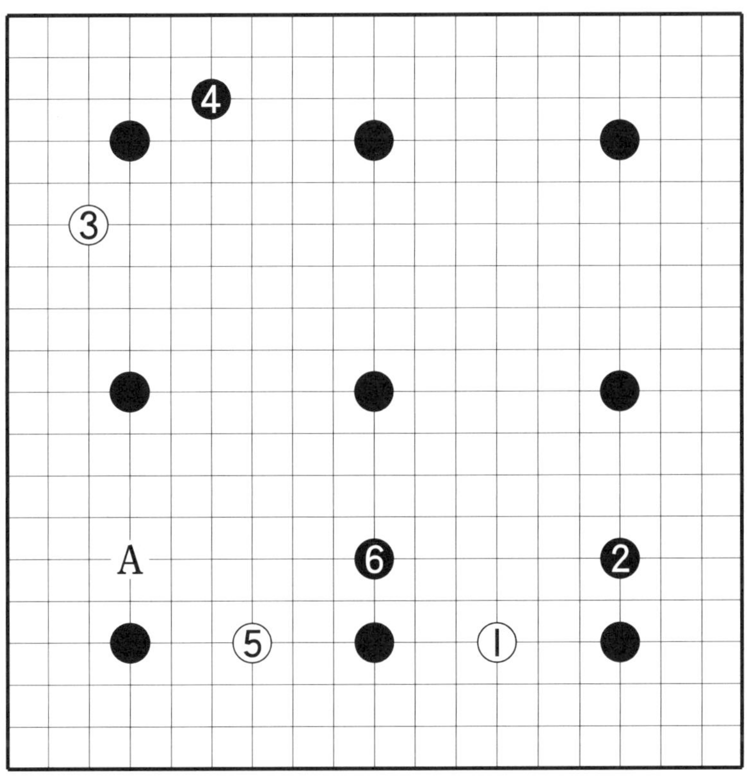

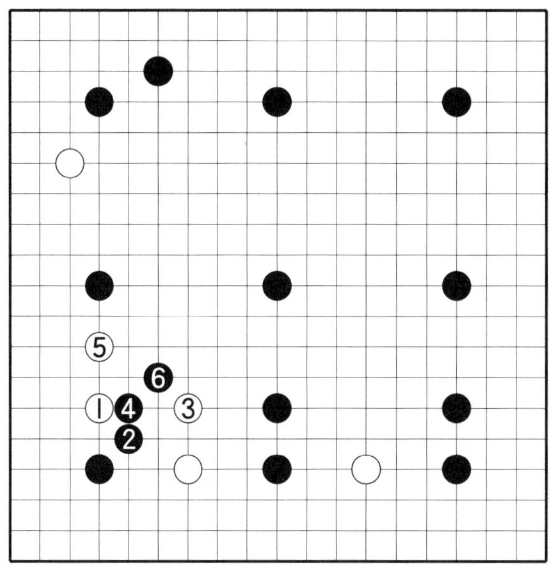

1도

1도(공식처럼)

접바둑은 초반에 특별한 경우가 아니라면 어떻게 두어도 유리할 수밖에 없다. 하물며 초반의 공식 몇 가지만 알면 두려울 게 없다. 지금 백1의 양걸침도 마찬가지. 여기서 흑은 6까지 머리를 내미는 공식을 알아 두자.

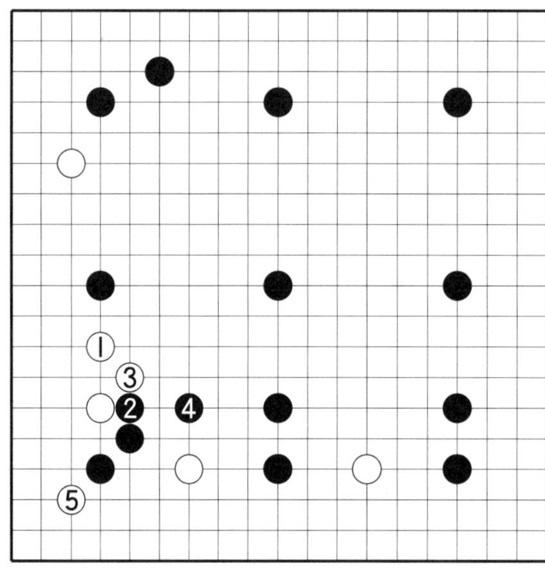

2도

2도(흑, 좋은 행마)

백이 4 자리를 보류하고 바로 1 자리에 보강하는 것도 생각해 볼 수 있는 점이다. 그렇다면 흑2·4가 좋은 행마. 백5의 침입은 당연한 점이며, 이때 흑의 다음 한 수가 중요하다.

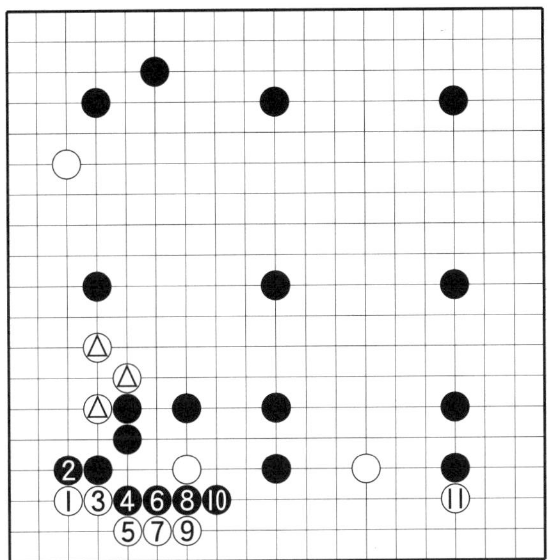

3도

3도(방향이 틀림)

흑2로 막는 것은 안 될 일이다. 백은 흑10까지 강요한 후 다시 11로 자리를 옮겨 수습에 나선다. 좌변 백 △ 석점은 아직 탄력이 풍부해 잘 잡힐 것 같지도 않다.

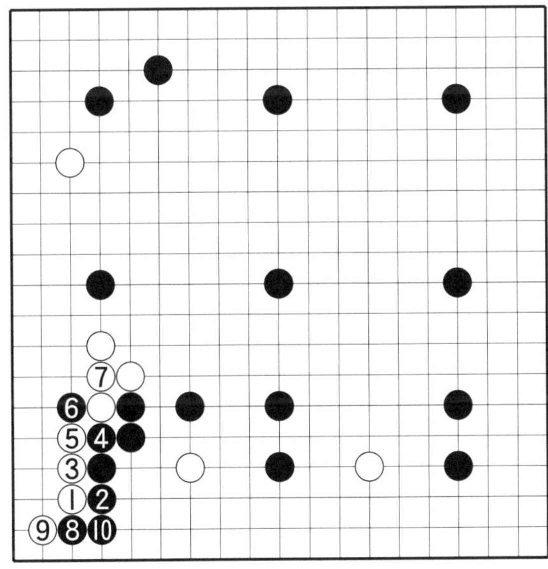

4도

4도(바른 방향)

흑2쪽에서 막는 게 바른 방향이다. 흑6의 선수 한 방을 알려놓고, 흑10까지 결정짓는 게 간명한 방법이다. 이후 예상도는 어떻게 될까?

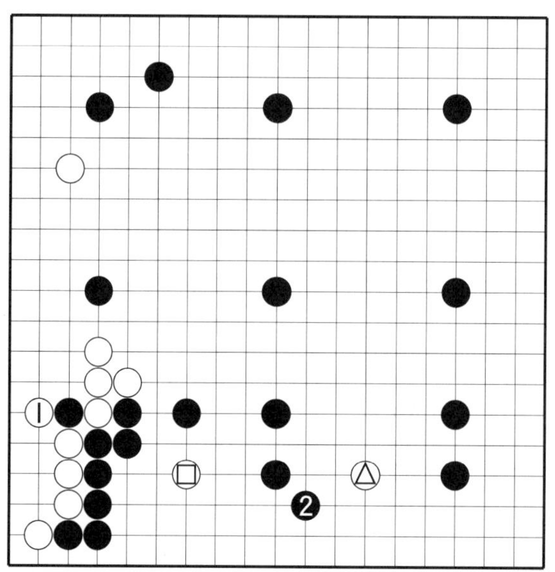

5도(흑, 대만족)

백의 불만은 이 곳을 생략할 수 없다는 데 있다. 백1의 보강이 불가피할 때 흑은 백△ 한점을 공격하며, 백□ 한점을 완전히 손아귀에 넣는다.

5도

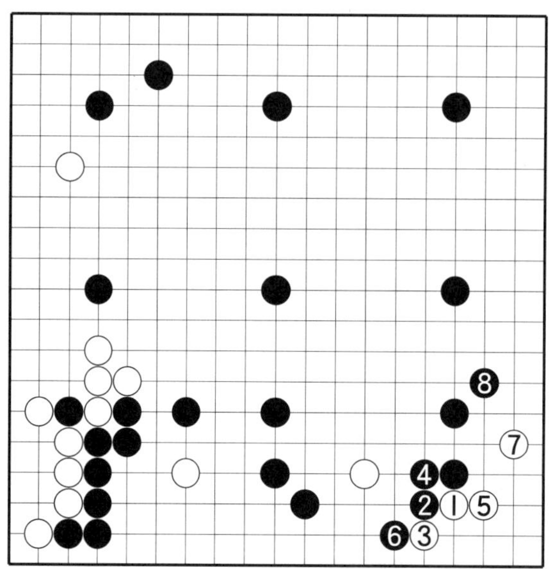

6도(흑의 행마법)

백의 타개법을 가정하면 1로 붙이는 정도이다. 이때 흑의 결단이 아주 중요한데, 이제는 5쪽에서 늦추는 것보다 과감하게 흑2로 반발하고, 백3에 흑4로 꽉 잇는 행마법을 알아 두어야 한다. 그렇게 되면 흑8까지 대만족.

6도

90

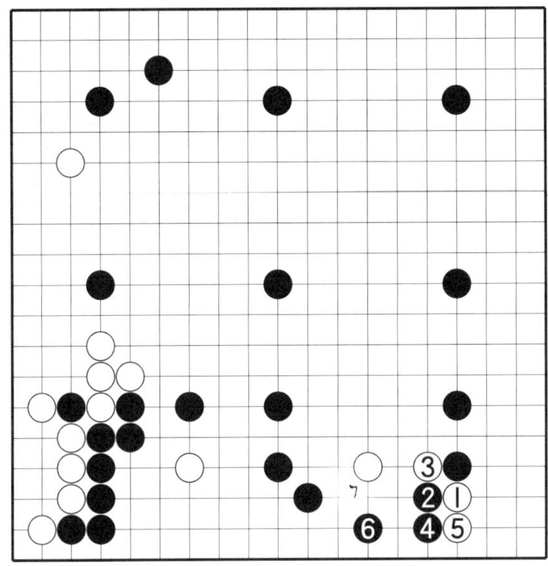

7도

7도(끊으면 는다)

문제는 흑2의 강수에 백이 호락호락 받아줄 리가 없다. 백3으로 끊어올 때가 하수의 입장에서는 제일 난감한데, 꼭 알아 두어야 할 것은 '끊으면 는다'를 기억하고 있어야 한다. 흑6까지 되고 보면 걱정할 게 없다.

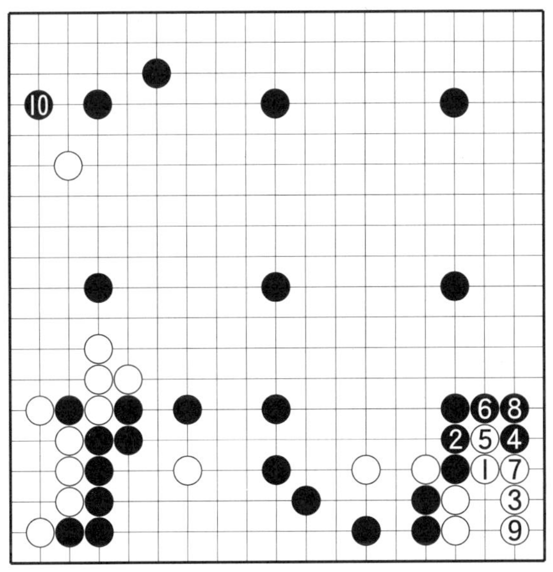

8도

8도(쌈지를 뜸)

백이 할 수 있는 것이라고는 억지로 안에서 삶을 구하는 것밖에는 없다. 백9까지 쌈지를 뜰 때, 흑10으로 아주 견실한 실리를 차지한다.

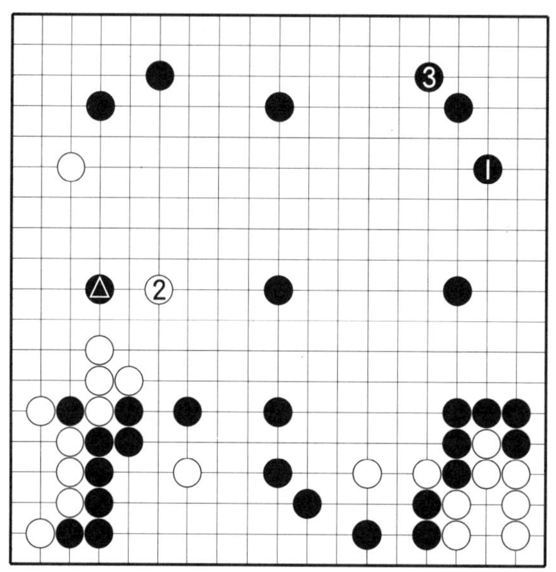

9도

9도(흑의 다른 작전)

　8도 흑10은 다른 작전을 구상할 수도 있다. 일단 흑1로 반상 최대의 곳을 차지한 후 백2 때 흑△ 한점을 버리는 작전으로 간다. 그리고 흑3의 곳에 다시 말뚝을 박으면 흑의 철옹성이 갖춰진다.

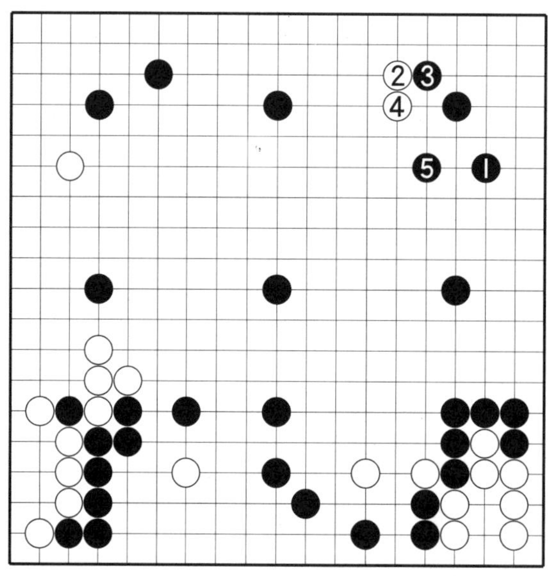

10도

10도(흑, 압승 예상)

　그렇다고 흑1에 대해 백2로 적극적인 걸침을 해와도, 흑은 이미 놓여진 돌들을 최대한 활용하면 된다. 흑3·5의 행마가 아주 좋다. 이 정도까지 되면 흑의 압승이 예상된다.

 제14형 

변칙형(3)

　　이번에는 상수의 전형적인 공격법이다. 이곳 저곳 걸쳐놓은 후 흑의 약점 한 곳을 파고들어 변화를 꾀하는 작전이다. 이때 흑은 알고 있어야 할 패턴이 있는 것이다.

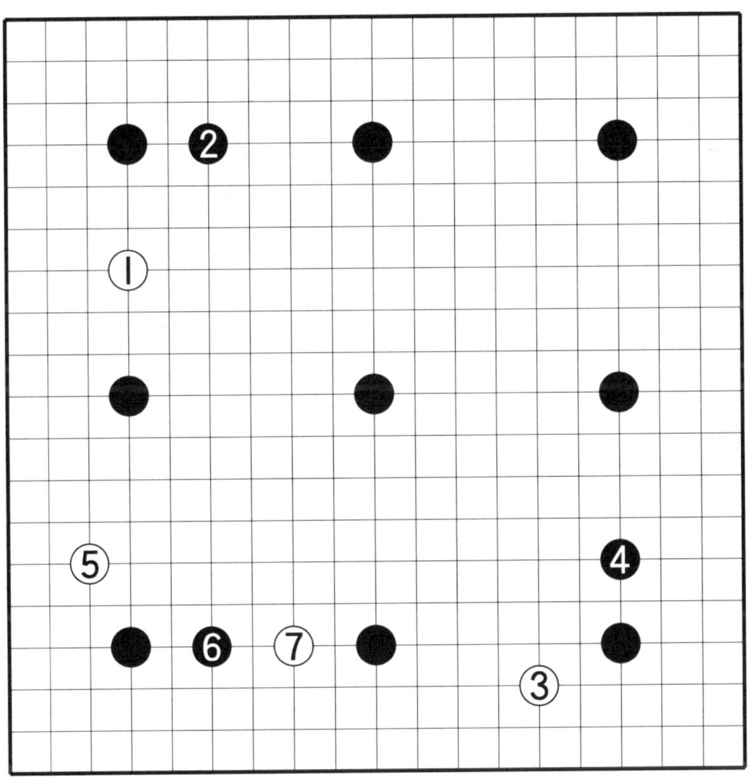

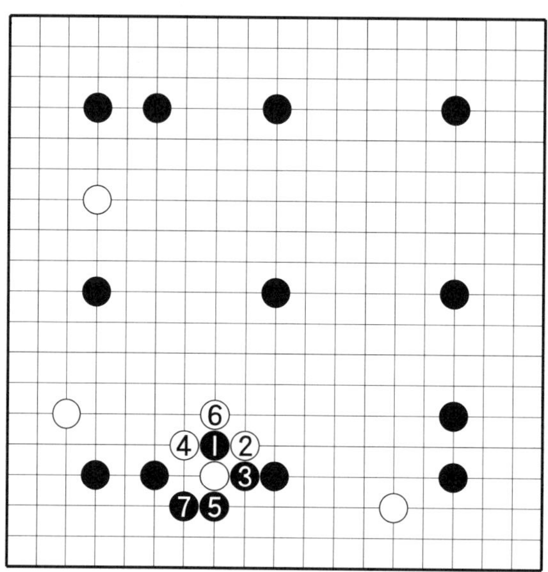

1도

1도(낙제점)

흑1 이하 7로 넘는 것은 하수들이 제일 많이 선택하는 수법 가운데 하나이다. 그러니 9점을 깔고 바둑을 둔다고 위로할 지 모르지만, 이 선택은 낙제점이라는 것이다.

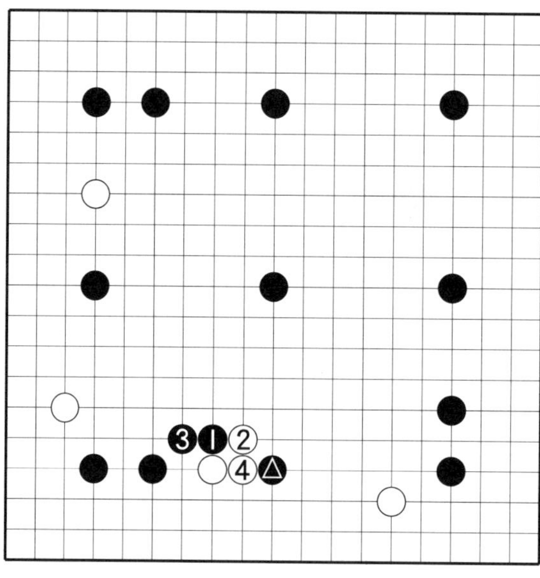

2도

2도(속수행마)

흑1·3을 선택하는 경우도 종종 볼 수 있는 행마. 하지만 이 선택도 하수의 전형적인 모습이다. 흑⦿ 한점이 폐석화된 게 너무 아프기 때문이다.

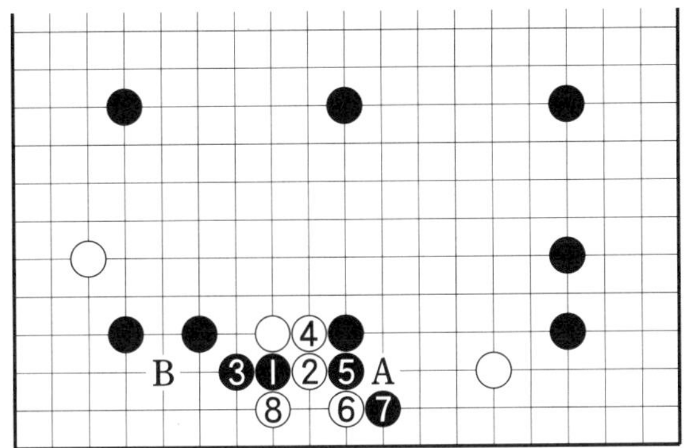

3도

3도(빵점짜리)

 흑1・3으로 붙여끄는 수는 빵점짜리라고 앞에서 배운 바 있다. 백8까지 되고 보면, A와 B가 맞보기로 흑이 많이 당한 모습이다.

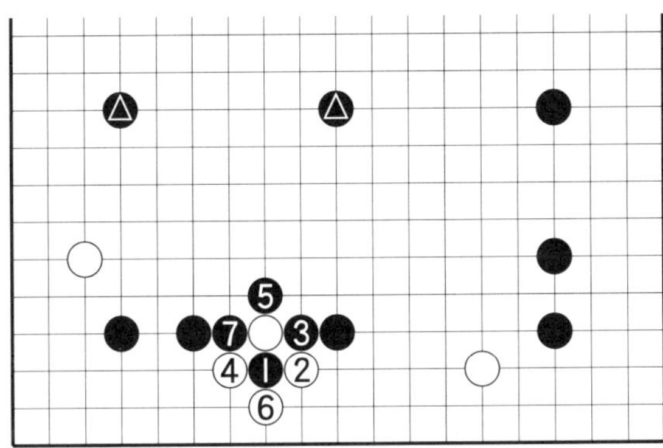

4도

4도(조금 낫다)

 백2 때 흑3으로 끊는 행마는 그래도 1, 2, 3도보다는 조금 낫다. 흑7까지 중앙 흑▲ 점들이 아직 역할을 하고 있기 때문이다.

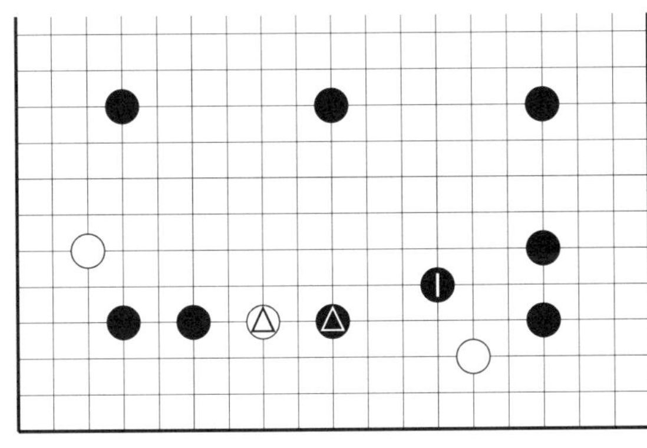

5도

5도(추천수)

 여기서 알아야 할 것은 백△는 별 것 아니라는 것이다. 흑1이 여기서 추천할 만한 호수. 흑▲ 한점을 응원하며 중앙을 두텁게 만드는 호점이다.

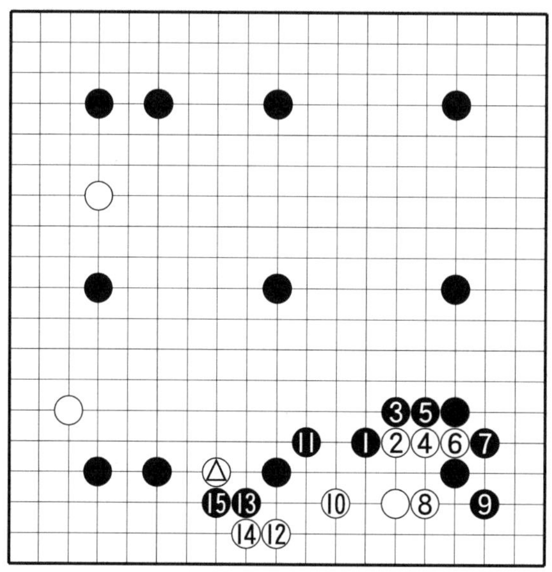

6도

6도(흑, 대성공)

백의 괴로움은 흑1에 나갈 만한 곳이 없다는 데 있다. 고작 백2 이하로 움직여보지만, 백14까지 안에서 사는 정도이다. 그 동안 흑은 백△ 한점을 제압해 대성공을 거둔 모습이다.

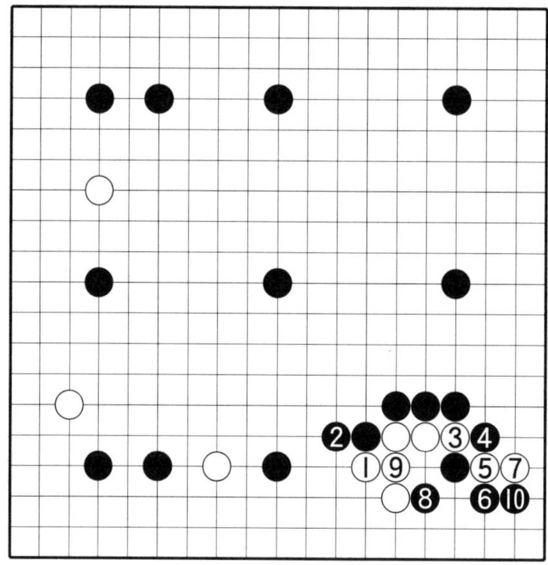

7도

7도(흑의 강수)

전도 백6으로, 먼저 백1과 흑2를 교환하고 3·5로 나와 끊는 것이 있을 듯하지만, 흑 6·8의 강수로 무산되고 만다.

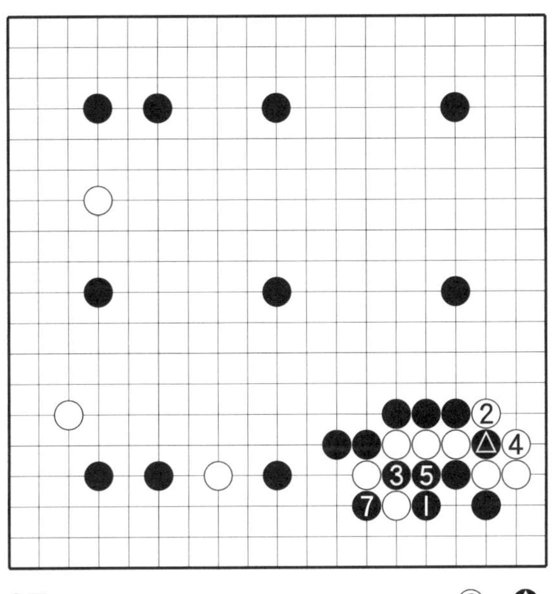

8도

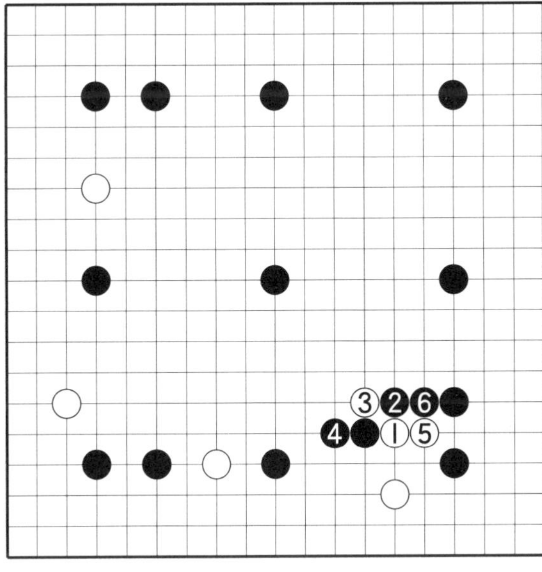

9도

8도(백, 망한 꼴)

흑1에 백2로 한점을 잡는다면 이번에는 흑 3으로 먹여친다. 5까지 돌려친 후 7로 확실하게 백 두점을 잡으면 백이 망한 꼴이다.

⑥…△

9도(마지막 고비)

백1·3의 절단이 흑에겐 마지막 고비이다. 이럴 때가 사실 하수는 난감하기 그지없는데, '는다'라는 것을 알고 있으면 간단하다. 흑4가 정답. 백5는 흑6으로 그만.

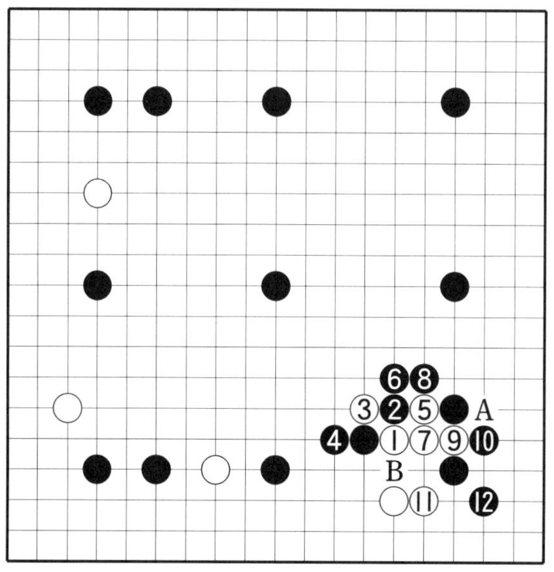

10도

10도(흑의 강수)

문제는 백5 때이다. 이때 흑6으로 느는 것이 강수. 이하 백이 무엇인가 될 듯하지만, 흑의 정확한 응수에 무효로 돌아간다. 백11로 A는 흑B로 그만.

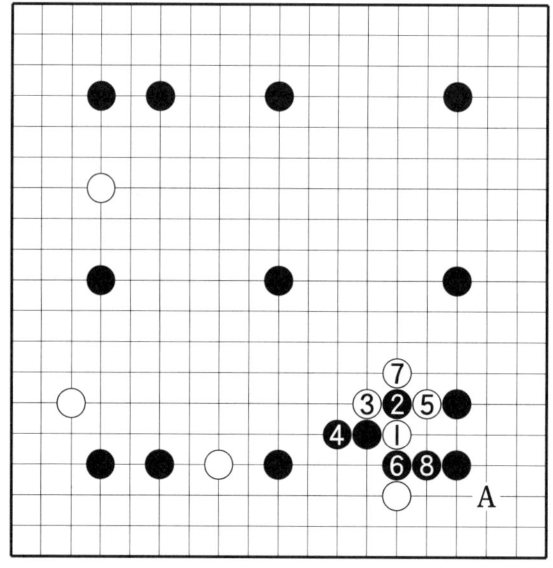

11도

11도(백의 주문)

여기서 흑6·8은 백의 주문이다. 일단 빵따냄이 기분좋고, 이후 귀에는 아직도 A의 맛이 남아 있다.

변칙행(4)

　9점 접바둑 마지막회이다. 이 외에도 다양한 변화가 있지만, 이 정도면 어느 정도는 9점을 극복할 수 있을 것이라 믿는다.

　이번에는 흑6 때 백7로 침공해왔을 때의 변화도이다. A와는 한 줄 차이지만 많은 변화를 내포하고 있다.

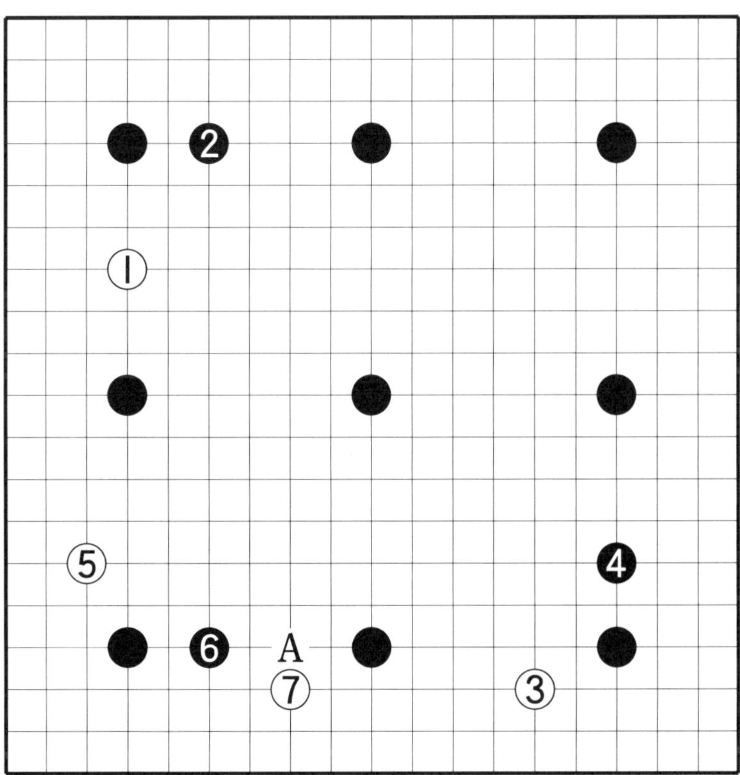

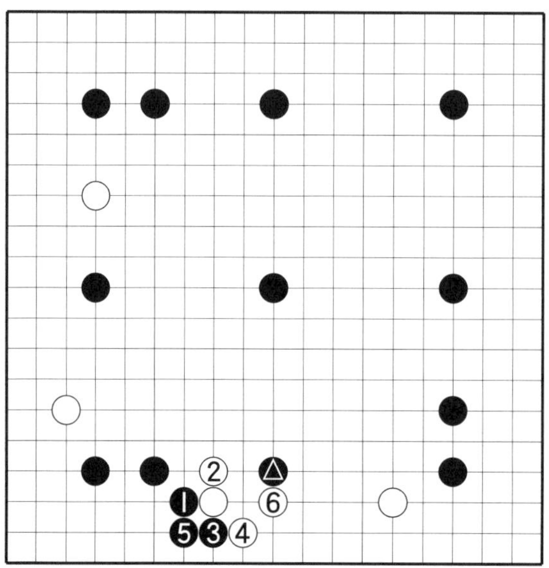

1도

1도(악수의 대표)

　흑1·3의 선택은 최악이다. 백이 자연스럽게 6까지 호구로 지키게 되면, 흑⧨ 한점을 약화시킬 뿐 아니라 하변의 백이 좋아져 흑의 실패작이다.

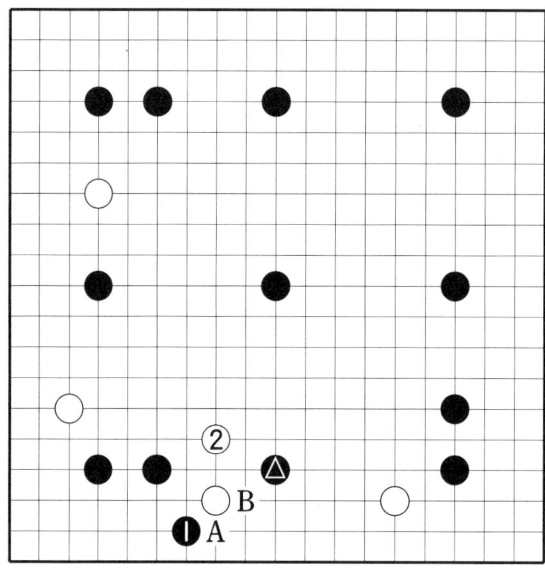

2도

2도(찬성할 수 없다)

　흑1은 보통 집을 지킬 때 사용하는 수법인데, 지금은 귀가 열려 있어 찬성할 수 없다. 백2로 뛰고 보면 흑⧨ 한점만 외롭다. 그렇다고 흑A로 미는 것은 백B로 흑 한점이 더욱 약화된다.

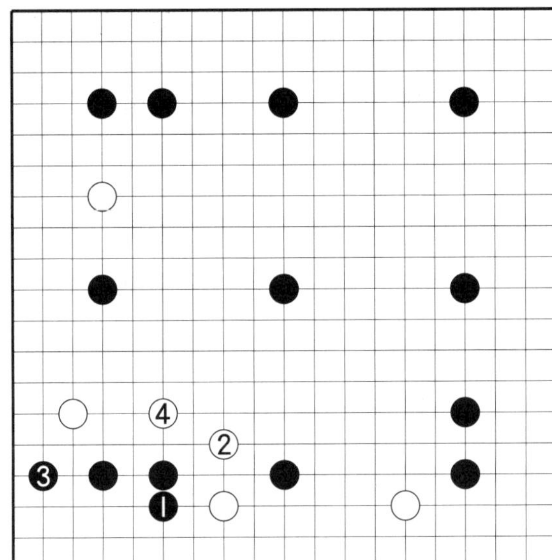

3도

3도(흑, 소극적)

흑1·3이 견실한 수법으로, 행마를 조금 공부한 사람에게서 나올 만한 수법이다. 하지만 지금은 백2·4로 중앙이 봉쇄돼 좋지 않다. 흑의 소극적인 수법이 중앙 흑의 세력을 약화시키고 있다.

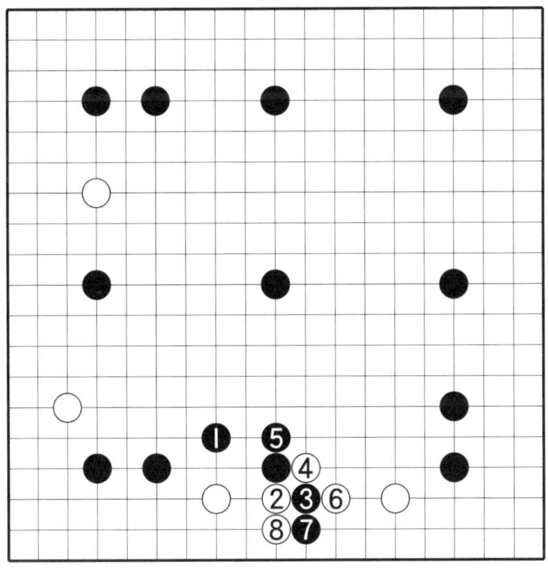

4도

4도(느슨한 수)

흑1은 중앙 세력을 의식한 점이지만 느슨하다. 백2·4의 타이밍을 허용한다. 일단 흑이 골치 아픈 모습. 궁여지책으로 흑5로 뻗지만, 백8까지면 흑의 후속수단이 여의치 않다.

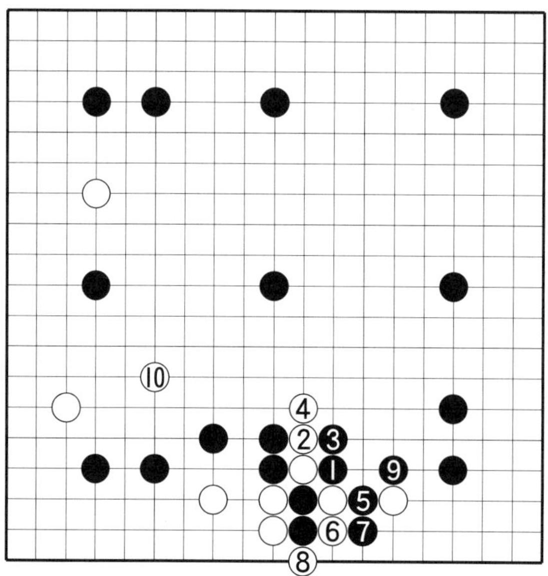

5도

5도(흑, 필패의 모양)

 전도에 이어, 흑이 계속해서 1·3으로 무리하는 것은 더욱 더 난관을 자초하는 일. 흑 5부터 9까지 약간의 실리를 취하긴 했지만, 이 정도로는 어림없다. 더욱이 백10을 당해서는 흑 필패의 바둑이다.

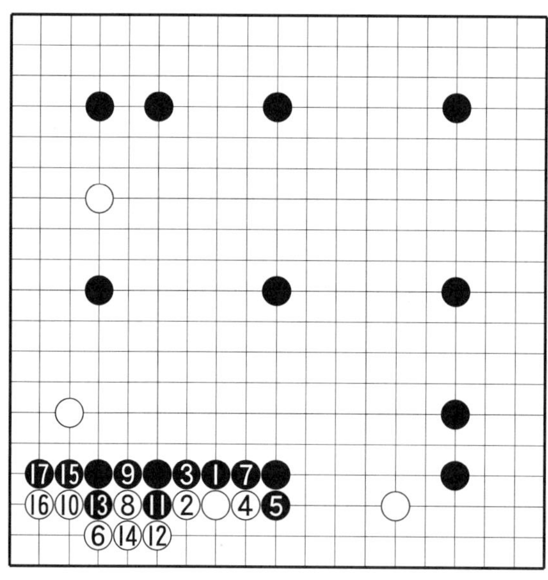

6도

6도(추천수)

 처음으로 돌아와, 이런 장면에서는 흑1로 꽉 막아두는 것을 기억하면 너무 편하다. 백은 2 이하 안에서 움직여 사는 게 고작이지만, 흑의 외곽은 철옹성을 이룬다.

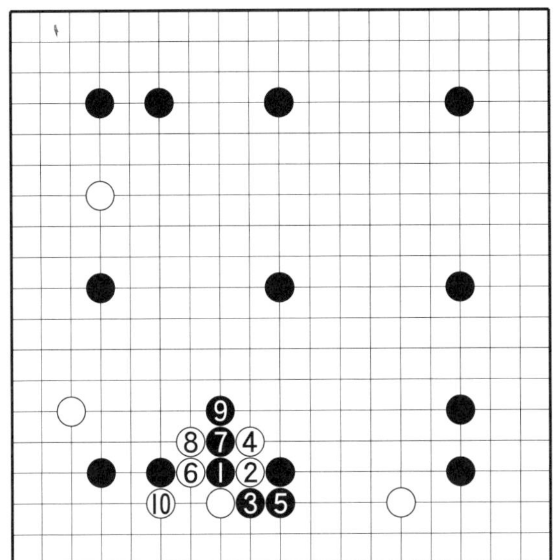

7도

7도(흑5, 완착)

 백2 때는 약간의 숙고가 필요하다. 백4에 흑5가 완착. 백은 때를 놓치지 않고 6·8로 치고나온 후 백10의 급소를 차지하게 된다. 귀의 흑 두점이 너무 약해진 모습.

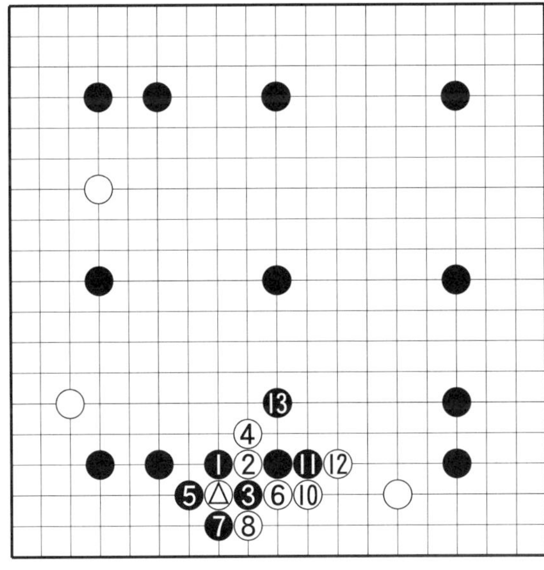

8도

8도(흑의 수순)

 아무리 접바둑이라 해도 수순을 놓쳐서는 안 된다. 백4 때는 흑의 절대 수순이 필요하다. 백6·8로 버티지만 흑은 11·13으로 중앙을 두텁게 할 수 있어 만족이다.

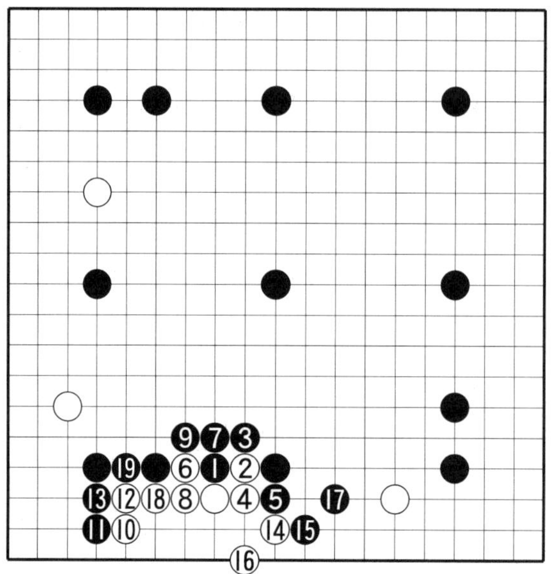

9도

9도(생불여사)

백2에는 흑의 최강수가 버티고 있다. 흑3·5가 바로 그것. 5쪽에서 꽉 막는 것이 최강수이다. 백6으로 뚫고나오려고 하지만, 결국 안에서 살 수밖에 없다. 흑의 대만족.

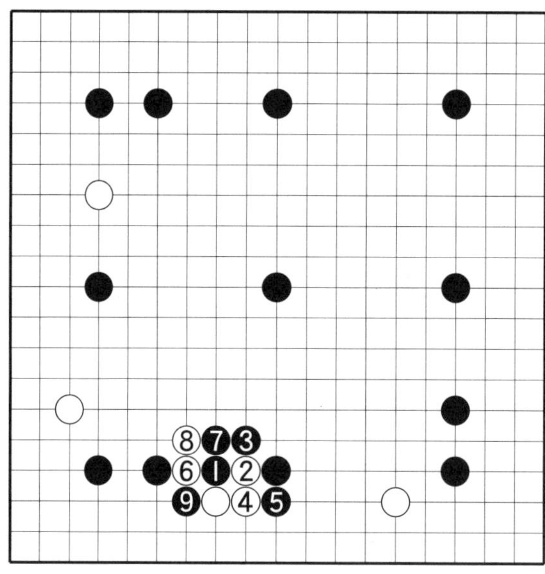

10도

10도(백, 낭패)

그렇다고 해서 백8로 나오는 것은 더욱 백을 궁지로 몰아넣는 일. 과감하게 흑9로 끊어가는 것이 좋은 수순이다. 이 한 수로 백의 다음 수는 궁색해진다.

8점 접바둑

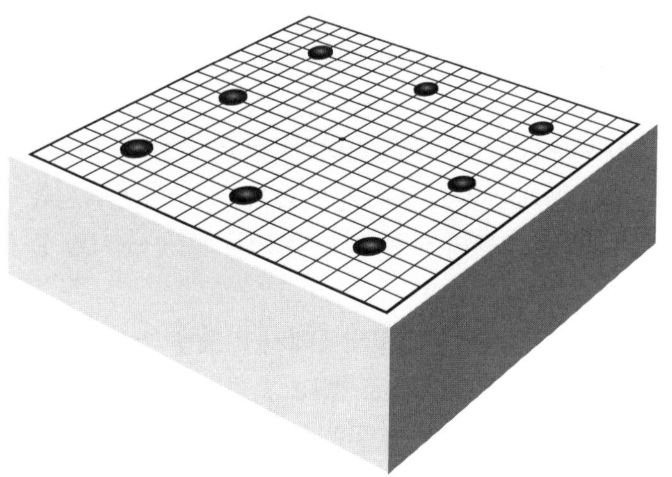

8점 접바둑의 요령

8점 접바둑의 특징은 천원(天元)에 한 점이 없다는 게 9점 바둑과 다르다. 사실 접바둑에서는 중앙 한 점을 활용하는 데 있어 미흡하다는 것을 감안한다면, 거의 9점 바둑과 마찬가지이다. 그러므로 8점 접바둑은 9점 접바둑을 잘 응용한다면 쉽고 빠르게 정복할 수 있다는 자신감이 생길 것이다.

또한, 접바둑의 공통적인 대응 방법이지만 8점 바둑에서 특히 염두에 두어야 할 것은 초반 포석단계에서, 하수에게 선수의 권리가 왔을 때, 상수의 손놀림에 당하지 말고 재빨리 손을 뺀 다음 가장 큰 곳을 지킬 줄 아는 지혜가 필요하다.

본 장(章)은 9점 접바둑에서 나오는 중복형을 가급적 피하는 것을 원칙으로 했다. 9점 바둑의 연장선에서 8점 접바둑을 공부해 주기 바라며, 바로 7점을 뛰어넘는 실력으로 커 나가길 바라는 마음이다.

제16형

어차피 천원(A 자리)에 흑이 없기 때문에 흑은 실리작전으로 가는 것도 한 작전이다. 과감하게 흑2·4로 귀의 실리를 차지하는 것도 좋은 취향이다.

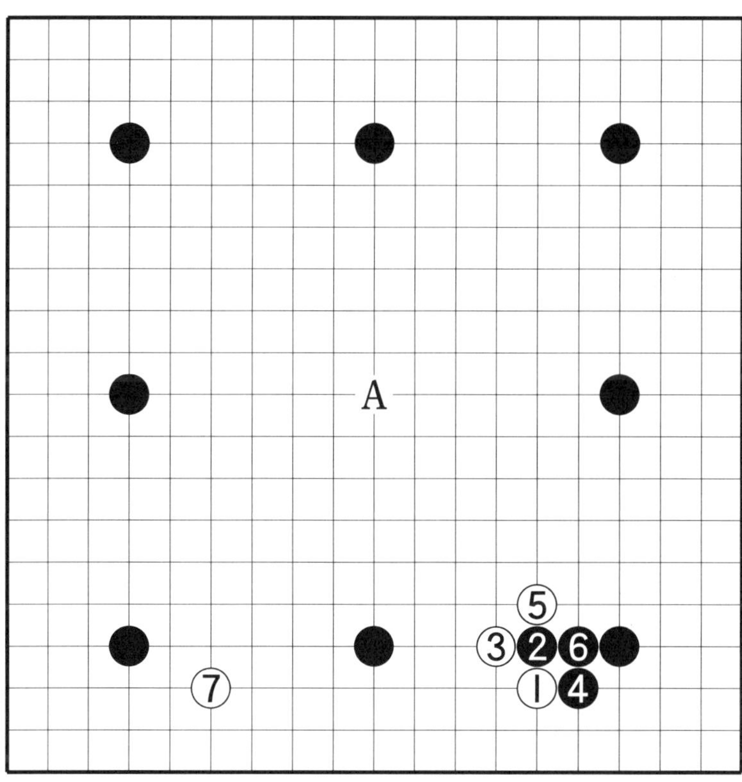

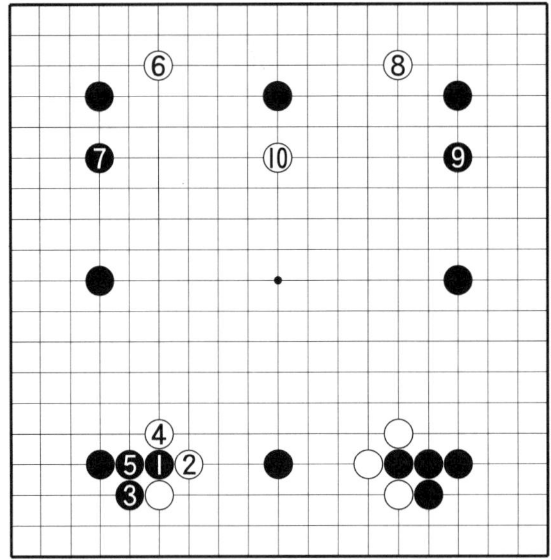

1도

1도(실리작전)

다시 흑1부터 5까지 실리를 차지한 후 백의 처분에 맡긴다. 손을 빼 신천지를 개척하면 또 받아주고, 백 10으로 씌워오면 9점 접바둑을 참조하면 된다.

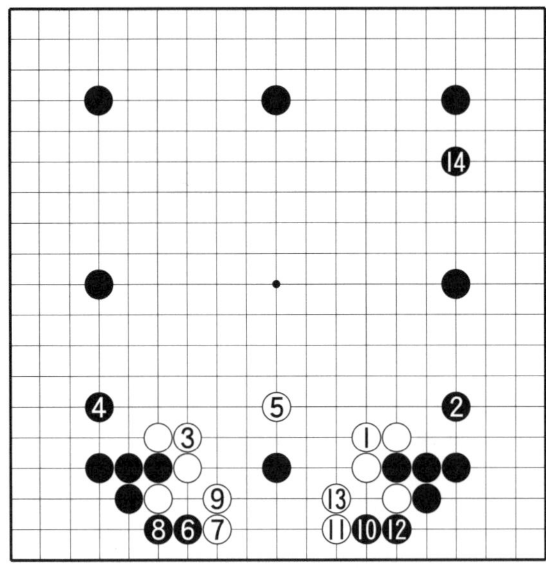

2도

2도(버린다!)

백5로 씌워오면 이제는 과감하게 버리는 작전으로 간다. 백은 13까지 20여 집을 확보했지만, 흑도 두 귀를 차지했을 뿐 아니라 14로 선수까지 확보해 만족.

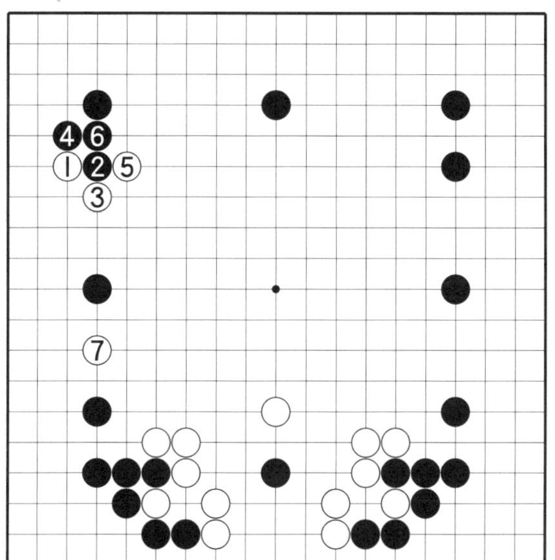

3도

3도(변화를 꾀함)

　흑은 계속해서 적극적인 실리작전으로 나간다. 백7 때가 고비이지만, 아무래도 백이 엷어보인다.

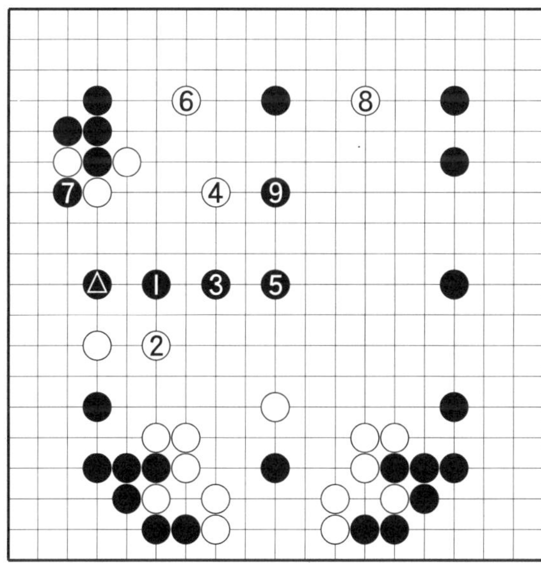

4도

4도(혼전이지만)

　흑은 정신을 차리고 돌의 흐름을 타고 움직이는 것을 잊으면 안 된다. 어차피 좌변 흑△ 한점을 살리기로 마음먹었다면 과감한 행마가 필요하다. 또…

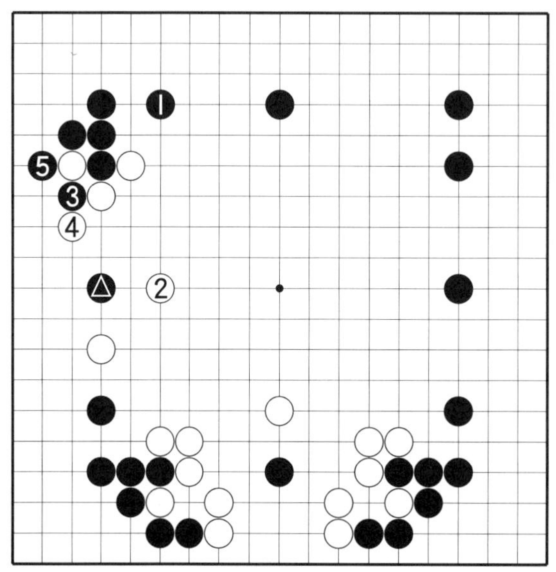

5도

5도(흑, 간명)

흑◬ 한점을 버릴 수도 있다. 흑1로 철저히 실리를 확보한 후, 백이 흑 한점을 잡겠다면 간단하게 버리면 된다. 흑5까지 충분한 모습.

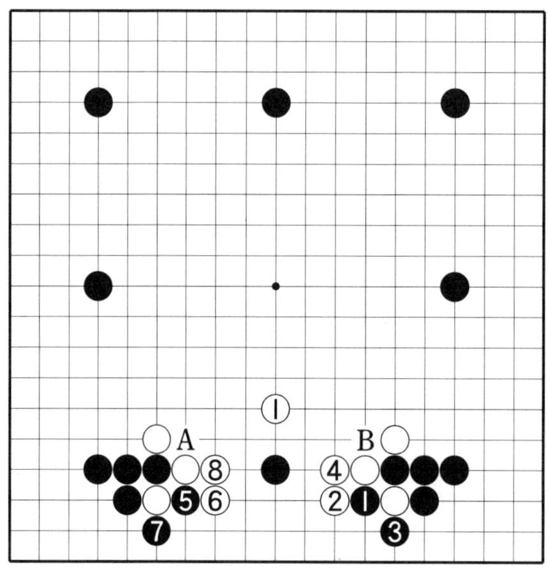

6도

6도(흑, 불만 없음)

백은 A와 B의 곳에 잇지 않고 바로 흑1로 씌워올 수가 있다. 그때 흑은 다른 작전은 생각할 필요도 없이, 흑1부터 7까지 간명한 길을 간다.

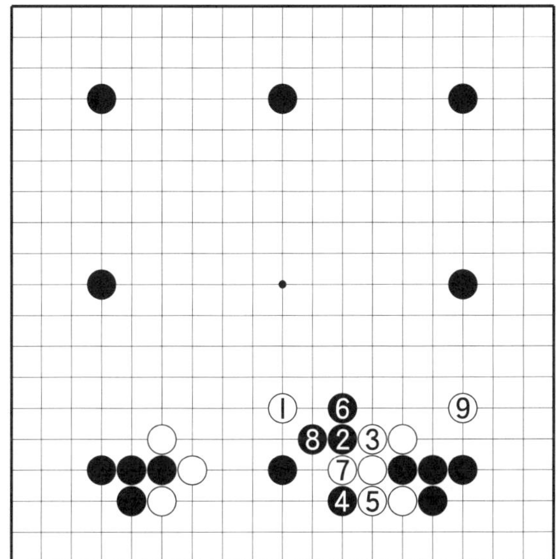

7도

7도(이적수 연발)

흑이 한점을 살리기 위해 2·4같이 이적수를 두어선 안 된다. 이것은 백의 작전에 말려든 꼴. 백은 갑자기 9를 차지해 활기를 띤다.

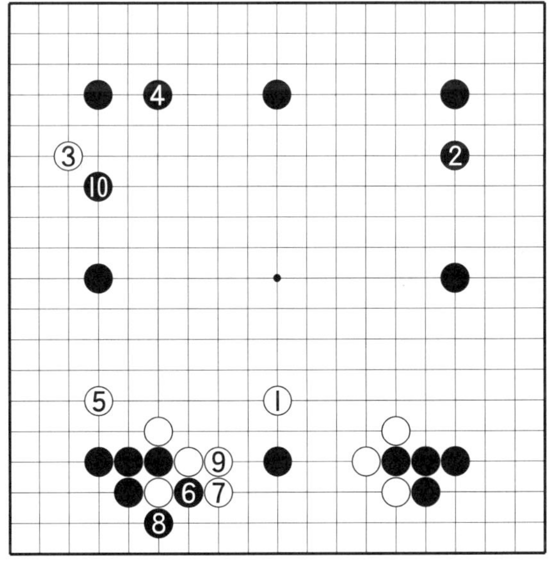

8도

8도(흑, 관망)

백1에 흑은 과감하게 손빼는 것도 한 방법이다. 백의 작전에 따라 움직이겠다는 의도. 백5로 다가서면 그냥 흑6·8로 백 한점을 잡는 것이 간단하다.

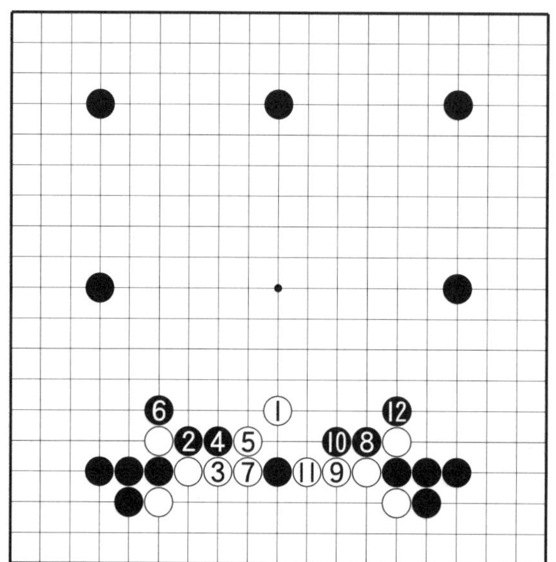

9도

9도(추천수)

백1에는 조용히 위로 끊어가는 게 좋다. 흑 2·4와 8·10이 좋아, 흑이 전체적으로 매우 두텁다.

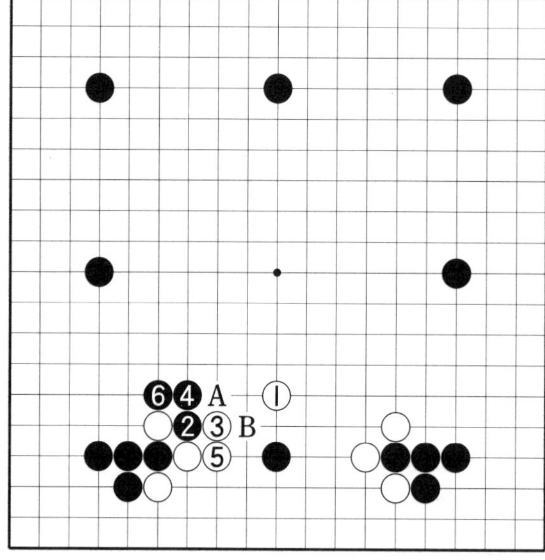

10도

10도(대동소이)

흑2 때 백3·5로 몰아 선수를 차지할 수는 있지만, 나중에 흑 A로 밀어갈 때 백은 B 정도로 물러나야 하므로 행마가 옹색해진다. 전도와 대동소이.

8점 바둑은 9점 접바둑과 흡사하다. 그러므로 9점 바둑을 참조하는 것이 많은 도움이 된다. 흑2·4는 수비형을 벗어난 적극적인 공격형인데, 오히려 백이 흑△ 한점을 크게 공격해온 장면이다.

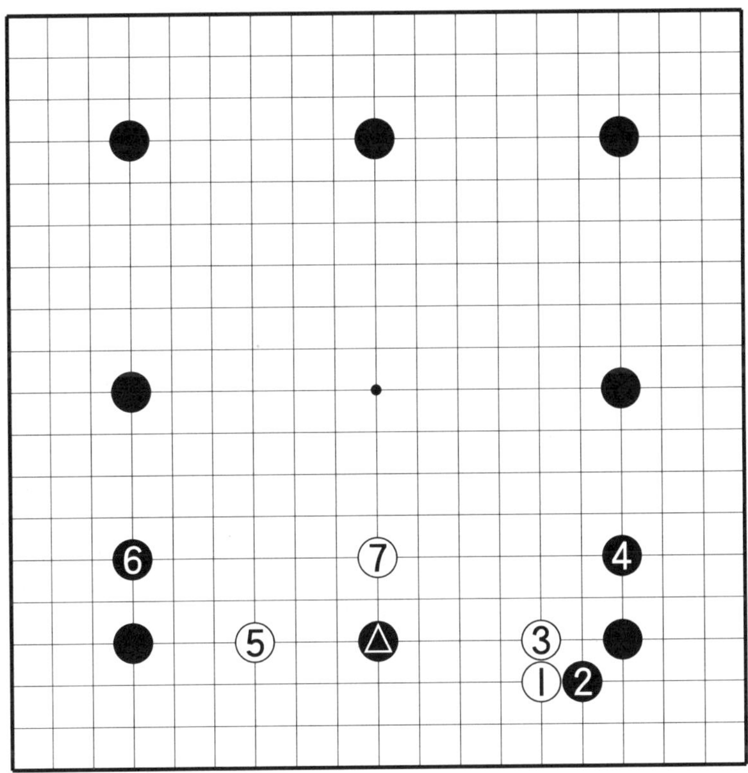

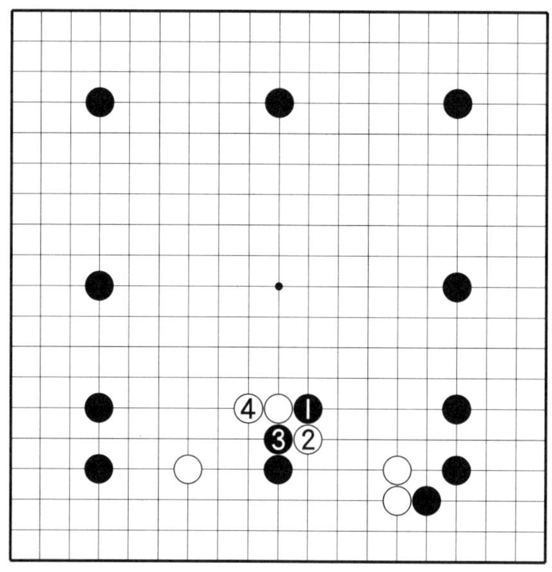

1도

1도(적극적으로)

이제는 적극적인 공격법을 배울 필요가 있다. 바로 흑1의 강수인데, 하수의 입장에서 이렇게 붙이기가 쉽지 않지만, 바른 공격법을 알고 있다면 걱정할 게 없다. 백4 이후의 수순을 알고 있다면 아주 간단하다.

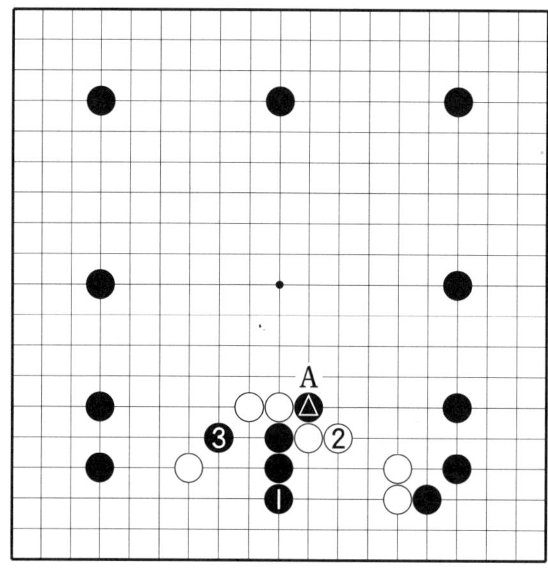

2도

2도(꼭 알아둘점)

흑1을 꼭 기억해야 한다. 이 점은 2의 곳과 3의 곳을 맞보므로 백이 곤란해진다. 흑은 애초에 ▲로 붙일 때 이미 흑1을 알고 있어야 한다. 흑▲ 한 점은 백A의 축이 안 되는 것도 자랑.

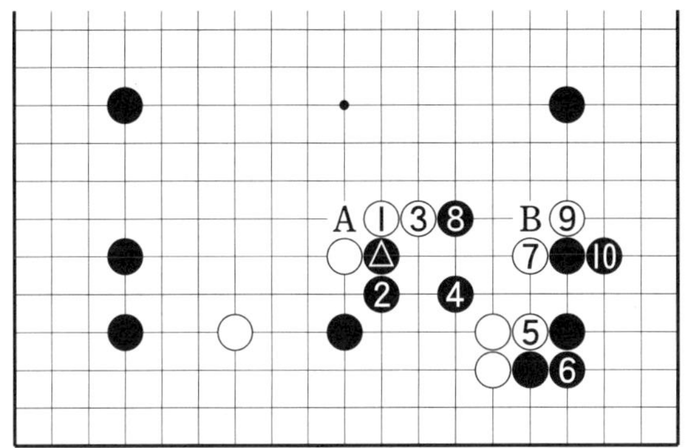

3도

3도(행마법)

 그러므로 흑△에 백은 바깥에서 젖힐 수밖에 없다. 백9가 아프지만 흑은 8로 머리를 내밀어 좋다. 이후 A와 B의 단점이 눈에 들어온다.

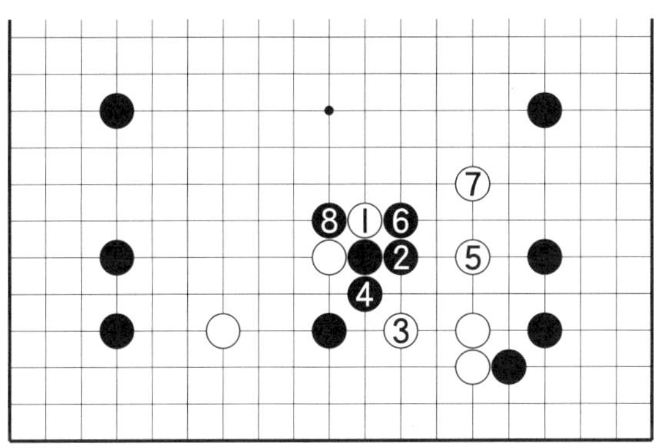

4도

4도(흑, 편한 싸움)

 흑은 2로 느는 수도 있다. 백3의 급소가 아프지만 이 정도는 참을 수 있다. 백도 5·7이 힘차지만 흑은 일단 백 한점을 잡고, 천천히 두어나간다.

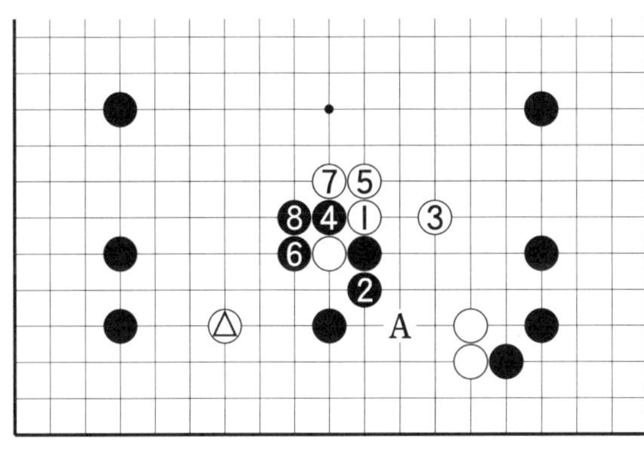

5도

5도(흑, 무난함)

 아무래도 A의 급소 자리가 아프다면 흑2가 무난하다. 이번에는 백3이면 흑은 4로 끊는 게 호수. 흑8까지 일반적인 진행이지만, 백△ 한점을 고립시킨 흑이 좋다.

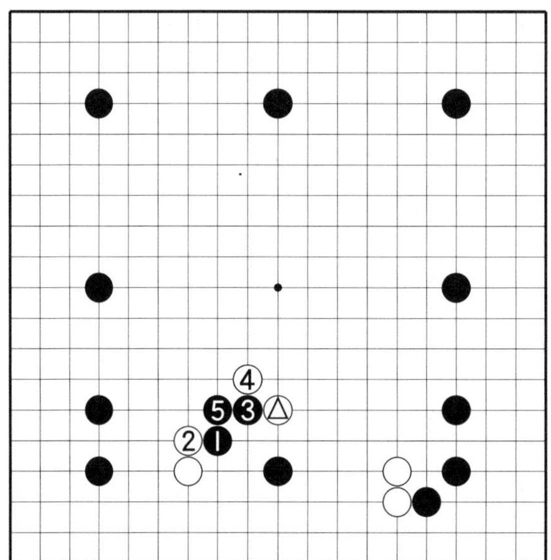

6도

6도(모자는 날일자)

백이 △의 모자로 씌워올 때는 흑1의 행마법도 있다. '모자는 날일자로 벗어라'라는 격언에 따른 수다. 여기서는 흑5를 눈여겨봐야 한다. 비록 우형이지만 아주 중요한 한 수이다.

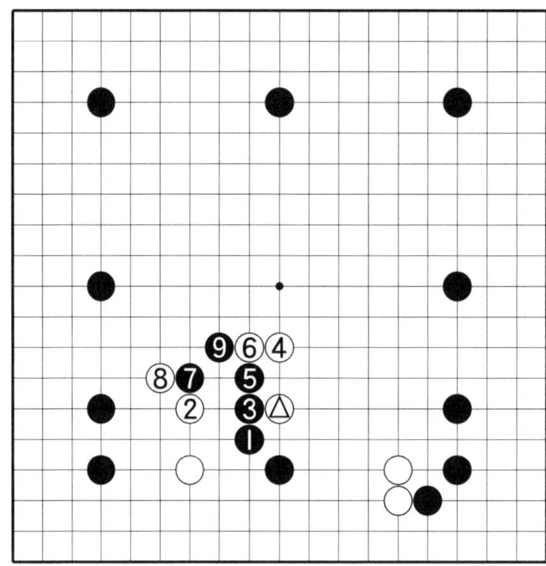

7도

7도(다른 행마법)

꼭 날일자가 아니더라도, 흑1같이 웅크리고 나가는 방법도 있다. 백2로 따라나오지만 흑3이면 공격했던 백△ 한점이 이상해진다. 백6의 강수에는 흑7이 있고, 흑9까지 되면 점점 백이 어려워진다.

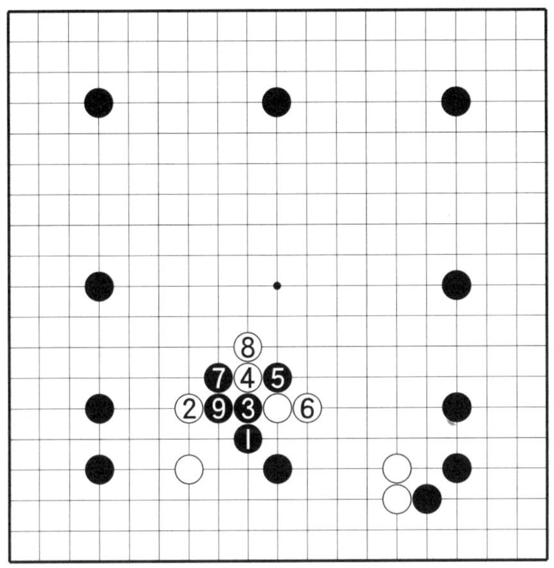

8도

8도(흑, 즐거운 싸움)

흑3에 백4로 젖히는 게 강수같지만 흑5로 끊어 별 것 없다. 흑은 9까지 즐거운 싸움이다.

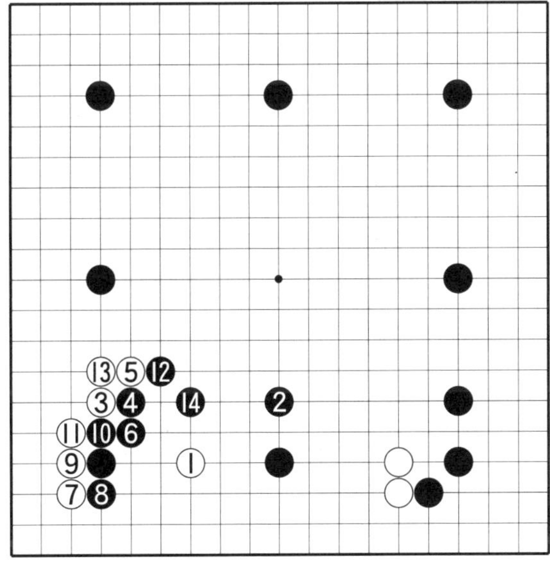

9도

9도(모자가 싫다면)

백1에 흑은 2로 지키는 수도 있다. 모자로 공격당하기 싫다는 의지인데, 그렇다면 백3의 양걸침 허용은 당연하다. 이때 흑14까지의 행마법을 알고 있다면 쉽게 풀어나간다.

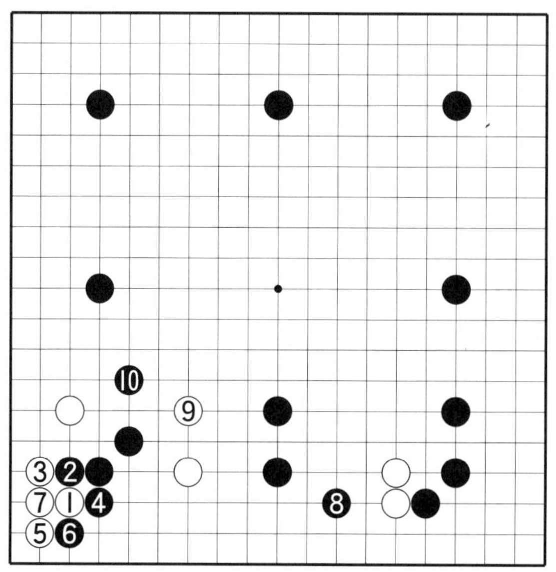

10도

10도(이것은 불만)

백1 때가 문제이다. 흑2는 바른 방향인데, 백3 때 흑4가 완착. 흑 10까지 예상할 때 어려운 전투가 예상된다.

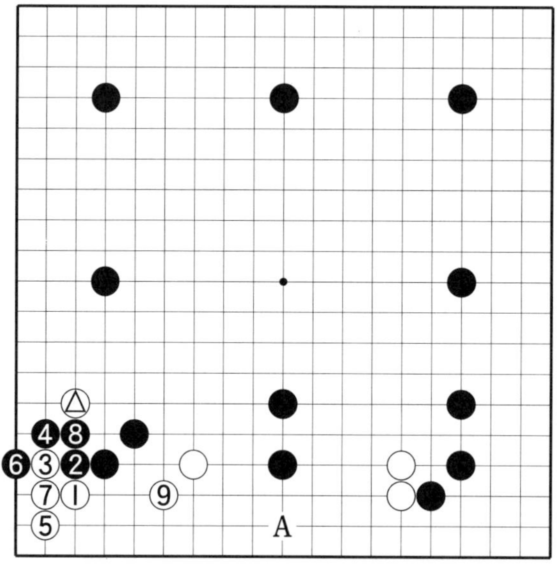

11도

11도(기세)

흑은 기세상 4로 막는 게 좋다. 백△ 한 점을 완전히 제압한 후 나중에 흑A를 노린다. 여기서 흑이 선수라는 것도 기분좋다.

제18형

백5에 흑은 A나 B의 탈출을 보류하고, 일단 큰 곳부터 선점하는 것도 좋은 작전. 백도 하변에 가일수하지 않고 발빠르게 움직일 것이 분명하다. 흑8까지 된 후, 흑의 제일 약한 부분은 백9 자리이다. 이후 흑의 작전은?

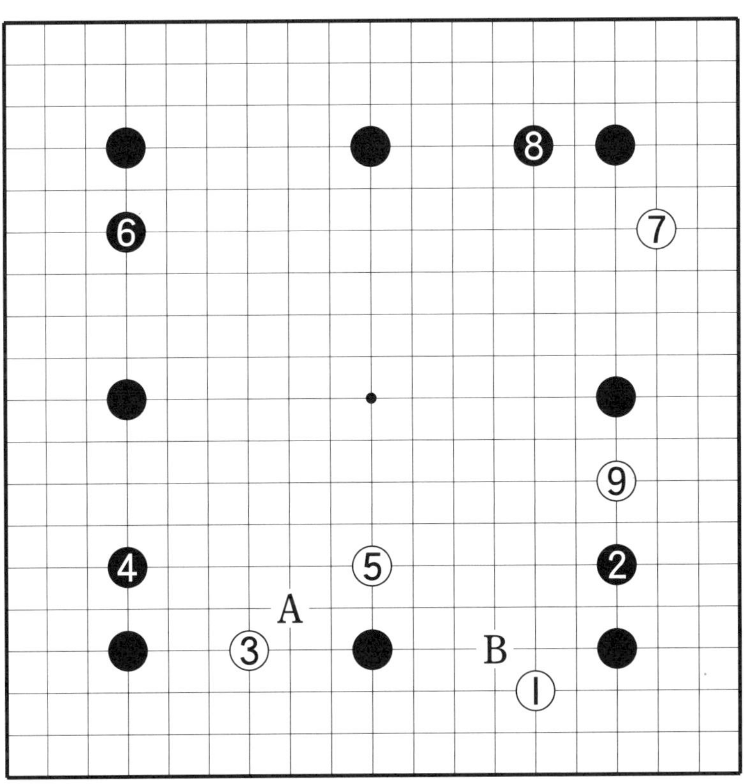

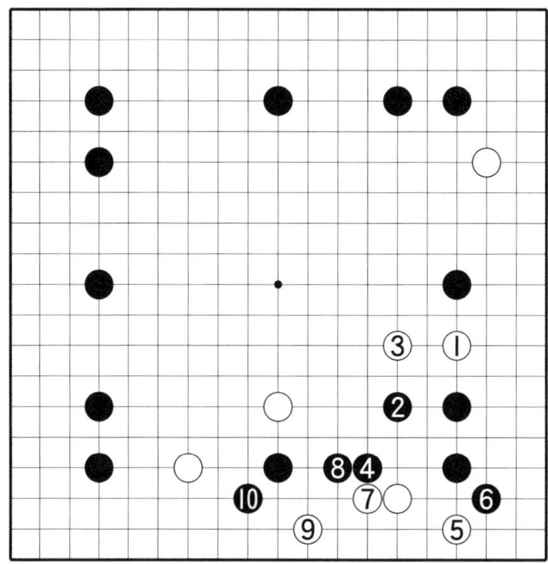

1도

1도(흑, 활발)

백1에는 흑2의 한칸 뜀이 무난한 응수이다. 이때 백3으로 나오면, 흑은 기회를 놓치지 않고 흑4부터 10까지 이상형을 갖춘다.

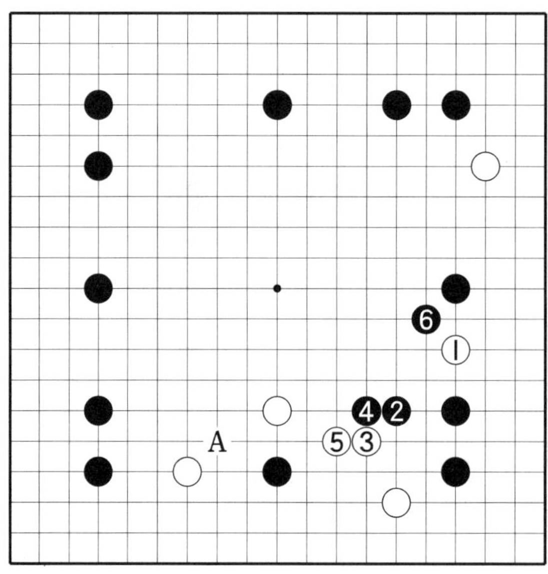

2도

2도(버리는 작전)

그러므로 흑2에는 백3으로 일단 지켜놓고 보는 게 백도 최강. 하지만 흑은 재빨리 흑6까지 백 한점을 제압한다. 흑은 아직도 A의 탈출이 남아 있다.

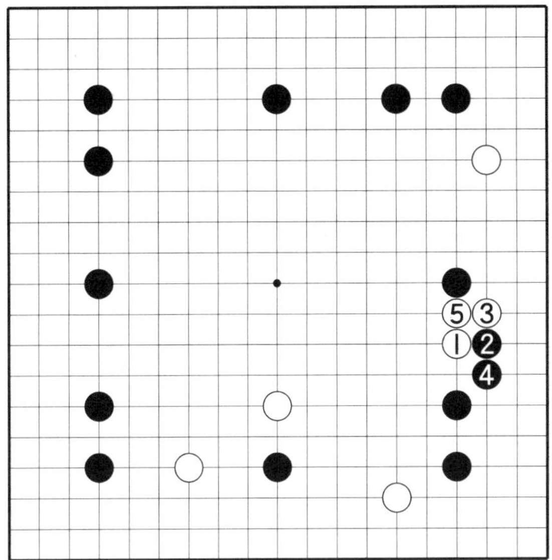

3도

3도(빵점짜리)

9점 접바둑에서도 언급했지만 백1의 침입 때, 성급하게 흑2・4로 넘는 것은 전형적인 하수의 행마이다. 빵점짜리!

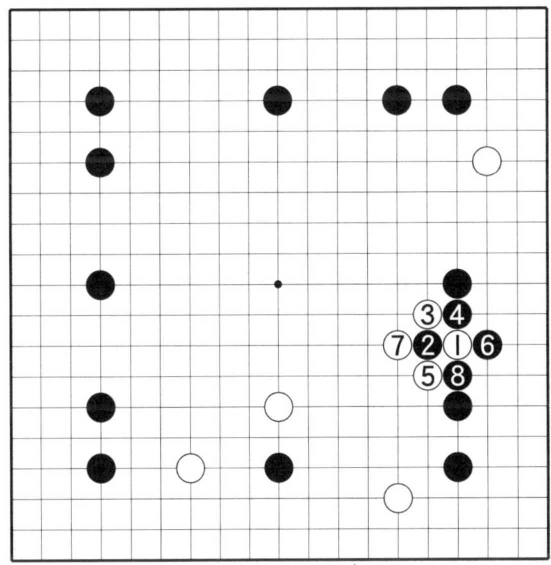

4도

4도(낙제점)

흑2에 붙여 8까지 우변 실리를 확보했다고 좋아하는 사람이 있을지 모르겠지만, 이 수순도 흑은 낙제점이다. 중앙 백의 두터움은 판 전체에 영향을 미친다.

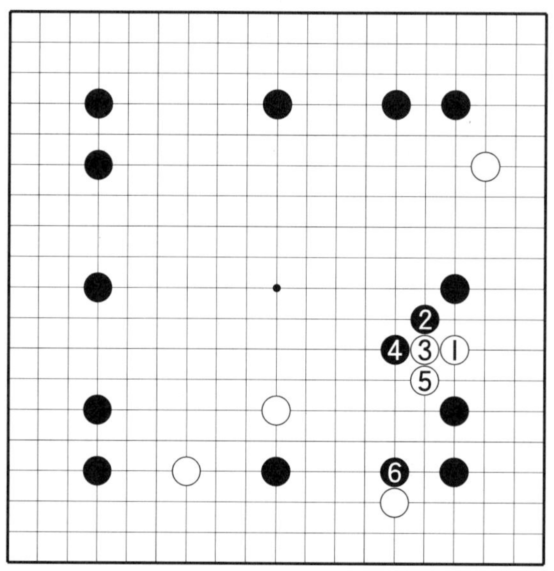

5도

5도(행마법)

흑2는 강수. 이후 진행에 대해 정확한 응수를 알고 있어야 가능한 점이다. 백5로 나오면 흑6이 타이밍! 백이 곤란하다. 그러므로…

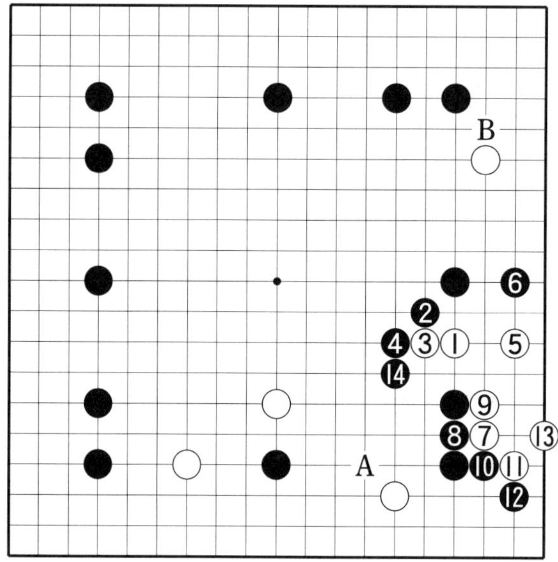

6도

6도(백의 수단)

백은 5로 지켜 안에서 삶을 구하는 게 최선이다. 백13까지 안형을 갖출 때 흑14로 보강해 놓으면, A와 B의 곳이 눈에 들어온다.

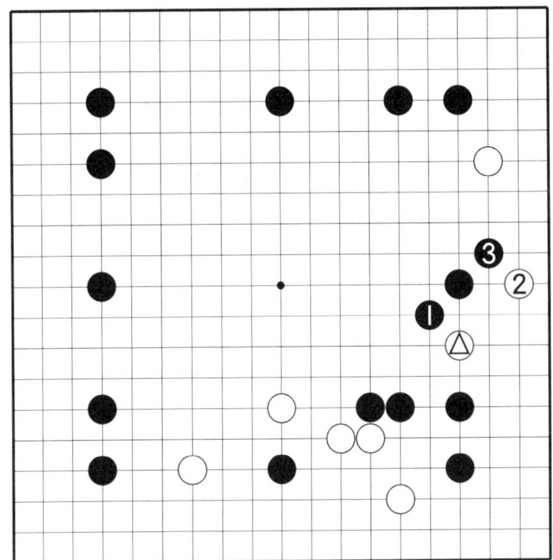

7도

7도(변칙수 대응)

흑1로 백△ 한점을 제압하면 백은 이 한점을 살릴 수 없다. 그렇다고 고스란히 줄 수도 없어 생각해낸 점이 백2. 이때 흑은 3으로 두텁게 두는 게 최선이다.

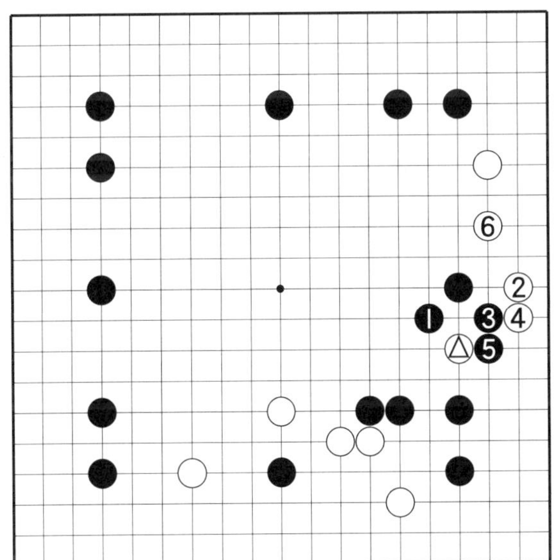

8도

8도(백의 주문)

백2에 흑3으로 받기가 십상이지만 이것은 백의 주문이다. 백2·4를 활용하고 6에 지키면, 흑은 백△ 한점을 먹는 데 너무 많은 돌을 투자한 결과가 된다.

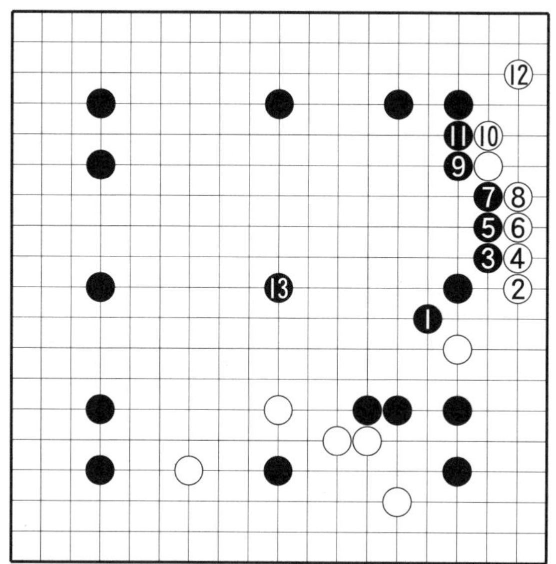

9도

9도(흑, 웅장)

　백2에는 흑3이 정수이며, 백이 4 이하로 움직이면 해달라는 대로 해 주어도 좋다. 흑 13의 명점을 차지하면 흑 전체가 웅장해진다.

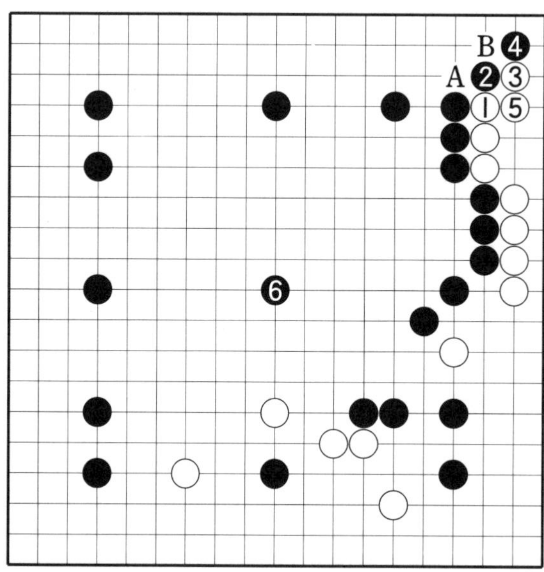

10도(대동소이)

　백1로 밀고 들어오면 흑2·4의 이단젖힘 행마를 알아야 한다. 백 5 때 손빼는 것이 중요. 무조건 6의 곳을 차지해야 한다. 백은 A로 끊을 수 없고, 고작 B에 끊어 흑 한점을 잡는 맛만 있다.

상수들의 흔한 수법으로는 이곳저곳 걸쳐놓은 후 백9같이 크게 공격해오는 게 있다. 흑△ 한점과 좌변 A의 침입을 노리는 것이 분명하다.

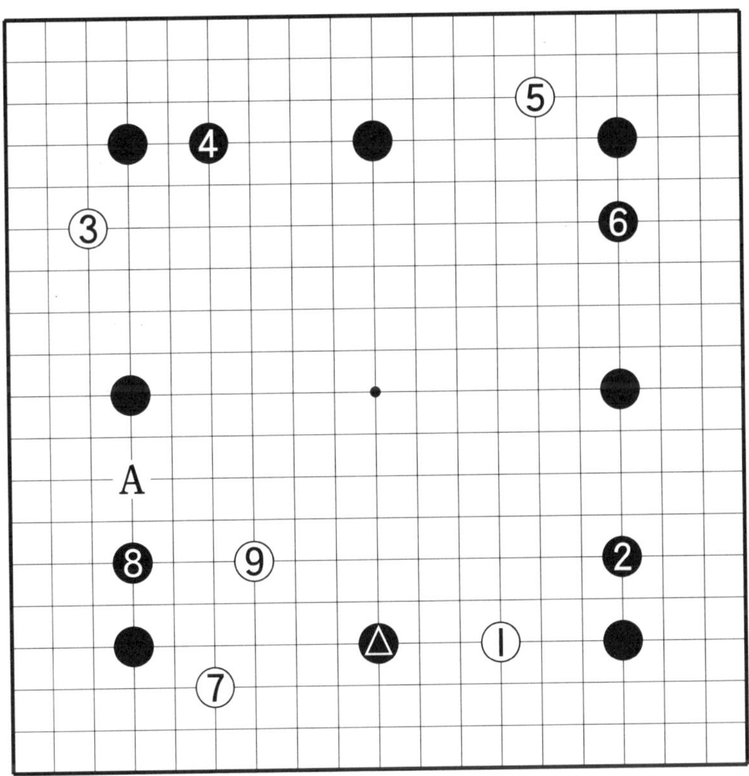

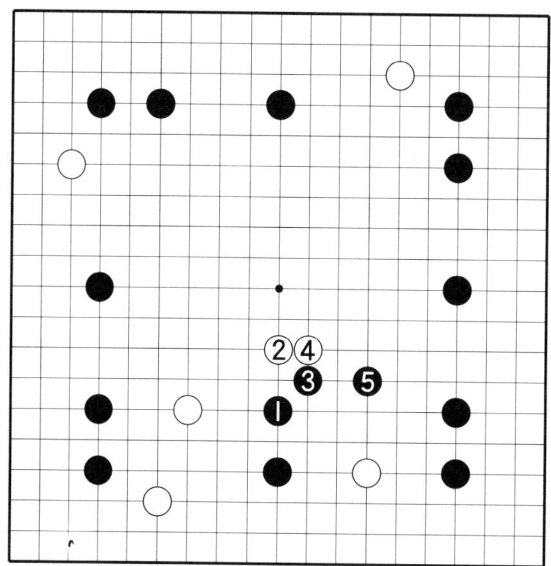

1도

1도(추천수)

 걱정하지 말고 중앙으로 뛰어나가는 게 정답이다. 백2의 고압적인 자세는 어디까지나 위협을 하자는 점이고, 이때 흑3·5가 아주 좋은 행마이다. 꼭 기억해야 하는 호수!

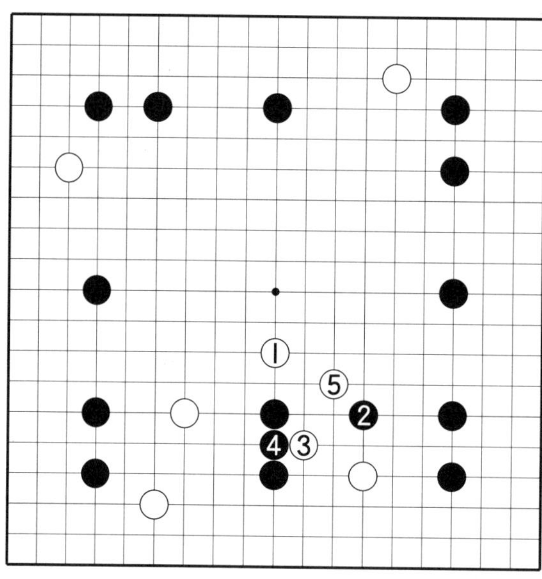

2도

2도(모양에 치우침)

 백1에 흑2가 그럴듯하지만 백3·5의 역습을 받으면 복잡해진다. 호선의 기력이라면 충분히 싸워 볼 만하지만 지금은 상황이 다르다.

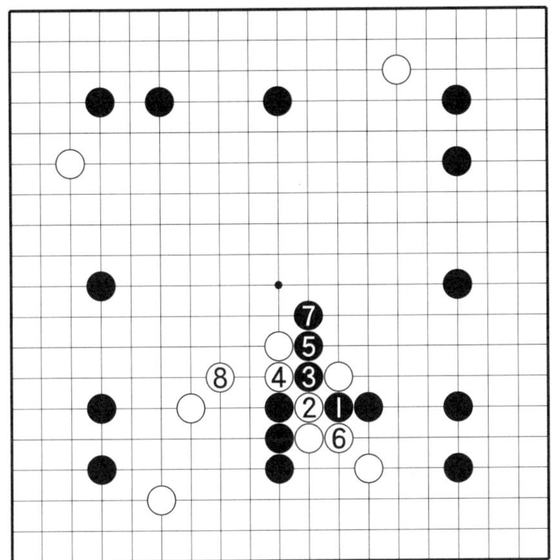

3도

3도(어려운 싸움)

전도에 이어 계속해서 흑1부터 움직여 버텨보지만, 백8까지 되고 보면 하변 흑 석점은 죽은 목숨이나 다름없다.

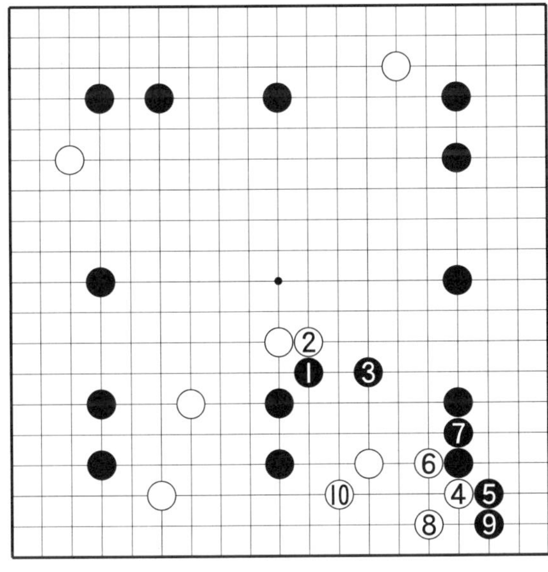

4도

4도(살려준다)

그래서 흑은 1·3의 행마가 멋진 흐름이 된다. 백은 이후 안에서 쌈지를 뜨는 게 고작인데, 그렇다면 흑은 쉽게 살려주고 귀중한 선수를 차지한다. 흑 대만족.

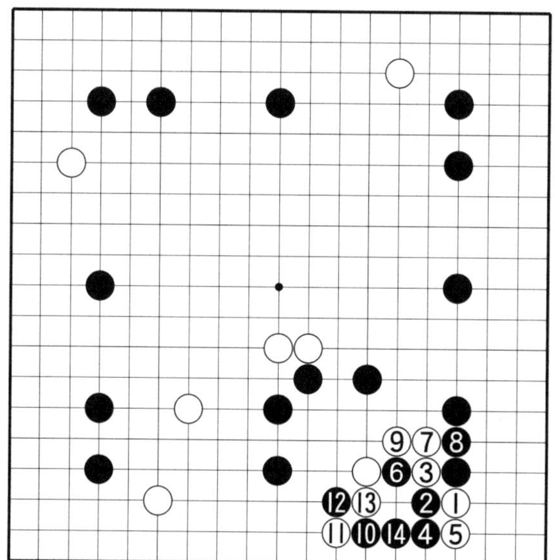

5도

5도(흑의 강수)

흑2로 젖히는 강수도 있다. 어차피 이 전투는 백이 안 되지만, 흑에겐 백13까지 복잡한 수읽기가 부담이 되는 것이 사실이다.

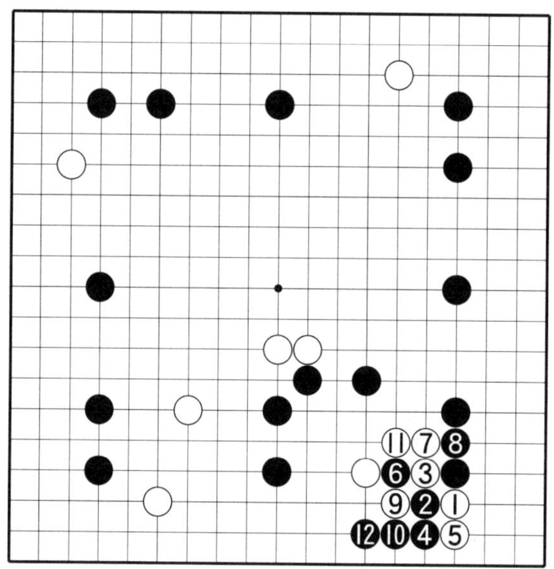

6도

6도(흑, 만족)

백은 9쪽에서 끊는 게 좀 나은 그림이지만, 흑12까지 되고 보면 백은 아직 미생인 데 반해 흑은 안전한 모습이다.

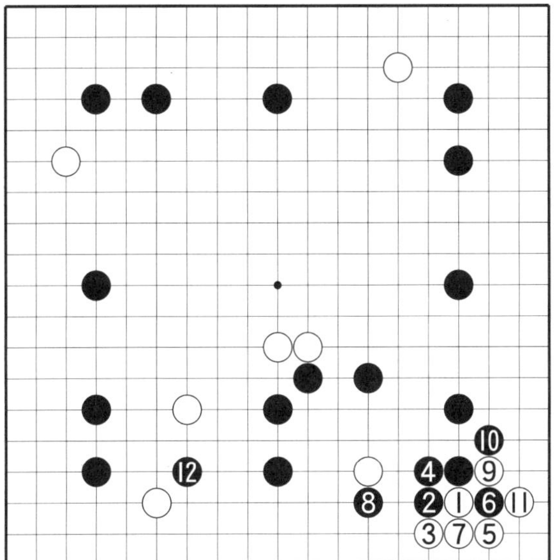

7도

7도(흑, 필승지세)

 백은 변신을 꾀할 수도 있다. 여기서 흑은 가볍게 살려준다는 생각으로 임해야 하는 것을 잊어선 안 된다. 그리고 재빨리 흑12를 차지하면 흑의 필승지세이다.

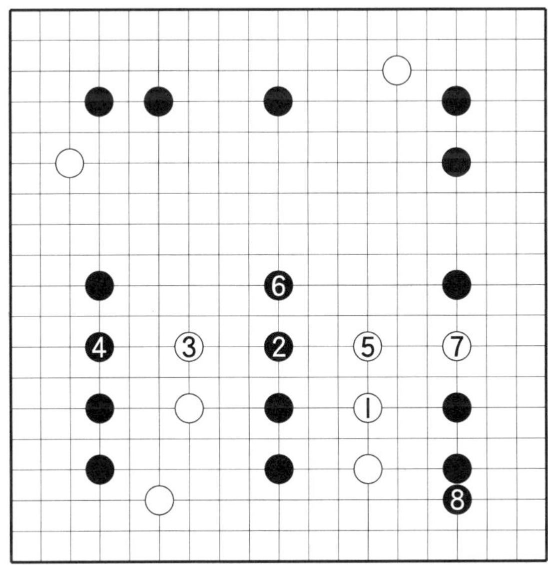

8도

8도(뜀뛰기)

 접바둑에서는 중앙으로 한칸씩 뛰기만 해도 이긴다는 말이 있다. 백의 행마가 무리한 것을 보면 백1 정도가 보통인데, 이때는 한칸씩 뛰어나가기만 해도 된다.

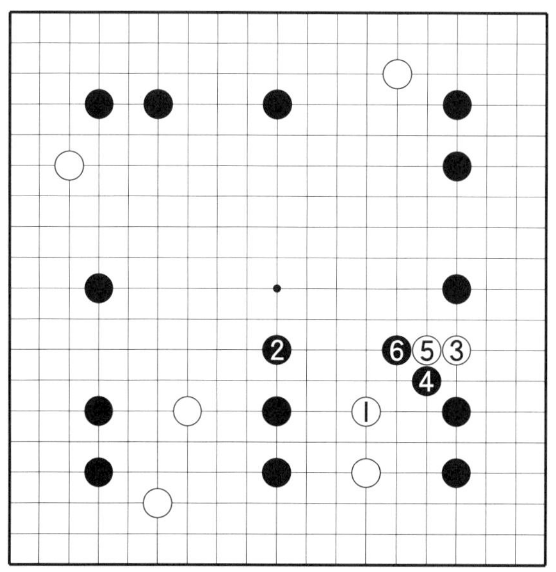

9도

9도(백, 무리)

바로 백3에 뛰어들어 변신을 꾀하기 쉽지만, 이런데서 흑이 겁을 먹어서는 안 된다. 흑6까지 되면 백은 양쪽을 수습해야 하는 부담이 있다.

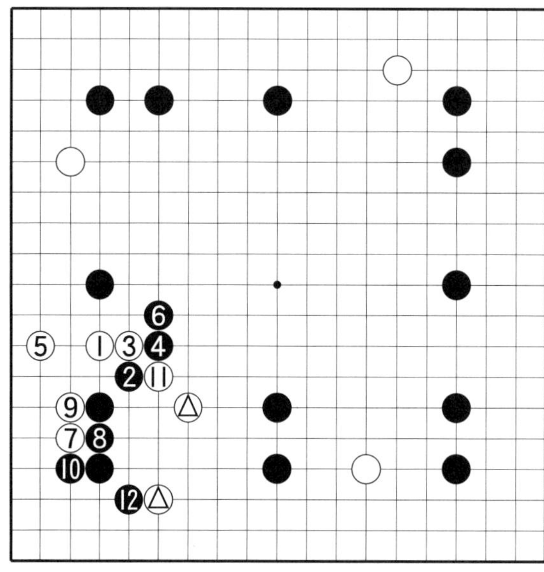

10도

10도(흑, 충분)

백이 1로 변신해 오면 흑2로 차단하는 게 좋은 응수. 백에게 삶을 강요한 후 백△ 두 점을 노리는 게 좋다. 아무래도 백이 힘들어 보이는 게 사실.

제20형

　백1로 대세점인 천원을 차지하는 것은 8점 접바둑에서 있을 만한 수법이다. 실전에서도 간혹 나오는 점이다. 막상 백5, 흑6까지 되자 흑▲ 한점이 은근히 신경쓰인다. 흑의 작전은?

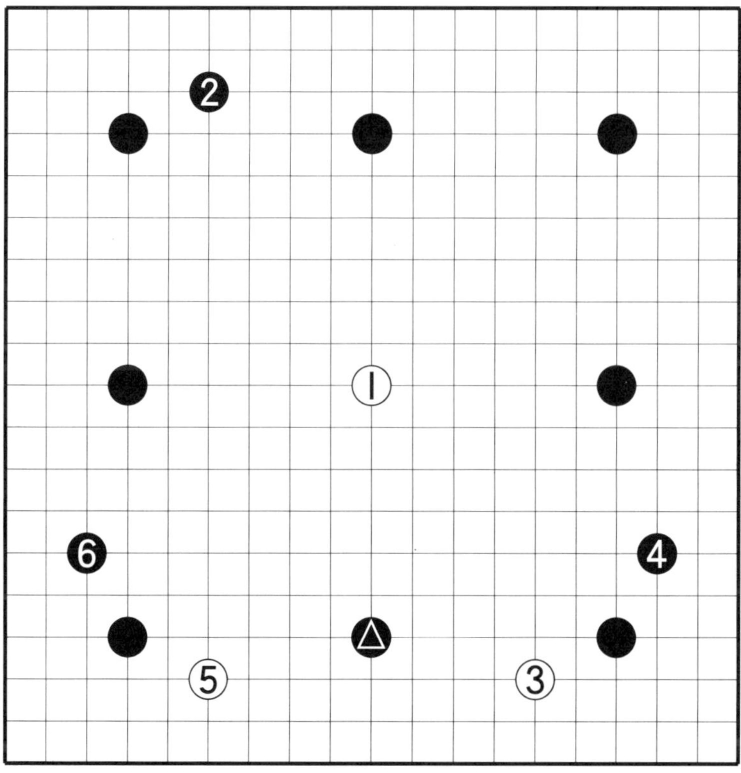

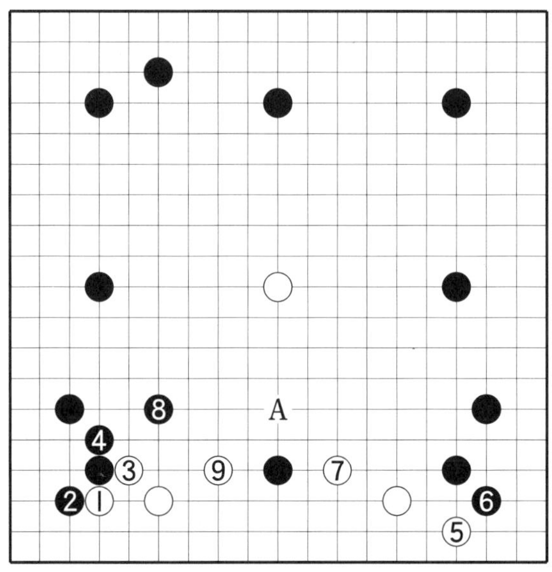

1도

1도(백, 침착)

이제 우격다짐으로 A에 씌우는 것은 잘 안 된다고 배웠다. 그러므로 백7까지는 침착한 점. 이때 흑도 A로 움직이기 보다는 흑8로 간접 삭감하는 것이 좋은 행마법이다.

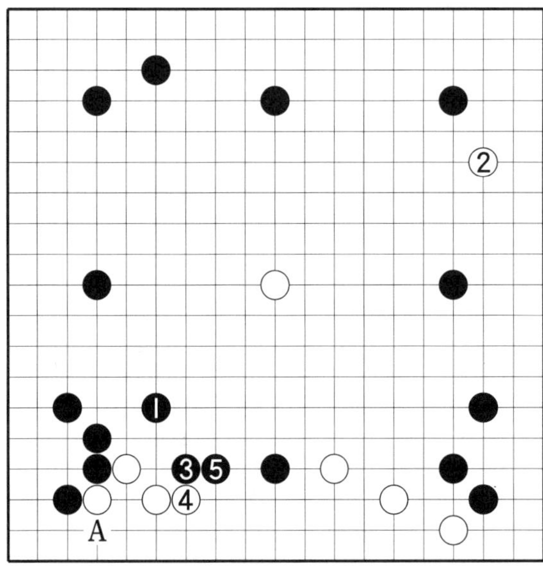

2도

2도(백, 괴로움)

흑1에 백은 손뺄 수 없다. 가령 백2로 신천지를 개척한다고 방향을 트는 것은 당장 흑3·5의 압박을 받는다. 흑A도 있어 백이 괴로운 장면.

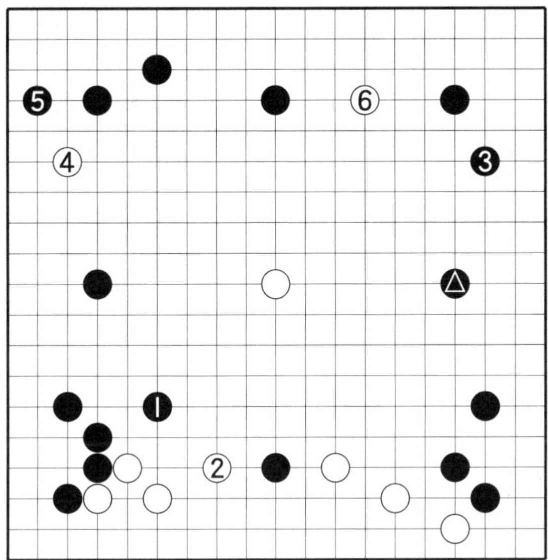

3도

3도(흑, 활발)

 그러므로 백2의 보강은 절대. 이제는 제일 약한 흑△ 한점을 효율적으로 보강하는 착점을 찾아야 하는 것이다. 흑3이 굳힘 겸 흑△를 응원하는 점이다.

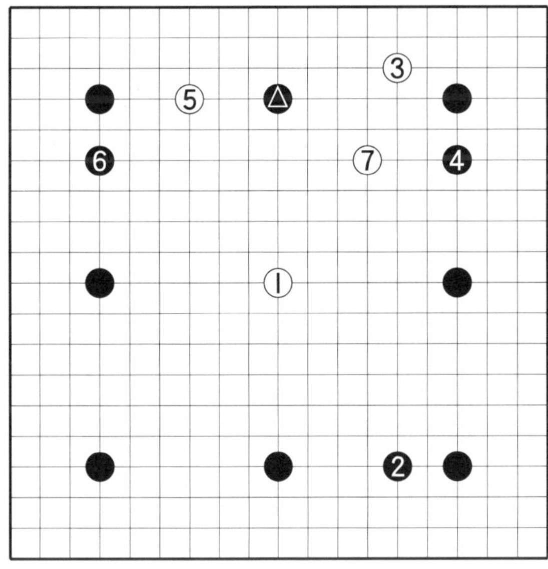

4도

4도(백, 노골적)

 좀 다른 변화를 살펴보자. 역시 백1에 흑은 귀를 지키는 게 가장 착실한 수법이다. 지금은 백이 아예 노골적으로 흑△ 한점을 노리고 있다.

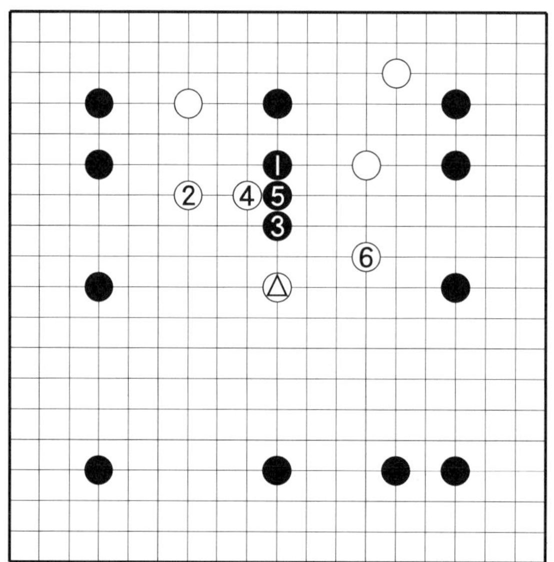

5도

5도(백의 주문)

 흑1로 직접적으로 움직이는 것은 좋지 않다. 백2의 원거리 공격이 위협적일 뿐 아니라 천원에 있는 백△ 한점도 말을 한다. 백6까지 되면 엉성한 백의 그물에 걸려든 꼴.

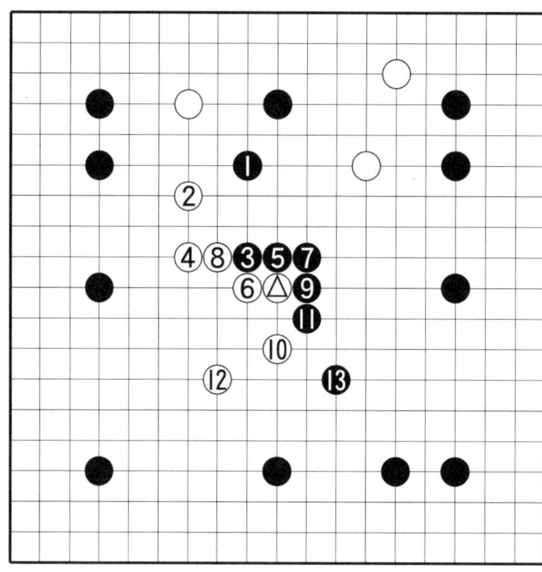

6도

6도(추천수)

 백△가 있을 때 백이 크게 공격해 온다면 흑1을 찾아야 한다. 기억할 만한 호수. 백2가 불가피할 때, 흑3까지 나갈 수 있는 것이다. 흑5·7의 행마가 멋지고 이하 13까지 흑이 매우 활발하다.

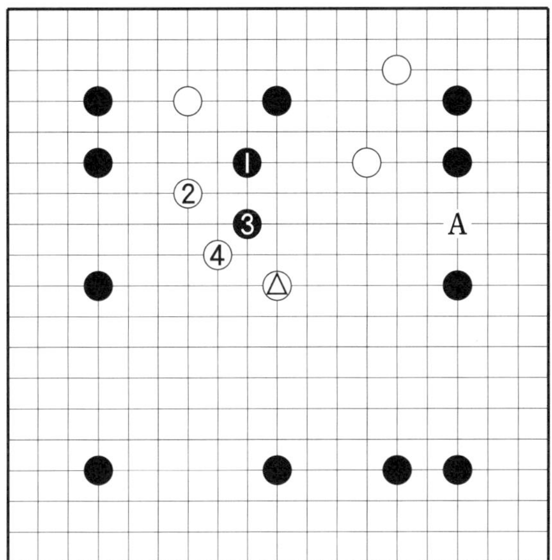

7도

7도(그물에 걸림)

흑3은 견실한 행마지만, 지금은 백4가 △ 한점과 어울려 절호점이 된다. 우측으로 나오자니 A의 곳이 엷어지는 게 불만. **6도**의 행마를 잊어서는 안 된다.

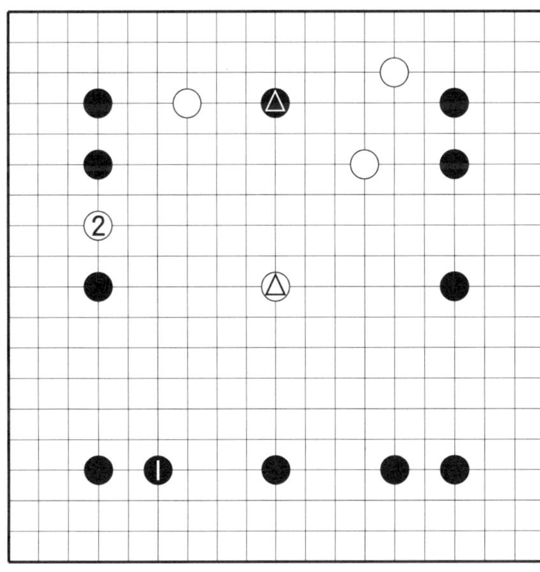

8도

8도(폭이 넓음)

지금 장면에서 상변 흑△ 한점을 포기하는 것은 좋지 않다. 백진의 폭이 넓다. 백은 △ 한점을 바탕으로 2에 침입, 흑△ 한점을 통째로 먹으려 할 것이다.

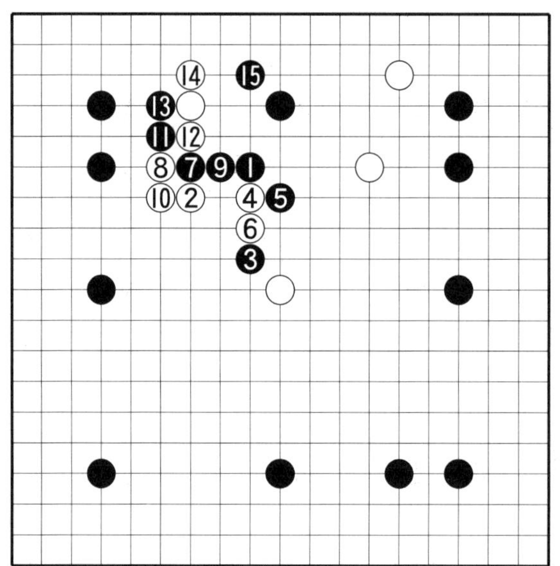

9도

9도(백, 곤란)

물론 흑3 때는 백4의 반격에 대한 대비가 있어야 하는 것은 당연하다. 흑7·9의 수단 다음에 흑11·13이면 백은 곤란한 모습이다.

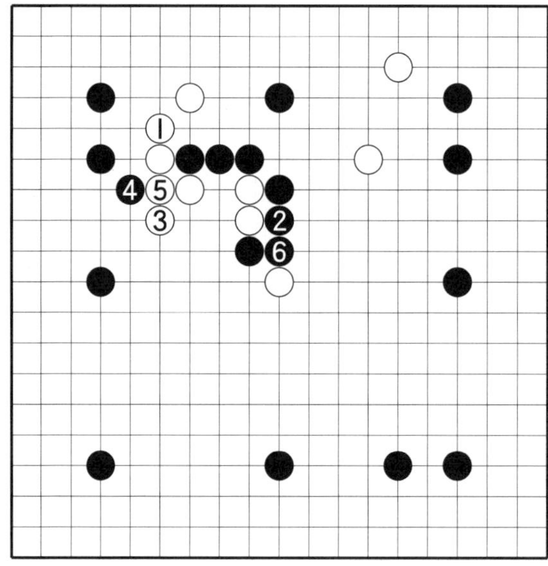

10도

10도(백, 무리)

그렇다고 백1로 보강하는 것은 대무리이다. 흑이 2로 나오기만 해도 백의 응수가 곤란하다. 흑6까지만 되어도 흑 대만족.

7점 접바둑

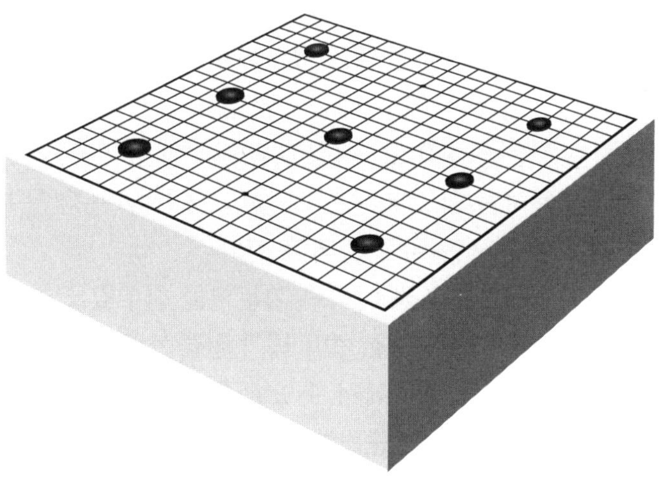

7점 접바둑의 요령

7점 접바둑의 특징은 좌변과 우변의 두 곳에 3연성 포진을 갖추고 있을 뿐 아니라 8점 바둑에서는 없는 중앙 천원(天元)을 활용할 수 있다는데 있다. 그러므로 변과 중앙을 얼마나 적절히 활용하느냐에 따라 승부가 갈린다고 해도 과언이 아니다.

특히 귀에서 일어나는 화점의 기본 정석과 변에서 일어나는 기본 변화는 알고 있어야 한다. 또한 7점 바둑은 9점, 8점 바둑에서 배운 '날일자 받음'을 기본으로 하는 것은 물론이고, 상황에 따라 '한칸 받음'을 적절히 활용하는 힘도 키우는 게 좋다. 물론 이에 대한 변화도 어느 정도는 알고 있어야 한다.

본 장(章)은 7점 바둑의 기본형을 다루었으며, 특히 변에 대한 변화는 6점 접바둑과 밀접한 관계를 갖고 있으므로 6점 접바둑에서 주로 다루었다. 부디 7점 접바둑을 마스터해, 한 순간에 6점까지 정복하는 쾌거를 이루었으면 하는 바람이다.

상변 A와 하변, 두 곳의 변이 비어 있는 7점 접바둑에서 나올 수 있는 대표적인 모양이다. 또한 하수들이 제일 부담스러워 하는 형이기도 한데….

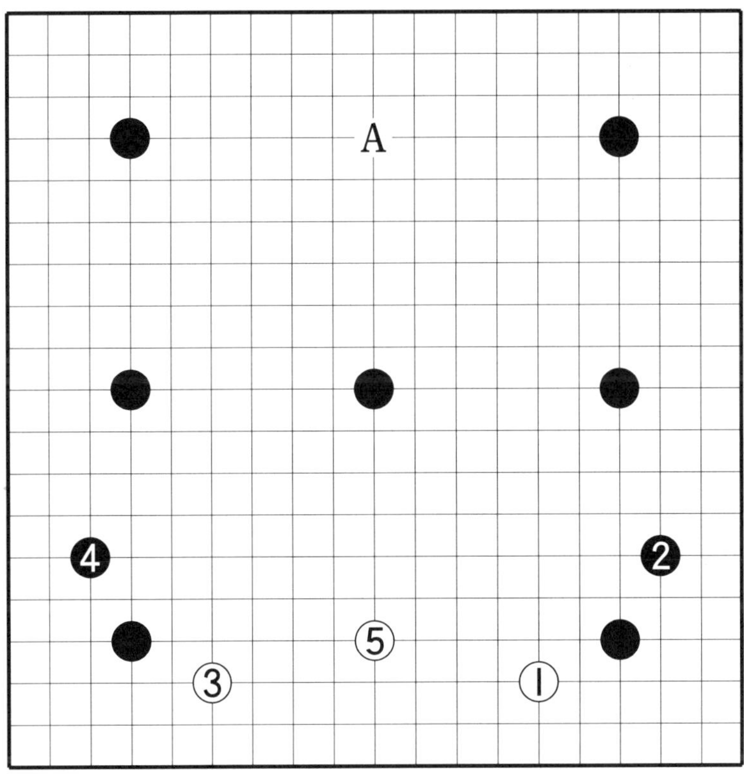

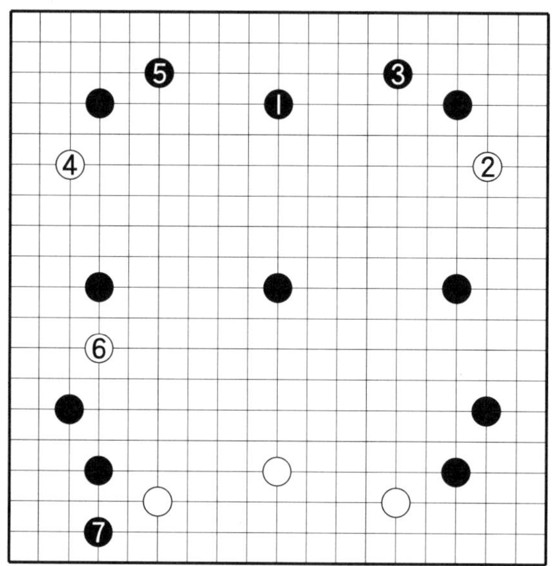

1도

1도(나의 길로 간다)

하변은 쳐다보지도 말라는 것이다. 상대의 집이 커보이면 진다는 바둑격언이 있다. 지금 상황에서 큰 자리를 찾아 선착하는 게 이상적인 진행이다.

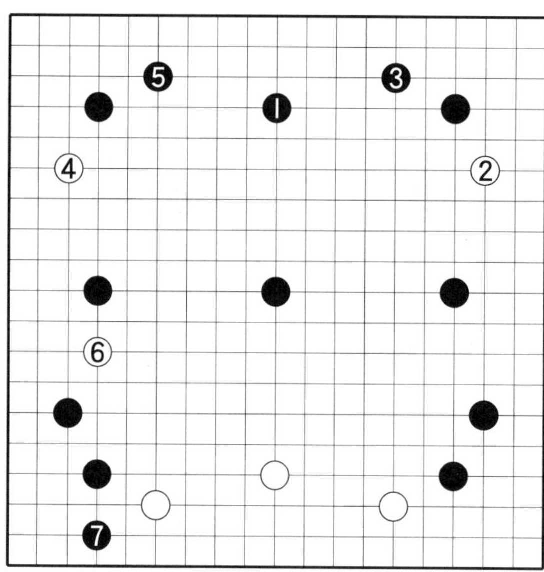

2도

2도(흑7, 호점)

백이 하변에 손을 빼고 발빠르게 움직인다 해도 흑은 그대로 받아주면 그만이다. 여기서 주의할 것은 백6으로 시비를 걸어올 때, 흑7로 지킬 수 있는 점을 배워야 한다.

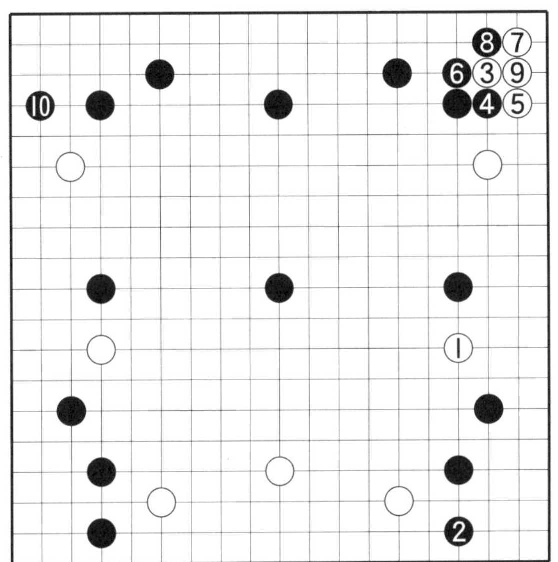

3도

3도(필승포석)

 계속해서 이후 예상 되는 진행을 감상해 보자. 백1에도 역시 흑 2로 지키는 것을 잊으 면 안 되고, 백3에는 가볍게 9까지 선수한 후, 흑10으로 지킨다. 이 정도면 필승포석이 아닐까?

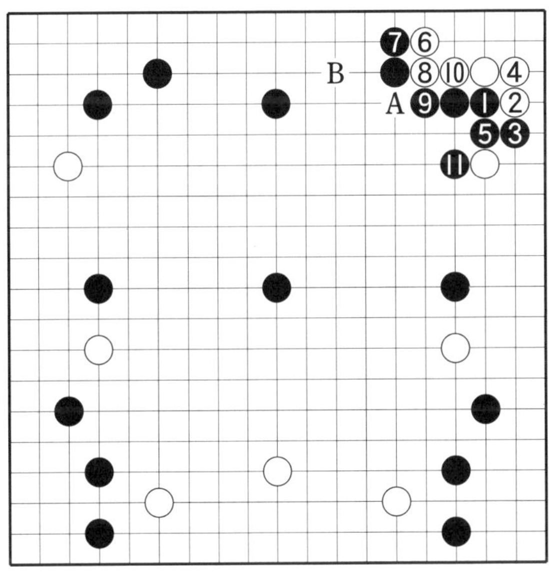

4도

4도(흑, 두터움)

 백2로 젖혔을 때 흑 은 3으로 막는 수도 일책이다. 백10까지 예상되고, 흑은 11로 두텁게 백 한점을 제 압해 두는 게 좋다. 백 A는 언제든지 B로 받 는다.

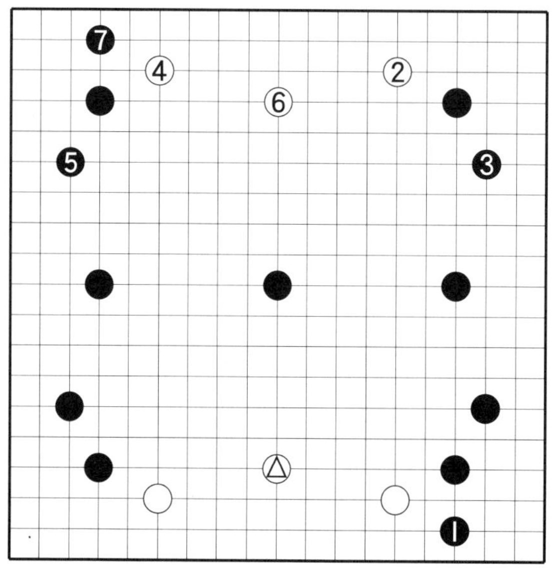

5도

5도(실리를 중시)

백이 △로 모양을 크게 했을 때, 흑은 실리를 중시하는 작전도 생각해 볼 수 있다. 흑1이 약간은 소극적이긴 하지만, 백6까지 허용하더라도 다시 흑7로 지키면 완전히 실리에서 흑이 우위를 차지할 수 있다.

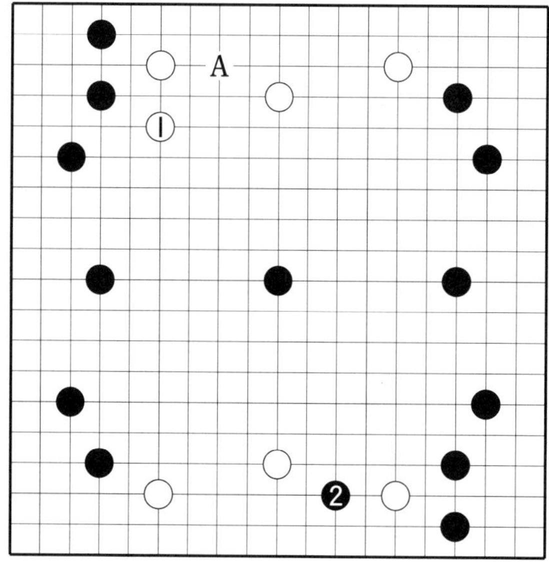

6도

6도(맞보기)

백은 하변과 상변에 큰 모양을 형성했지만 A와 2의 자리를 모두 보강할 수는 없다. 흑2로 침입하면 이 흑을 잡을 수 없는 것이다.

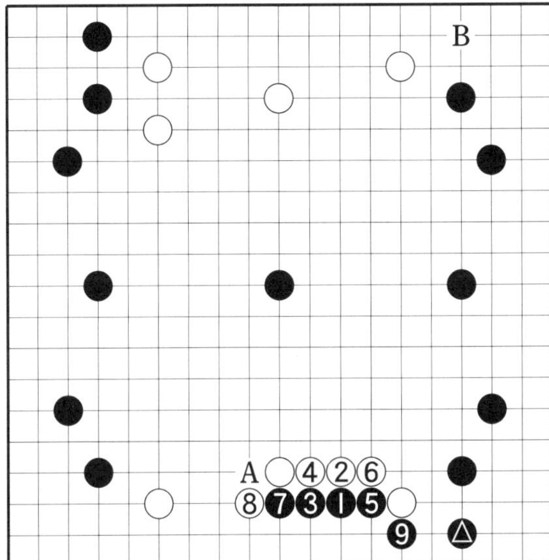

7도

7도(흑, 만족)

하변과 상변의 백진이 웅장해 보이지만 사실은 허상에 불과하다. 집이 된다 해도 별것 없으며, 흑이 이렇게 파고들어도 어쩔 도리가 없다. 지금은 흑▲가 역할을 하고 있다. 이후 흑은 A의 끊음이나 B의 지킴을 노린다.

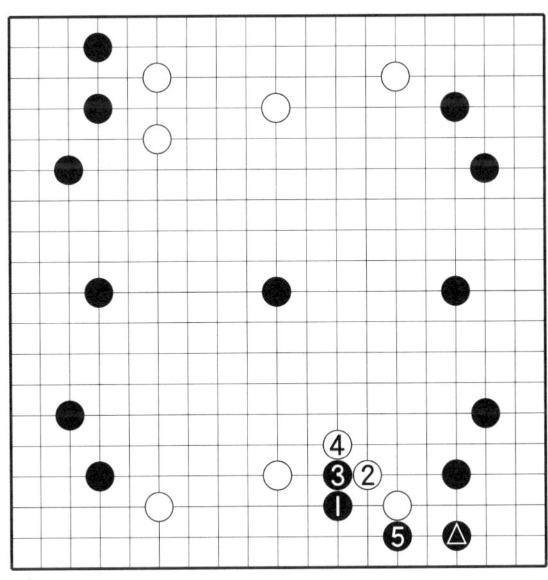

8도

8도(백, 억지수)

흑1의 침입에 백2로 압박하는 것은 억지에 가깝다. 흑은 가볍게 3·5로 넘는다. 흑▲가 있을 때는 흑1의 침입이 유력해진다.

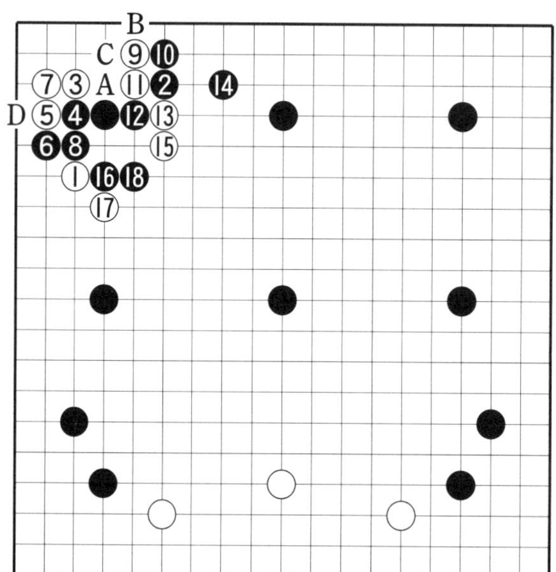

9도

9도(기본사활)

백이 도저히 안 된다고 판단해, 백3으로 적극적으로 뛰어들어 변화를 꾀하는 것도, 정확한 응수만 알고 있다면 걱정이 없다. 흑은 백이 하자는 대로 해 준 후 양쪽을 안정하고, 백A를 강요한다. 손빼면 흑B, 백C, 흑D로 백 죽음.

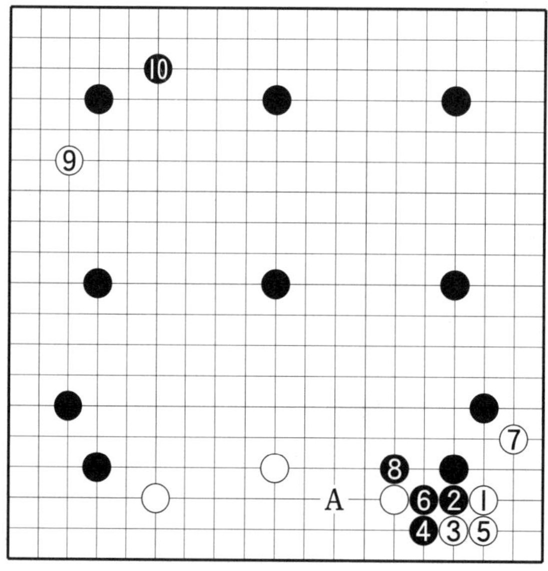

10도

10도(간명한 처리)

접바둑에서는 3·三 접전이 많다. 지금과 같이 초반부터 파고들어올 때는 하변 백이 약화되므로, 흑4쪽에서 막는 게 좋다. 백7에는 손빼고 흑8로 제압해 둔다. 향후 흑A가 큰 자리.

A와 B, 두 군데 변이 비어 있는 상황에서, 백이 변 작전을 수행하기 위해 1로 걸치는 것은 당연하다고 할 수 있다. 흑2는 중앙 ▲를 염두에 둔 점. 백3 때 흑4의 적극적인 협공은 충분히 가능한 점이다. 자! 백7 이후 흑은 어떤 작전이 필요할까?

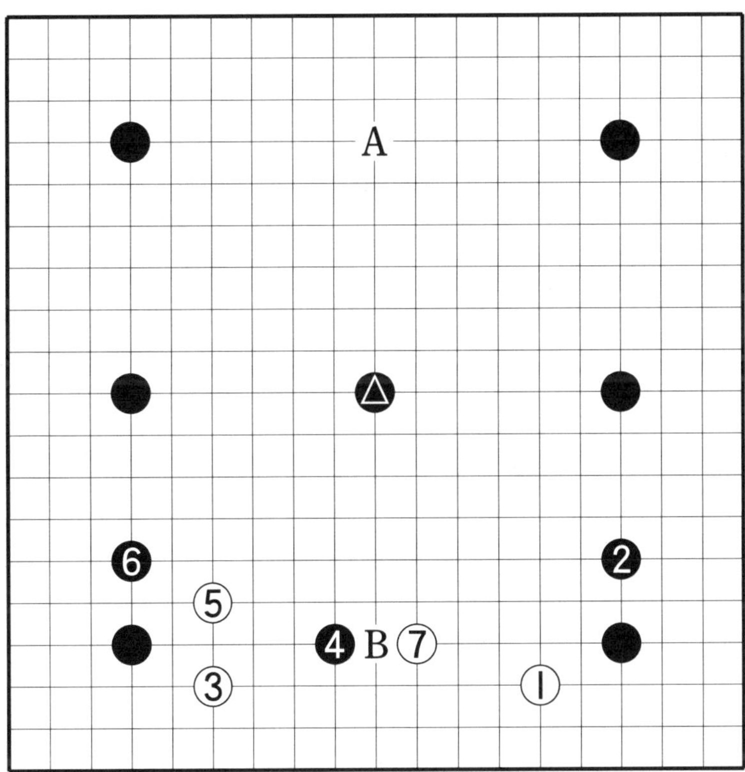

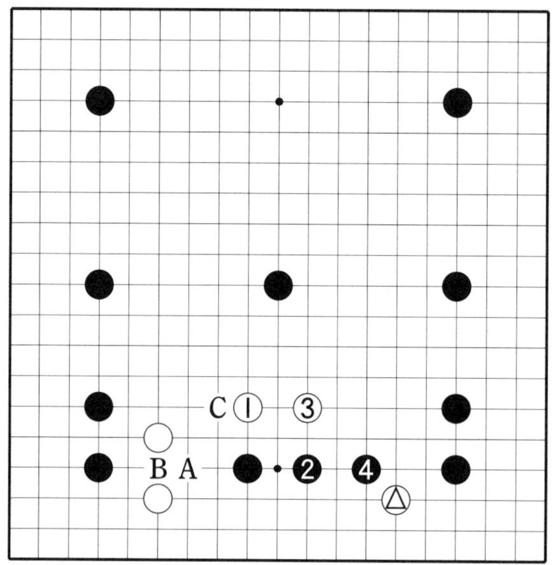

1도

1도(백, 무리)

 백이 고압적인 자세로 나온다면 흑은 오히려 편하다. 백1로 직접적인 공격은 흑2 이하 4까지 가볍게 행마한 후 흑A, 백B, 흑C를 노린다. 물론 백△ 한점이 제압된 것도 큰 이득.

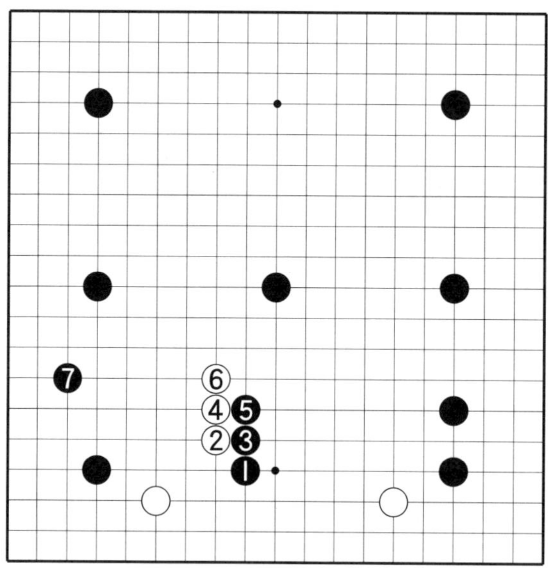

2도

2도(흑, 힘찬 모습)

 흑1에 백2가 낮선 행마지만, 상수들이 자주 애용하는 전법이라고 익혀두면 많은 도움이 된다. 이때는 흑5까지 힘차게 민 후 7로 지킨다. 또…

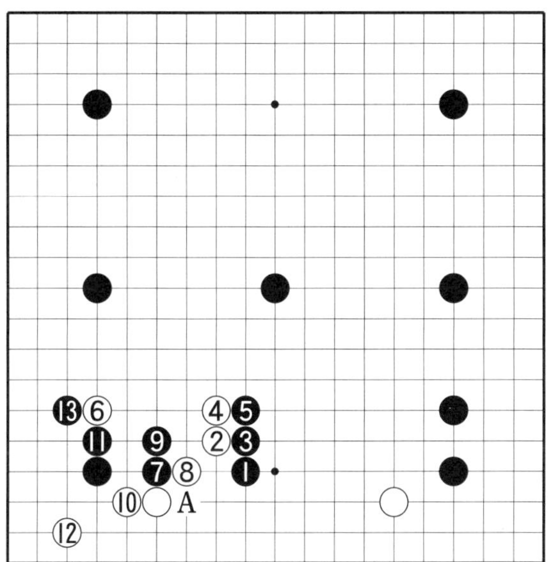

3도

3도(흑, 안정)

백6으로 먼저 선착하는 것도 생각되는 수단이다. 이때 흑은 7로 붙여 타개하는 수법을 익혀야 한다. 흑13까지 안정. 그리고 A의 끊음을 노린다.

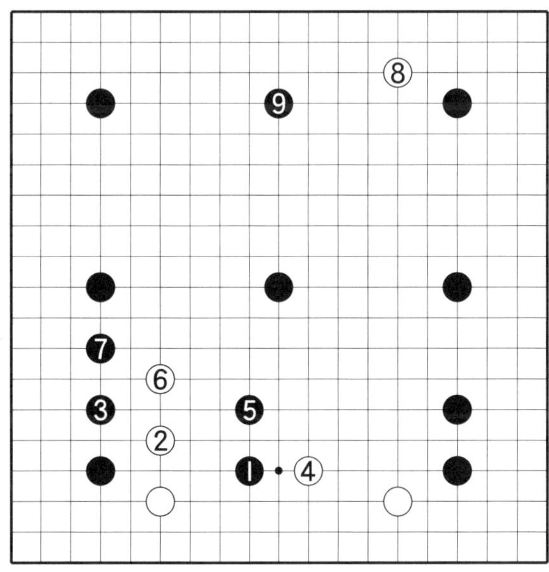

4도

4도(흑, 강렬)

흑1의 협공은 사실 많은 변화를 내포하고 있어 하수들이 많이 꺼린다. 하지만 언제까지 '날일자'만 받고 있을 것인가? 흑9까지 강렬한 모습이 보이지 않는가?

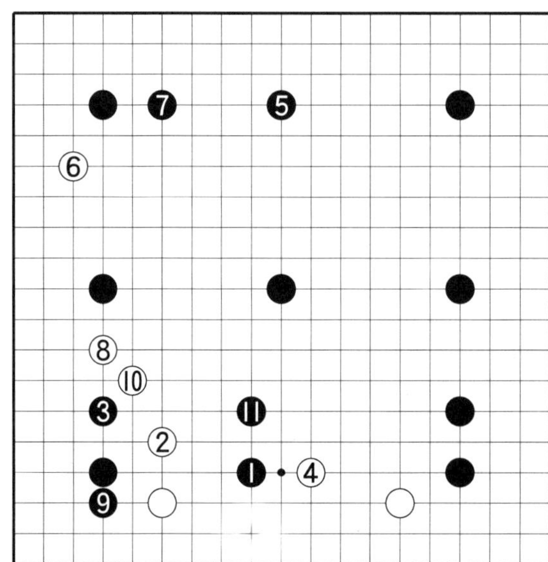

5도

5도(손빼는 작전)

백4 때 흑은 손빼는 작전도 있다. 상변 흑5가 너무 빛나는 자리이므로, 우선 이곳을 차지하고 보는 것도 일책. 백은 계속해서 6·8로 공격해오지만, 흑9를 알고 있다면 걱정없다. 백10 때 흑11로 움직여도 이상무!

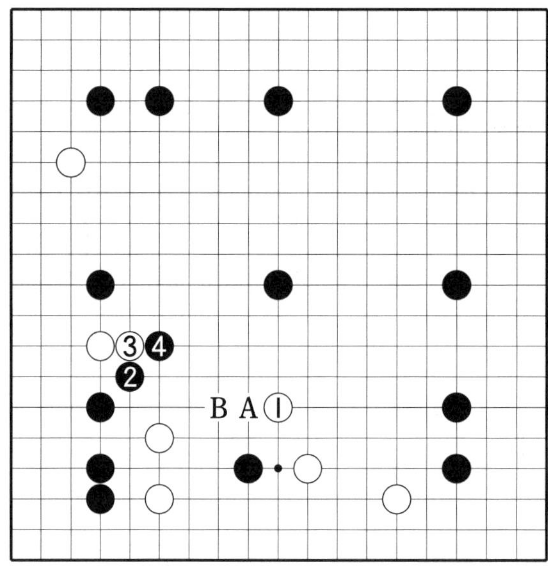

6도

6도(흑의 행마법)

백은 은근히 1쪽부터 공격해올지도 모른다. 흑이 여기서 말려들면 안 된다. 오히려 A의 붙임을 보는 흑2·4가 좋은 행마. 만약 백3으로 B에 잡으면 흑3으로 누른다.

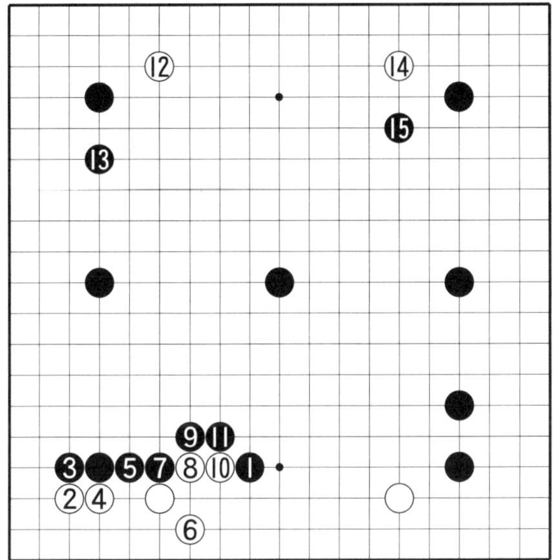

7도

7도(세력작전)

짭짤함을 좋아하는 상수는 일단 실리를 벌고 시작할 수도 있지만, 이것은 흑의 바람이고 흑3으로 막아 11까지 두텁게 세력을 쌓은 후, 흑13·15로 역시 일관된 작전을 펼친다.

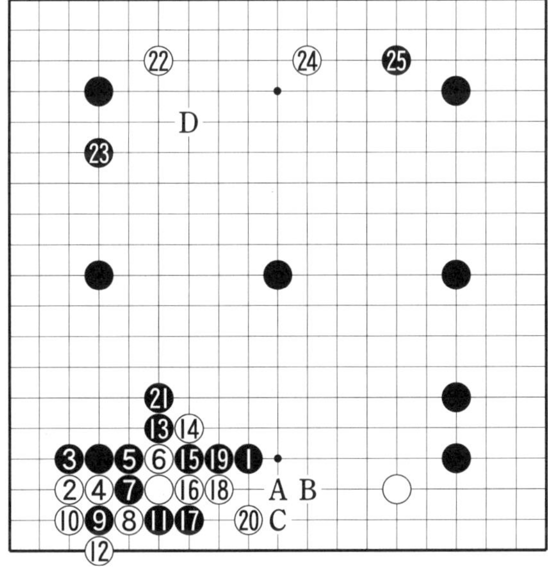

8도

8도(정석공부)

백6으로 올라오면 흑7부터 21까지는 정석. 이후 흑은 A, B, C가 모두 선수이다. 흑25 다음, 흑은 선수를 취하면 D의 곳이 요처가 된다.

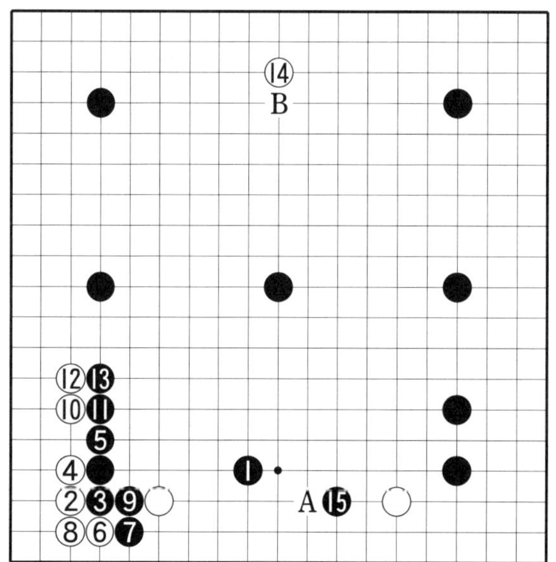

9도

9도(흑 두터움)

  흑3으로 막는 수도 좋다. 흑13까지 힘차게 민 다음 흑15를 차지한다. 흑13 다음 만약 백이 A로 벌리면 B는 흑의 차지가 된다.

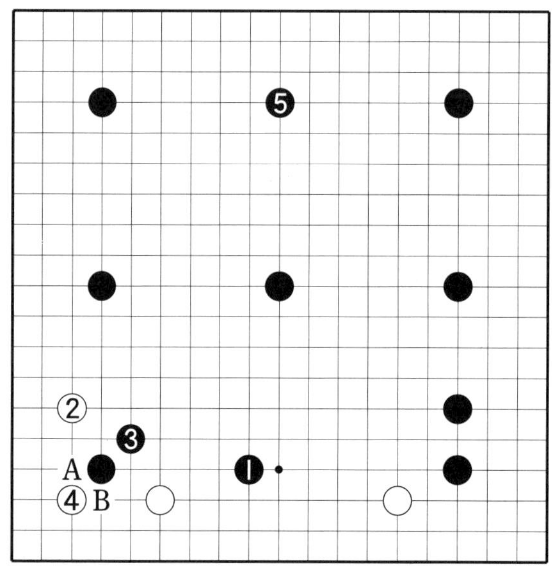

10도

10도(발빠른 행보)

  백2도 예상할 수 있는 점인데, 가장 간명한 방법이 흑3이다. 백4면 A나 B를 보류하고 다시 발빠르게 5의 자리를 차지한다. 백4로 만약 백이 5 부근에 오면 흑은 4 자리를 지켜 양쪽 백을 노린다.

수비형

백3은 상수들이 A 다음으로 많이 애용하는 수법이
다. 느긋하지만 힘을 갖고 있고, 이미 하변의 두 점
은 언제든지 사석으로 버릴 준비가 되어 있는 것이
다.

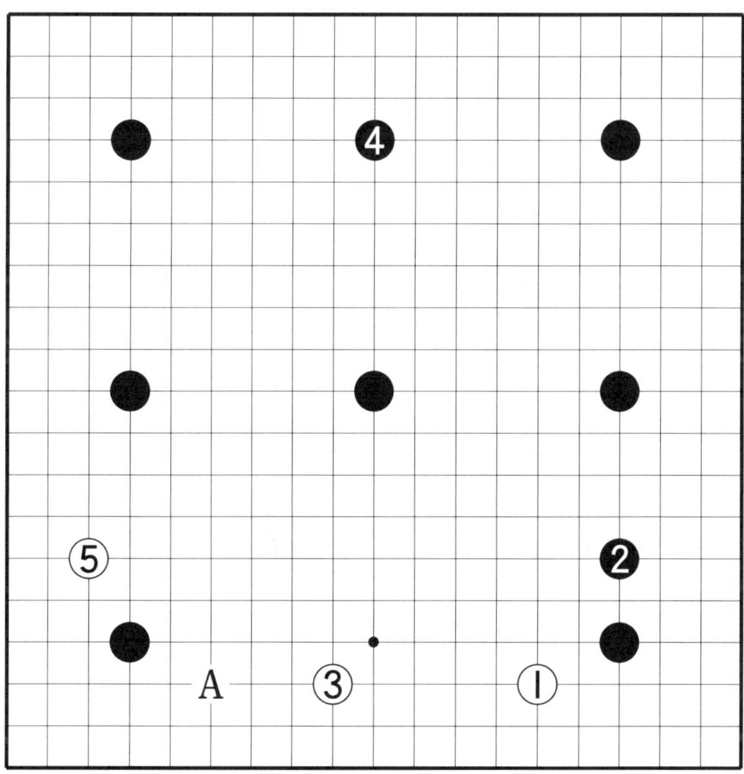

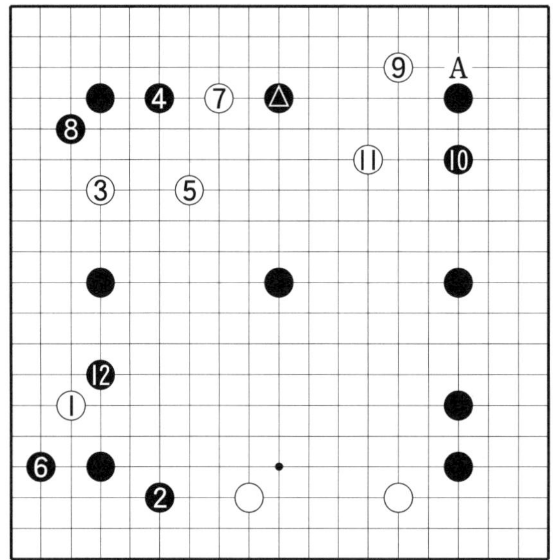

1도

1도(가벼운 마음)

접바둑을 대하는 태도 가운데 하나가 '돌을 가볍게 생각하라'이다. 지금은 백이 이곳저곳 건드리며 집적대지만, 흑▲ 한점에 초점이 모여 있다. 바로 이 점을 가볍게 생각하라는 것이다. 흑12로 손을 돌리든지 A의 곳에 지키면 된다.

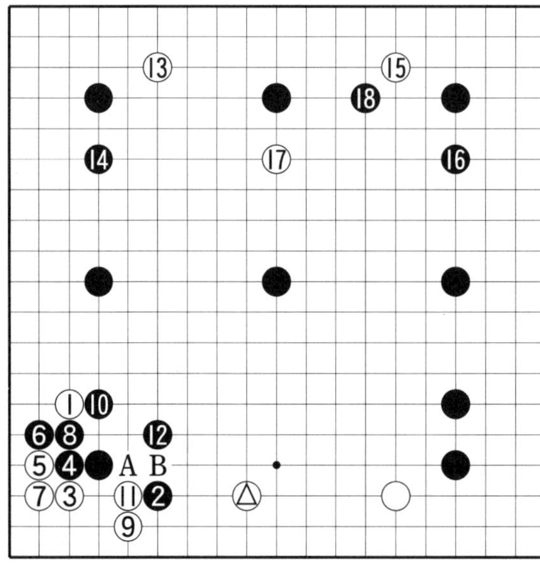

2도

2도(백의 책략)

백△가 위치해 있을 경우는 당장 3·三에 파고들어도 위협적이다. 백11 때, 흑12가 음미할 만한 점. 백△가 있을 때 A로 막는 것은 B로 끊겨 흑이 안 좋다.

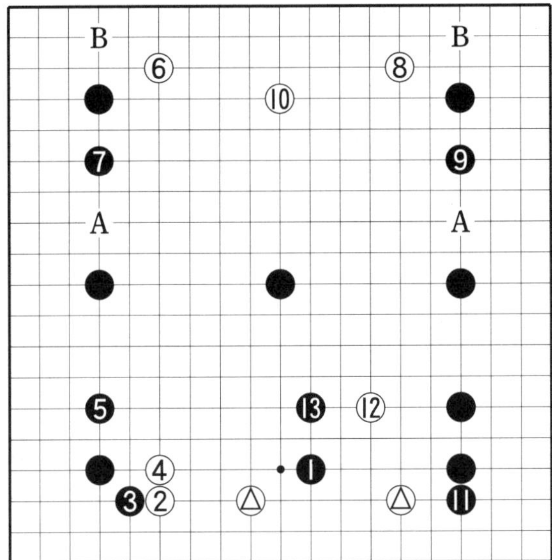

3도

3도(접전 유도)

백△로 벌렸을 때 상변을 보류하고, 당장 흑1로 뛰어들어가는 것은 좋지 않다. 백은 상변을 차지했을 뿐 아니라 백12로 전개하면 어려운 싸움이 된다. 참고로 백이 A에 뛰어들었을 때 흑은 B에 지키는 것을 알고 있으면 편하다.

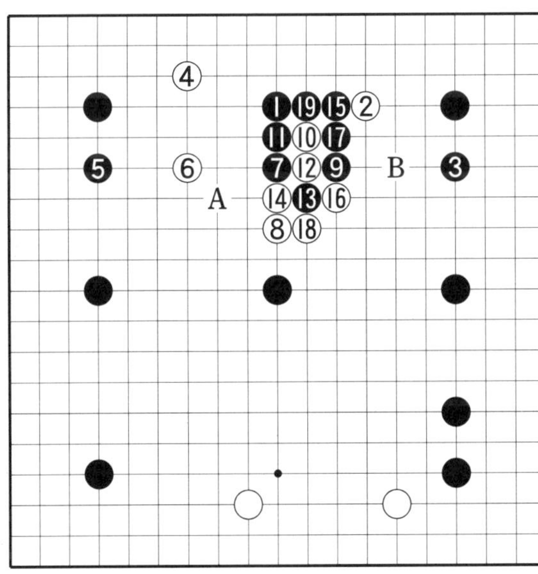

4도

4도(백, 대무리)

그러므로 흑1은 절대점에 해당된다. 다음 백2·4가 변칙적인 응수지만, 흑9까지 되면 흑이 편하다. 만약 당장 백10 이하 결행하는 것은 흑19 다음 A와 B가 맞보기.

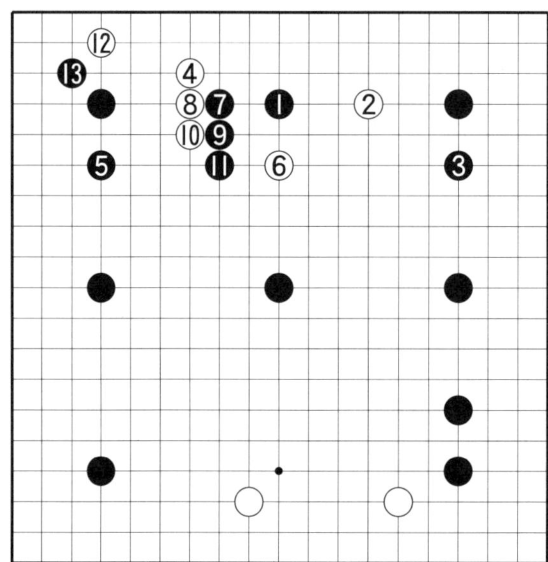

5도

5도(기대기 전법)

백6으로 씌워오는 것은 이제 무리라는 것을 배웠을 것이다. 흑 7부터 기대기 전법으로 나가면 그만이다. 흑11까지면 백6 한점만 이상한 위치에 있다. 백12에는 흑13으로 받아야 아직 백이 미생이다.

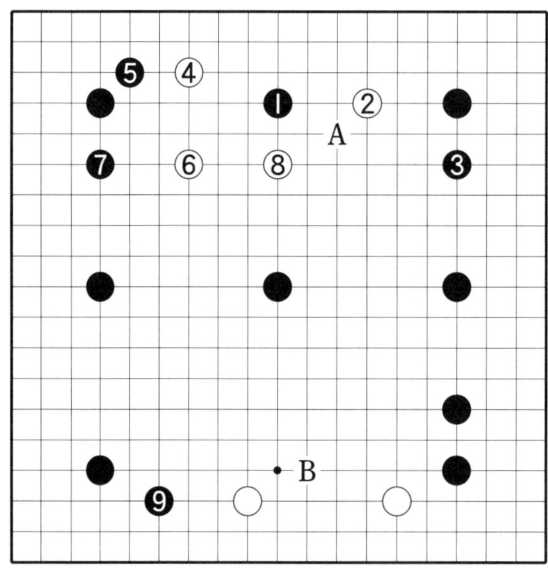

6도

6도(착실한 수법)

백4 때, 흑은 5부터 7까지 선택할 수도 있다. 백8에 흑은 A의 탈출을 노리며 과감하게 손을 빼고 흑9를 차지한다. 흑9는 B의 침입을 노리는 점이다.

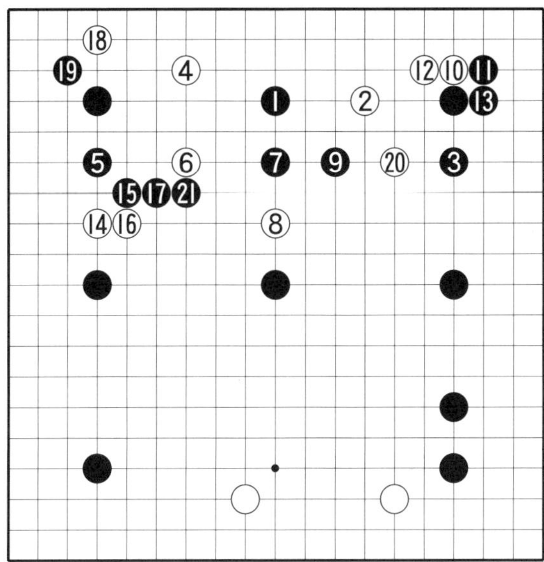

7도

7도(가정도)

백8, 흑9부터 백이 선택할 수 있는 방법에 관해 예상해 보자. 백은 뾰족한 수법이 없다는 것이다. 흑19의 받음이 중요하고, 21로 두텁게 막는 게 좋다. 흑 호조의 국면이다.

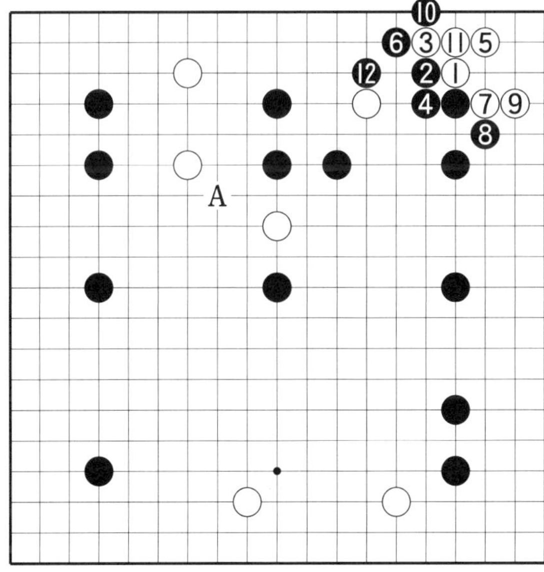

8도

8도(흑, 대성공)

백1 때 흑2로 받는 수도 생각해 볼 수 있는 점이다. 하지만 권하지는 않는다. 지금과 같이 백3 이하 안에서 살기만 한다면 A의 노림도 있어 대만족이지만 그렇지 않다.

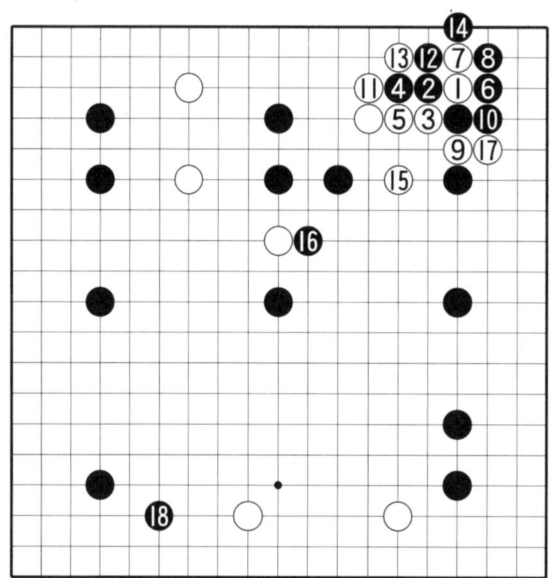

9도

9도(백의 반발수)

백은 당연히 3으로 끊어올 것이다. 이때가 흑이 어려우므로 흑2를 권하지 못하는 것이다. 흑16으로 보강할 때 백17이 아프고, 또 이렇게 되기까지도 만만치 않다.

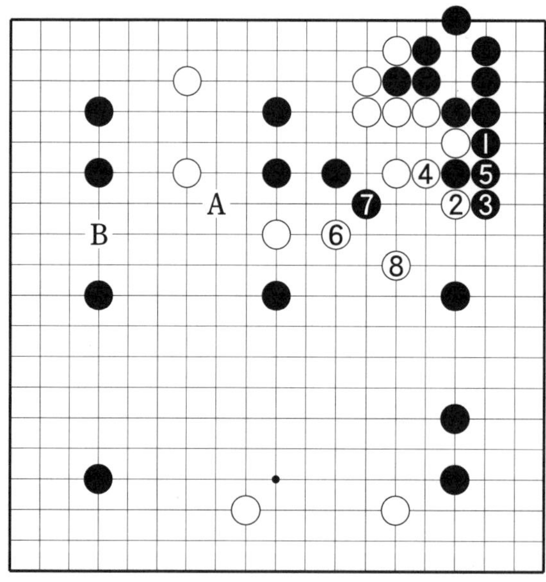

10도

10도(흑, 복잡)

전도 흑16으로 왜 본도와 같이 흑1로 안 넘어가는 것에 의문을 가질지도 모르지만, 이후 진행에서 보듯 득보다는 실이 많다. 백8의 봉쇄가 눈에 보이고, 또 흑A로 나오는 것도 지금은 B의 곳이 약해져 좋지 않다.

흑2는 바로 흑▲와 호응해 백1의 한점을 협공하며
벌린 점이다. 그런데 백이 오히려 재차 흑진을 갈라
치며 쳐들어온 장면인데, 이후 흑의 작전은?

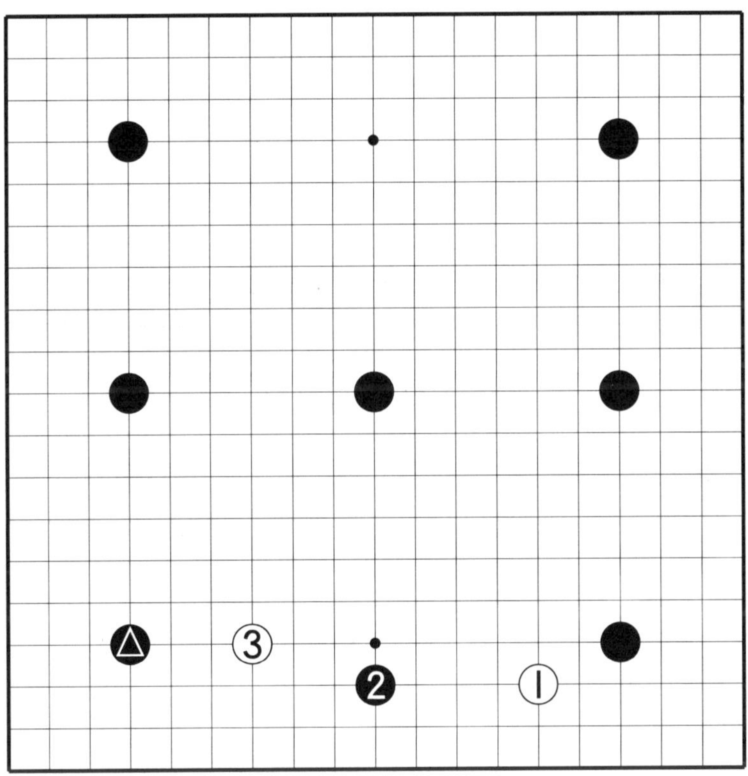

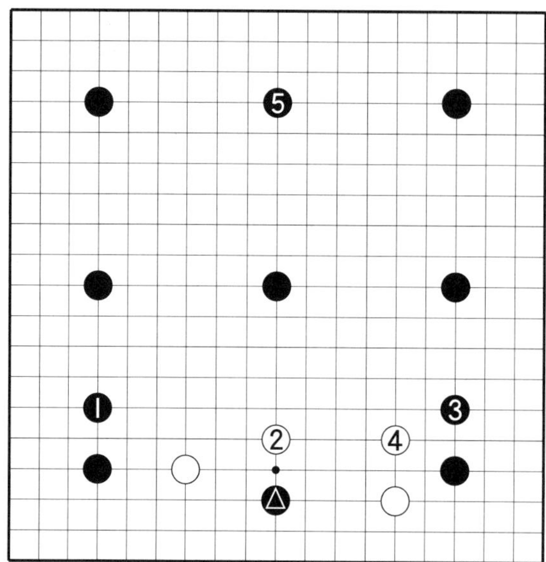

1도

1도(작전 차질)

　제일 먼저 떠오르는 점이 흑1의 받음이다. 가장 무난해 보이는 점이지만 지금은 작전에 차질이 생긴다. 비록 흑5를 차지하긴 했지만, 애초 흑▲로 협공한 의미가 퇴색되고 만다.

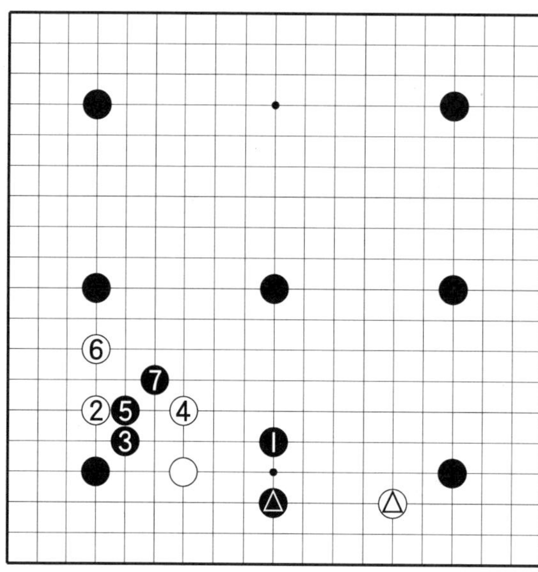

2도

2도(흑, 작전성공)

　무조건 흑1로 뛰고 볼 일이다. 지금은 백△ 한점의 공격을 하고 있는 상황이므로 흑▲ 한점은 귀하다. 흑7까지 되면 흑이 나쁠 리가 없다.

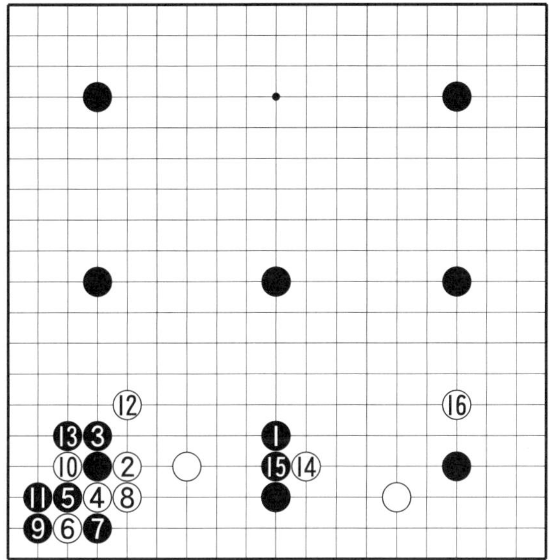

3도

3도(실전진행)

 아마추어 고단자와 2급 바둑에서 나온 실전형이다. 먼저 백2부터 부딪쳐간 게 행마법. 그리고 백6까지 이단젖힘부터 12까지는 고수의 행마. 흑도 13으로 잡는 게 정수. 계속해서 백16으로 흑을 괴롭히고 있는 장면인데…

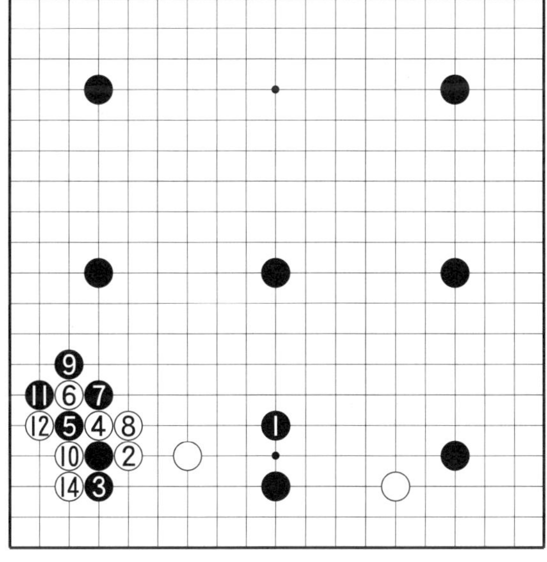

4도

4도(백의 의도)

 백2 때 흑3으로 실리를 챙기자고 하는 것은 안 될 말이다. 백6까지 강렬하게 젖혀가는 맥점이 통해 흑이 좋지 않다. 백14까지 백의 실리가 돋보인다.

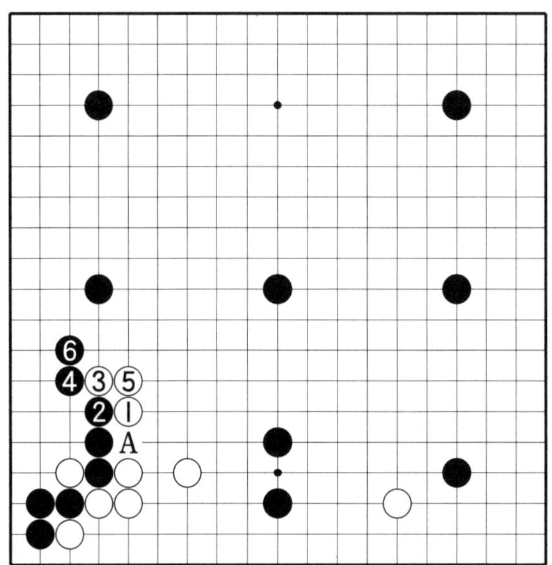

5도

5도(행마가 아님)

흑이 이 부근에서 조심해야 할 것이 바로 행마법인데, 백1 때 조심해야 한다. 덜컥 흑2로 나가는 것은 백3을 당해 결국 백A가 선수로 듣게 된다. 흑이 당한 모습.

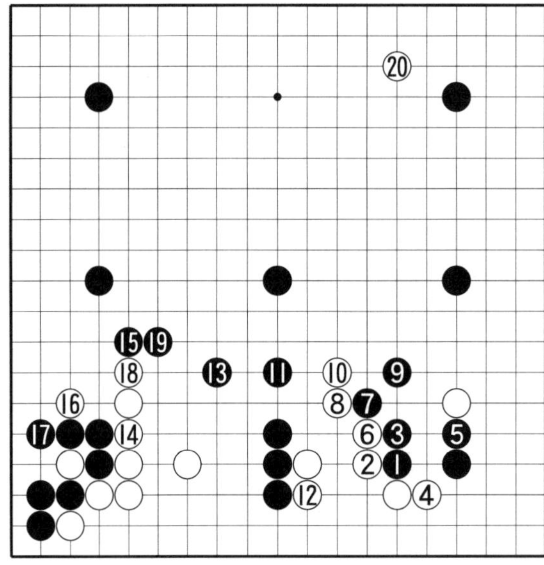

6도

6도(흑, 활발)

3도에 이어 계속되는 실전진행. 흑은 1부터 9까지가 행마법. 그리고 흑11로 뛰어나간다. 흑13은 날카로운 점이며 14 자리를 노리고 있다. 흑19까지 전체적으로 흑이 활발한 모습.

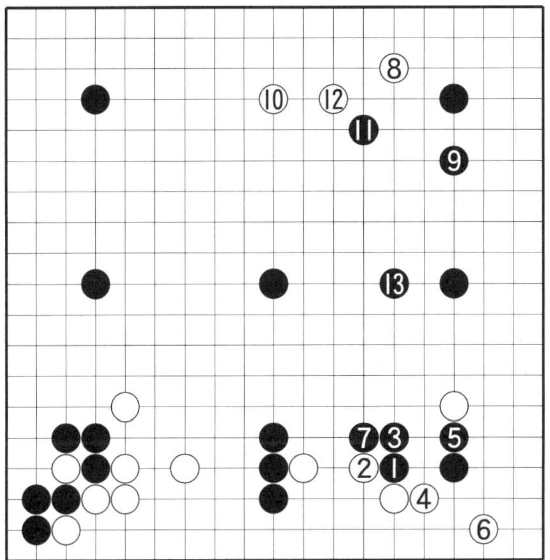

7도

7도(웅장한 세력)

백은 6으로 달리는 것을 정석으로 배웠지만, 지금은 흑7로 막혀 좋지 않다. 흑13까지 예상할 때 이것은 실전보다 흑이 더 편한 그림이다.

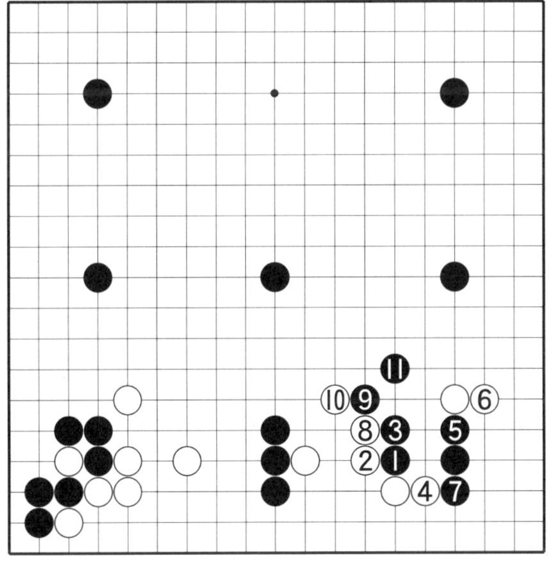

8도

8도(백, 무리)

백이 접바둑이란 것을 감안해 백6을 미리 교환할 수 있지만 무리라는 것을 밝힌다. 흑11까지 된 후 백은 양쪽을 수습해야 하는 부담이 따른다.

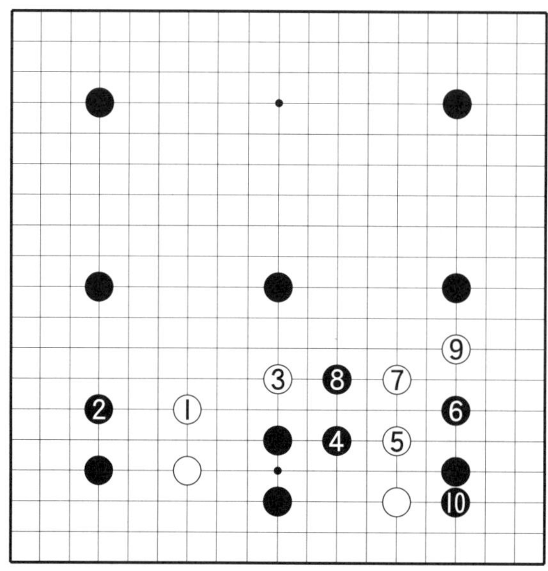

9도

처음으로 돌아와 백이 2쪽에서 양걸침하는 것은 무리. 흑의 입장에선 백3으로 올 때가 문제인데, 흑4부터 진행하는 행마법을 익혀야 한다. 특히 흑10의 굳힘은 꼭 눈여겨 볼 점.

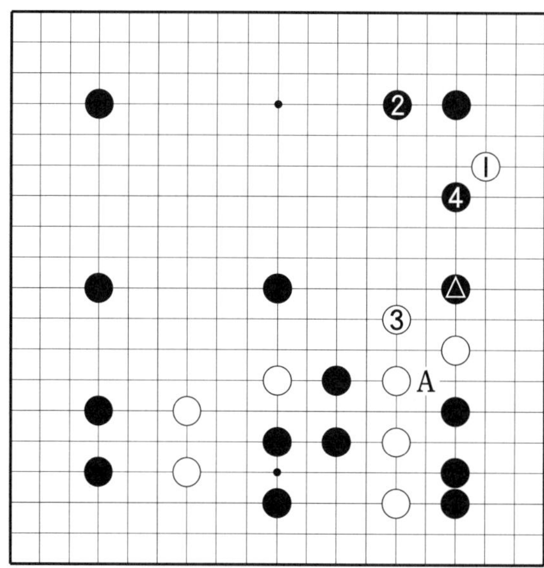

10도

10도(가정도)

9도에 이어 계속해서 예상되는 가정도를 보자. 백은 우변의 흑△ 한점을 노리며 백1로 걸치겠지만 흑은 여유있게 2로 받는다. A의 단점 때문에 흑△를 함부로 공격할 수 없는 게 백의 아픔이다. 흑4로 여유있는 모습.

중앙을 지향

흑2·4는 중앙을 중시하는 점들이며 호전적이다. 백1·3을 공격하겠다는 다분한 의지도 내포되어 있다. 백5로 왔을 때 흑의 작전은 다양하게 있을 수 있다.

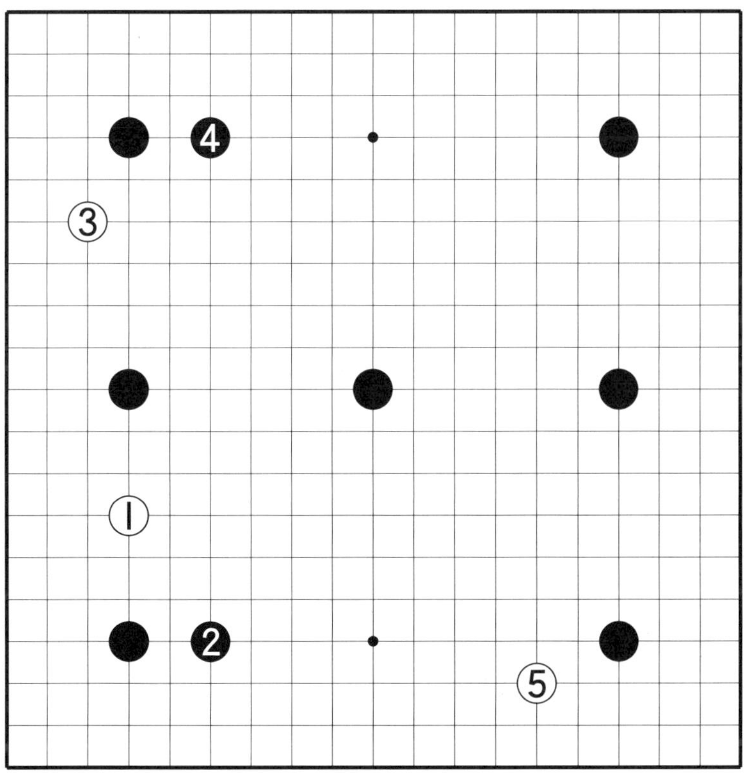

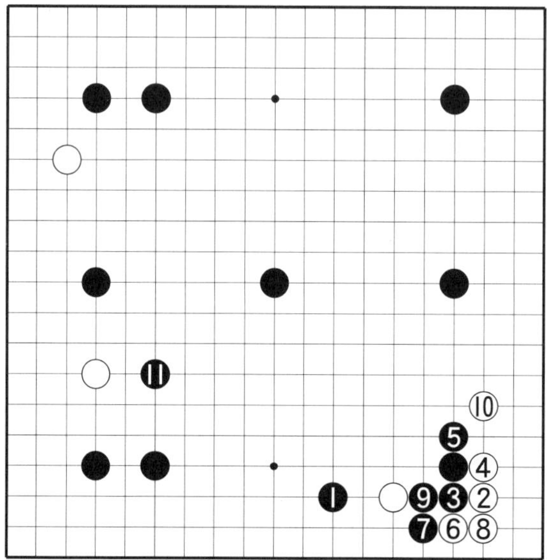

1도

1도(적극형)

먼저 적극적으로 협공하는 것이다. 백을 가장 압박하는 수법으로 흑1이 눈에 들어온다. 백이 3·三을 파고든다면 귀중한 선수를 뽑아 흑11로 대세점을 차지한다.

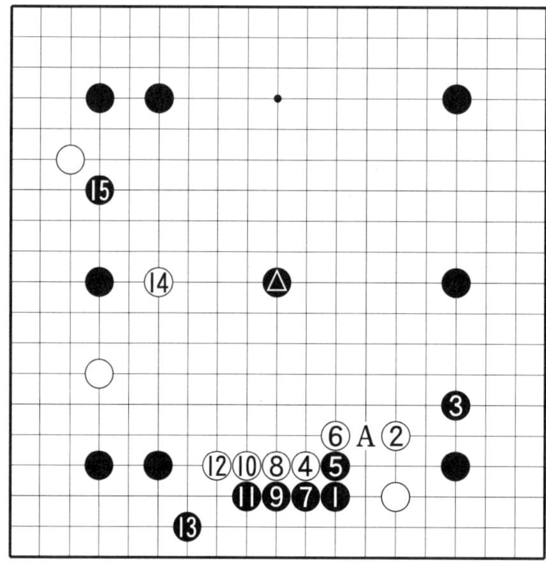

2도

2도(흑, 활발)

흑1에 백2를 선택할 수도 있다. 하지만 흑13까지 된다고 가정해도 흑은 A를 노릴 수 있고, 또 중앙은 흑△가 견제하고 있다. 흑이 15까지 활발한 모습.

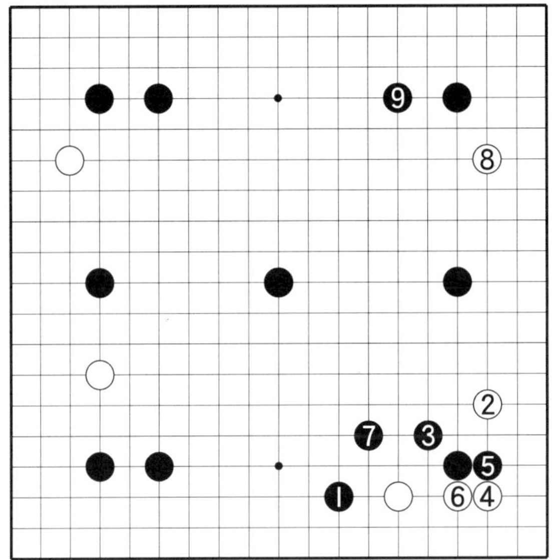

3도

3도(흑3, 추천수)

백2의 양협공이 껄끄럽지만 걱정할 게 없다. 흑3의 마늘모를 기억해 두자. 견실하면서도 두터움을 중시하는 접바둑에서는 호착. 백4면 흑7까지는 기본정석. 흑은 9까지 나쁠 게 없다.

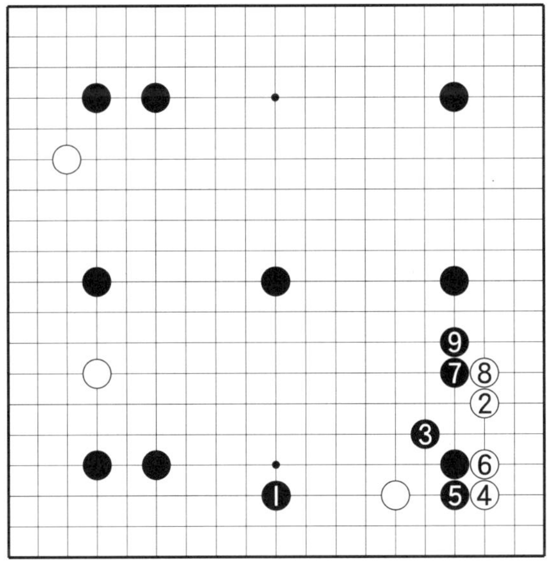

4도

4도(벌림 겸 협공)

흑1은 좌하귀를 활용해 벌림을 겸한 세칸 협공에 해당된다. 백2의 양협공에는 역시 흑3이 간명하고, 이하 흑9까지 흑이 두터운 모습이다.

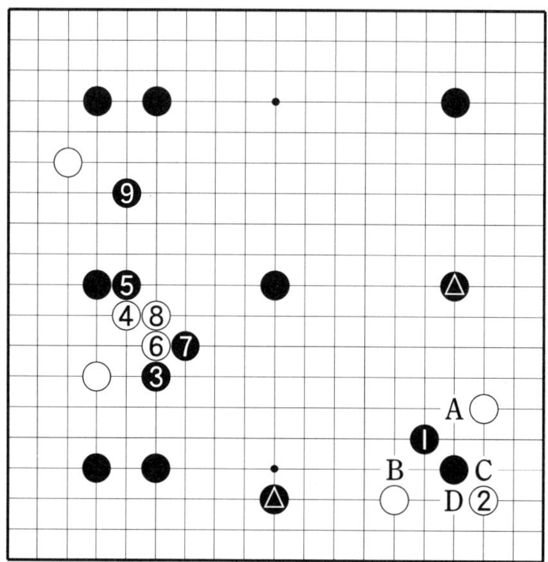

5도

5도(주도권)

백의 양걸침에, 흑△가 있을 때는 A나 B에 붙이는 것은 좋지 않다. 백2 때, 흑도 C와 D를 보류하고 먼저 흑3으로 선제공격할 수 있다. 백8까지 행마법이지만, 흑9를 당하면 주도권은 흑에게 있다.

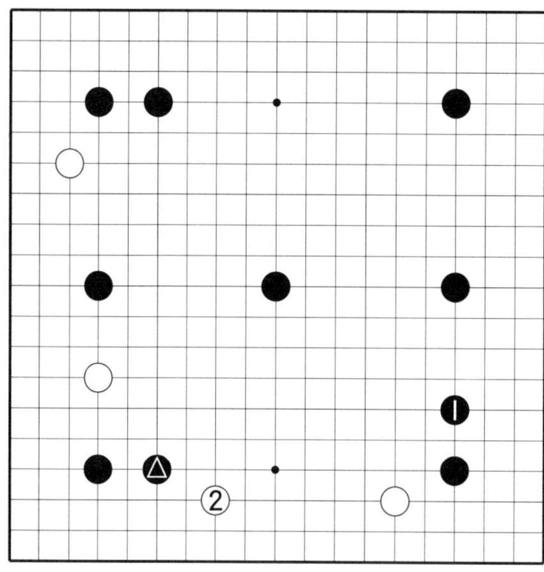

6도

6도(소극적)

다음은 흑1로 받는 것에 대해 살펴보자. 가장 평범할 것 같은 이 점이 지금은 좋지 않다. 흑△가 높은 만큼 백2의 다가섬이 안성맞춤이 된다.

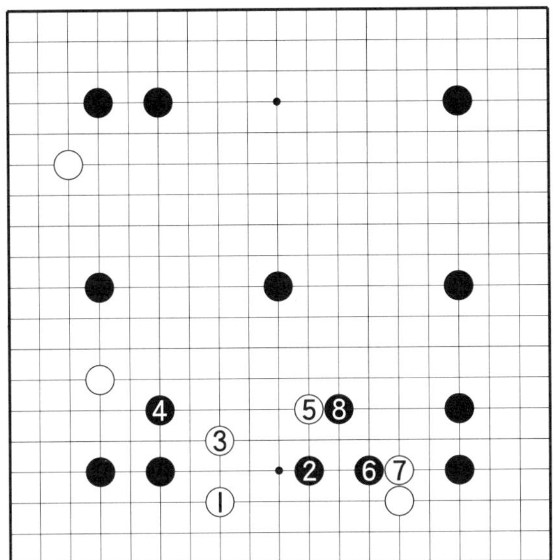

7도

7도(가능성)

물론 백1에 대해 흑이 정확하게 응수한다면 겁날 게 없다. 지금과 같이 흑2로 협공하는 것부터 8까지 숙지한다면 오히려 흑이 활발한 모습이다.

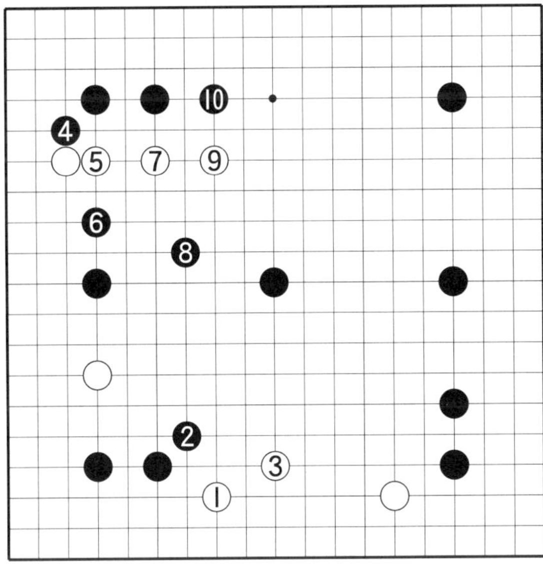

8도

8도(마늘모 행마)

많은 날일자 걸침이 있지만 백1같이 변쪽에서 걸쳐올 때는, 흑2의 마늘모 행마가 좋다. 판 전체를 흑이 주도하고 있다.

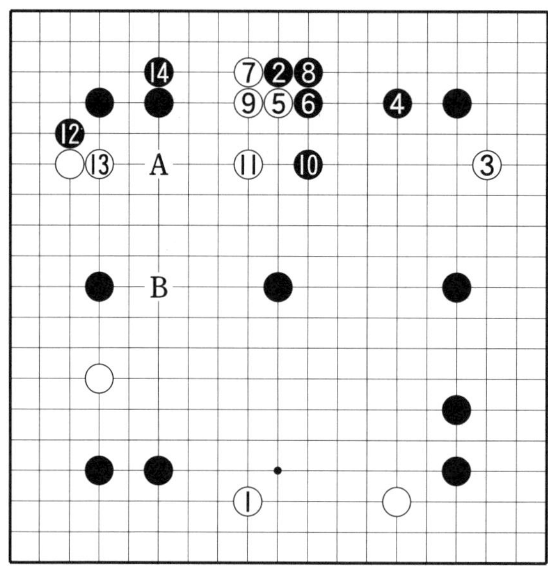

9도

9도(실전진행)

백1은 천천히 두어가 겠다는 뜻. 이때 흑은 여기서 손을 빼는 게 중요하다. 흑2는 큰 곳 이고 백5는 응수타진. 이때 흑8의 이음이 중 요. 흑12·14도 알아 둘 만한 행마법. 다음 백A면 흑B.

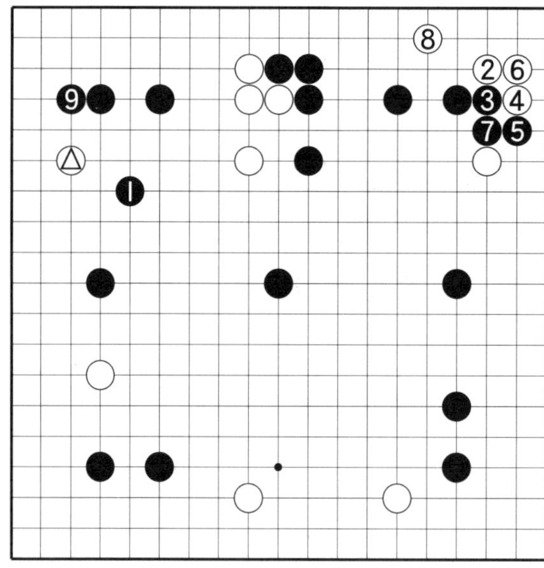

10도

10도(한 판의 바둑)

중앙의 두터움을 살 리려면 흑1로 나오는 것도 생각해 볼 수 있 는 점. 그렇다면 백은 우상귀부터 결정하고 때를 기다린다. 다음 흑9는 백△ 한점을 노 리며 상변 백의 공격 을 엿보는 호수! 이 결과도 흑이 활발하 다.

6 점 접바둑

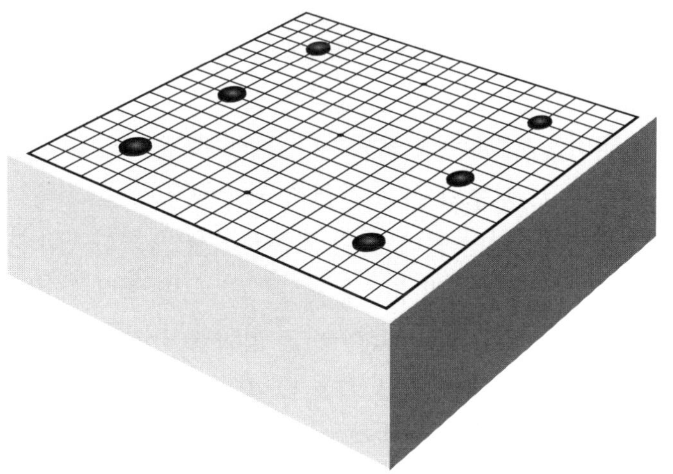

6점 접바둑의 요령

6점 접바둑의 특징은 좌, 우 두 변을 얼마나 잘 활용해 주도권을 잡느냐에 있다. 상변과 하변이 넓은 만큼 상수의 행동 반경이 넓을 뿐 아니라 집을 짓는데도 용이하고, 또한 자칫 잘못하면 하수가 상수의 집에 뛰어들어 낭패를 보기도 쉽다. 그러므로 하수의 입장에서는 이미 놓여진 6점을 적절히 활용하는 작전이 필요하다.

6점 접바둑을 두는 요령은 첫째, 먼저 상수의 진영에 뛰어들지 않는 게 중요하다. 우선 흑 진영의 큰 곳을 차지하고, 상수의 집은 천천히 기회를 엿보는 게 좋다.

둘째, 일단 변에 대한 기본지식을 습득하여야 한다. 아무래도 상수가 노리는 것은 좌, 우변 흑에 대한 공격일텐데, 그 부분에 대한 기본 변화를 익히는 것이 좋다.

셋째, 이제는 힘을 키울 때이다. 상황에 따라 물러나지 않고 상수를 몰아세우는 과감한 결단이 필요하다.

"상수의 대마도 잡힌다." 는 마음자세가 중요하다.

7점 접바둑과 마찬가지로 6점 접바둑도 백5까지 틀을 갖추는 형은 자주 나온다. 흑6은 천원에 돌이 없는 것을 의식한 실리위주의 착점이고, 백7로 쳐들어 왔다. 이후 흑의 작전은?

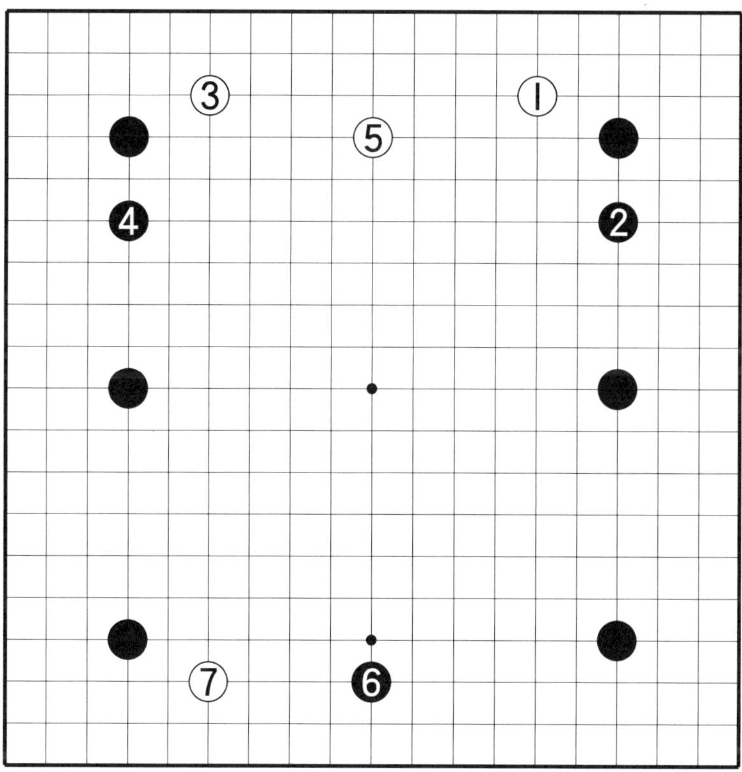

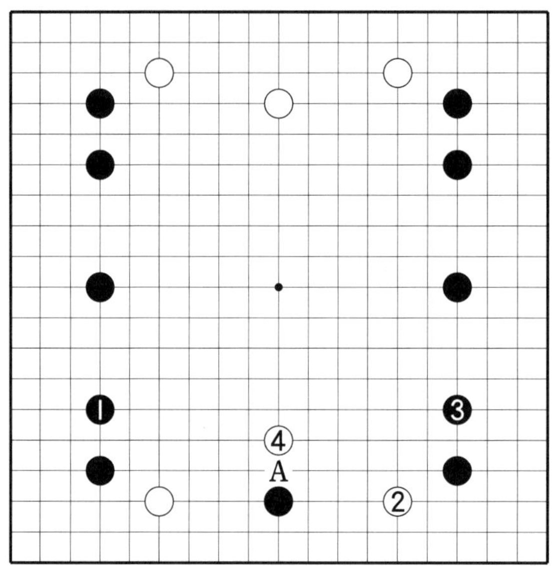

1도

1도(고압적인 점)

흑1이 무난한 받음. 백2는 하변 흑 한점을 공격하겠다는 걸침이다. 백4 때가 문제인데, 이것은 흑이 A에 있는 것과 많은 차이가 있다. 이 부근에서 흑의 작전이 중요하다.

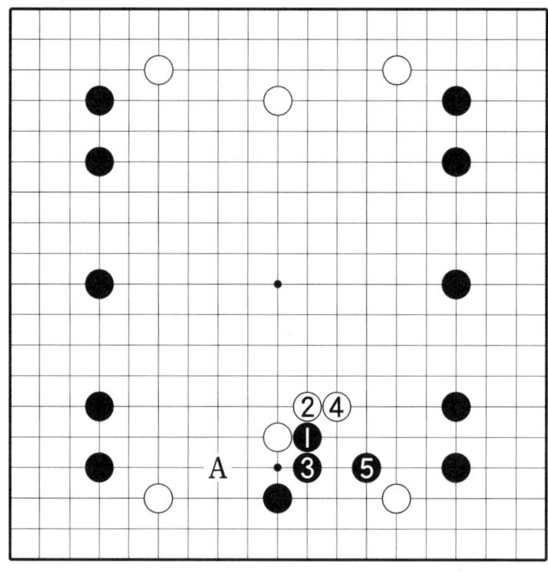

2도

2도(흑, 여유)

흑의 입장에서 제일 중요한 것은 두려움을 없애는 것이다. 몇 가지 방법 가운데 하나는 흑1로 붙이는 것이다. 흑5까지면 여유있는 모습. 흑은 A의 곳도 비어 있다.

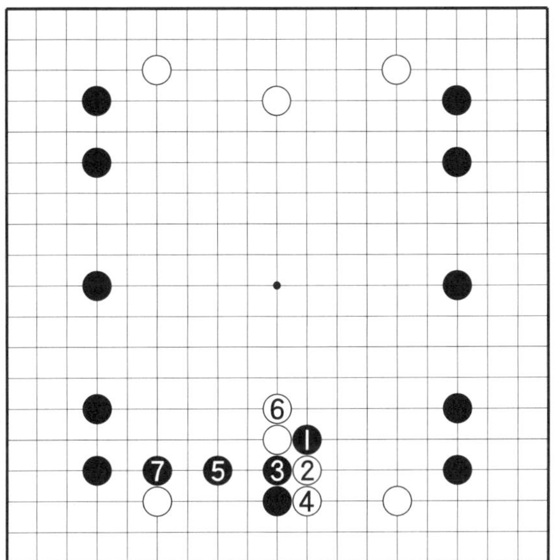

3도

3도(흑의 행마법)

백2로 반발해오는 게 겁나지만, 흑5의 행마법을 알고 있다면 걱정이 없다. 백6이면 흑7로 백 한점을 제압한다.

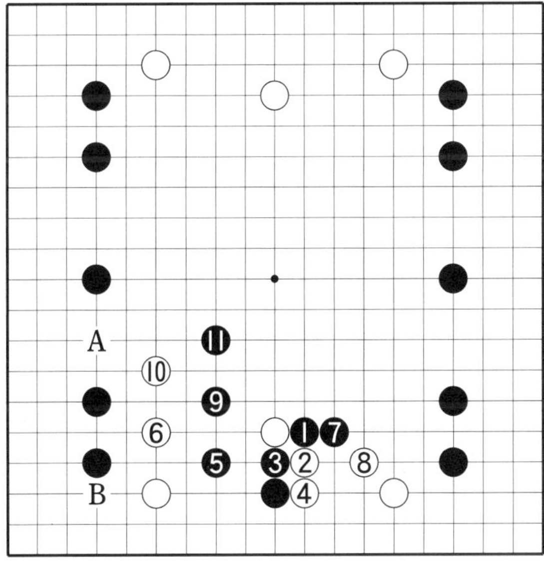

4도

4도(흑, 활발)

만약 흑5에 백6으로 움직이면 어떻게 될까? 이때 흑은 리듬을 타는 게 중요하다. 흑7을 선수한 후 9·11로 중앙으로 뛰어나간다. 백A에는 흑B로 응수.

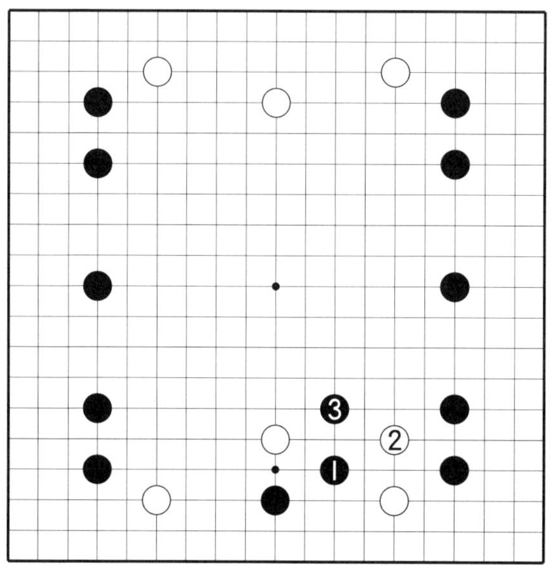

5도

5도(무난한 진행)

　사실 하수의 입장에서, 앞에서 본 대로 상수의 돌에 붙이기는 만만치 않을 것이다. 그렇다면 흑1을 선택하면 된다. 흑3까지 이것도 무난한 한 판의 바둑이다.

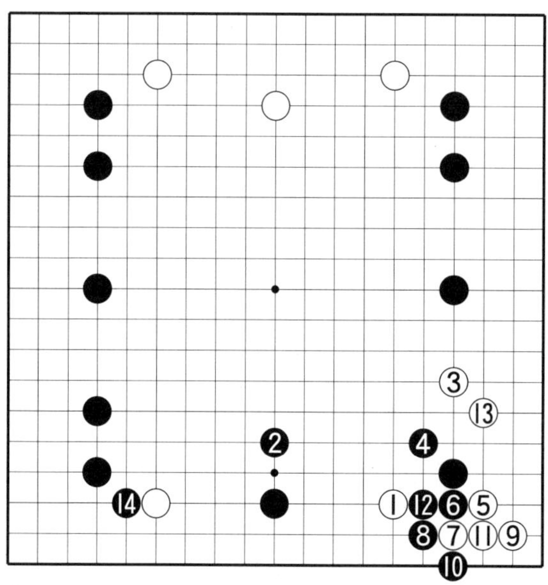

6도

6도(흑, 주도권)

　처음으로 돌아와 백1 때 흑이 2의 자리를 먼저 뛰어나가는 것도 생각해 볼 수 있는 점이다. 그렇다면 백의 양걸침은 당연한 점이고, 이하 백13까지 예상되나 흑은 14를 선착해 주도권을 잡아 나간다.

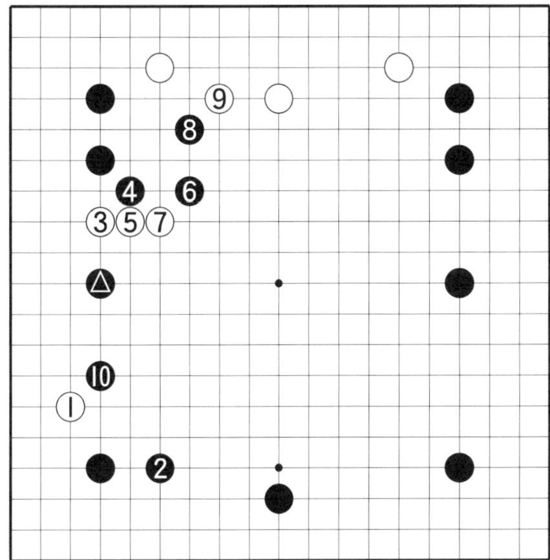

7도

7도(침착한 대응)

　백1쪽에서 걸쳐오는 것은 흑△가 높게 있어서 운신하기에 편리하다는 생각이 있기 때문이다. 백3은 흔들기 작전이고, 흑은 4 이하 8까지 침착하게 대응해나간다. 흑10에 손이 돌아오면 여유가 있다.

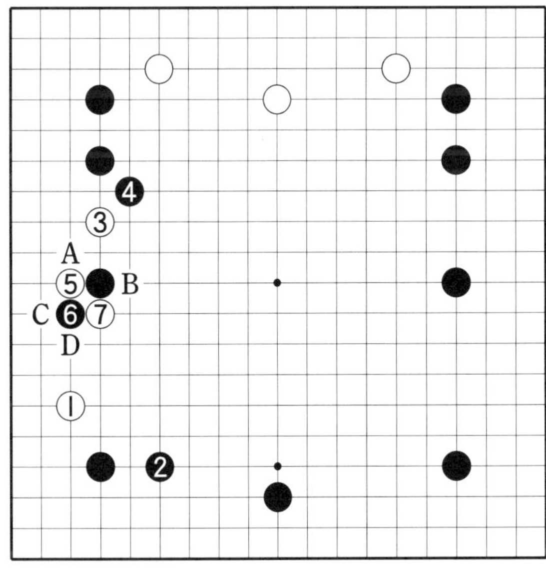

8도

8도(난전)

　흑4에 백은 난전으로 유도할 수도 있다. 백5에 붙이는 게 그것인데, 흑6에는 백7로 끊겠다는 것이다. 이때 흑의 응수는 A부터 D까지 다양한 응수가 있다.

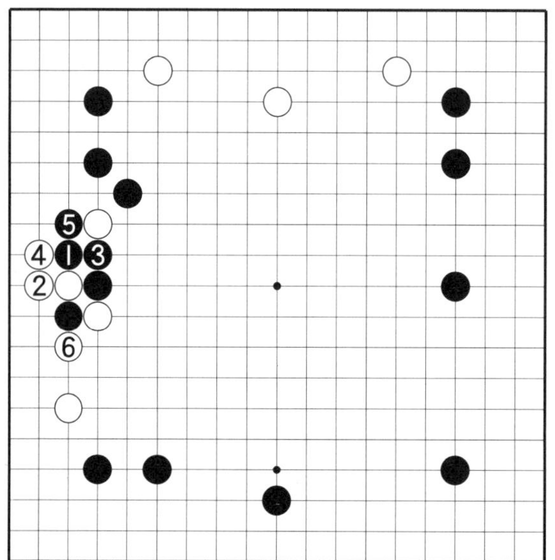

9도

9도(흑, 불만)

먼저 흑1로 모는 것부터 보자. 이것은 백6으로 잡는 수가 좋다. 흑이 백 한점을 잡긴 했지만 중복의 느낌을 지울 수 없다.

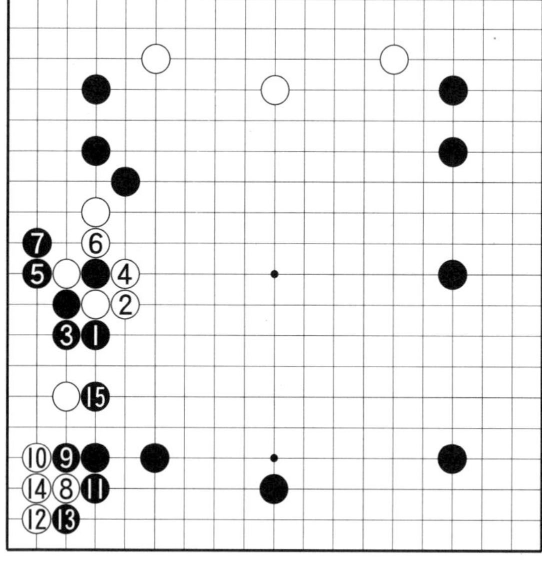

10도

10도(흑, 두터움)

지금은 흑1·3같은 과감한 작전이 좋다. 흑7까지 간명하고, 백8에는 흑15까지 변신을 꾀한다. 흑이 두텁다.

접바둑에서는 초반부터 하수를 현혹하는 수들이 많이 나온다. 만약 모르고 있다면 처음부터 낭패를 볼수 있으므로 기본적인 함정수는 익혀 두어야 한다. 여기서는 백5를 조심해야 한다.

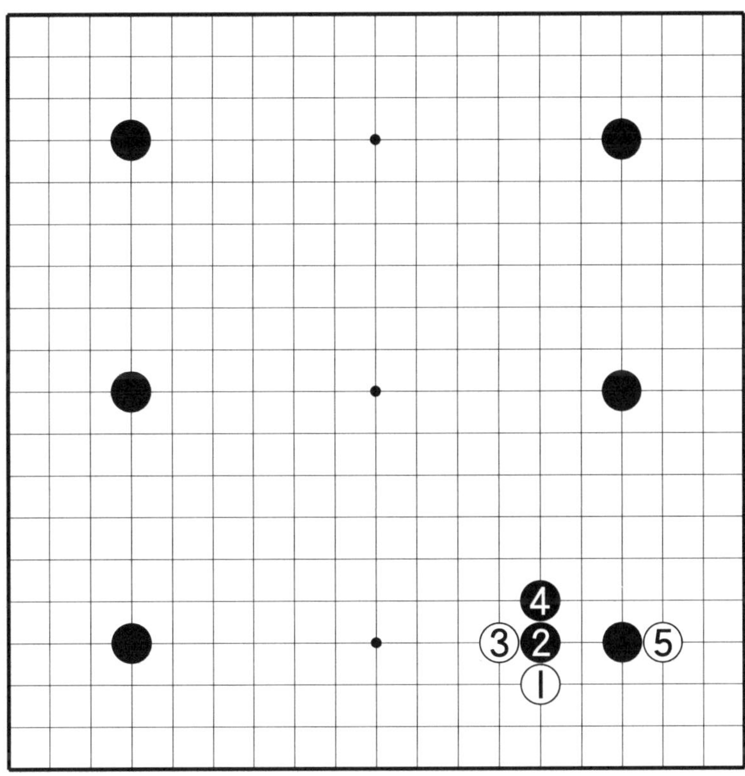

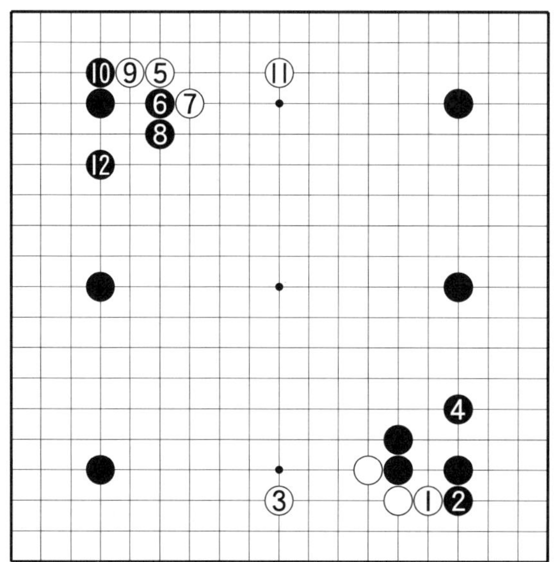

1도

1도(모양이 결정)

 상수들이 접바둑에서 가장 힘들어하는 경우는 모양이 결정되는 것이다. 흑4까지가 정석인데, 만약 좌상귀까지 이렇게 된다고 보면 그만큼 변화의 여지가 줄어든다.

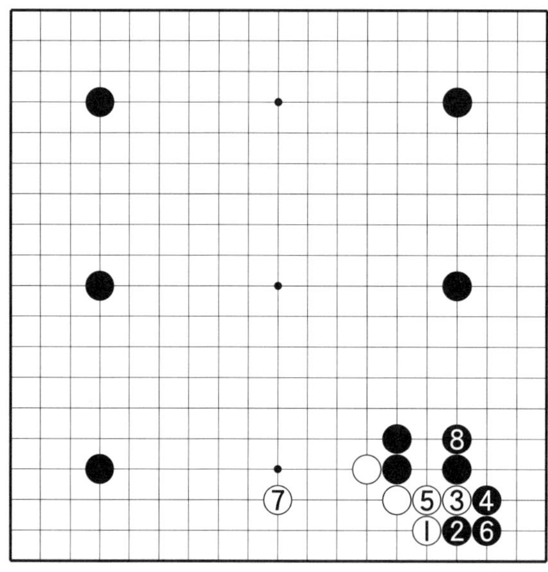

2도

2도(정석)

 그래서 상수의 입장은 조금이라도 변화되는 수들을 찾게 되고 흑1같은 수들을 두어올 수도 있다. 백3은 예정된 수순이고, 흑은 6에 잇는 것을 알아야 한다. 흑8까지 정석. 이것은 흑의 실리가 좋다.

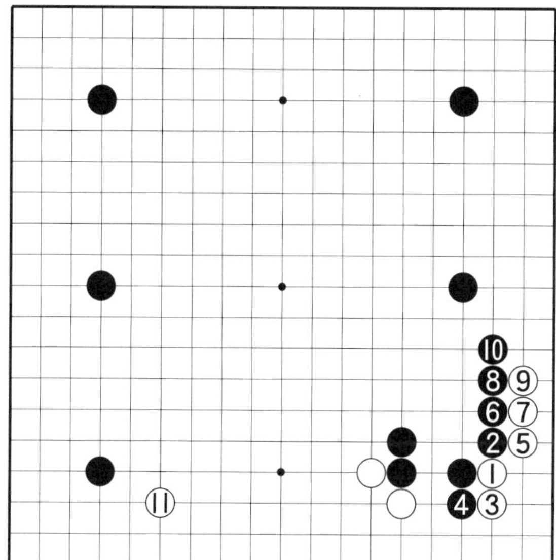

3도

3도(흑, 당함)

그래서 백은 변화구를 던져오게 되는데 백1이 대표적인 경우. 이때 흑2의 응수는 함정수에 걸린 꼴이다. 백은 실리를 차지하고 선수를 뽑아 11을 차지해 소기의 목적을 달성한 모습.

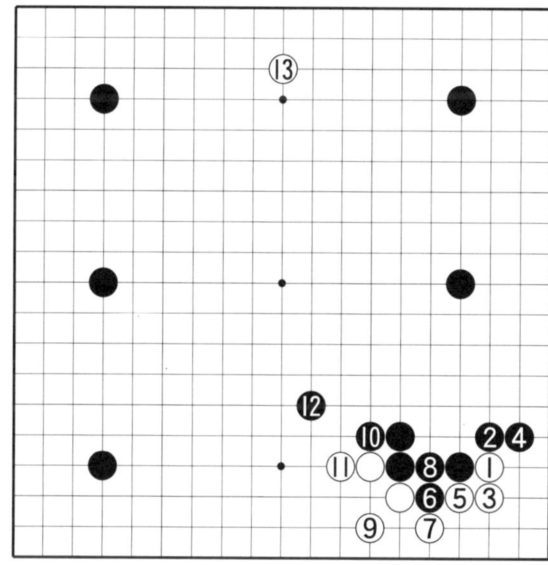

4도

4도(백, 발빠름)

흑4로 변신을 해도 백9까지 틀을 갖추면 백이 이득이다. 3·三에 침입한 것과는 많이 다르다. 백13까지 백이 발빠르게 움직이고 있다.

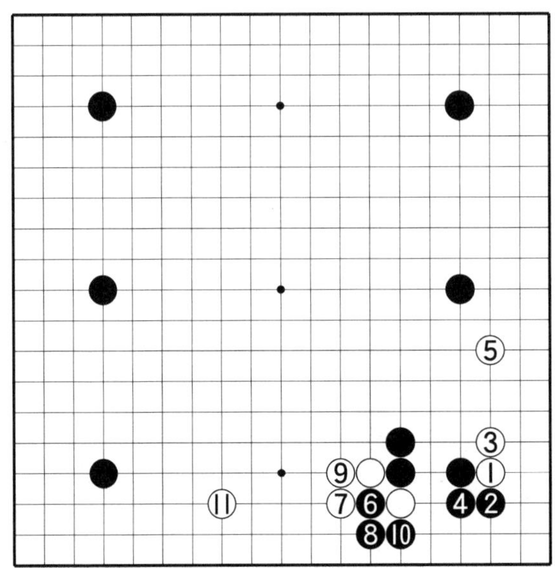

5도

5도(백, 대성공)

흑2로 받는 것 역시 안 된다. 백5까지 우변에서 크게 둥지를 틀어서 성공이다. 여기에 흑이 6으로 끊어주는 것은 백의 바람. 백11까지 대성공의 모습이다.

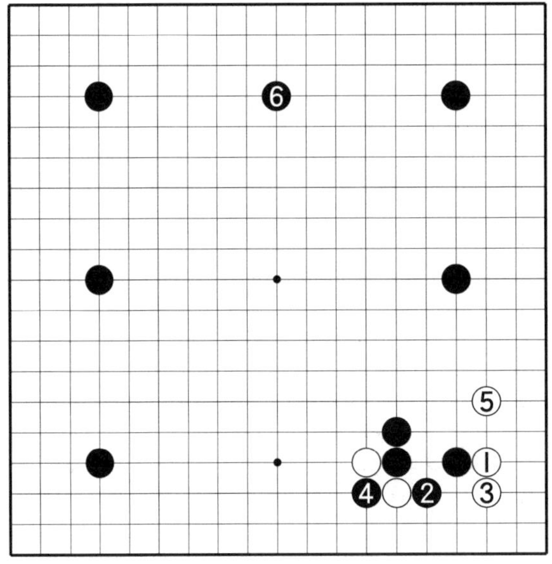

6도

6도(정석)

백1에는 흑2로 받는 한 수 뿐이다. 백5까지 지킬 때 흑6으로 큰 곳을 차지한다. 흑이 활발한 모습이다.

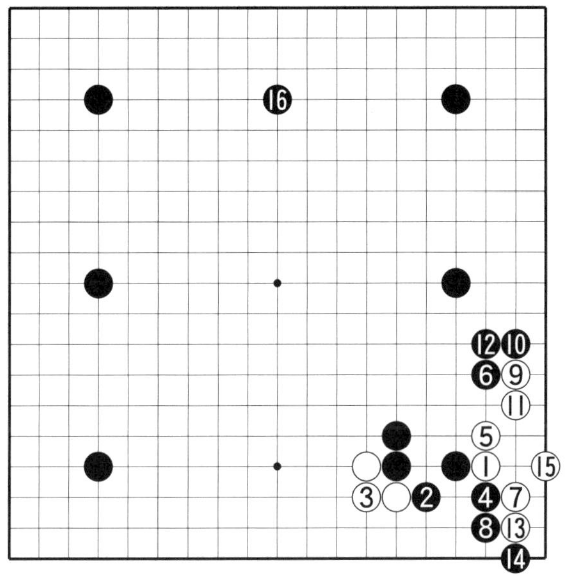

7도

7도(흑, 대성공)

백1로 붙여왔을 때는 이미 백3으로 이을 각오를 하고 있을 것이다. 그렇다면 흑은 응징을 해야 하는데, 흑4부터 14까지, 백은 쌈지를 뜨고 살아야 한다. 흑16까지 대성공의 모습이다.

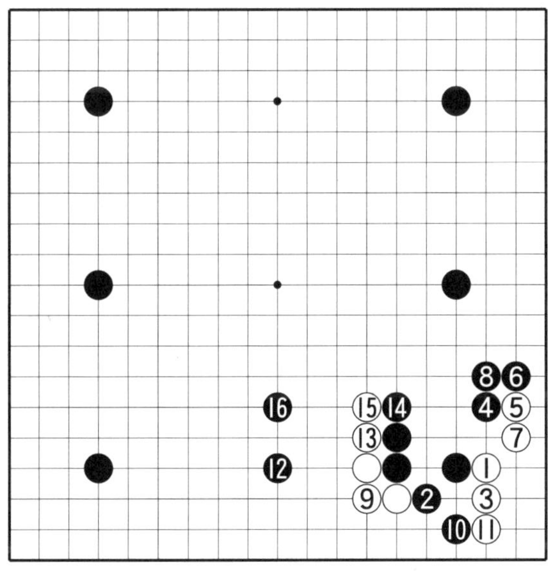

8도

8도(적극적)

흑은 백3에 흑4로 변신하는 것도 좋다. 백은 고작 안에서 살아야 하는데, 흑12로 백을 공격하는 재미가 쏠쏠하다. 흑16까지 순조로운 진행이다.

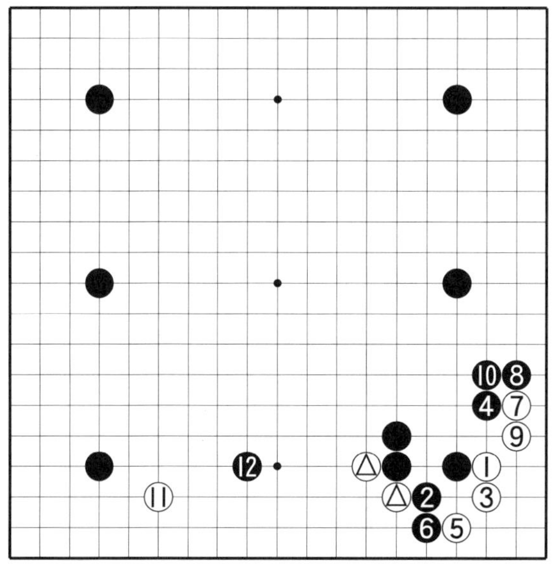

9도

9도(흑, 여유)

전도는 백이 많이 당한 경우이므로, 백은 5와 흑6을 교환한 후 선수로 살 것이다. 그런 다음 백11로 방향을 틀겠지만, 이것도 흑12를 당하면 백△ 두점이 약해 흑이 여유있는 모습이다.

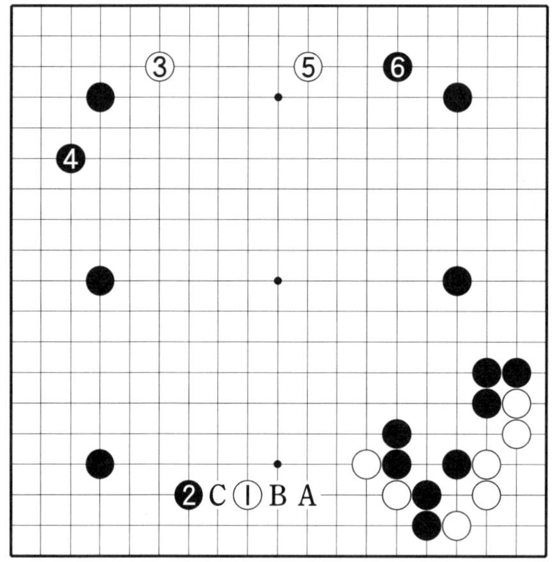

10도

10도(대동소이)

그렇다고 백1로 벌리는 것은 흑2로 다가섰을 때 A의 곳이 단점으로 들어온다. 물론 지금이야 상변을 개척하겠지만 언제든지 A의 곳이 남아 있다. 또 백1로 B에 벌리는 것은 흑C로 다가선다. 이것은 백 전체의 사활에도 문제가 될 수 있다.

접바둑에서는 곳곳에 함정수가 도사리고 있다. 특히 6점 접바둑과 4점 바둑에서 많이 등장하는데, 지금 백9가 그 발단이다. 어떤 함정수가 숨어 있을까?

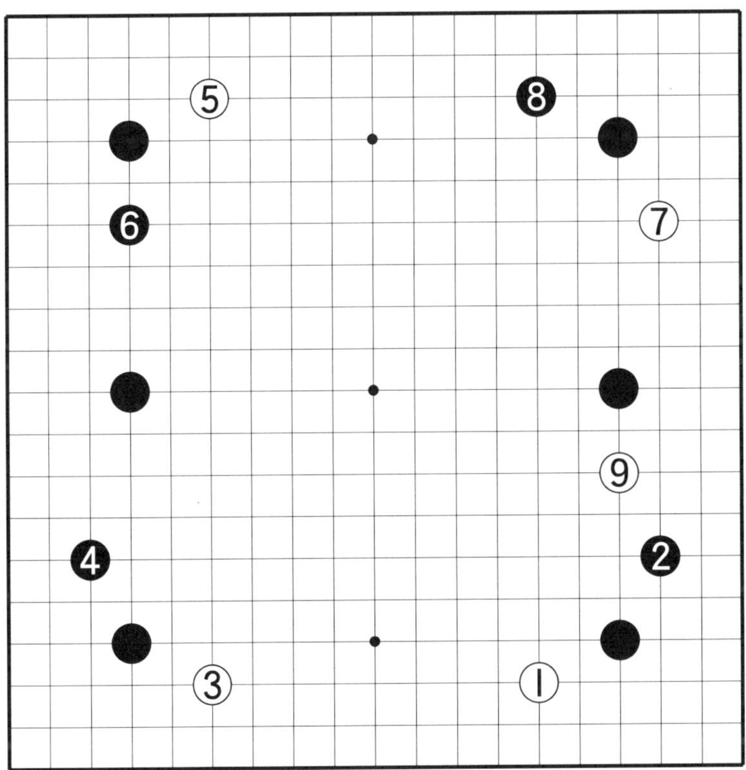

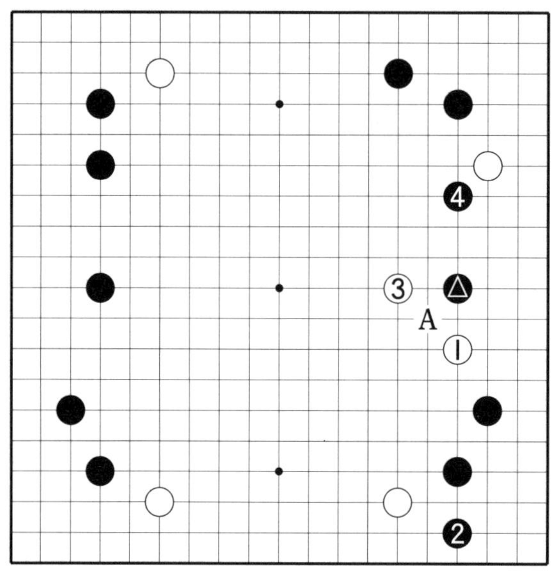

1도

1도(무난한 진행)

　백1의 침입은 흑△를 공격하며 여러 가지 맛을 노리는 점이다. 이때 가장 무난한 응수는 흑2로 귀를 지키는 점. 백3에는 흑4가 유연하다. 흑은 나중에 A로 갈라치는 맛이 있다.

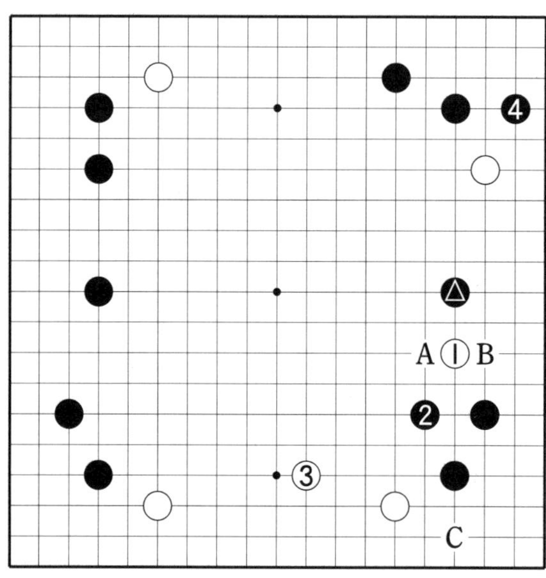

2도

2도(흑, 견실)

　백1에는 흑2로 △ 한 점을 보호하며 중앙으로 두텁게 뛰어나가는 점도 생각해 볼 수 있다. 향후 A나, B로 넘는 수도 있고, C에 지켰을 때는 실리도 크다.

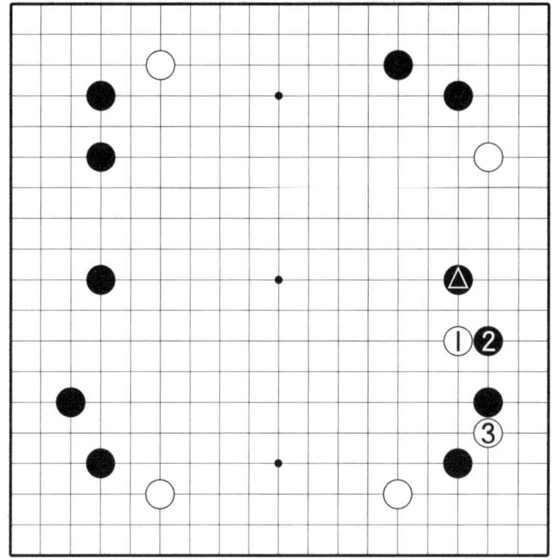

3도

3도(함정수)

 백1 때 함정수를 공부하지 않은 사람은 무조건 흑2로 넘을 것이다. 실리도 좋을 뿐 아니라 흑▲ 한점도 안정이 되기 때문이다. 하지만 백3의 맥점이 있어 간단치가 않다. 계속해서…

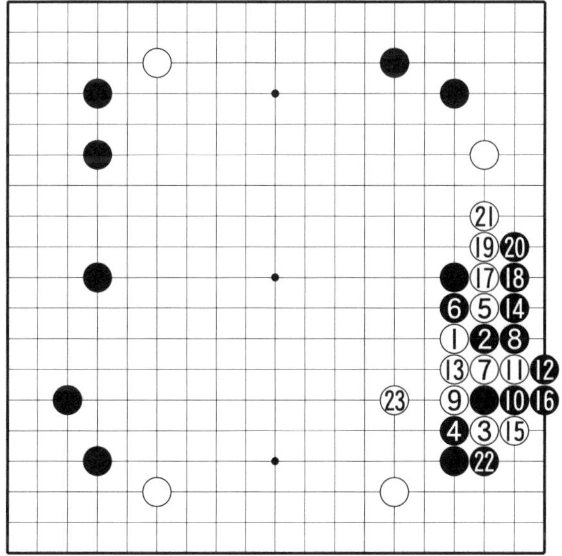

4도

4도(철저히 당함)

 백13까지는 외길 수순. 그 다음, 흑14면 백23까지 철저하게 당하게 되고…

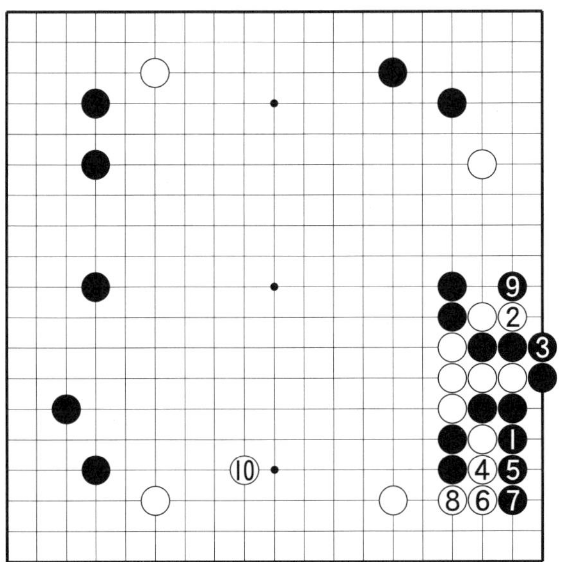

5도

5도(대동소이)

또 전도 흑14로 본도와 같이 흑1쪽에서 몰아도 전도와 비슷한 것은 마찬가지. 백8까지 얻은 수확이 클 뿐 아니라 백10의 요처도 차지해 흑이 망한 모습이다.

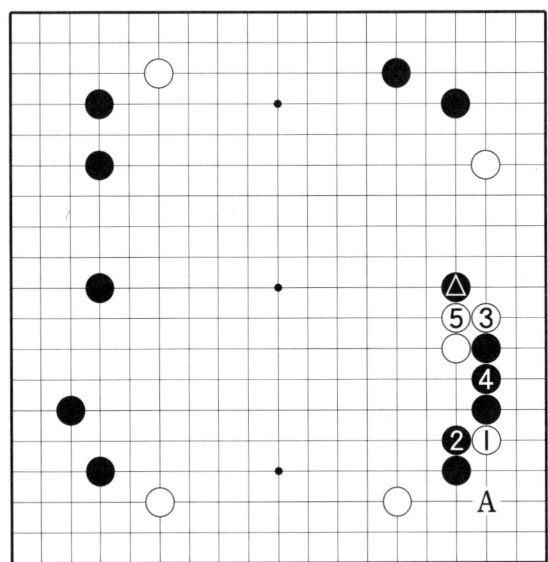

6도

6도(아마실전1)

아마추어 실전에서는 백3 때 무엇인가 감이 이상해 흑4로 물러서 받는 것을 많이 보았다. 하지만 이때는 때가 늦은 일. 백5까지 흑▲ 한점이 폐석이 되었을 뿐 아니라 귀는 아직도 A의 맛이 남아 있다.

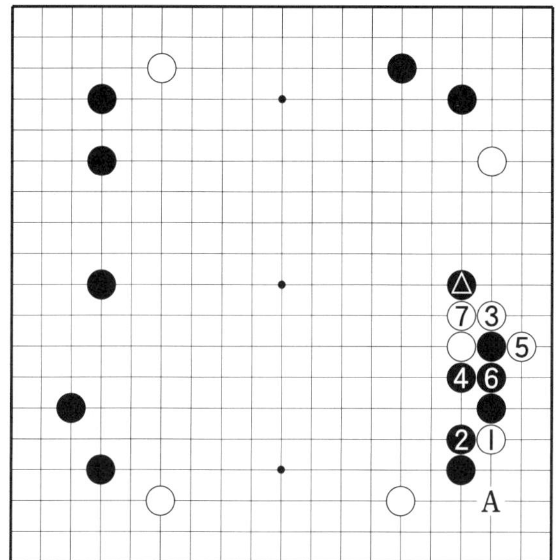

7도

7도(아마실전2)

흑4로 받는 경우도 있다. 이것은 전도에 비해 백5를 당한 만큼 더 나쁘다. 진도와 마찬가지로 A는 A대로 맛이 있고, 흑▲가 다친 것도 크다. 흑이 많이 당한 모습이다.

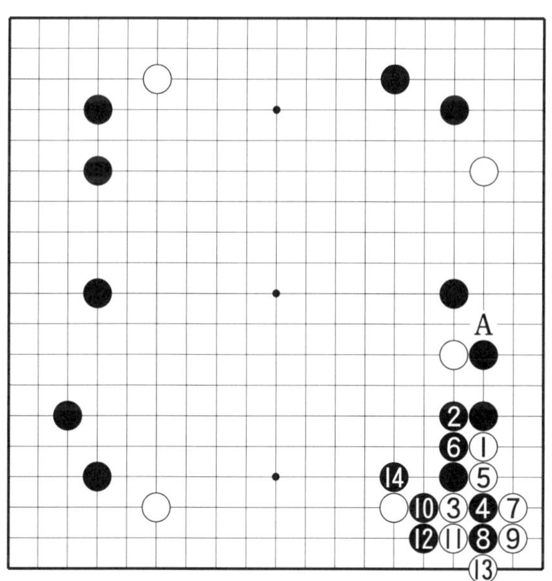

8도

8도(맛이 나쁨)

백1 때 흑2로 물러나 받는 것은 맛이 너무 나쁘다. 백3 때 흑4로 받아야 하는데, 백13까지 실리가 좋을 뿐 아니라 선수까지 백이 갖고 있어 백이 좋다. 또 A의 맛이 남아 있는 것도 백의 자랑.

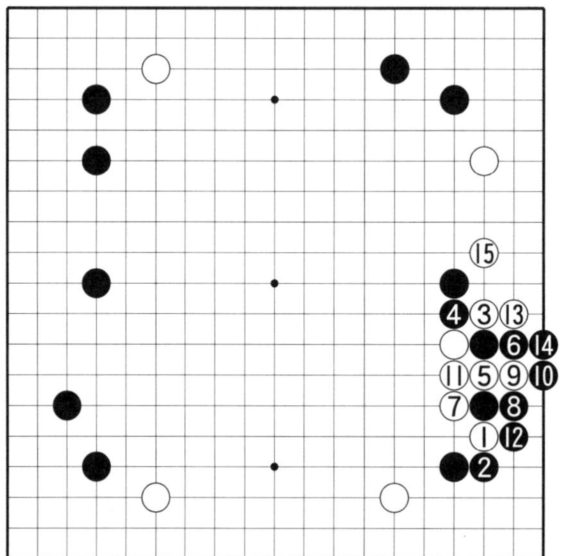

9도

9도(흑 당함)

이미 백1을 당한 다음에는 흑에게 만족할 만한 수는 없다. 가령 흑2로 물러나도 백15까지 당한 것은 마찬가지.

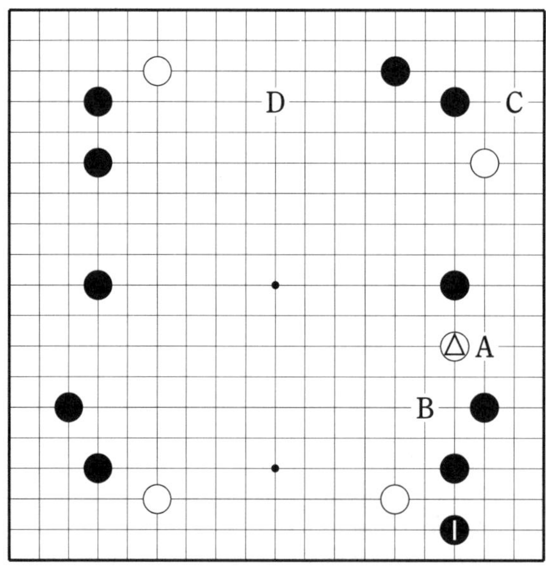

10도

10도(복습)

그러므로 백△에는 A로 넘어가는 수가 없다. 흑1로 지키든지, 아니면 흑B로 뛰어나가는 점, 또는 C의 지킴이나 D로 방향전환하는 게 좋은 수다.

양협공 응수법(1)

백3은 접바둑에서 흔히 나오는 걸침이고 흑4는 적극적인 협공이다. 이때 백5의 양협공이 약간 위협적인 수법인데, 이후 흑의 응수법을 배워보자.

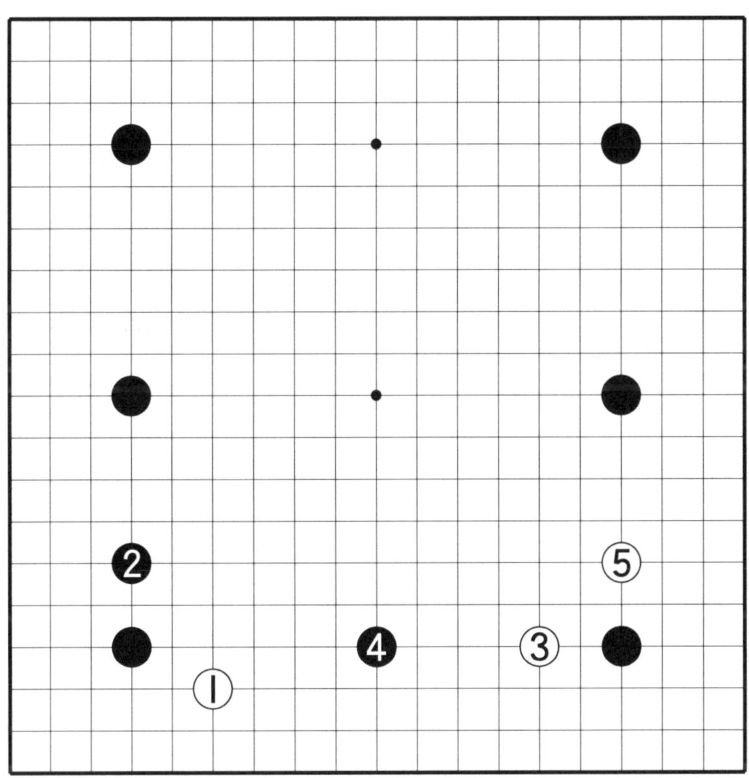

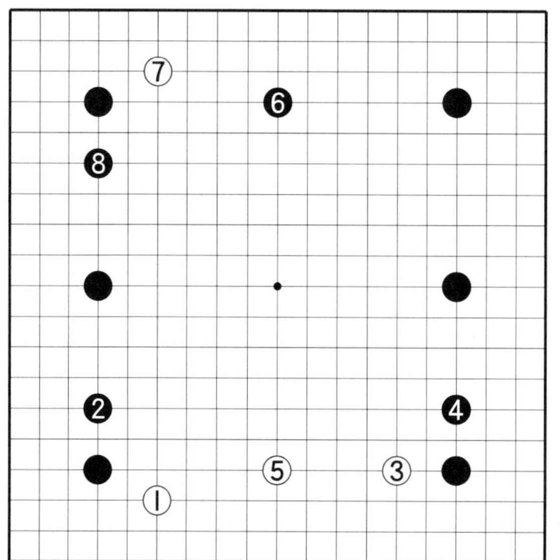

1도

1도(무난한 진행)

　백3에 흑4로 받아도 한 판의 바둑이다. 백5로 지키면 흑6의 큰 곳을 차지하고, 백7부터 전혀 다른 바둑이 된다.

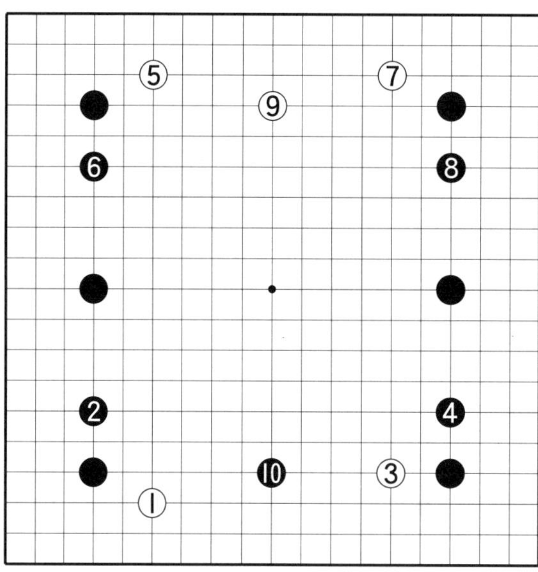

2도

2도(선수를 기다림)

　접바둑에서는 초반에 상대가 해달라는 대로 해주어도 좋은 기회가 온다. 하변을 손빼고 백5로 방향을 틀었지만 흑은 백9까지 모양을 허용한 후 흑10을 차지한다

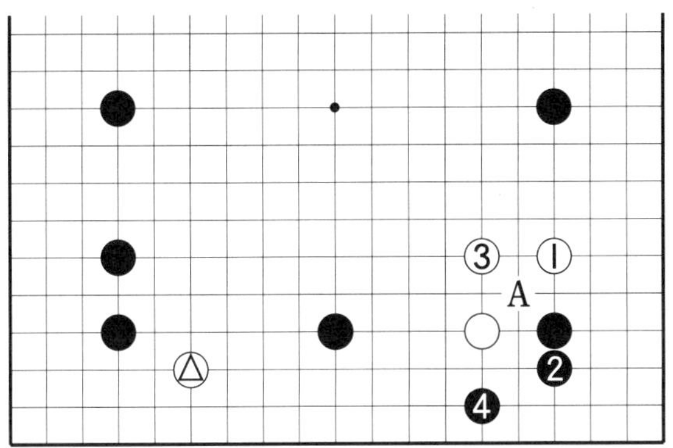

3도

3도(흑, 확실)

백1의 양걸침에는 흑 2를 배워두자. 백3으로 모양을 정비할 때 흑4로 안정하면 확실하다. 그리고 향후 백 △ 공격과 A를 노린다.

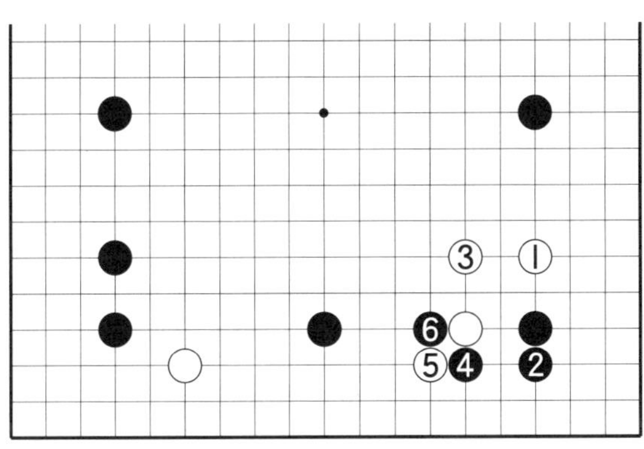

4도

4도(수읽기)

수읽기에 조금이라도 자신이 있다면 흑4·6으로 끊어가는 것도 일책이다. 이후 어려운 접전이 예상되지만 흑이 나쁜 그림은 없다. 계속해서…

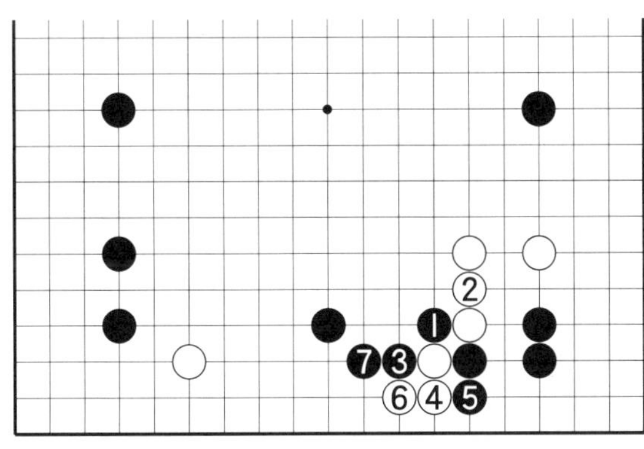

5도

5도(흑, 대성공)

백2로 뻗는 것은 흑 7까지 백 석점이 고스란히 잡힌다.

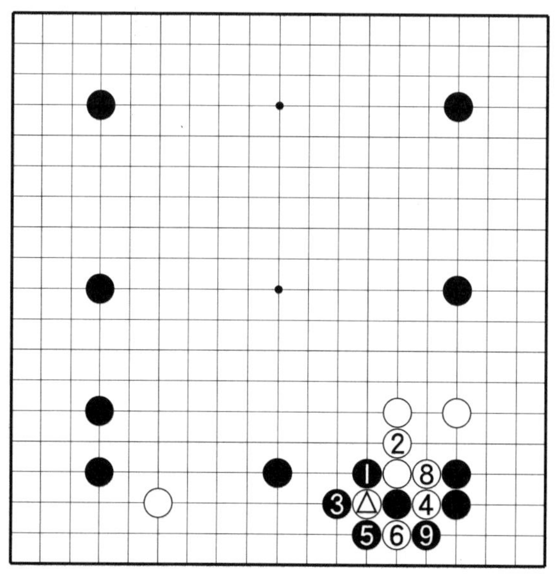

6도

6도(흑, 과감)

그러므로 흑3에는 백4로 몰겠지만 과감하게 백 한점을 따내고, 백6에는 이어둔다. 그리고 흑9로 잡게 되면 백은 한 것이 없다.

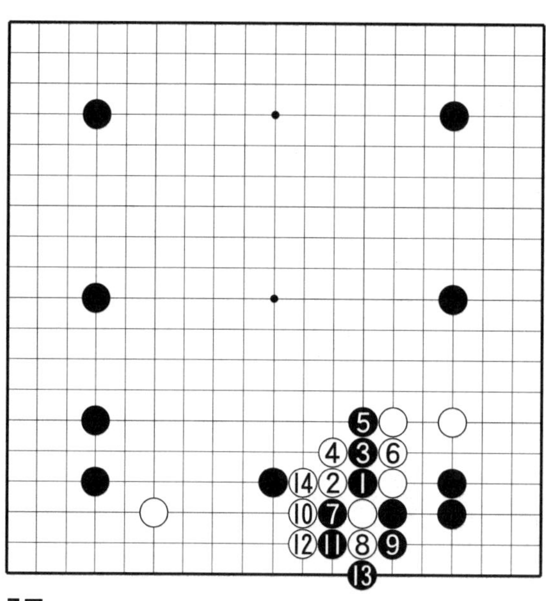

7도

7도(백을 양분)

백2로 치고 나와도 겁날 게 없다. 수순중 백6으로 7에 두어 백을 살리면 흑6으로 백 한점을 잡는다.

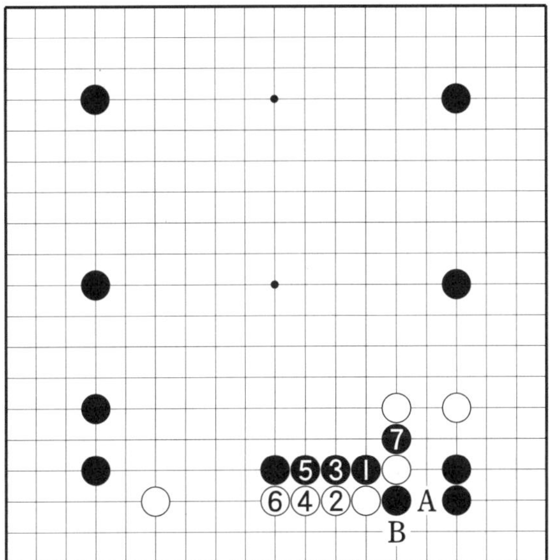

8도

8도(흑, 두터움)

백2로 늘어도 별 게 없다. 흑은 두텁게 위로 밀어가며 흑7로 백 한점을 잡으면 그만이다. 수순중 백A에는 언제든지 B로 받으면 된다.

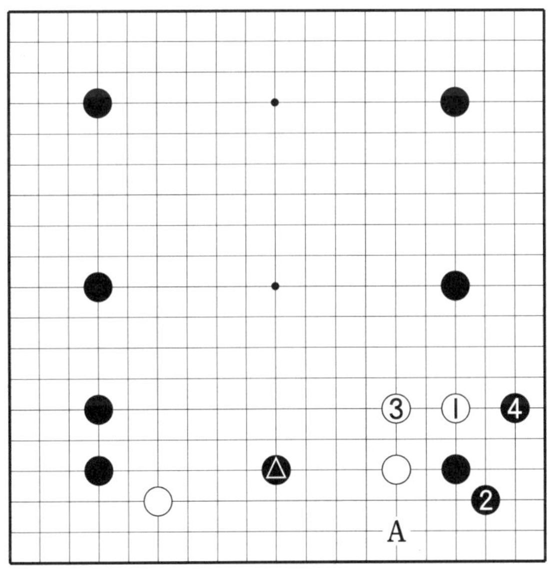

9도

9도(흑, 견실)

백1에는 흑2로 지키는 수도 견실하다. 백3에는 흑4가 바른 방향. A로 달리는 것은 흑△ 한점이 다칠 염려가 있다.

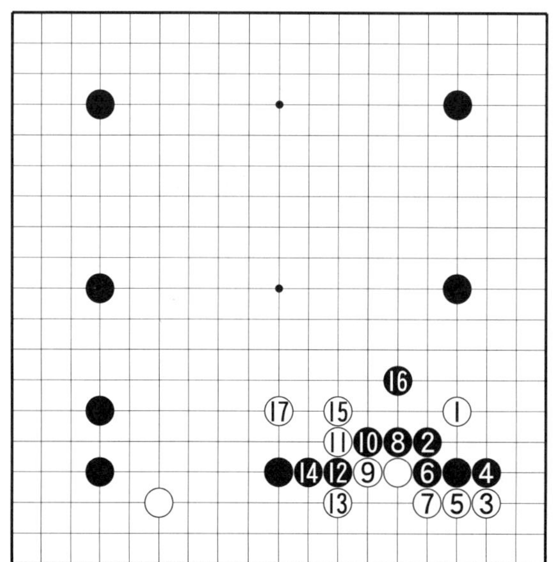

10도

10도(난전)

흑2도 못 둘 것은 없지만, 보는 바와 같이 백17까지 아무래도 흑이 부담되는 싸움은 분명하다.

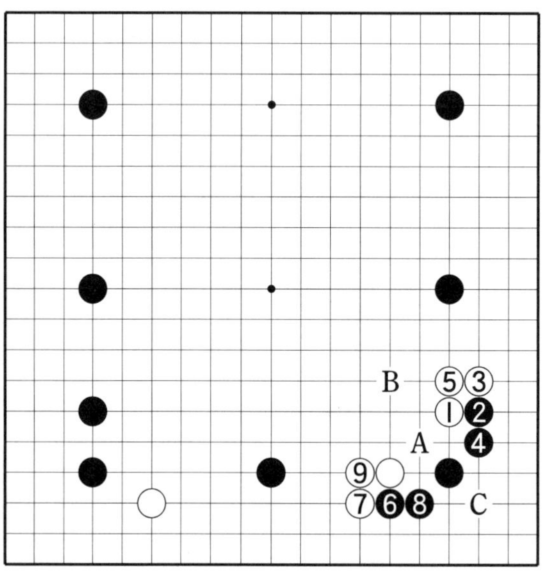

11도

11도(흑, 악수연발)

흑2와 6의 붙임은 경계해야 한다. 백5와 9로 잇는 자세가 좋다. 흑이 A로 나와도 백B면 그만이고, 흑 귀는 C의 침입이 남아 있다.

먼저 백1·3으로 흑진을 분할한 후 A쪽을 손빼고 백5·7로 걸쳐올 수도 있다. 이때 흑8은 적극적인 공격이고, 백9로 양걸침한 장면이다. 흑은 어떻게 대응해야 할까?

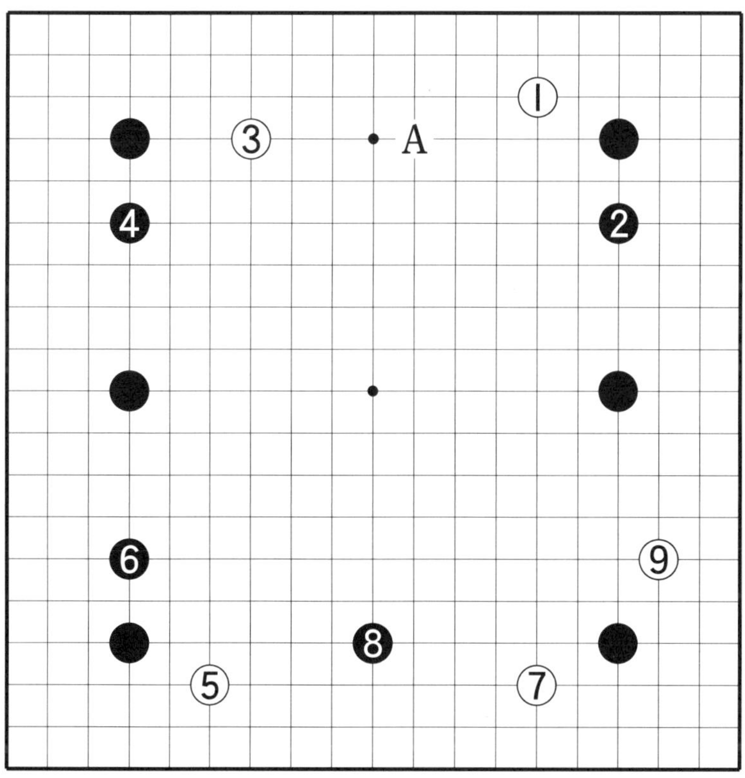

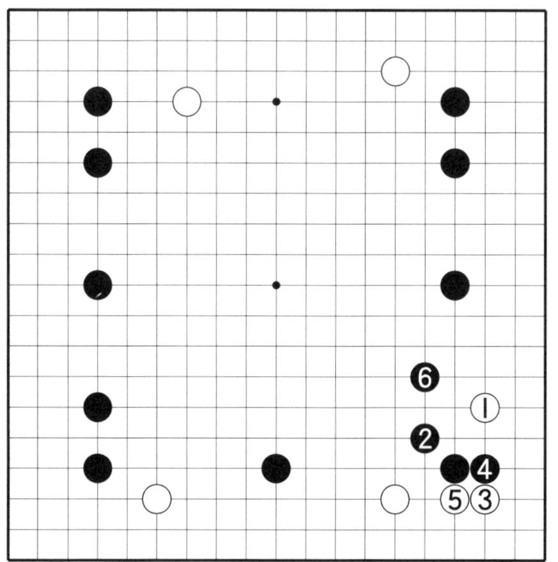

1도

6점 이상의 접바둑에서 백1과 같은 양걸침을 당하면 흑2를 추천하고 싶다. 백3에는 흑6까지 모양을 결정한다.

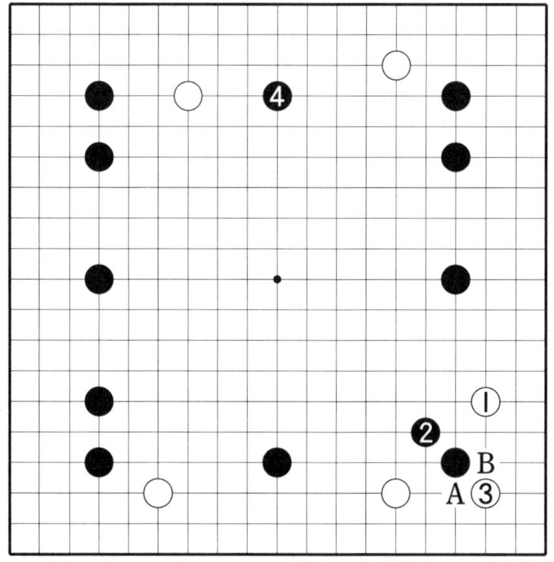

2도

2도(손빼는 작전)

흑은 백3에 A나, B를 보류하고 흑4로 방향을 바꿀 수도 있다. 상황에 따라 A나 B를 선택하겠다는 뜻. 더구나 흑4가 너무 좋은 자리이기 때문이다.

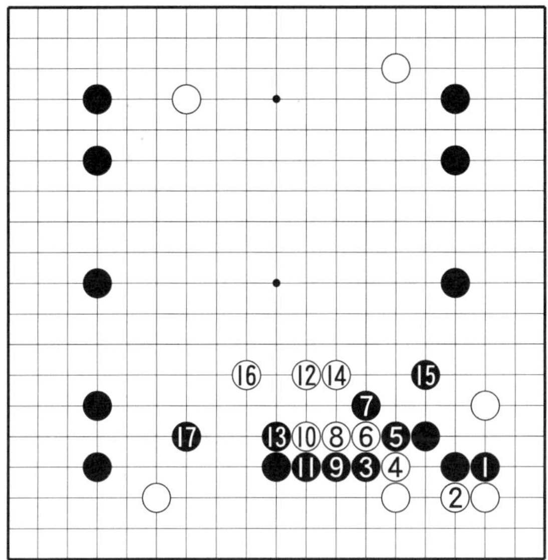

3도

3도(다른 바둑)

1도의 결과는 본도와 같이 흑3으로 씌우는 수도 있다. 백4로 나와 끊는 것이 어렵긴 하지만 흑17까지의 행마를 알고 있다면 걱정할 게 없다. 이것이 어려우면 흑3은 그냥 6으로 뛰면 된다.

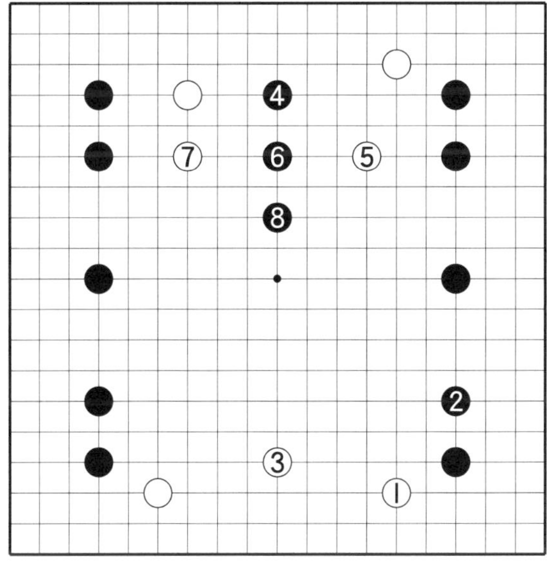

4도

4도(한칸뜀)

접바둑에서 확실하게 알아야 할 것 가운데 하나가 한칸뜀의 행마이다. 흑은 백1 때 흑2로 받은 후 백3을 기다려 흑4로 쳐들어가는 것도 있다. 흑8까지 한칸뜀의 행마가 경쾌하다.

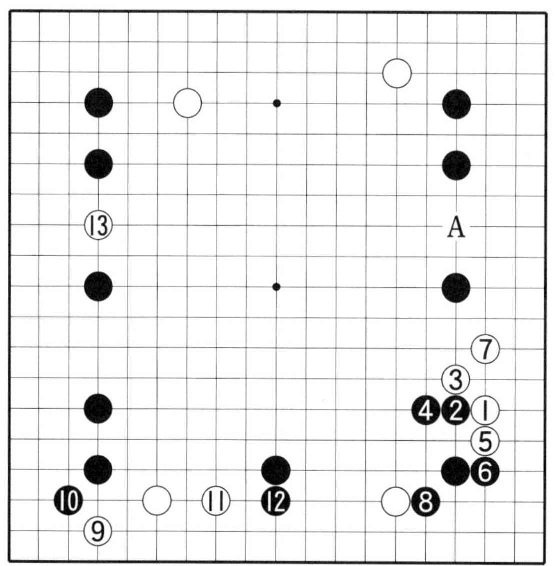

5도

5도(실전형)

아마추어 3단과 프로 기사와의 실전국이다. 백1에 흑2의 선택은 흔히 나오는 모양이고, 백13까지 전혀 다른 한 판이다. 백은 A의 침입도 노린다.

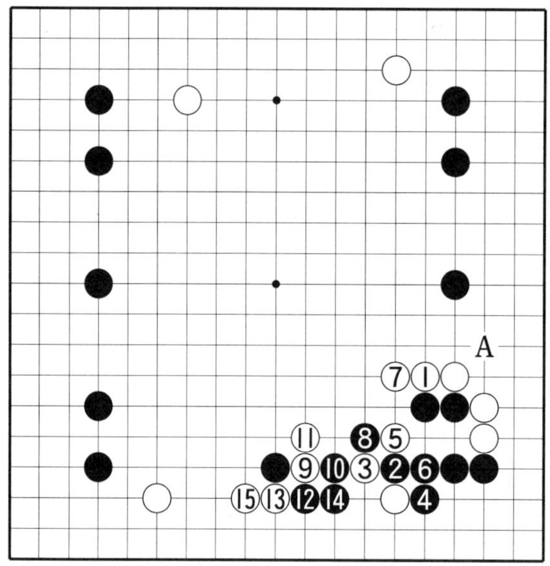

6도

6도(흑, 충분)

백은 A대신 1로 미는 수도 있다. 그렇다면 흑6까지는 안정 위주의 지킴이고, 백7 때 흑8로 끊는 게 요령이다. 백9가 맥점이지만 백15까지 흑이 충분하다.

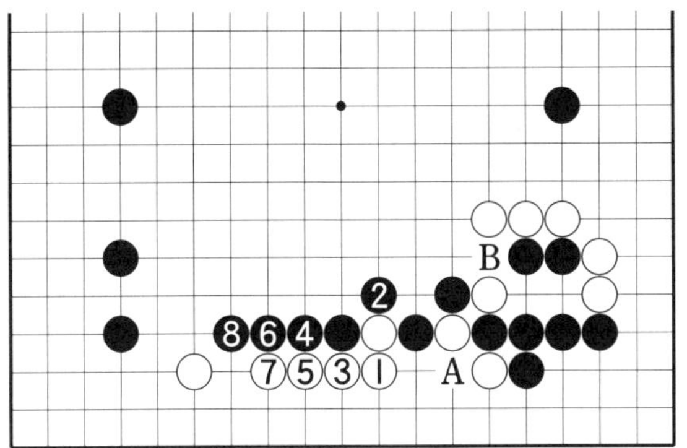

7도

7도(흑, 두터움)

전도 백11로 지금과 같이 백1로 빠지면 이번에는 흑2로 막는다. 흑8까지 흑이 두터운 모습이다. A와 B는 맞보기.

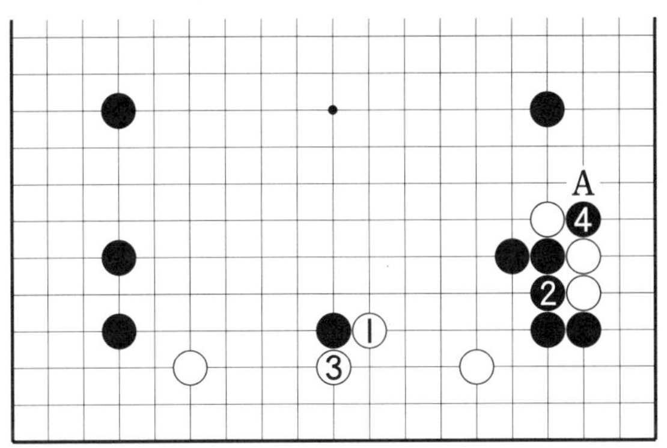

8도

8도(응수타진)

백A를 보류하고 먼저 백1에 붙여 응수타진할 수도 있다. 그럴 때는 흑2로 꽉 잇는 게 뒷탈을 없애는 방법. 백3이면 흑4로 백 두점을 잡는다.

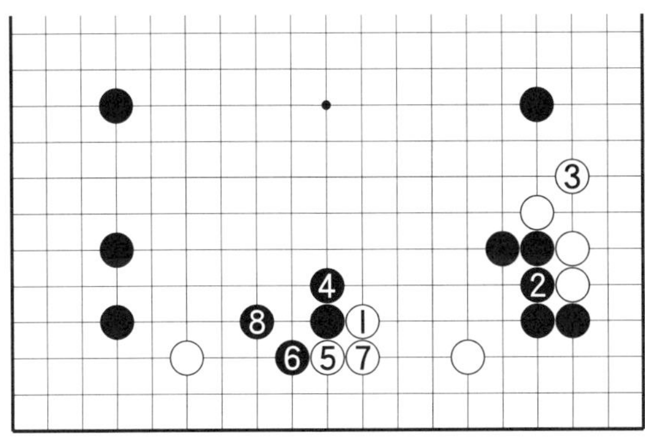

9도

9도(흑, 견실)

백3으로 지켜주면 이제는 흑4로 보강한다. 흑8까지 견실한 모습.

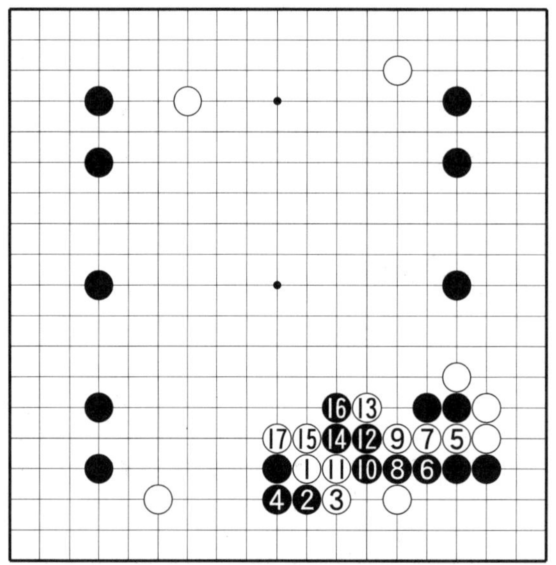

10도

10도(백의 주문)

 백1 때 흑2로 받아주는 것은 백의 주문이다. 백5로 뚫고 나와 17까지 판을 복잡하게 이끌면 아무래도 상수가 유리하기 때문이다.

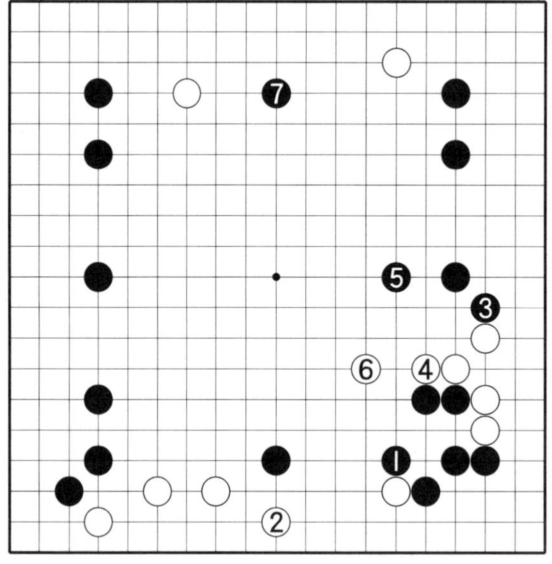

11도(흑, 활발)

 5도 흑12는 본도 흑1로 제압하는 것도 두터운 수다. 백2를 기다려 흑3·5를 선수하고, 상변 흑7을 차지하면 활발한 모습이다.

백3은 흑4를 기다려 백5로 다가서려는 수단이다.
뻔히 보이는 백5에 흑4의 의도는 무슨 뜻일까?
또 이에 대한 대응 요령은?

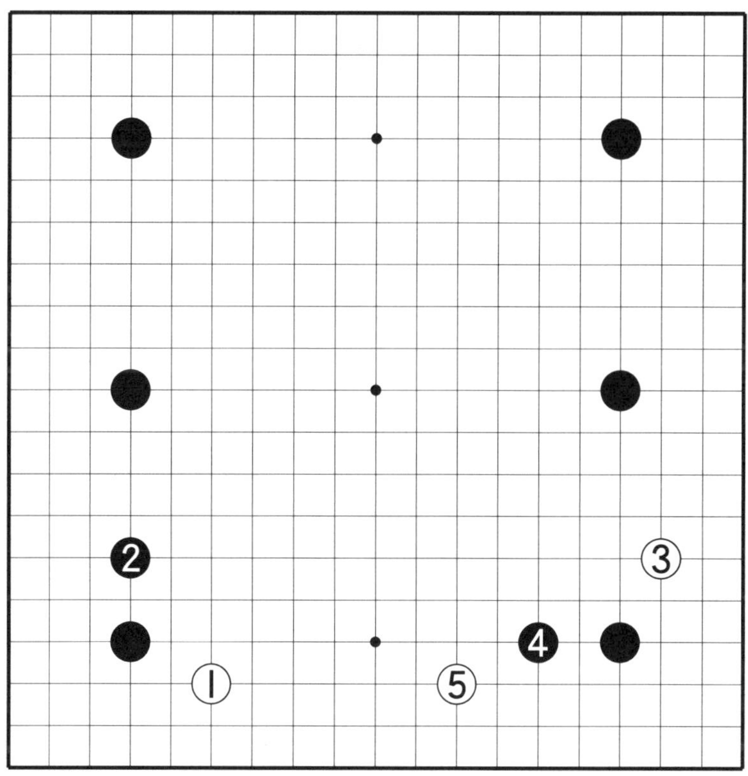

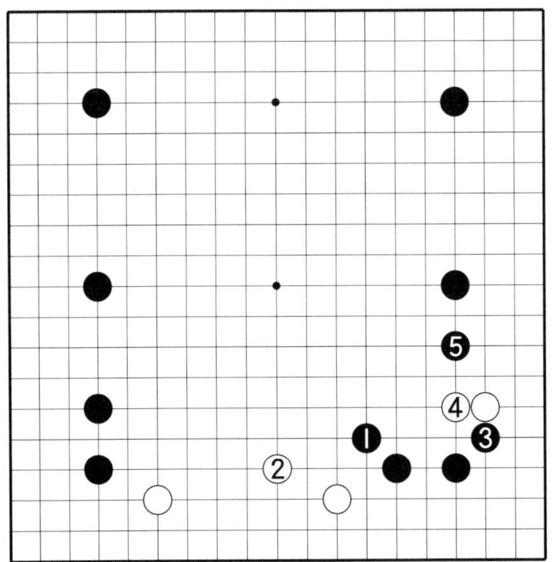

1도

1도(마늘모 행마)

지금은 흑1이 무난하다. 백2를 기다려 흑3·5로 우측 백을 공격하면 충분하다.

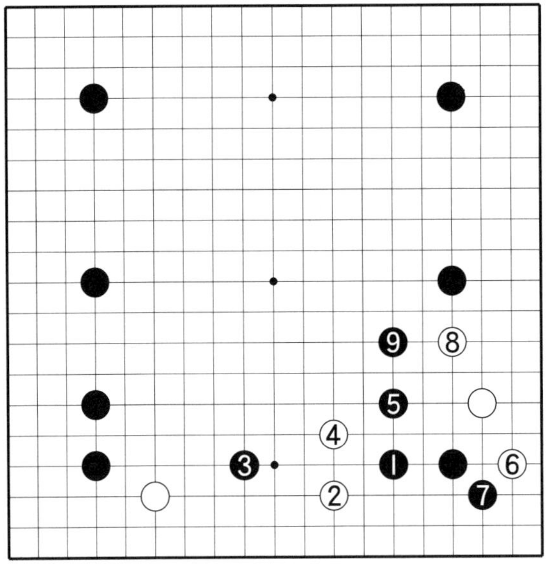

2도

2도(공격의 뜻)

흑1은 바로 백2를 기다려 흑3으로 공격하겠다는 뜻이다. 정확한 수순과 행마만 알고 있다면 걱정이 없기 때문이다. 흑9까지 가벼운 모습.

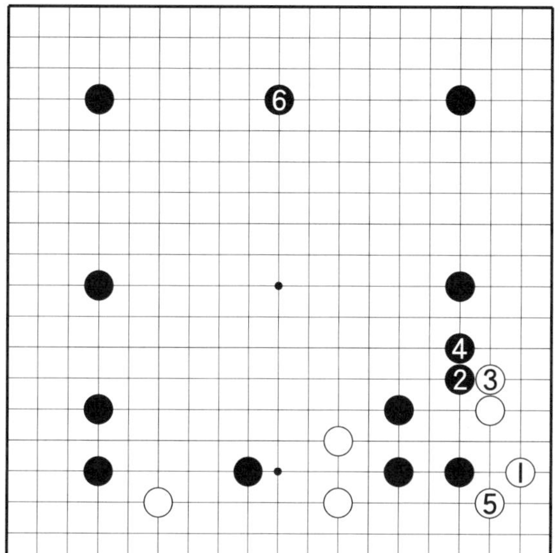

3도

3도(흑, 발빠름)

　백1에 흑은 2·4로 눌러가는 것도 두터운 수. 백5 때 흑6을 차지하면 흑이 발빠르다.

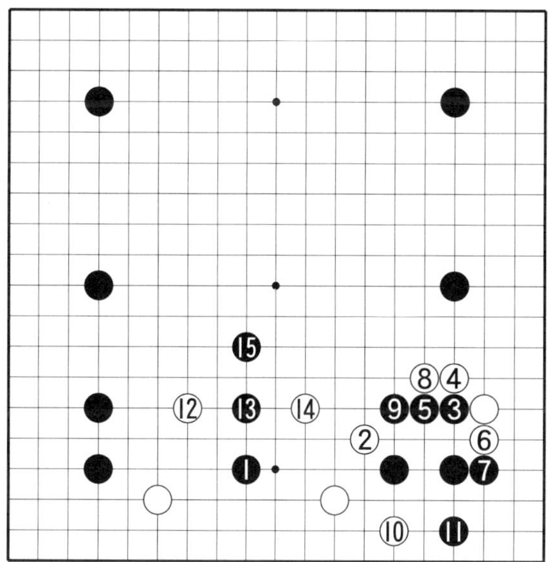

4도

4도(흑, 가벼움)

　백2가 고압적이긴 하지만 흑3으로 붙여나가면 간명하다. 백12·14로 위협하는 것에도 흑15까지면 흑이 날렵하다.

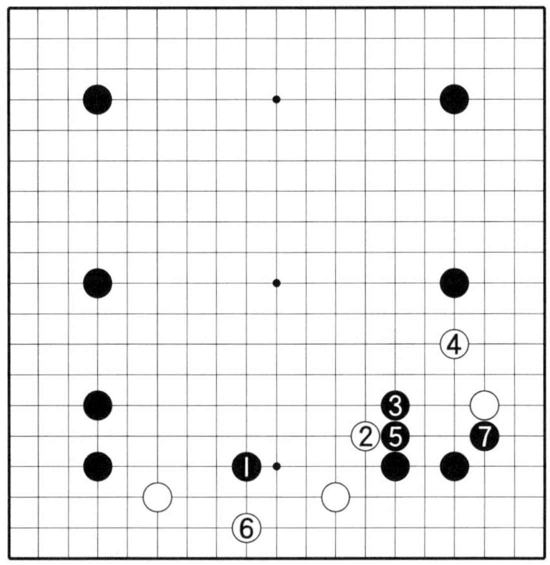

5도

5도(행마법)

백2에는 흑3으로 뛰는 수도 좋다. 백4에는 흑5로 꼭 잇고, 백6으로 안정을 꾀할 때 흑7로 주도권을 잡는다.

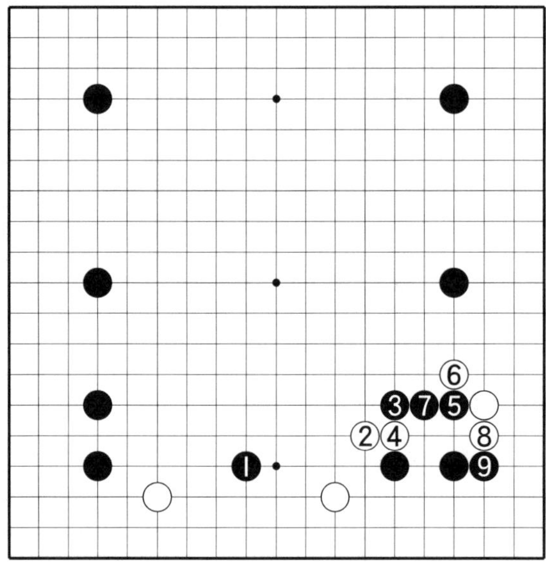

6도

6도(백, 악수)

백4로 직접 뚫는 것은 흑5가 있다. 흑9까지 되고 보면 백4는 오히려 악수의 의미가 있다.

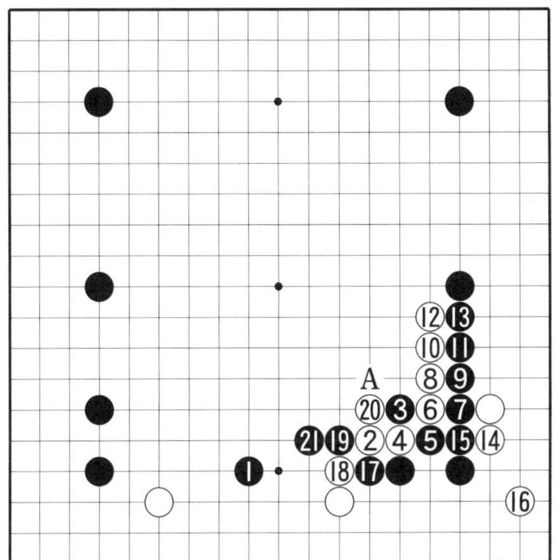

7도

7도(복잡하지만)

 백4에는 5로 받을 수
도 있다. 흑13까지는
필연이고, 이때 백14
·16으로 귀에서 살면
흑17·19로 끊어 백
을 양분시킨다. 흑은
A를 노린다.

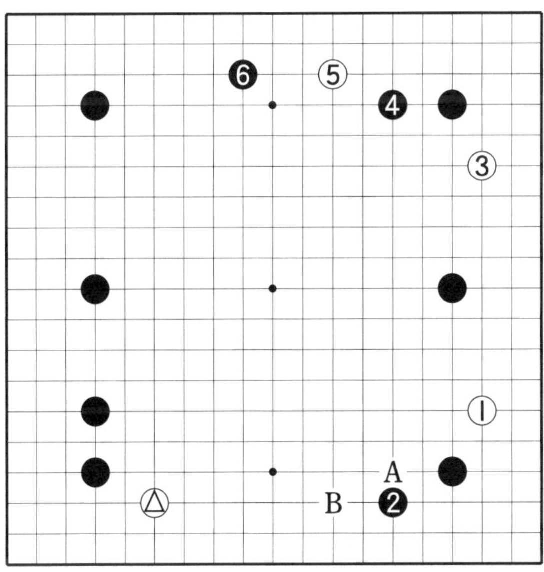

8도

8도(흑, 유연함)

 백1에 흑2로 받는 것
도 있다. 이것은 A에
있는 것보다 수비면에
서 훨씬 튼튼하다. 사
실 백△가 있을 때는
흑2가 더 많이 두어진
다. 지금 백B는 흑에
게 큰 영향을 미치지
못한다.

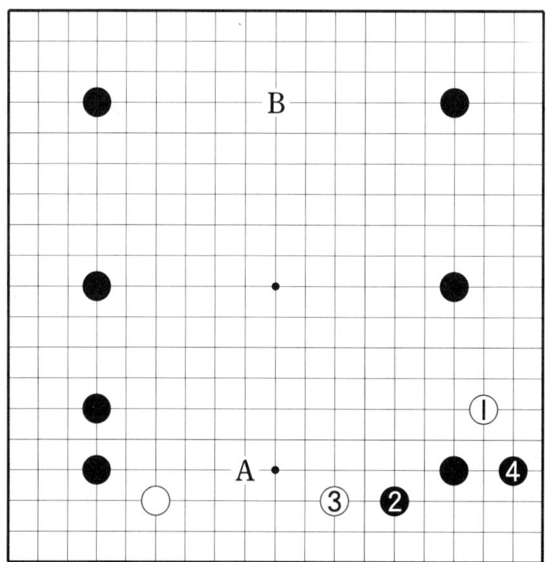

9도

9도(맞보기)

백3으로 다가서도 흑은 4로 지키면 된다. 그리고 A와 B를 맞보기로 하고 수시로 백1 한점을 노린다.

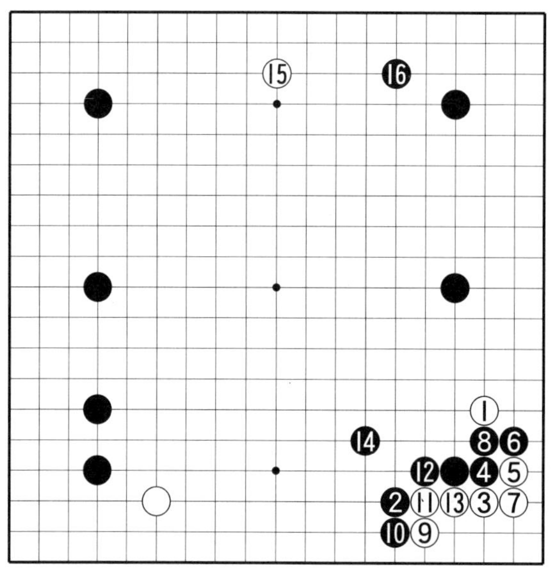

10도

10도(흑, 두터움)

백3은 고육지책. 흔들기 작전이지만 침착하게 흑14까지 지켜 놓으면 외곽의 두터움이 상당하다. 백15에는 흑16으로 지켜 견실하게 집을 만들어간다.

협공을 활용

백3·5는 우변 흑 한점을 좀 더 압박하려는 수법. 백7은 우변 흑 한점을 공격하기 전에 먼저 응수를 물어온 장면인데, 흑은 어떤 작전으로 나가는 게 좋을까?

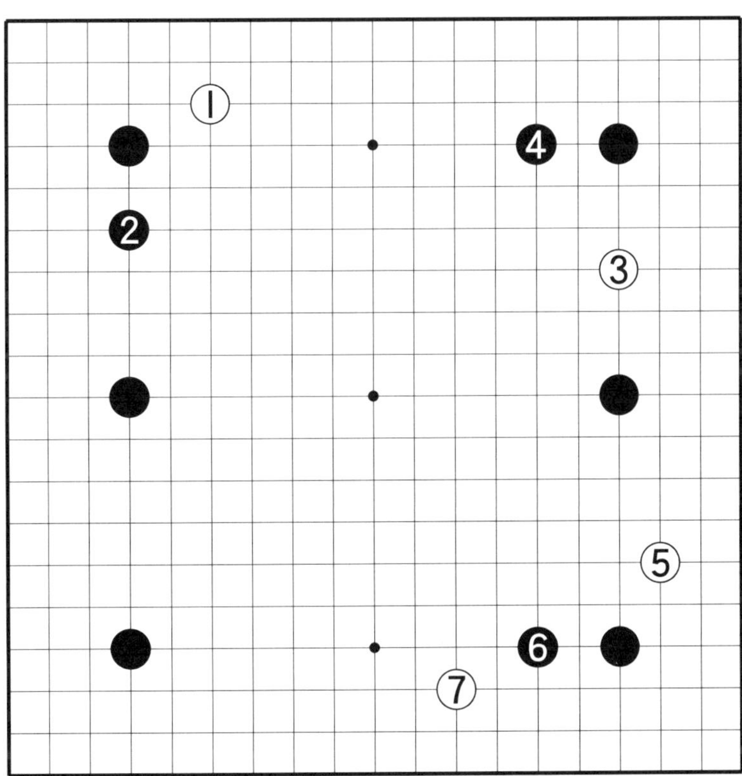

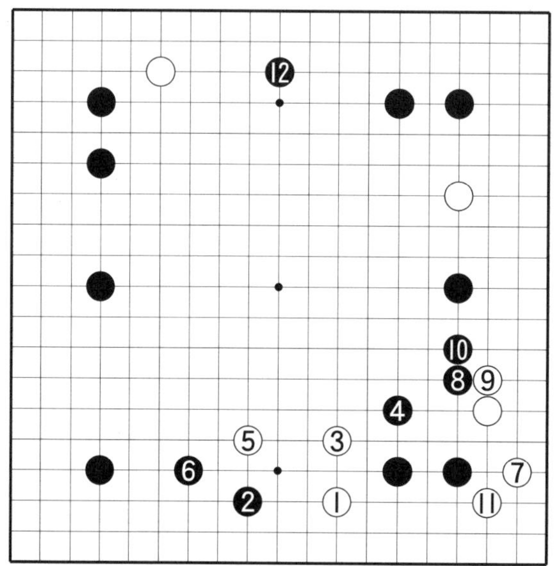

1도

1도(흑, 이상형)

백1에는 흑2로 협공하는 한 수다. 벌림겸, 협공한 흑2는 꼭 알고 있어야 한다. 백5까지는 틀이고, 백7 때 흑 8·10이 두터운 수. 그리고 흑12를 차지하면 흑이 활발한 모습이다.

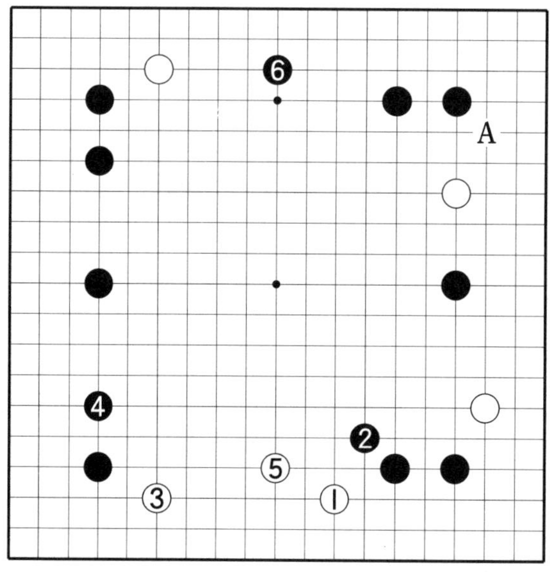

2도

2도(한 판의 바둑)

흑2로 받는 것도 생각해 볼 수 있다. 그렇다면 백3·5로 하변을 지키게 되고, 흑은 상변을 차지하는 바둑이 된다. 흑6은 A도 좋은 자리. 이것도 한 판의 바둑이다.

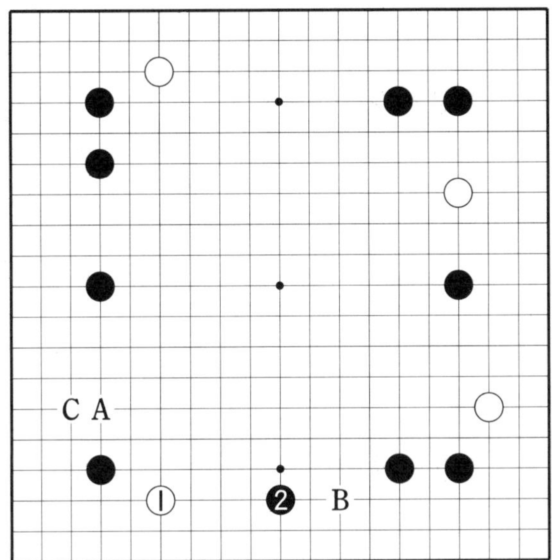

3도

3도(가정도)

만약 백1부터 걸쳐온 다면 흑2로 협공할 수 있는 권리를 흑에게 준다. 흑2로 A에 받으면 백B로 걸치는 바둑이 되고, 흑2면 백은 A나, C의 양걸침 바둑이 된다.

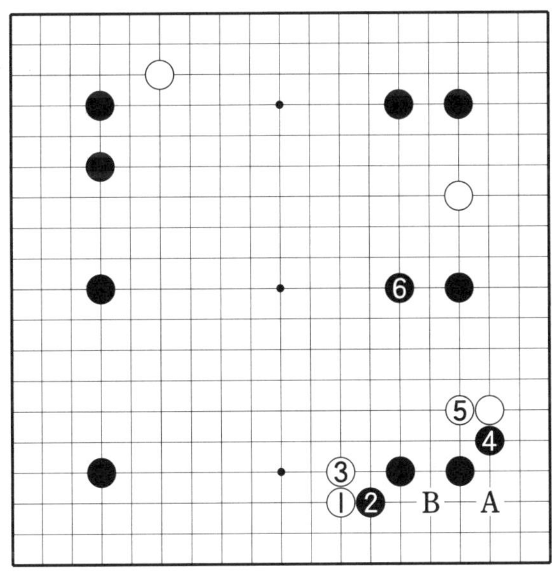

4도

4도(악수 연발)

백1에 흑2·4의 교환은 대악수이다. 백을 중앙으로 꼿꼿하게 세워준 불만은 그렇다 치더라도 흑집은 아직도 A나 B의 맛이 남아 있다. 그나마 흑6으로 뛴 것은 두터운 수.

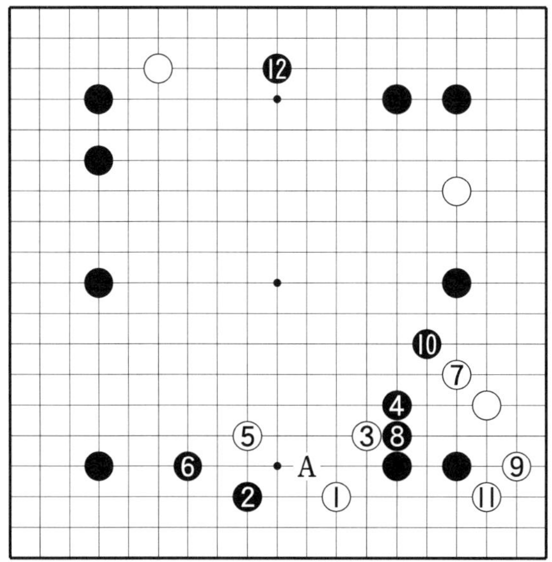

5도

5도(흑, 활발)

백3에는 흑4로 받는 게 좋고, 백7에는 흑8로 잇는다. 흑10이 기분 좋으며, 백11을 기다려 흑12를 차지한다. 흑은 향후 A를 노린다.

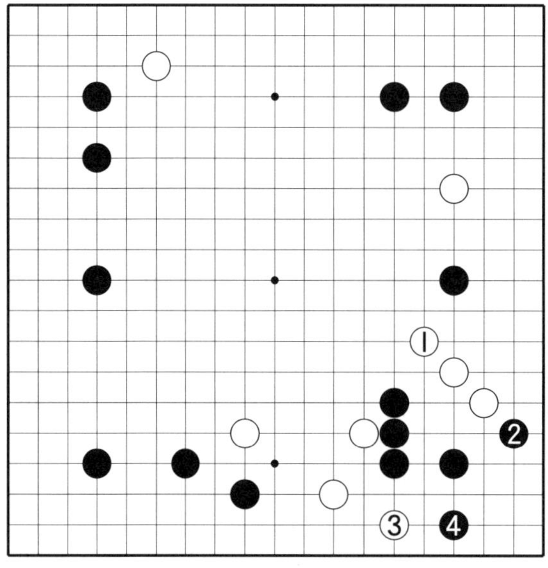

6도

6도(실리를 차지)

봉쇄를 피해 백1을 차지하면 흑2로 실리를 번다. 백3에는 흑4로 지켜둔다.

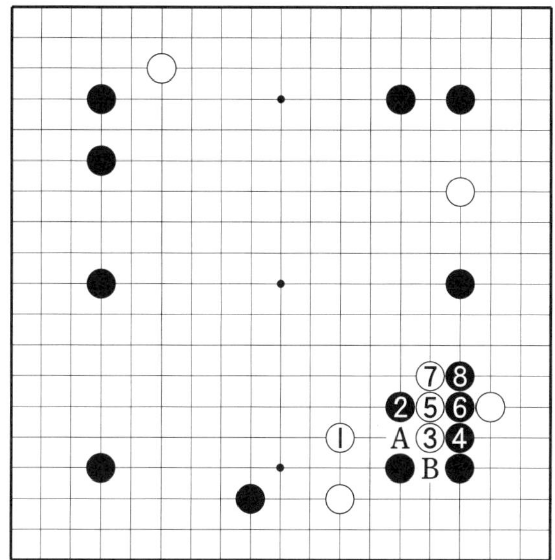

7도

7도(함정수)

 문제는 흑2 때 먼저 백3의 센터링이다. 이 때 흑의 응수가 매우 중요한데 A나, B에 이어서는 안 된다. 흑4가 정수. 흑8까지 바꿔치기를 하면 간명하다.

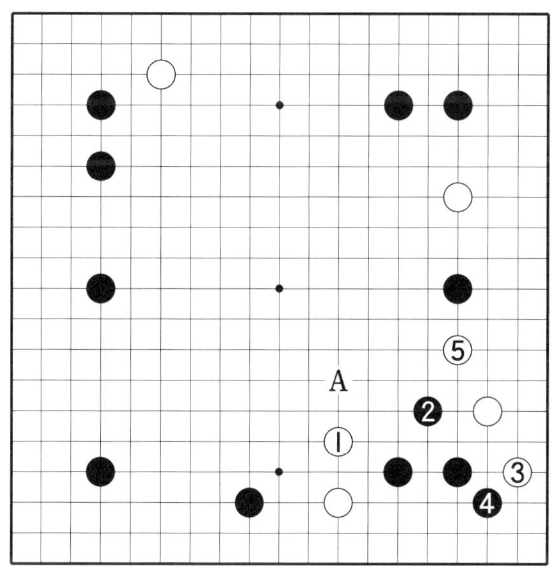

8도

8도(흑, 느슨)

 백1에는 흑2의 행마가 그럴 듯해 보이지만, 백5까지 안정하면 무엇을 했는지 모른다. A자리도 멀고 그렇다고 우측 백에 영향을 주는 것도 아니고, 흑2가 어정쩡해진다.

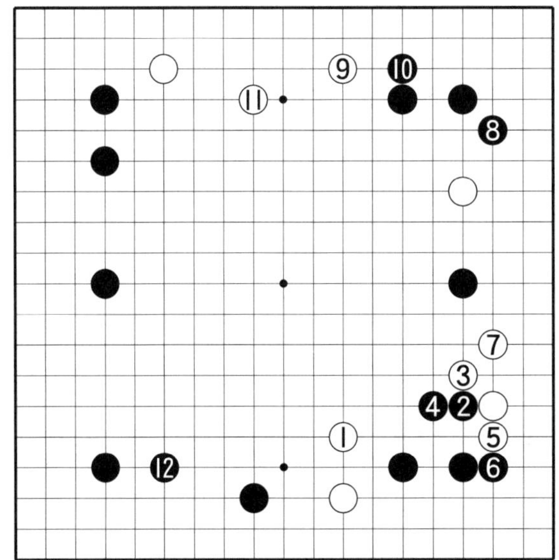

9도

9도(모양을 결정)

과감하게 흑2로 붙여 모양을 결정하는 수도 있다. 백7까지 백을 안정시켜주는 게 약간 불만이지만, 흑8을 차지해 충분하다. 흑12까지 이것도 한 판의 바둑.

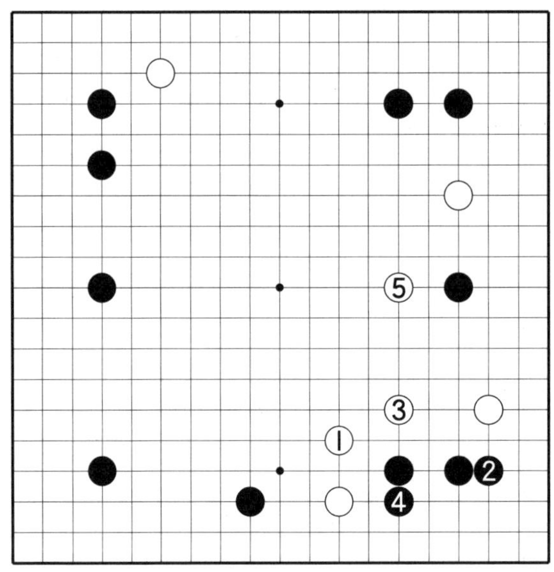

10도

10도(옹졸)

흑2는 너무 옹졸한 점이다. 지금은 엉성하지만 백3으로 외곽이 봉쇄되고, 흑4가 불가피할 때 백5를 당해 주도권은 완전히 백에게 넘어간 모습이다.

제33형

6점 접바둑은 하변이나 상변쪽부터 걸치는 게 보통이다. 그 만큼 우변이나 좌변보다는 넓기 때문이다. 백1은 A의 걸침보다 귀에 대한 영향은 적지만, 변쪽의 발전엔 도움을 준다. 흑4는 백5를 감안한 적극적인 받음이고, 이때 흑은 어떻게 대응해 나가야 할까?

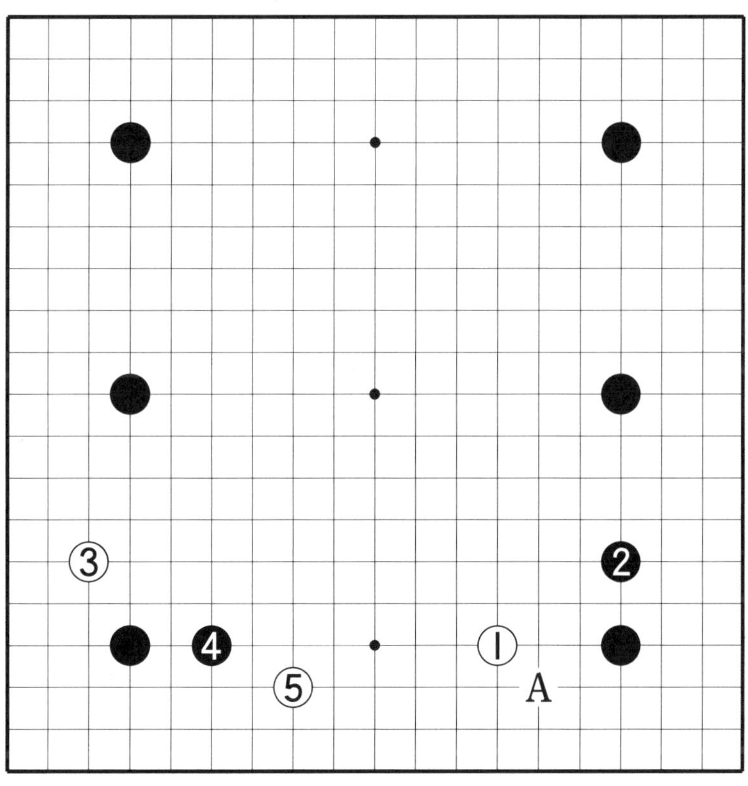

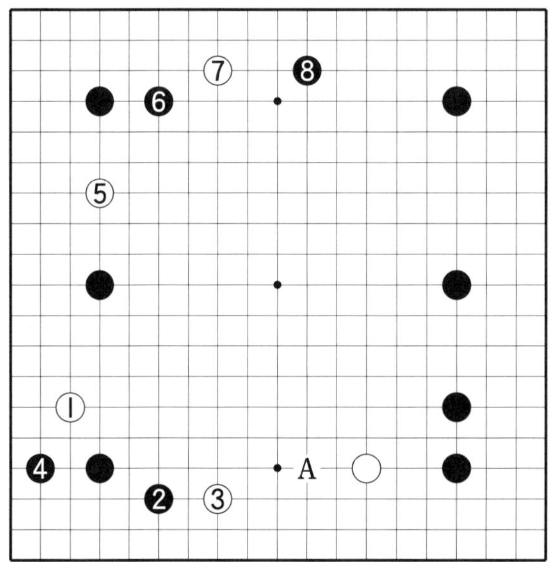

1도

1도(흑, 충분)

백1에 흑2로 받아도 충분하다. 백3으로 다가와도 큰 영향이 없기 때문이다. 흑4가 견실하고, A의 침입도 노린다. 백5·7에는 흑6·8로 배운대로 두면 된다.

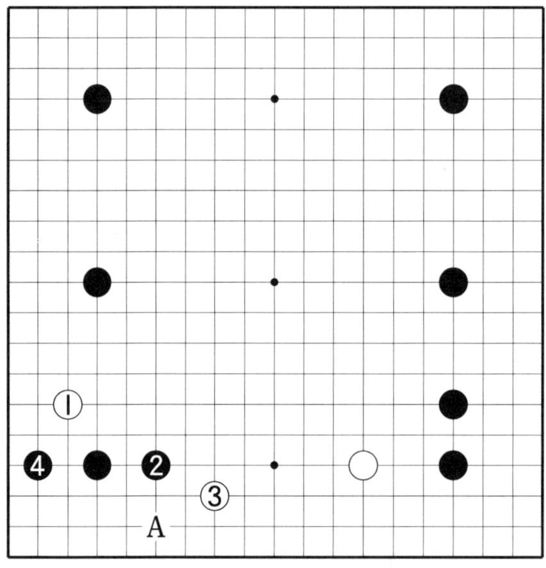

2도

2도(뒷문이 열림)

흑2는 상황이 다르다. 백3의 접근에 만약 흑4로 받을 수 없다는 것이다. A의 뒷문이 열려 있다.

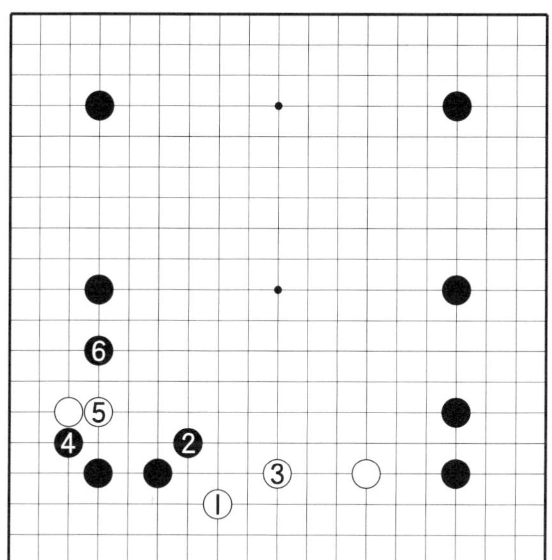

3도

3도(마늘모 응수)

백1에는 흑2의 마늘모를 추천하고 싶다. 만약 백3으로 받아준다면 흑4·6으로 백을 공격하는 게 좋다.

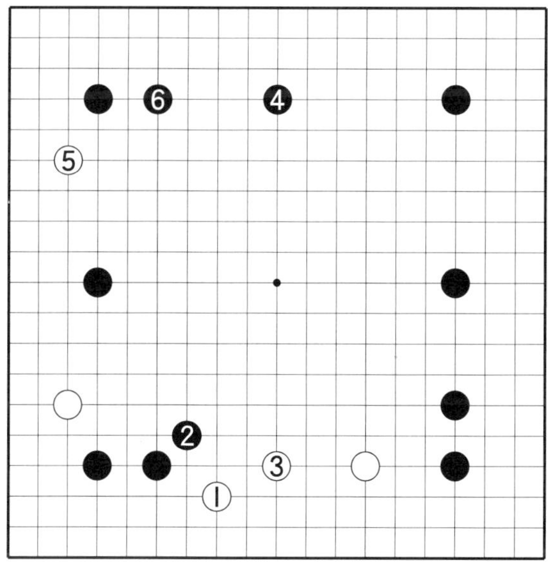

4도

4도(흑, 발빠름)

백3에 흑은 손을 빼 일단 큰 곳을 차지하는 수도 있다. 백5에는 흑6으로 받아 견실하게 판을 짜나가면 된다.

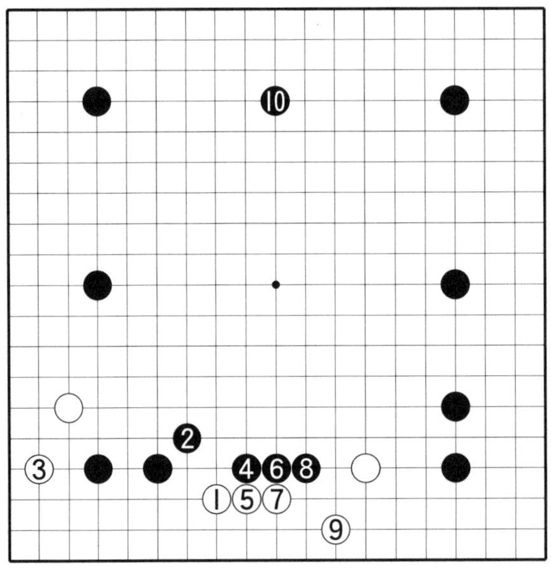

5도

5도(흑, 두터움)

흑2에 손을 빼 백3을 선착하면 이번에는 흑4 이하 백을 압박하는 게 좋다. 백9까지 강요한 후, 흑10으로 큰 곳을 차지한다.

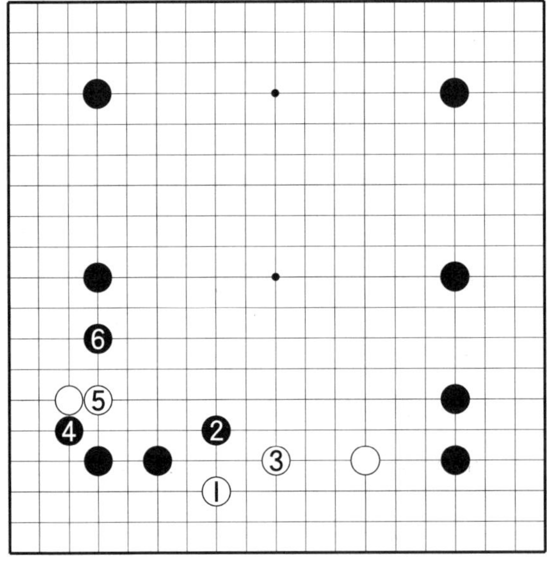

6도

6도(적극적인 수)

흑2는 백3을 손빼지 못하게 하는 점으로 기억해 둘 만하다. 이 결과도 흑6까지 주도권은 흑에게 있다.

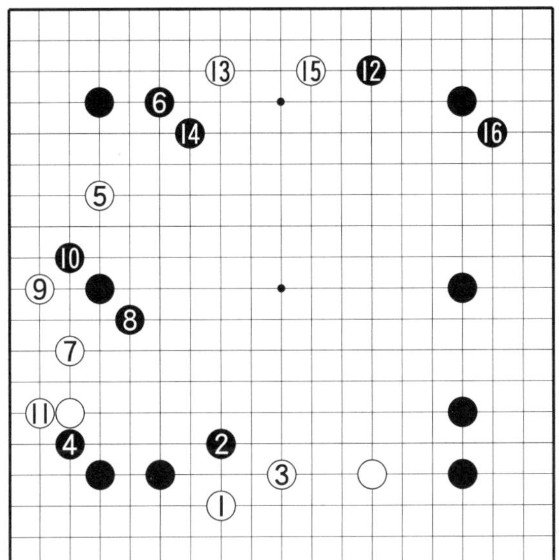

7도

7도(백의 변신)

아마추어 3단과 프로 기사와의 실전대국. 프로는 백5로 먼저 응수타진했고, 백7로 날렵하게 움직였다. 이것도 흑16까지 흑이 활발한 모습.

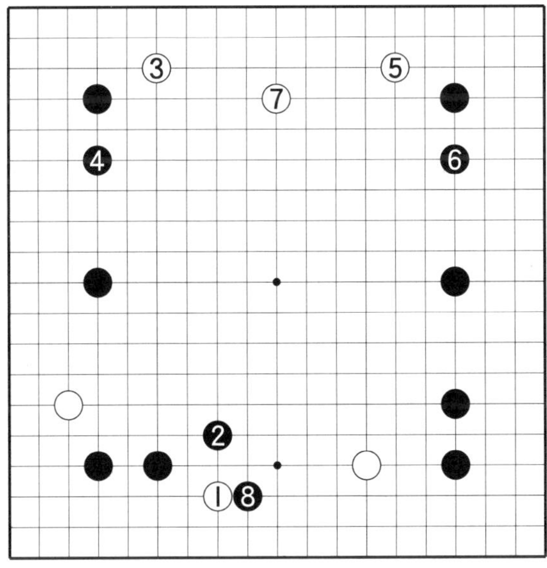

8도

8도(응징)

흑2에 백이 손빼고 상변에 터를 잡는다면 흑8로 당장 응징하는 게 좋다.

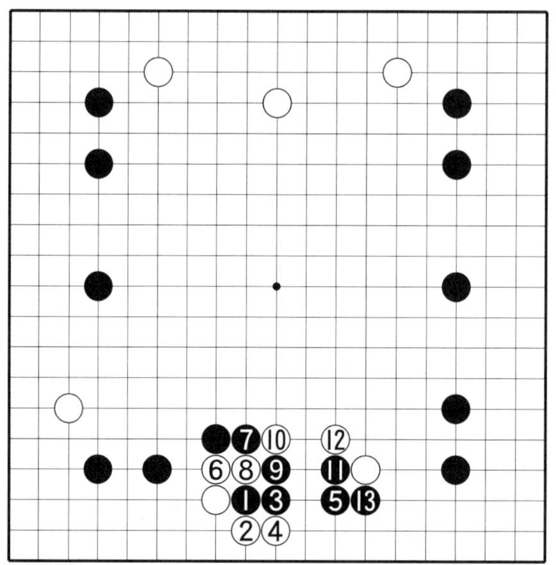

9도

9도(흑, 대성공)

백2로 받는 것은 흑 13까지 백 전체가 엷어져 흑이 대성공이다. 백은 하변 살기에도 급급해진다.

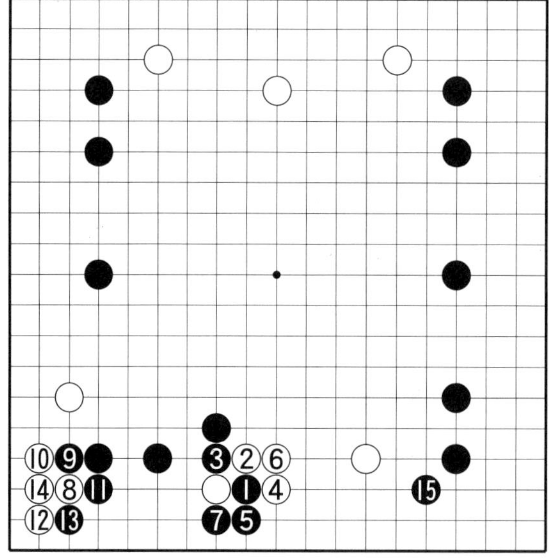

10도

10도(흑, 만족)

백2로 반발해도 뾰족한 수가 없다. 흑7까지 백 한점을 잡으면 되고, 백8로 실리를 빼앗지만 백14까지 선수를 잡고, 흑15를 차지하면 흑 만족이다.

백1·3·5는 9점이나 8점 접바둑에서 많이 나온 모양. 특히 백5의 모자씌움에는 걱정이 없다.

이후 변화를 살펴보자.

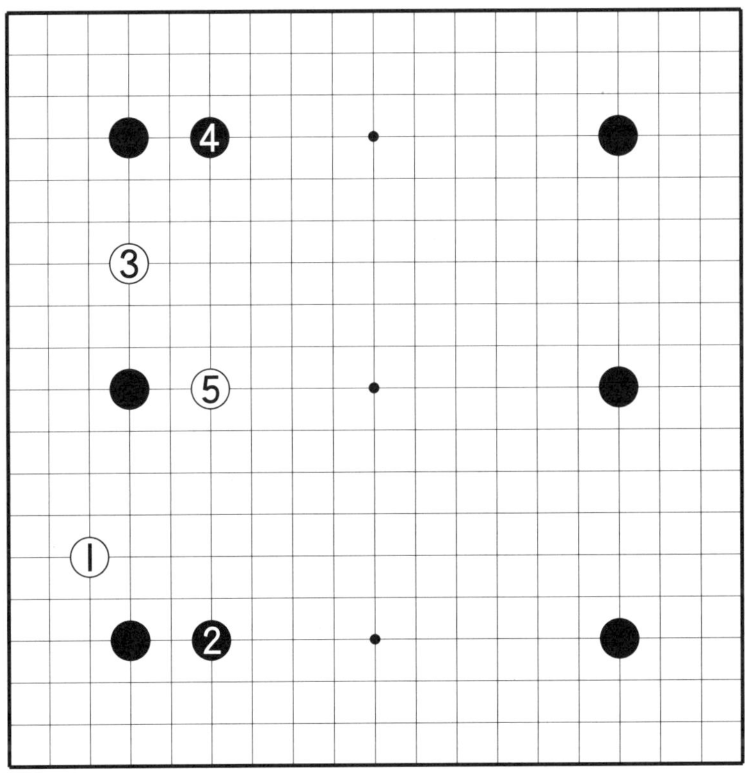

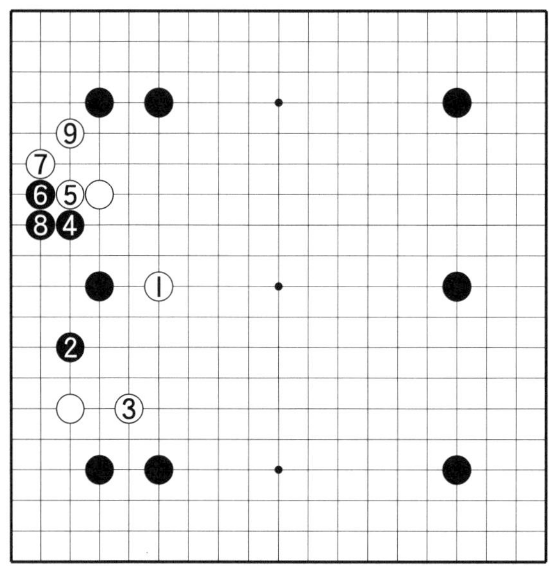

1도

1도(빵점짜리)

백1에 흑2 이하로 움츠러드는 것은 빵점짜리 행마이다 특히 흑4부터 8까지 결과는 엉터리이다. 여기서 흑은 2점 이상 손해를 보았다.

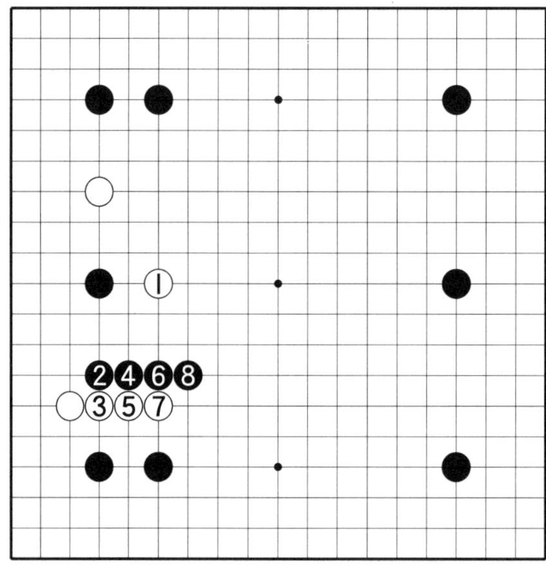

2도

2도(흑의 주문)

배운 대로 흑2로 씌우는 게 간명하다. 백3부터 나오는 것은 흑의 주문. 흑8까지 먼저 머리를 내민 자세가 좋다.

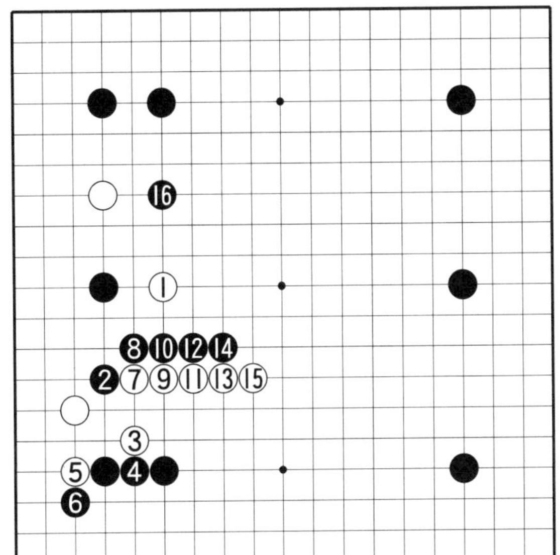

3도

3도(흑, 만족)

 흑2에 백3·5로 변신을 꾀해도 큰 걱정이 없다. 백7로 붙여오면 흑14까지 힘차게 밀고, 흑16으로 주도권을 잡는다.

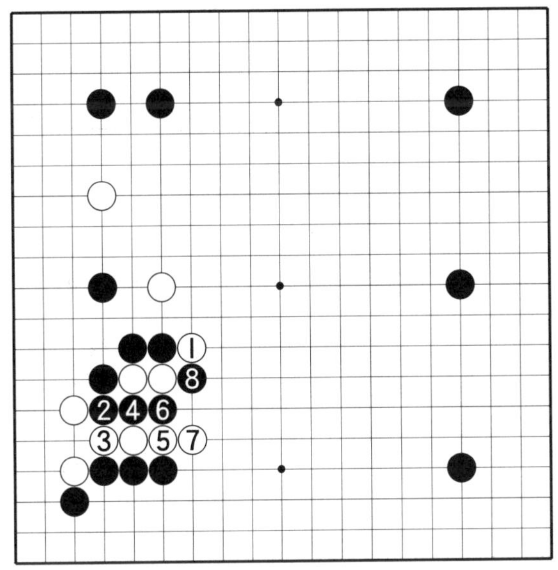

4도

4도(빵따냄)

 3도 수순중 백1로 젖히는 것은 무리이다. 흑2부터 추궁하면 8까지 백 두점이 고스란히 잡히고 만다.

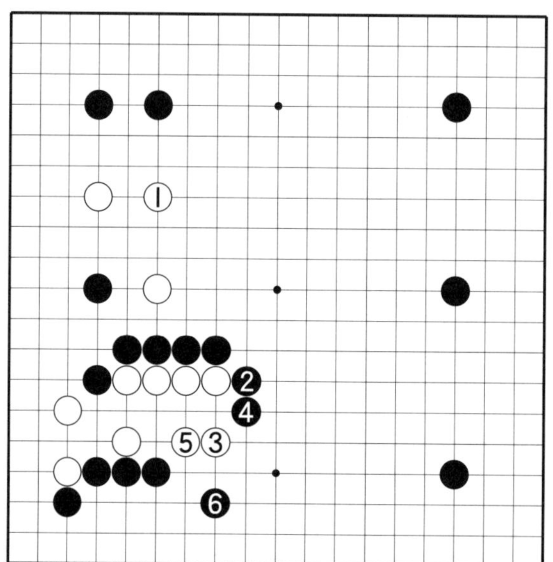

5도

5도(흑, 두터움)

3도의 수순중 먼저 백1로 지키는 것은 흑 2로 제압당한다. 이것 도 흑6까지 흑이 두터 운 모습.

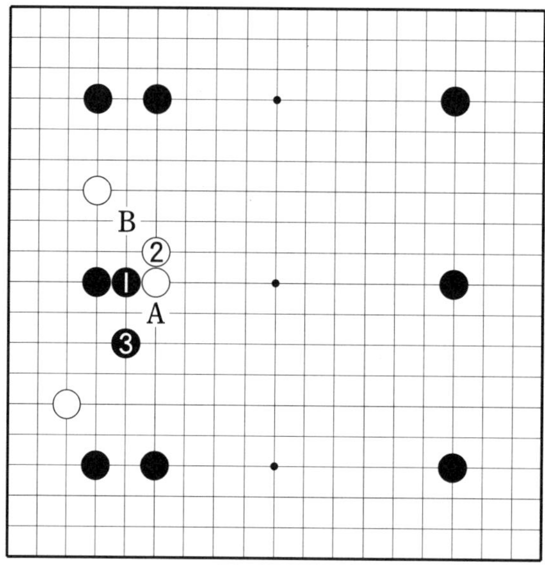

6도

6도(흑, 간명)

흑은 1로 치받는 수 도 있다. 백2면 흑3으 로 뛰고, 백A면 흑B로 뛰어나간다.

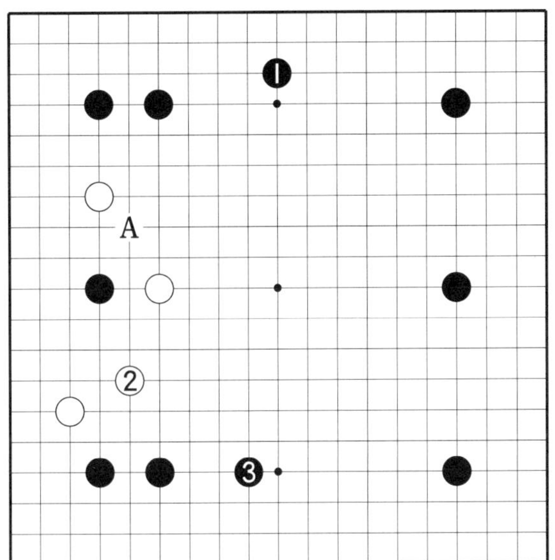

7도

7도(흑, 손뺌)

흑은 손빼는 수도 있다. 흑1로 큰 곳을 차지하고, 백2 때 다시 흑3으로 지킨다. 아직도 흑은 A로 나가는 수가 있다.

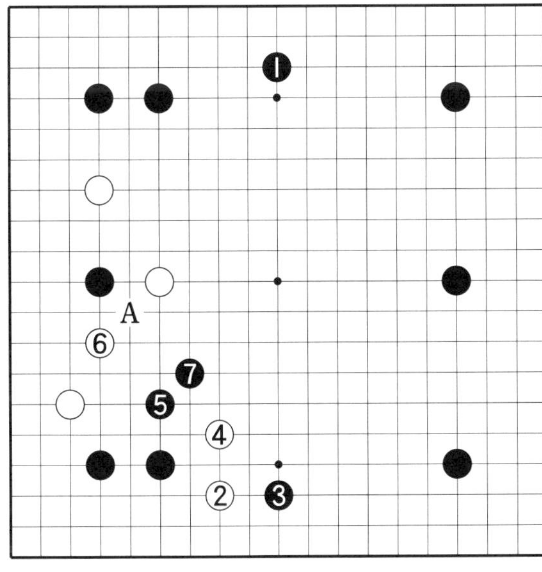

8도

8도(백의 전략)

백은 먼저 하변과 좌하귀부터 추궁하며 좌변의 흑 한점을 노릴 수도 있다. 백2라면 흑3부터 공격하는 게 좋다. 흑7까지 이것도 흑이 충분하다. 흑은 아직 A로 나오는 수가 있다.

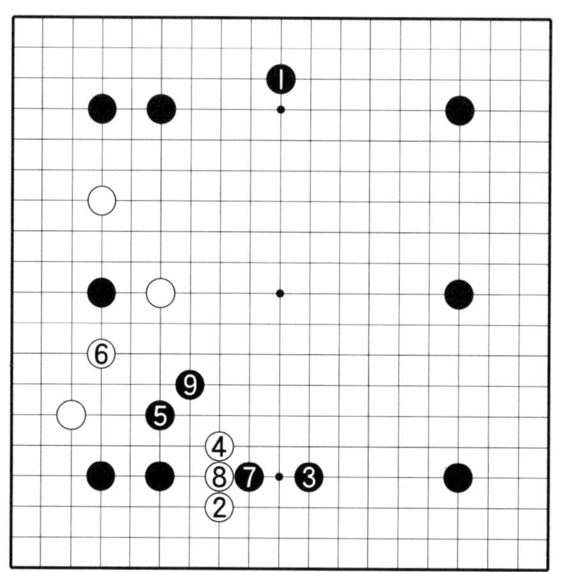

9도

9도(흑, 여유)

흑3으로 넓직히 협공하는 것도 일책이다. 흑7의 들여다봄이 적시타며, 흑9까지 흑이 여유있다.

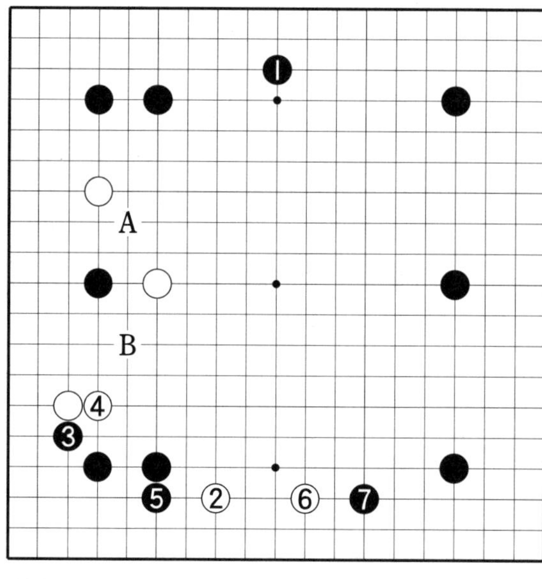

10도

10도(흑, 충분)

이것저것 다 무시하고 흑3·5로 안정하는 것도 있다. 백6으로 하변에서 틀을 잡지만, 흑7로 지키면 흑이 충분하다. 흑은 언제든지 A나 B로 움직일 수 있다.

버리는 작전

　백1·3은 우변 흑 한점을 적극적으로 공격하겠다는 뜻이다. 여기서 중요한 것은 흑이 흔들리지 말고 자기 길을 가야 한다는 것이다. 백5 이후 흑은 어떤 응수들이 있을까?

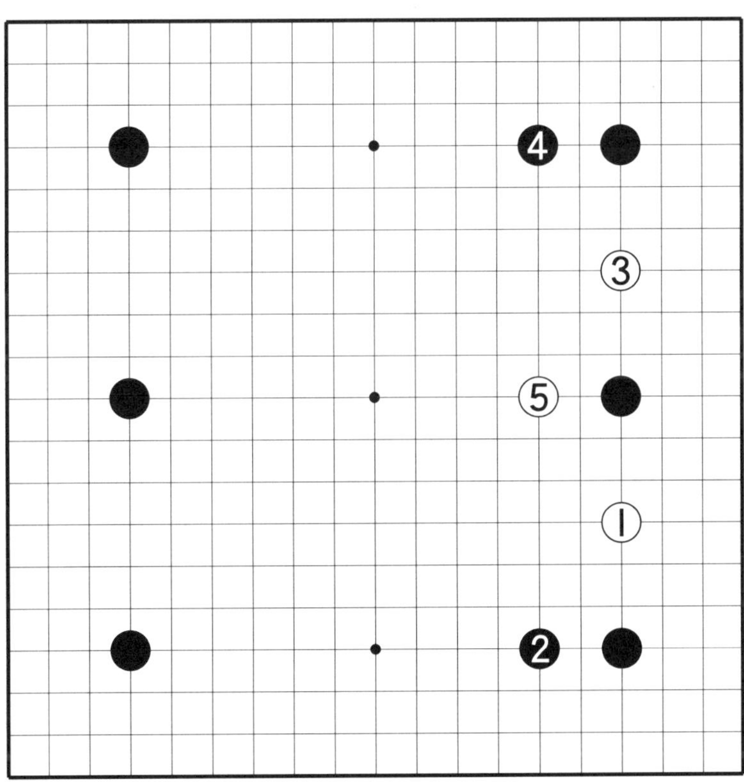

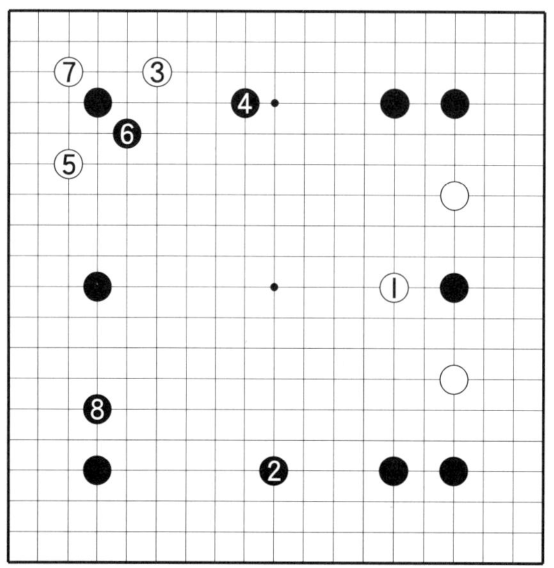

1도

1도(손빼기 작전)

 흑2로 방향전환한 것은 우변 흑 한점은 버린다는 생각이다. 백3 이하 발빠르게 움직여도 흑은 8까지 여유있는 모습.

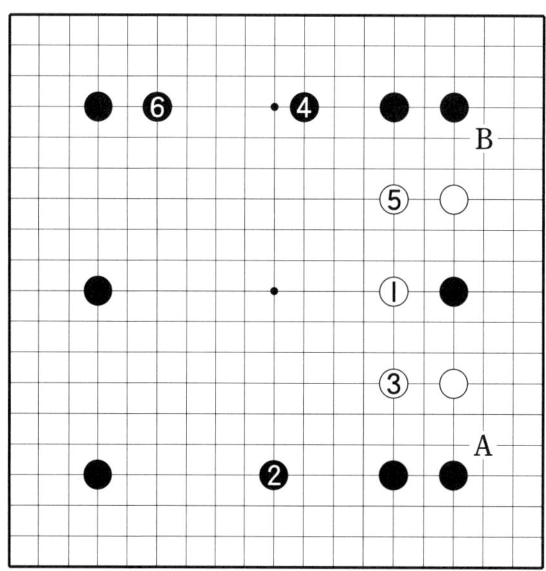

2도

2도(버리는 작전)

 만약 흑2 때 백3으로 흑 한점을 잡으려고 하는 것은 흑4로 다시 손을 뺀다. 흑6까지 서로 자기 길을 가지만, 백은 집이 우변에 치우쳐 있다. 흑은 나중에 A나, B로 지키는 게 크다.

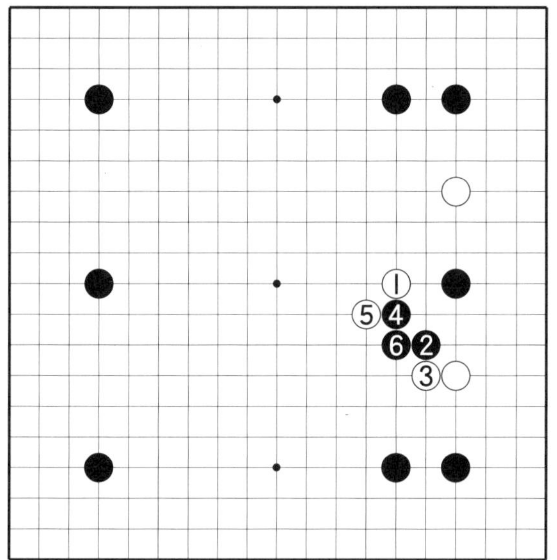

3도

3도(행마법)

백1 때 흑의 탈출 방법으로는 흑2·4가 있다. 이 수순으로 흑은 자연스럽게 탈출한 모습.

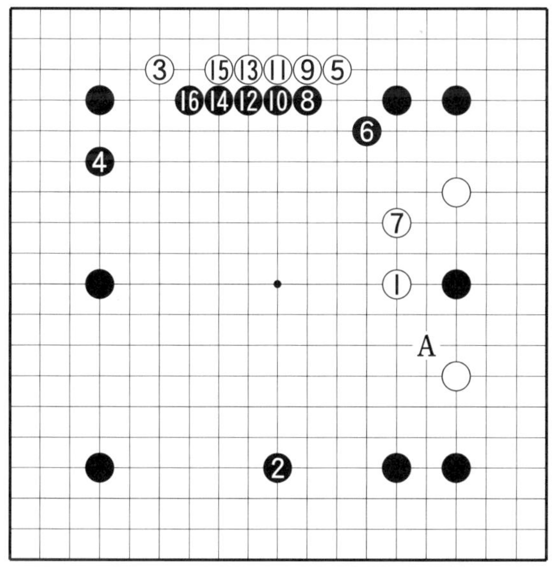

4도

4도(고압적)

흑2에는 백도 3·5로 발빠르게 움직일 게 뻔하다. 하지만 흑6이 좋고, 백7로 지킨다면 흑16까지 백을 제압한다. 우변은 아직도 A의 맛이 있다.

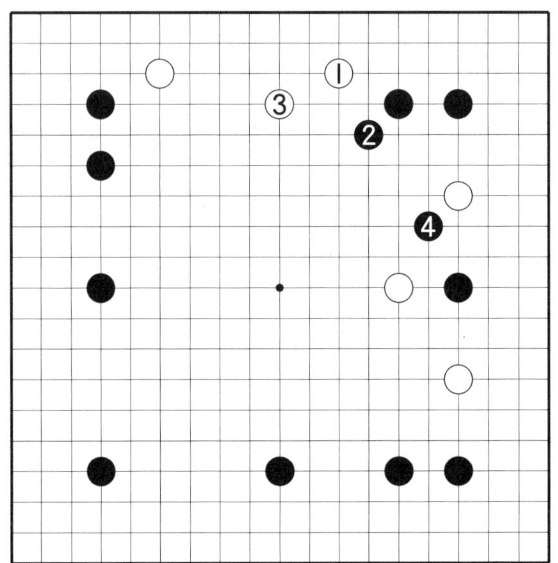

5도

5도(흑4, 강력)

 흑2 때 백3으로 지키면 이번엔 흑4가 강력한 수가 된다.

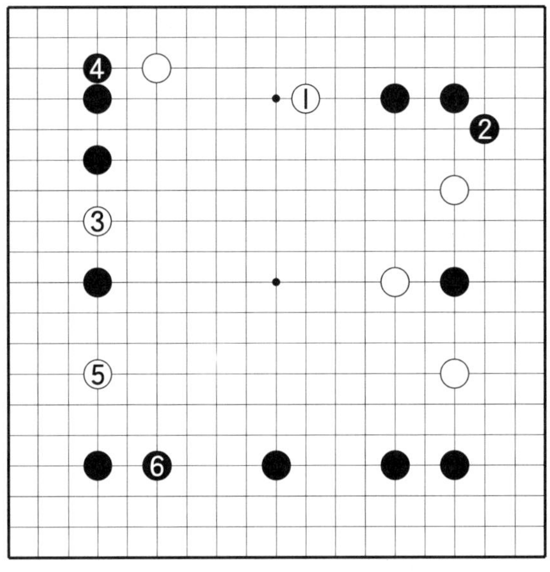

6도

6도(침착한 수비형)

 백1로 멀찍이 다가서면 흑2로 지키는 게 큰 수다. 백3·5로 흔들어 보지만, 흑은 계속해서 견실하게 지켜서 좋다.

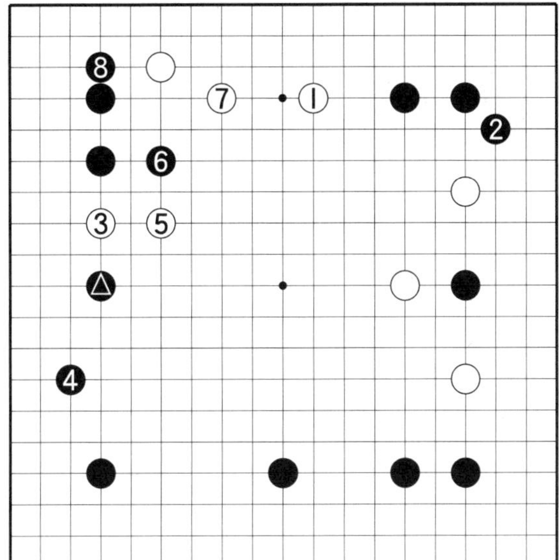

7도

7도(다른 작전)

백3의 침입에 흑은 ❷ 한점을 보강하며 흑4로 지키는 수도 있다. 보강을 겸한 지킴이고, 이하 흑8까지 이것도 흑이 충분한 모습이다.

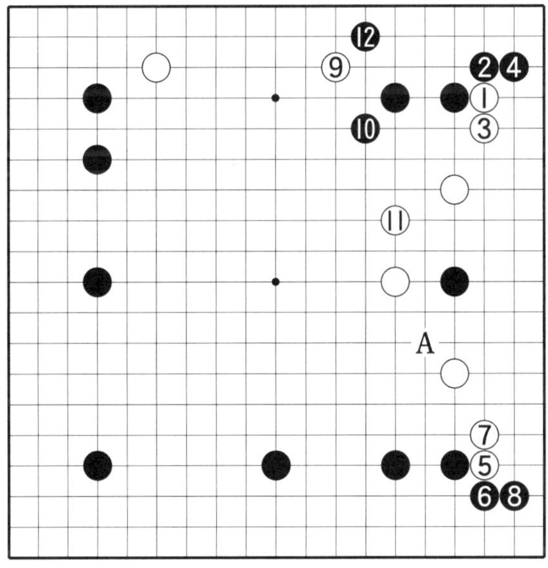

8도

8도(흑, 실리 좋음)

백이 귀를 결정하고 두어도, 흑은 하자고 하는 대로 두어도 좋다. 백11 때 흑12로 지켜도 충분. 아직도 흑A는 남아 있다.

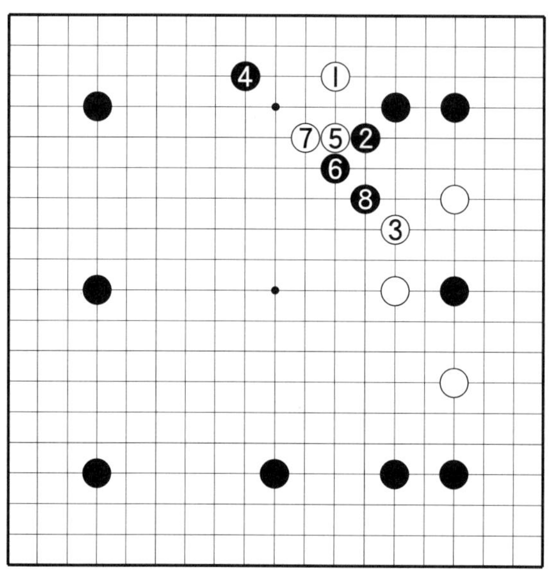

9도

9도(흑, 튼튼함)

 백1부터 걸쳐올 수도 있다. 이 때는 흑4가 안성맞춤이고, 백5·7 이면 흑8까지 지켜 흑이 튼튼하다.

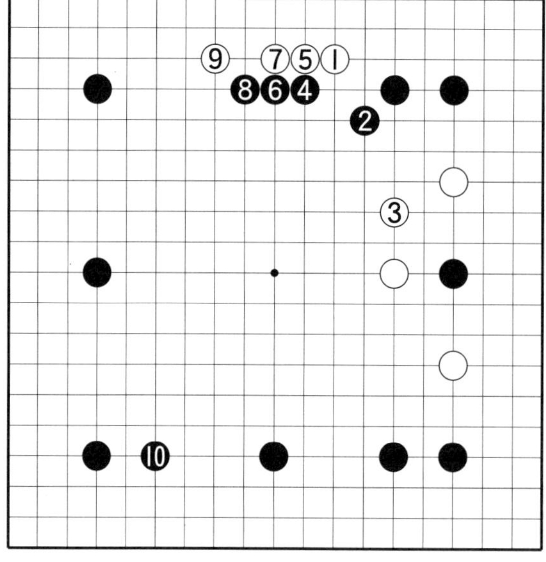

10도

10도(흑, 충분함)

 흑은 4로 씌워갈 수도 있다. 흑8, 백9까지 강요한 후 흑10에 지키면 충분하다. 다만 흑이 쌓아놓은 외세에는 백3의 자세가 좋아 그 가치를 다하지 못하는 게 흠.

5점 접바둑

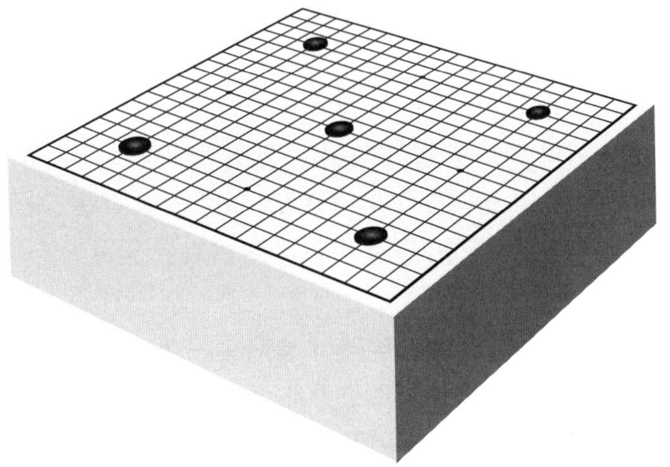

5점 접바둑의 요령

5점 접바둑의 특징은 4귀와 중앙 천원(天元)을 활용할 수 있다는 데 있다. 어떻게 보면 지도기로서 가장 이상적인 첫수일 수도 있는 5점 바둑부터 상수들이 함정수를 가장 많이 이용하기도 한다. 하수가 바둑을 어느 정도 알아가는 단계이므로 그 만큼 함정수에 걸려들 확률도 높은데, 접바둑에서 나오는 함정수를 어느 정도 소화해 낸다면 초반에 함정수에 걸려 망할 일이 없는 것이다.

5점 접바둑을 두는 요령에서 가장 중요한 것은 기본적인 귀의 변화를 알고 있어야 한는 점이다.
상황에 따라 협공도 해야 하며 그 협공을 할 때는, 바로 상수가 시도해오는 양걸침에 대한 변화를 알고 있어야 하는 것이다.

본 장(章)은 5점 바둑에서 일어날 수 있는 기본형을 중심으로, 4점 접바둑과 연계해 중복을 피해 다루었다. 5점을 깔끔하게 정복한다면 4점 접바둑까지 쉽게 완성될 것이라고 확신한다.

적극형(1)

백5에 흑6은 백3을 고려한 안정적인 자세를 갖춘 점이고, 견실하다. 흑6이 A에 있다면 백B가 절호점이 된다. 그렇다면 백7로 다가섰을 때 흑의 작전은?

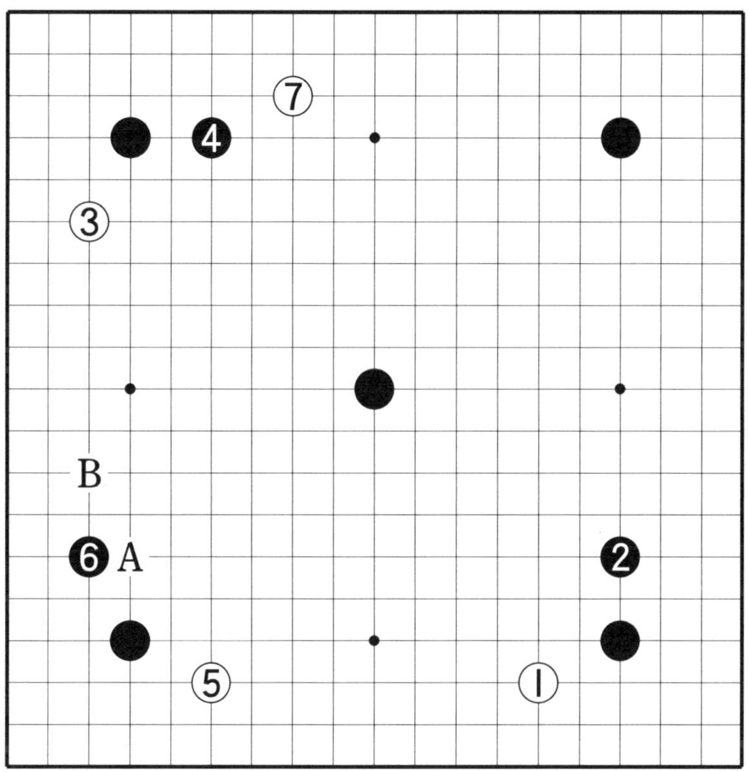

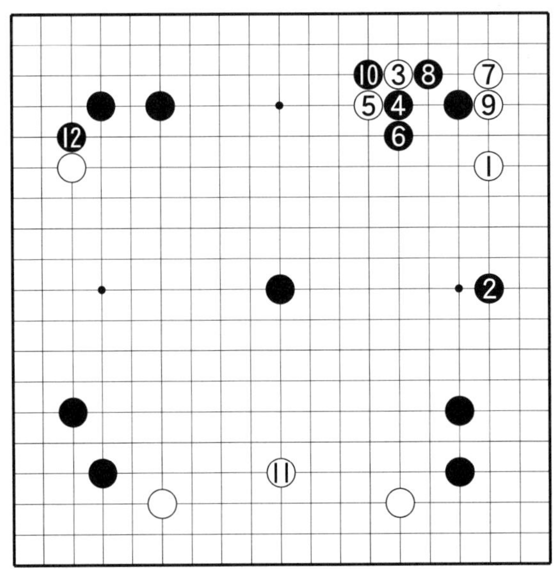

1도

1도(다른 한 판)

백1로 먼저 걸쳐 응수를 보는 수도 있다. 흑2는 음미할 만한 점. 협공을 겸한 벌림이다. 흑10까지는 정석이고, 백11이면 흑12로 또 다른 한 판이 된다.

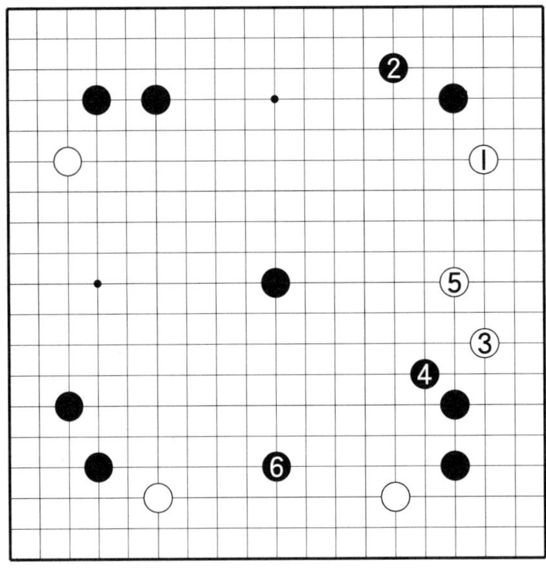

2도

2도(흑, 견실)

흑2로 받는 수도 있다. 그렇다면 백3은 예정된 다가섬이고, 이때 흑4의 마늘모를 기억하고 있어야 한다. 백5면 흑6으로 백을 양분해 충분하다.

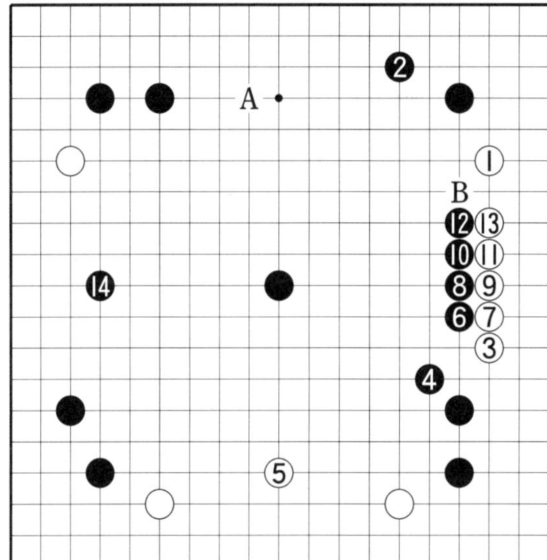

3도

3도(흑, 발빠름)

흑4에 백5로 하변을 지키면 흑6으로 백을 압박하는 게 좋다. 흑 12, 백13까지 교환한 후 흑14를 차지하면 흑이 발빠른 모습이다. 흑14는 A나 B도 있다.

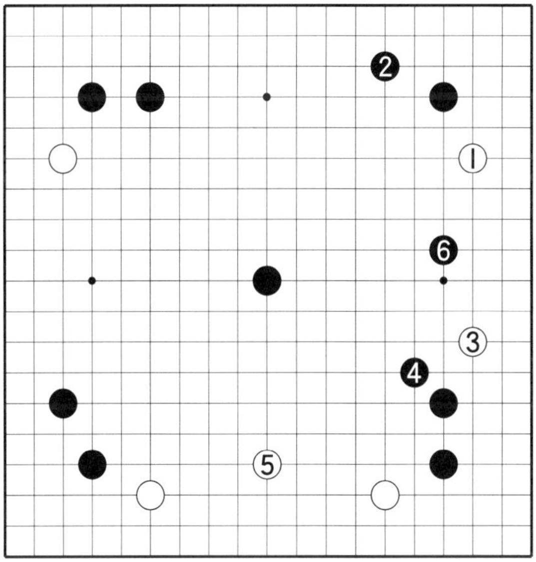

4도

4도(공격적)

흑은 적극적인 전법으로 흑6의 갈라침도 생각해 볼 수 있다. 이것도 흑이 충분히 싸울 만하다.

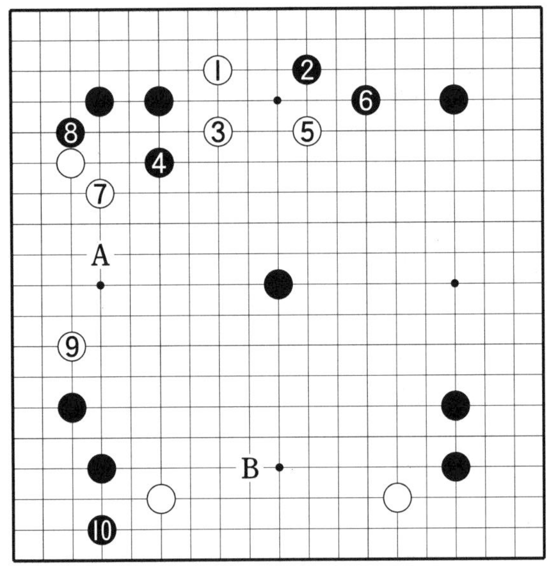

5도

5도(추천수)

백1에는 흑2를 강력히 추천하고 싶다. 이 한 수의 곳일 만큼 절대점이다. 그렇다면 흑8까지는 정석이고, 백9면 흑10으로 지켜둔다. 그리고 A나 B를 맞보기로 하면 흑이 편안한 국면.

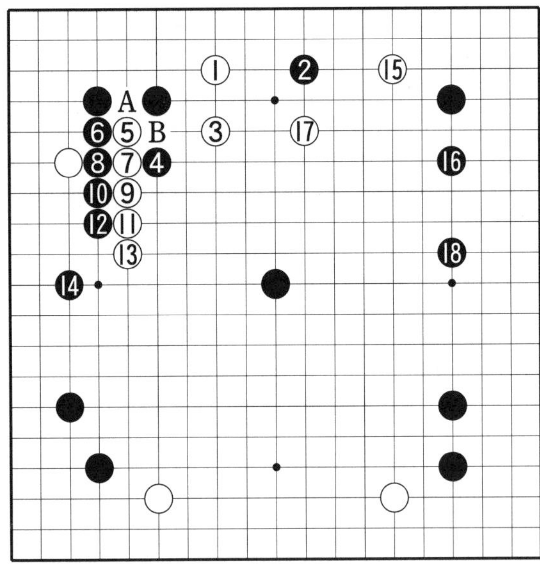

6도

6도(흑, 정수)

흑4 때 백5의 응수타진이 날카롭다. 이때 앞에서 배운 대로 A나 B가 아니고 흑6이라는 것이다. 흑14까지 바꿔치기가 정수이고, 백15·17에는 흑16·18로 간명하게 대응한다.

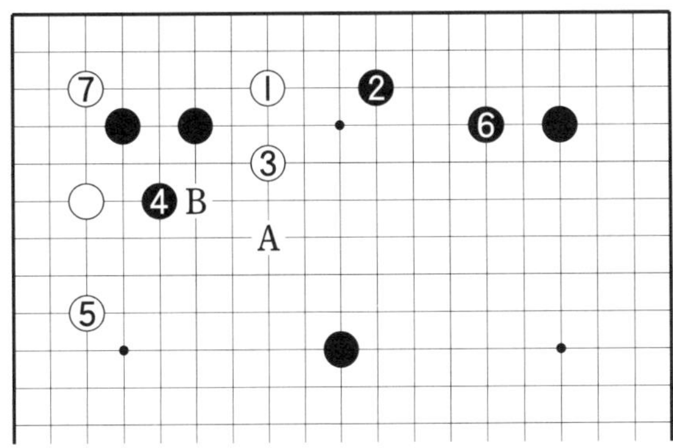

7도

7도(흑, 약간 느슨)

백3에 흑4는 약간 느슨. 백5로 지켜두면 흑6의 보강이 필요한데, 백7로 흑 석점이 공격을 당한다. 흑이 A라도 흑4가 B에 있을 때 하고는 많이 다르다.

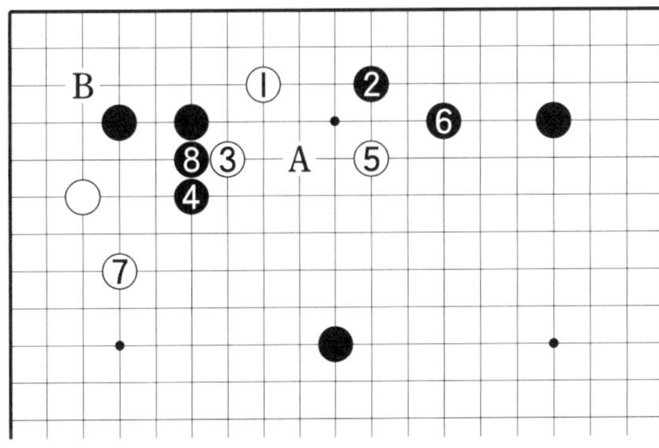

8도

8도(백, 엷음)

백3에는 흑4가 바른 행마법. 백5가 엉성하지만 일단 흑6으로 참는 게 중요. 흑8까지 견실한 착점을 한 후 A를 노린다. 귀의 흑은 B로 언제든지 안정.

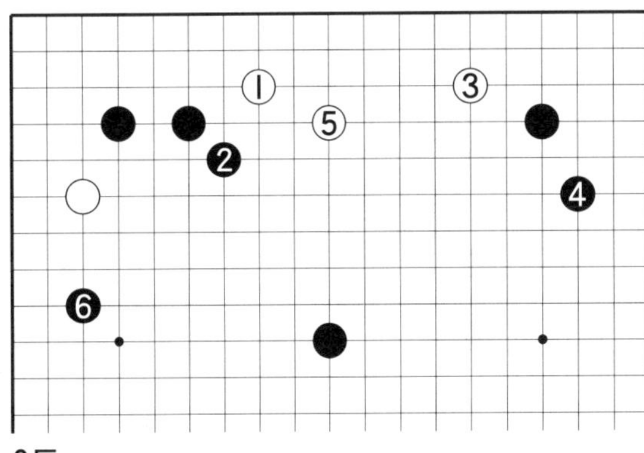

9도

9도(다른 한 판)

백1에 흑2는 약간 느슨하지만 안정적이긴 하다. 백3은 예정된 걸침이고, 흑4 때, 백5로 지키면 흑6을 차지해 이것도 한 판의 바둑이다.

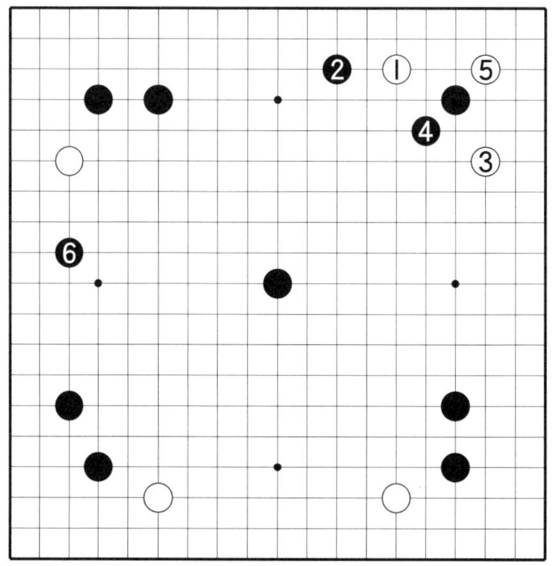

10도

10도(흑, 적극적)

먼저 백1로 걸치면 벌림을 겸한 협공인 흑2가 좋다. 백3에는 흑4로 받고 백5를 기다려 흑6의 큰 곳을 차지한다.

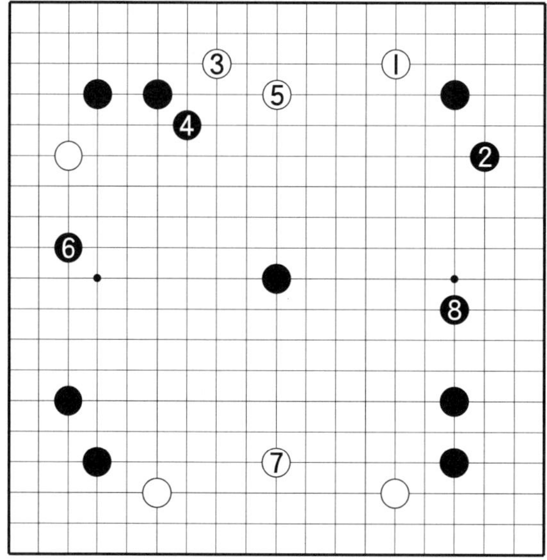

11도

11도(수순 차이)

백1에 흑2로 받아주면 흑6까지 **9도**로 환원된다. 이후 백이 7의 곳을 지키면, 흑도 여유있게 변을 차지한다.

 제37형 적극형(2)

백5·7은 새로운 수법이다. 백5가 A에 있는 것과
는 약간 차이가 있는데, 과연 흑은 어떤 작전을 펼쳐
야 할까?

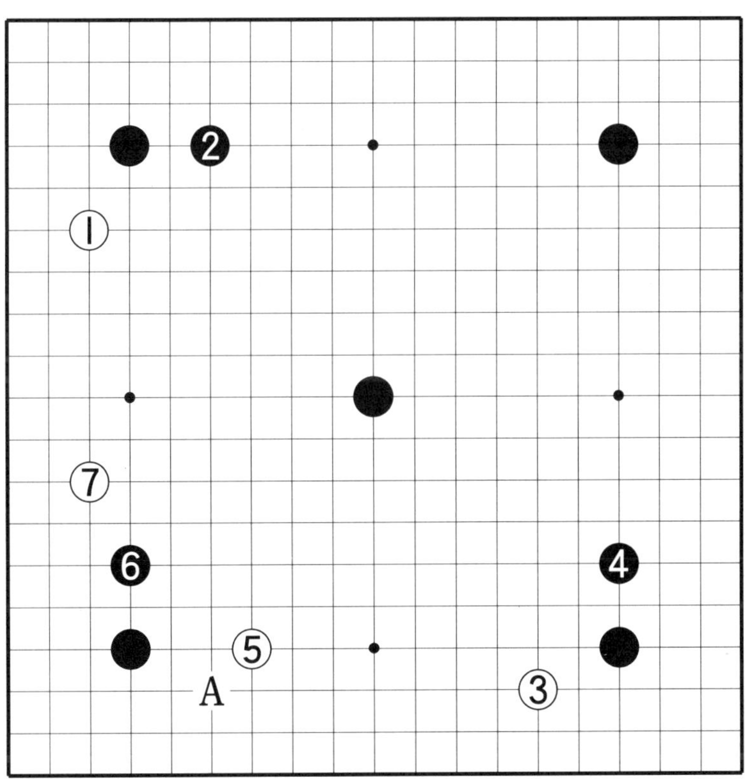

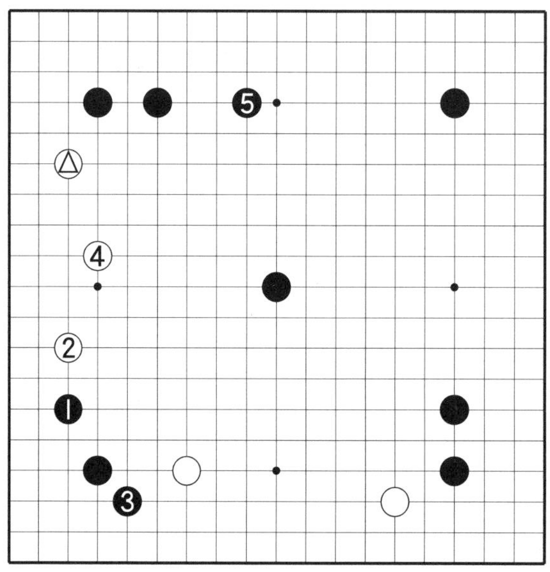

1도

1도(흑, 견실)

　백△가 있을 때는 흑 1로 받는 게 무난하다. 백2로 다가서도 흑3으로 지키는 여유가 있기 때문이다. 백4면 흑5로 지켜 흑이 견실한 모습이다.

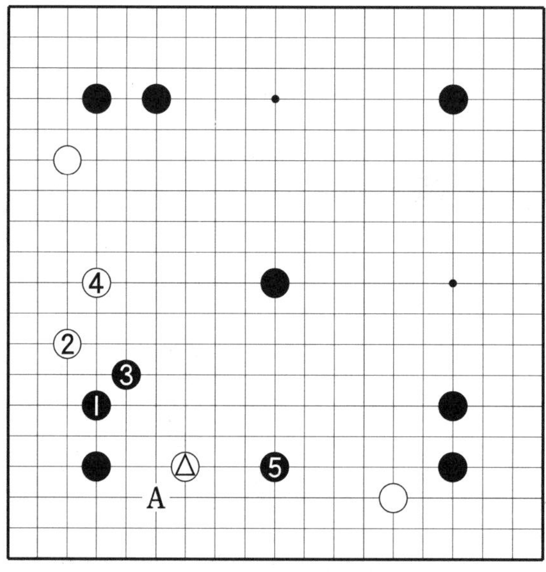

2도

2도(흑, 충분)

　백2에는 흑3의 마늘모를 배운 바 있다. 백4를 기다려 흑5면 이것도 흑이 충분하다. 다만 지금은 백△ 한 점이 A에 있는 것에 비해서는 여유가 있어 백이 변신하기가 편하다.

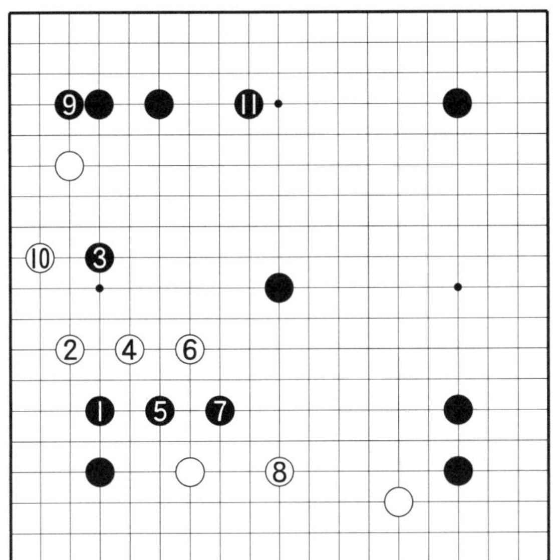

3도

3도(강력한 협공)

이번 형에서 집중적으로 다루는 것은 백 두점을 양분하는 흑3의 적극적인 협공이다. 만약 백4면 이하 흑11까지 자세를 갖춘다.

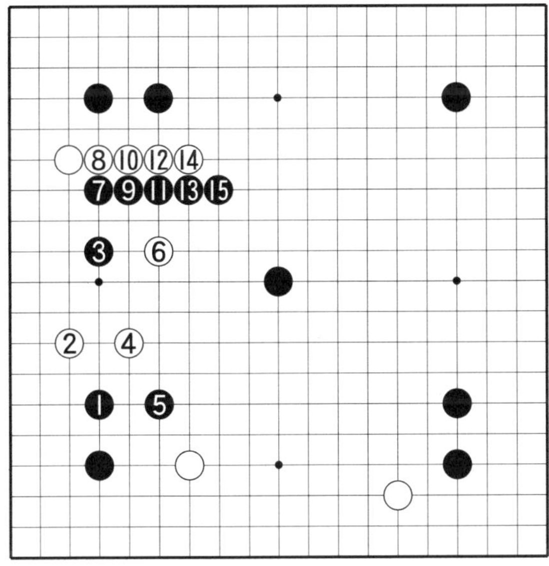

4도

4도(흑, 튼튼함)

백6으로 씌워오면 일단 흑7로 어깨짚어 나간다. 흑15까지 흑이 나쁠 리가 없다.

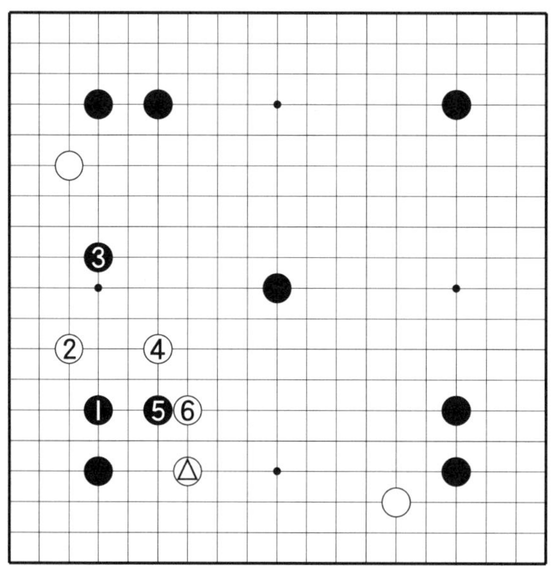

5도

5도(백의 주문)

그러므로 흑3에는 백이 변신하기 쉽다. 백4가 바로 그것인데, 이때 흑5는 백의 주문이다. 백6이 안성맞춤. 이미 백은 △를 놓을 때부터 이 수순을 읽고 있었다.

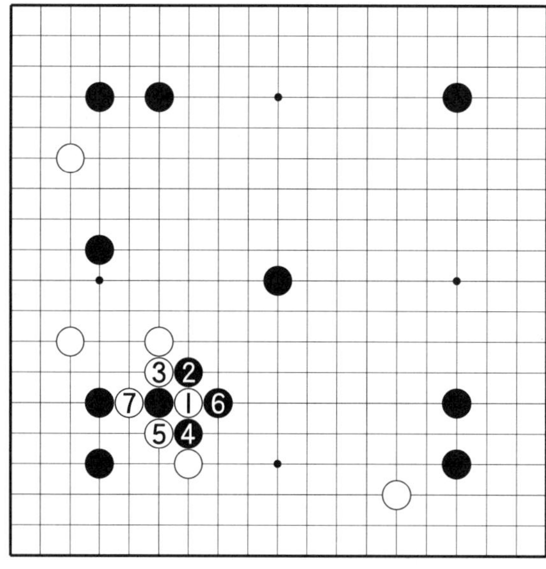

6도(흑, 당함)

흑2로 탈출을 시도하는 것은 무리. 백5·7로 뒤로 모는 수가 성립한다.

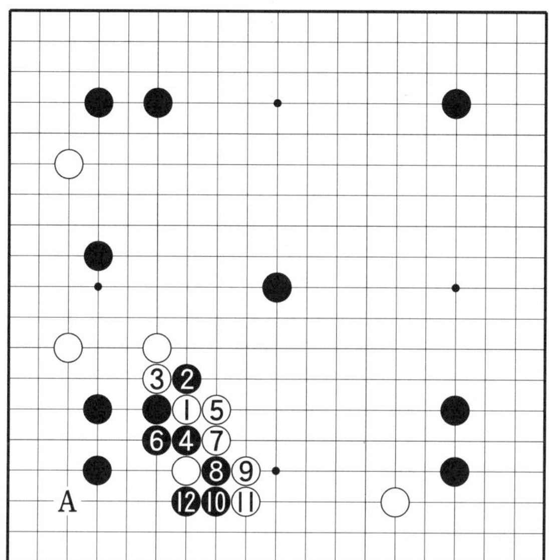

7도

7도(백, 두터움)

흑6으로 이어도 소용 없다. 백7로 막히면 흑 8로 백 한점을 잡는 정도인데, 귀는 아직 도 A의 맛이 있어 집 이 아니다.

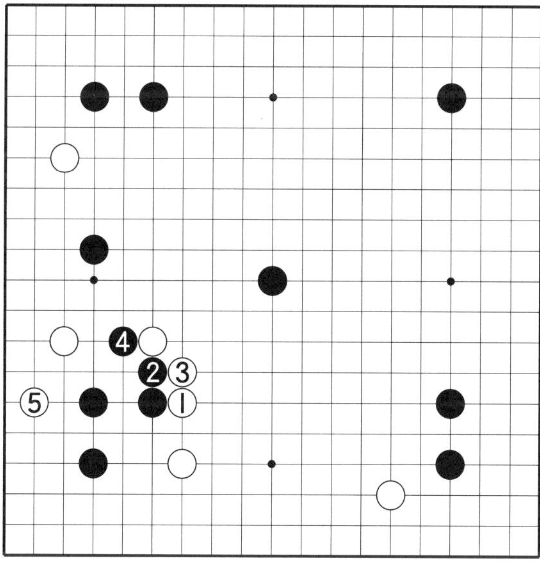

8도

8도(흑, 악수)

그렇다고 흑2로 두점 머리를 자청해서 맞는 것은 자체로 상당한 악수다. 백3으로 막는 자체가 두터울 뿐만 아니라 5로 살아버리 면 흑은 한 게 없다.

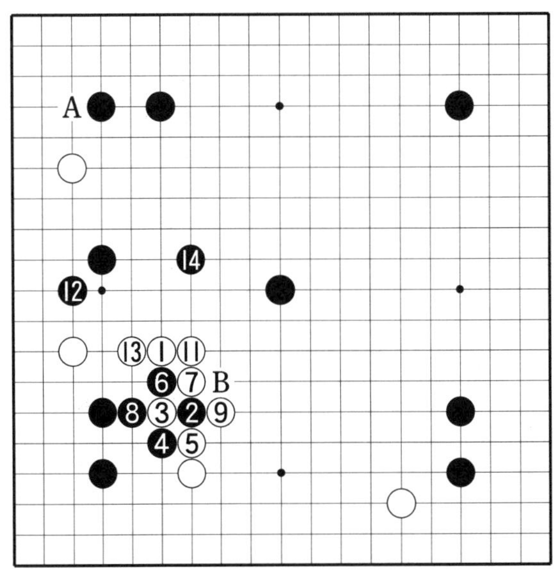

9도

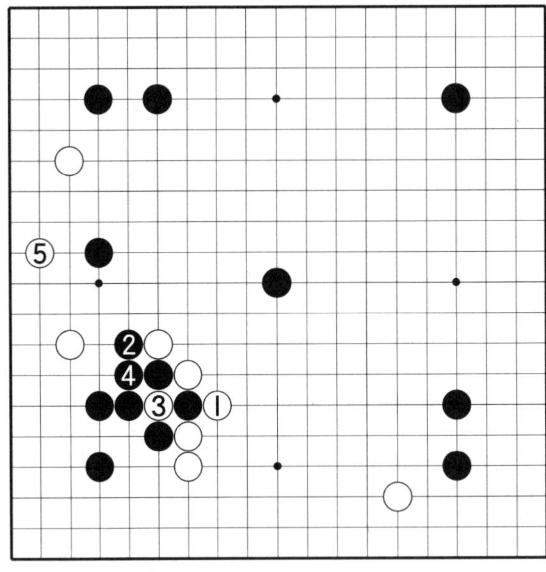

10도

9도(흑, 강력)

흑2로 나가는 게 좋다. 백3은 예정된 수순이지만 흑4·6이 강력하다. 또 흑10으로 잇는 수순도 중요. 백11을 기다려 흑12·14로 지켜놓은 후, A와 B를 노린다.

⑩‥③

10도(흑, 당함)

백1 때 흑2는 백3의 따냄이 너무 아프다. 흑4로 잇는 자세가 나쁠 뿐 아니라 백의 단점이 사그러들어 흑이 불만이다.

백7에 흑8은 대국자의 취향이고, 흑8은 A부터 E까지 다양하게 협공하는 수가 있다.

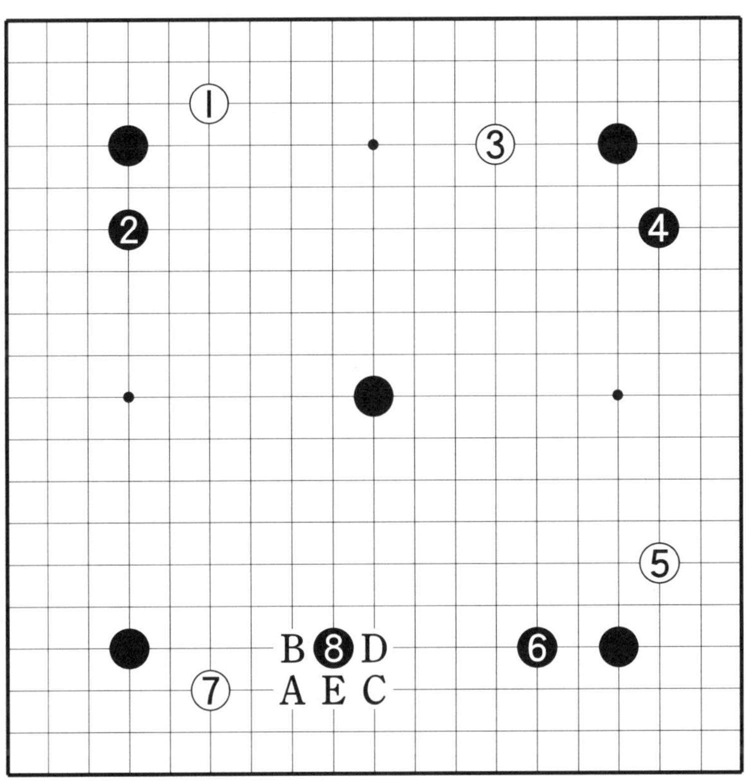

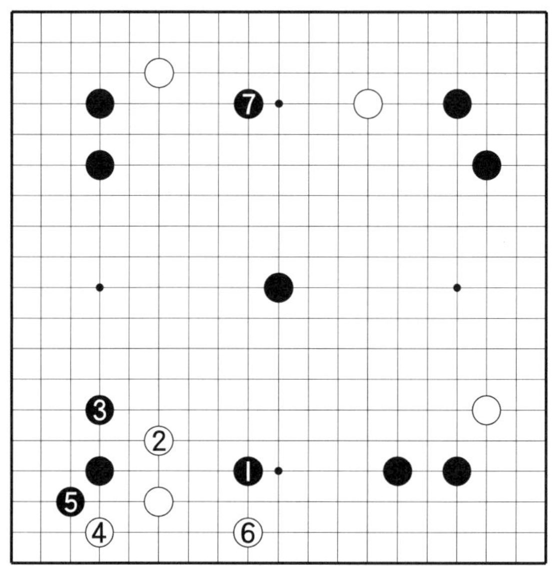

1도

1도(흑, 유연함)

흑의 두칸높은 협공에 백이 편안하게 받아준다면 백6까지는 정석. 그리고 흑은 상변을 선착해 주도권을 잡는다.

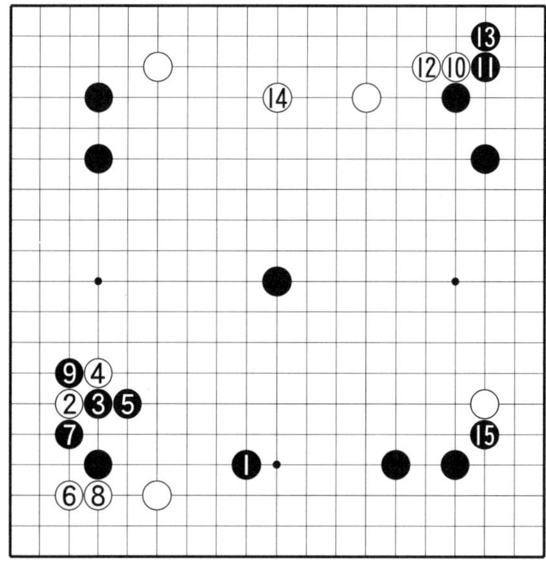

2도

2도(양걸침)

백2부터 흑9까지는 가장 기본적인 양협공 정석이다. 이 외에도 다양한 정석이 있지만, 양협공의 정석은 정석사전을 참고하기 바란다. 흑9 이하 선수를 잡은 백이 발빠르게 움직여도, 흑은 15를 차지해 여유가 있다.

3도(흑, 침착)

백2가 가장 무난하고 변화가 없지만, 이후 진행은 의외로 어려움이 있다. 백12로 크게 모양을 키워와도 흑은 아랑곳하지 않고 13을 차지한다. 아직 상변은 집이 아니다.

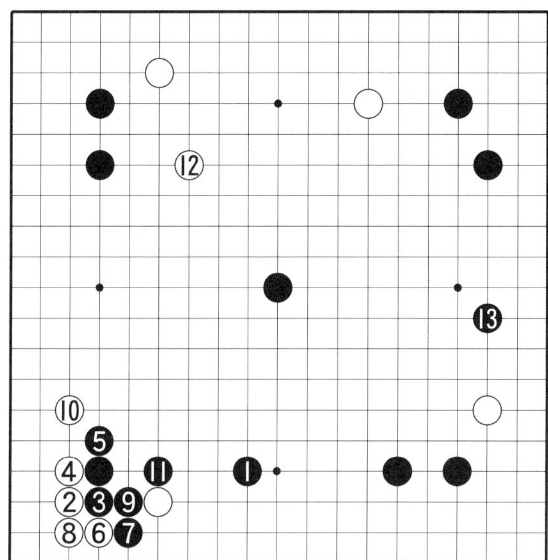

3도

4도(주의 사항)

흑5는 3·三 침입에 대한 정석을 전혀 모르는 사람에게 나오는 수이다. 흑5는 A에 느는 게 절대. 흑5면 백6으로 흑이 곤란해진다.

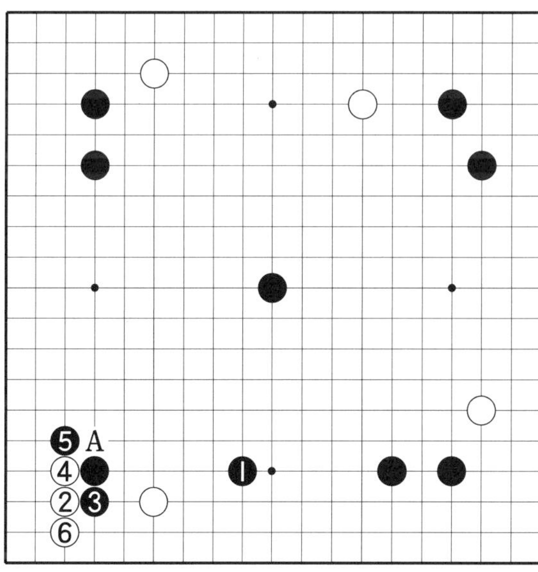

4도

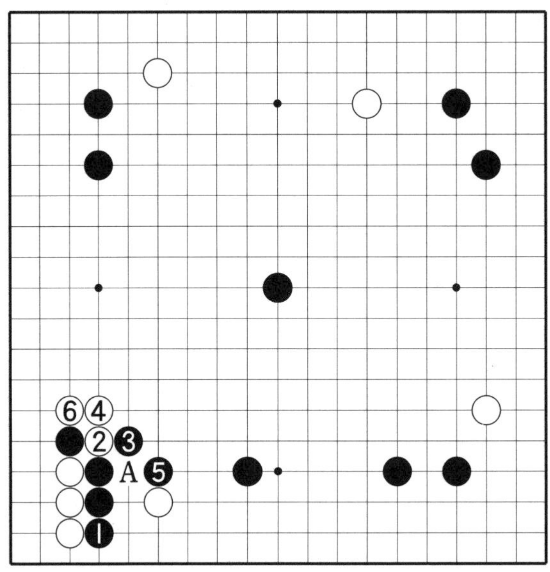

5도

5도(많이 당함)

　흑1로 막는 것은 백 2로 끊는 수가 통한다. 흑5까지 물러날 수밖에 없고, 백6까지 흑 한점을 잡으면 흑이 망한 모습이다. 수순 중 흑3으로 6에 뻗으면 백A로 흑 석점이 잡힌다.

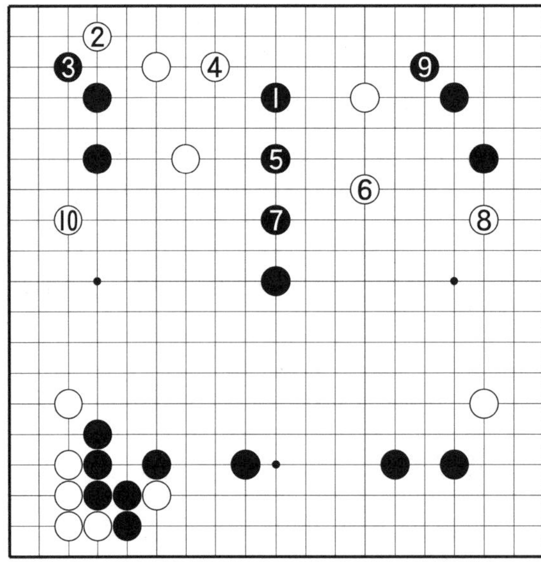

6도

6도(백의 주문)

　3도 흑13으로 상변 흑1로 뛰어들어도 한판의 바둑이지만, 백8·10 등으로 발빠르게 움직이면 기분이 나쁘다. 중요한 것은 흑1로 뛰어들지 않아도 상변은 크게 집이 될 곳이 아니다.

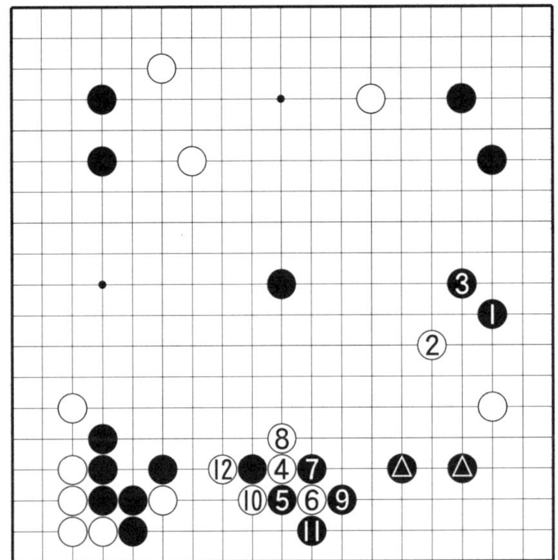

7도

7도(접전)

백2가 고급행마. 흑3은 정수. 백4부터가 고등전술인데, 이쪽 상황에 따라 우하귀 흑 ▲두점을 공격하겠다는 뜻이다. 흑은 11까지 참아주어도 충분하다.

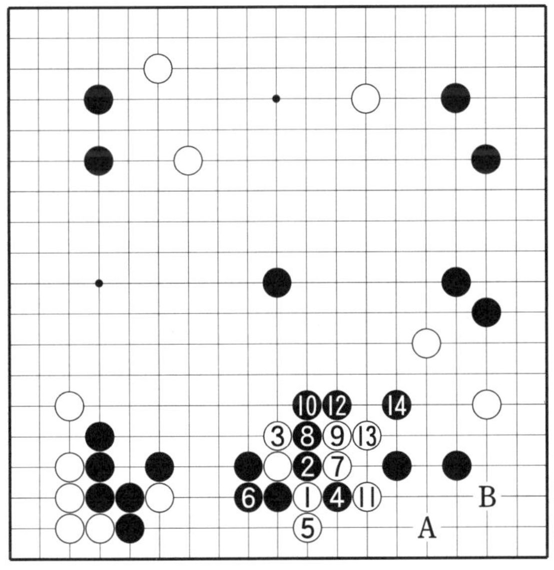

8도

8도(변화)

백5로 빠지면 흑6으로 잇는 수순이 중요. 백11로 잡는 순간 백이 좋아보이지만 흑12가 두터워 흑이 좋다. 백13에는 흑14로 씌워 그만. 그리고 백A에는 흑B로 받는다.

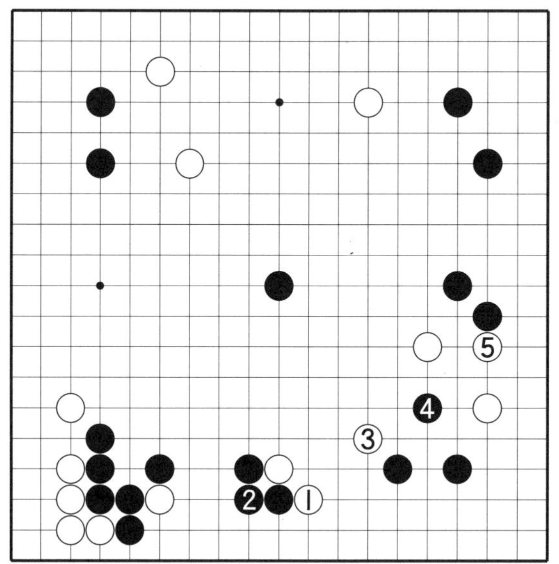

9도

9도(백의 주문)

백1에 흑2로 잇는 수
는 나약하다. 백3·5
가 기다리고 있던 행
마이고, 흑이 답답한
모습이다.

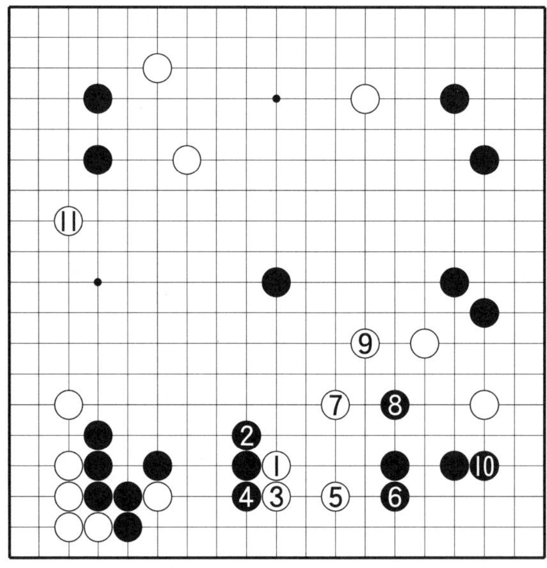

10도

10도(흑, 불만)

백1에 흑2로 느는 것
은 불만이다. 백5까지
틀을 갖추는 것도 그
렇고, 백9까지면 흑10
을 생략할 수 없을 때
외곽이 봉쇄되는 게
불만이다. 백11을 차
지한 백이 활발하다.

흑2는 5점 접바둑과 4점 접바둑에서 많이 나오는
협공이다. 흑2를 두었다면 반드시 양협공에 대한 공
부를 숙지하고 있어야 한다. 이후 흑의 작전은?

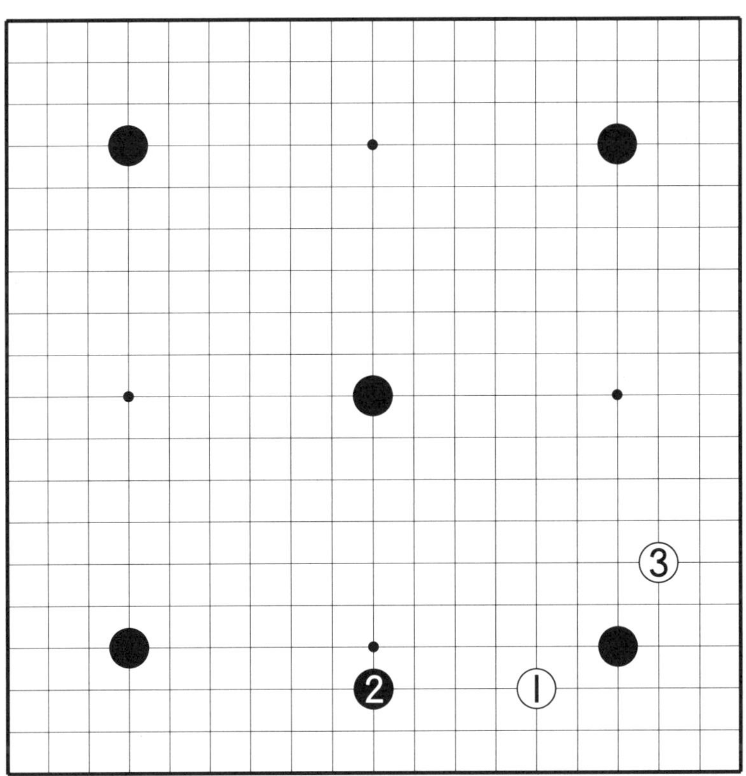

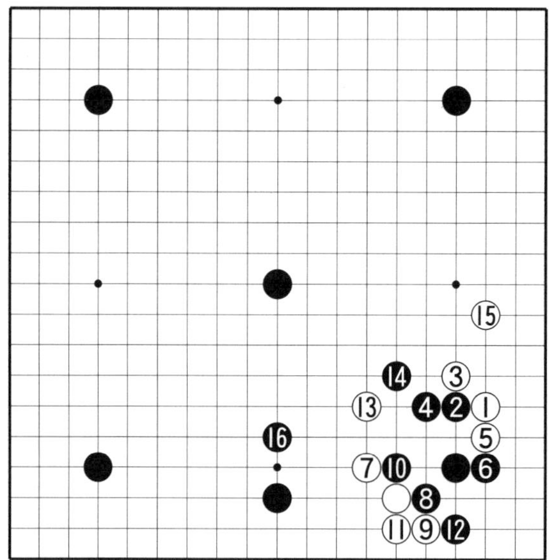

1도

1도(정석1)

백5로 밀고 들어오면 흑6으로 막고, 이하 흑16까지 하나의 정석이 완성된다. 이것은 흑이 천원에 한 점도 있고, 흑16으로 뛴 자세가 좋아 백이 불만이다.

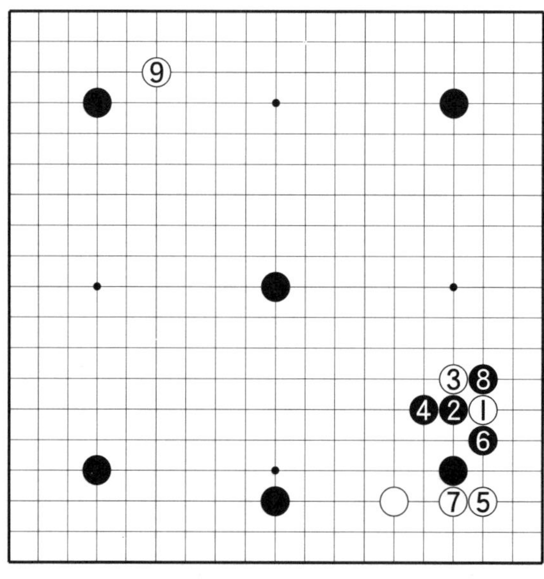

2도

2도(정석2)

백도 지금은 5로 뛰어드는 게 좋다. 흑8까지 선수를 잡고, 백9로 방향전환하는 게 좋다.

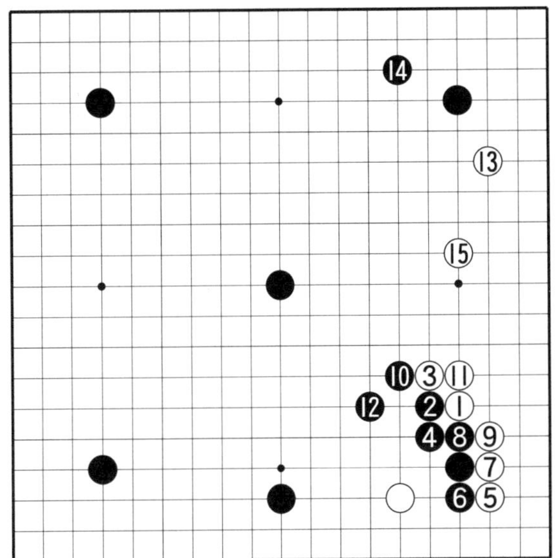

3도

3도(정석3)

 백1로 높게 걸칠 수
도 있다. 그렇다면 흑
12까지가 알려진 정석
이고, 백은 15까지 우
변에 터를 잡는다.

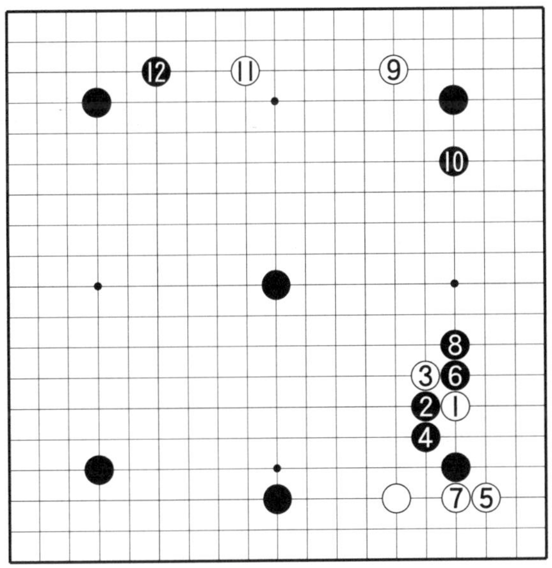

4도

4도(변화1)

 백5에는 흑6으로 끊
어 변화하는 수도 있
다. 그렇다면 흑12까
지 전혀 다른 한 판의
바둑이 예상된다.

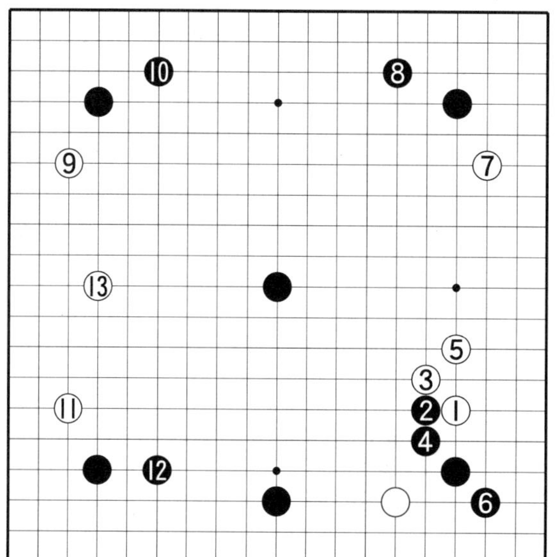

5도(변화2)

백5로 지키는 수도 있다. 그렇다면 흑6이 급소점이고, 이후 백13까지 이것도 전혀 다른 바둑이 된다.

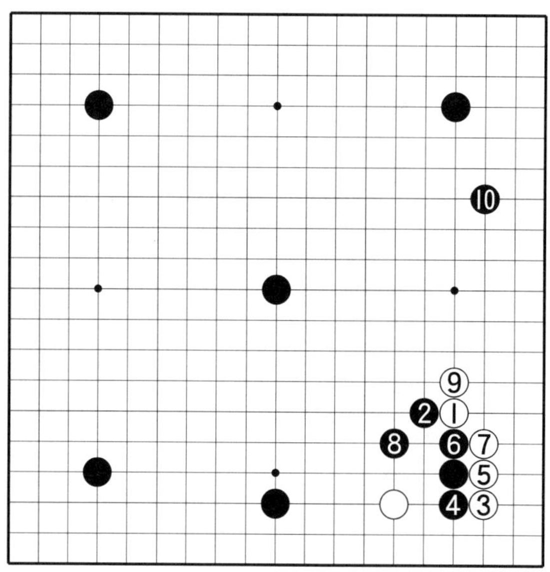

6도(정석4)

흑2에 바로 백3으로 들어가는 수도 있다. 그렇다면 흑10까지 이런 정도의 곳.

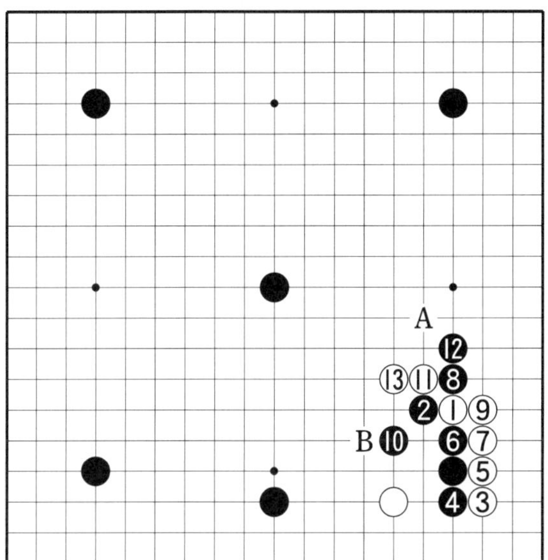

7도

7도(변화3)

흑8과 백9를 교환하
는 것은 흑이 무거울
수가 있다. 흑12까지
어려운 싸움이 예상되
는데, 아무래도 백A,
B 등이 듣고 있어 흑
이 무리이다.

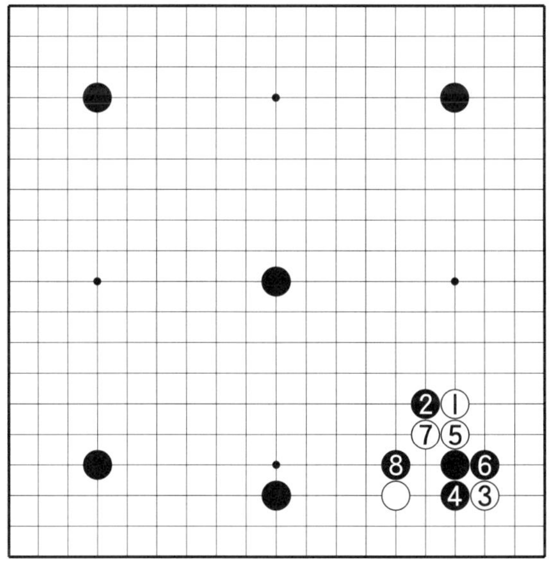

8도

8도(변화4)

백5로 먼저 들어가는
것은 흑6으로 반발한
다. 백7에는 흑8로 백
의 무리이다.

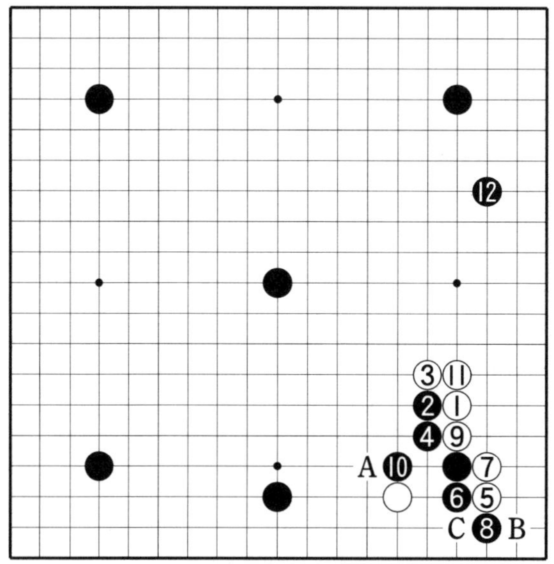

9도

9도(변화5)

흑8에는 백9가 긴요한 수순이다. 백11, 흑12까지 된 후 백은 A로 나오는 맛이 있다. 귀는 백B와 흑C로 된다고 보면 된다.

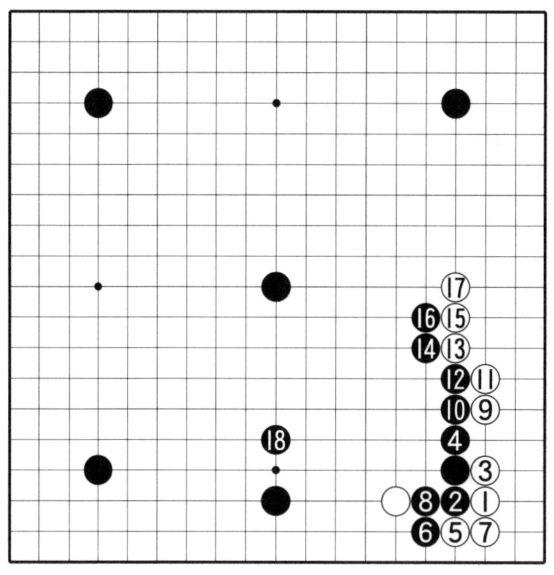

10도

10도(흑 두터움)

양걸침하지 않고 백1로 뛰어들면 백9까지 된 후 흑16까지 힘차게 밀어붙인다. 그리고 흑18을 차지하면 흑이 두터운 모습.

백5 때 흑6으로 큰 곳을 차지한 것은 기백이 있는 점. 다만 흑은 백7에 대한 응수법을 알고 있어야 하는데….

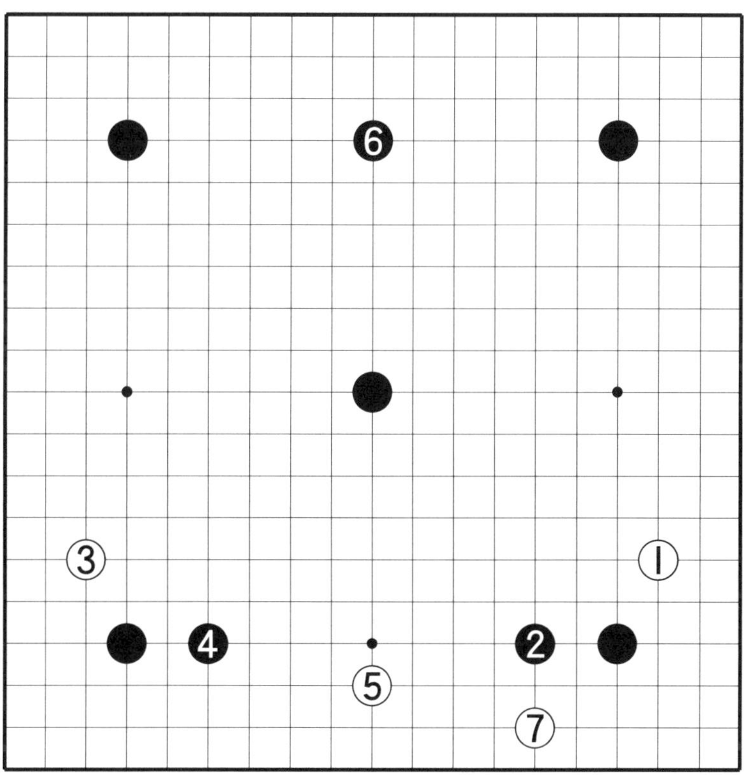

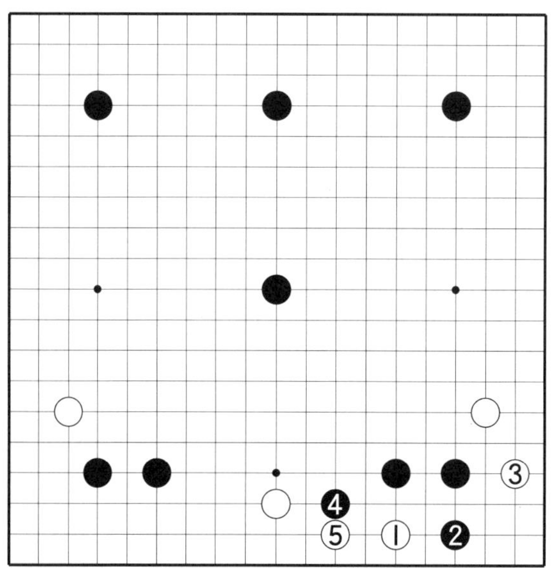

1도(흑, 실패)

흑2로 지키는 게 일감이지만, 백3을 당하면 귀가 허술해져서 실패로 돌아간다. 흑4에도 백5면 쉽게 공격이 안 된다.

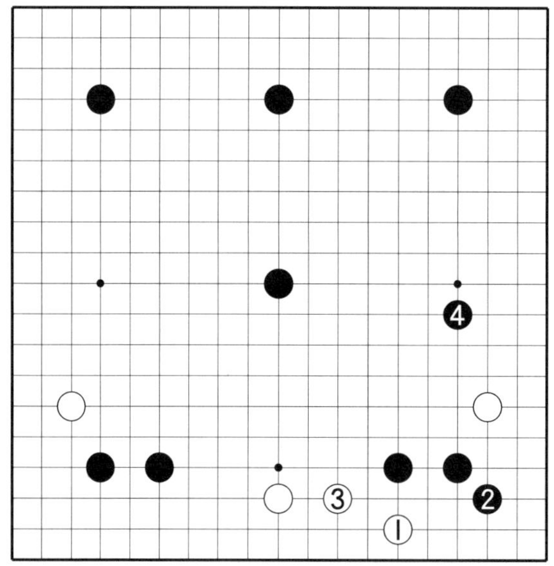

2도(무난한 진행)

흑2의 지킴을 알고 있어야 한다. 백3 때 흑4로 공격하면 소기의 성과를 거둔다.

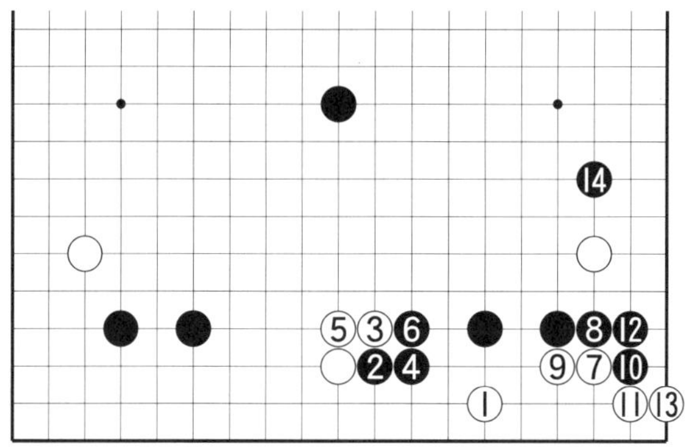

3도

3도(흑, 적극적)

흑2로 붙이는 것은 맥점. 기억해 두면 많이 활용된다. 흑14까지 암기하듯이 알고 있어야 한다.

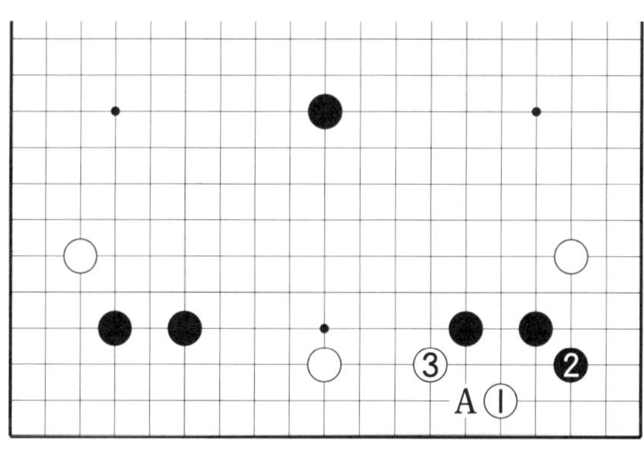

4도

4도(흑, 불만)

백A대신 1로 한 칸 더 나갈 때도 흑의 응수는 중요하다. 앞에서 본 것과 같이 흑2는 백3으로 안정시켜 주므로 불만이다.

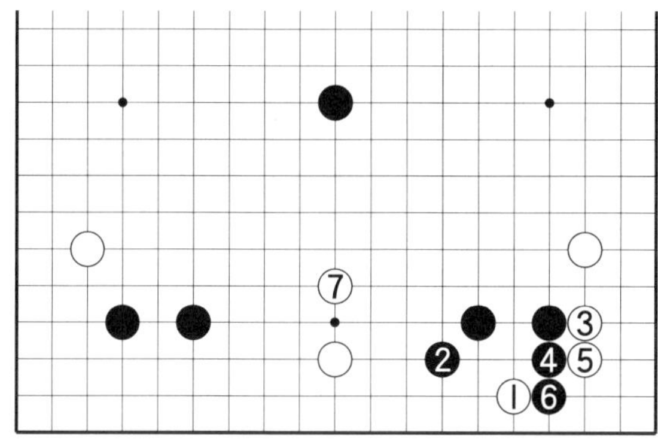

5도

5도(흑, 당함)

흑2가 그럴 듯하지만 이것은 백의 주문이다. 백3이 절호의 타이밍이고 흑6까지 옹색해진다. 그리고 백7로 나가면 백은 양쪽을 모두 둔 꼴이다.

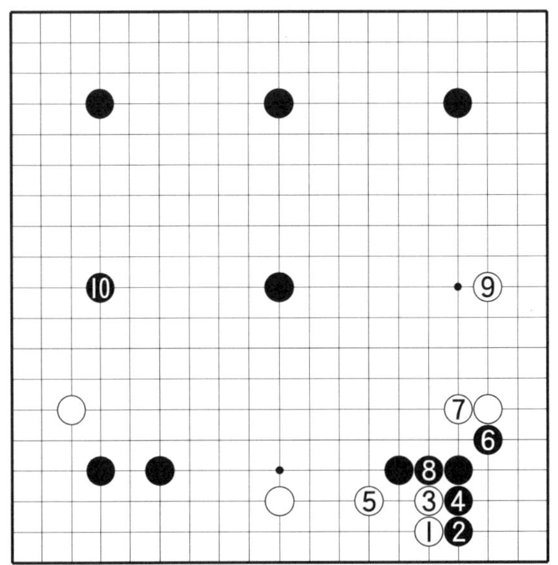

6도

6도(정수)

백1에 흑은 2로 받는 게 무난하다. 백5를 기다려 흑6으로 실리를 확보하고, 백9 때 흑10을 차지해 좋다.

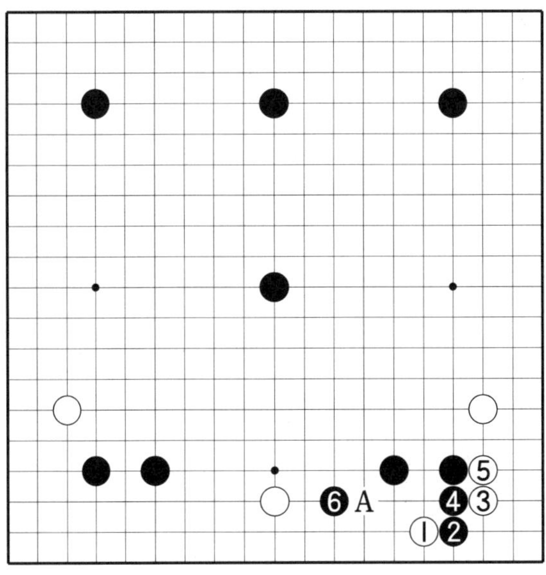

7도

7도(한 칸의 차이)

백3·5로 실리를 빼앗을 수 있지만, 흑은 이제는 6을 차지할 수 있다. **5도**는 흑6이 A에 있어 한 칸의 차이가 있다.

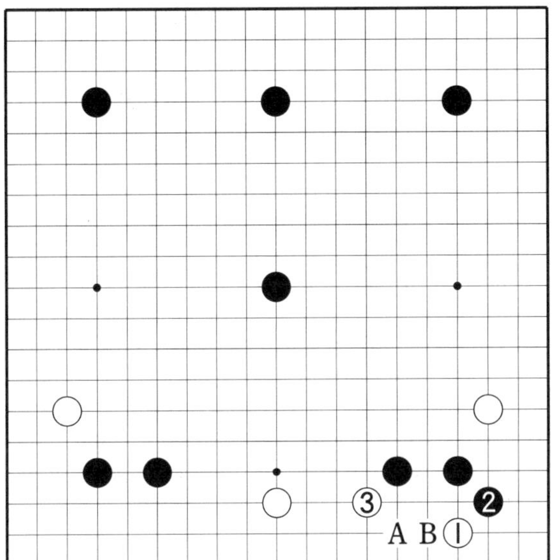

8도

8도(백의 주문)

 백A, B의 침입 말고 이번에는 1로 침입할 수도 있다. 이 때 흑2 는 백의 주문이고, 백 3으로 안정되어서는 흑의 불만.

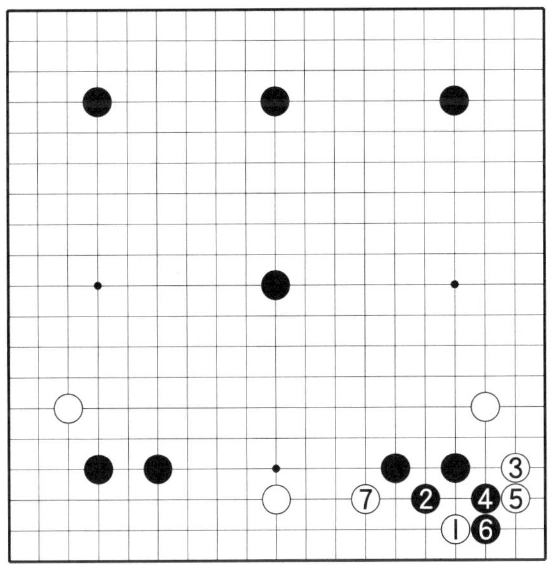

9도

9도(흑, 최악)

 흑2로 차단하는 것은 최악이다. 백3·5를 활용한 후 7로 다가서 면 흑은 무엇을 했는 지 모르겠다.

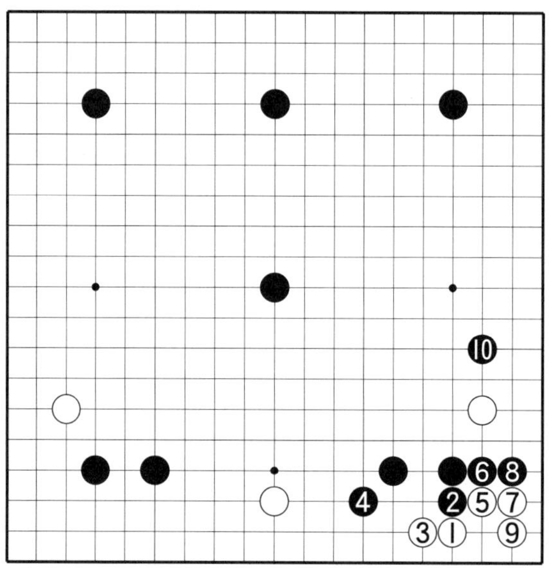

10도

10도(정수)

 백1에는 흑2를 기억하고 있어야 한다. 백9까지 귀를 내주고 흑10을 차지하며 주도권을 잡는 게 중요하다. 하변 백 한점도 약한 게 흑의 자랑.

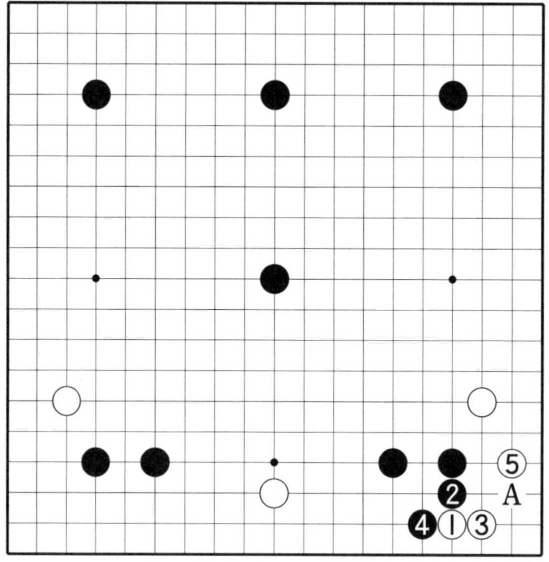

11도

11도(백, 무리)

 흑2 때 백3으로 빠지는 것은 무리. 백5로 살자고 하지만 이것은 흑A면 차단될 수밖에 없다.

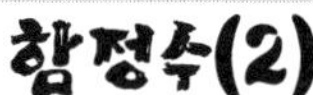

　　흑6은 보통 A에 지키면 무난하다. 하지만 흑6이 눈에 보여 큰 곳을 차지했을 때 백7을 당한 장면이다. 이 점은 B와 C를 넘보는 수인데…

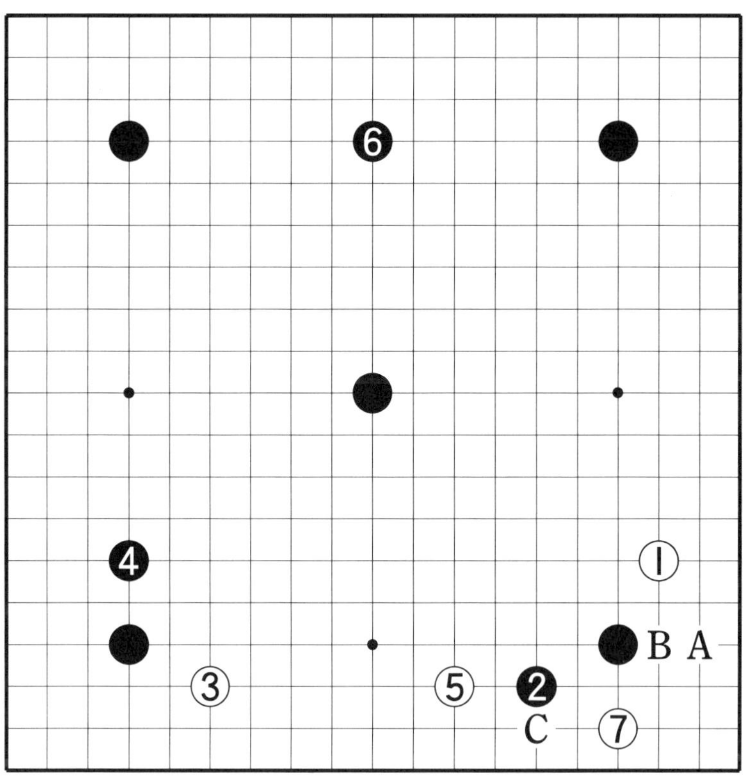

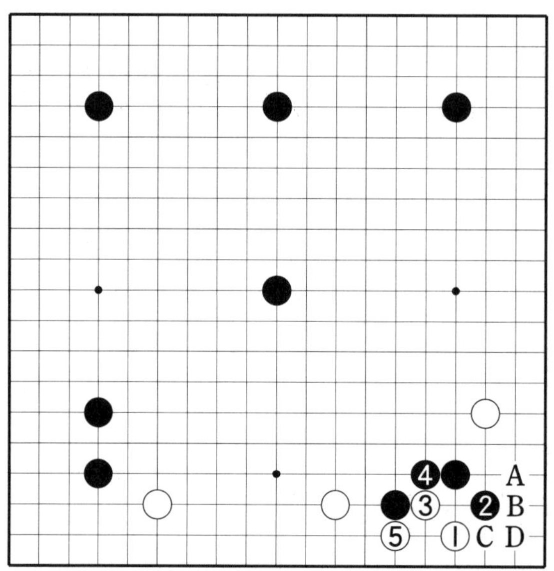

1도

1도(흑, 미숙)

흑2로, 넘는 것을 방지하는 것은 미숙한 처리이다. 백5까지 된 후, 나중에 백A, 흑B, 백C, 흑D까지 흑은 곤마로 몰릴 염려가 있다.

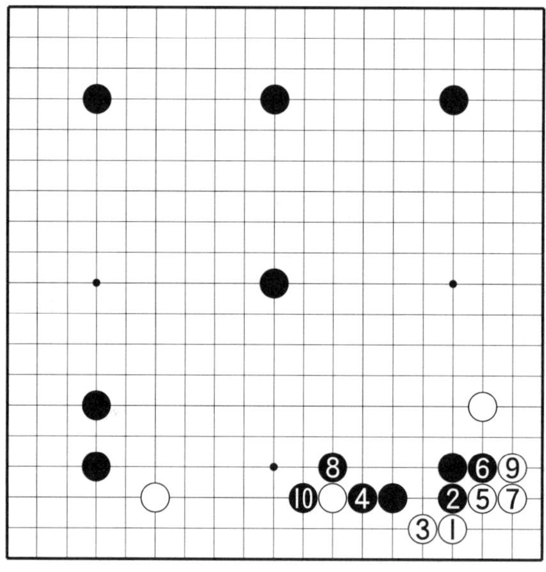

2도

2도(흑2, 정수)

흑2로 받는 게 정수이다. 흑8이 긴요한 수며 백9면 흑10으로 백 한점을 제압한다.

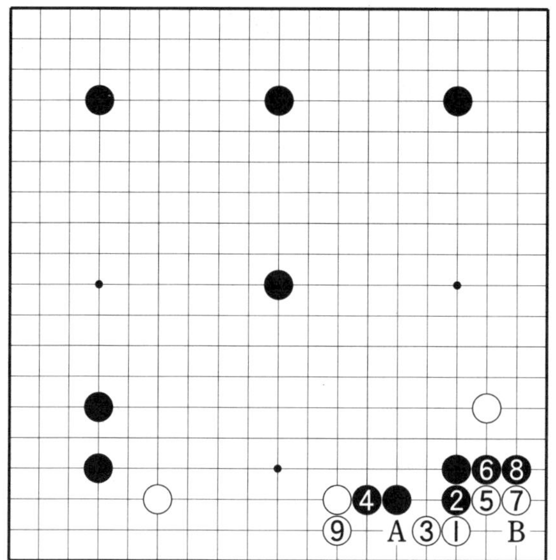

3도

3도(흑, 손해)

흑8로 막는 것은 백 9를 허용해 손해이다. 백은 A와 B를 맞보기로 살아 있다.

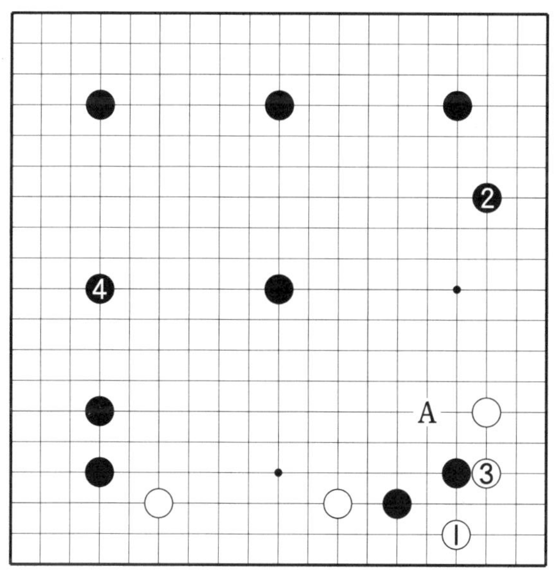

4도

4도(손뺌)

백1에 잘 모르면 손 빼는 것도 일책이다. 백3으로 넘으면 흑4로 다시 큰 곳을 차지하고, 이곳은 향후 A 정도로 삭감하는 것을 노린다.

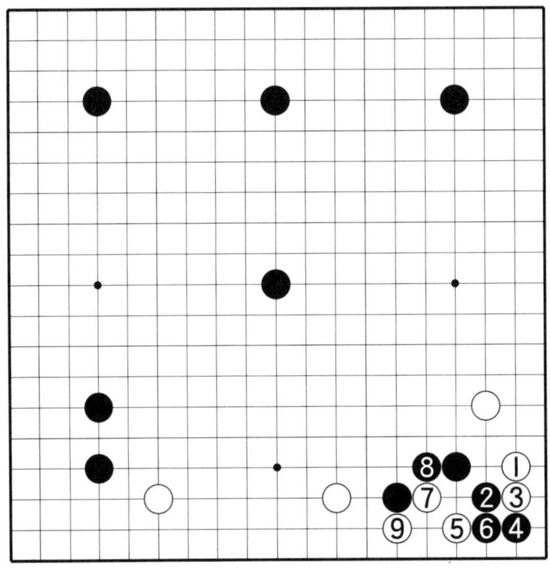

5도

5도(생불여사)

백5로 당장 침입하는 게 속보인다면, 백1부터 5까지 침입하는 것도 있다. 흑6이면 백9까지 이것은 흑이 살아도 산 것이 아니다.

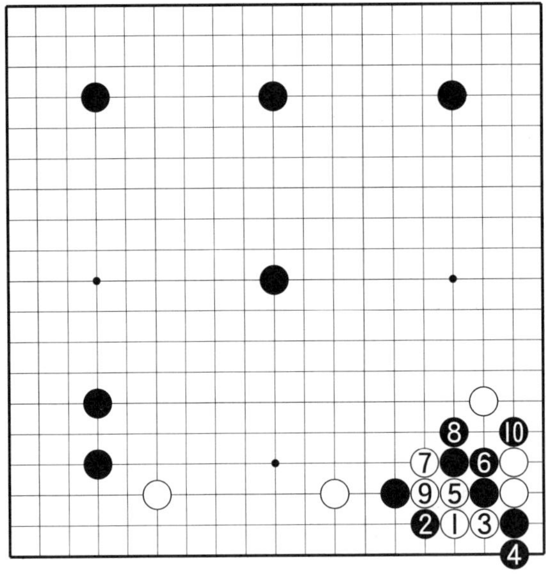

6도

6도(바꿔치기)

백1에는 흑2가 맥점이다. 이하 흑10까지 서로 바꿔치기를 하면 흑이 손해일 리가 없다.

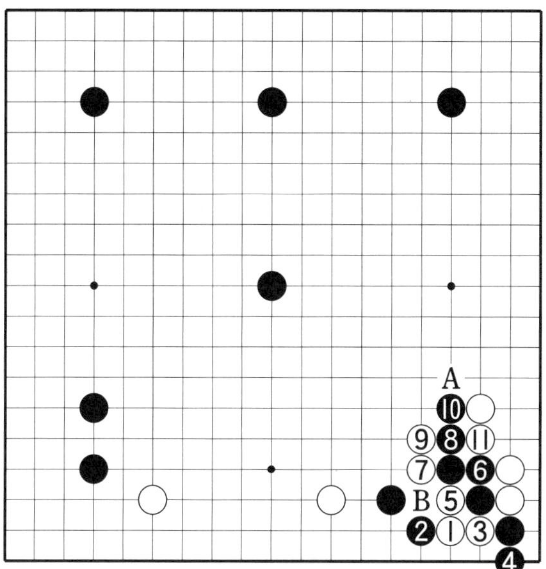

7도

7도(축관계)

백9로 미는 것은 무리이다. 흑10 다음 백11이 불가피할 때, 지금은 A의 축이 성립되지 않으므로 흑B로 끊긴다.

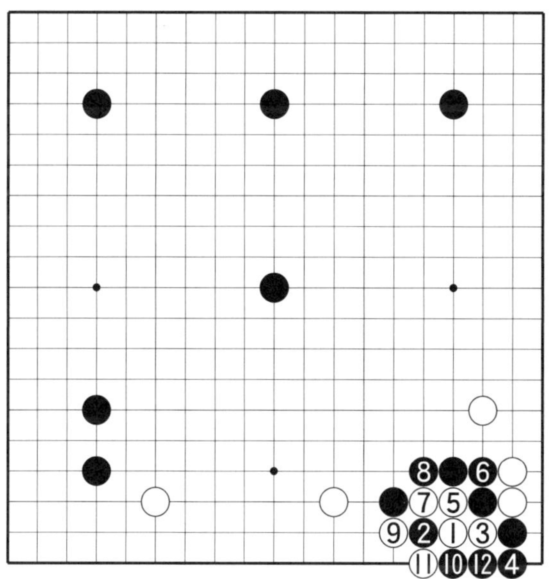

8도

8도(촉촉수)

백7은 순간적으로 착각한 점. 흑8로 막는 순간 백은 살아갈 길이 없다. 흑12까지 아쉽게도 촉촉수가 된다.

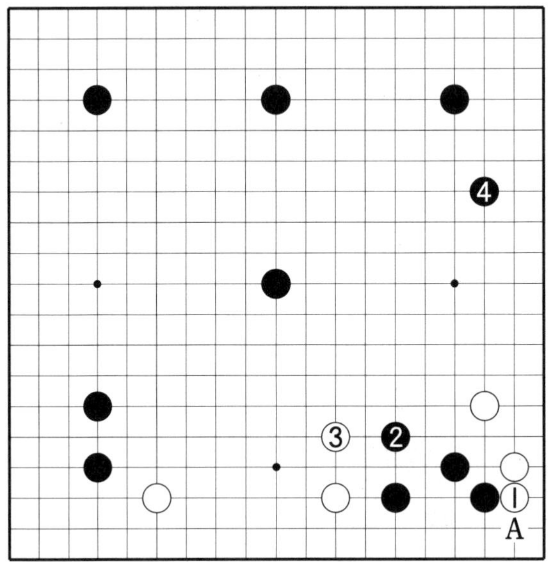

9도

9도(방향전환)

이런저런 뒷맛 때문에, 애초에 백1 때 흑은 A의 곳을 막지 말고 2로 전환하는 게 좋다. 백3이면 흑4로 큰 곳을 차지하면 된다.

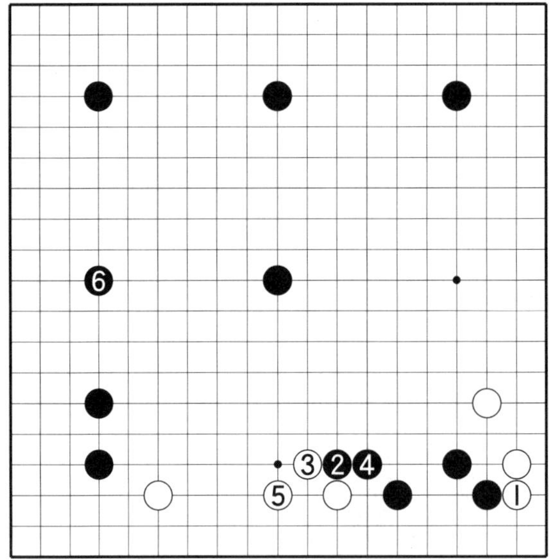

10도

10도(취향)

흑2·4로 결정하고 6으로 방향전환하는 수도 있다. 지금은 백의 하변이 강하므로 좌변 흑6에 지키는 게 좋다.

함정수(3)

5점 접바둑에서 많이 나올 수 있는 모양이다. 특히 백19·21은 상수들의 애용수법인데, 이런 데서 당하지 말아야겠다.

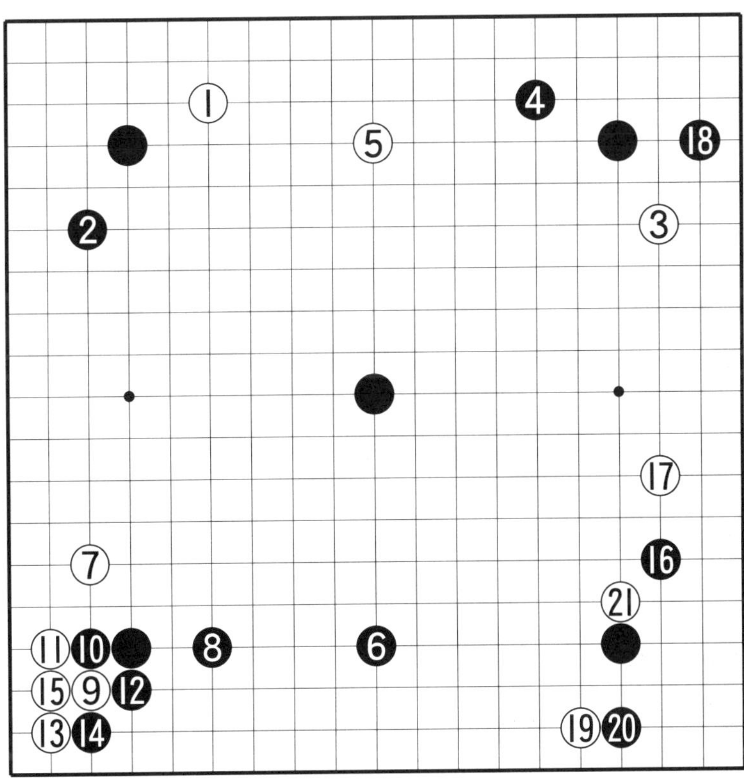

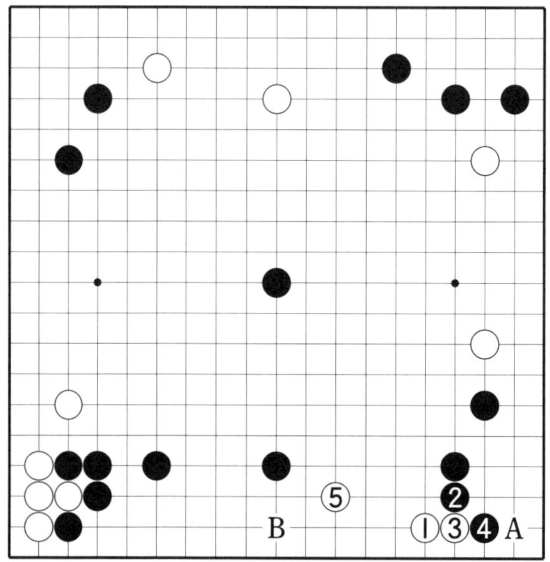

1도(백의 의도)

백1의 의도는 흑2 때 5까지 하변 흑진을 삭감하는데 있다. 흑은 이것도 못 둘 것은 없다. 백은 향후 A, B 등을 노린다.

1도

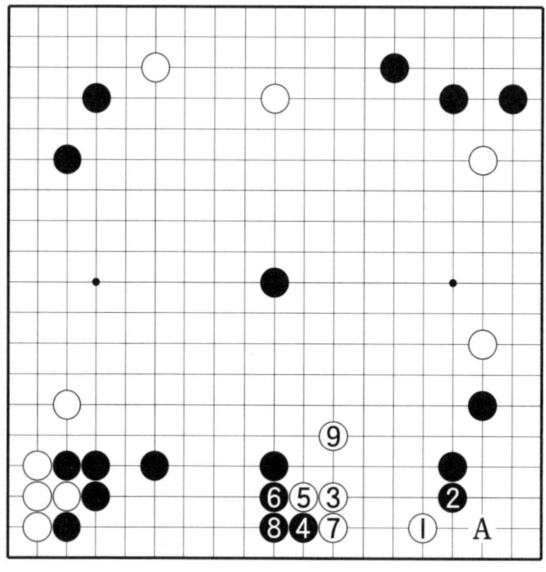

2도(뒷맛을 노림)

백3으로 그냥 벌려둘 수도 있다. 백은 이 돌이 안정되면 이제는 A로 뛰어드는 것을 노린다.

2도

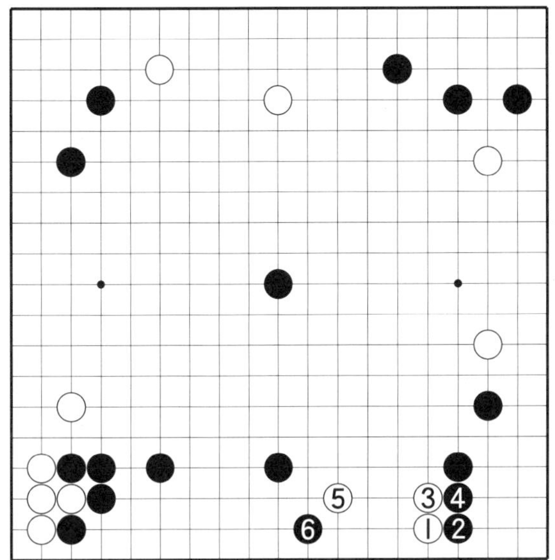

3도

3도(흑의 주문)

　흑2 때 백3은 백5까지 흑의 실리가 클 뿐 아니라 흑6으로 백을 공격하는 맛이 있어 이것은 백이 불만이다.

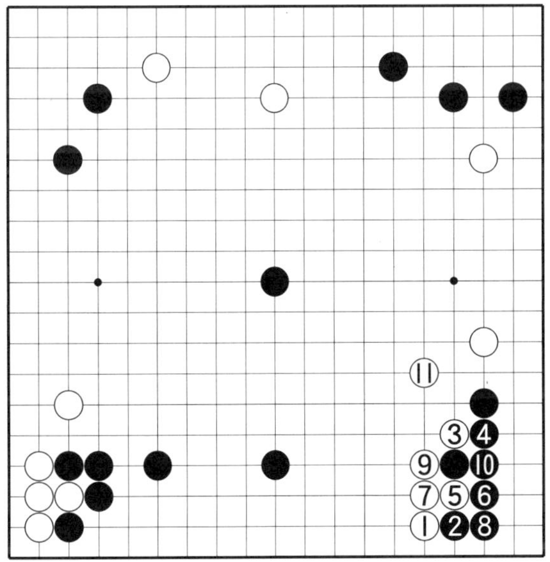

4도

4도(함정수에 걸림)

　백3에 흑4로 받고 백5 때 흑6이면 이미 백의 함정수에 걸린 모습이다. 백11까지 철저하게 당한 꼴이다.

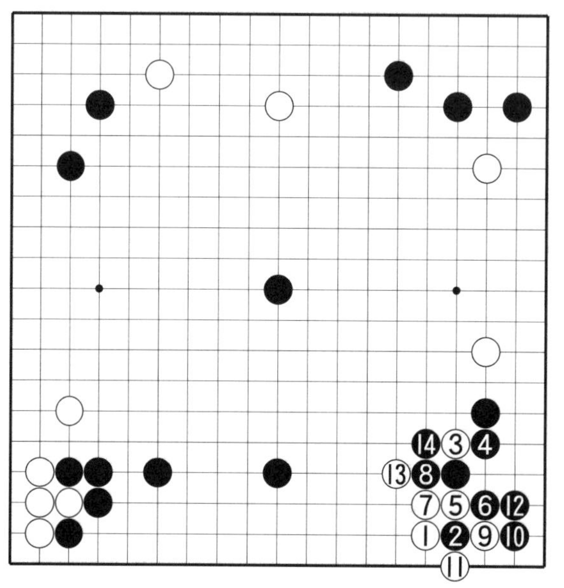

5도

5도(때가 늦음)
이제와서 흑8로 나오
는 것은 소용없다. 백
9로 흑 한점을 잡으면
흑이 많이 당한 모습.
백13, 흑14도 백이 기
분좋은 모습.

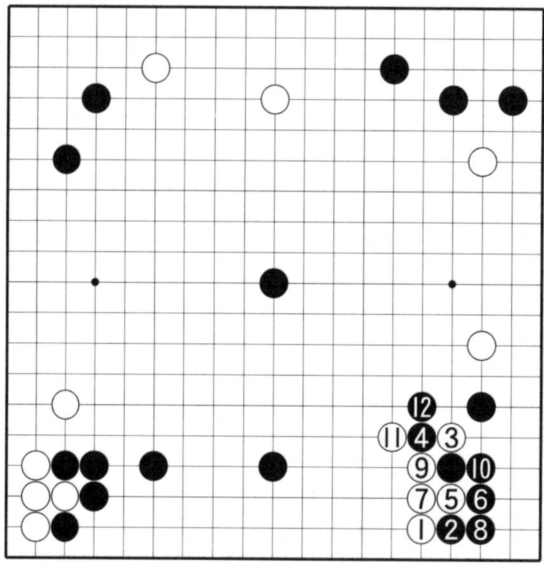

6도

6도(흑, 정수)
흑4로 반발하는 게
정수이다. 이하 흑12
까지 이것은 **4도**와 많
은 차이가 있다.

272

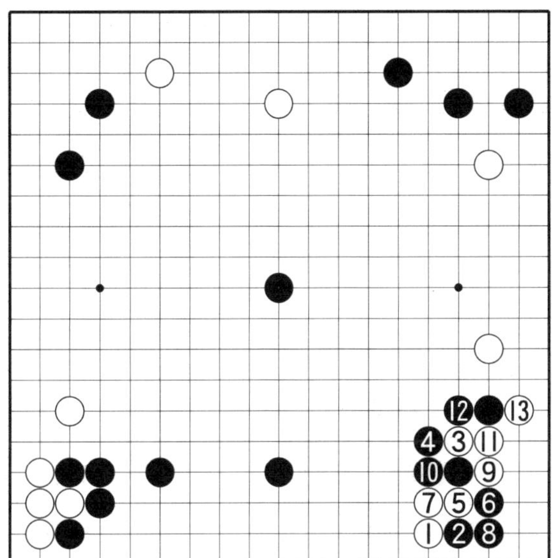

7도

7도(흑, 고비)

백9로 끊고 13으로 젖혔을 때가 흑으로서는 최대고비이다. 이후의 수읽기는 꼭 암기하고 있어야 한다.

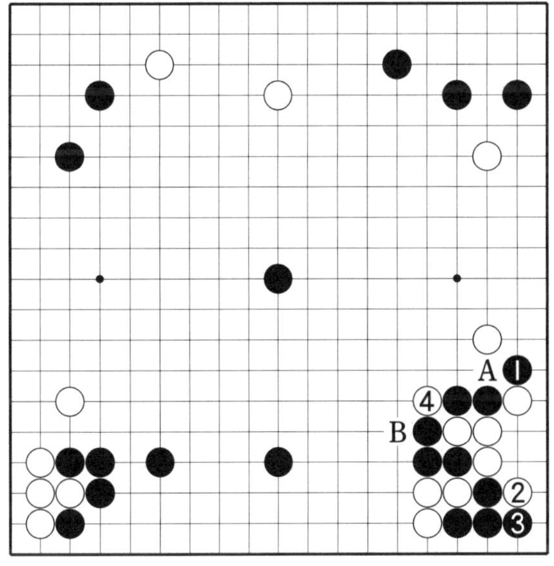

8도

8도(흑, 파산)

흑1로 받았다가는 큰일이다. 백2로 한 번 더 젖히고 백4로 끊는다면, A와 B의 단점으로 인해 흑은 완전히 걸려들고 만다.

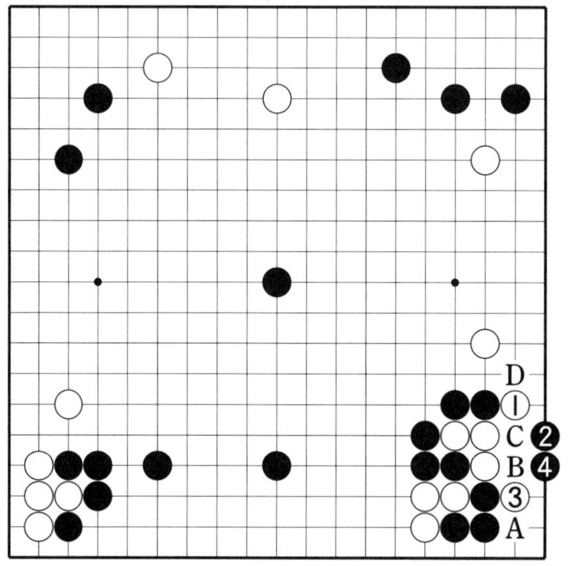

9도

9도(절묘한 맥점)

백1에는 흑2가 절묘한 맥점이다. 꼭 기억하고 있어야 한다. 백3에는 다시 흑4, 이것으로 백이 모두 잡힌 꼴. 이후 백A는 흑B, 백C면 흑D로 그만.

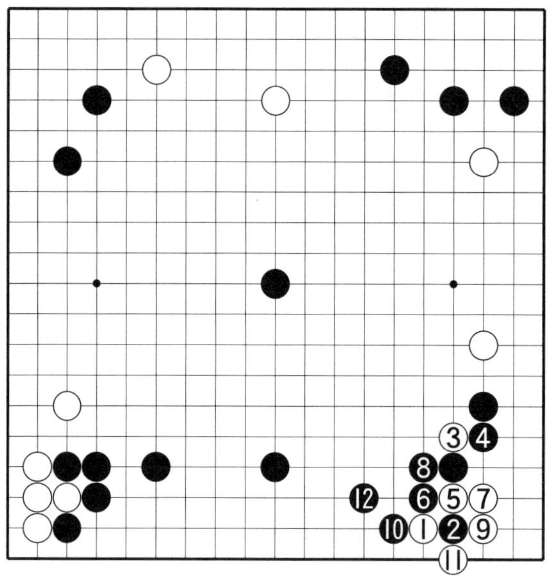

10도

10도(일책)

처음으로 돌아와 백5 때 흑이 석연찮다고 생각이 들면 흑6 이하 변신할 수도 있다. 흑12까지 외세를 확보해 흑으로선 충분한 셈.

 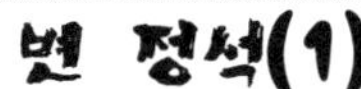

제43형 — 변 정석(1)

상수가 초반부터 이곳저곳 걸치며 바둑판을 넓게 사용하고 있다. 흑12까지는 백점짜리 포석이고, 백13 으로 붙이며 전단이 마련되었다. 변 정석에 해당하는 백13에 대한 변화를 알아보자.

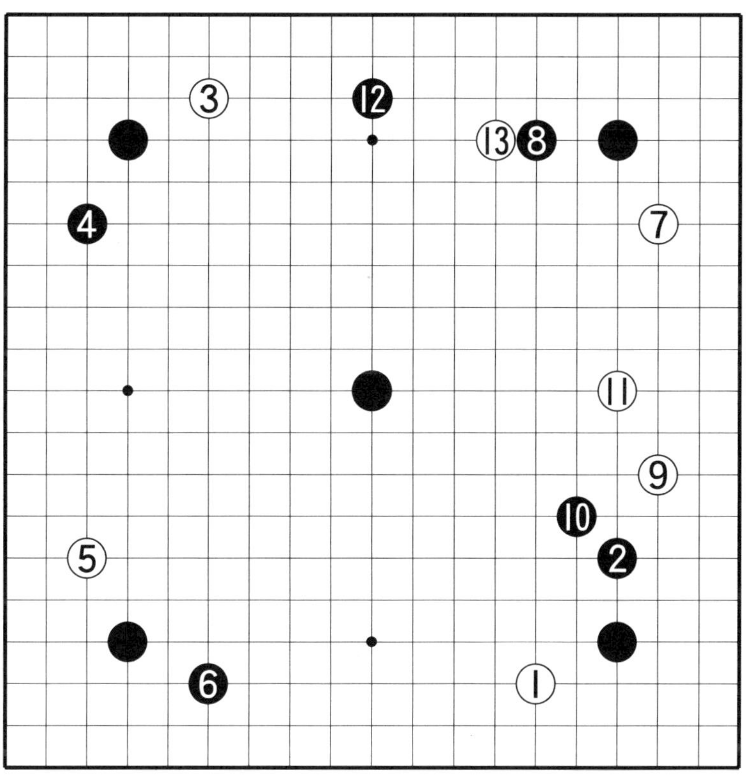

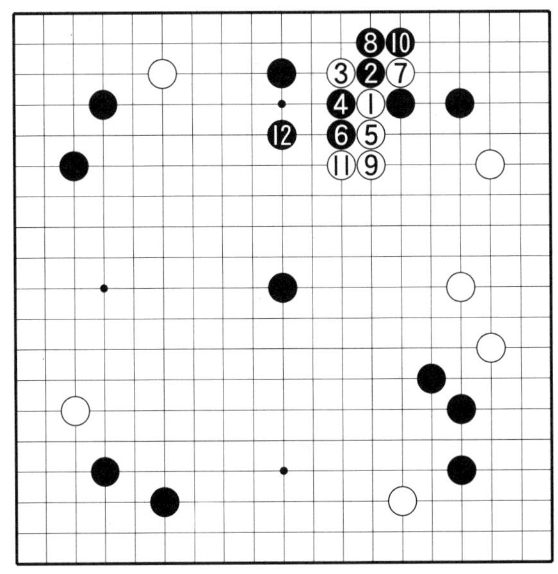

1도

1도(접바둑 정석)

먼저 흑2로 받는 게 있다. 이하 12까지가 정석. 그렇다면 흑 실리 대 백 세력의 갈림으로 가는데, 흑 실리 보다는 백이 약간 두텁다. 그러므로 이 정석은 접바둑 정석으로 알려져 있다.

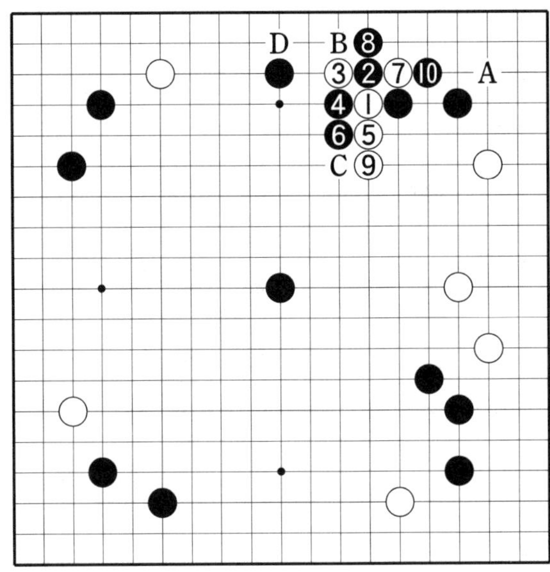

2도

2도(뒷맛)

흑10으로 잡는 것은 뒷맛이 있다. A의 맛은 그대로 있을 뿐 아니라 백B가 선수이므로 C의 곳을 활용하고 나서도 D에 붙이는 맛이 있다.

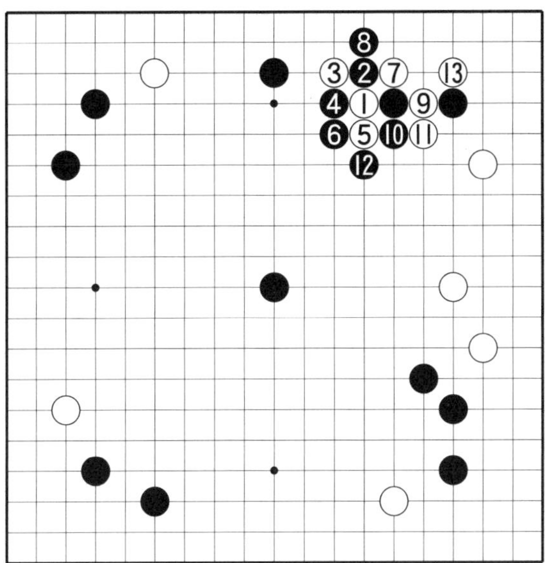

3도

3도

3도(흑 대성공)

백9·11로 치고 나오
는 게 그럴듯해 보이
지만 큰 착각이다. 일
견 백13까지 귀의 실
리가 커 보이지만, 흑
12로 백 두점을 빵따
낸 게 천지를 진동한
다.

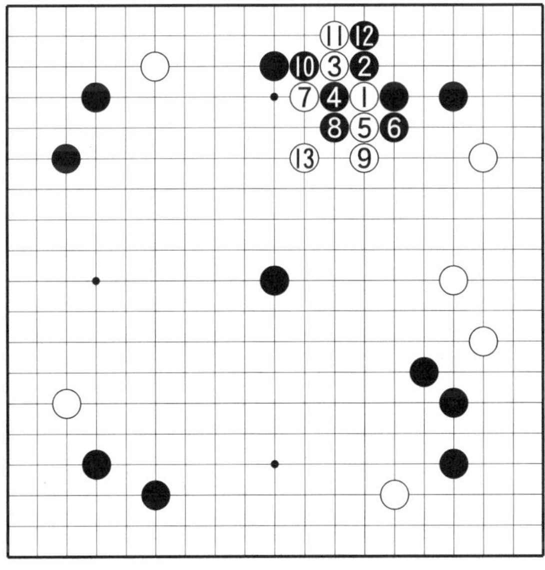

4도

4도

4도(백, 두터움)

흑6으로 반대를 미는
것은 백7의 수순이 좋
다. 백13까지 이것은
백이 전체적으로 두터
운 모습.

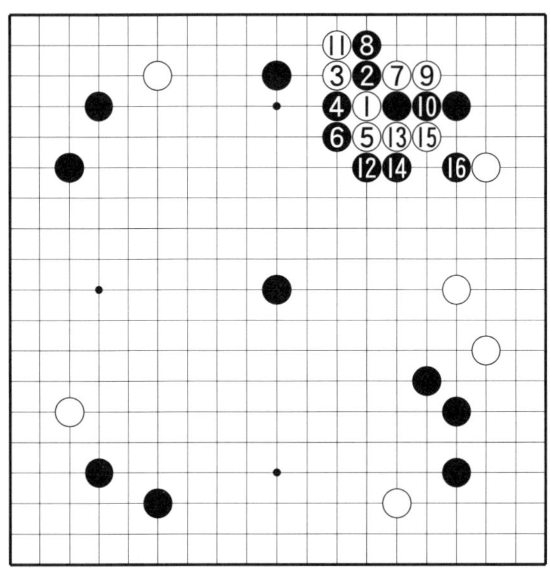

5도

백9로 뻗는 수는 착
각수이다. 백11로 흑
두점을 잡는다고 본
것이지만, 흑16까지
이만저만 당하는 게
아니다.

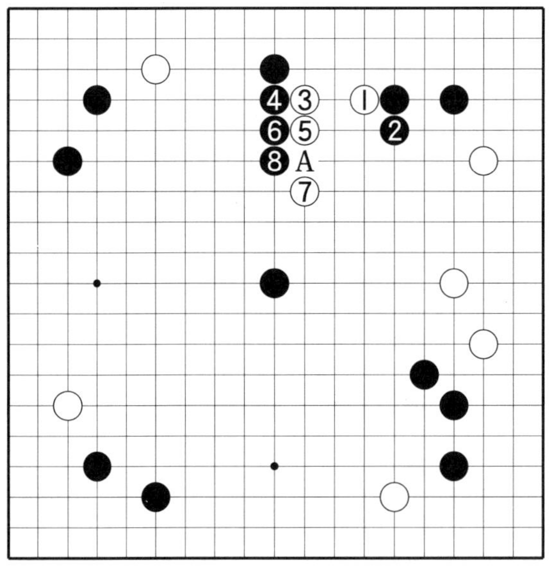

6도

백1에 흑2로 뻗는 것
은 흑의 강력한 점이
다. 흑8까지 서로 어
려운 싸움이 되지만,
흑이 겁날 게 없다. 백
5는 A로 뛰는 수도 있
다.

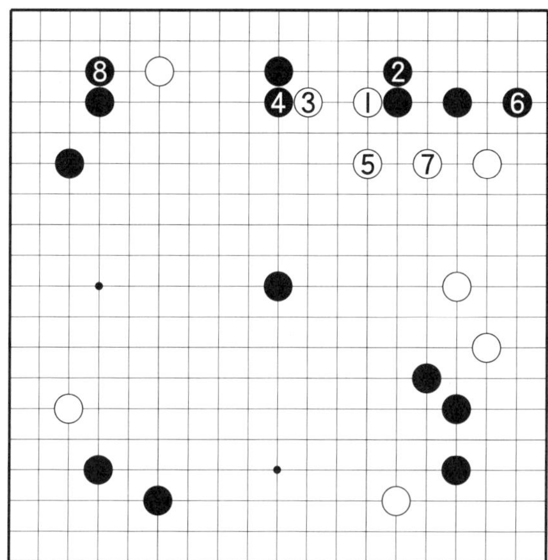

7도

7도(흑, 견실)

흑2는 옹졸해 보이지만 후일을 기약하는 점. 백7까지 외곽은 봉쇄되었지만 흑6까지 실리가 좋고, 흑8을 차지해 불만이 전혀 없다.

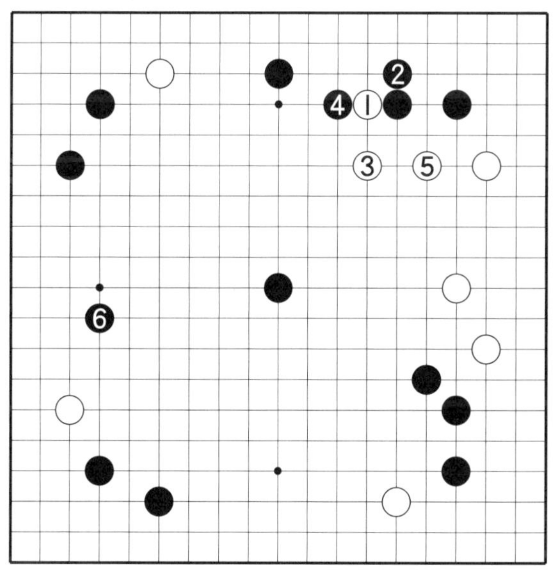

8도

8도(흑4, 맥점)

단순히 백3으로 뛰는 것은 흑4가 맥점이 되므로 건너가게 된다. 백5로 외곽을 봉쇄하지만 흑6을 차지해 흑이 활발하다.

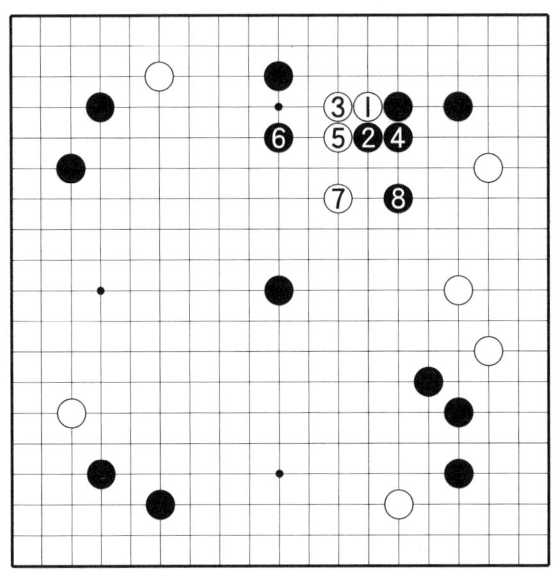

9도

9도(흑, 발빠름)

흑2로 젖히는 수도 있다. 백3으로 물러나는 게 기본 행마이고, 이하 흑8까지 이것도 흑이 활발한 모습이다.

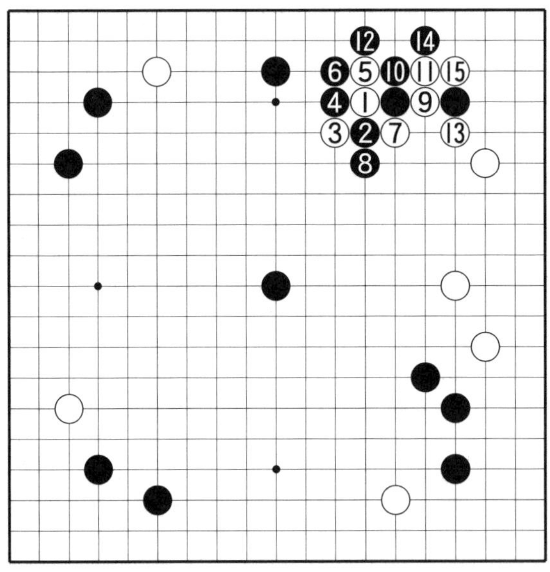

10도

10도(백, 엉터리)

백3으로 젖히는 것은 무리이다. 흑4로 당장 끊어가기 때문. 이하 백15까지 바꿔치기가 되지만 이것은 백이 말도 안 되는 결과이다.

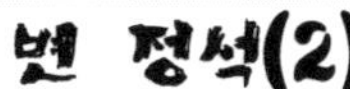

　백9의 침입은 이른 감이 있지만, 초반부터 흔들기 작전으로 종종 실전에서 볼 수 있는 수법이다. 이 부근에 대한 정석을 꾀고 있어야 하는데….

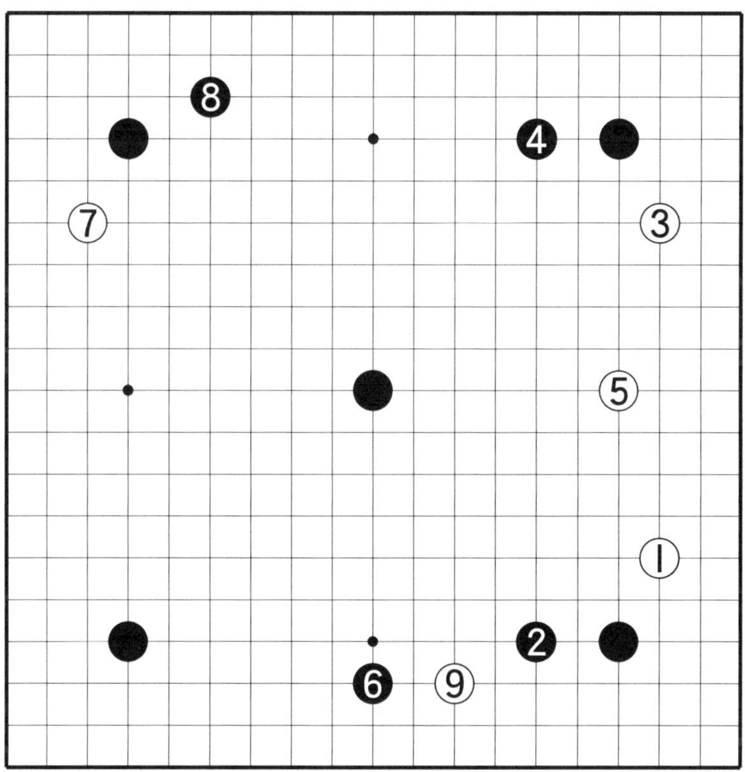

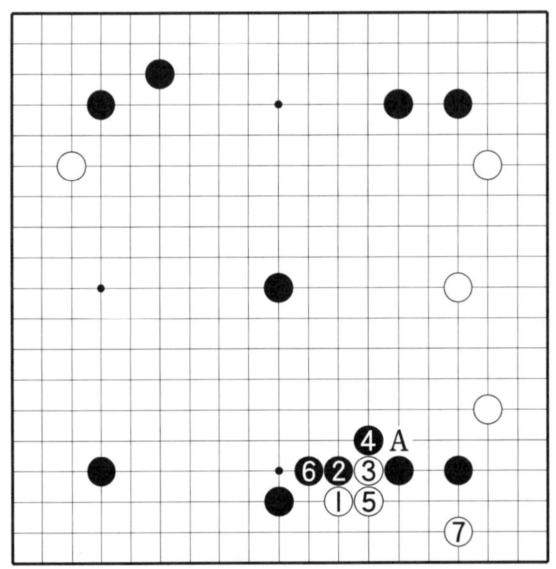

1도

1도(흑, 불만)

 백1에 제일감은 흑2
로 씌우는 것이다. 하
지만 백3으로 끼워 잇
고 백7로 달리게 되면
흑은 껍질만 남는 모
습이다. A의 단점도
부담으로 남는다.

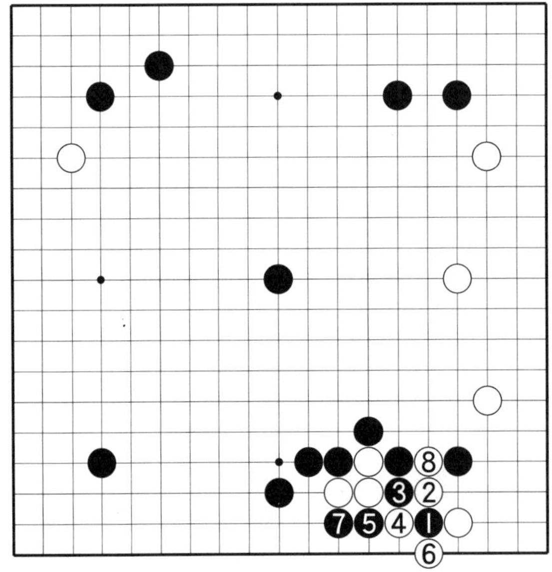

2도

2도(흑, 소탐대실)

 계속해서 흑1로 차단
하려고 하는 것은 흑
7까지 백 석점은 잡을
수 있지만, 백8까지 뚫
려 흑의 손실이 너무
크다.

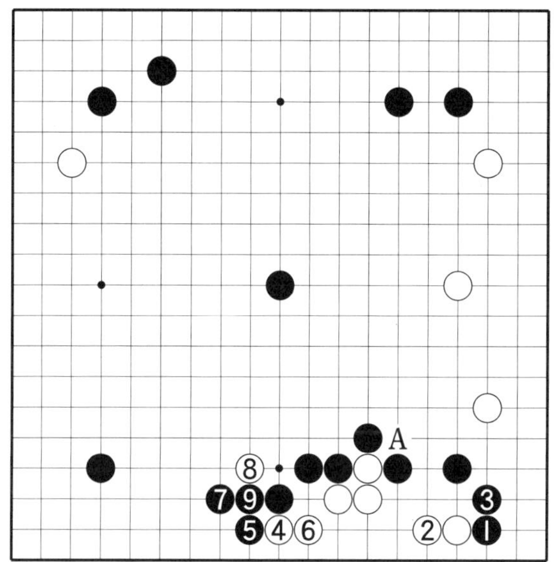

3도

3도(대동소이)

 흑1로 막는 정도인데 백6까지 살고 나면 A의 단점이 남는 것은 마찬가지다.

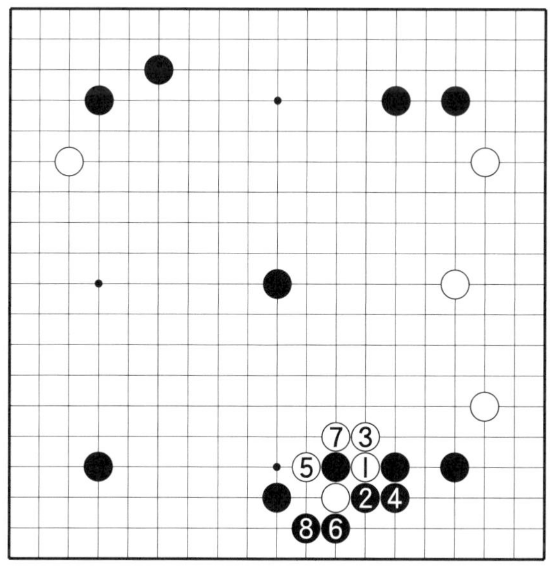

4도

4도(백, 두터움)

 그렇다고 백1에 대해 흑2·4는 너무 나약한 수다. 백7까지 외세가 두터워진 백은 이후 마음대로 싸울 수가 있다.

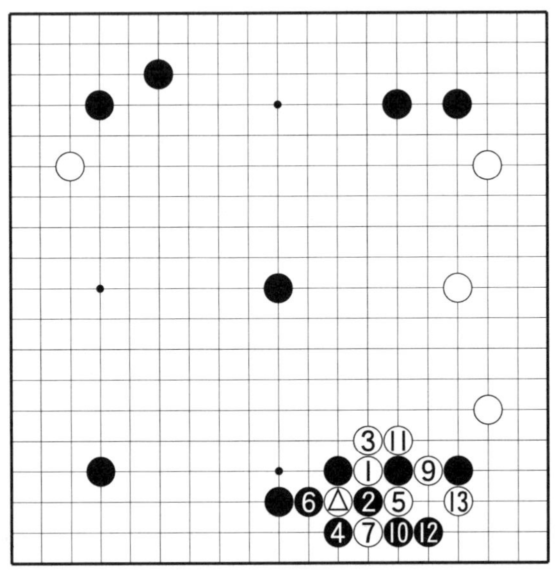

5도

5도(흑, 망함)

또, 흑2·4로 백 한 점을 잡는 것은 백9 이하 13까지 흑 귀가 다쳐 흑이 손실이 너무 크다.

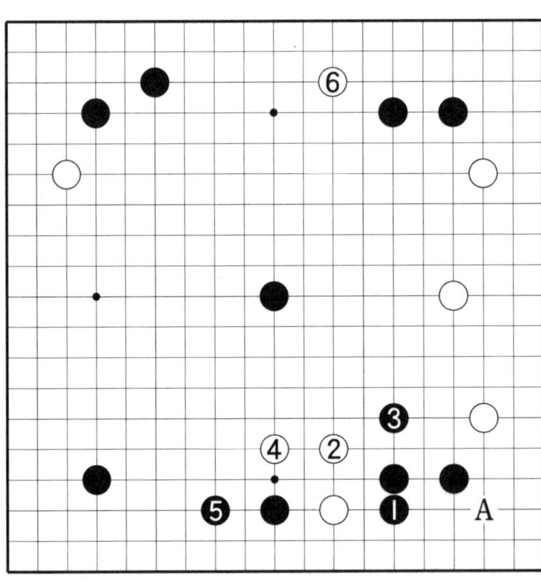

6도

6도(흑, 밋밋함)

단순히 흑1로 받는 것은 백2로 가볍게 나가고 6을 차지해 주도권을 잡는다. 또, 흑 귀는 아직도 A의 침입이 남아 있어 항상 불안하다.

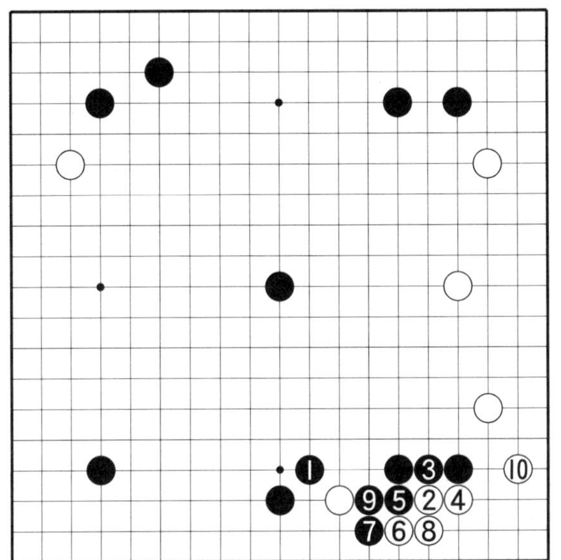

7도

7도(흑, 실착)

지금은 흑1로 막는 게 강력하면서 최선이 다. 하지만 흑5가 실 착. 이것은 백10까지 흑이 불만이다.

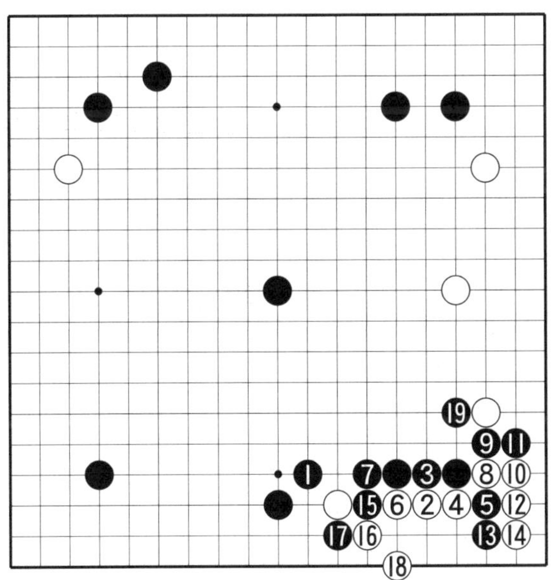

8도

8도(흑, 대만족)

흑5로 두점머리를 두 드리는 게 호수다. 백 8로 끊어오면 흑9 이 하 아낌없이 버린 다 음, 흑15·17의 긴요 한 수순을 거쳐 흑19 로 보강하면 흑이 대 성공이다.

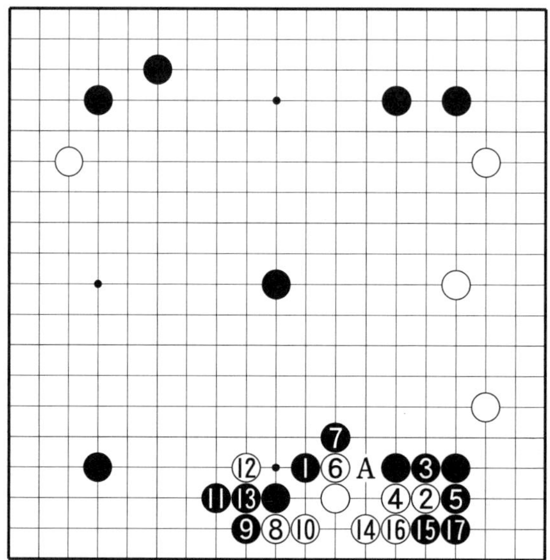

9도

9도(최선의 진행)

 백도 5로 나가는 것
은 무리. 백4로 후퇴
하는 게 정수이며, 이
하 14까지 사는 게 서
로 최선의 그림이다.
흑15·17은 A가 선수
로 들으므로 두터운
수다.

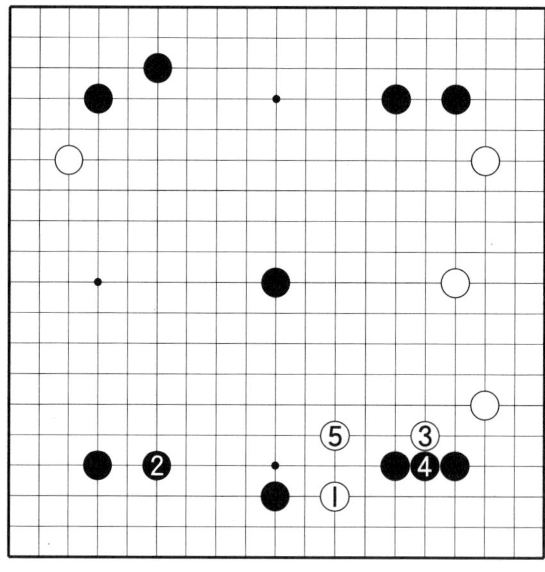

10도

10도(흑, 답답)

 간혹 백1에 손을 빼
는 경우를 볼 수 있는
데, 지금은 백3·5의
행마로 흑이 답답한
모습이다. 백3·5에
대한 대응은 4점 접바
둑에서 자세하게 나온
다.

286

실전에서 가끔 볼 수 있는 세 번 손빼는 경우를 살펴보자. 이 경우는 중앙의 흑 한점이 백의 외세를 견제하고 있어 가능하다.

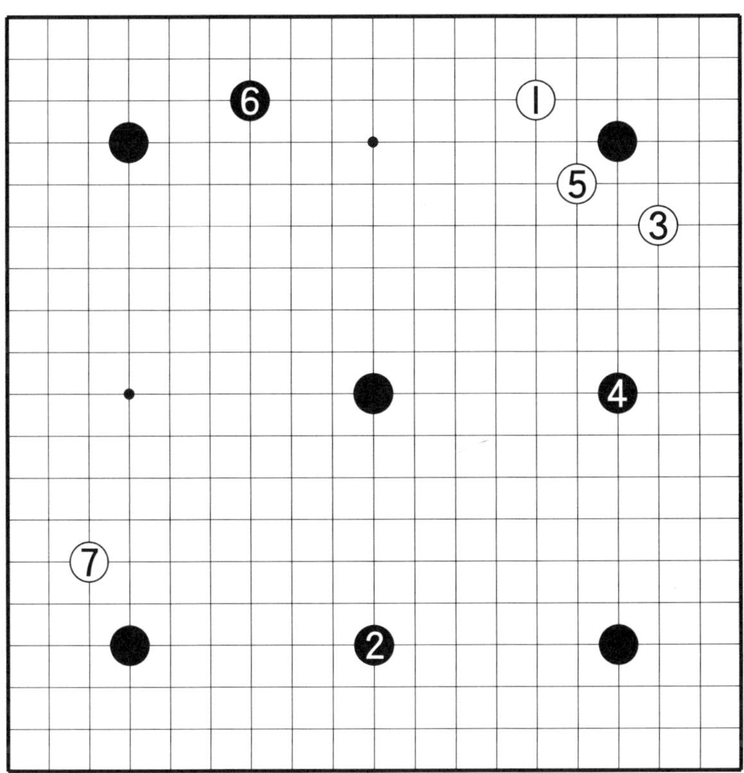

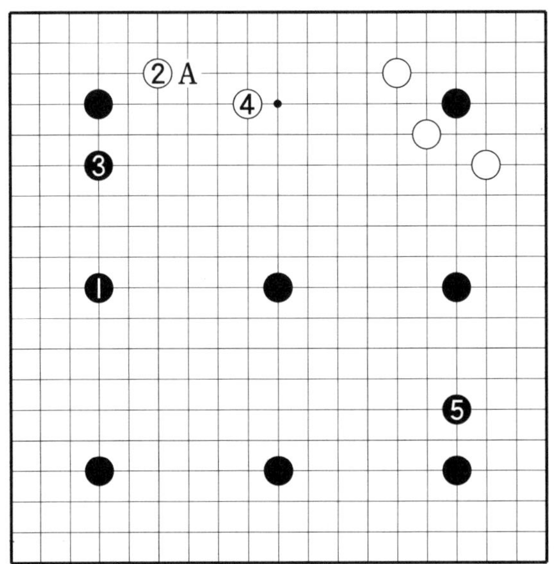

1도

1도(다른 한 판)

기본도에서 A로 지키는 대신 본도 흑1을 선택할 수도 있다. 그렇다면 백2·4로 우상귀부터 상변 일대가 백진이 될 공산이 크다. 흑A는 그것을 견제한 점.

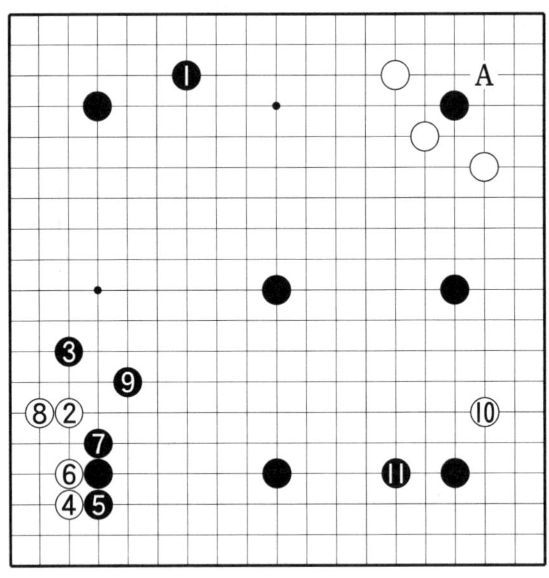

2도

2도(흑, 두터움)

흑1은 상변을 견제한 점이며 백2는 당연하다. 이 때 흑3은 취향이며 만약 백4로 뛰어들면 흑9까지 흑의 외세가 좋다. 우상귀는 아직 흑A면 사는 맛이 있다.

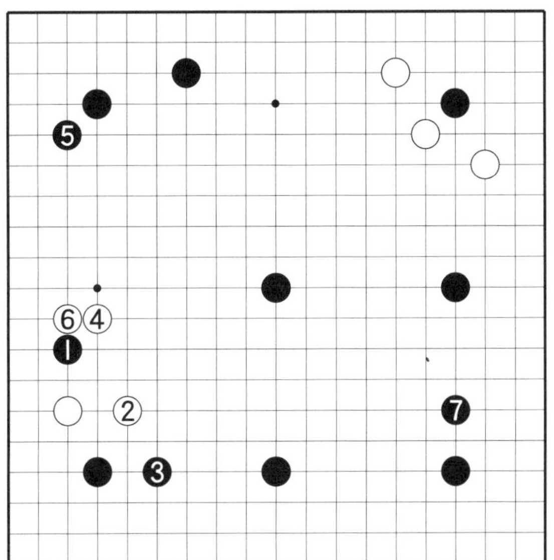

3도

3도(흑, 발빠름)

백2·4로 나오면 흑 한점은 포기하고 흑5·7로 큰 곳을 차지하는 게 간명하다.

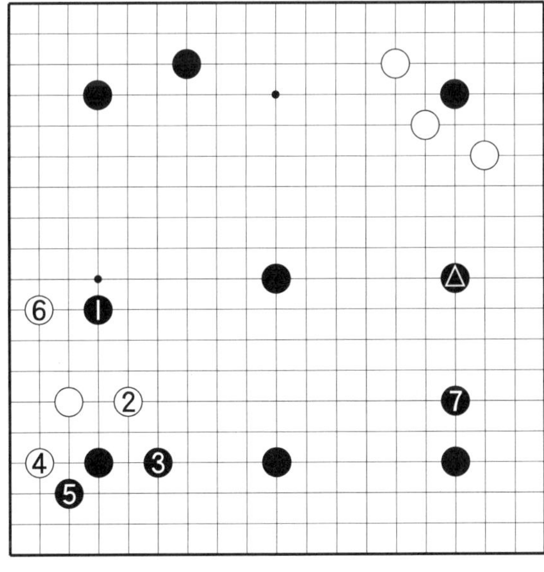

4도

4도(정석)

아마추어 4단과 프로 기사 바둑에서 나온 실전이다. 백은 6까지 정석을 선택했고, 흑7로 지켜 치석의 효과를 살려가고 있다. 흑7로 지키는 이유는 우상귀 백이 두터우므로, 간접적으로 흑△ 한점을 응원하는 의미가 있다.

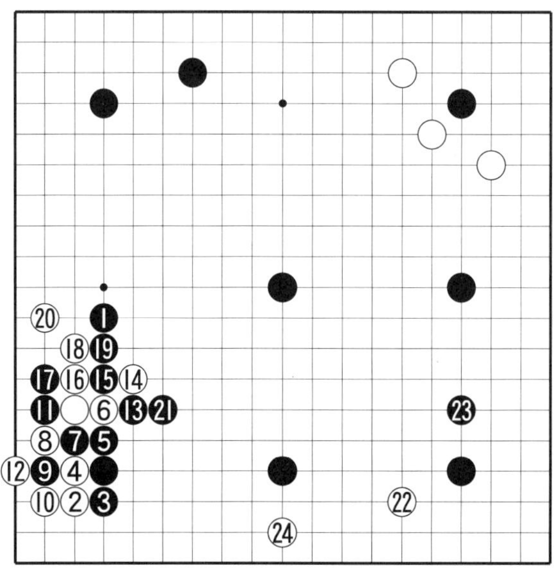

5도

5도(정석 이후)

 백2로 파고든 이유는 바로 백24를 두기 위함이다. 흑21까지는 정석이므로 꼭 암기해야 하고, 수순중, 흑17이 긴요. 이후 백22·24가 접바둑에서 많이 나오는 모양인데…

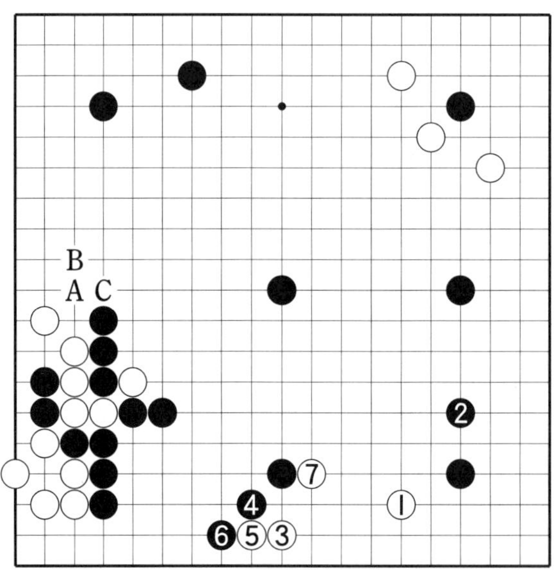

6도

6도(흑 중복)

 하변이 튼튼한 흑이 흑4로 물러나는 것은 백5·7을 당해 기분이 나쁘다. 참고로 좌하귀 정석에서 흑은 A, B, C 등이 모두 선수로 듣는다.

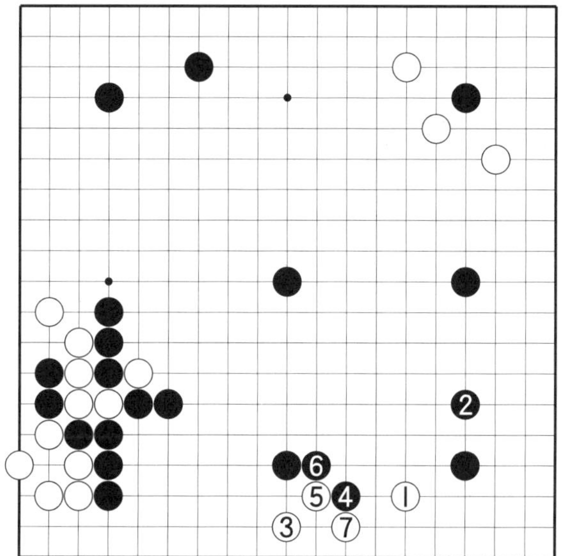

7도

7도(가볍게 삶)

  흑4로 공격하는 수가 잘 안 되는 것도 백의 자랑. 백5·7이면 가볍게 살아간다. 흑의 불만이 아닐 수 없다.

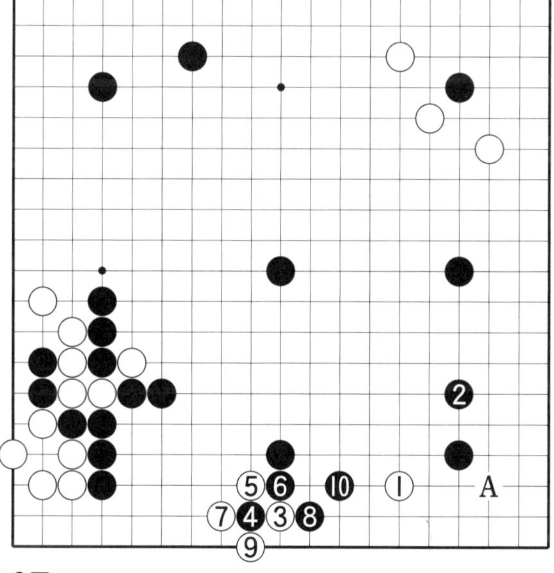

8도(흑, 망함)

  흑4로 붙여 바꿔치기 라고 착각하는 것은 정말 큰 오산이다. 흑 10까지 된 후에도 백은 아직 A의 맛을 노린다.

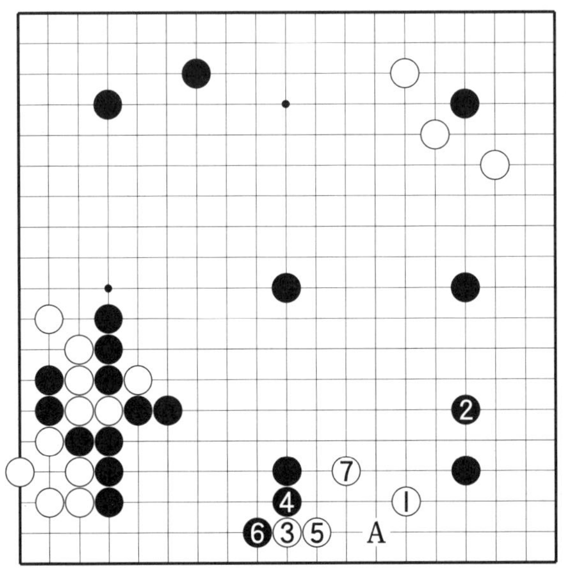

9도

9도(흑, 정수)

백3에는 흑4로 치받는 게 정수이다. 백도 5로 물러나는 게 정수이며, 백7로 지켜도 흑은 아직 A의 맛을 갖고 있다.

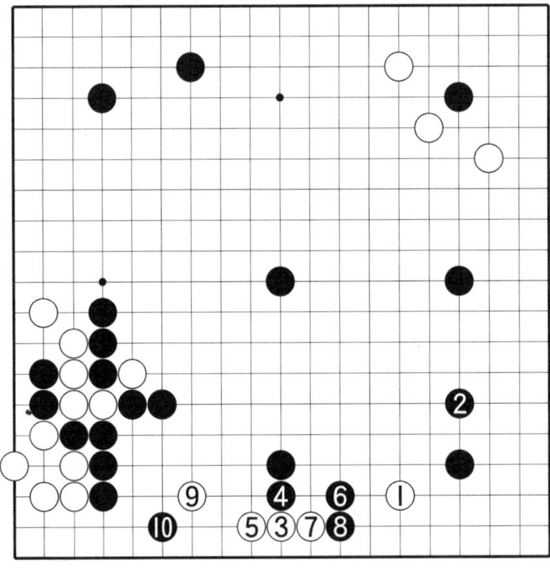

10도

10도(백 무리)

백5로 빠지는 것은 백의 욕심이다. 흑8로 막는 수가 성립하므로 백 전체가 위험해진다.

4점 접바둑

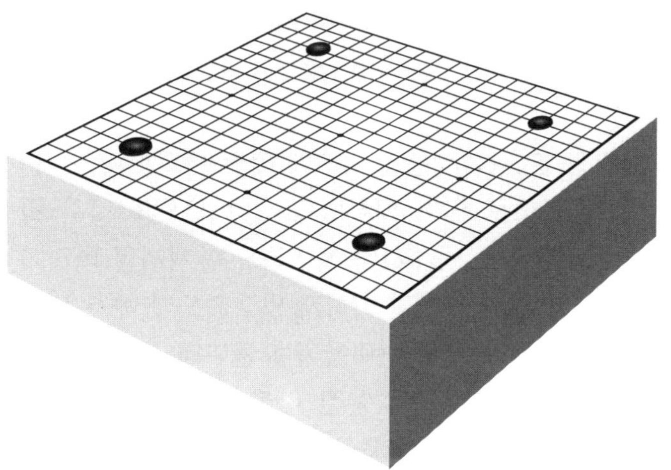

4점 접바둑의 요령

'천하녁점'이라고 했다. 그 만큼 4귀를 차지하는 것은 엄청난 위력과 힘을 갖고 있다는 뜻이며, 가치가 크다는 이야기다. 그래서 바둑을 어느 정도 두기만 해도 넉 점만 놓는다면 누구에게도 승부를 해보겠다는 말을 흔히 하기도 한다. 하지만 넉 점은 의외로 판이 넓으며 순식간에 형세를 그르치는 경우가 많다.

그러므로 4점 바둑은 어느 칫수보다 초반 운영이 중요한데, 반면 초반 50수만 제대로 갖춘다면 쉽게 무너지지 않는 장점도 있다. 그래서 4점 바둑에서는 특히 상수에게 변화의 여지를 주지 않는 '날일자 받음'을 강조하기도 한다.

하지만 본 장에서는 날일자에 대한 변화보다는 '한칸'을 중심으로 많이 다루었다. '날일자'를 너무 강조하다보면 어느 곳에서나 움츠러드는 자세를 버리기 쉽지 않고, 설사 대마가 잡히지 않더라도 집에서 뒤져 패하는 경우를 수없이 보아왔기 때문이다.

4점 바둑의 기본은 '한칸'이라고 해도 과언이 아니다. 그러므로 4점 바둑을 두는 하수에게 '한칸 받음' 이후에 대한 변화는 반드시 숙지해야 할 것이다.

기본형(1)

　백3은 4점 접바둑의 단골메뉴로 등장하는 수다. 흑
2는 A로 받을 때와는 다르게 엄청난 변화를 갖고 있
다. 그리고 흑2는 백3에 대한 이후 변화를 어느 정
도는 알고 있어야 가능한 점이기도 하다.

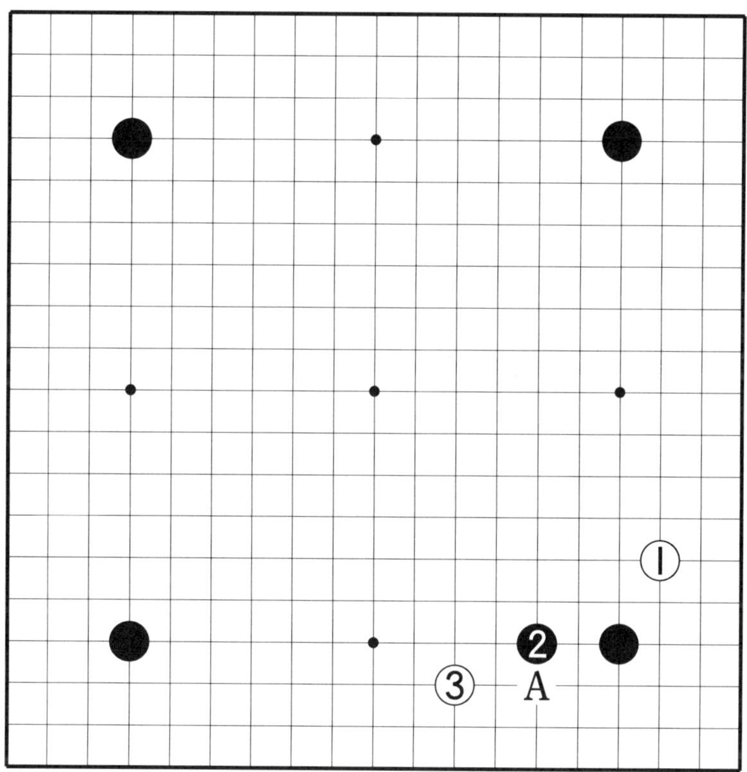

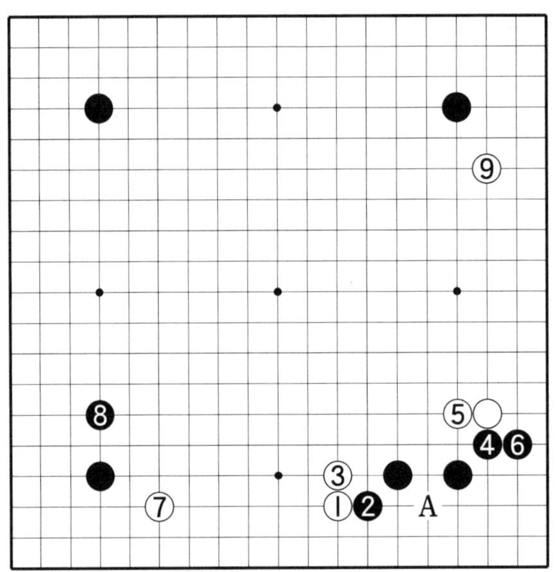

1도

1도(악수의 표본)

백1에 흑2·4는 악수의 표본이다. 흑6으로 보강해도 A의 약점은 남아 있다. 백9로 전개하며 백이 활발하다.

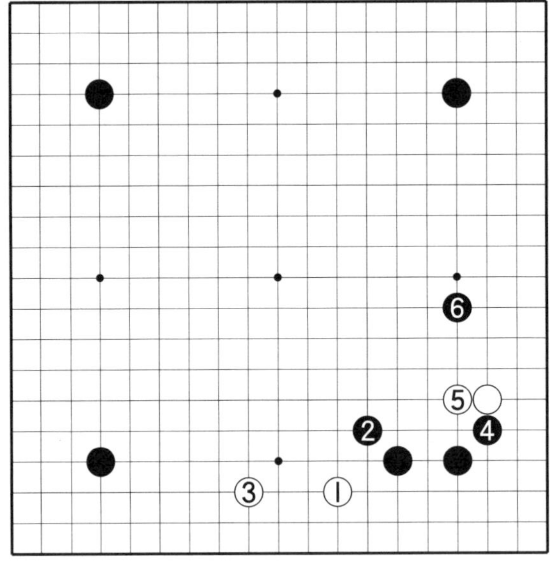

2도

2도(견실함)

흑2의 마늘모는 아주 견실한 수다. 백3으로 지키면 흑4·6으로 백 두점을 공격한다.

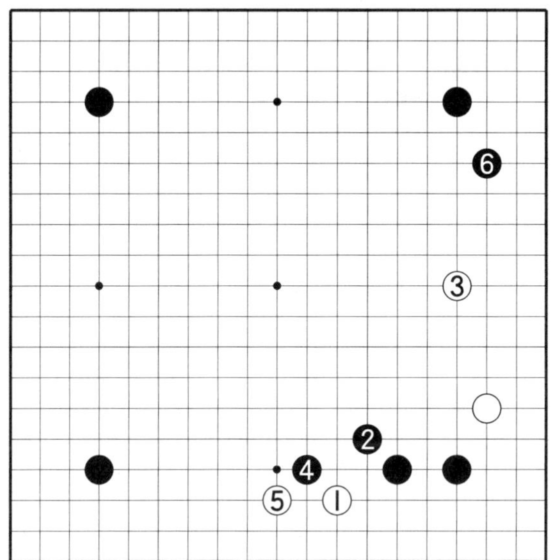

3도

3도(변화도)

 흑2에 우변을 지킨다면 흑4로 누르는 게 호착. 백5 때 흑6으로 전환하면 이것도 한 판의 바둑이다.

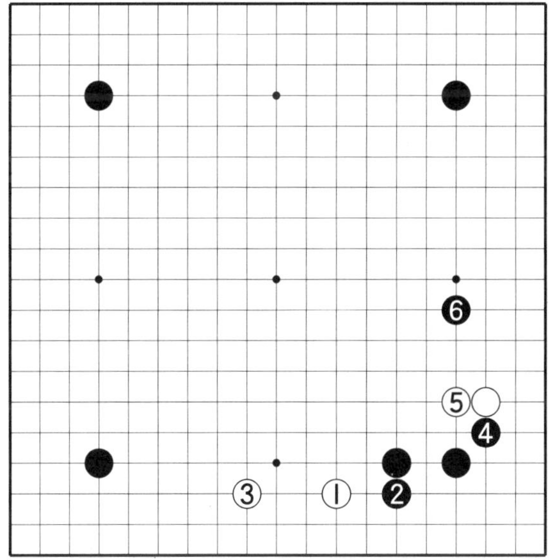

4도

4도(쌍점)

 흑2로 받는 방법도 있다. 백3으로 자리를 잡을 때 흑4·6으로 백 두점을 공격한다.

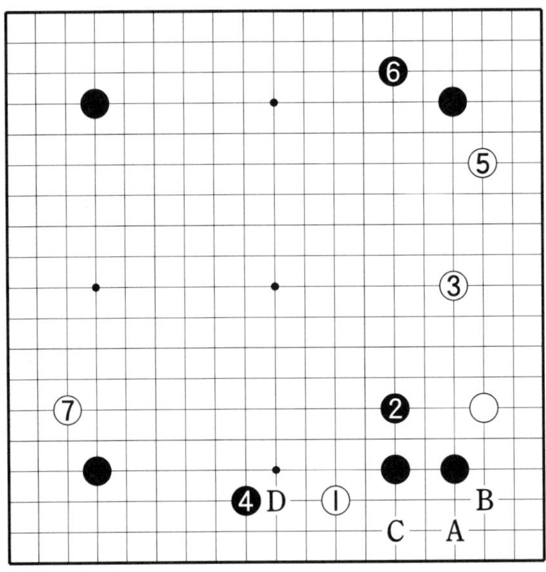

5도

5도(흑2, 느슨)

흑2도 실전에서 가끔 볼 수 있는 점. 하지만 약간 느슨하다. 백3 다음 흑4로 공격하지만 백5를 선착하고 7로 자리를 옮기면 백이 발빠르다. 백은 A, B, C, D 등이 있어 백 한점은 가볍다.

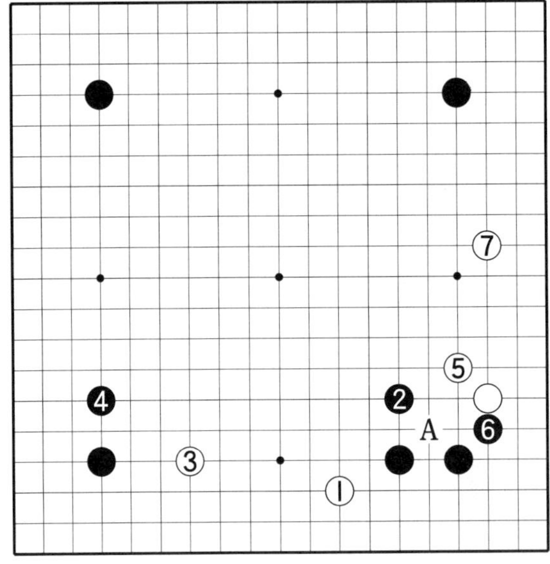

6도

6도(선택)

흑2 때 백3을 선착하는 수도 있다. 그리고 백5로 다시 A를 노린 후 흑6 보강 때 백7로 양쪽을 다 두는 수도 있다.

298

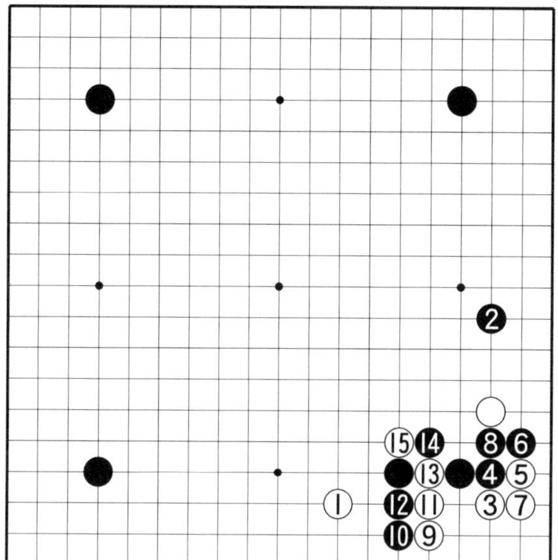

7도

7도(급전)

흑2로 협공하는 수도 간혹 보이지만 백3으로 뛰어들고 15로 끊어가면 서로 어려운 싸움이 된다.

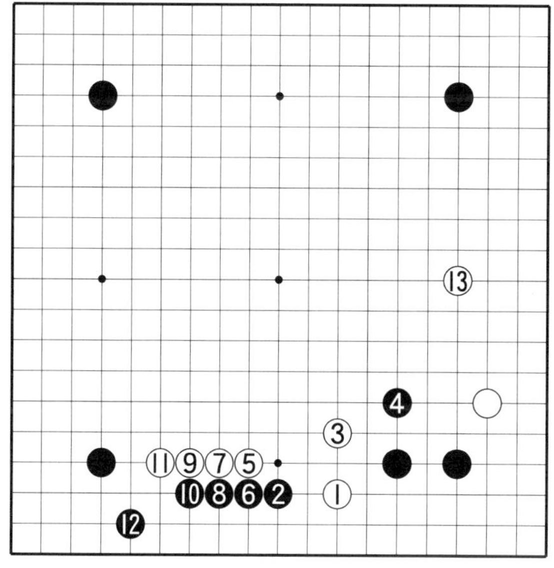

8도

8도(백, 두터움)

흑2로 바짝 다가서는 수도 있지만 지금은 찬성할 수 없다. 백11 까지 누른 자세가 좋고 13을 차지해 백이 활발하다.

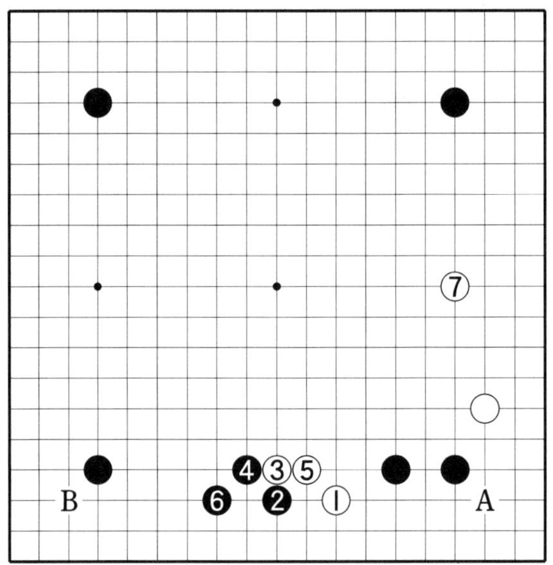

9도

9도(취향)

백3·5도 있다. 흑6을 기다려 백7로 큰 곳을 차지한다. 흑은 아직도 A나 B의 곳이 허술하다. 그러므로 흑2의 한칸협공은 접바둑에서는 찬성할 수 없다.

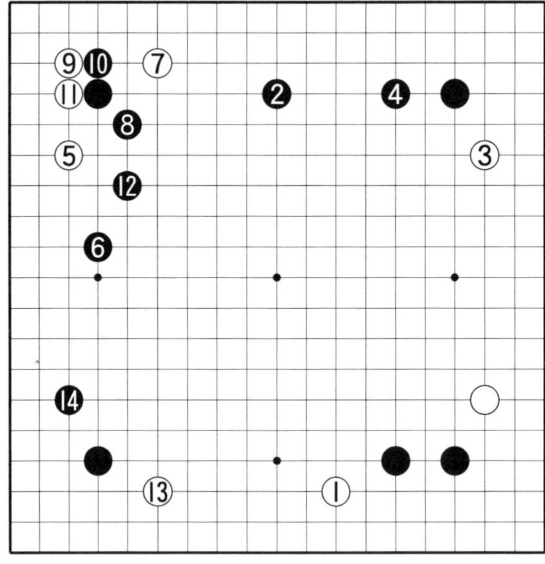

10도

10도(손뺌)

아마추어 4단과 프로기사와의 실전국이다. 백1 때 손뺌 장면이데, 사실 손을 빼도 백은 우하귀 흑을 한 번에 수중에 넣을 수 없다. 흑14까지 이것도 흑이 충분하다.

 **제47형** **기본형(2)**

백3에는 흑4를 강력하게 추천한다. 오직 이 한 수라고 할 정도로 꼭 알아두어야 할 점이다. 흑4는 좌하귀 흑 한점으로부터의 벌림과 협공을 겸하고 있어 일석이조의 수다.

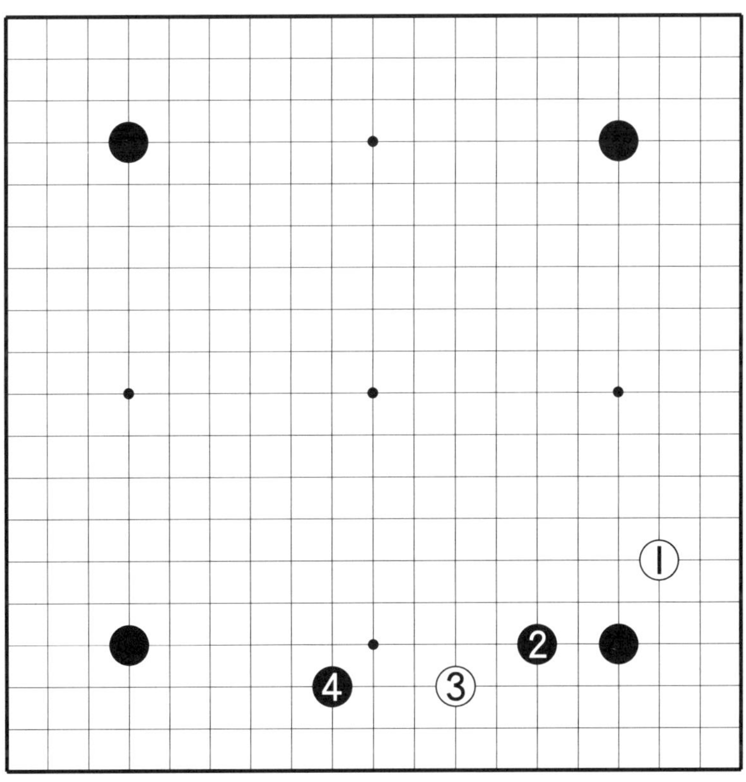

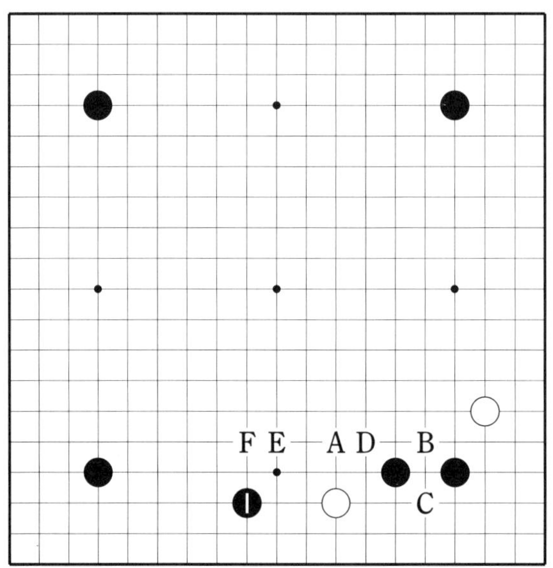

1도

1도(여러가지 응수)

흑1의 두칸 협공에 백의 응수는 A부터 F까지 다양하게 있다. D부터 F까지는 다음 형에서 배우기로 한다.

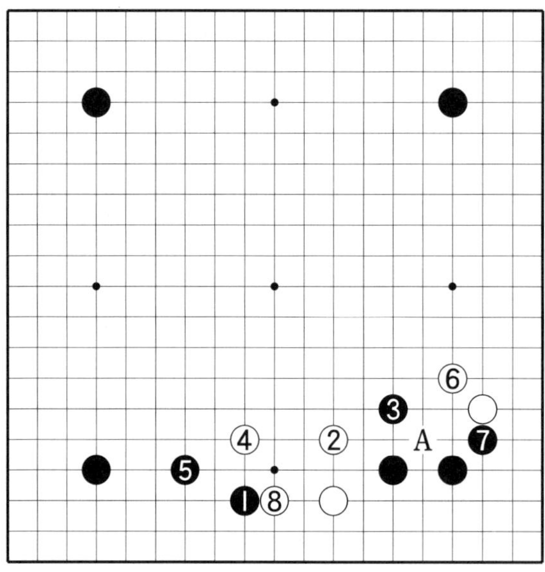

2도

2도(모양)

먼저 백2로 뛰어나가는 것부터 살펴보자. 흑3은 강렬한 행마이고, 흑7은 A의 단점을 보강한 점. 이하 백8까지 실전에 자주 나오는 모양이다.

3도(틀을 갖춤)

　백1은 틀을 갖추기 위한 수법이고, 이하 흑8까지 정형화되어 있는 모양이다. 나중에 흑A는 백B로 받는다.

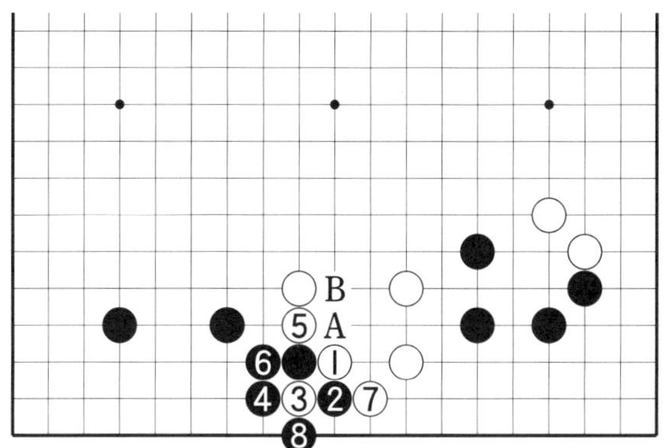

3도

4도(함정수)

　백2·4는 일종의 함정수다. 흑13까지 반드시 암기하고 있어야 한다.

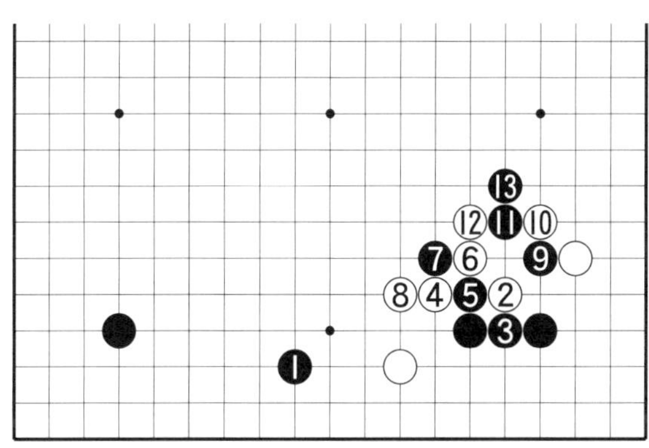

4도

5도(흑, 당함)

　흑7·9는 완전히 걸려든 모습. 백18까지 백의 외세가 흑의 실리에 비해 뛰어나다.

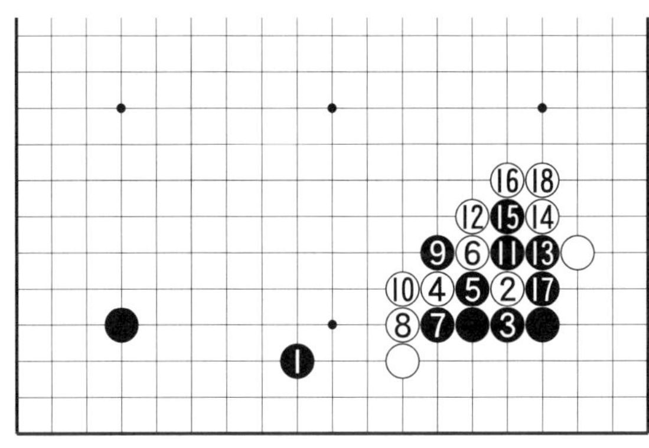

5도

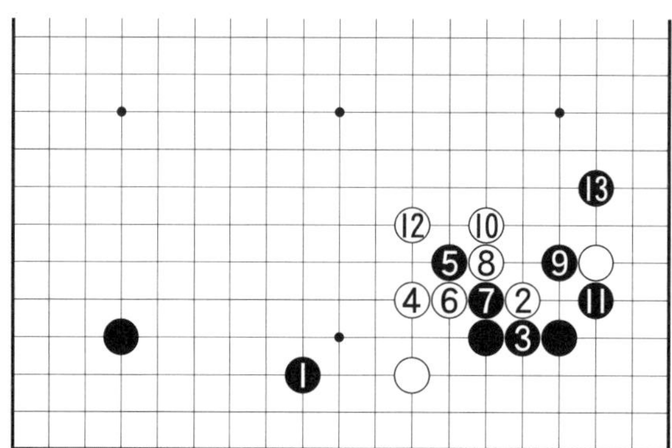

6도

6도(변신)

백4가 약간 헷갈리지만 흑5 한 방으로 끝난다. 흑9까지는 **4도**와 같은데, 여기서 백은 12까지 변신할 수 있다. 흑13까지 흑 성공.

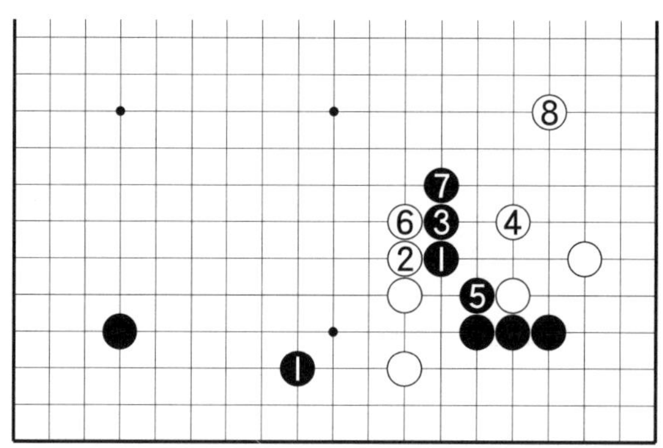

7도

7도(흑 좋음)

흑1에 단순히 백2로 밀고 나올 수도 있다. 조심할 것은 백4에 흑5의 보강. 이하 백8까지 보강하지만 흑이 전체적으로 좋다.

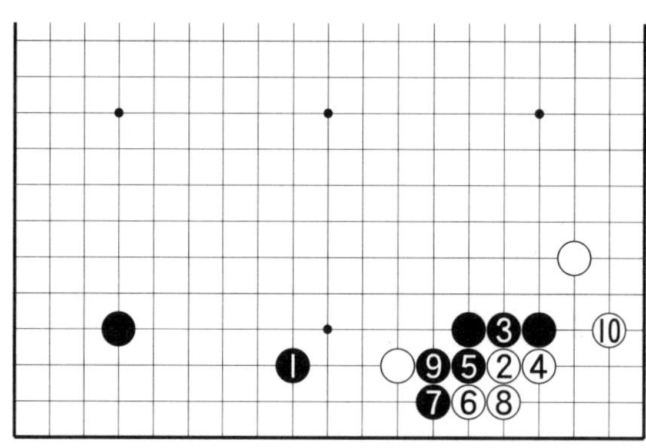

8도

8도(백, 좋음)

백2로 들어가는 수도 있다. 백4 때 흑5는 완착이고, 그렇다면 백10까지 이것은 백이 만족이다.

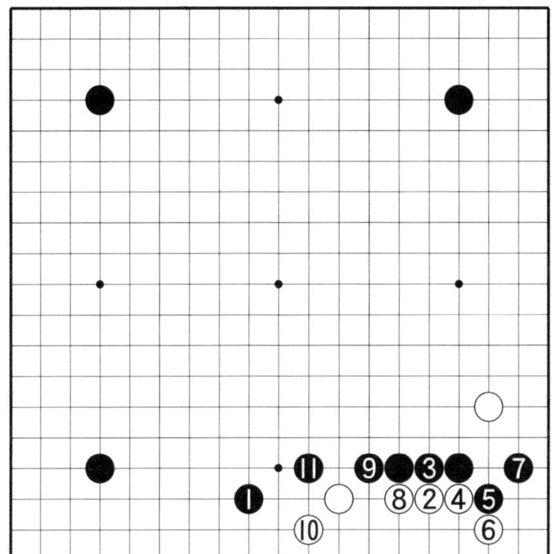

9도

9도(흑5, 절대)

흑5는 절대이다. 백6 때 흑7로 보강하고, 백10까지 안에서 삶을 허용한 후 흑11로 외곽을 봉쇄한다.

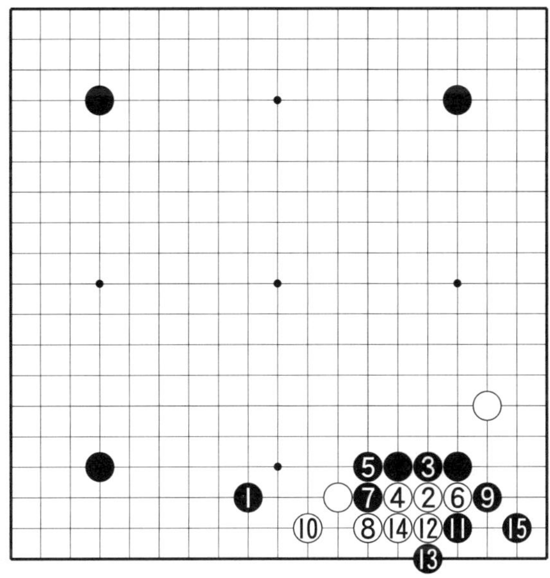

10도

10도(흑, 충분)

백4로 물러나면 흑5가 급소. 이 때 백6으로 나오면 흑7이 긴요한 수순이고, 흑15까지 이것은 흑이 나쁘지 않다.

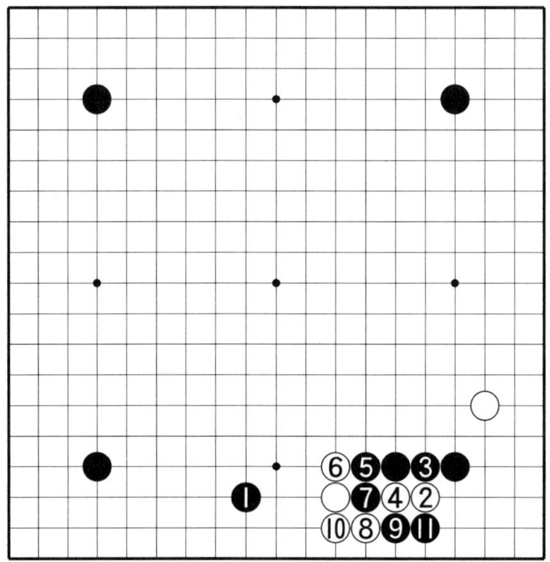

11도

11도

11도(백, 무리)

 흑5 때 백6으로 나오는 것은 흑7·9로 끊으면 백이 곤란하다. 백10으로 11은, 흑10으로 더욱 곤란.

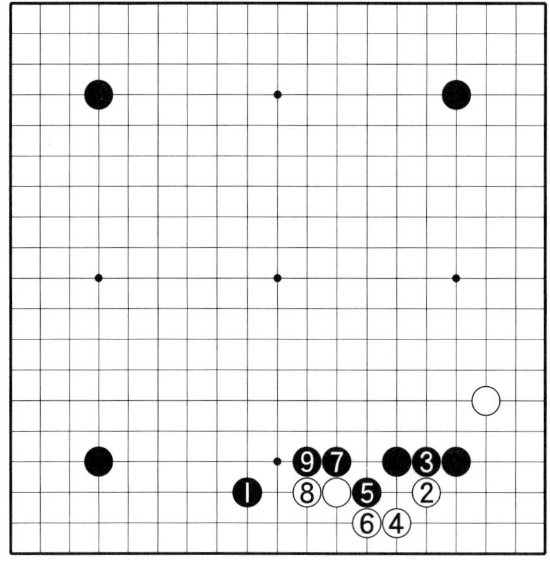

12도

12도(간명)

 백4로 늦추면 흑5부터 9까지 간명하게 처리하면 된다.

이번에는 흑4의 협공에 대해 백5로 응수해 오는 것과, 이외 A와 B로 올 때의 변화에 대해 살펴보자.

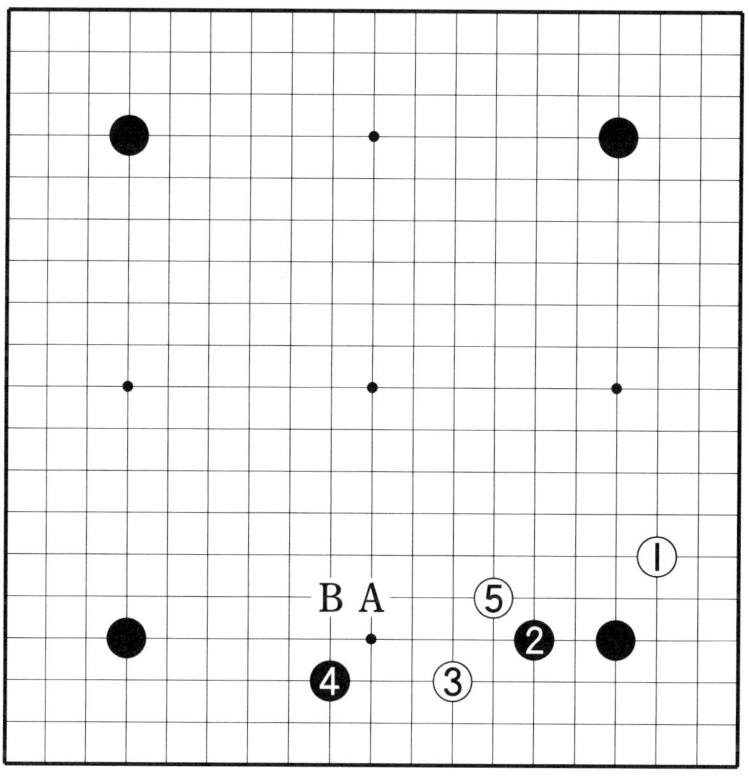

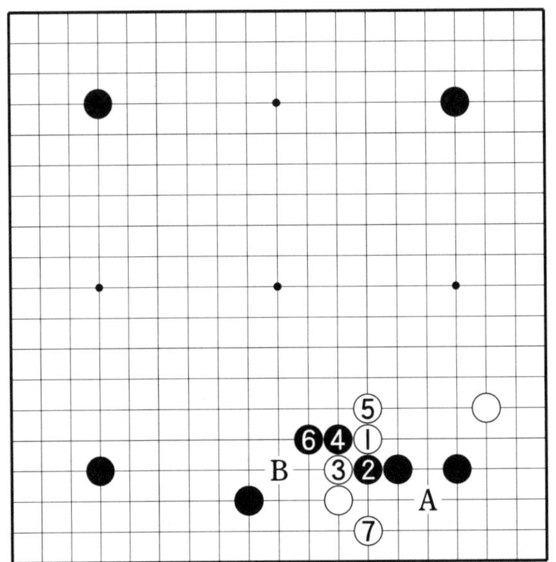

1도(흑, 걸림)

백1 때 흑2로 나와 끊는 것은 백의 주문. 흑6까지는 필연이고, 백은 7을 놓으며 A와 B를 맞본다.

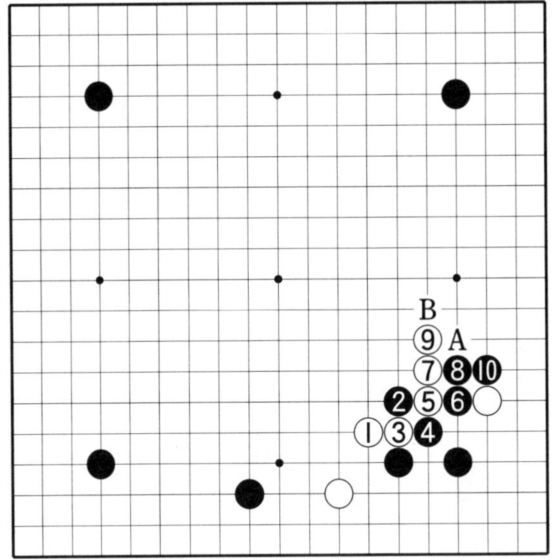

2도(행마법)

백1에는 흑2가 정답이다. 백3으로 무리하게 끊어오는 것은 흑10까지 흑이 좋다. 참고로 흑10으로 A, 백B의 교환은 악수이다.

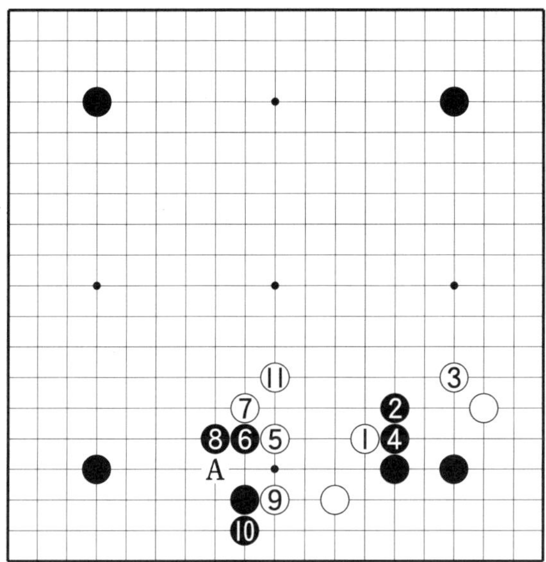

3도

3도(최선)

백3이 최선이고, 그렇다면 흑4로 꽉 잇는다. 이하 백11까지 서로 충분하다. 참고로 흑6은 A도 있다.

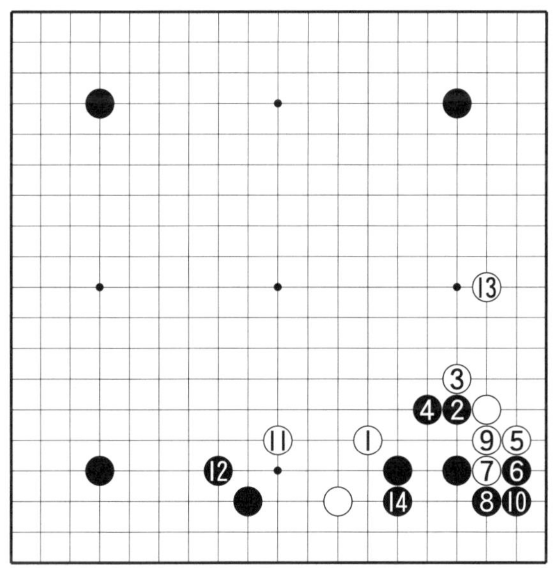

4도

4도(흑, 만족)

흑2로 붙여가는 것도 있다. 흑10까지는 필연이고, 백11로 모양을 갖출 때 흑12는 견실. 이후 백13이면 흑14로 지켜 이것도 흑이 좋다.

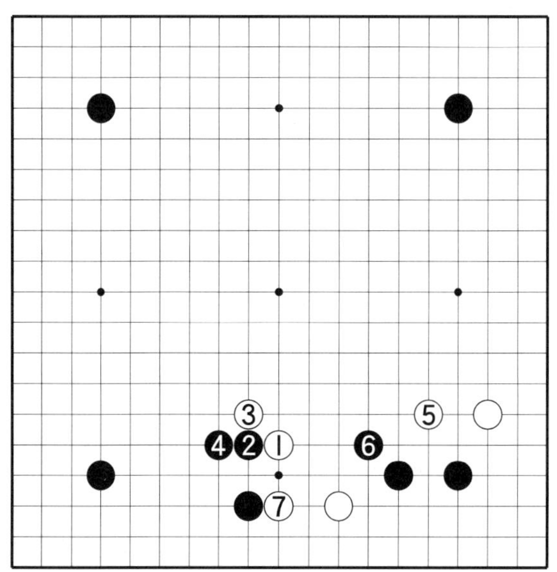

5도

5도(발전자 행마)

백1은 흑2를 부르는 점이다. 흑2는 백의 주문이고, 백5가 좋고, 7 까지 안정을 갖춘 모습. 흑이 당했다.

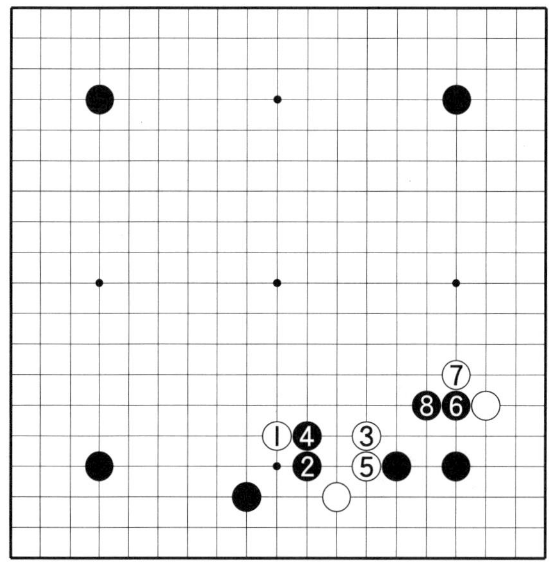

6도

6도(정수)

지금은 흑2가 정수이다. 흑4까지 기분좋고 백5에는 흑6으로 붙여 타개해 나간다.

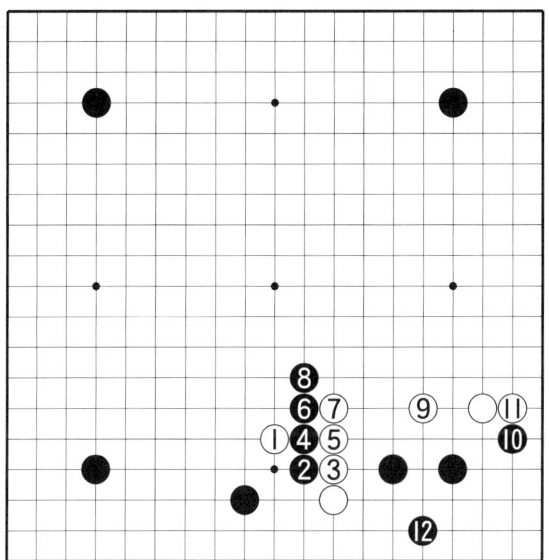

7도

7도(흑, 대만족)

 백3은 무리한 행마. 흑8까지 되고 보면 백1의 한점은 완전히 폐석이 되었을 뿐 아니라, 백9로 외곽이 봉쇄되었지만 흑10·12로 안정해 대만족이다.

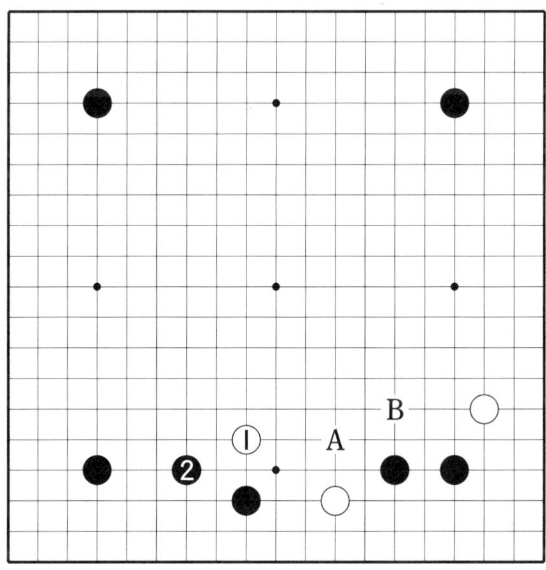

8도

8도(활용당함)

 먼저 백1로 응수를 묻는 것도 일책이다. 이 때 흑2면 일단 당한 꼴. 백이 A와 흑B를 교환하지 않을 것이기 때문이다.

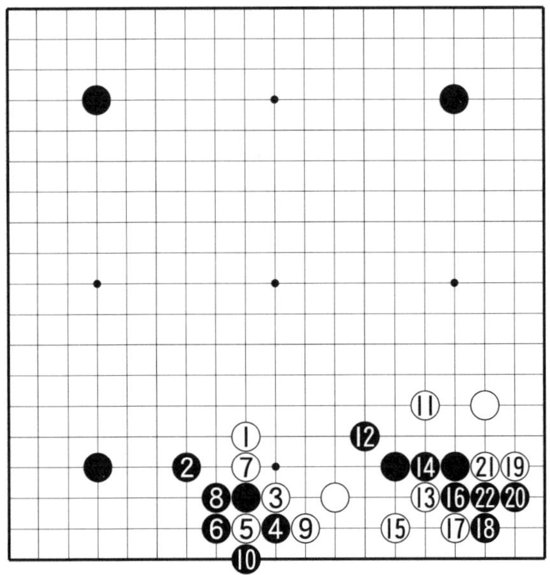

9도

9도(흑, 걸려듬)

먼저 흑10까지 교환한 후 백11로 응수를 묻는 게 고등전략이다. 이하 흑22까지 되고 보면 일방적으로 흑이 몰리는 바둑이된다.

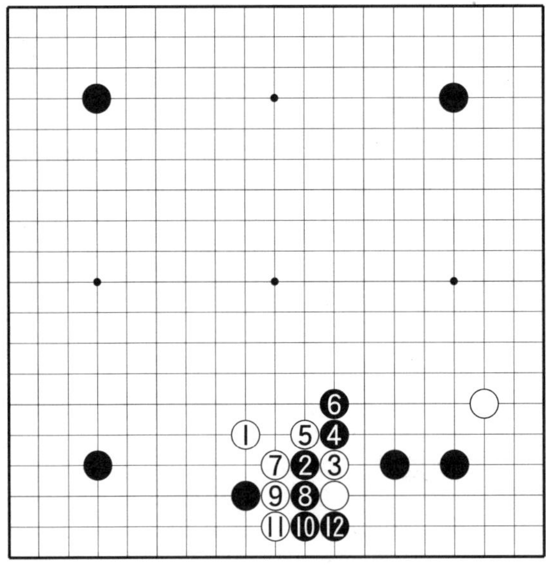

10도

10도(흑, 만족)

흑2가 정답이다. 백3에는 흑4·6으로 강력하게 반발한다. 백은 7 이하 외엔 다른 뾰족한 수가 없다. 흑12까지 흑이 두터운모습.

흑10까지는 **제47형 2도**에서 보았던 형이고, 이후
변화되는 다양한 접전에 대해 살펴보자.

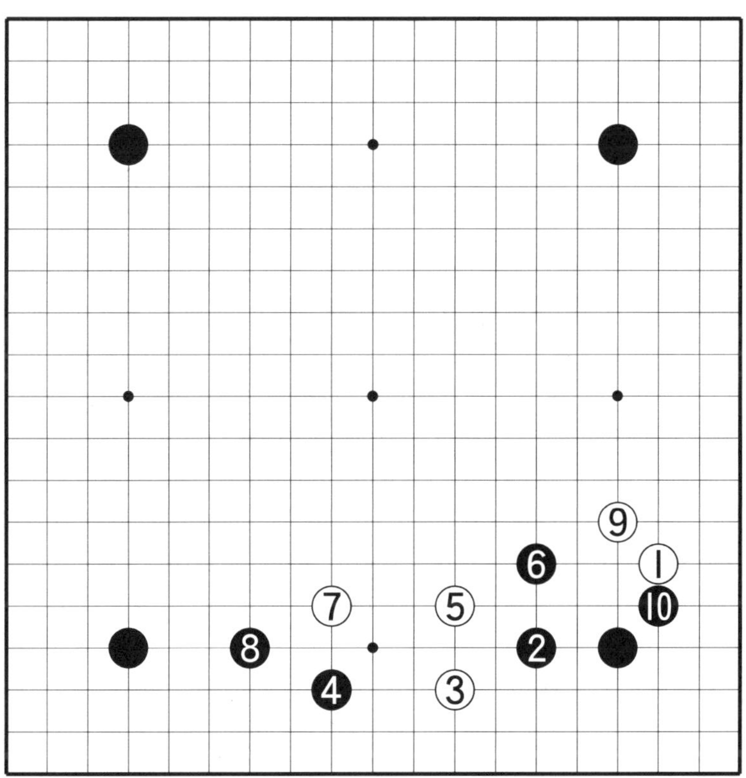

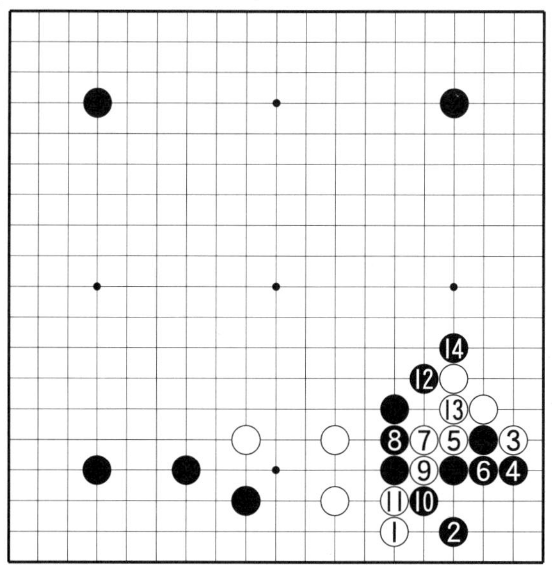

1도

1도(백, 무리)

백1이 흑에게 약간 혼돈을 주지만 흑2로 받으면 그만이다. 백7까지 수가 난 것처럼 보이지만, 흑8로 잇게 되면 이하 흑14까지 오히려 백이 궁한 모습이다.

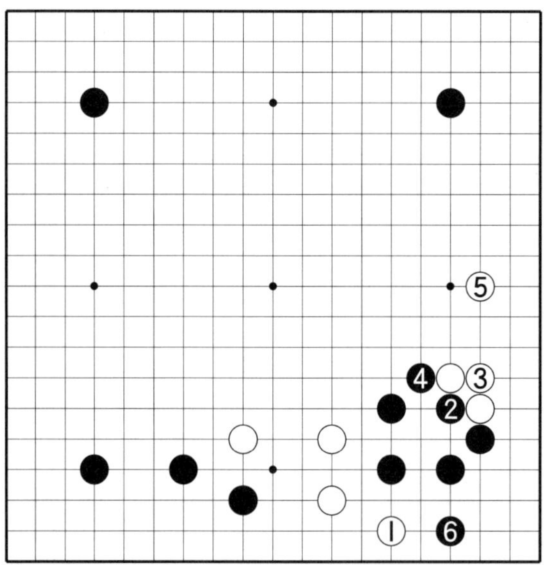

2도

2도(흑, 간명)

흑은 2부터 4까지 교환하고 6으로 지키는 수도 간명하다. 흑이 충분한 모습.

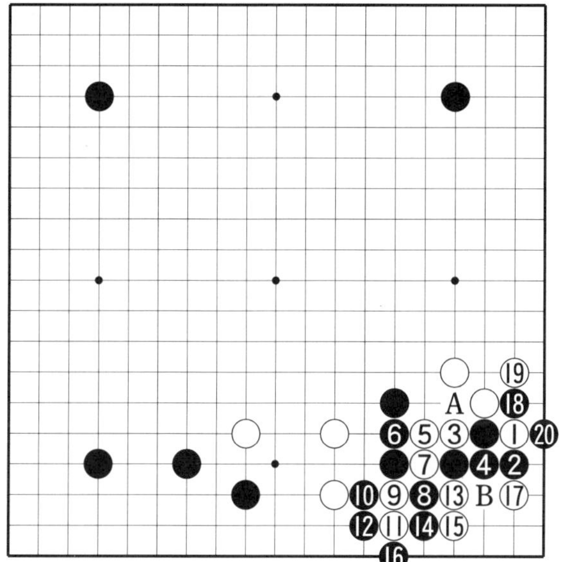

3도

3도(백, 무리)

백1부터 직접 결행해도 안 되는 것은 마찬가지. 백9로 끊어 수가 날 것 같지만 흑20까지 되고 보면 백 무리이다. A와 B가 맞보기. 또 수순중 흑10으로는 15에 지켜놔도 1도로 환원된 모습이다

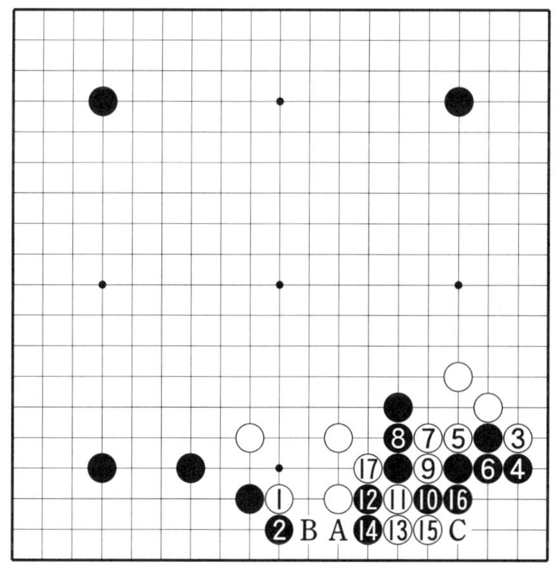

4도

4도(흑, 걸림)

백1과 흑2는 의미심장하다. 이하 백11로 끊었을 때, 흑12로 고집을 부려서는 백의 함정수에 빠진 꼴이다. 백17 다음 흑A는 백B로 안 된다. 그러므로 흑12로는 C에 지키는 게 정수이고, 따라서 백의 의도는 무산된다.

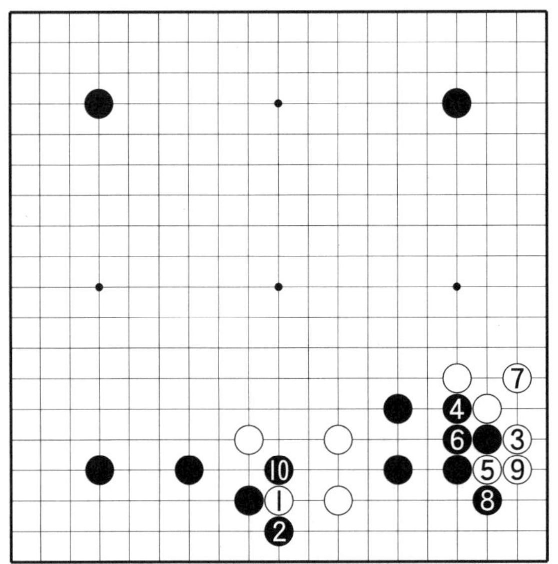

5도

백1과 흑2를 교환한 다음 백3으로 두어올 때는 흑4가 간명하다. 이하 흑10까지 흑이 충분한 모습.

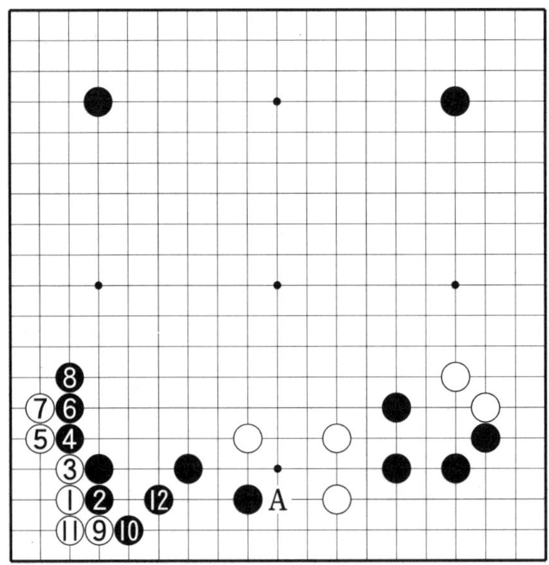

6도

A를 보류하고 바로 3·三에 뛰어들 수도 있다. 흑2로 막는다면 12까지 어딘가 모르게 흑이 당한 모습이다. 흑의 중복!

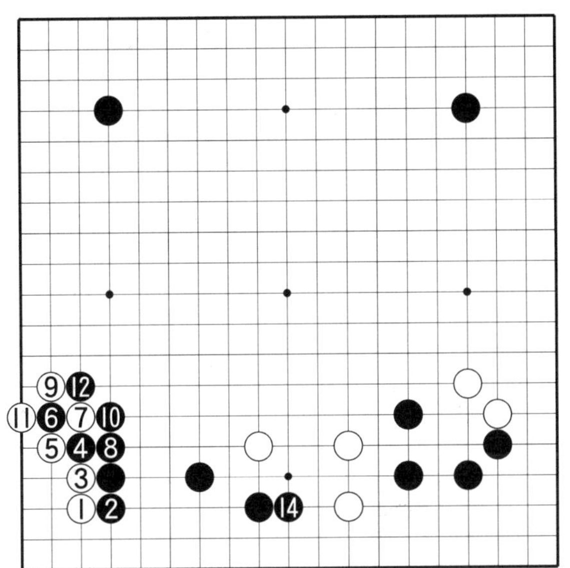

7도

7도(흑, 둘만함)

흑6으로 이단젖히고 선수를 뽑아 흑14를 차지하면 그런 대로 흑이 둘 만하다. 전도와는 차이가 크다.

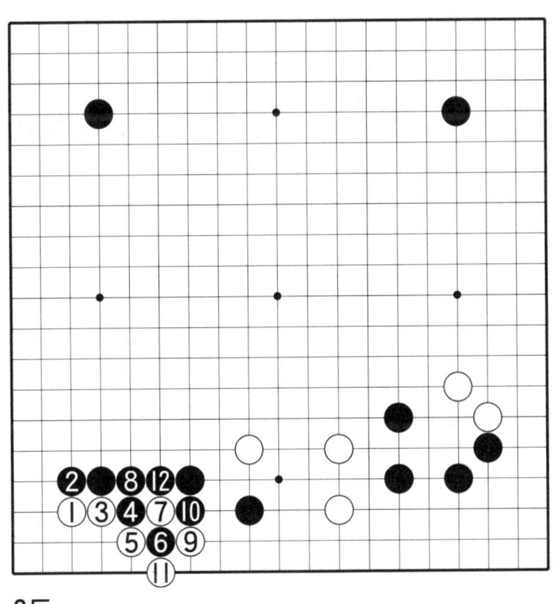

8도

8도(흑, 두터움)

백1에는 흑2로 막는 게 좋다. 흑6의 이단 젖힘을 기억하고, 이하 흑12까지 흑이 두터운 모습이다.

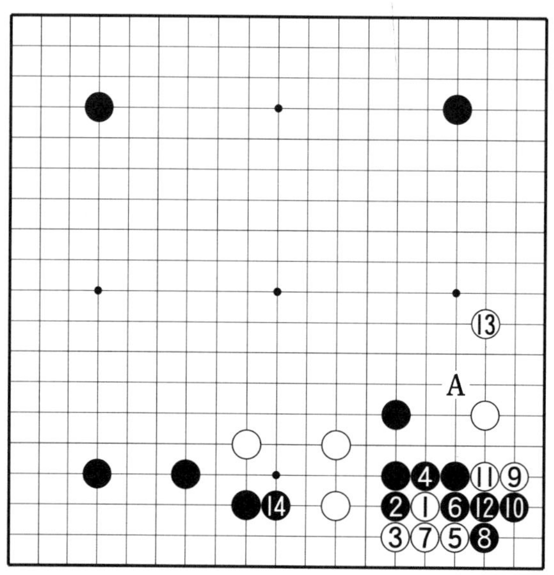

9도

9도(흑14, 급소)

백A를 생략하고 바로 1로 뛰어드는 수가 있다. 이하 백13까지는 외길수순이고, 이때 흑14가 모양의 급소가 된다. 이것으로 백 전체에 대한 안형이 불확실하다.

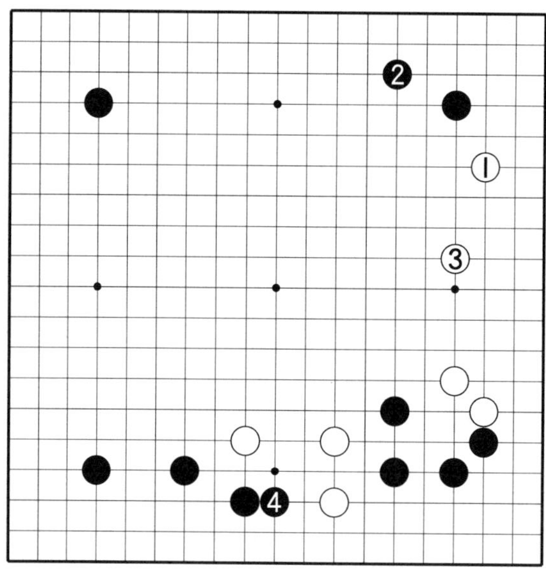

10도

10도(손뺌)

백은 이것저것 맛을 남겨둔 채 손을 뺄 수도 있다. 이 때 흑은 기회를 엿봐 잽싸게 4의 급소를 차지한다.

이번에는 백7로 급하게 공격해 올 때의 변화이다. 흑의 응수가 만만치 않은데, 섣불리 응수했다가는 당하기 일쑤다.

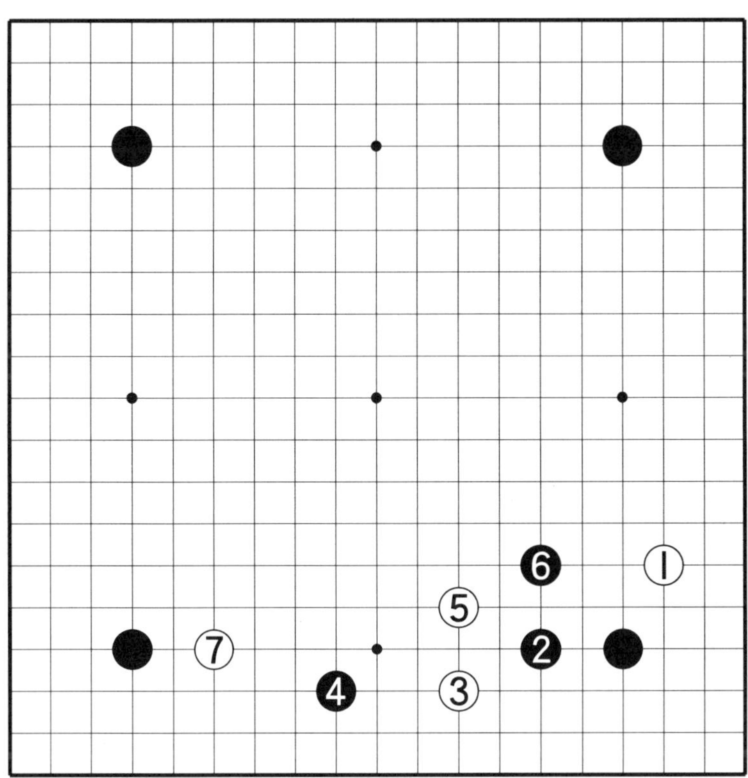

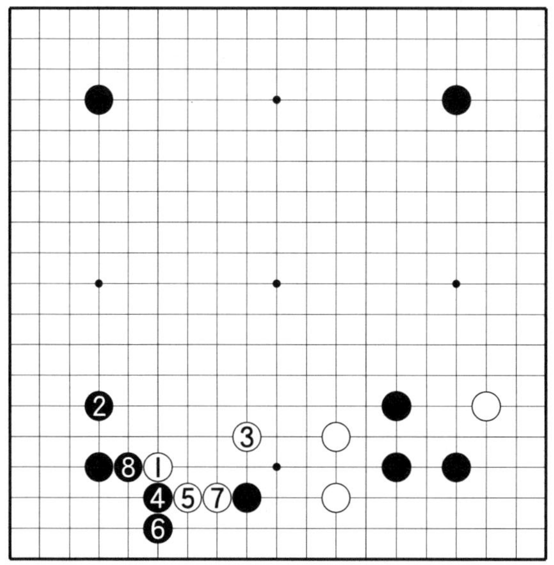

1도

1도(버린다)

 백1에 흑2로 둔 것은 흑 한점을 버리겠다는 뜻이다. 흑8까지 깔끔 하게 버린 모습이 흑 도 불만없다.

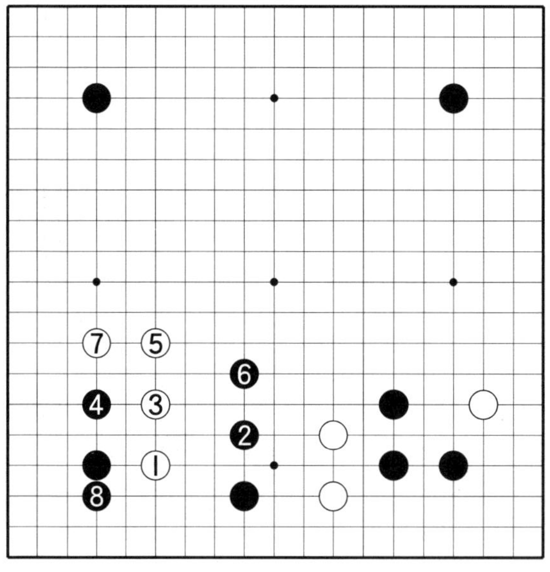

2도

2도(뜀뛰기)

 흑2는 살리겠다는 뜻 이고 이렇게 두어도 충분하다. 흑6까지는 뜀뛰기 양상이고, 흑 도 충분히 싸울 만하 다.

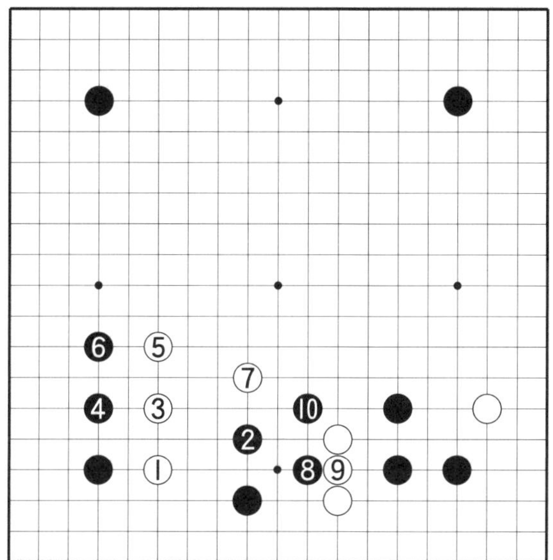

3도

3도(싸움)

흑6으로 지키면 백7로 씌워 복잡한 싸움이 예상된다. 하지만 흑도 양쪽에 원군이 많아 충분한 싸움이다.

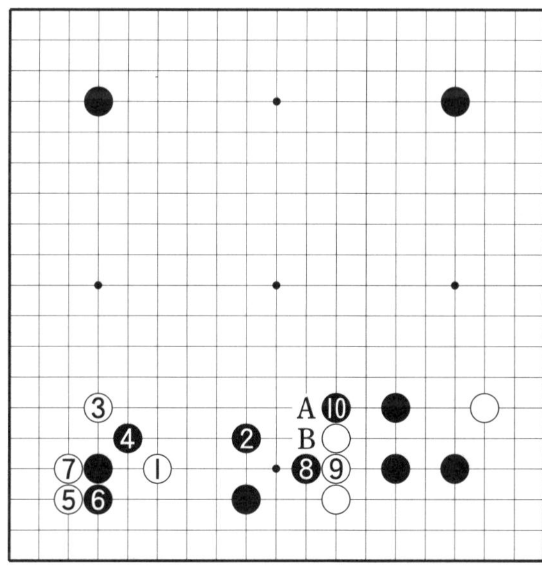

4도

4도(흑10, 통렬)

흑2 때 백3으로 양걸침하는 게 제일 복잡하다. 흑4는 일감인데, 이렇게 되면 백7까지는 기본정석이고, 이때 흑8이 중요하다. 백9면 흑10이 통렬. 백A는 흑B, 백B는 흑A로 막는다.

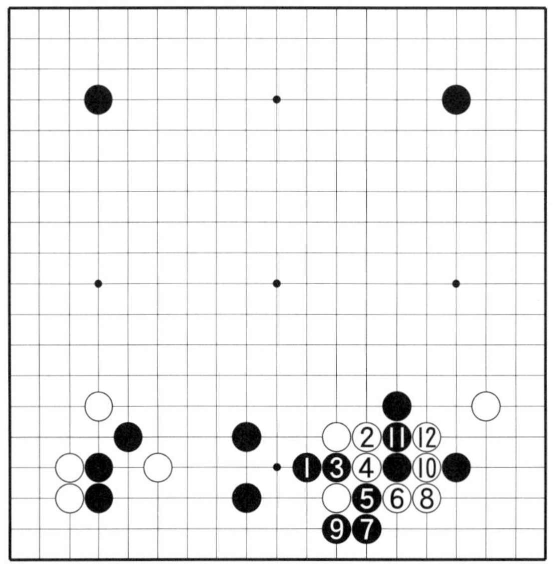

5도

5도(바꿔치기)

그래서 백은 흑1 때 3에 이을 수가 없다. 백2는 변신이고, 흑이 당장 3으로 나와 끊는다면 백12까지 바꿔치기가 된다. 물론 이것도 흑이 둘 수 있지만…

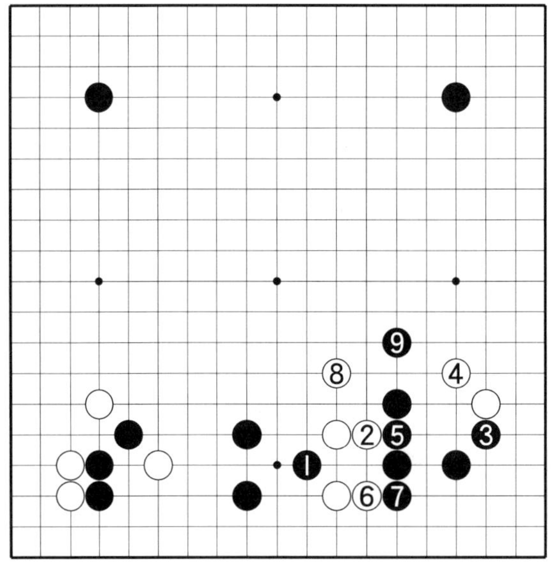

6도

6도(흑의 선택)

백2에는 흑3으로 변신할 수도 있다. 이하 흑9까지 흑의 행마가 날렵하다.

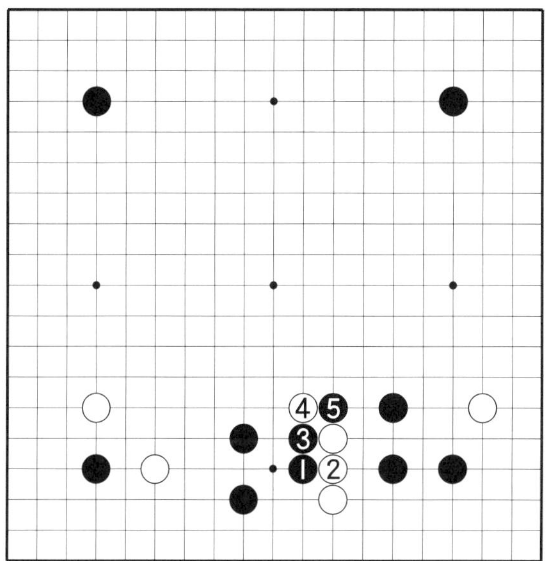

7도

7도(백, 곤란함)

  좌하귀를 보류하고 먼저 흑1로 들여다 볼 수도 있다. 백2면 흑3으로 나가고 만약 백이 무심코 4로 젖히면 흑5로 백을 차단한다. 백은 안에서 살기가 만만찮다.

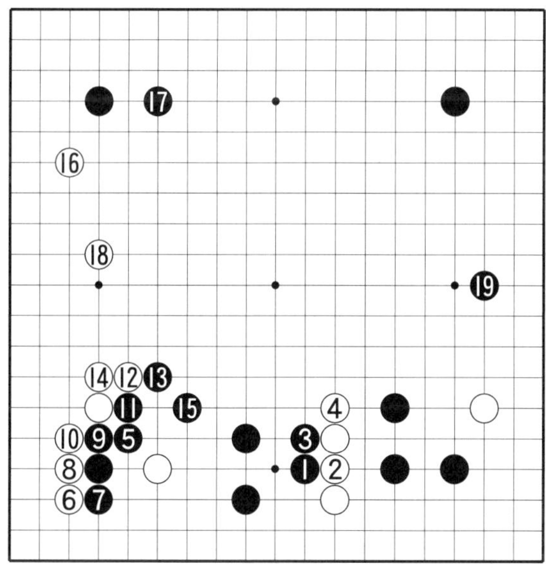

8도

8도(흑 좋음)

  그러므로 백은 4로 늘어야 하고, 이때 흑5로 나오면 된다. 이하 흑19까지 예상되는데 흑이 충분한 그림이다. 여기서 흑3으로 4에 붙이는 수는 좌하귀가 결정안된 만큼 이후 진행이 상당히 복잡하다.

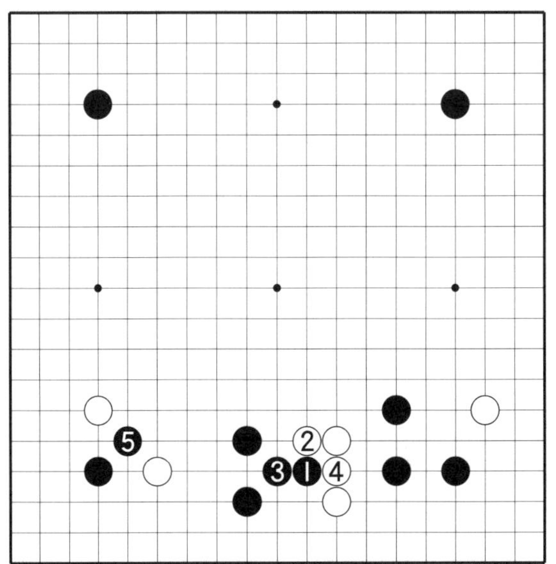

9도

9도(타협)

 백2가 긴요하다. 흑3을 확인하고 4에 이으면 백도 여유가 있다. 흑5로 나오면 지금부터의 바둑.

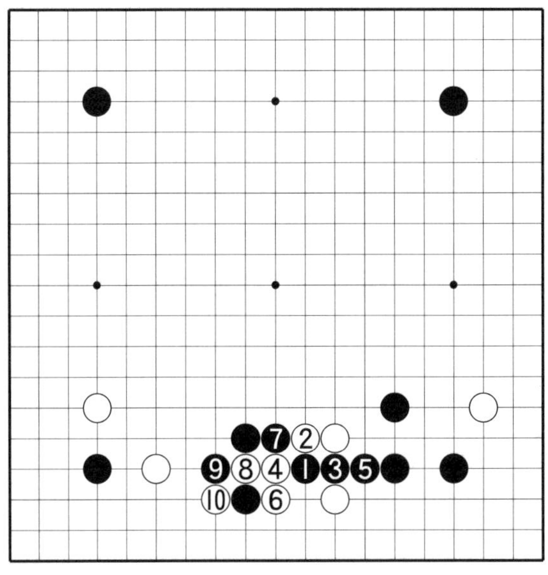

10도

10도(흑, 무리)

 흑3으로 뚫는 것은 무리이다. 백4로 젖히고 이하 백10까지 흑의 손실이 크다.

침입 이후(1)

백5까지는 일단 견실하게 정돈해 놓은 후 서서히 두어가겠다는 뜻이다. 흑12까지 나무랄 데 없는 포석이고, 백이 13으로 쳐들어온 장면이다.

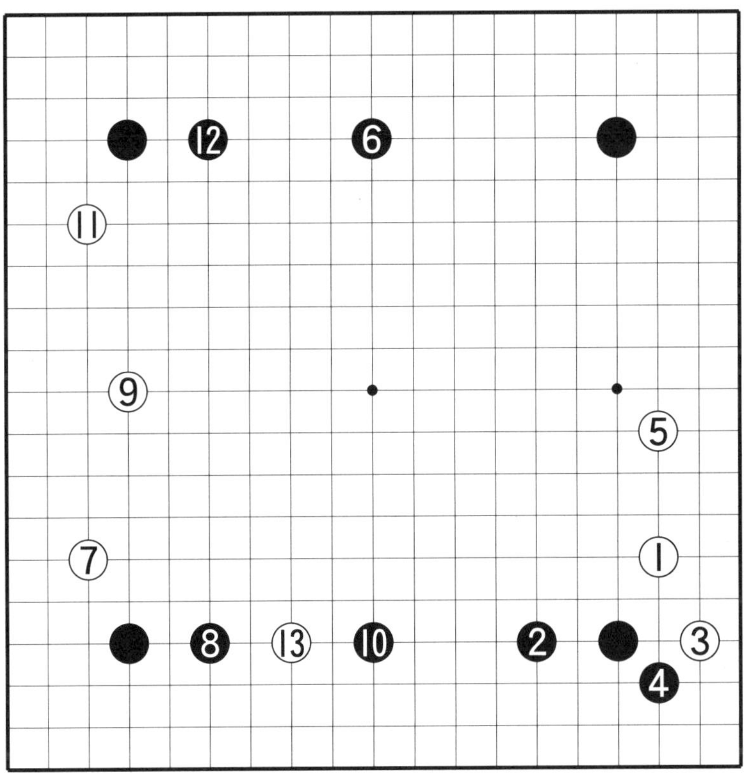

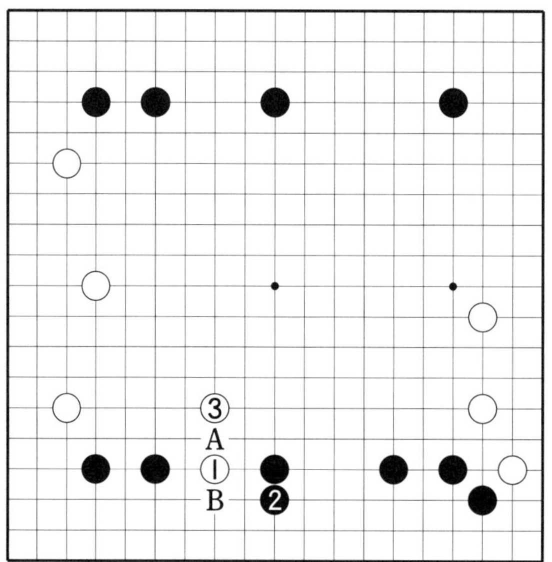

1도

1도(소극적인 점)

백1 때 흑이 A나 B로 응수하는 것은 9점 접바둑에서 절대 두어서는 안 된다고 배웠다. 그러므로 다른 방법을 강구해야 하는데, 먼저 흑2를 보면 이것은 백3으로 너무 쉽게 탈출시켜 주므로 소극적이다.

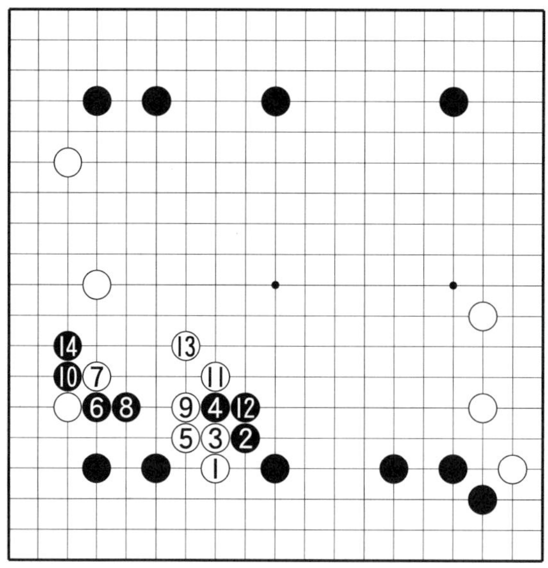

2도

2도(최강수)

흑2가 최강수이자 정수이다. 흑6·8이 기대기 전법이고, 백9가 불가피할 때, 흑10으로 끊는 게 하이라이트! 흑14까지 흑이 대성공을 거둔 모습이다.

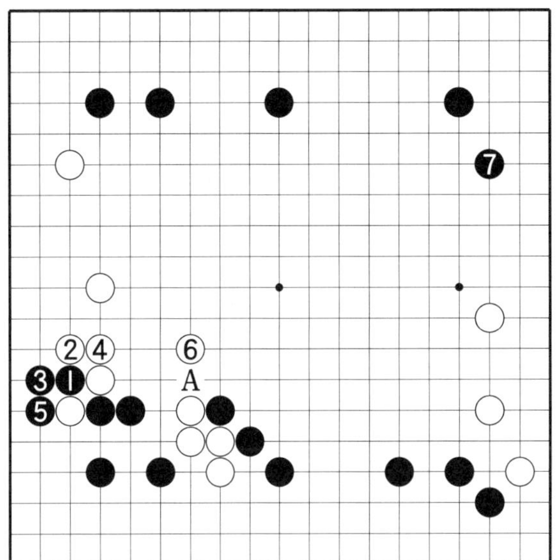

3도

3도(변화도)

 흑1 때 백2로 모는 수도 있다. 그렇다면 백6까지 예상되는데, 흑은 7을 차지해 충분하다. 백6을 생략하면 흑A가 통렬하다.

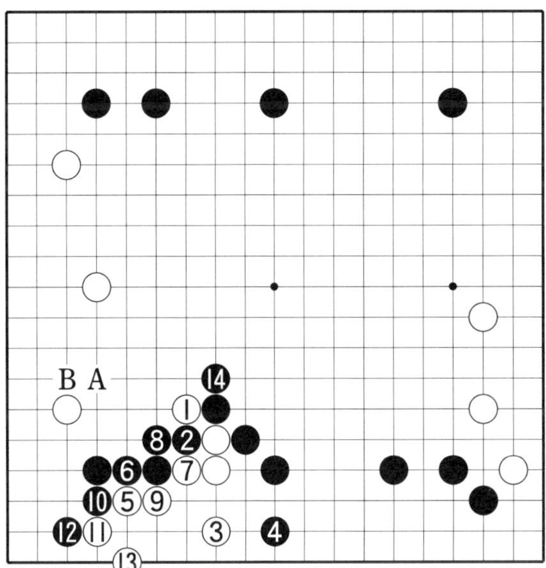

4도

4도(백의 최선)

 백은 2로 나오는 게 아니라 1로 젖히는 게 최선이다. 이하 백13까지 최선의 수순이고, 흑14로 두텁게 늘어두면 흑 만족이다. 백1의 한점은 흑A, 백B가 듣고 있어 잡혀 있다.

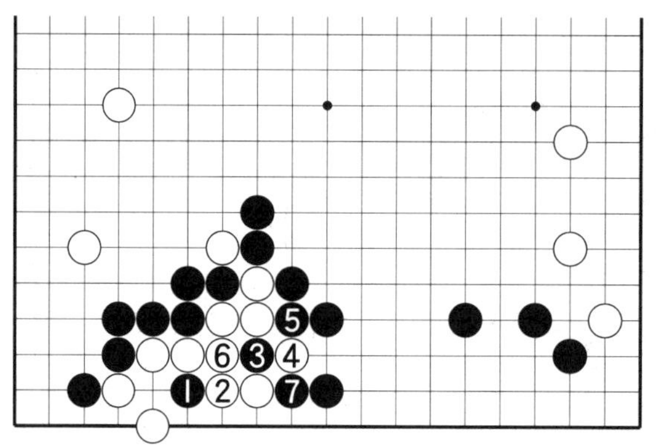

5도

5도(백, 전멸)

흑은 1로 침입하는 뒷맛도 남아 있다. 흑 3에 덜컥 백4로 받았다가는 흑7까지 백 전멸이다.

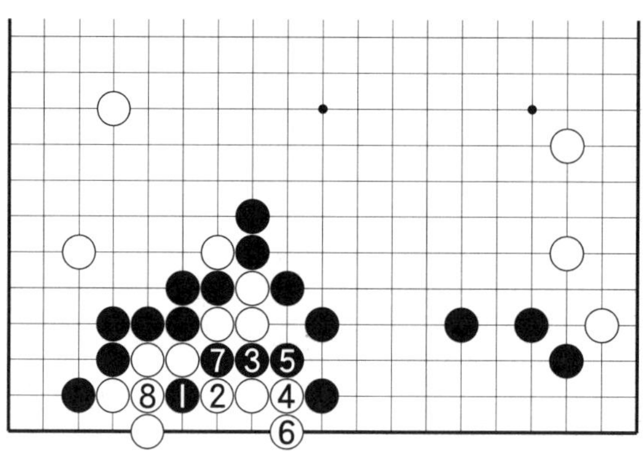

6도

6도(기분좋은 선수)

그러므로 백은 4로 물러나야 하고, 흑은 7까지 기분좋게 백 석 점을 잡을 수가 있다. 그것도 선수로!

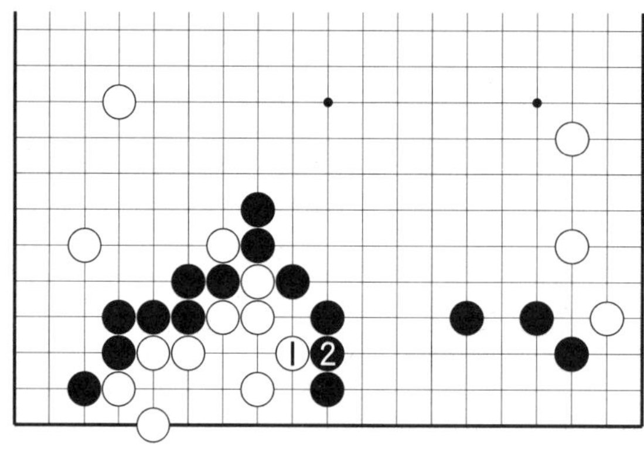

7도

7도(백, 보강필요)

그러므로 백의 입장에서는 괴롭지만 백1과 흑2를 교환해두는 게 정수이다.

328

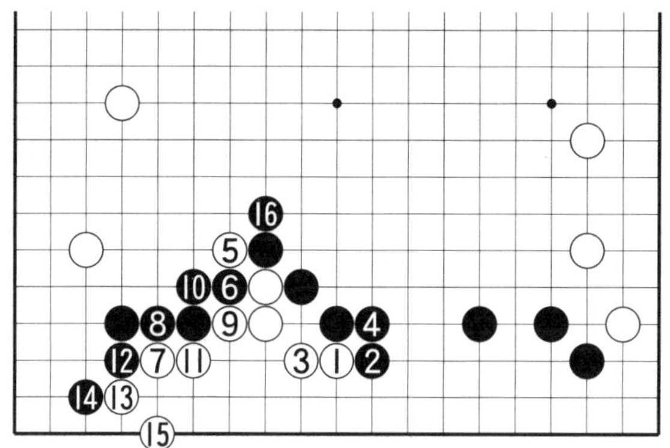

8도

8도(대동소이)

먼저 백1로 붙여도 흑16까지 되고 보면 결과는 비슷하다.

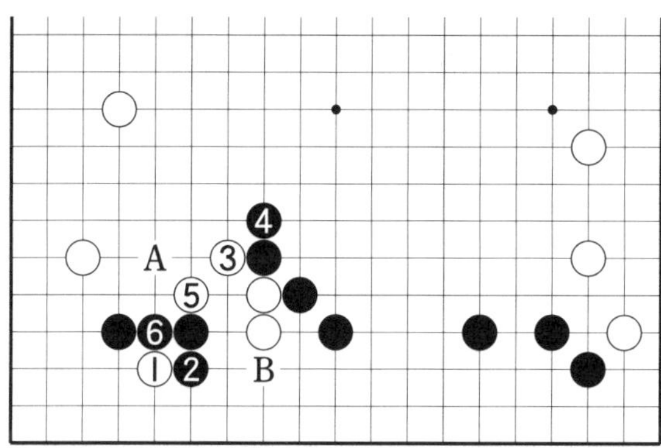

9도

9도(흑, 만족)

백1로 먼저 응수를 묻는다면 일단 흑2로 이득을 본다. 백3에는 흑4로 물러나는 게 간명하다. 흑6까지 백 한 점을 제압하면 성공. 이후 백A는 흑B이다.

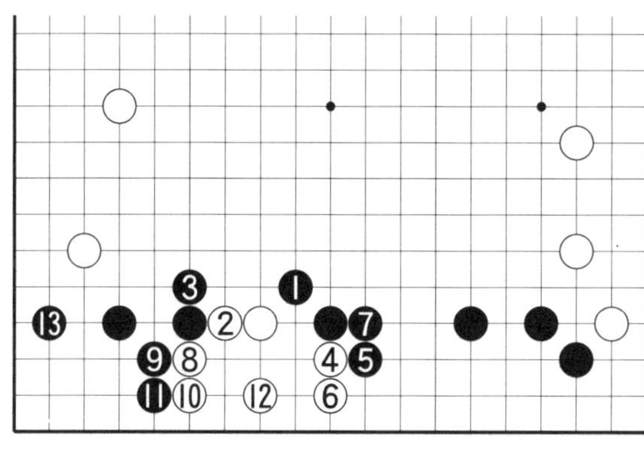

10도

10도(흑, 견실)

백2·4로 변신할 수도 있다. 그래도 흑은 걱정이 없다. 안에서 살려주고 흑13까지 지켜두면 견실한 모습이다.

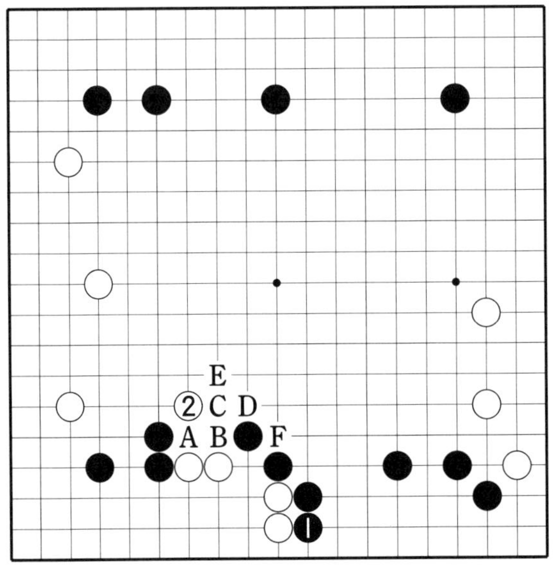

11도

11도(흑, 실패)

전도 흑7로 본도와 같이 두면 백2가 통한다. 이것은 백이 탈출에 성공한 모습이므로 흑의 실패. 흑A는 백B부터 F까지 흑이 안 된다.

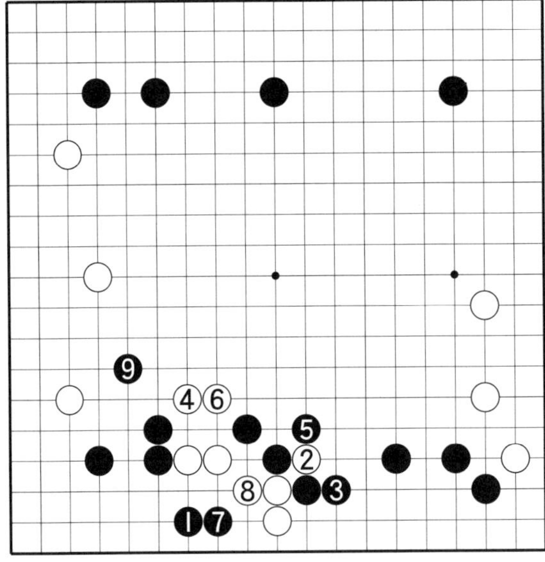

12도

12도(흑, 호조)

흑1도 있다. 백2가 맥점이지만 일단 손해를 보는 점. 백6까지 탈출에는 성공했지만 아직 집이 없는 처량한 신세다.

침입 이후(2)

백7은 침입에 있어 이른 감이 있지만, 이쪽 상황에 따라 좌변 경영이 달라지므로 붙여본 것이다.

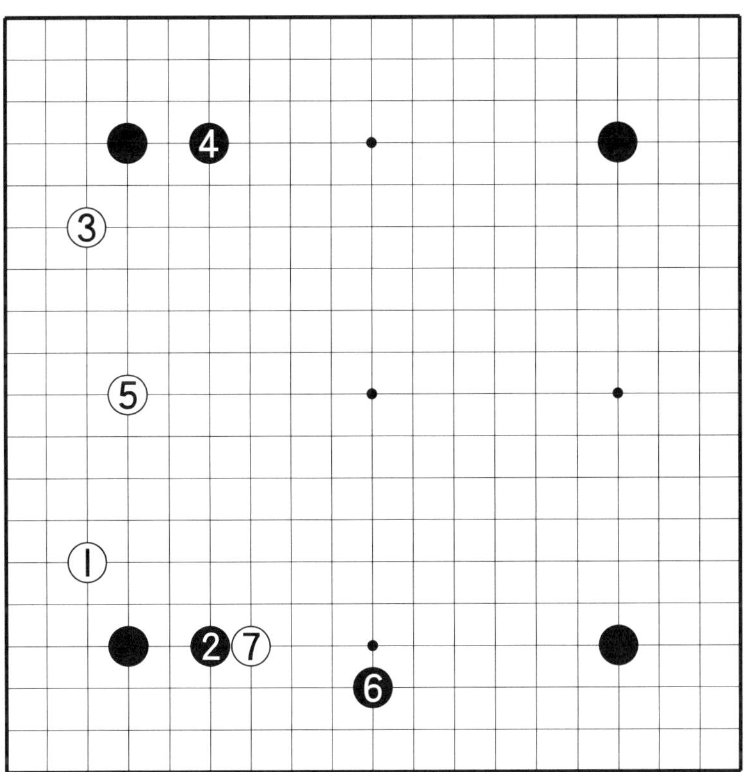

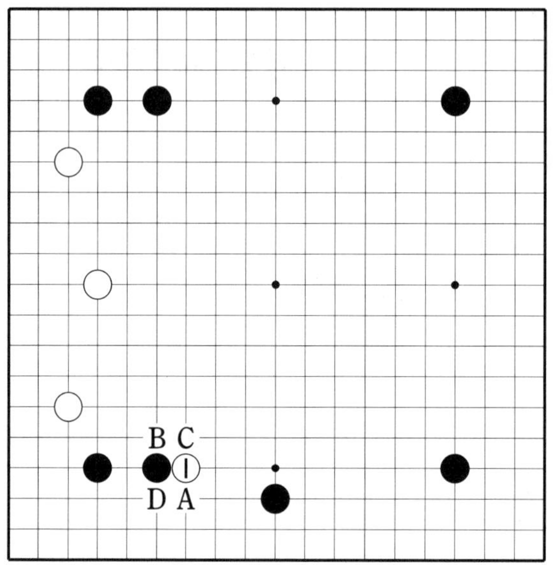

1도

1도(흑의 응수법)

백1 때 흑의 응수법은 A부터 D까지 총 4가지가 있다. 먼저 음미하면서 어떤 선택을 할 것인가 생각해 보기 바란다.

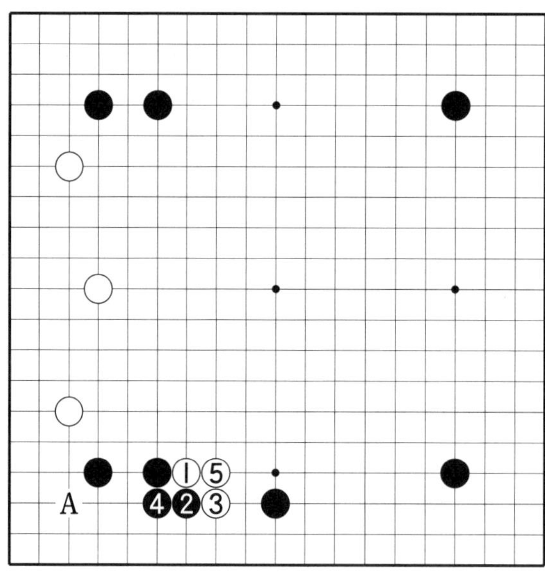

2도

2도(흑, 양분)

흑2라면 백3은 예정된 수순인데, 여기서 흑4로 물러나는 것은 흑이 양분돼 당한 모습이다. A의 곳도 비어 있어 흑이 불만이다.

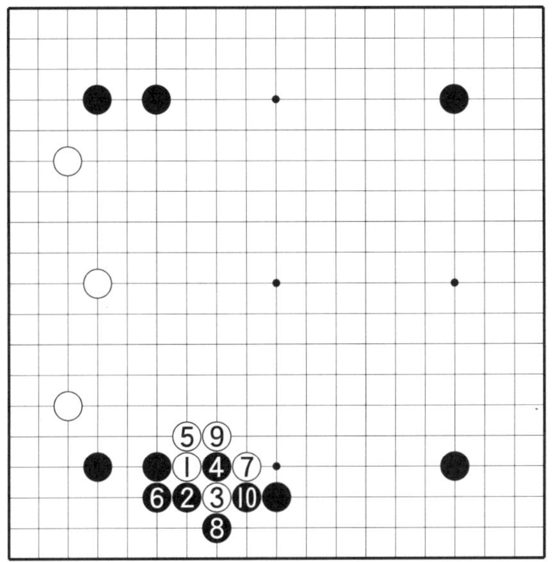

3도

3도(소탐대실)

일단 흑4로 끊고 볼 일이다. 그런데 여기서 흑6으로 잇는 것은 나약한 수. 흑10으로 약간의 실리를 챙기긴 했지만 백의 외세는 엄청나다.

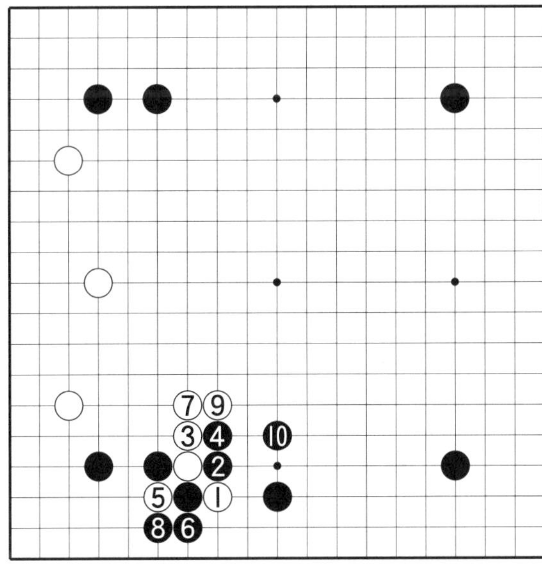

4도

4도(기본정석)

흑4로 올라서는 게 중요한 수순이다. 백은 5·7의 수순이 중요하고, 이하 흑10까지 실리 대 세력으로 갈린다. 백이 약간 두텁지만 흑이 접바둑임을 감안한다면 충분한 모습이다.

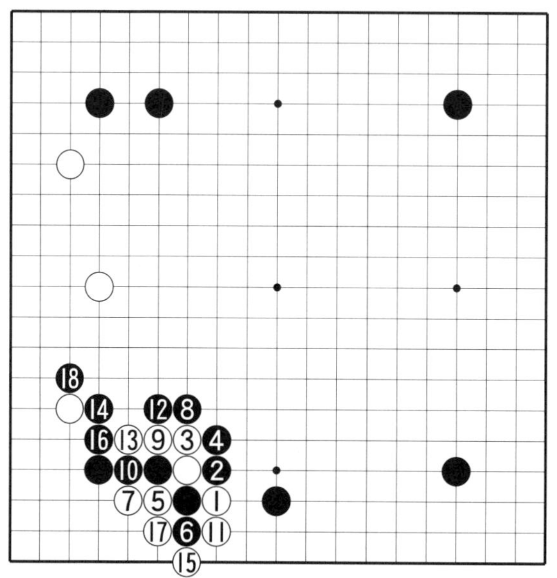

5도

5도(대세압도)

수순중 백7로 빠지는 것이 그럴듯해 보이지만 착각이다. 흑8부터 14까지면 백은 흑 두 점을 잡을 수밖에 없을 때 흑18까지 대세를 장악한다.

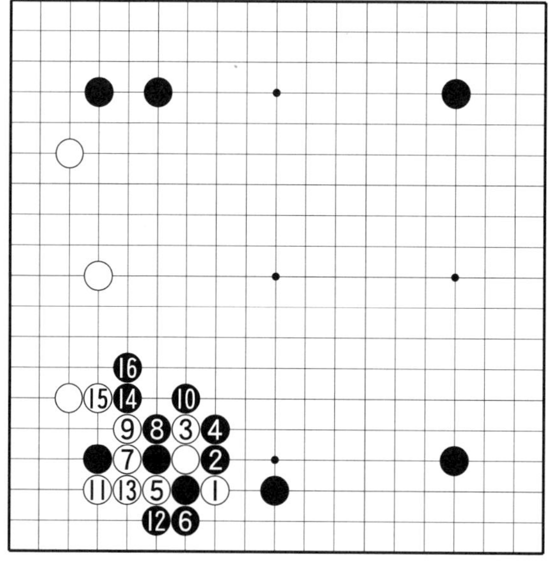

6도

6도(백, 불리)

백7로 나오는 수는 백이 무리이다. 이하 바꿔치기가 되지만, 백 두점을 빵따낸 흑의 외세가 백의 실리보다 월등하다.

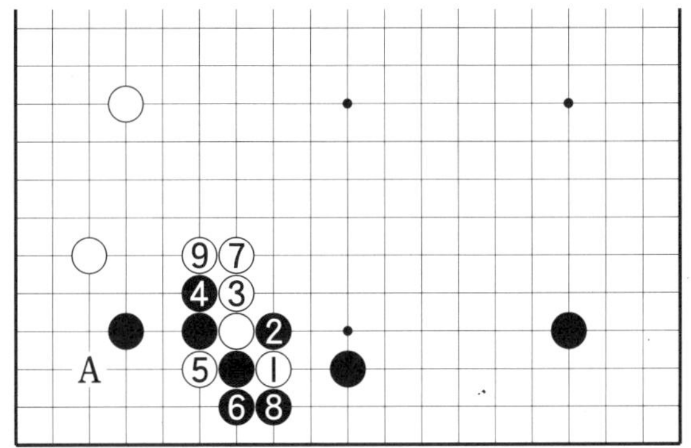

7도

7도(흑, 막힘)

흑4로 나오는 것은 방향이 틀렸다. 흑8로 잡을 수밖에 없고 백 9면 중앙이 막힌 꼴이 된다. 아직 귀는 A의 맛이 있다.

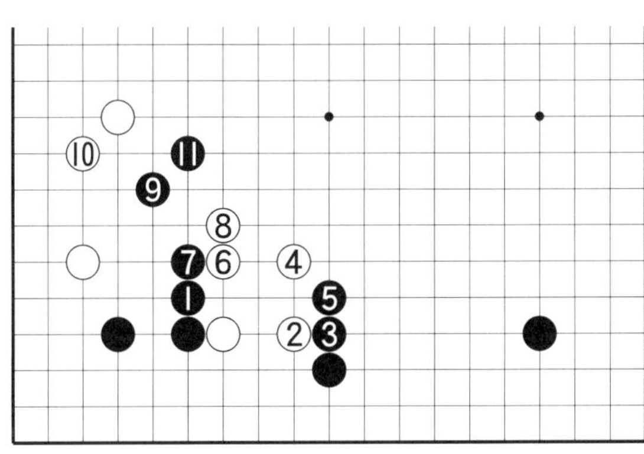

8도

8도(적극적)

흑1로 서는 것은 적극적인 공격법이다. 이하 흑11까지 흑이 절대 불리하지 않은 싸움이다.

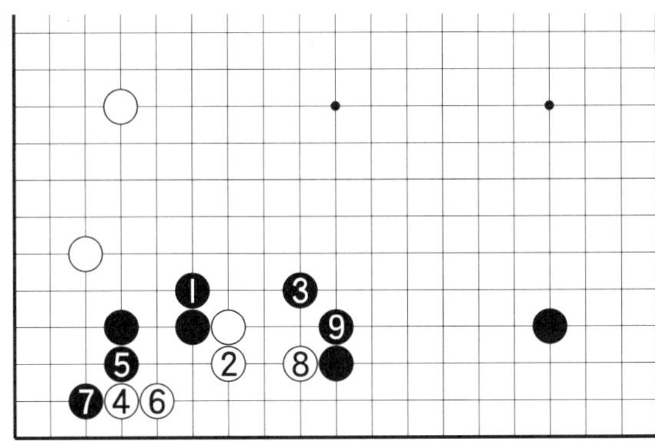

9도

9도(백, 부당한 수)

흑1에 백2로 빠지는 수는 없다. 흑3의 씌움이 통렬하기 때문이다. 흑9까지 백이 살더라도 이것은 생불여사이다.

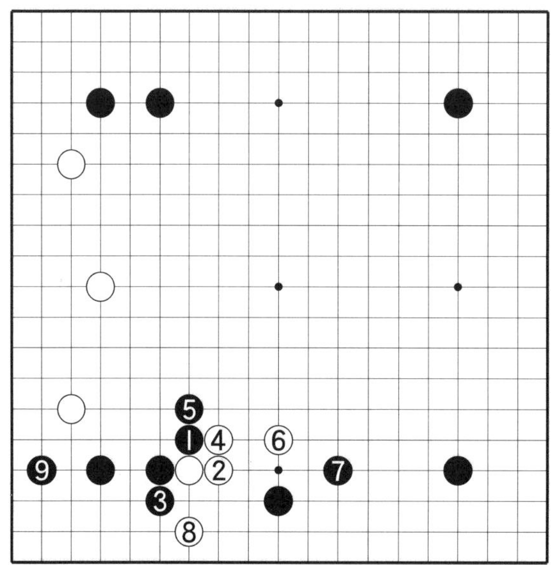

10도

10도(변화도)

흑1도 있다. 이하 흑 9까지 지키고 나면 흑이 하변 전투를 마다 할 리 없다.

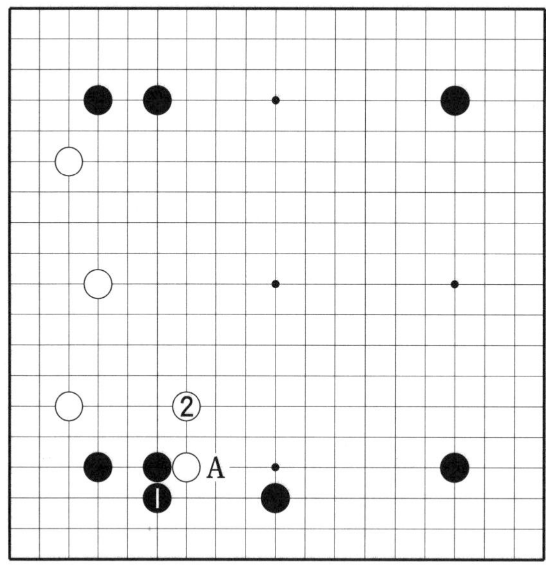

11도

11도(흑 퇴보)

흑1로 물러나는 수는 없다. 백2로 뛰어놓고 나면 백은 가볍게 삭감에 성공한 모습이다. 나중에 흑은 A로 넘는 게 좋다.

　　흑22는 우상 백 두점을 공격하자고 한 점이지만,
A로 뛰는 게 알기 쉽다. 백23의 침입으로 지금부터
난전의 바둑이 될 듯한데…

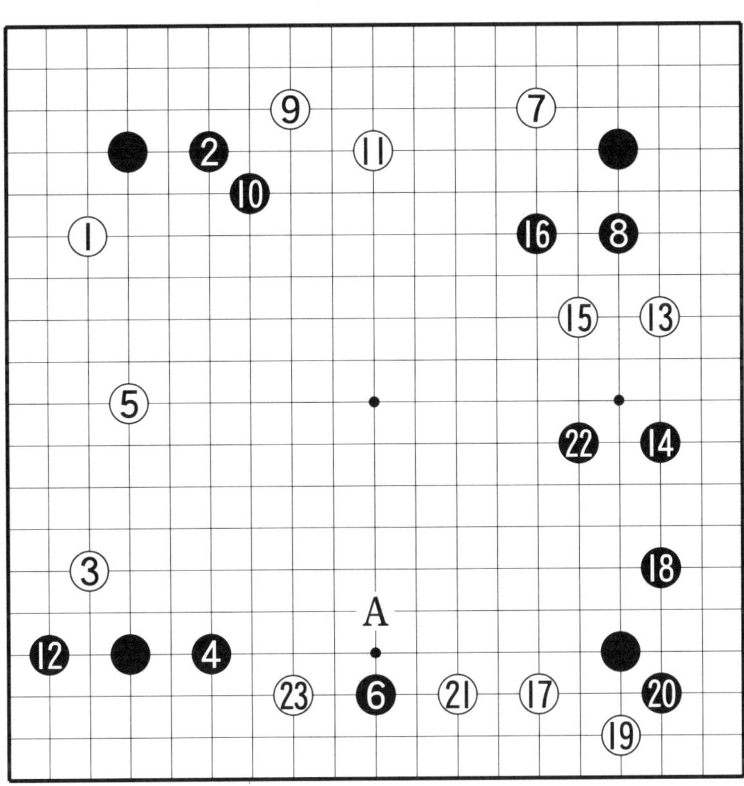

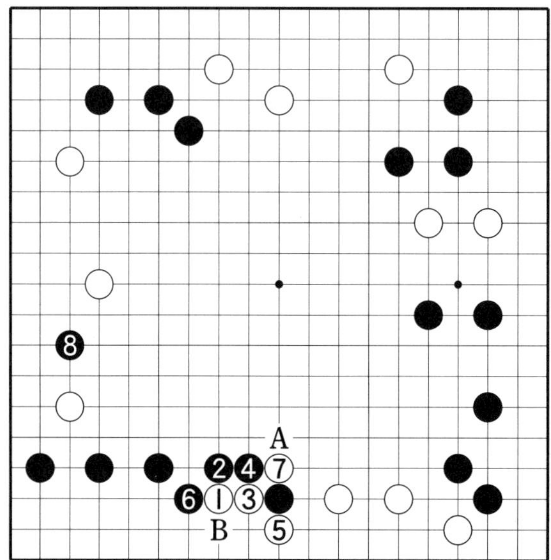

1도

1도(흑, 간명)

제일 간단한 방법은 흑2로 씌우는 점이다. 백도 7까지 넘는 정도 이고, 이때 흑8로 방 향전환하면 흑이 좋 다. 흑A는 B의 단수 를 위해 아껴둘 곳.

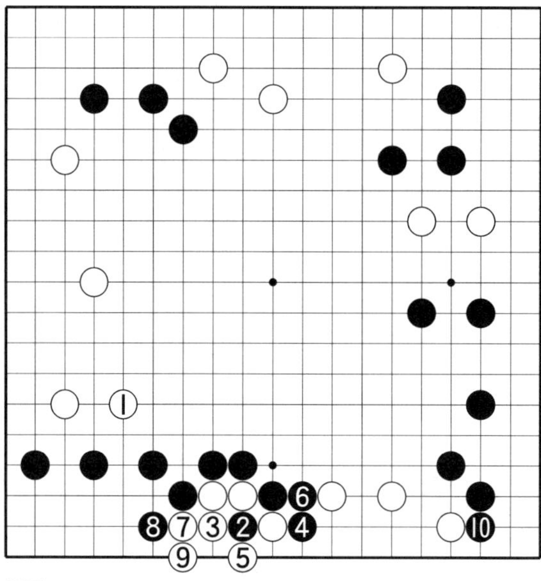

2도

2도(추궁)

전도 백7을 손빼면 본도 흑1부터 당장 추 궁을 당한다. 백9까지 옹색하게 살 때 흑10 이면 우하변 백이 많 이 다친다.

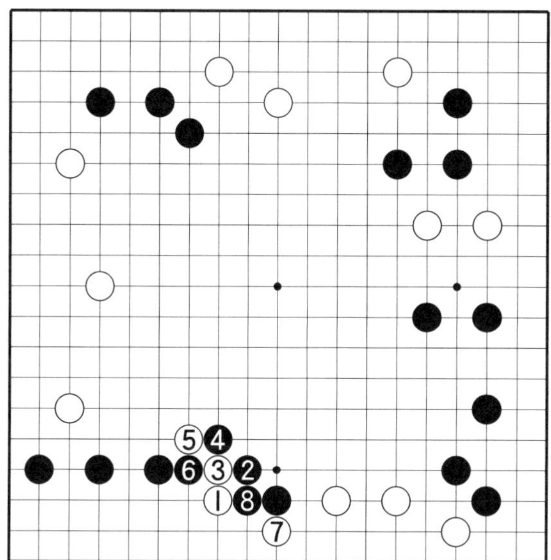

3도

3도(백, 착각)

 문제는 흑2로 공격할 때이다. 흑2는 우하변 백 석점의 공격을 엿보며 결정한 점이며 유력한 수다. 여기서 백5는 착각이고, 백7 때 흑8로 잡히고 만다.

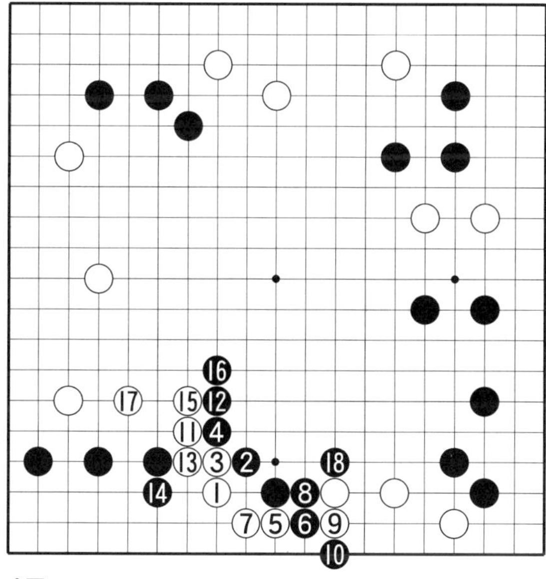

4도

4도(흑, 성공)

 백5로 먼저 붙여야 타개할 수 있고, 이때 자연스럽게 우측 백에 영향을 미친다. 백9 때는 흑10이 중요하고, 백13 때도 흑14로 지켜두는 게 좋다. 이하 흑18까지 흑이 성공한 모습.

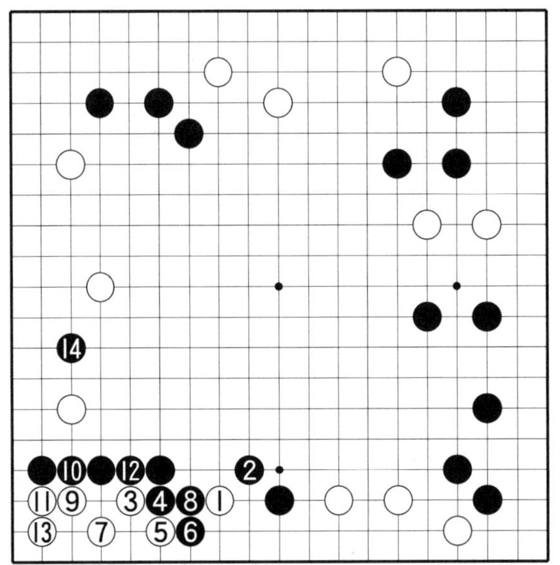

5도

5도(흑, 편함)

 백3으로 응수를 묻는 수도 있다. 이 때는 안에서 삶을 강요시키는 게 좋다. 백13을 기다려 흑14로 뛰어들면 흑이 편한 바둑이다.

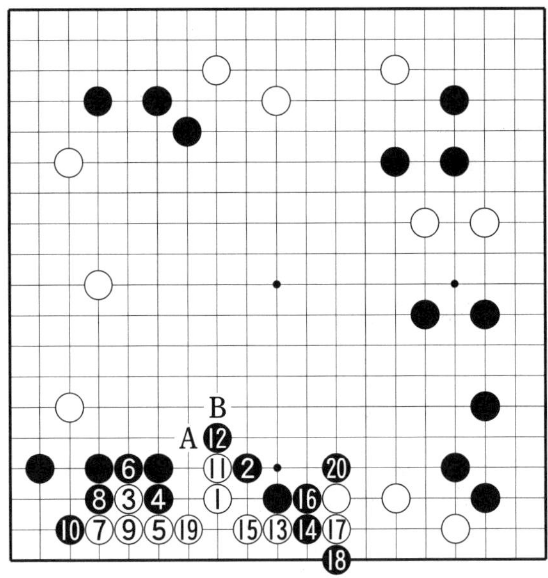

6도

6도(우측을 노림)

 백5에 흑6으로 막는 수도 있다. 백도 11 이하 19까지 살아야 하고, 이때 흑20으로 우측 백을 공격하는 게 요령이다. 백A는 흑B.

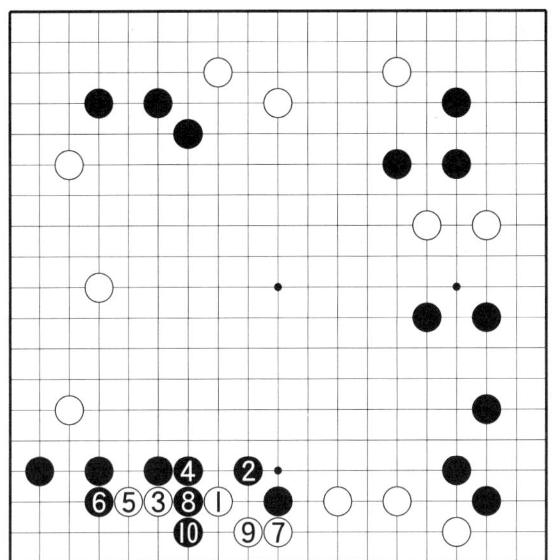

7도

7도(흑, 만족)

백3으로 붙여 응수를 묻는 수도 있다. 이 때는 흑4가 요령. 중요한 것은 백7 때 흑8을 잊어서는 안 된다. 이하 흑10까지 백 두점을 잡는 것으로 만족.

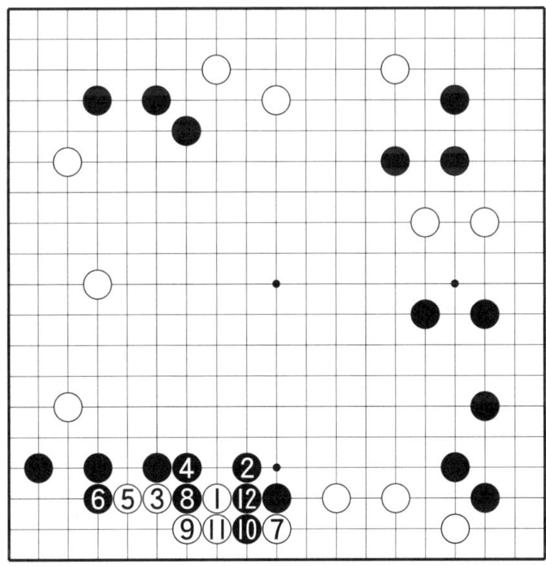

8도

8도(백, 속수무책)

만약 흑8 때, 백9로 받는다면 흑10으로 백 전멸이다. 백11로 이어도 흑12면 그만.

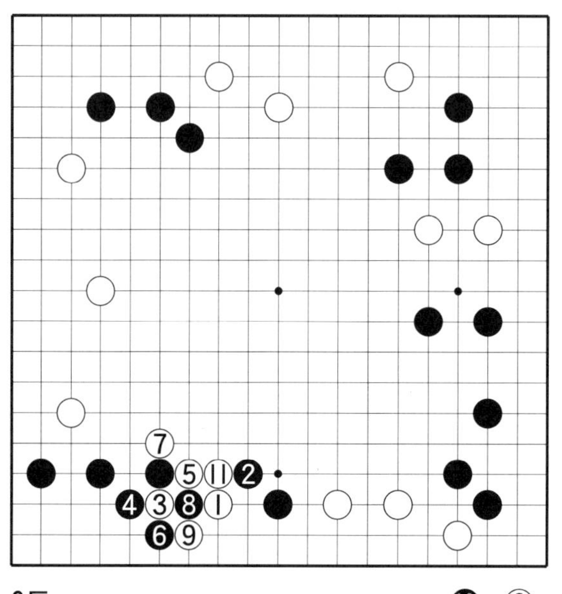

9도

9도(흑, 큰일)

 흑4는 위험하다. 백5로 버티는 수가 있기 때문이다. 흑6에는 패로 받고 이하 백11까지 예상되는데, 이것은 흑이 망한 모습이다.

⑩…③

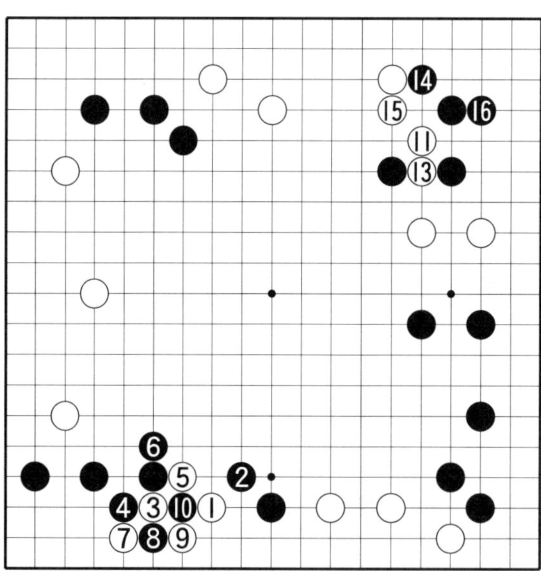

10도

10도(과감한 패)

 백5에는 흑6으로 한번 느는 게 중요하다. 이 때 백은 7로 젖혀 패를 걸어오게 되는데, 여기서 흑은 과감하게 패를 결행한다. 우상귀 팻감에는 흑14·16으로 수습.

⑫…③

침입 이후(4)

흑14까지 그림같은 포석이다. 흑14는 A로 뛰어도 훌륭한 한 수이며, 백13으로 좁게 벌린 이유는 백15를 염두에 둔 것이다. 야릇하게 침입한 백15에 대한 흑의 전략은?

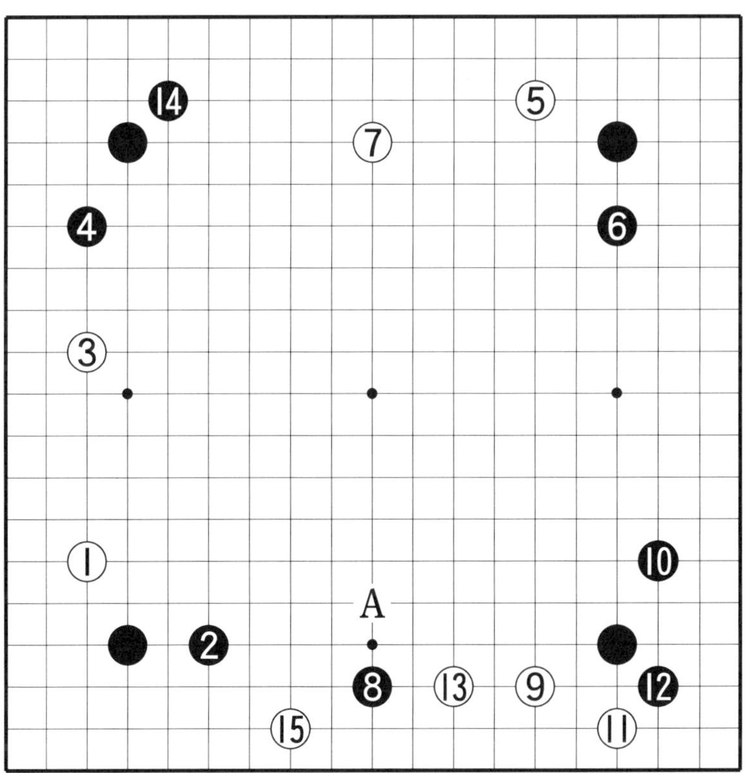

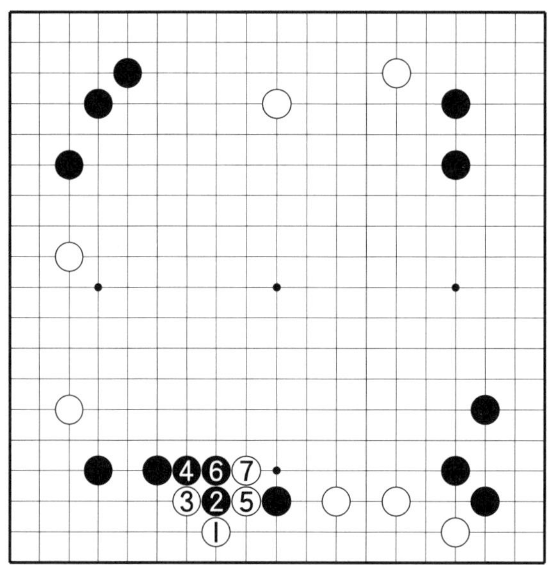

1도

1도(흑, 최악)

흑2로 받는 것은 최악이다. 백7까지 뚫려서는 이 바둑을 이기기 힘들다.

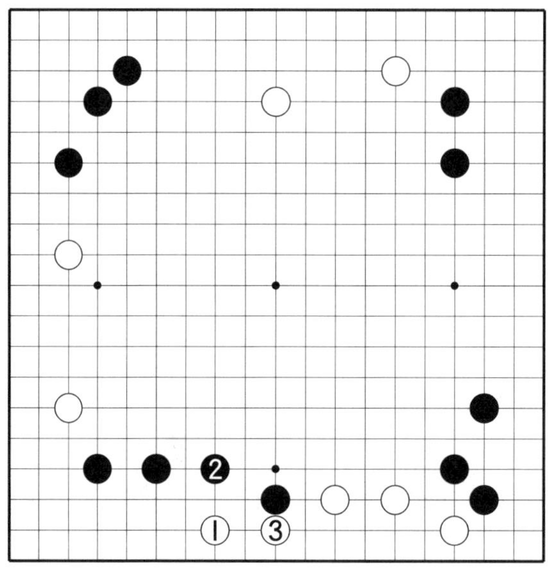

2도

2도(백의 주문)

흑2로 받는 것은 백의 주문이다. 백3으로 넘으며 흑의 실리를 송두리째 빼앗은 결과이다.

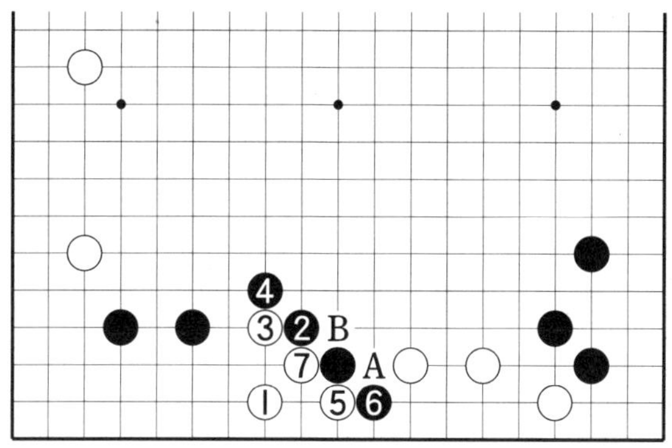

3도(함정)

흑2로 받는 게 정수이다. 여기서 백5 때가 매우 중요한데, 흑6으로 덜컥 받았다가는 백의 함정수에 걸려든 꼴. A와 B의 단점이 동시에 노출된다.

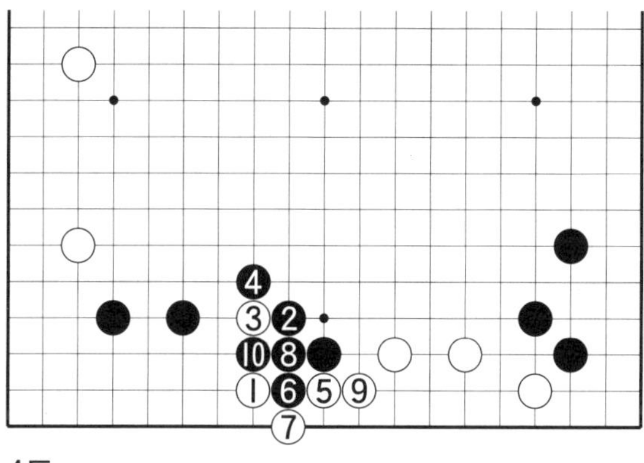

4도(흑6, 정수)

흑6으로 끼우는 게 정수이다. 백9로 넘는 것을 기다려 흑10으로 두텁게 흑 한점을 잡아둔다.

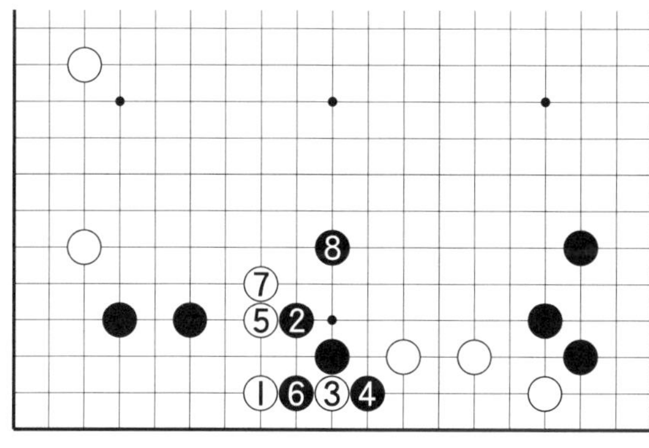

5도(수순 차이)

백이 수순을 바꿔 백3으로 먼저 붙이고 백5로 나오면 흑6으로 잡아 흑이 좋다. 흑8까지 흑의 자세가 당당하다.

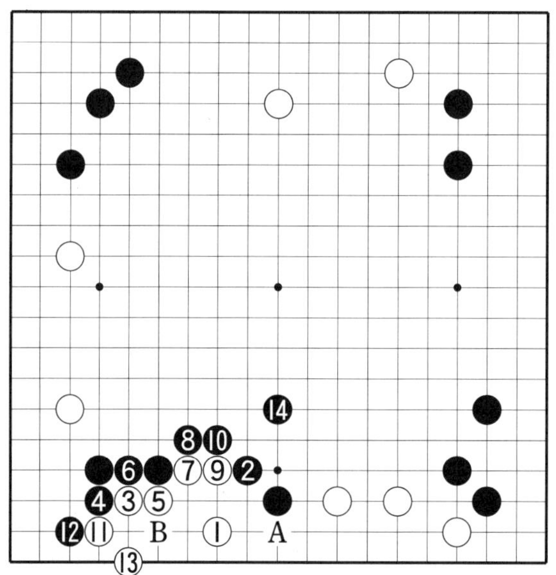

6도(백의 변신)

　백3으로 먼저 응수를 물어볼 수 있다. 그렇다면 백13까지 안에서 살고 흑은 두터움을 얻는다. 나중에 흑A가 선수. B가 듣기 때문이다.

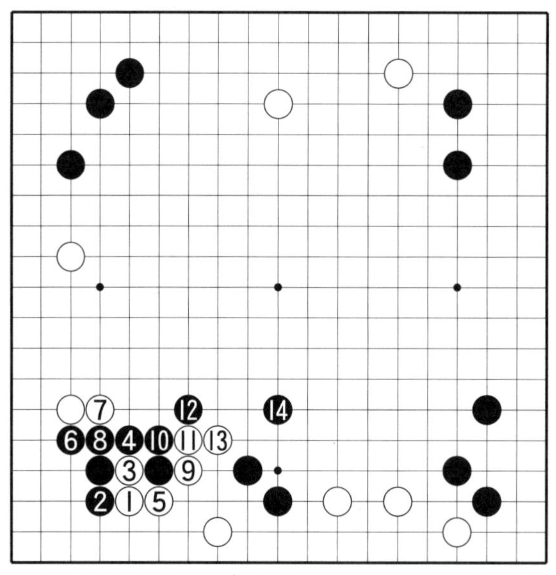

7도(흑, 활발)

　백3으로 하나 찔러두고 5로 넘는 수도 생각해 볼 수 있지만 그렇게 신통치는 않다. 흑14까지 흑이 활기차다.

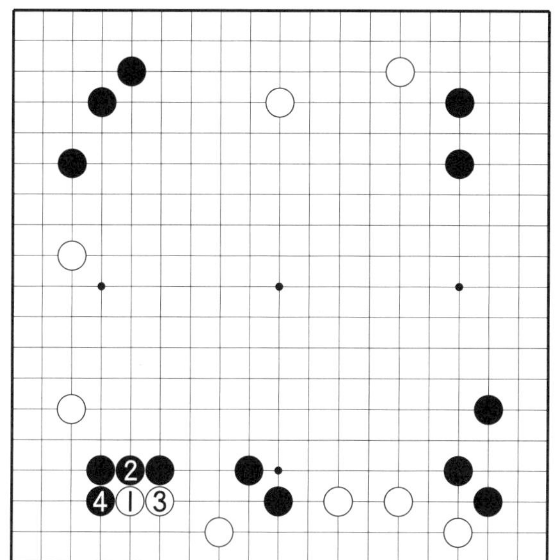

8도(6도로 환원)

　흑2로 꽉 잇는 수도 있다. 백3으로 물러나면 흑4로 막아 **6도**의 결과로 환원된다.

8도

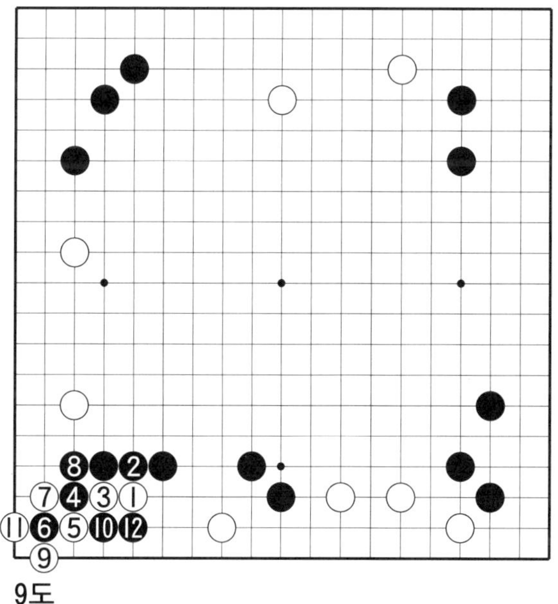

9도(흑, 만족)

　백3·5로 밀고 들어오는 게 귀찮지만, 흑6의 이단젖힘을 알고 있으면 아무 이상이 없다. 흑12까지 흑 만족.

9도

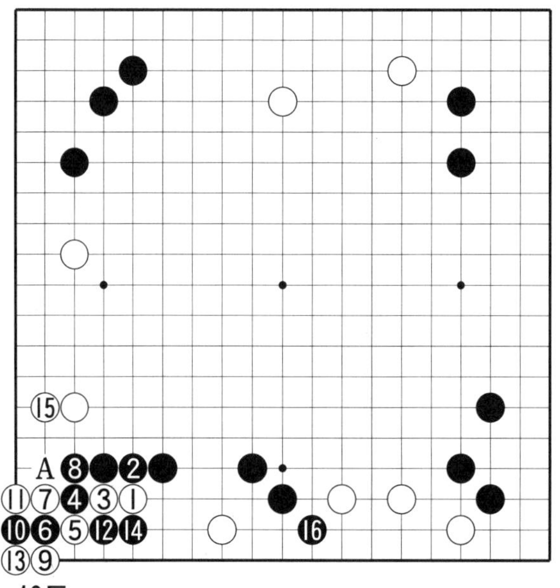

10도

10도(흑, 좋음)

 흑10으로 키울 수도 있다. 물론 백15나 A로 넘어가지만, 흑16으로 우하귀에 선착해 흑이 만족이다.

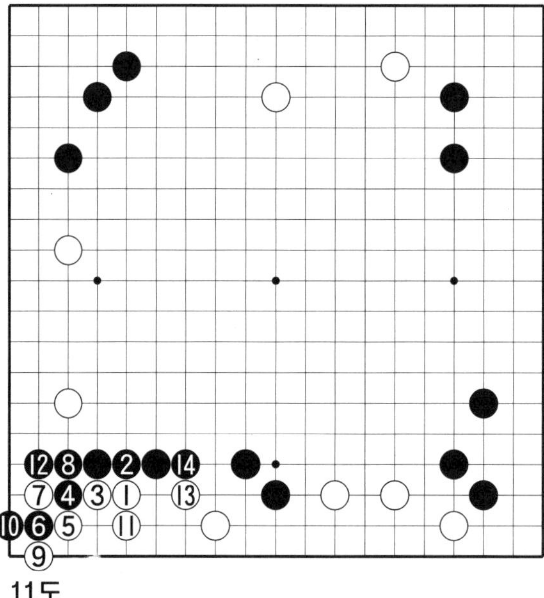

11도

11도(흑, 두터움)

 백11로 살려도 흑12면 흑이 충분하다. 백13을 교환하는 것도 백의 악수.

침입 이후(5)

정말 잘 짜여진 포석이다. 흑18까지 흠잡을 데 없
다. 흑18은 A에 뛰어도 훌륭한 점이다. 백19에 대한
흑의 대응은?

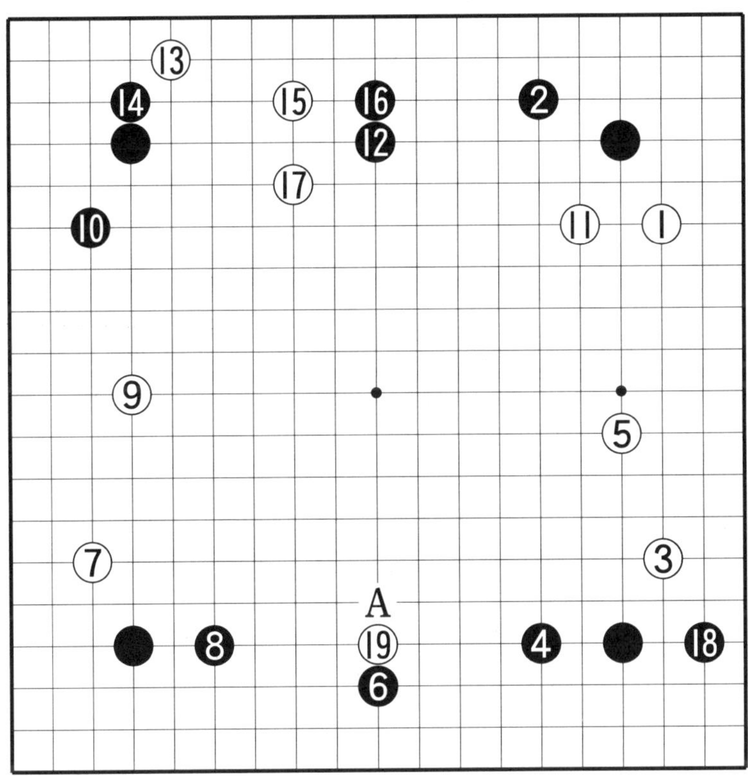

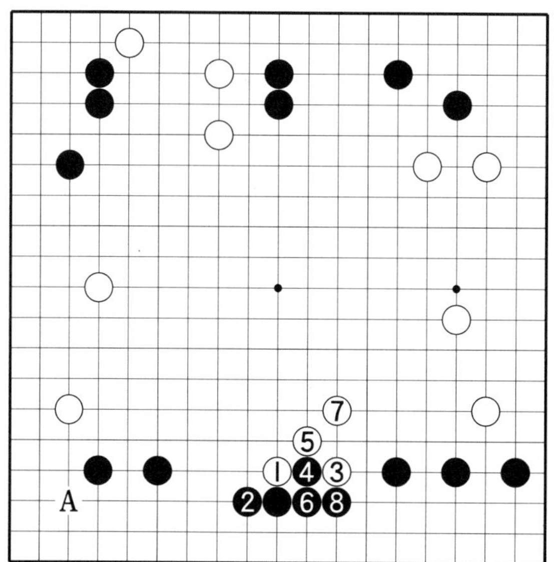

1도

1도(소극적)

흑2로 느는 것은 백 7까지 백이 삭감에 성공한 모습이다. 흑8로 넘어 약간의 실리를 확보는 했지만 불만이다. 백은 A의 곳도 남아 있다.

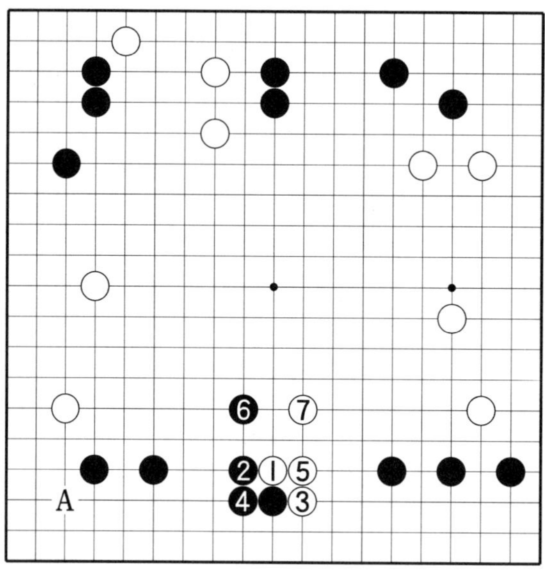

2도

2도(흑, 불만)

흑2로 받는 게 언뜻 떠오르지만 방향이 틀렸다. 백7까지 되고보면 흑은 아직도 A가 열려 있어 집이 아니다.

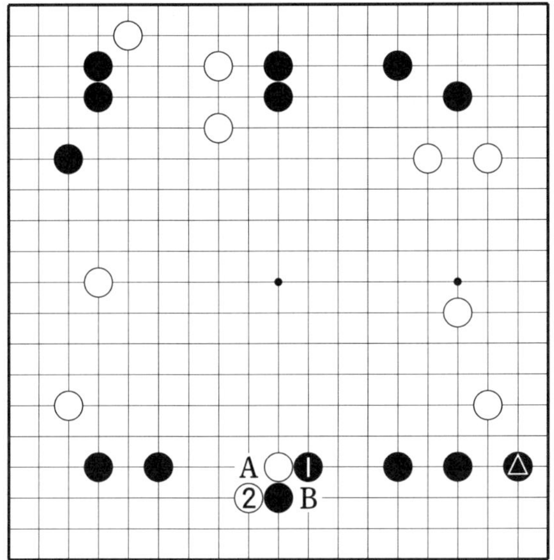

3도

3도(흑1, 정수)

흑1로 받는 게 정수다. 흑△가 지켜져 있는 만큼 우측을 지키는 게 요령. 백2는 당연하고, 이후 흑은 A, 또는 B가 떠오른다.

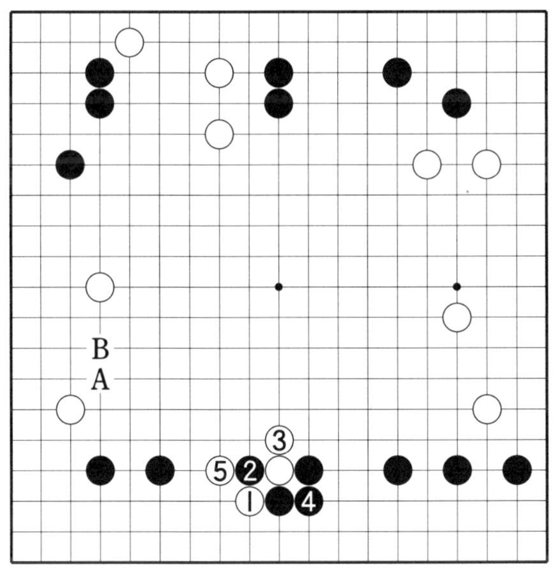

4도

4도(흑, 재미없음)

흑2로 몬 다음 4로 잇는 것은 백5로 흑 한점이 잡혀 나쁘다. A, B 등의 축머리 이용은 나중 얘기다.

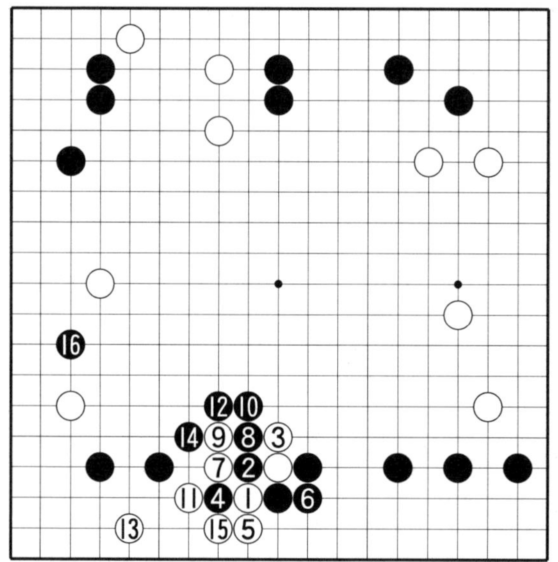

5도

5도(예측불허)

 흑4로 몰고 6에 잇는 게 버티는 수다. 하지만 이것은 너무 복잡하므로 흑16까지 서로 어려운 모습이다.

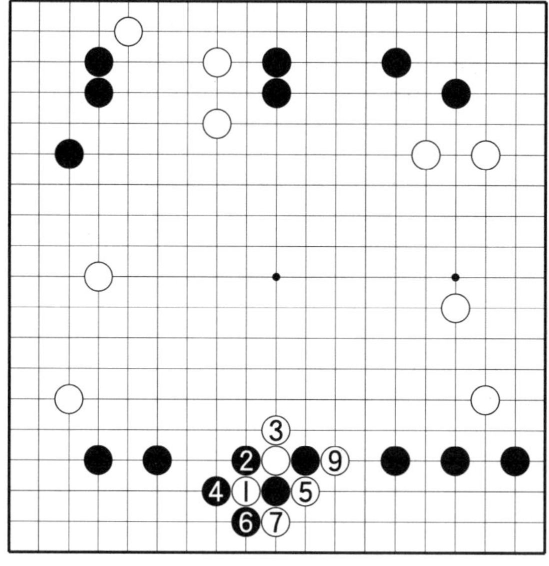

6도

6도(백, 좋음)

 그러므로 백도 흑4 때는 5로 모는 게 좋다. 백9까지 백이 만족한 모습이다.

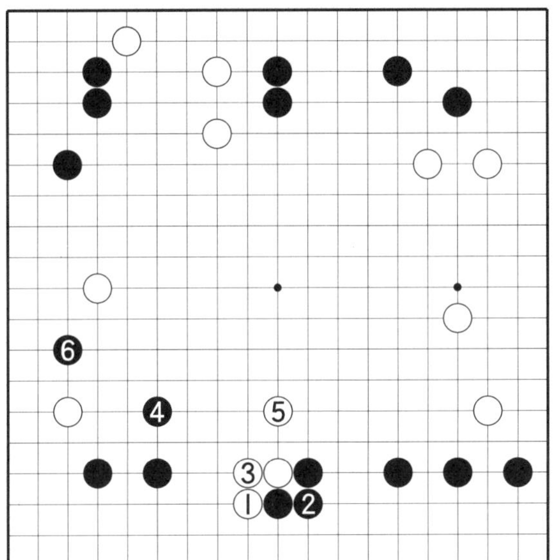

7도

7도(흑, 최선)

흑2로 잇는 게 제일 간명하며 좋다. 흑4로 흐름을 타고, 백5를 기다려 흑6으로 침입하면 흑이 충분한 모습이다.

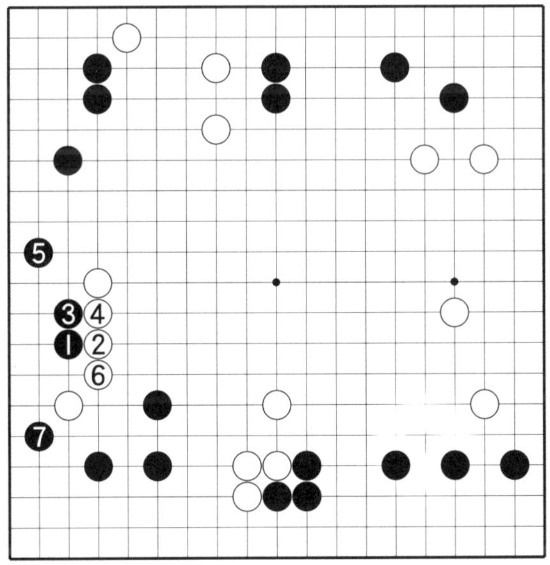

8도

8도(흑, 가벼움)

흑1 때 백2로 덮어오지만 흑5까지 가볍게 날고, 흑7로 지키면 흑이 만족이다.

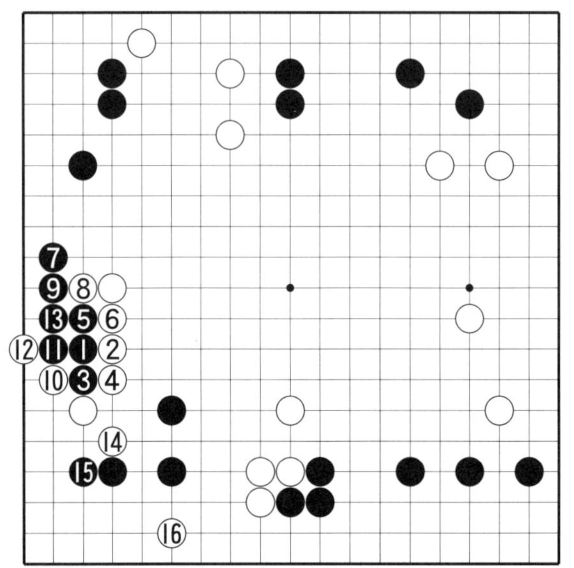

9도

9도(흑, 자충)

여기서 흑3과 백4를 교환하는 것은 악수. 백14를 선수하고 16을 차지해 백이 발빠르다.

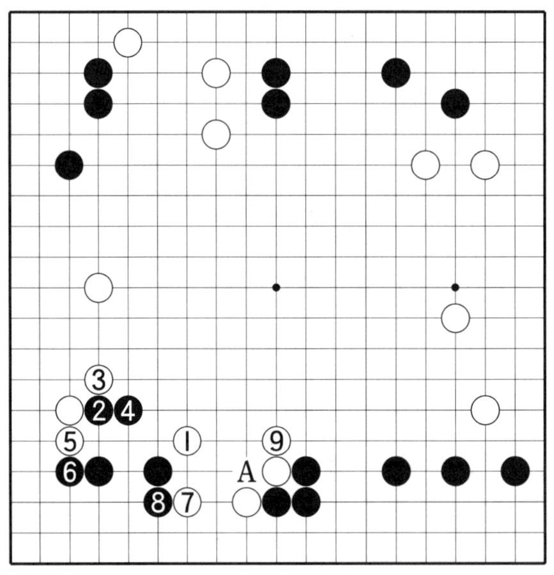

10도

10도(흑, 만족)

백이 A를 잇지 않고 1로 가벼운 행마를 가정해 볼 수도 있다. 백9까지 수습은 되었지만 흑은 양쪽을 둔 결과이다. 흑 만족.

하수의 침입(1)

접바둑이라고 너무 소심해서는 안 된다. 때로는 상수를 놀라게 하는 도전이 필요한 것이다. 흑12가 바로 그것인데, 이후 어떤 변화들이 숨어 있을까?

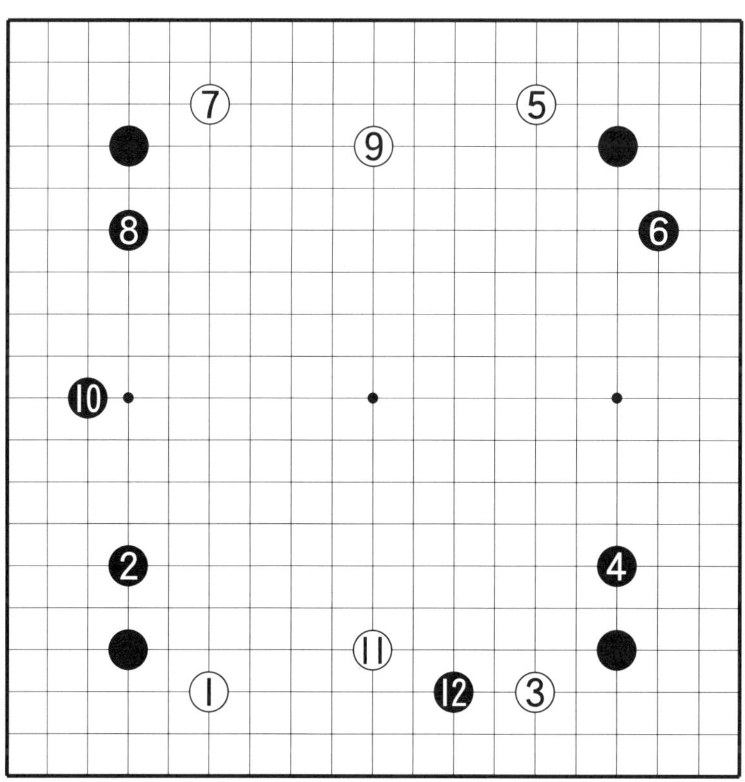

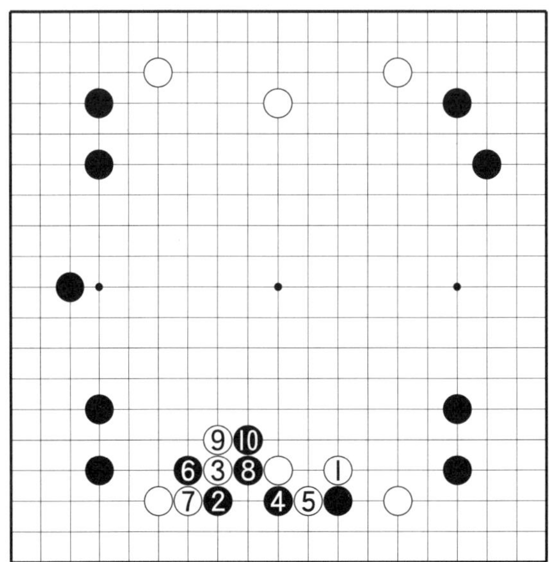

1도

1도(흑, 성공)

백1이면 흑2·4가 재미있는 착상. 백5로 제압한다면 흑6이 타이밍. 여기서 백7은 무리. 흑8·10이면 흑이 대성공이다.

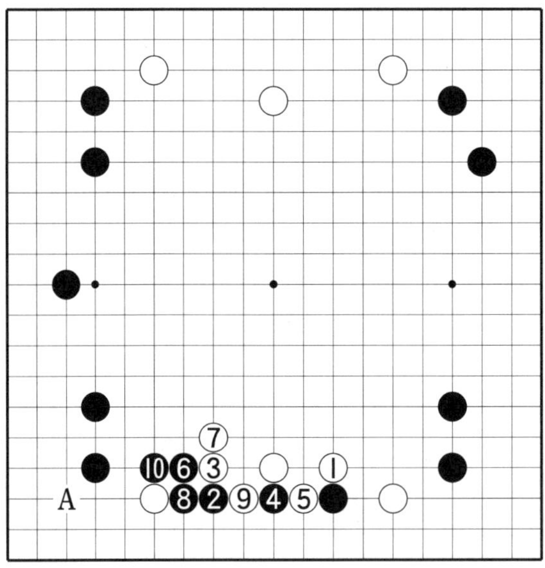

2도

2도(흑, 충분)

그러므로 백은 7로 물러날 수밖에 없다. 그렇다면 흑8로 잇고, 백9로 잡을 때 흑10으로 제압한다. A의 맛이 있지만 흑이 충분한 모습.

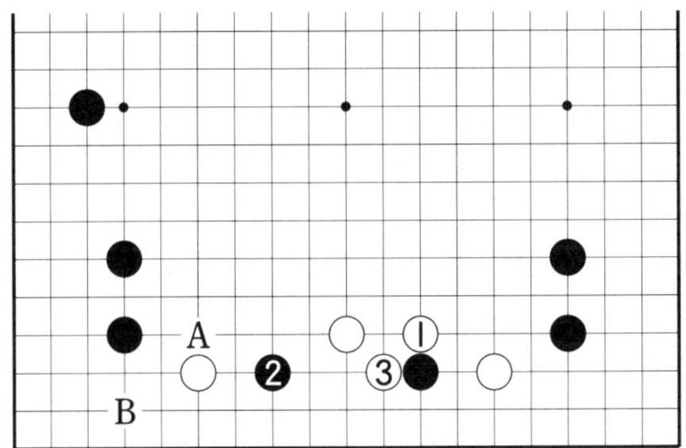

3도

3도(백, 변화)

백은 앞에서 나왔던 결과가 불만이므로 흑2에는 백3으로 변신을 할 수 있다. 이 때 흑의 응수는 두 가지. A와 B이다.

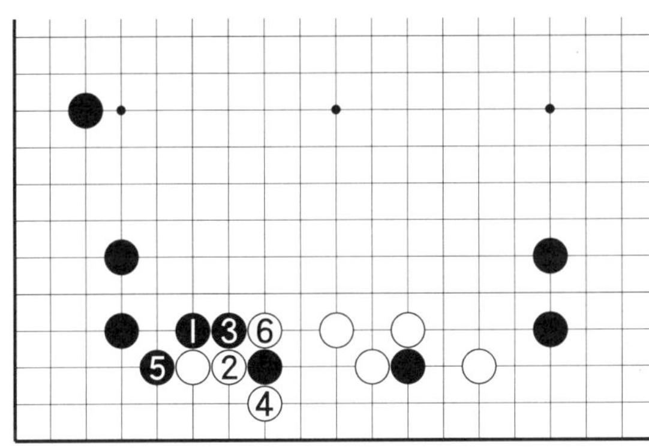

4도

4도(흑, 만족)

흑1에는 백2·4로 넘는 게 보통이다. 하지만 흑도 5로 막아 만족한 모습이다. 백6의 가일수는 절대.

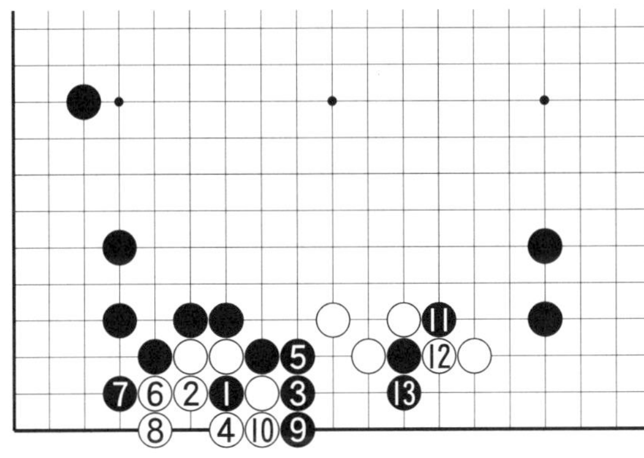

5도

5도(백, 낭패)

전도 백6을 손빼면 흑1 이하의 수단이 있다. 흑9, 백10을 교환하고, 흑13까지면 백이 곤란한 모습이다.

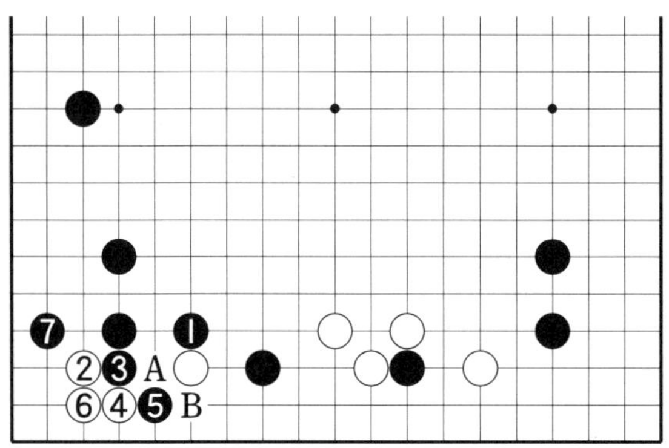

6도

6도(백, 무리)

 백2로 뛰어드는 것도 한 방법. 하지만 백4는 무리이다. 흑5로 막은 다음, 7로 강하게 몰아붙이는 수가 준엄하다. 다음 백A에는 흑B.

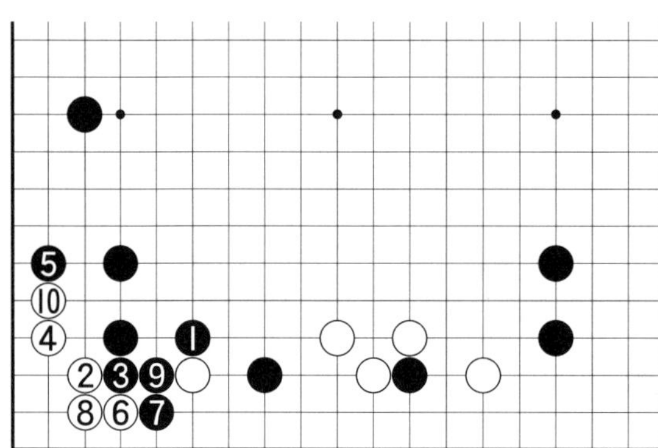

7도

7도(정형)

 백4가 보통이며 흑9 다음 백10으로 지키는 것까지 정형의 모습이다. 백10은 손뺄 수 없다. 만약…

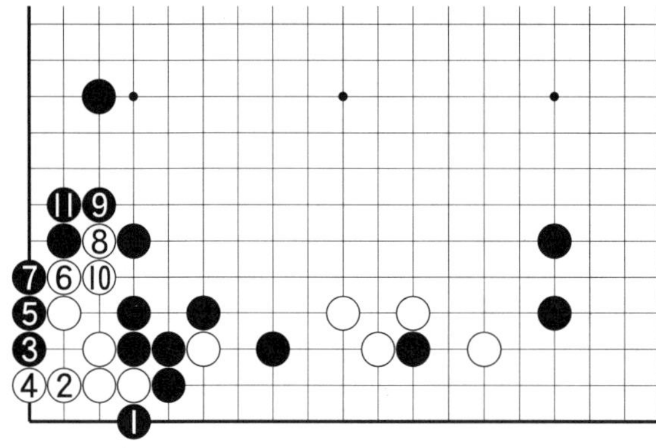

8도

8도(백, 죽음)

 7도 백10을 손빼면 흑1부터 백을 추궁하는 수가 있다. 흑11까지 백 죽음.

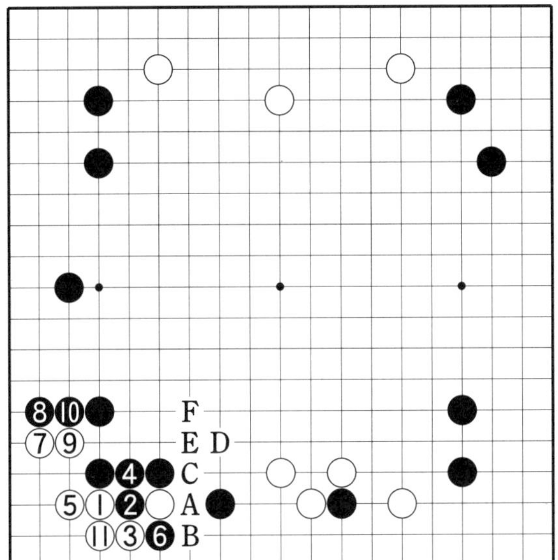

9도

9도(백의 변화도)

　백1로 붙이는 수도 있다. 그렇다면 흑2 이하 11까지 일단락. 다음 흑이 여기를 손빼도, 백A로 나오는 수는 흑B부터 F로 씌워 백이 안 된다.

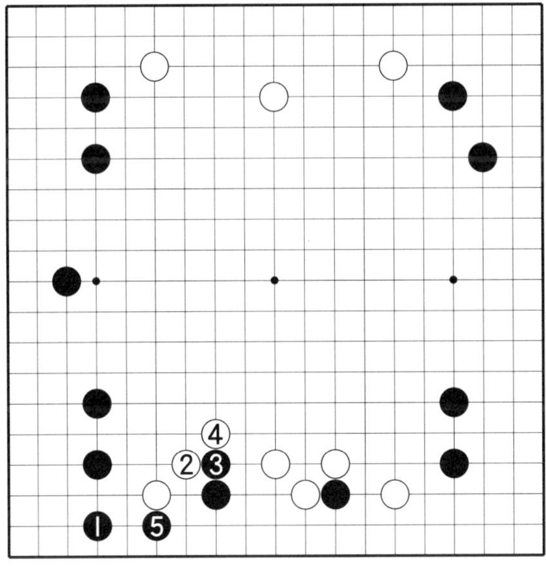

10도

10도(추천수)

　흑1로 뛰는 수가 간명. 백2에는 흑3·5가 요령이다.

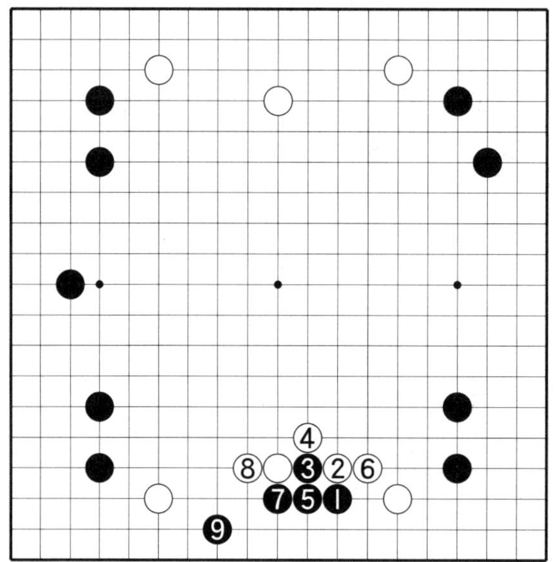

11도

11도(끼우는 수)

흑은 백2 때 흑3 이하 9까지 안에서 사는 수도 있다. 이 결과도 흑이 나쁠 리 없다.

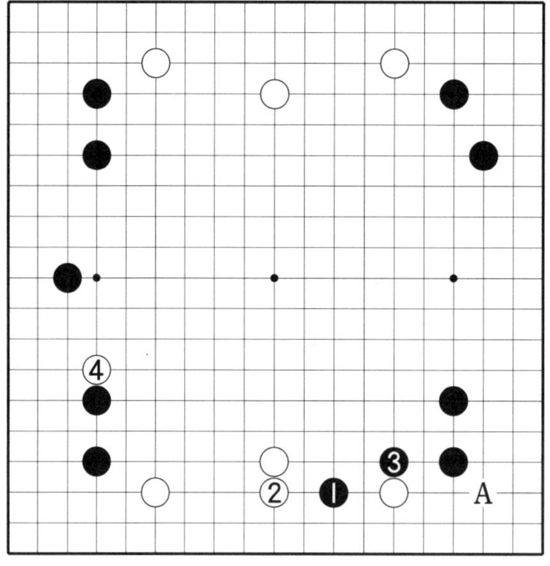

12도

12도(백의 타협)

흑1의 침입에 백2로 타협할 수도 있다. 흑3으로 씌우면 A의 맛을 노리며 백4 등으로 방향전환한다.

하수의 침입(2)

　흑17까지 그림같은 포석이고, 접바둑의 모범이라
할 수 있다. 이때, 흑18은 A에 지키는 것이 무난한
점인데, 강력한 흑18을 선택했다.

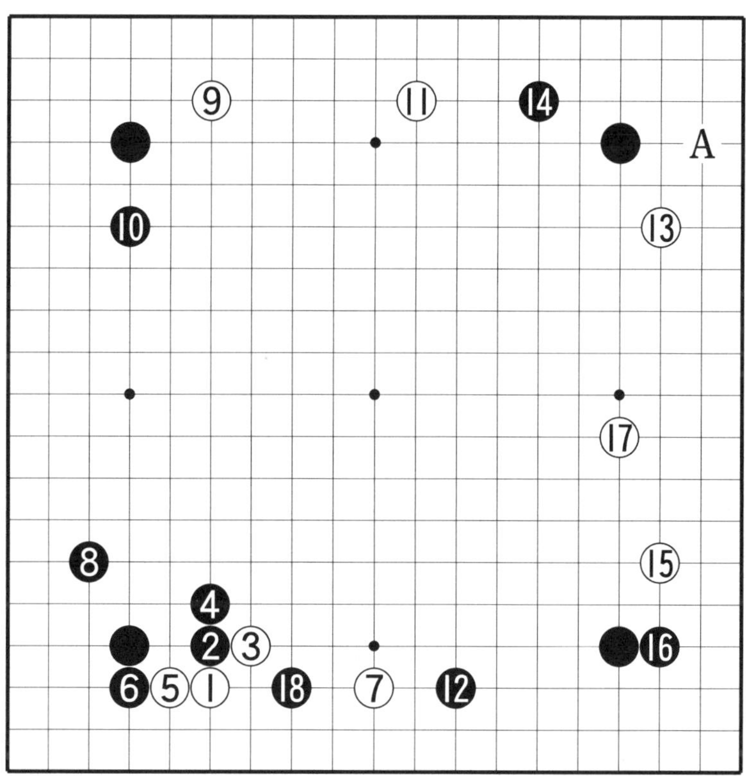

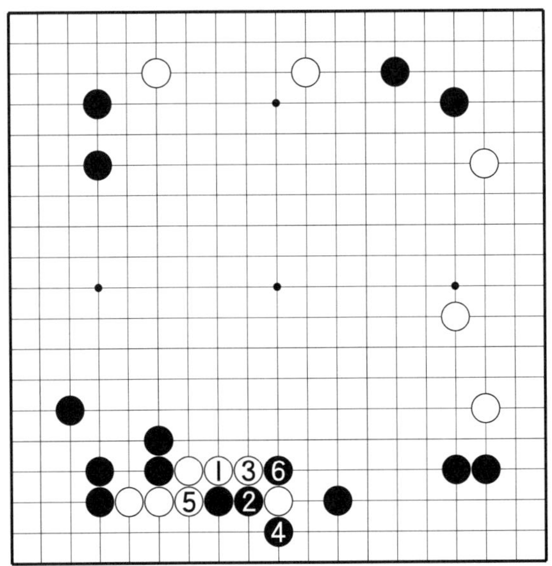

1도

1도(백, 곤마)

백1로 받는 것은 백도 실속이 없다. 흑6까지 아직도 곤마의 신세에서 벗어나지 못하고 있다.

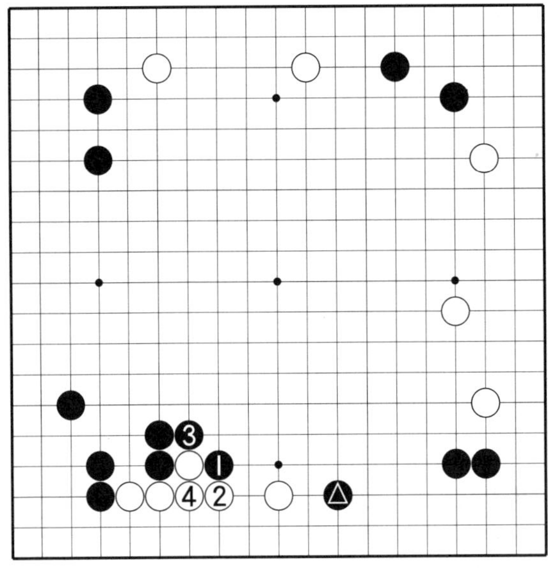

2도

2도(맥점이지만)

흑1의 붙임이 맥점. 백4까지 흑이 기분은 좋지만, 지금은 흑△를 활용하지 못한 수순이다.

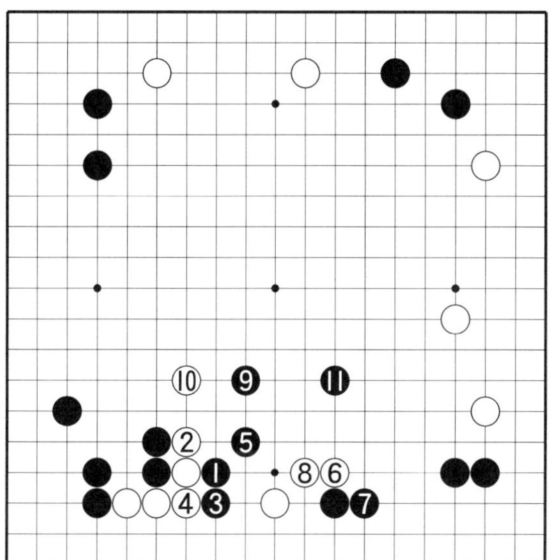

3도(백, 양곤마)

 백2로 반발하는 것은 무리이다. 흑11까지 이 정도는 흑도 충분히 싸울 수 있다.

3도

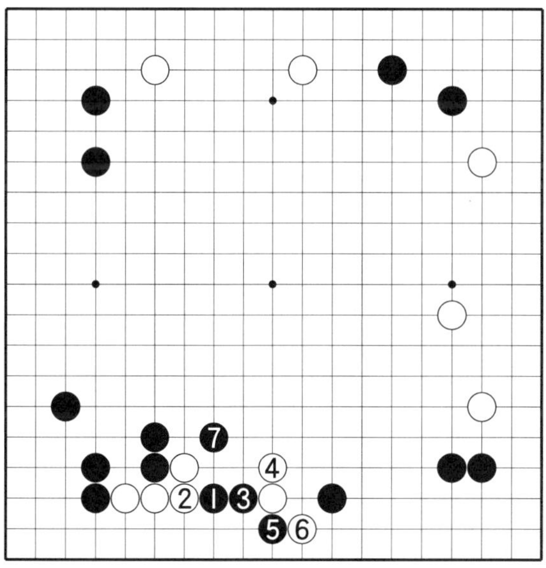

4도(흑, 탈출)

 백2로 가만히 이으면 흑3·5의 수순이 좋다. 그리고 흑7이면 가볍게 탈출에 성공.

4도

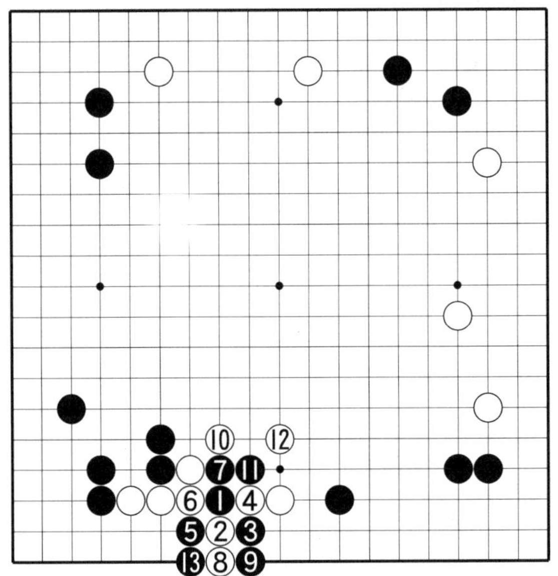

5도

5도(백의 비책)

흑1에는 백2로 붙이는 수가 좋다. 흑3부터 13까지는 외길 수순이고, 계속해서…

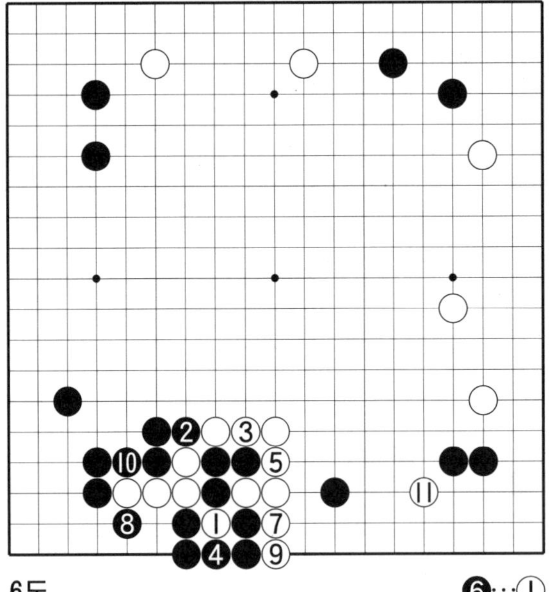

6도

6도(사석작전)

백1부터 9까지 넉점을 버리며 외곽을 도배하는 게 절묘하다. 흑의 실리도 크지만 백11을 당해 흑이 잃은 것도 많다.

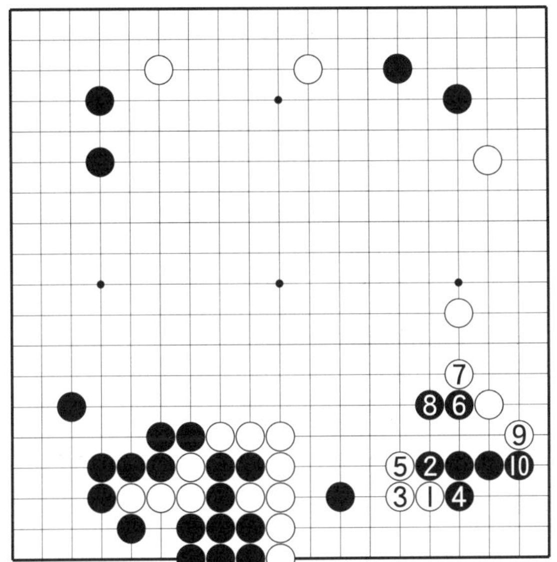

7도

7도(백, 성과)

　백1로 침입당해서는 흑이 좋을 게 없다. 흑 10까지 잃은 게 많다. 그러므로…

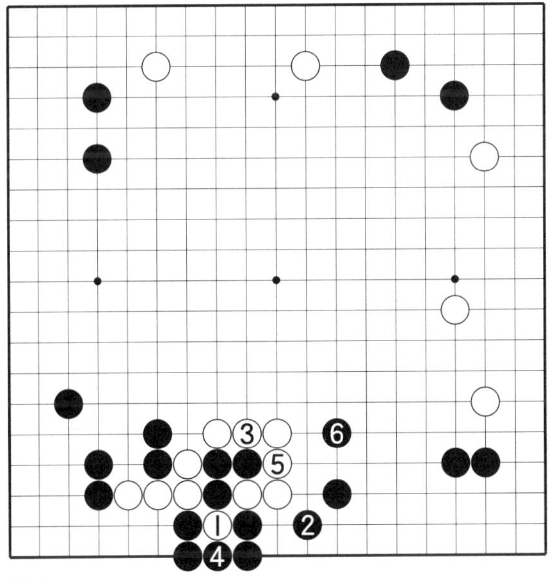

8도

8도(흑의 최선)

　흑은 백1 때 흑2로 넘는 게 최선이다. 흑 6까지 전도와 비교해 서 흑이 활발한 모습 이다.

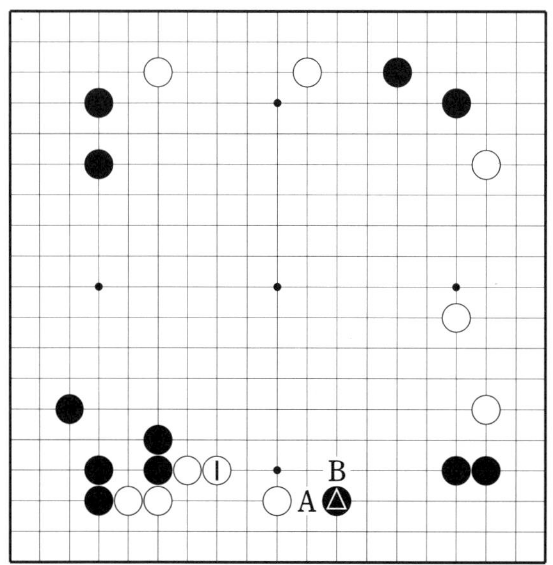

9도

9도(가일수)

백은 흑⬤가 오면 기회를 엿봐 백1로 가일수해 두는 게 좋다. 또는 백A와 흑B를 교환해 둔다.

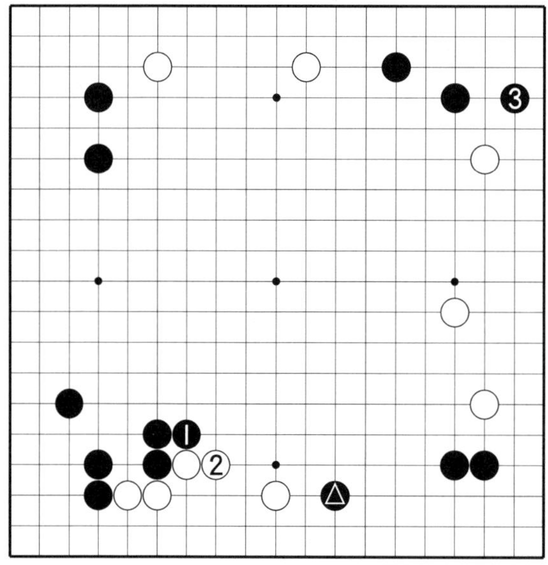

10도

10도(주의사항)

흑⬤가 있을 때는 흑1과 백2를 교환해서는 안 된다. 대악수! 흑3은 좋은 자리.

제58행 저공비행 왔을 때

흑8·10은 백을 공격하겠다는 뜻이 강렬하다. 이
때 백이 13으로 저공비행해 왔는데, 하수들이 흔히
당하는 모양이다.

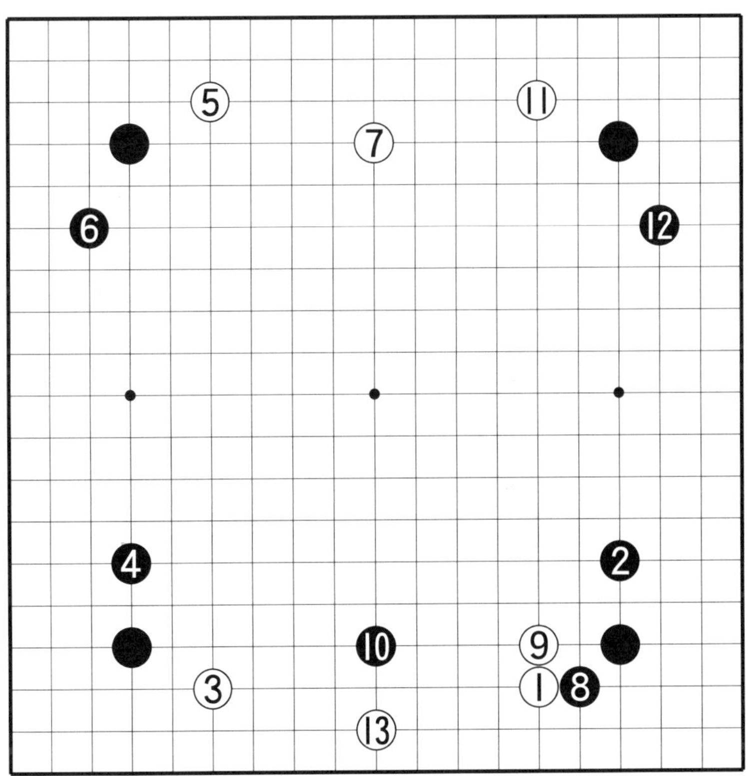

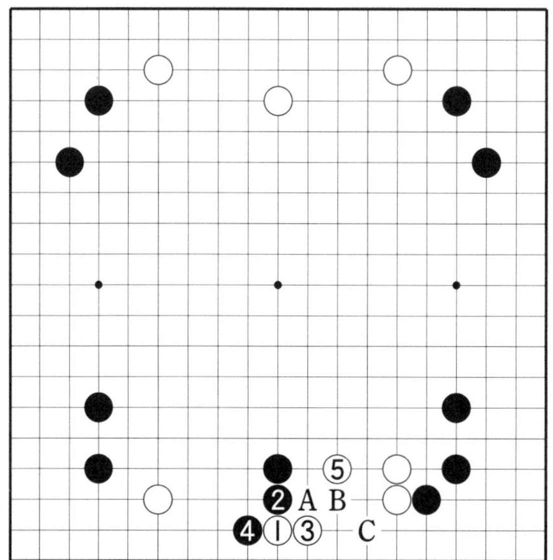

1도

1도(정착)

백1에는 항상 흑2를 기억하고 있어야 한다. 백3으로 물러나는 게 정수이고, 흑4로 막아두면 된다. 흑A, 백B, 흑C의 맛이 있다.

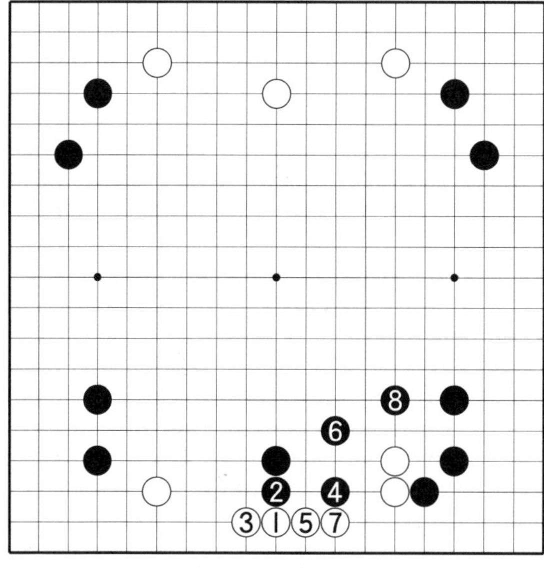

2도

2도(흑, 두터움)

백3으로 빠지는 수는 욕심. 흑4가 좋아 8까지 되면 백은 엷은 데 반해 흑은 두터운 모습이다.

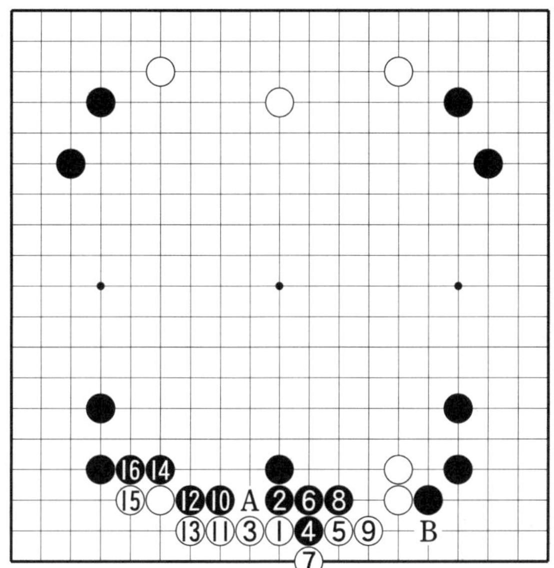

3도

3도(흑, 불안)

 흑4로 차단하는 것은 좋을 게 없다. 백5로 붙이고 흑16까지 된다고 해도 백은 A나 B의 맛을 노린다.

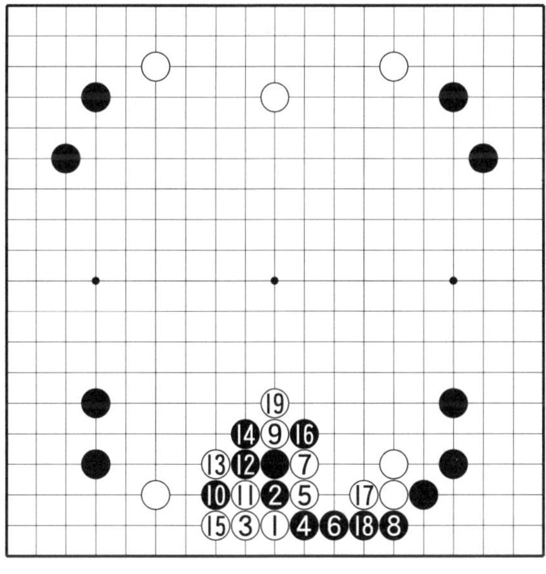

4도

4도(경우의 수)

 백은 상황에 따라 5로 끊어 싸울 수도 있다. 물론 백이 부담은 가는 싸움이지만, 백17이 선수임을 감안하면 충분히 싸울 수 있다.

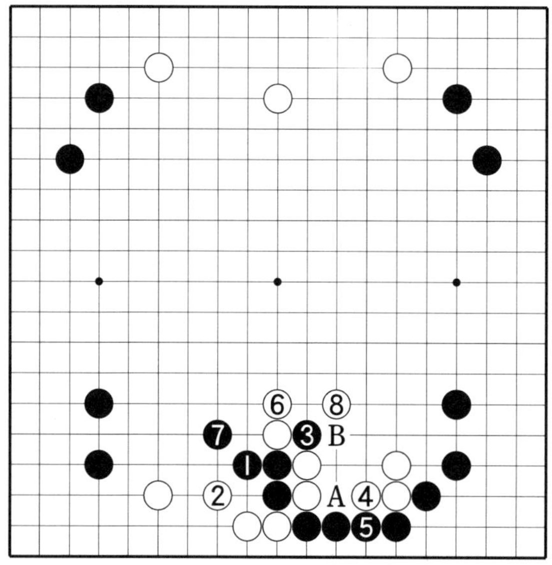

5도

5도(백, 버팀)

흑1·3으로 끊는 수에는 백8까지 버티는 수가 있다. 물론 흑이 최선으로 응징하면 흑A, 백B로 흑이 득이지만 접바둑임을 감안하면, 백이 충분히 둘 수 있는 모습이다.

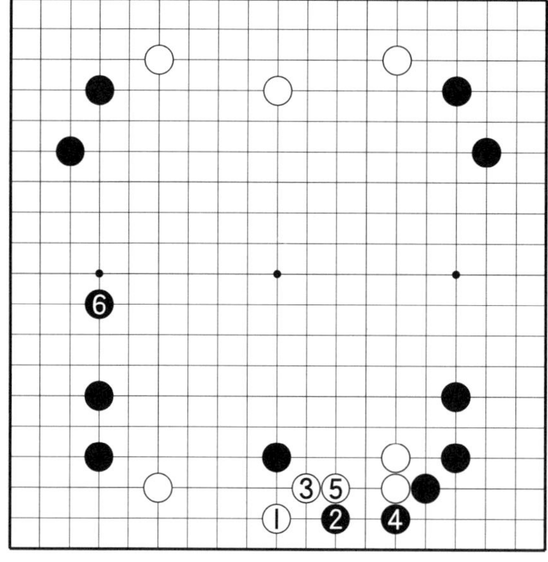

6도

6도(일책)

흑2의 치중도 좋은 수다. 흑4까지 실리가 짭짤할 뿐 아니라, 선수까지 뽑아 6을 선착해 만족이다.

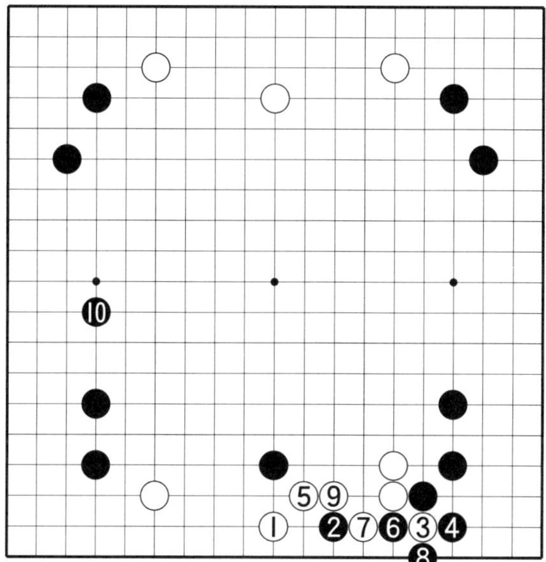

7도

7도(변화도)

 백3을 선수하고 5로 막는 것은 흑6·8로 과감히 백 한점을 잡는다. 흑은 선수를 뽑았을 뿐 아니라 귀의 맛이 없어져 만족.

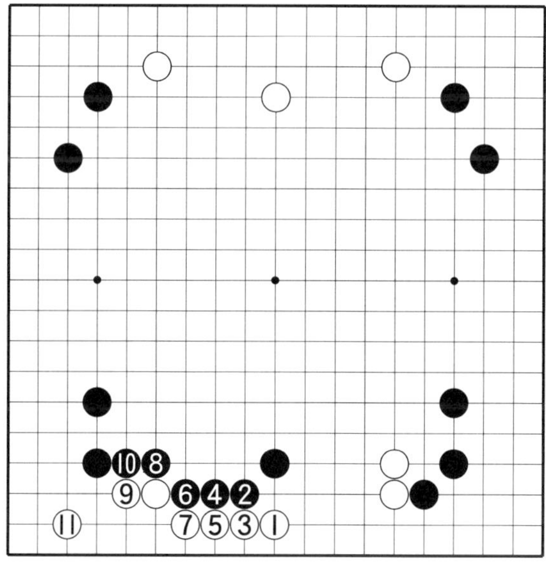

8도

8도(흑, 당함)

 흑2로 받기가 쉬운데, 이것은 백11까지 연결된 모습이 좋고 흑이 실속이 없다.

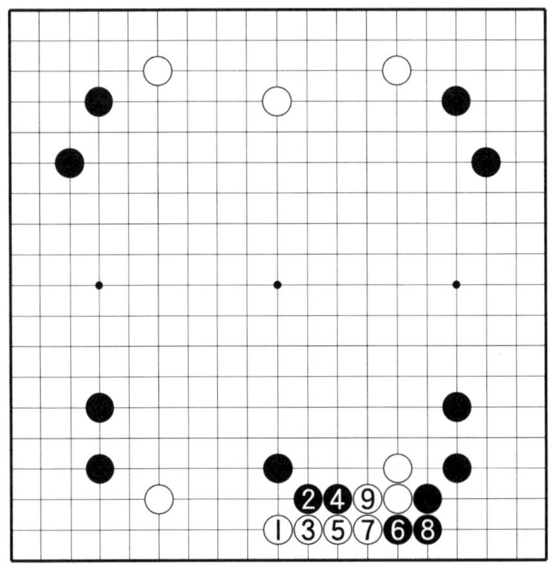

9도

9도(백의 주문)

흑2로 누르는 게 기분좋을 것 같지만, 백은 튼튼하게 연결된 모습이 좋다. 흑6・8은 언제든지 선수로 이을 수 있는 자리.

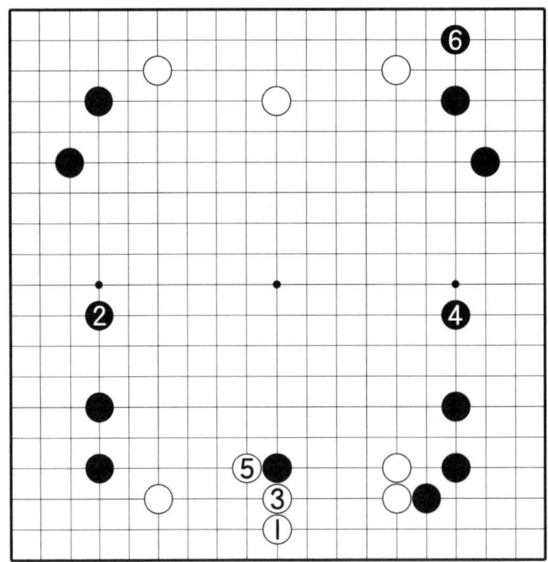

10도

10도(추천수)

백1에는 흑2로 손빼는 것을 강력히 추천한다. 흑2・4로 방향을 틀어 큰 곳을 선점한다.

제59형　실전형(1)

아마추어 4단과 프로기사의 실전보이다. 흑10까지 나무랄 데 없는 포석감각. 백11로 침입하며 전단이 마련되었다.

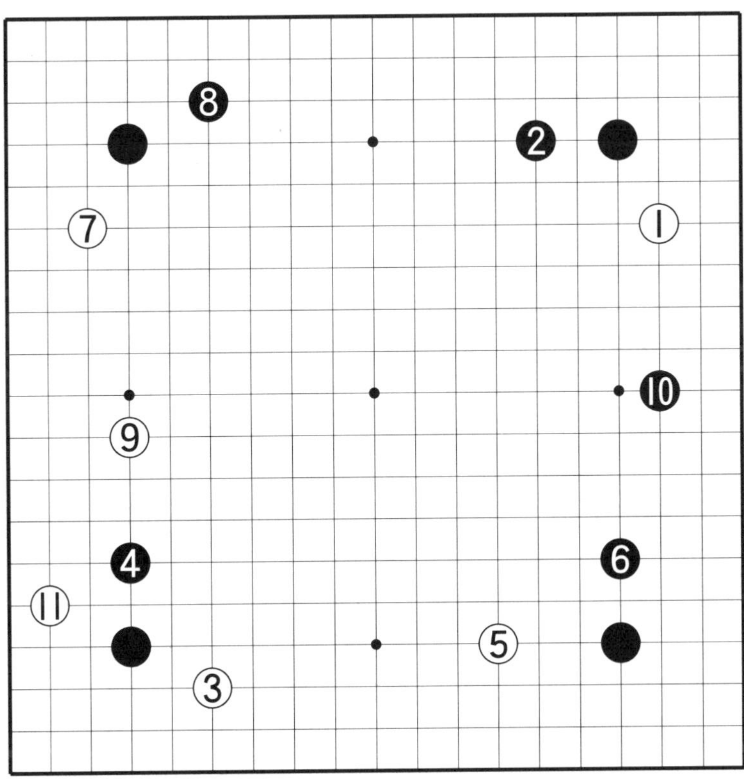

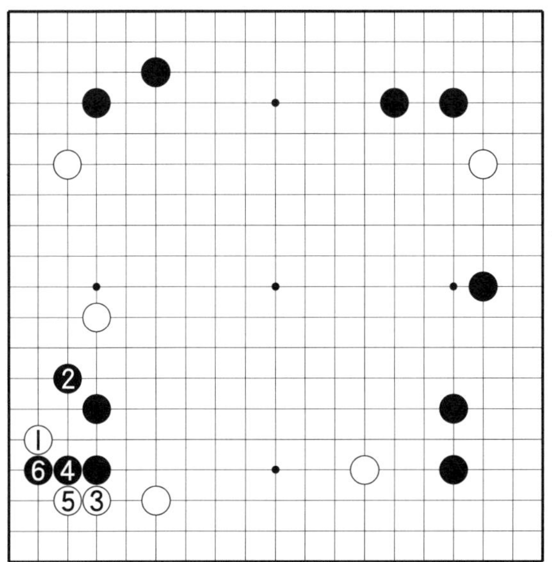

1도

1도(백의 주문)

흑2로 차단하는 것은 백의 주문이다. 백3으로 붙여가는 수가 호수로 흑6까지 당한 모습. 흑4로 5는 백4로 끊는다.

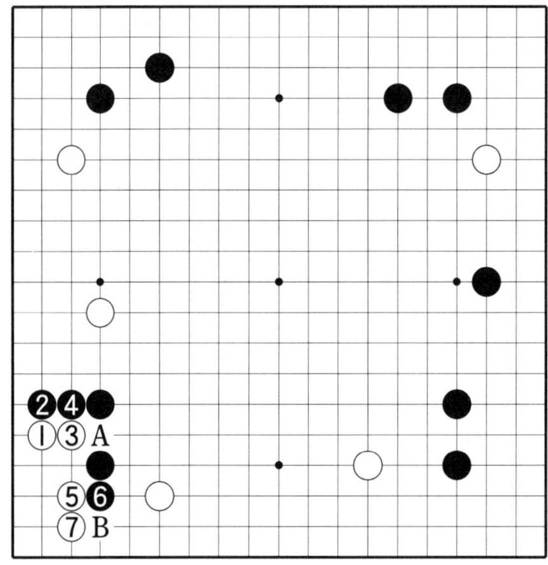

2도

2도(흑, 나쁨)

흑2로 압박하는 것도 좋을 게 없다. 백7까지 되고 보면, 흑은 A와 B의 단점만 남는다.

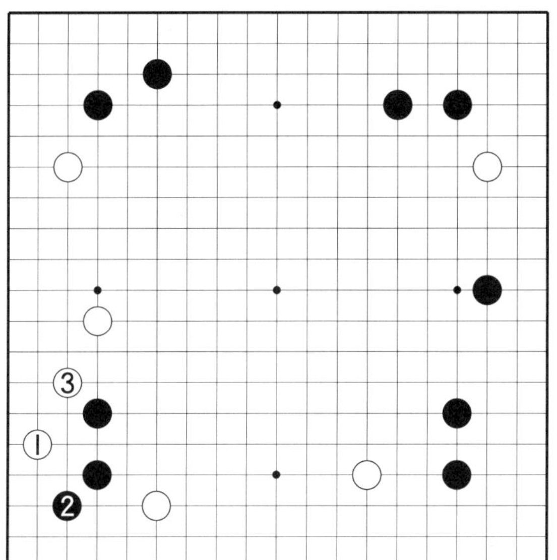

3도

3도(흑, 느슨)

흑2의 지킴이 그럴 듯하지만 백3으로 이 상형을 만들어준다. 흑의 불만임이 분명하다.

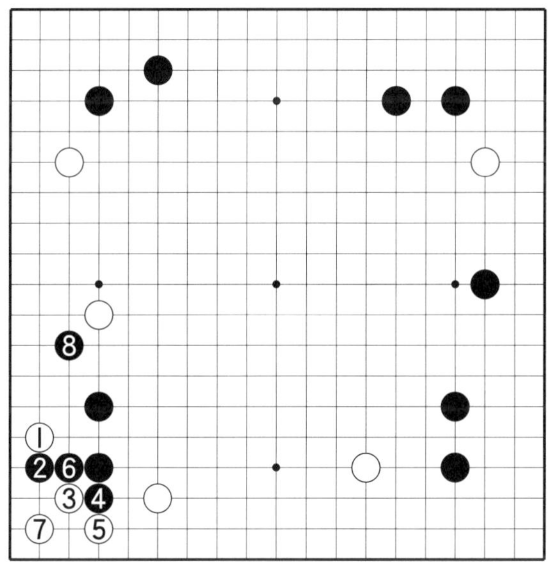

4도

4도(흑, 만족)

그러므로 흑2는 정수이다. 만약 여기서 백3으로 들어오는 것은 흑8까지 간명하게 처리하면 된다.

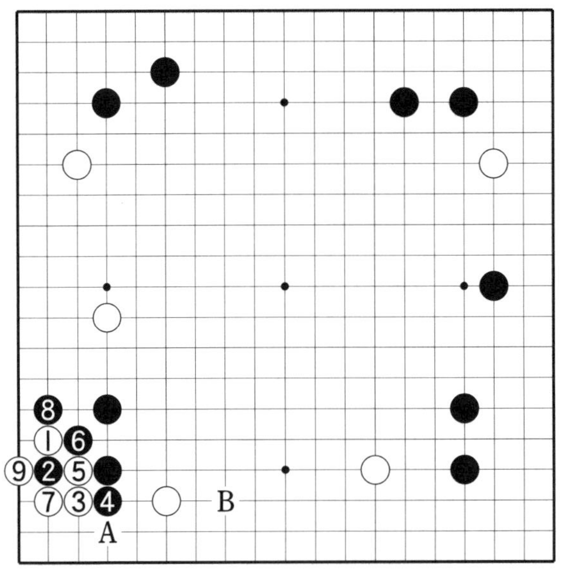

5도(흑, 충분)

백5로 반발하는 것은 흑8까지 선수를 잡아 흑이 충분하다. 또 흑 A가 선수로 들어 B의 침입도 용이해진다.

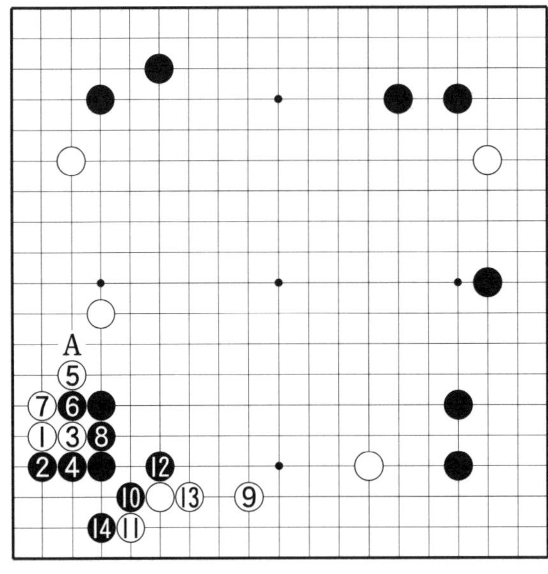

6도(흑, 견실함)

백3 이하 5로 넘은 것은 어쩔 수 없는 점. 여기서 흑6·8이 타이밍. A의 맛을 노리고 있다. 백9로 틀을 잡았지만 흑14까지 흑이 알찬 모습이다.

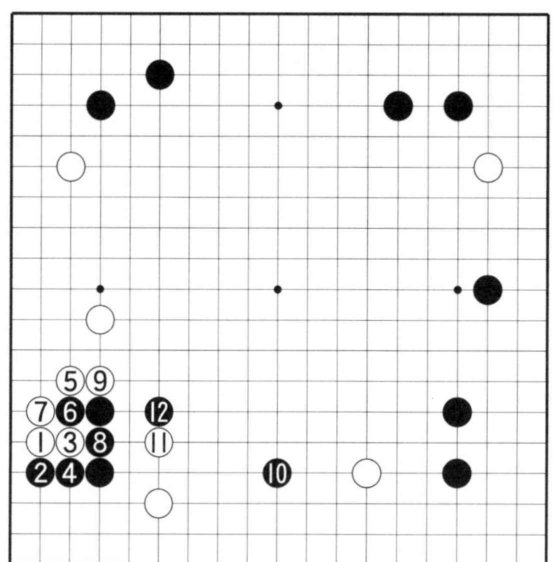

7도

7도(백, 욕심)

전도 A의 단점을 막기 위해 본도 백9로 올라서는 것은 흑10을 당한다. 백11로 나가 약간 복잡해지지만, 흑은 이런 것을 꺼려 해서는 안 된다.

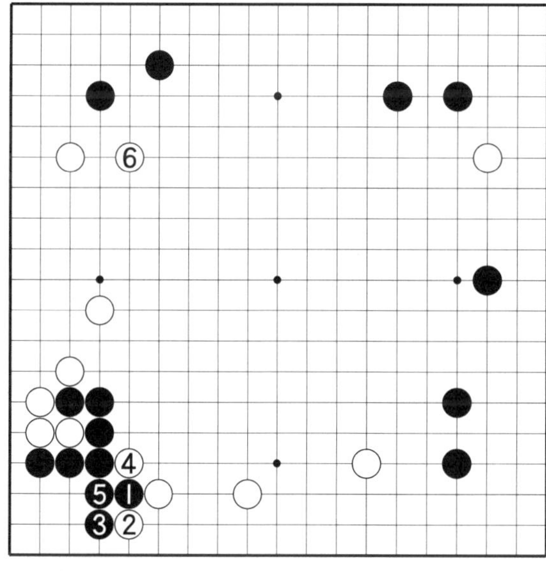

8도

8도(활용당함)

흑1, 백2 때 흑3으로 무심코 받아서는 안 된다. 백4의 한 방을 맞은 자체로 흑이 많이 당한 모습이다.

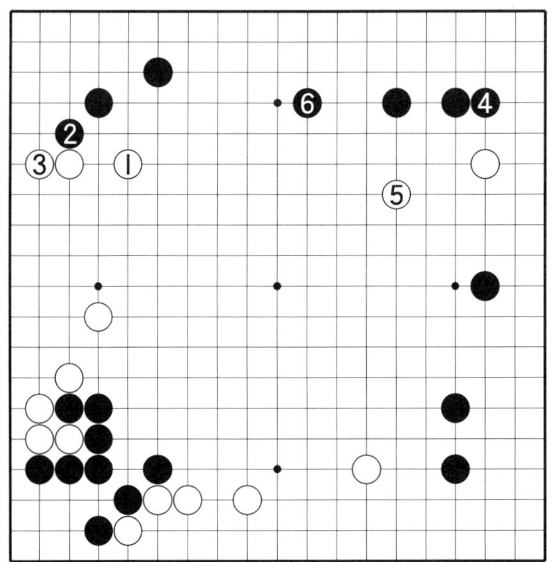

9도

9도(실전진행)

　백은 하변의 절충을
끝내고 상변으로 손을
돌렸지만, 흑은 아주
견실하게 잘 받아내고
있다.

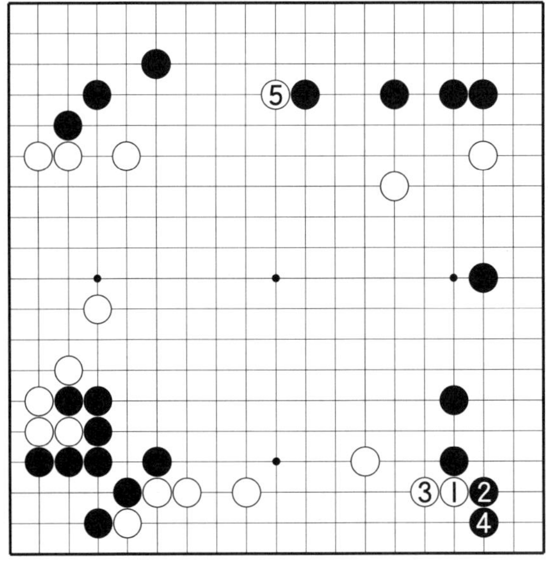

10도

10도(경과도)

　전도에 이어 진행된
수순을 살펴보면 백은
우하귀를 결정하고,
백5에 붙여 변화를 모
색했다.

378

실전형(2)

우하귀 양걸침 이후의 변화는 백17까지 일단락된 모습이고, 흑18로 발빠르게 움직인 것은 당연. 여기서 백19로 저공비행해 왔다. 흑의 대응은?

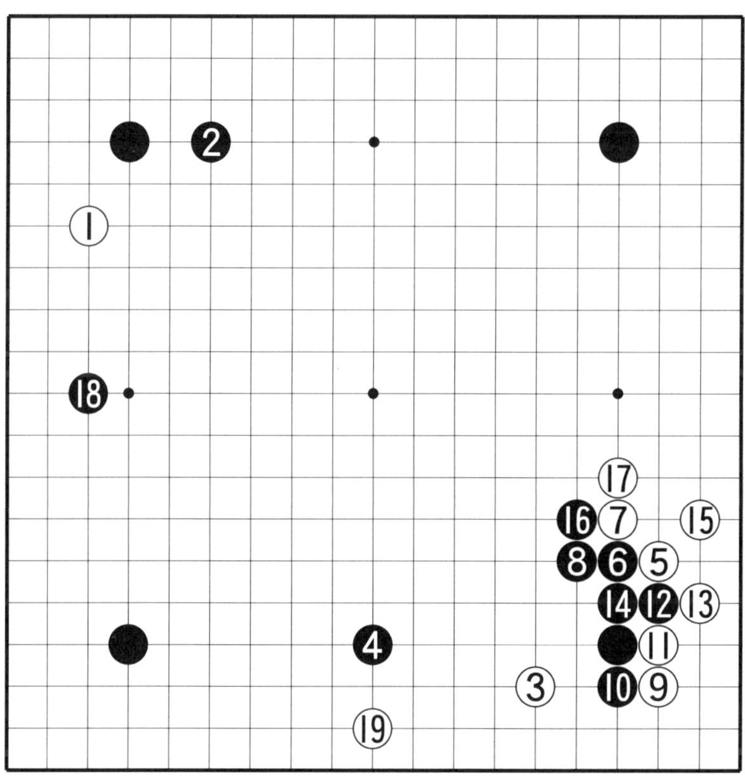

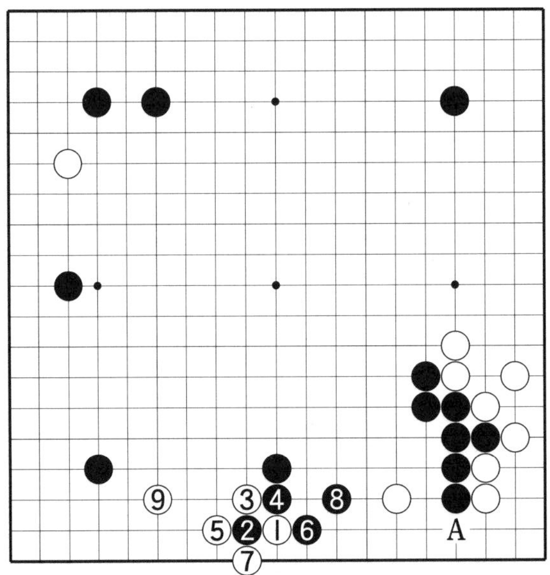

1도

1도(소탐대실)

 백2로 막고 흑8까지 우직하게 흑집을 지으려고 하는 것은 좋지 않다. 백7까지 흑 한 점이 집힌 게 너무 아프다. A는 백의 권리.

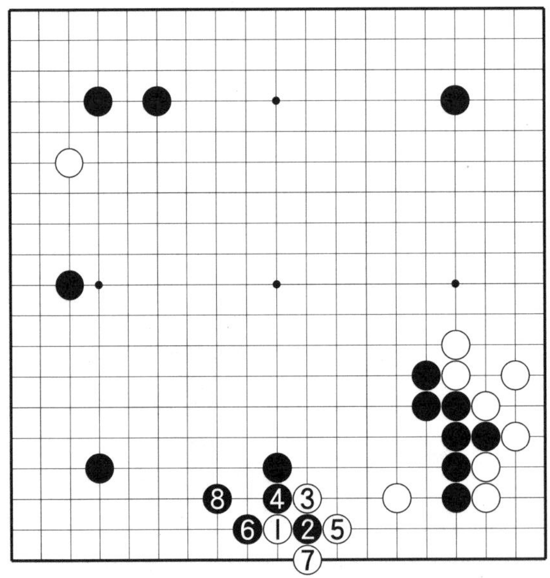

2도

2도(흑, 망함)

 흑2로 막는 사람은 없겠지만, 만약 흑8까지 결정한다면 이것은 흑이 망한 모습이다. 우하귀 흑 일단이 곤마로 몰릴 염려가 있다.

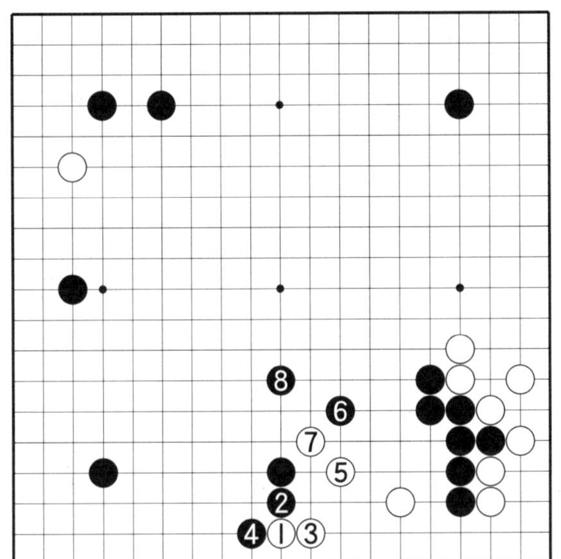

3도

3도(흑, 기세)

앞에서 흑2로 치받는 것을 배웠다. 백5로 틀을 잡을 때, 흑6·8로 씌워 흑이 기분좋은 자세.

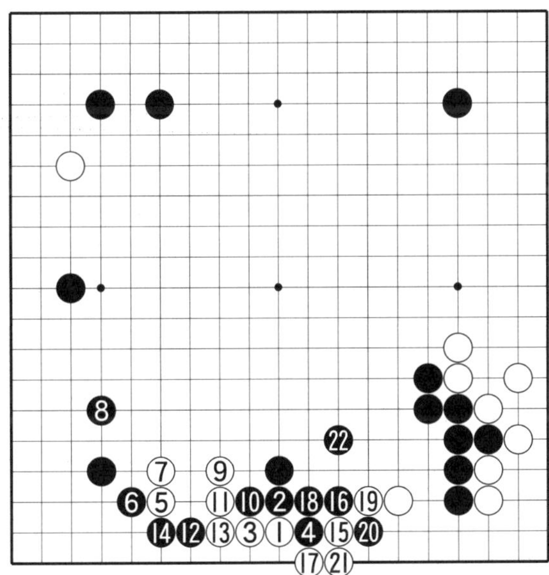

4도

4도(실전진행)

그래서 백은 흑2 때 백3으로 빠졌다. 백5는 흐름이고, 이하 흑22까지 흑이 전혀 불만이 없는 싸움이다.

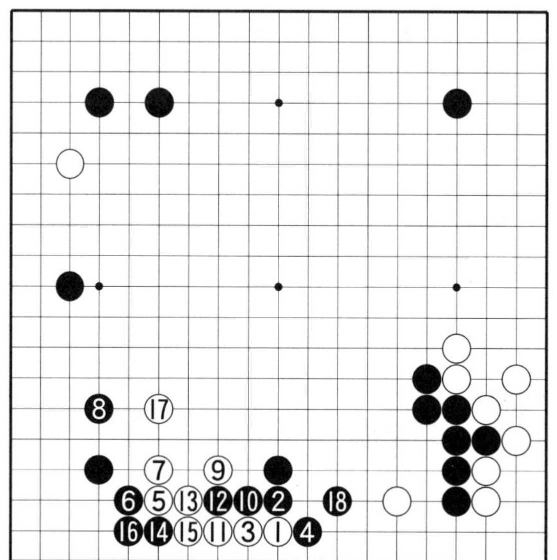

5도

5도(흑, 만족)

흑10으로 찔렀을 때, 백11로 늦추는 것은 흑14 · 16을 활용당한다. 백17을 기다려 흑18로 지키면 흑은 양쪽을 둔 결과.

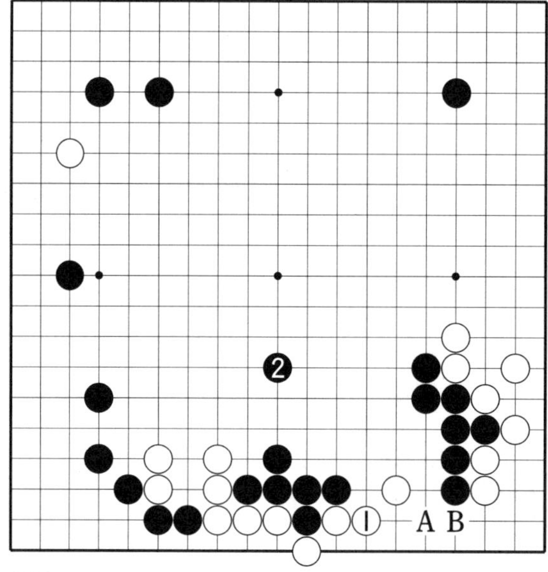

6도

6도(백, 곤마)

4도 백19로 본도와 같이 1에 늘면 흑2로 단순하게 뛰어 흑이 좋다. 백은 아직도 곤마. 백A, 흑B로 한집밖에 없다.

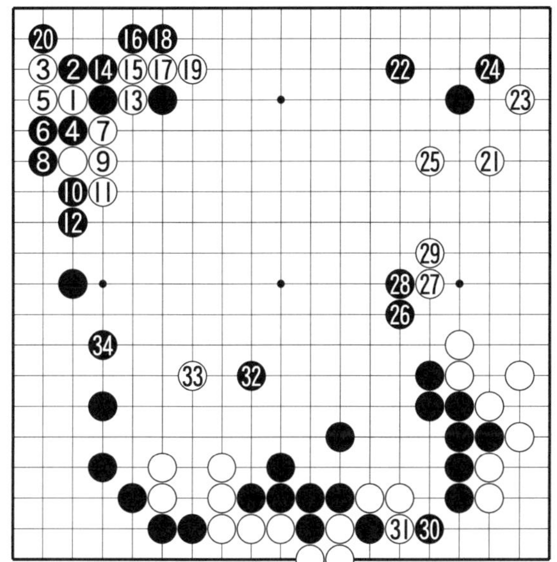

7도

7도(경과도)

백은 방향을 바꿔 좌상귀로 손을 돌렸다. 흑4·6이면 여러 가지 변화가 있지만 흑20까지는 하나의 정석. 흑34까지 흑이 화려한 모습이다.

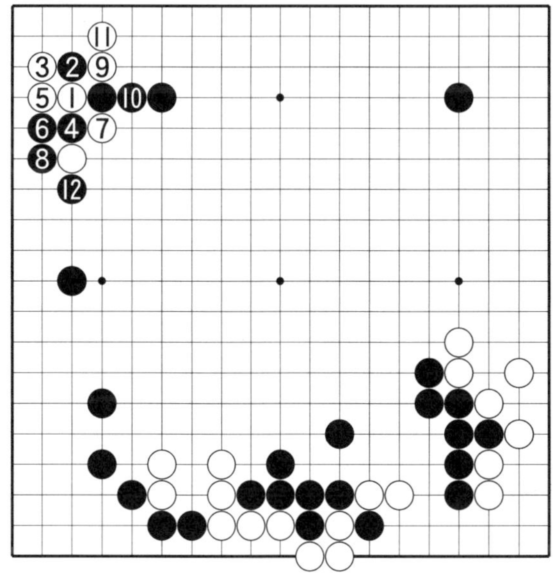

8도

8도(흑, 두터움)

전도 백9로 본도와 같이 둔다면 백이 귀에서 살 수는 있다. 하지만 흑12를 당하면 전체적으로 흑이 두터운 모습이다.

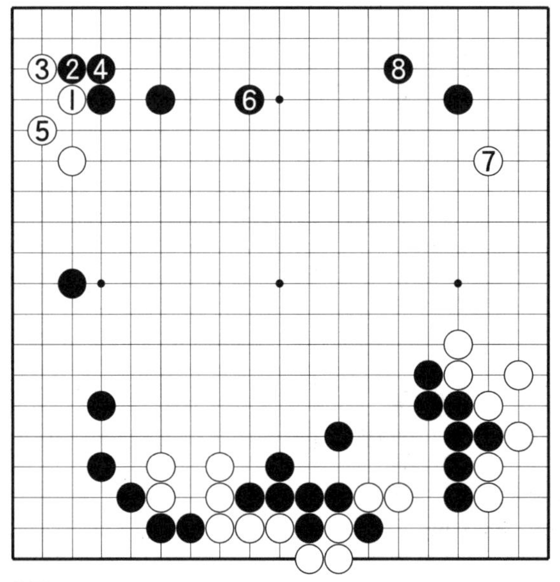

9도

9도(무난)

 좌상귀 정석에서 흑이 가장 무난한 것은 흑4로 잇는 것이다. 소극적이라고 할지 모르지만, 흑6으로 지키고 상변을 확장해 충분하다.

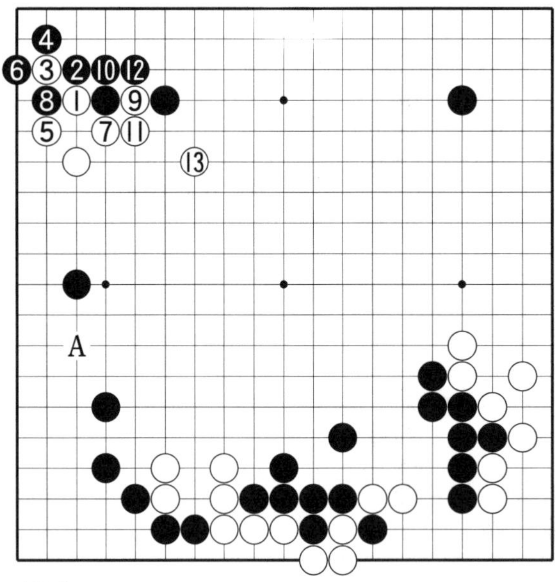

10도

10도(강렬하지만)

 흑4가 강렬하지만 좋다고 볼 수 없다. 흑6·8로 실리를 확보하지만 백13까지 되면 A의 곳이 약점으로 떠오른다.

384

3 점 접바둑

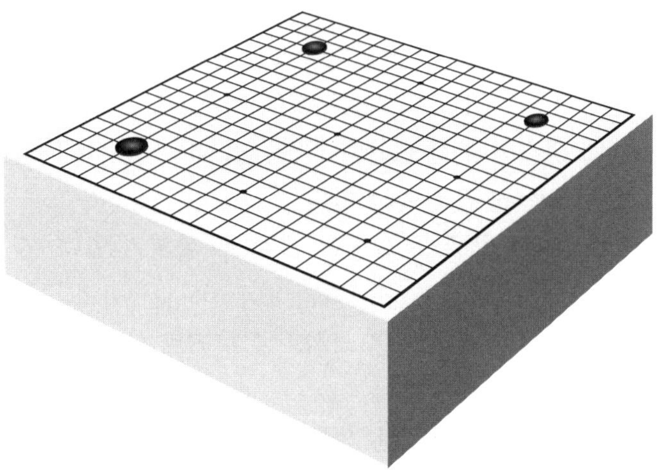

3점 접바둑의 요령

3점 접바둑부터는 거의 맞바둑과 다를 게 없다. 상수가 이미 귀의 한 곳을 차지할 뿐 아니라 상수의 귀에 대한 변화를 알고 있어야 하기 때문이다. 초반 상수의 귀에서 수많은 사람들이 바둑을 그르치고, 그 바탕으로 무너져 온 것을 보아왔다. 그러므로 상수의 주문을 거스르는 과감함이 필요하고, 자기만의 바둑을 구사할 줄 아는 힘이 있어야 한다.

3점 바둑은 조금만 방심하더라도 순식간에 맞바둑으로 변하며 자기도 모르게 집부족에 빠지기도 한다. 그러므로 매 순간마다 집의 균형에 신경을 써야 하며 두터움을 활용하는 눈도 키워야 한다.

3점 접바둑을 두는 요령은 크게 두 가지가 있다. 첫째, 상대의 귀에 걸쳐가는 방법이다. 이것은 귀의 정석을 훤히 알고 있지 않으면 당하기 쉬우므로 철저한 준비가 있어야 한다.

둘째, 치석을 활용한 '지킴'이다. 이미 놓여진 치석을 이용해 큰 모양의 바둑으로 대결하는 것이다.

저급자들은 백7까지 너무 쉽게 받아준다고 오히려 의아해 할지도 모른다. 하지만 상수의 입장에서는 그만큼 여유가 있다는 증거. 이렇게 천천히 두어도 충분하다는 계산이다. 다시 백9로 걸쳤을 때 흑의 작전은?

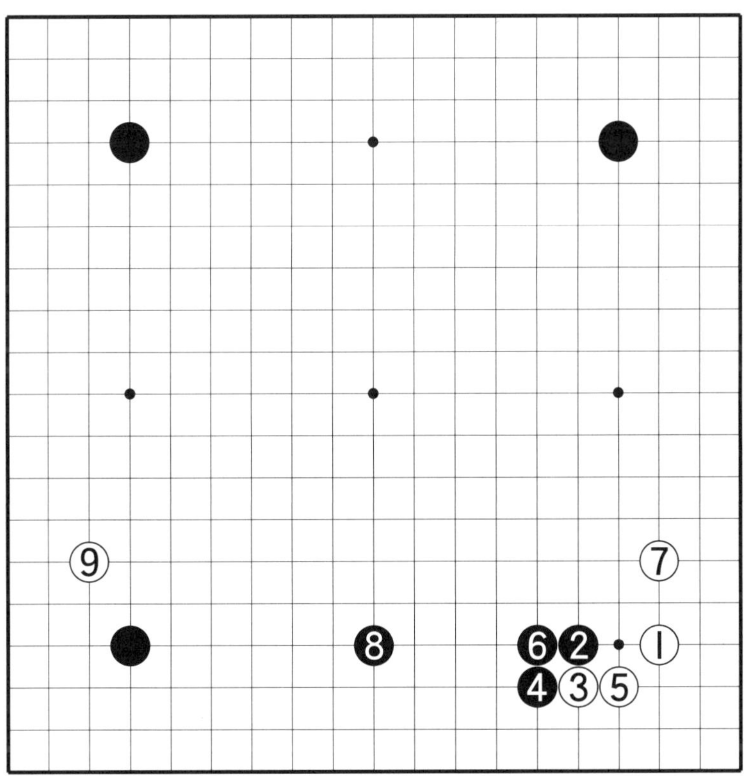

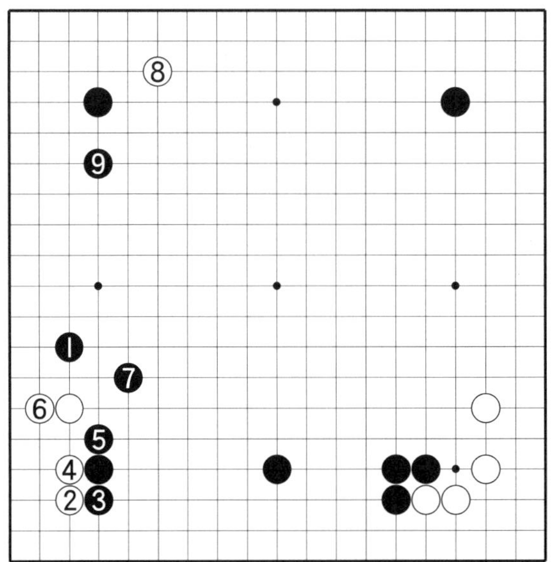

1도

1도(정답)

　흑1의 한칸 협공이 이상적이다. 백2로 3·三에 들어와 준다면 흑7까지 이상형을 만든다. 흑9까지 석점의 위력이 살아 있는 바둑.

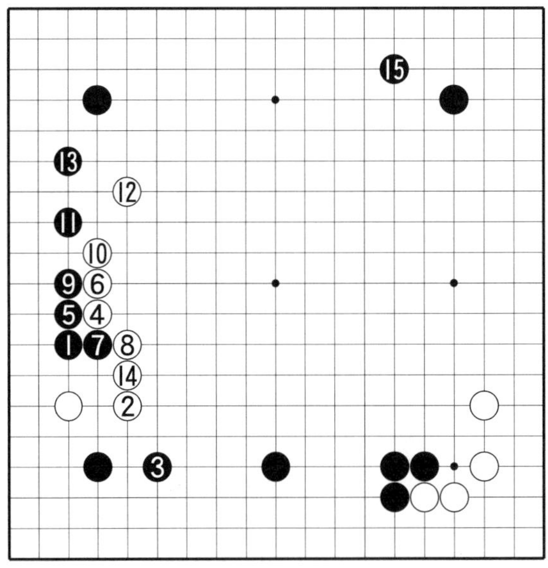

2도

2도(흑, 충분)

　백2로 뛰어나가면 흑13까지는 기본정석. 여기서 백14가 급한 곳인데, 그렇다면 흑15로 다시 큰 곳을 지킨다.

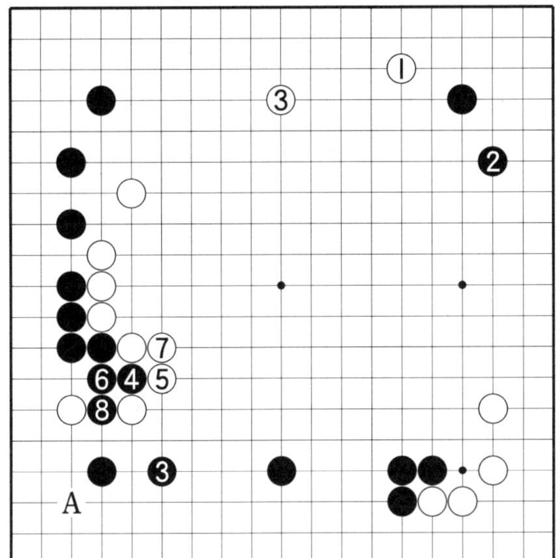

3도

3도(흑, 만족)

백이 4의 자리를 손빼고 백1로 상변으로 방향을 튼다면 흑은 일단 환영한다. 백3을 기다려 흑4부터 8까지 백을 추궁한다. A의 곳이 비어 있긴 하지만 흑이 충분하다.

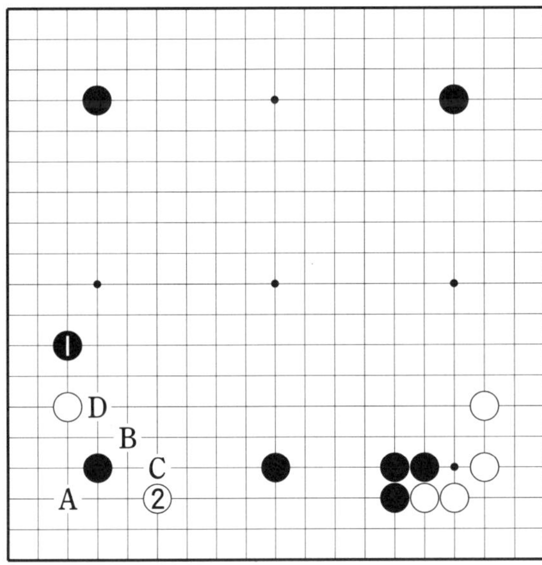

4도

4도(응수법)

흑1에는 백2의 양걸침도 있을 수 있다. 여기서는 배운 대로 흑 A나, B로 백의 양쪽 가운데 하나를 공격한다. 여기서 C나 D의 붙임은 가급적 두지 않는 게 좋다.

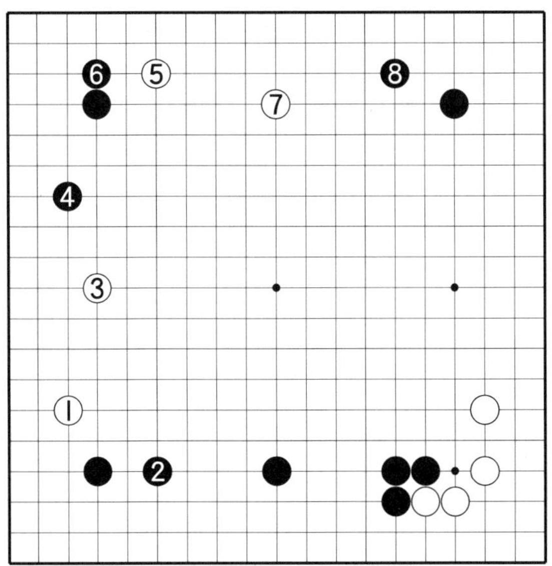

5도

5도(한 판의 바둑)

백1 때 흑은 2로 받는 것도 무난하다. 그렇다면 전혀 다른 바둑이 되는데, 흑8까지 한 판의 바둑이다.

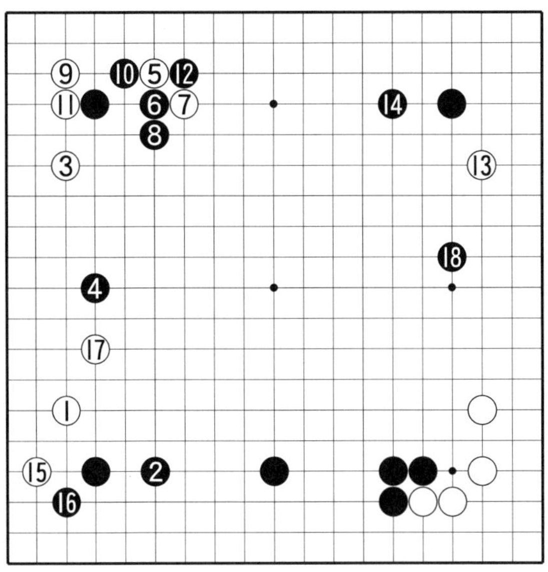

6도

6도(실전대국1)

흑2에는 백3으로 걸친 바둑도 있다. 흑18까지 나무랄 데 없는 포석이다. 석점바둑의 모범 포석. 아마추어 5단과 프로의 실전보이다.

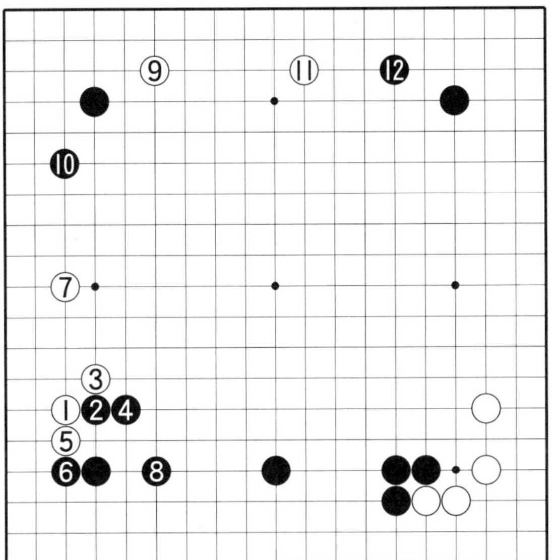

7도

7도(실전대국2)

　흑2로 붙여 하변을 굳히는 실전도 있다. 흑12까지는 아마추어 4단 대 프로의 실전대국이다.

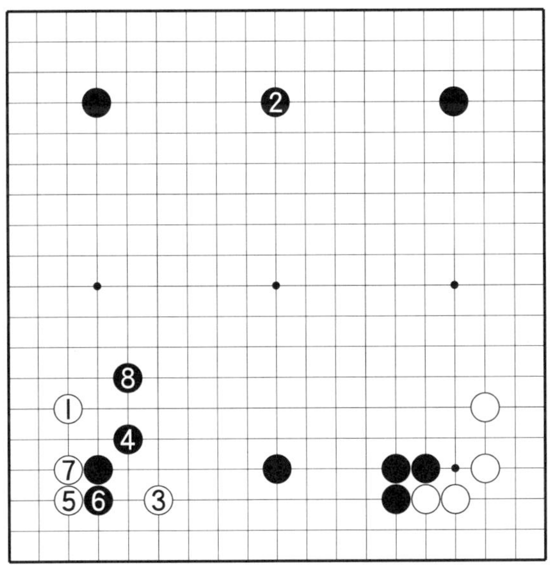

8도

8도(손빼는 작전)

　좀 더 발빠르게 움직인다고 흑2로 큰 곳을 차지하는 것은 찬성할 수 없다. 기껏 마련한 하변의 모양이 깨지기 때문이다. 흑8까지 충분한 모습이지만, 하변 백 한점이 눈에 가시다.

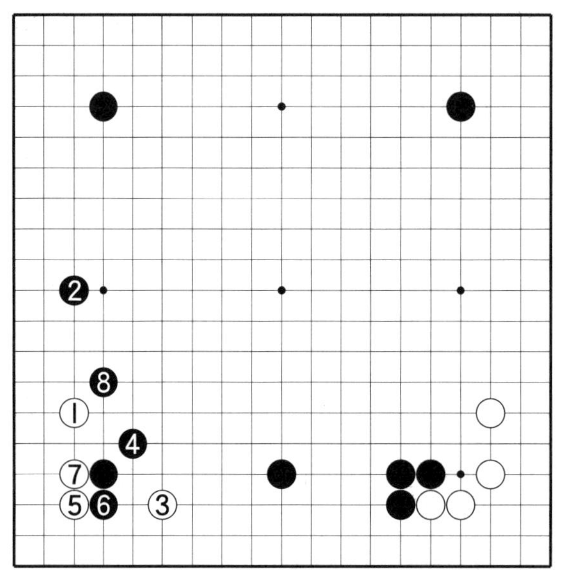

9도

9도(압박)

흑2도 생각해볼 수 있는 점. 역시 백은 3으로 양걸침을 할 게 뻔하고, 7까지 결정짓는다. 이 때는 흑8로 압박하는 게 흑2와 호응해 좋다.

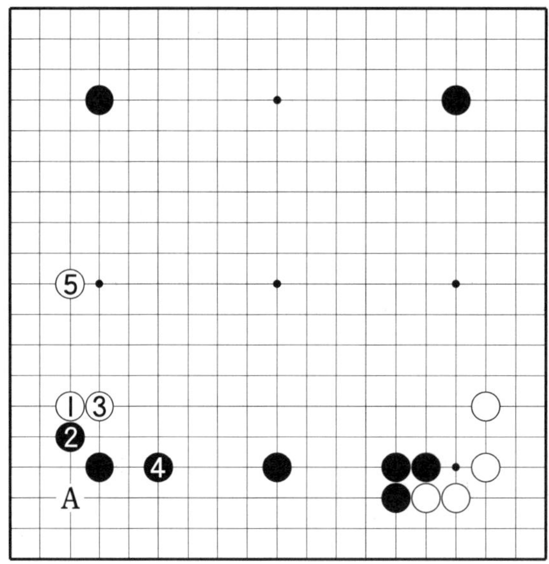

10도

10도(경계할 점)

접바둑에서 제일 경계해야 할 것이 백1의 날일자 걸침에 흑2·4로 받는 것. 이것은 A의 단점 때문에 귀의 곳이 집도 아니고, 괜히 백3으로 중앙으로 머리를 내밀게 해 좋을 게 하나도 없다.

흑2의 걸침은 상당히 적극적인 수법이며 도발적이다. "해볼테면 해봐라"라는 강한 의지가 내포돼 있기도 한 데, 사실 흑2는 백3의 협공에 대한 준비가 없으면 결정하기 힘든 점이다.

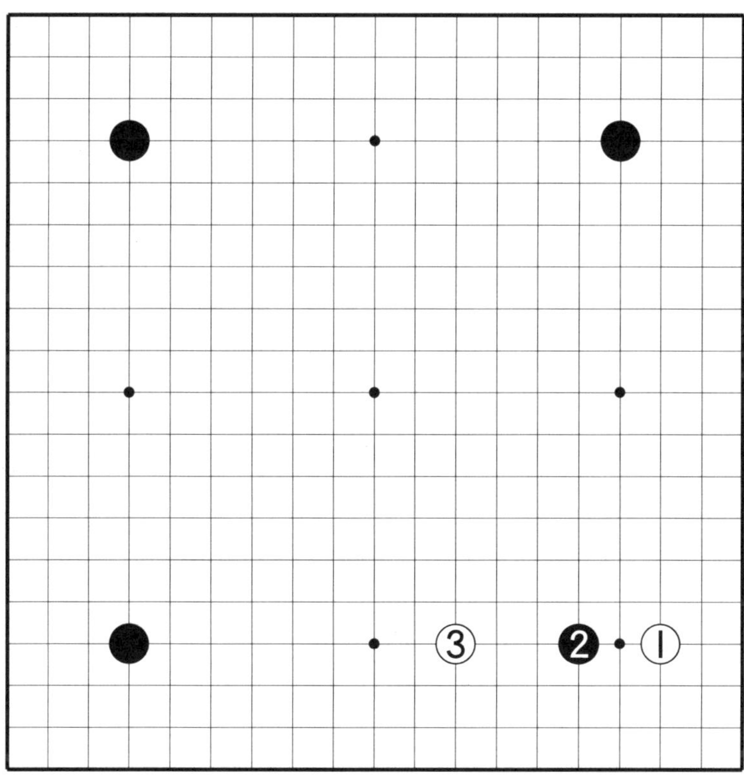

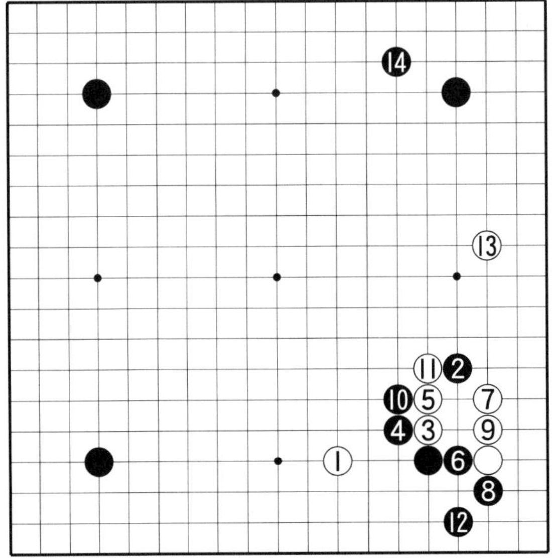

1도

1도(정석1)

 석점바둑부터는 소목 정석에 대한 기본적인 이해가 필요한 시점이다. 백13까지는 가장 많이 나오는 정석이고, 이후 흑의 예상은 여러 가지가 있지만 흑14가 침착한 점이다.

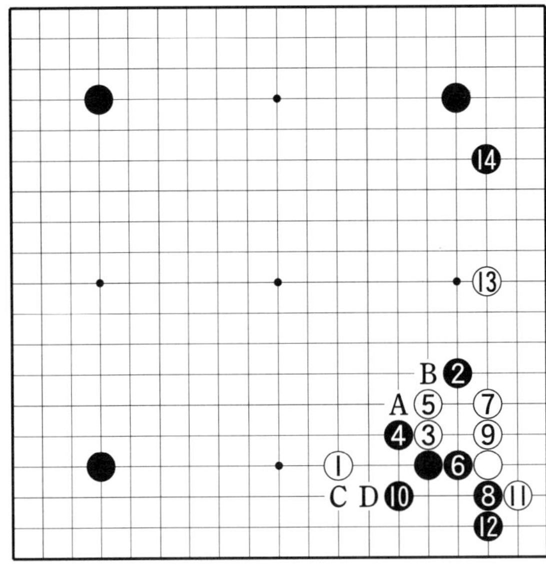

2도

2도(정석2)

 흑A와 B를 보류하고 흑10에 지키는 것도 있다. 백C나 D의 활용을 안 당할려는 의도지만 백11을 맞는 게 아프다.

394

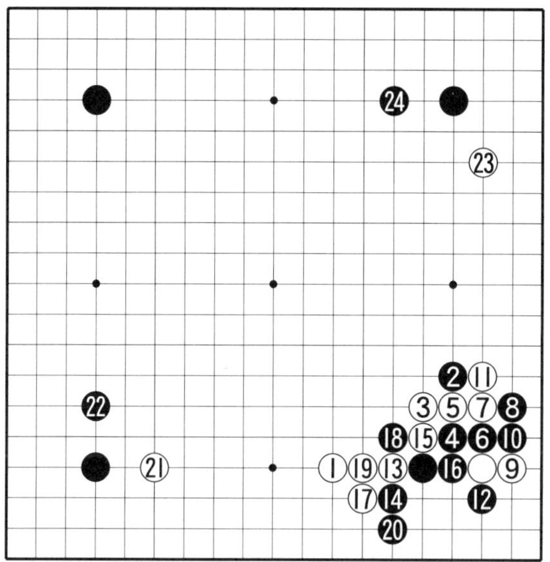

3도

3도(정석3)

흑2에 백3이 나올 수 있는 형. 수순중 흑18이 중요하고, 흑20까지 꼭 알고 있어야 한다. 백21·23에는 흑22·24로 받아두고 기회를 엿보는 게 고등전략.

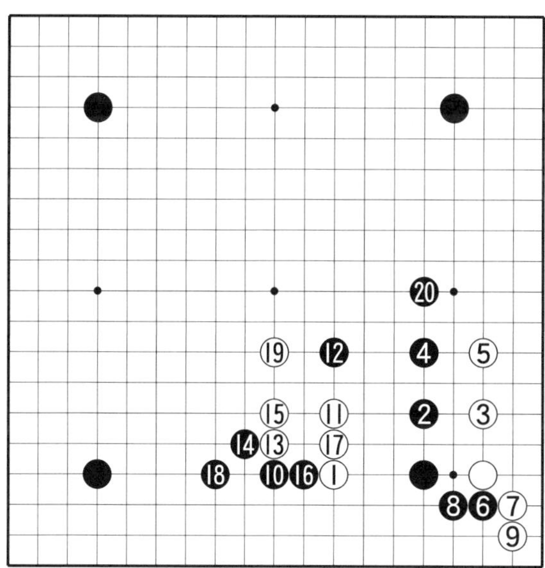

4도

4도(적극적)

흑2로 뛰어나가는 것도 있다. 흑12까지는 기본형이고, 만약 백13이면 흑20까지 지켜두는 게 견실하다.

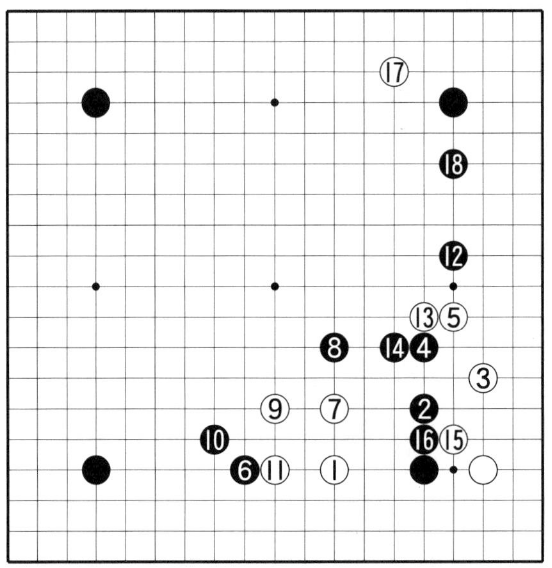

5도(실전대국)

아마추어 5단과 프로의 실전대국이다. 전도와 비슷한 형이지만 백3이 다르다. 흑4에 바로 백5로 높게 가려는 의도. 흑18까지 잘 짜여진 포석이다.

5도

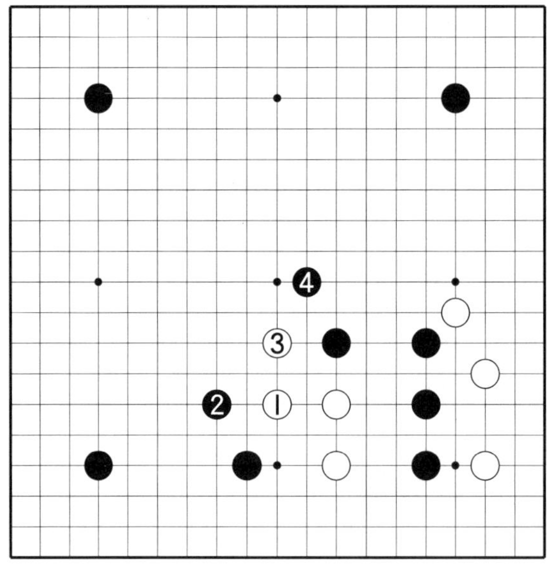

6도(공격형)

백1 때 흑2로 공격하는 수도 있다. 흑4까지 흐름을 타며 백의 약점을 추궁해 가는 것도 한 판의 바둑이다.

6도

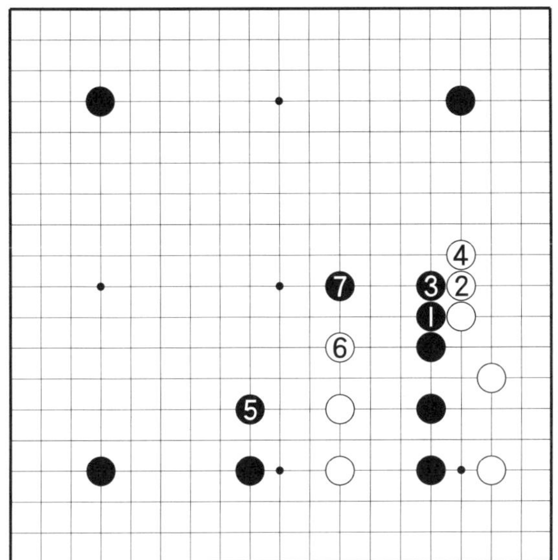

7도

7도(흑, 기세)

흑은 6에 씌우는 수 대신에 백4까지 힘차게 밀어버린 후 흑5·7로 공격하는 것도 있다. 이 형태도 실전에 많이 나왔던 모양.

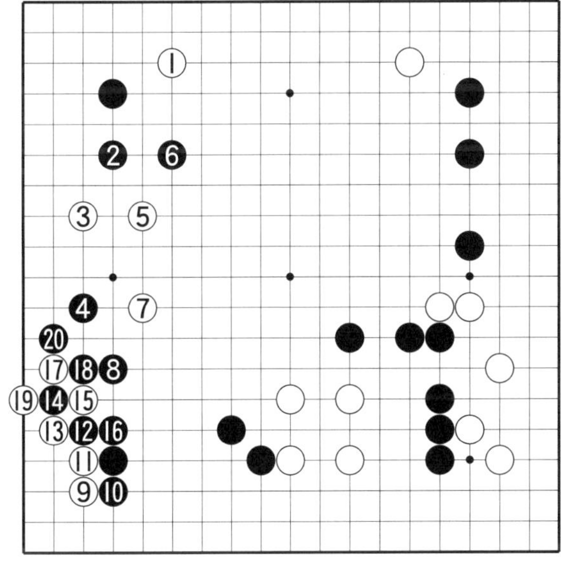

8도

8도(경과도)

5도 이후 경과도를 살펴보자. 백1 접근에 흑2 이하는 무난한 진행이고, 흑8까지는 4점 접바둑에서 보았던 형. 백9가 타이밍이고, 흑20까지는 이런 정도.

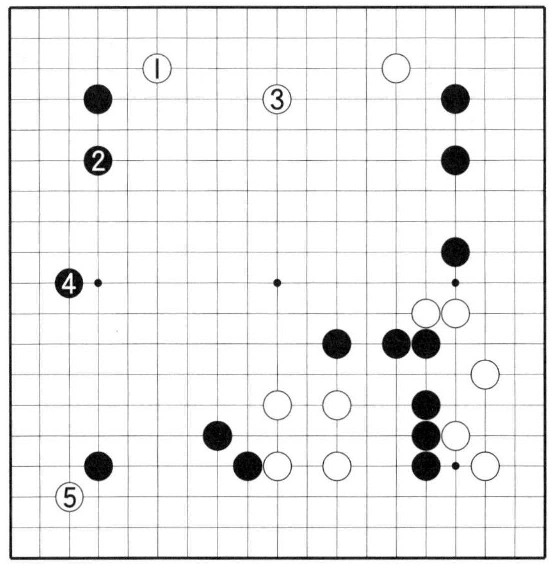

9도

9도(다른 바둑)

흑2에 대해 백3으로 지키는 것도 아주 좋은 수이다. 그렇다면 흑은 4로 지키게 되고 백5로 3·三에 들어가는 전혀 다른 바둑이 된다.

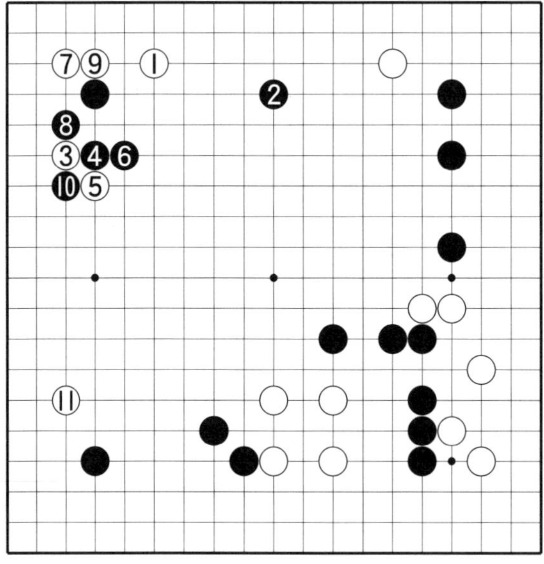

10도

10도(흑, 이상무)

흑의 입장에서도 다른 그림을 그릴 수 있다. 흑2로 협공하는 게 그것인데, 이것도 백11까지 한판의 바둑이다.

흑2에 백3은 견실하게 판을 이끌겠다는 상수의 의도. 천천히 하수의 실착을 틈타 승기를 잡겠다는 뜻이기도 한데, 흑6까지 변신하는 게 3점의 위력을 살리는 한 방법이다.

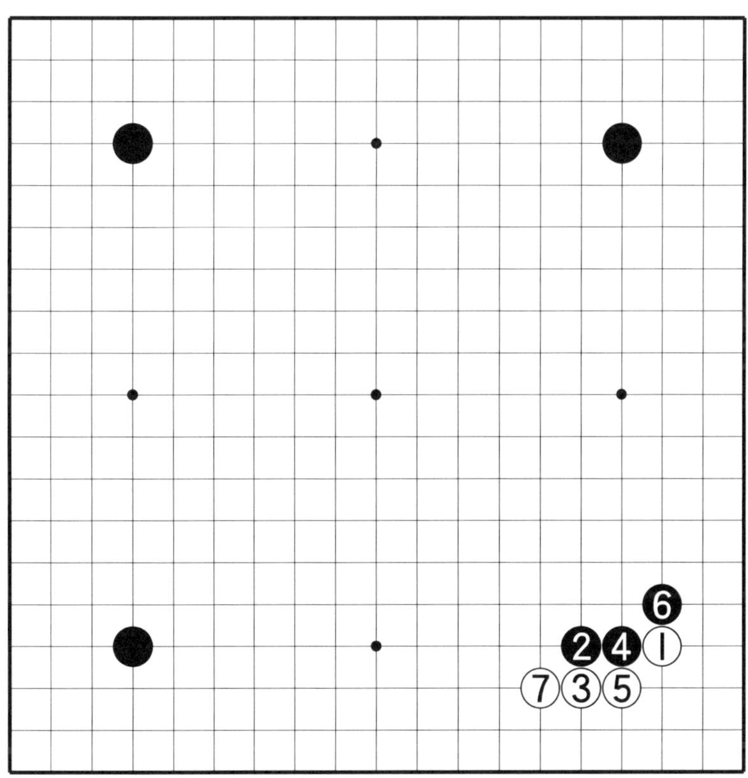

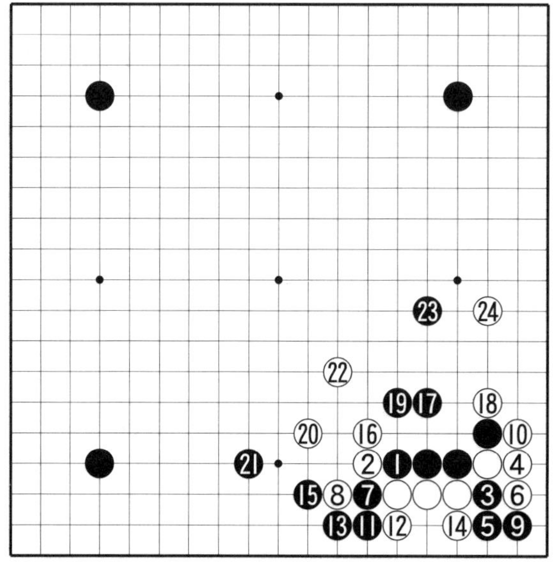

1도

1도(복잡)

흑1로 밀고 들어가면 아주 복잡한 정석이 예상되고, 백24까지 가장 간단한 정석 하나를 보더라도 상당히 복잡하다는 것을 알 수 있다. 또 이 정석은 중간중간 흑에게 위험 요소도 내포되어 있다.

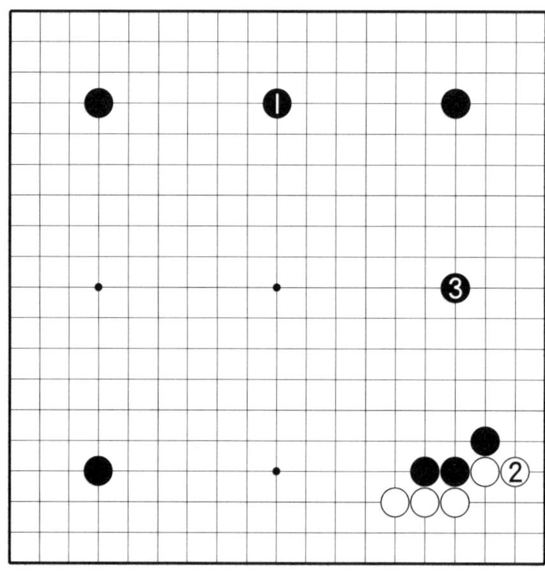

2도

2도(양날개)

흑1을 추천하고 싶다. 이제 백2는 큰 자리이고, 이때 우하귀를 보강하며 흑3으로 양날개를 펴는 것이 좋은 수다.

400

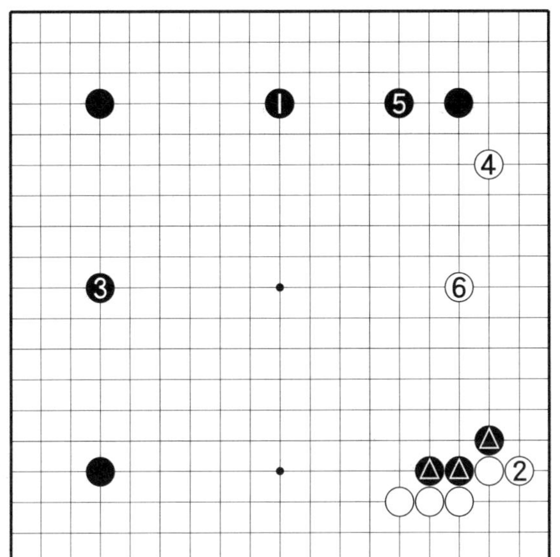

3도

3도(흑, 불만)

같은 벌림이라도 흑 3으로 벌리는 것은 백 4·6을 당해 좋지 않다. 우하귀 흑▲ 석점이 약해진다.

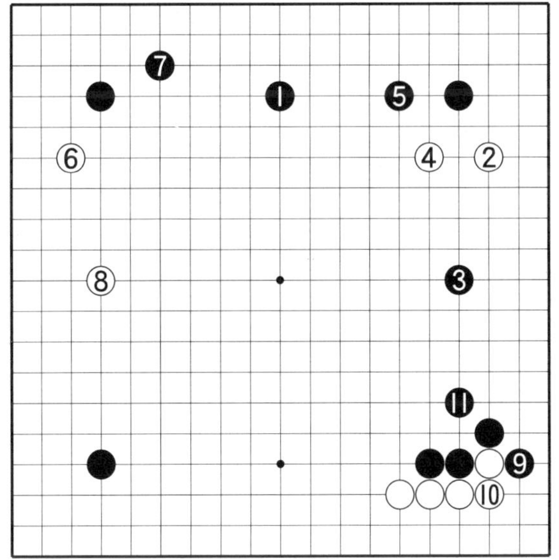

4도

4도(흑, 견실)

백이 우하귀를 손빼고 발빠르게 움직인다고 하면 흑도 같이 장단을 맞춘다. 그리고 기회를 노려 흑11까지 보강하는 게 좋다.

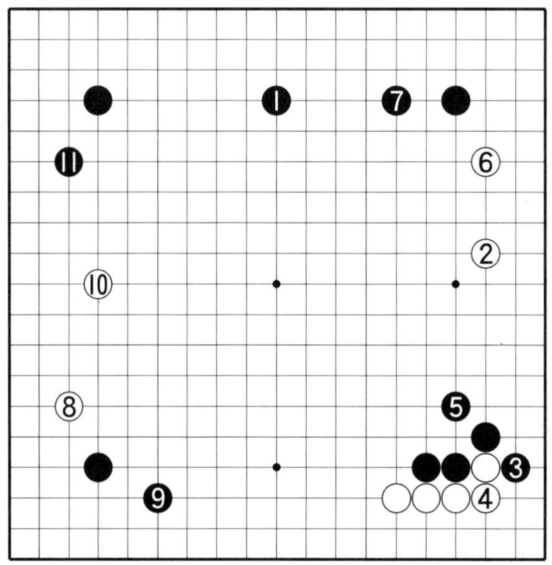

5도

5도(역시 보강)

백2는 흑에게 큰 모양을 안 주겠다는 갈라침이고, 그렇다면 흑도 우하귀를 견실하게 보강한다. 흑11까지 흑이 여유가 있다.

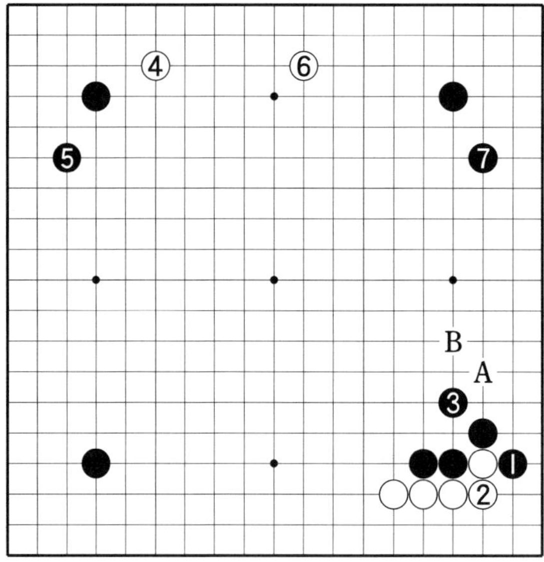

6도

6도(수순 차이)

흑1·3으로 미리 지키는 것도 생각할 수 있는 수지만, 이것은 자칫 잘못하면 돌이 무거워질 수가 있다. 나중에 백에게 A나 B 등으로 공격당할 염려가 있는 것이다.

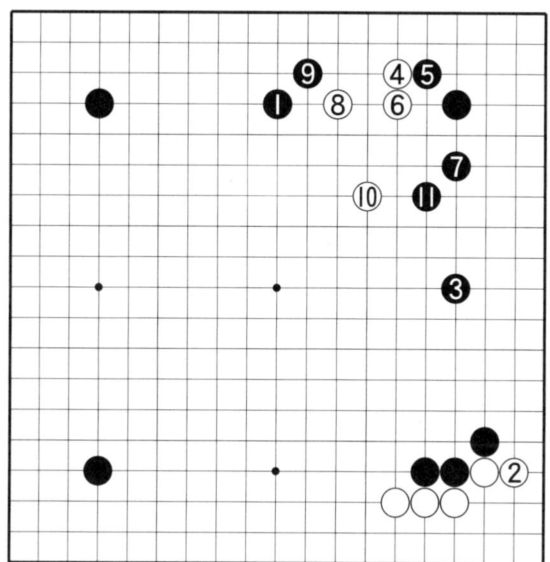

7도

7도(흑, 활발)

2도 이후 백의 예상되는 수순을 살펴보면 먼저 백4의 걸침을 들 수 있다. 우상이 너무 커지는 것을 방지하는 걸침이다. 하지만 흑5·7·11의 행마가 좋아 흑이 활발한 모습이다.

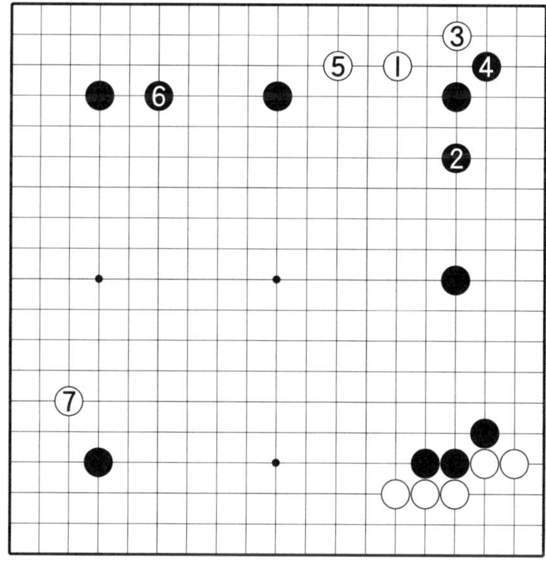

8도

8도(흑, 나약)

백1의 걸침에 흑2로 받는 것은 일반적인 응수같지만, 백5까지 틀을 갖추게 해 불만이다. 백이 7로 걸쳐 발빠른 모습.

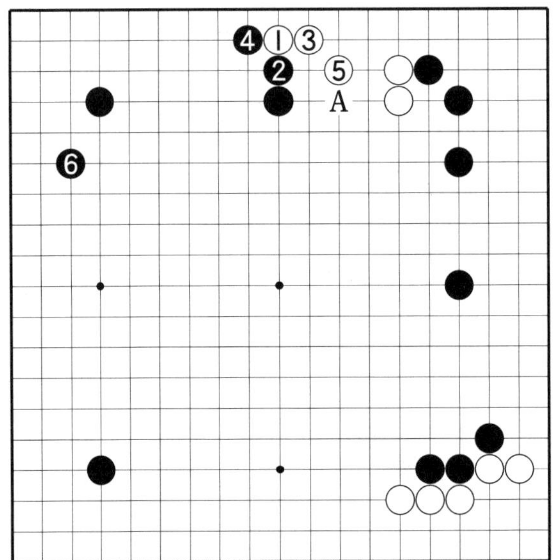

9도

9도(흑, 만족)

 백이 A에 지키는 것 대신 1로 미끄러져 들어오는 게 있지만, 배운 대로 흑2로 두면 그만이다. 흑이 선수를 뽑아 만족.

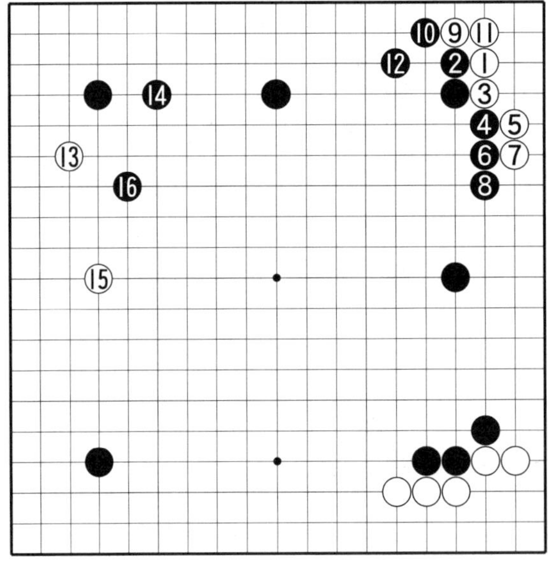

10도

10도(흑, 두터움)

 백은 당장 1로 침입해 들어올 수도 있다. 오히려 이렇게 둔 실전도 있다. 그렇다면 흑은 12까지 지켜놓고 흑16으로 모양을 넓혀가는 게 좋은 작전이다.

제64형 유행정석 이후

　흑2의 한칸 걸침은 유행하는 소목정석 몇 가지는
알고 두어야 하는데, 그 가운데 하나가 백3의 협공
때이다. 백17까지는 한 때 기본정석으로 유행하던 모
양이고 이후 흑의 작전을 살펴보자.

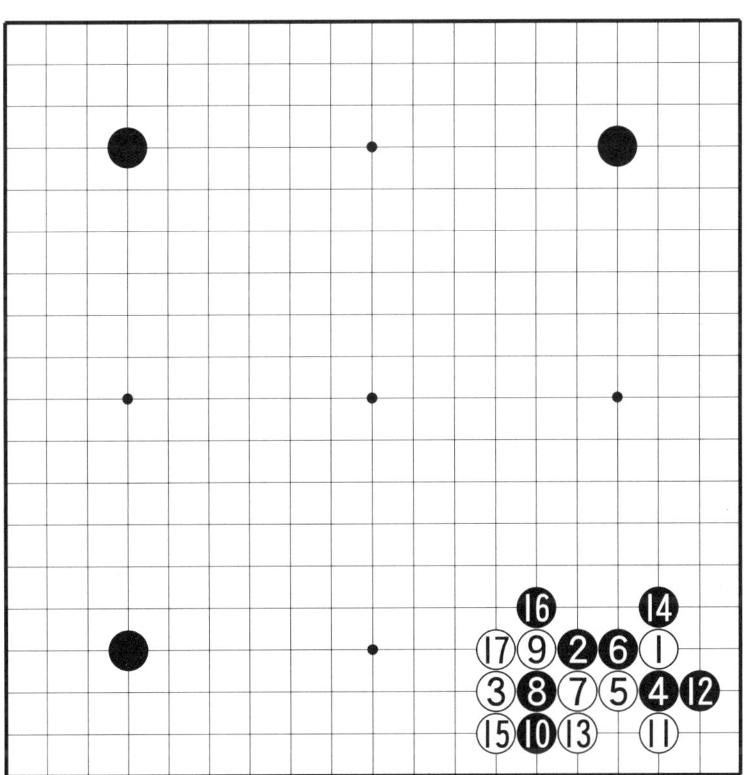

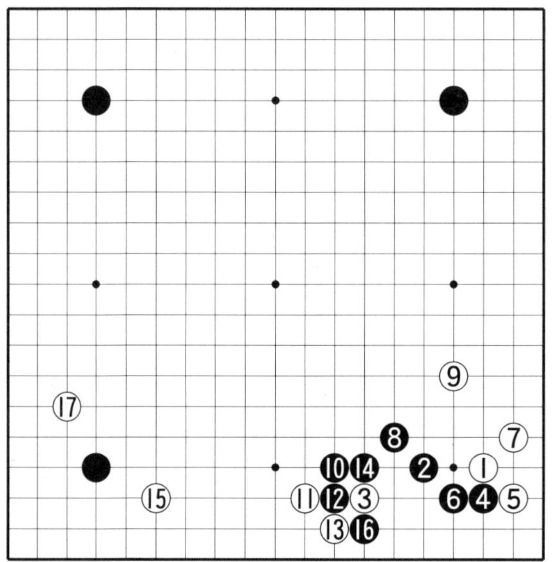

1도

1도(실전형)

백5·7은 접바둑 실전에서 나왔던 모양. 흑16까지는 견실한 지킴이고, 백17로 양걸침하며 또 다른 바둑이 된다.

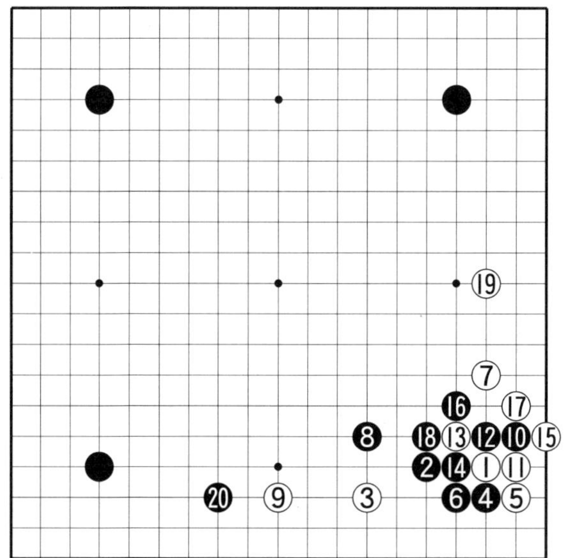

2도

2도(유행정석)

백3의 협공에 최근 유행하는 정석이 백5·7이다. 이후 변화는 수십 가지가 있지만, 가장 기본적인 것 하나만 살펴보면 백19까지이다. 흑20은 백 두 점의 근거를 위협하는 요소이다.

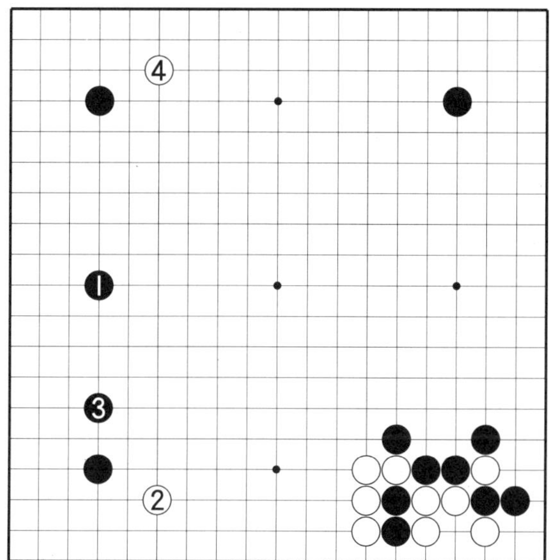

3도

3도(정석 이후)

장면도 이후 귀중한 선수를 잡은 흑은 다음 한수가 중요하다. 여러 가지 좋은 수가 있지만 흑1이 그 하나. 백2를 기다려 흑3으로 지키고 백4로 걸쳐가는 바둑이 된다.

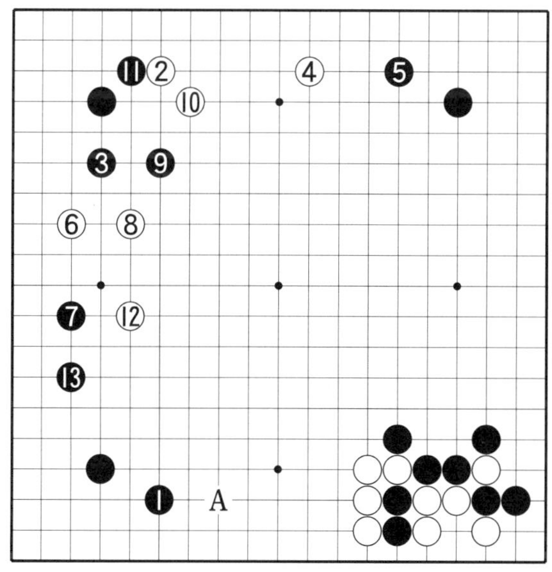

4도

4도(세력견제)

흑1은 우하 백의 모양을 견제하는 수이며 흑이 더 이상 전개하는 데는 무리가 따른다. 나중 백A의 곳이 좋은 자리다. 흑13까지 훌륭한 포석.

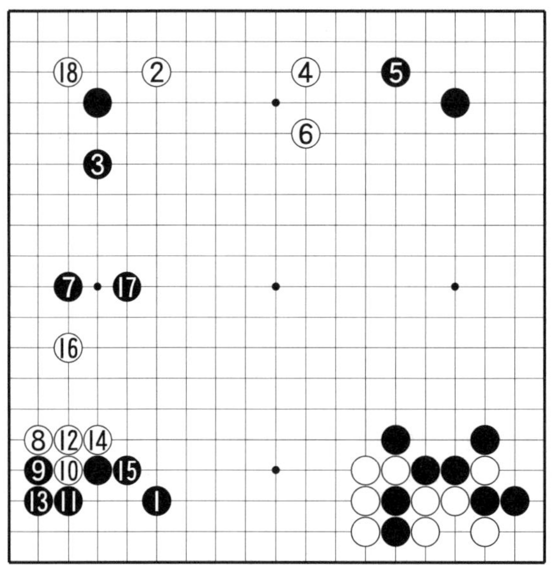

5도

5도(실전형)

 아마추어 5단과 프로의 실전에서 나왔던 모양이다. 흑5에 프로는 6으로 보강했고, 이하 흑17까지 진행되었다. 백18은 시급한 자리. 여기서 흑의 선택이 중요하다.

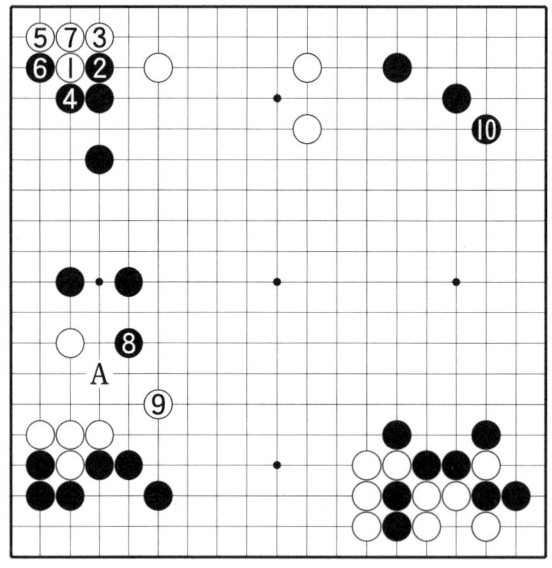

6도

6도(흑, 만족)

 백1에는 흑2·4로 물러나는 게 간명하다. 흑8로 먼저 응수를 물은 다음 흑10으로 지키면 주도권은 계속 흑이 갖고 있다. 향후 A의 급소를 노리는 것도 흑의 자랑.

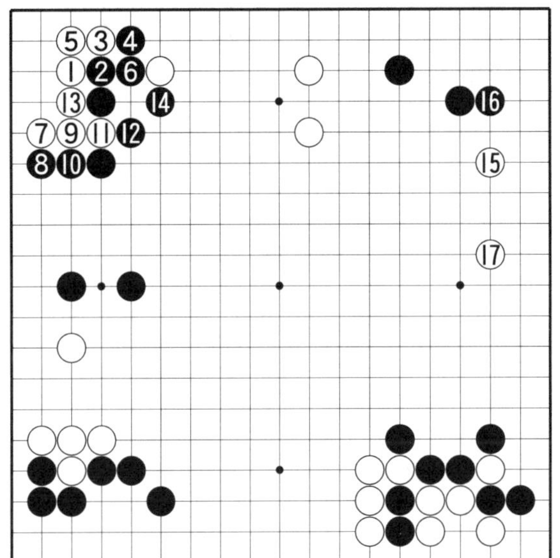

7도

7도(집부족 위험)

흑4로 차단하는 것은 자칫 집부족에 걸릴 염려가 있다. 선수를 잡은 백이 15·17로 우변에 틀을 잡아서는 흑이 위험하다.

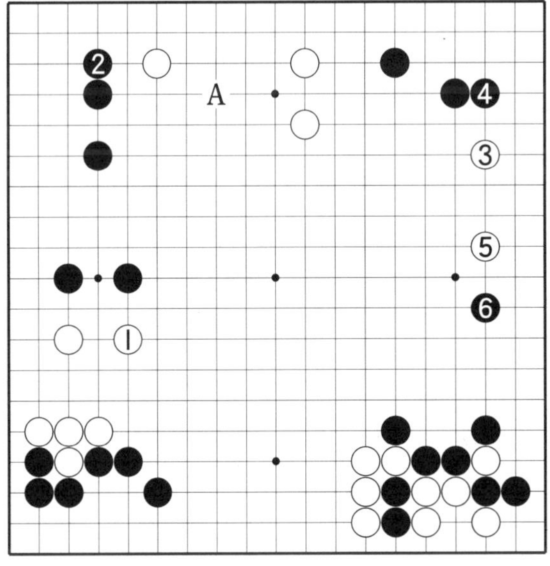

8도

8도(흑, 만족)

좌변 백이 불안한 게 마음이 걸려 백은 보강하는 것도 생각할 수 있다. 백1이 견실한 수법이지만 그렇다면 흑2·4로 실리를 챙긴다. 그리고 향후 A의 침입을 노린다.

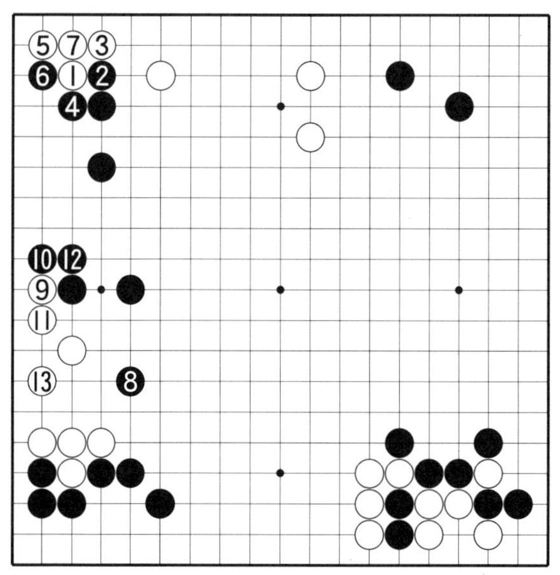

9도

9도(흑, 실속없음)

　그러므로 백이 좌상귀를 파호하는 것은 당연한 수순이다. 이 때 흑이 8로 씌워 백을 안에서 가두려고 하는 것은 백9 이하 안정하는 수단이 있어 잘 안 된다. 흑은 실속이 없다.

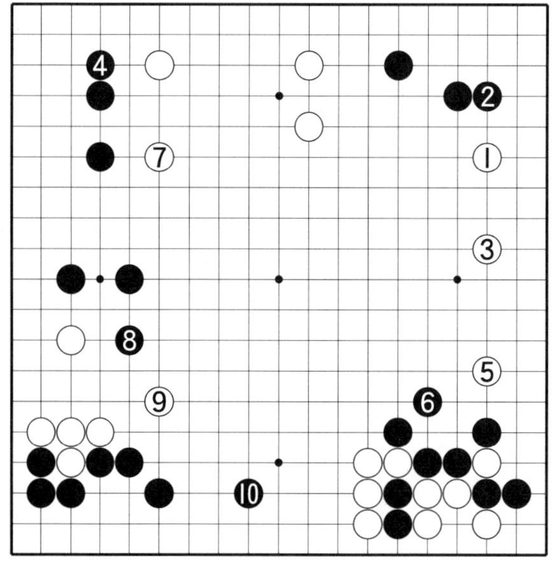

10도

10도(다른 한 판)

　좌상귀를 보류하고 우상귀 백1로 걸치는 수도 가능한 점이다. 그렇다면 좌상귀는 흑이 차지하고, 이하 흑 10까지라면 전혀 다른 바둑이 예상된다.

흑2 때 백3으로 먼저 응수를 물어본 게 의미심장한 수이다. 여러 가지 맛을 함축한 백3에 대해 집중적으로 살펴볼 필요가 있다.

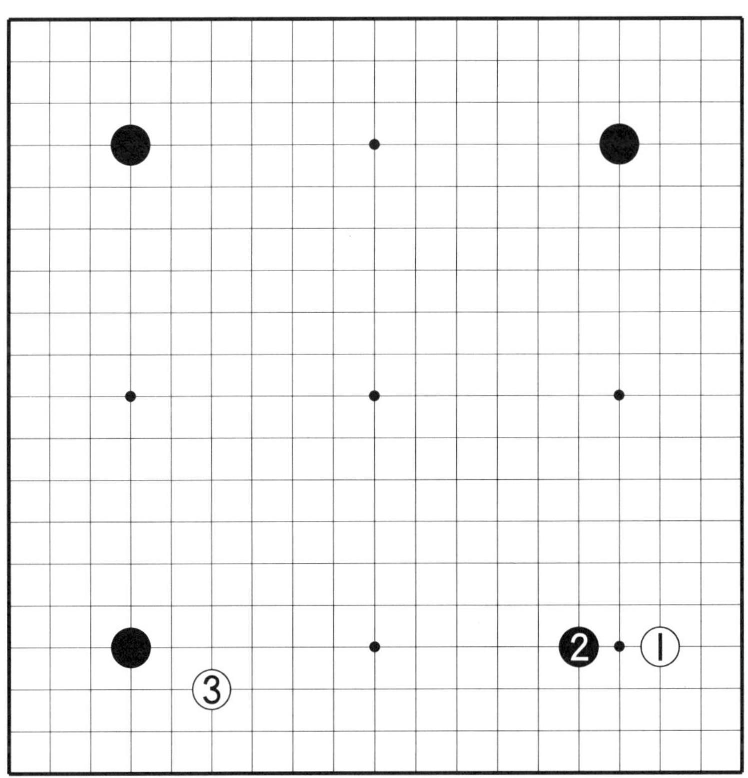

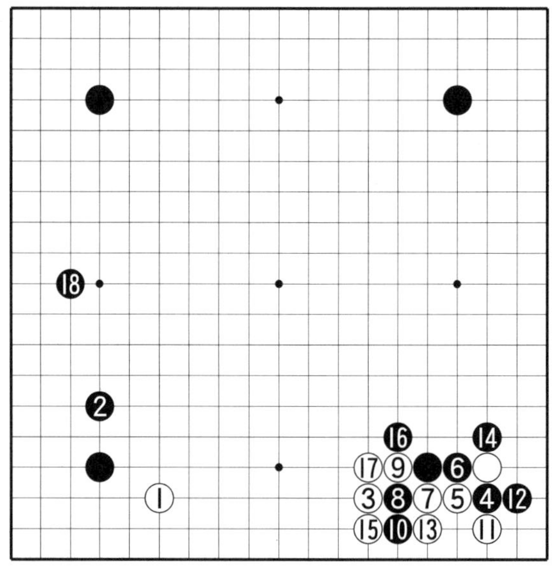

1도

1도(백의 의도)

 백1은 흑2로 받아달라는 것이다. 그렇다면 백3으로 협공해 17까지 하변을 키우겠다는 작전이다. 흑도 18을 차지해 충분하다. 그래도 이 그림이 싫다면…

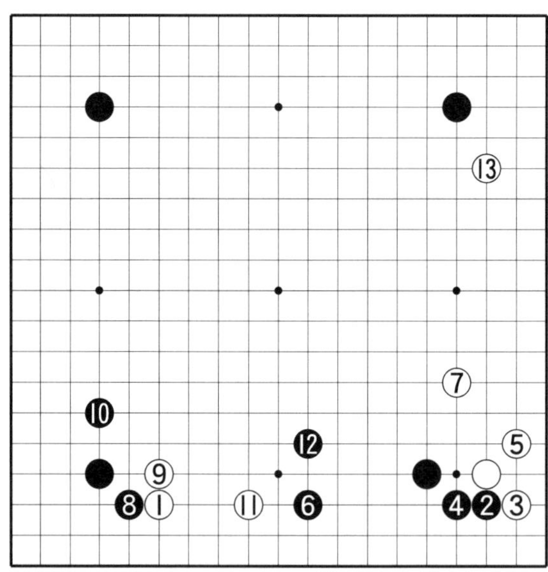

2도

2도(의도를 거부)

 흑2로 먼저 붙이는 게 백의 주문을 거부하는 것이다. 그렇다면 흑12까지 예상되는데, 백13으로 걸치면서 새로운 바둑이 된다.

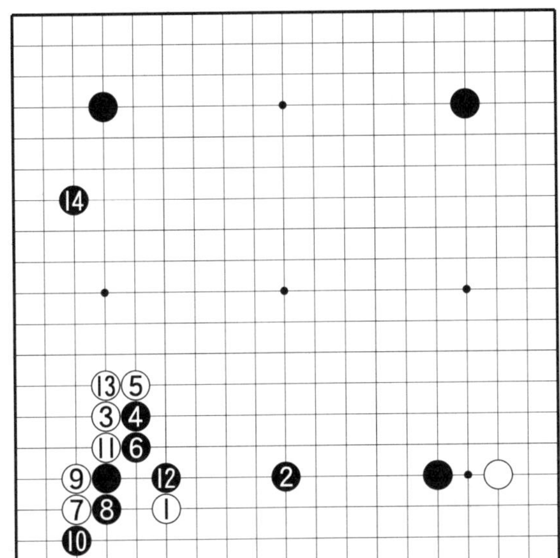

3도

3도(적극적)

 흑2는 적극적인 공격으로 실전도 이렇게 진행되었다. 백3은 기세이고, 13까지 정석. 흑14는 아주 좋은 자리이다.

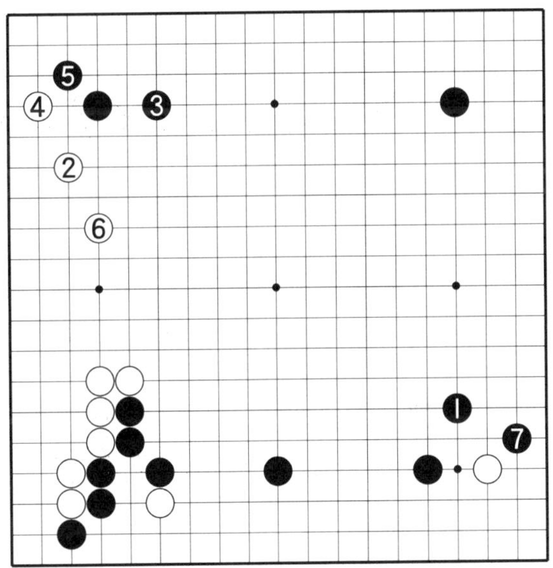

4도

4도(흑, 호착)

 전도 흑14로는 흑1로 씌워가는 것도 호착이다. 좌변에서 백이 틀을 갖추면 흑7로 우하귀를 완전히 제압한다.

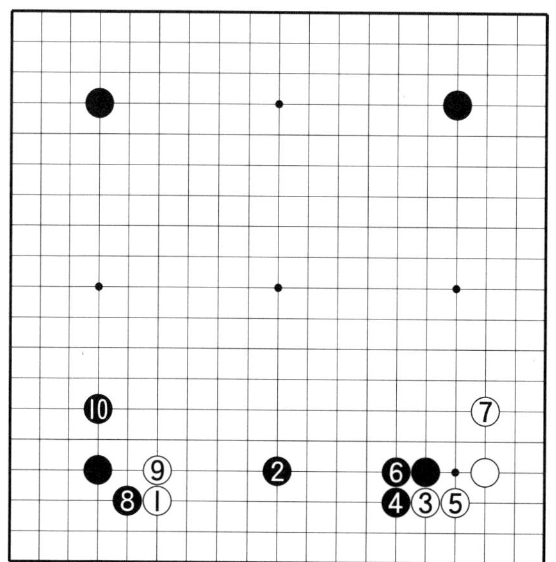

5도

5도(흑, 이상적)

흑2에 백3 이하 7까지 결정하는 것은 흑의 바람이다. 흑2가 적당한 위치에 있을 뿐 아니라 흑10까지 백 두점을 공격하는 맛도 있다.

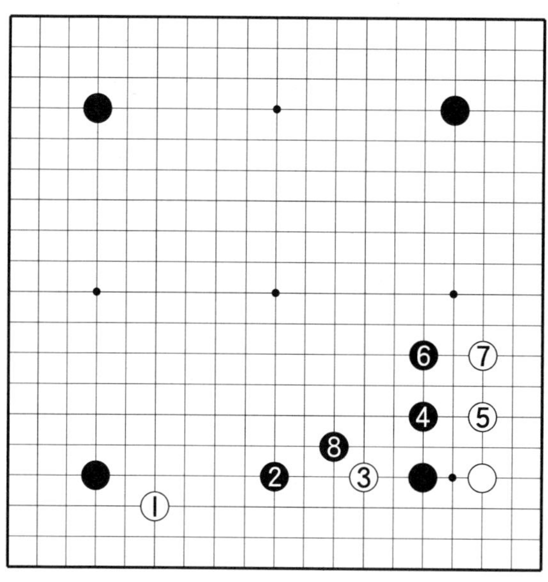

6도

6도(백, 무리)

백3으로 다시 흑진에 뛰어드는 것은 무리수다. 이런 수를 과감히 응징해야만 접바둑에서 빨리 면할 수 있다. 흑8까지 백의 무리가 한 눈에 들어온다.

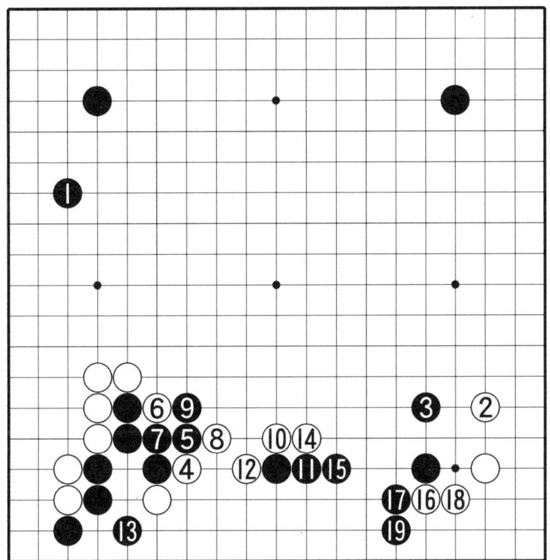

7도

7도(경과도)

 3도에 이어 아마추어 4단과 프로와의 실전 대국의 경과도이다. 백4로 즉각 움직인 게 타이밍이고, 흑19까지 되었는데, 여기서 흑에게 약간의 완착이 있었다.

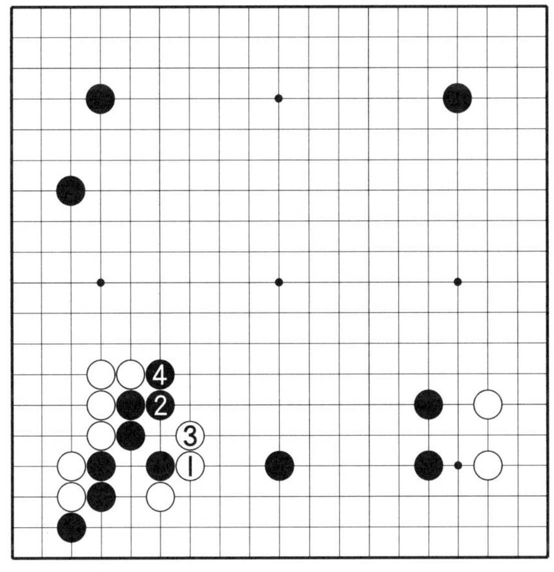

8도

8도(정수)

 이런 모양에서 백1 때는 흑2로 받는 것을 기억하고 있어야 한다. 백3에는 흑4로 밀어가면 아직도 백은 미생이다.

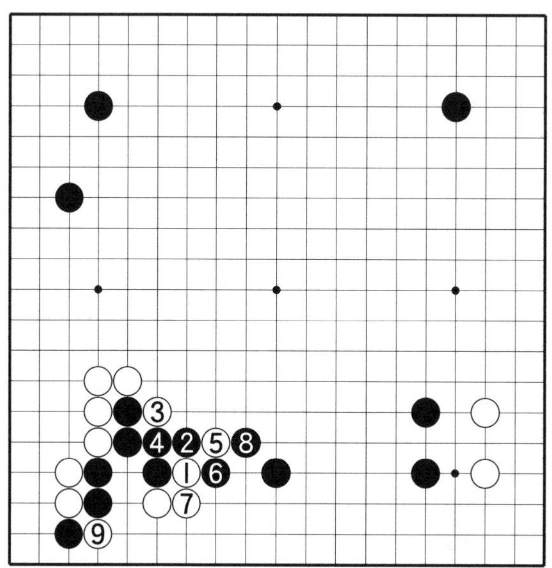

9도

9도(흑, 걸림)

참고로 백5 때 흑6・8로 잡는 게 될 듯하지만, 백9의 끊음으로 흑은 순식간에 망한 모습이 된다.

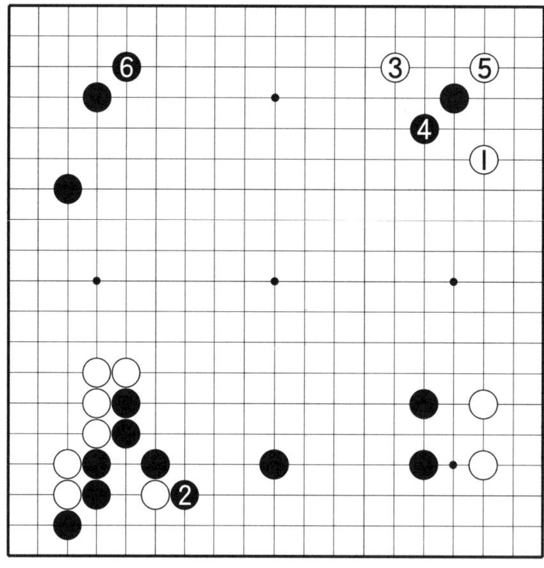

10도

10도(흑, 확실함)

만약 백이 좌하 부분을 손뺀다면 흑은 당장 2로 제압해 두는 것이 크다. 우상귀는 간명하게 처리한 후 흑6으로 다시 큰 곳을 지키는 것도 한 방법이다.

　　백1에는 A에 걸치지 않고 흑2로 3연성을 선택하는 수도 좋은 작전이다. 석점의 치석을 활용하는 작전인데, 백3에는 다시 흑4로 큰 모양을 만든다. 백도 7까지 활발한 모습이지만 백 모양은 하변에 치우쳐 있는 게 단점이다.

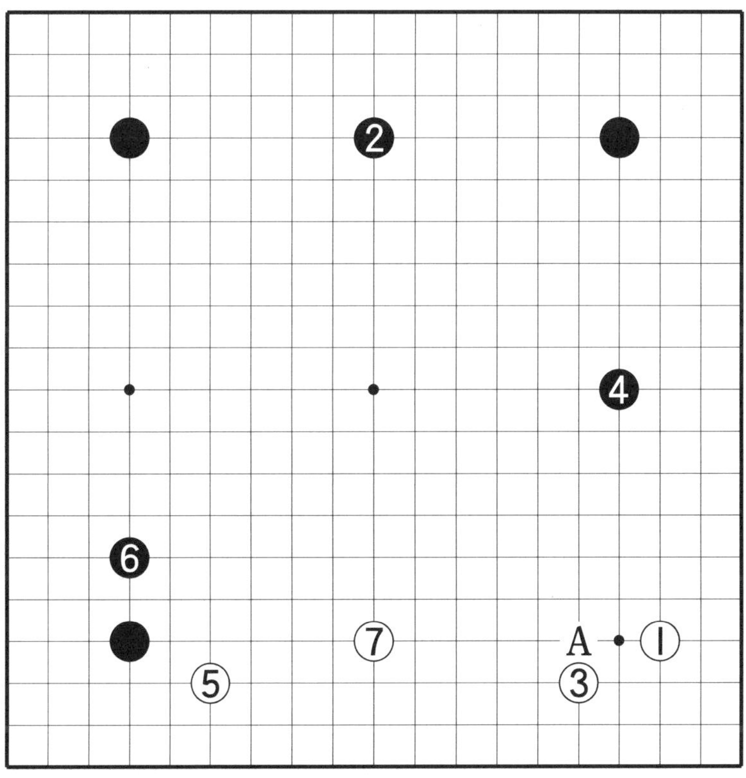

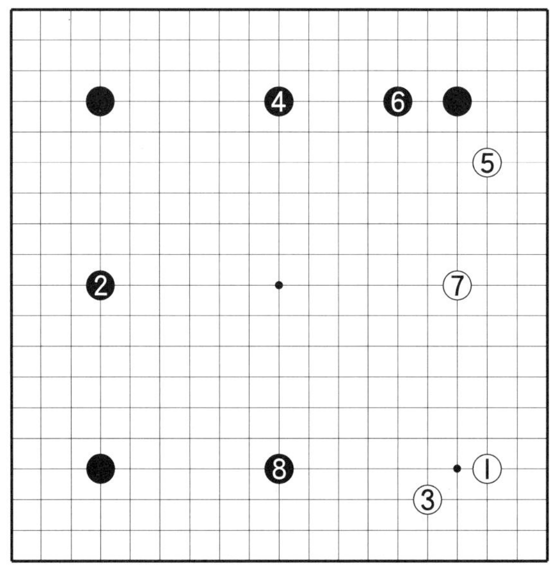

1도

1도(모양 대결)

흑2쪽의 3연성도 생각된다. 이 때도 백3으로 지키면 흑8까지 예상되는데, 이것도 기본형과 비슷한 형이다.

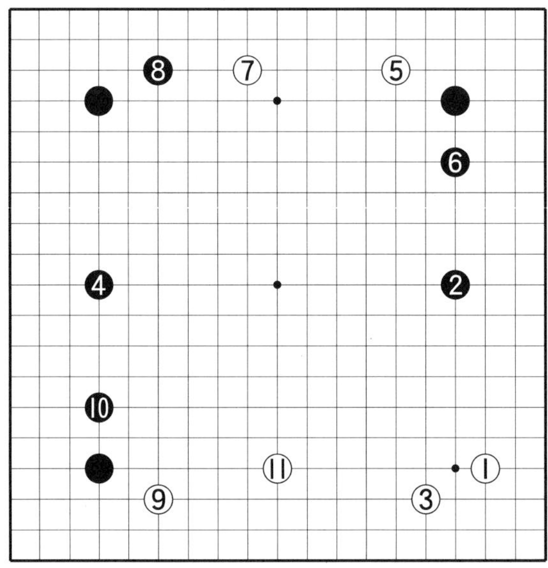

2도

2도(모양을 피해)

흑2를 선택한 것은 백에게 큰 모양을 안 주겠다는 의도. 이렇게 되면 잔바둑이 예상되는데, 이것도 한 판의 바둑이다.

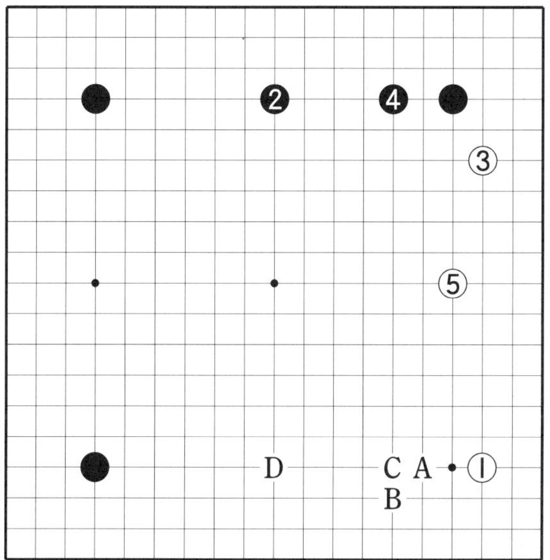

3도

3도(실전형)

흑2에 백3·5로 전개하는 수도 있다. 이 진행은 아마추어 5단과 프로기사의 실전예이다. 흑의 다음 수는 A부터 D까지 생각해 볼 수 있다. 자! 다음 수는?

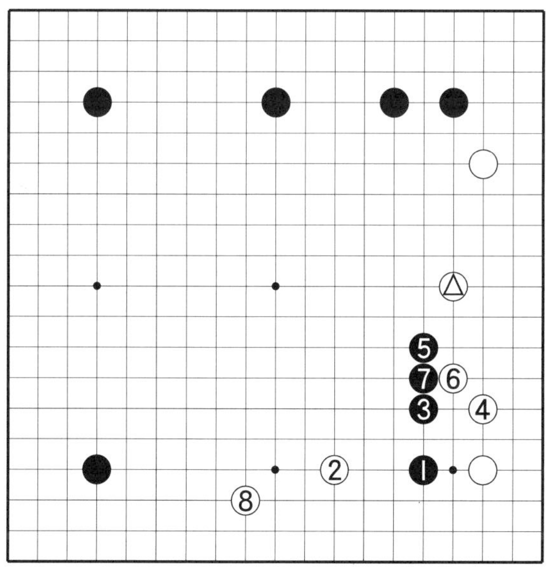

4도

4도(흑, 불만)

흑1로 걸치는 것부터 살펴보자. 흑1은 백2의 협공을 받아 원래 백△가 있을 때는 좋지 않다. 백8까지 백은 양쪽을 모두 둔 꼴이다.

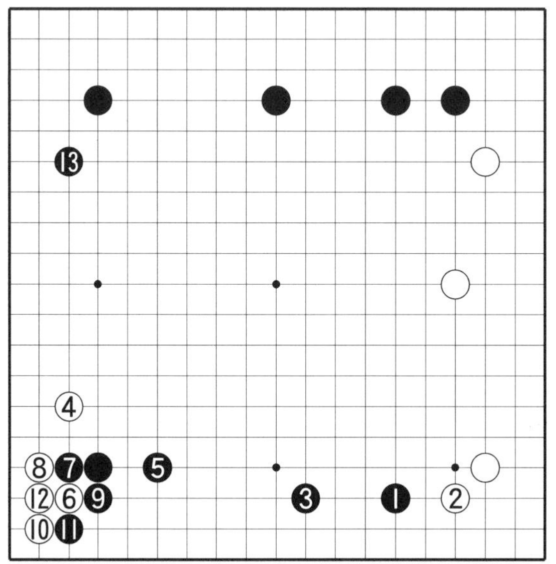

5도

5도(유연한 진행)

다른 실전에서 나온 모양이다. 흑1이 유연한 걸침이고, 백2는 견실한 대응. 흑13까지 서로 불만없는 진행이다.

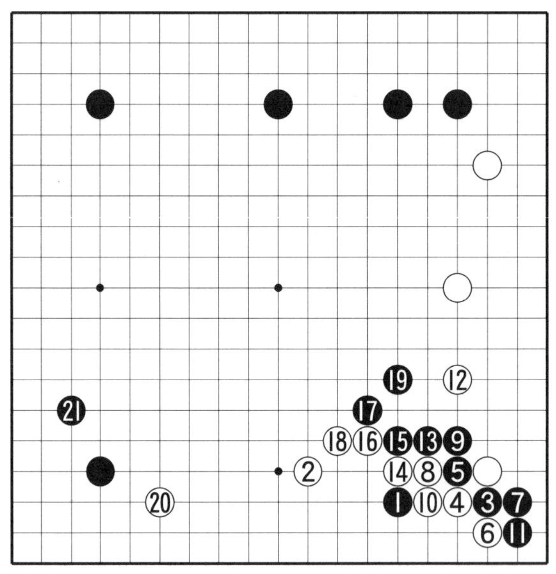

6도

6도(흑, 충분)

흑1에 백은 협공해올 가능성이 크다. 흑3부터는 정석을 알고 있어야 하고, 흑19까지 기본정석. 흑21까지 예상되는데, 흑이 충분하다.

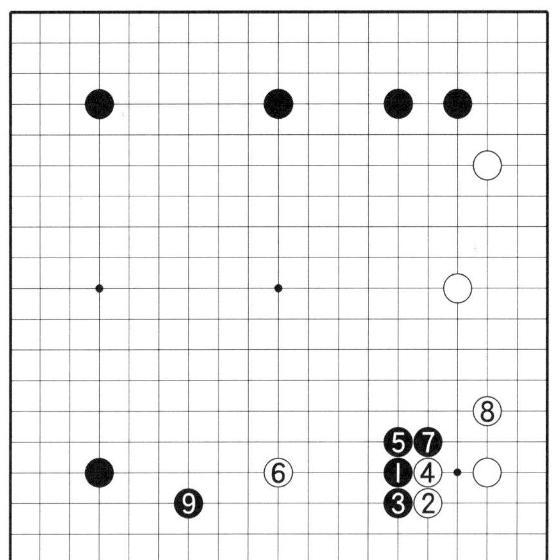

7도

7도(흑, 만족)

흑1로 걸치는 것도 좋은 착상. 백6까지 압박하겠지만 흑9를 차지한 흑이 충분한 모습이다.

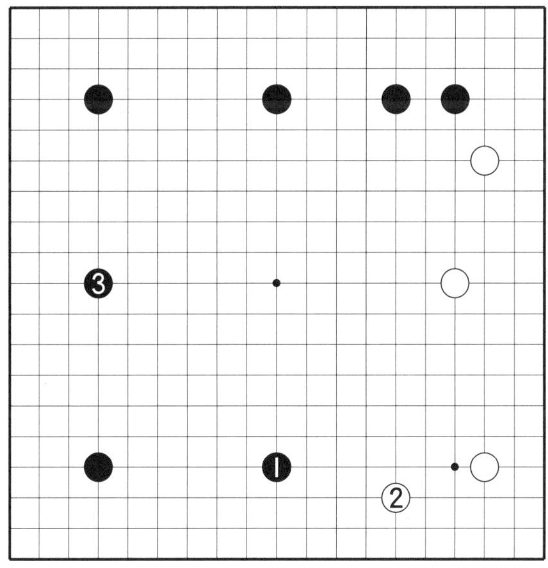

8도

8도(추천수)

이 장면에서는 흑1을 추천한다. 실전에서도 이렇게 두었는데, 상대에게 가까이 가지 말라는 것이다. 백2를 기다려 흑3으로 지켜 흑 모양이 입체적이다.

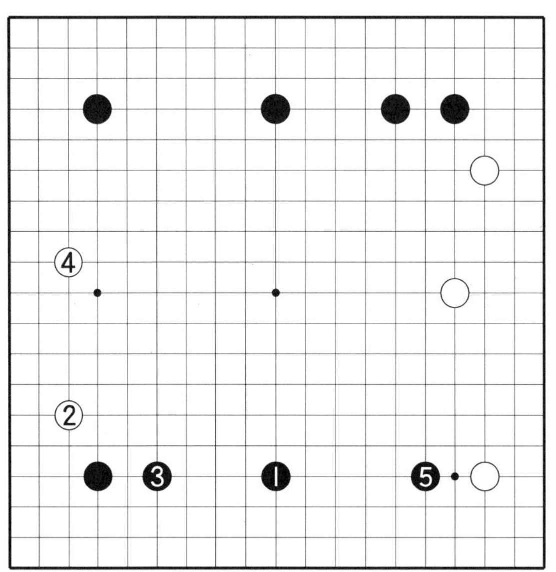

9도

9도(흑, 성공)

흑1 때 백2로 걸쳐오면 일단 받아두는 게 좋다. 백4면 이제는 흑5로 걸쳐 백 세력을 제한할 수 있다.

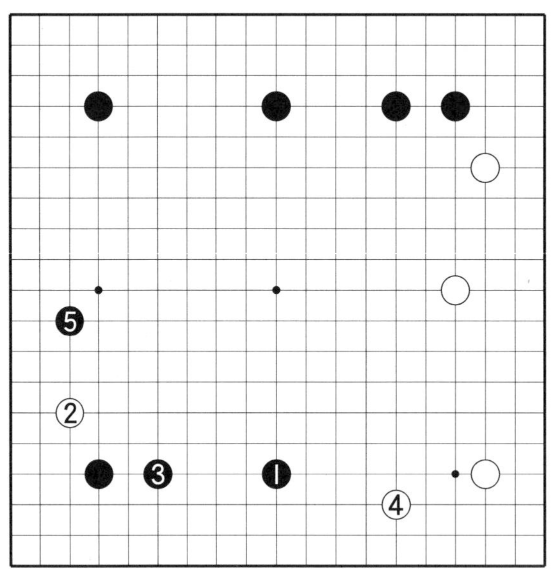

10도

10도(맞보기)

백4로 지키면 흑은 두말할 것도 없이 흑5로 좌하귀 백 한점을 공격한다. 흑이 충분한 모습.

3점 접바둑에서 가장 많이 나온다고 말할 수 있는 점이 백1의 고압적인 외목이다. 이때 흑은 흑2로 걸쳐가는 게 안전하면서 두터운 수다. 백5까지 새로운 형의 출발이다.

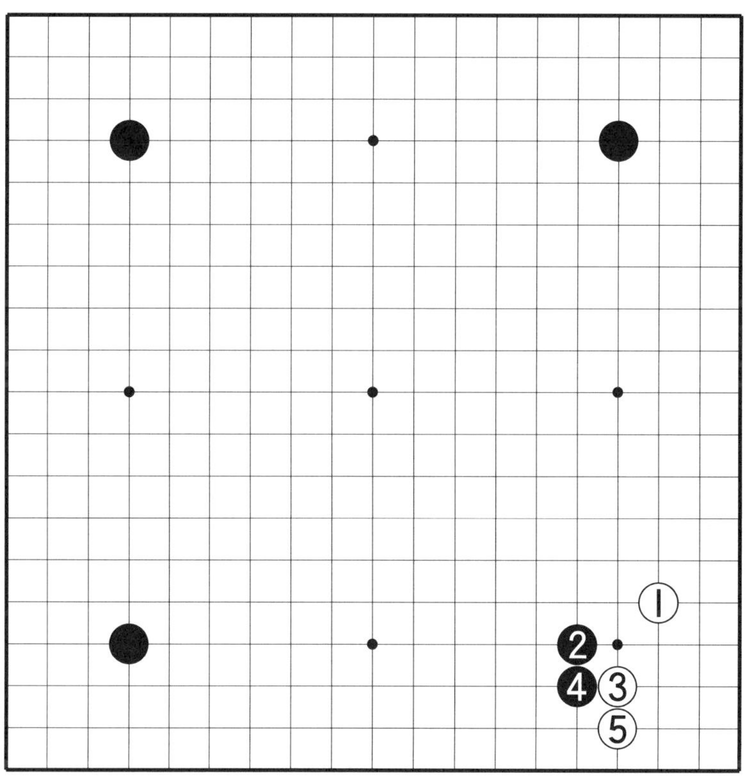

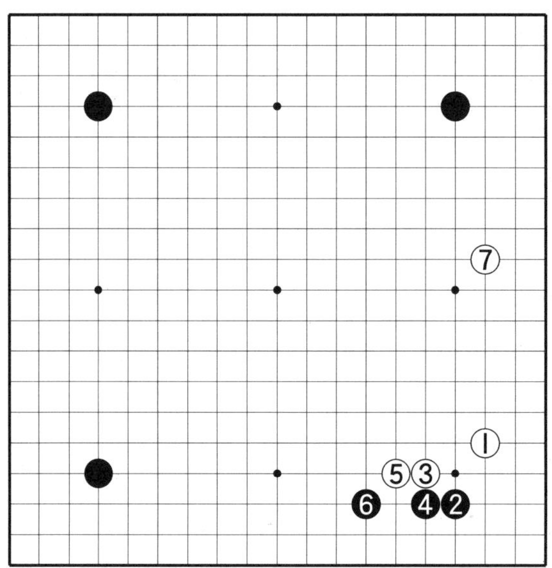

1도

1도(기본형)

흑2로 걸쳐가는 게 백1의 외목에 대한 기본형이지만, 일단 백3·5로 눌려 3점의 효력이 상쇄될 뿐 아니라 변화의 여지가 많아 추천하고 싶지 않다.

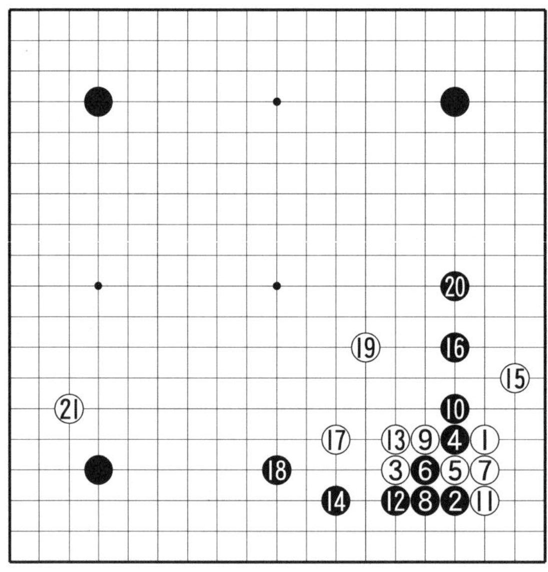

2도

2도(정석이지만)

백3 때가 문제이다. 수많은 변화를 알고 있어야 대처한다는 대사정석이다. 흑20까지면 가장 기본정석으로 흑이 편하지만, 이외에 많은 변화를 갖고 있어 조심해야 한다.

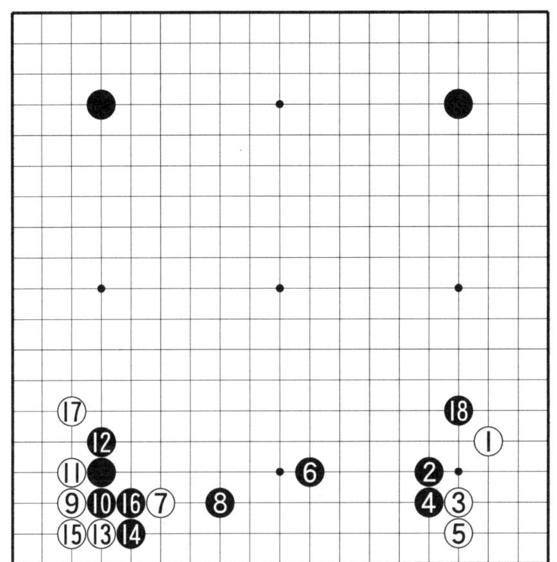

3도(흑, 만족)

그러므로 백1에 걸치려면 흑2가 무난하고, 유연하다. 만약 백7로 걸쳐오면 흑8이 안성맞춤이고, 백17을 기다려 흑18로 씌우면 흑 만족이다.

3도

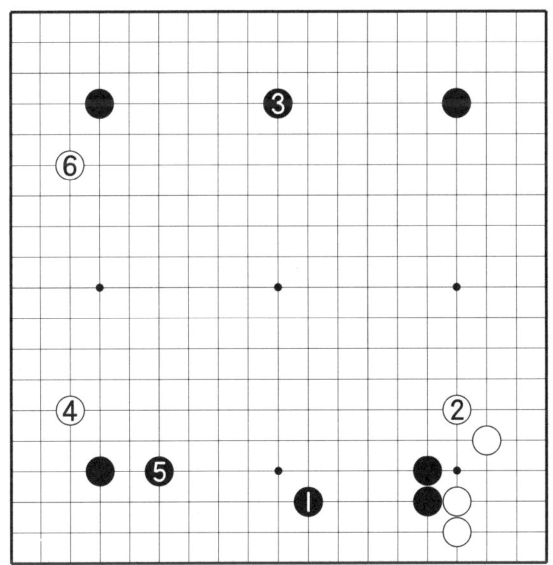

4도(실전형)

흑1로 지키고 백2를 기다려 흑3으로 벌린 실전도 있다. 백6까지 이것도 한 판의 바둑인데, 백2의 지킴은 견실한 수법이다.

4도

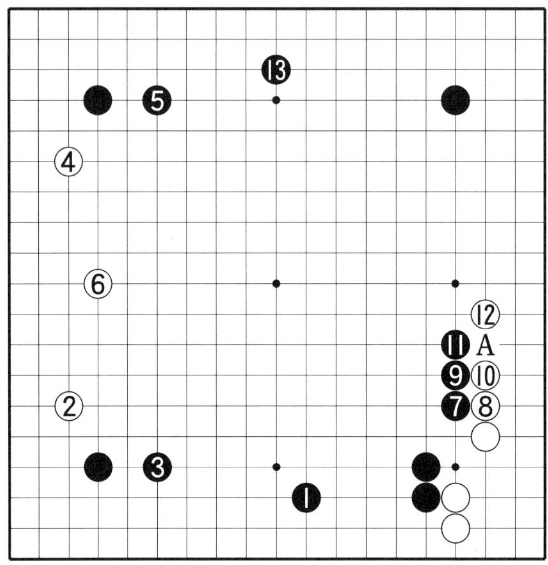

5도

5도(생략하면)

7의 곳을 손빼고 좌변을 먼저 선착할 수도 있다. 하지만 흑7의 자리가 너무 좋다. 백12를 생략하면 흑A로 막는 수가 두텁다. 흑13까지 만족.

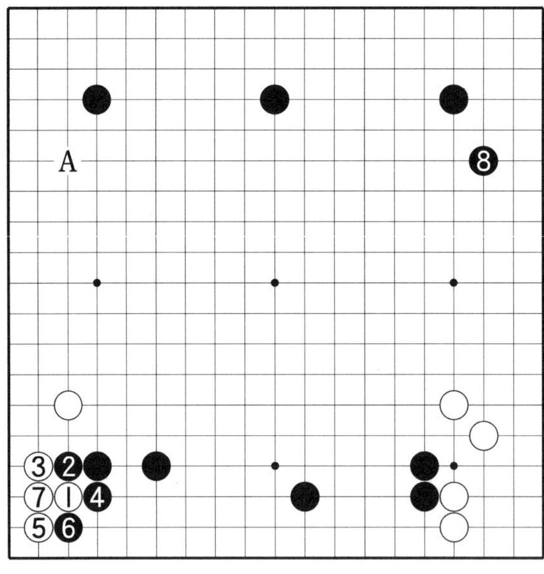

6도(흑, 발빠름)

백이 **4도**에서 A에 걸치지 않고 바로 본도와 같이 백1로 파고들 수도 있다. 그렇다면 백7까지 강요하고 발빠르게 흑8을 차지한다.

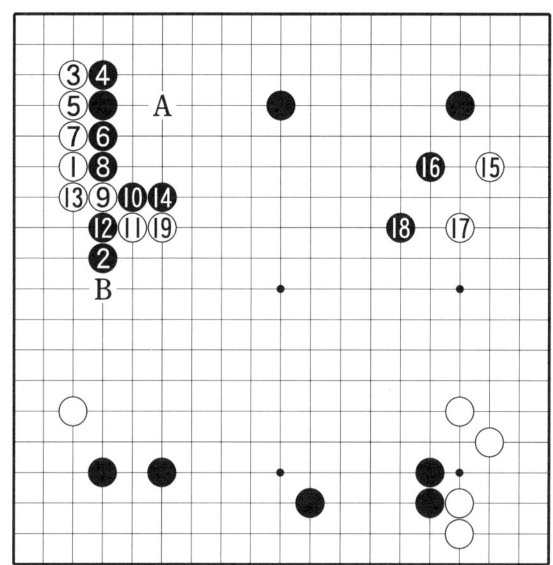

7도

7도(경과도)

 4도 실전진행에 이어 계속되는 경과도이다. 백1 때 흑A로 받으면 백B가 좋으므로 흑2로 협공했다. 백3은 무난한 진행이고, 흑18까지 흑이 나쁠 리가 없다.

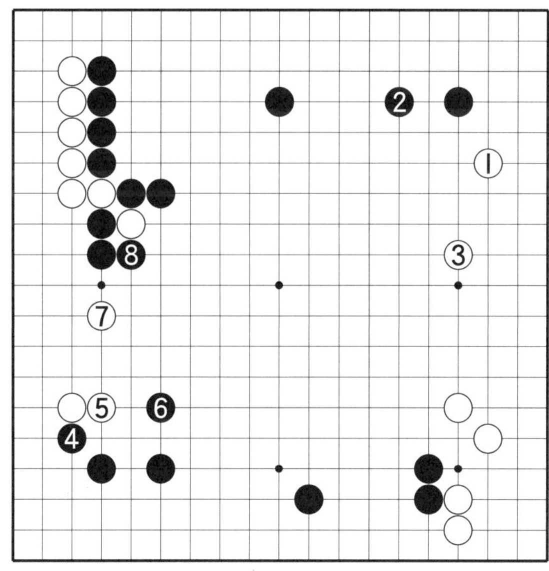

8도

8도(좋은 감각)

 백1에 흑은 2로 받아두는 것도 무난한다. 백3을 기다려 흑4·6으로 주도권을 잡을 수 있다.

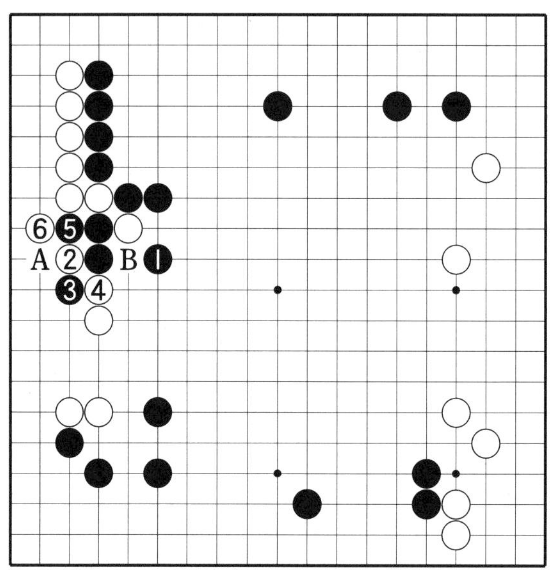

9도

9도(백, 넘어감)

흑1로 잡는 것은 안 된다. 백2·4가 맥점이 되므로 간단하게 건너가고 만다. 백6 다음 흑A는 백B로 큰일 난다.

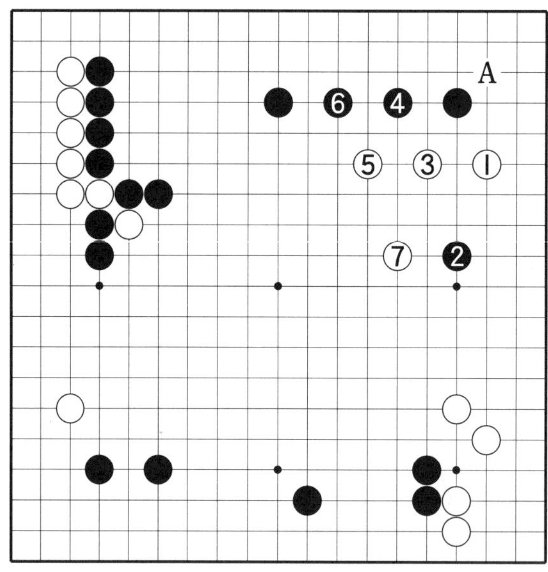

10도

10도(흑, 불만)

간혹 남의 집이 커 보여 백1 때 흑2로 협공하는 수를 볼 수 있는데, 이것은 약간 무리수다. 우상귀는 아직 A의 곳도 비어 있고, 백7까지 자세도 좋다.

428

백1의 고목은 상수들이 하수들을 상대로 흔히 사용하는 수법으로, 하수들은 자칫 잘못하면 초반에 왕창 망하게 된다. 백1의 수법에 대한 작전이 필요한데…

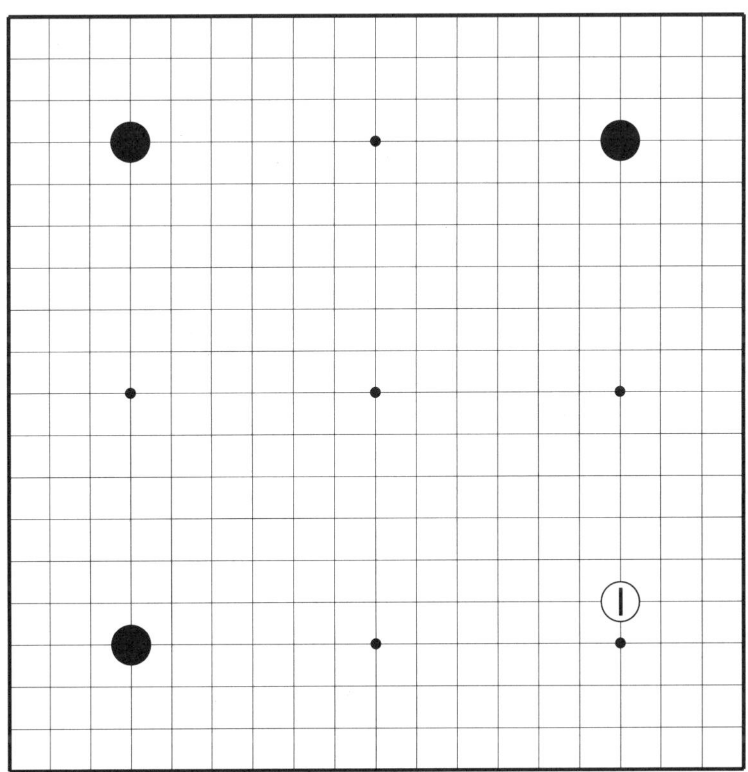

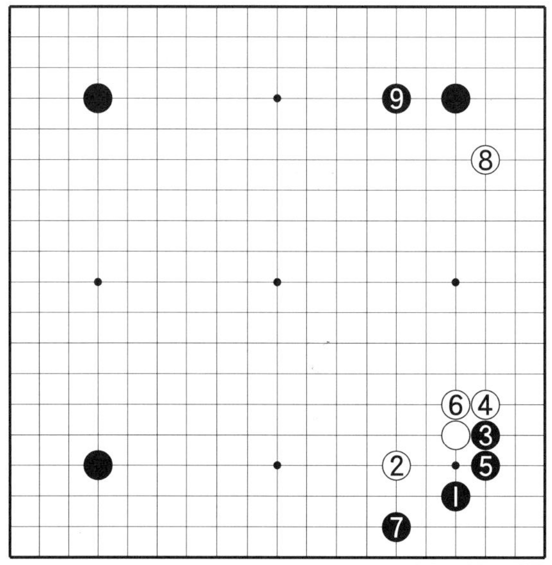

1도

1도(실전 기본형)

먼저 가장 일반적인 수법으로 흑1로 쳐들어가는 형을 살펴보자. 가장 일반적인 수법이 백2의 씌움. 흑9까지 이것도 충분하지만 백이 이렇게 쉽게 둘 리가 없다.

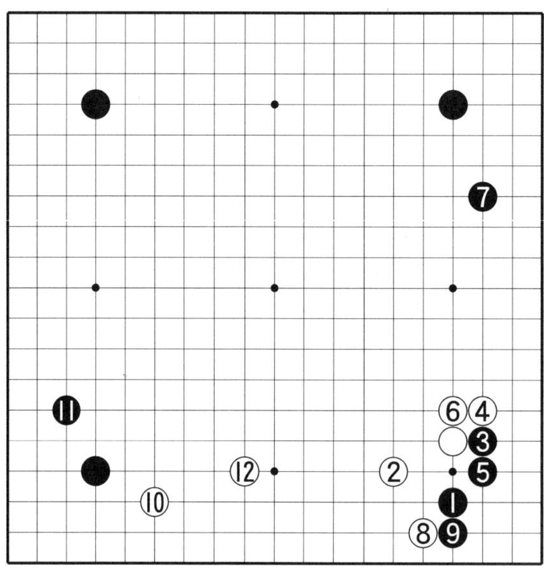

2도

2도(취향)

흑은 백에게 우변을 허용하지 않으려면 손빼고 흑7로 지키는 것도 생각해 볼 수 있다. 하지만 이것도 전도와 다를 게 없다. 이번에는 백10·12로 하변이 좋아진다.

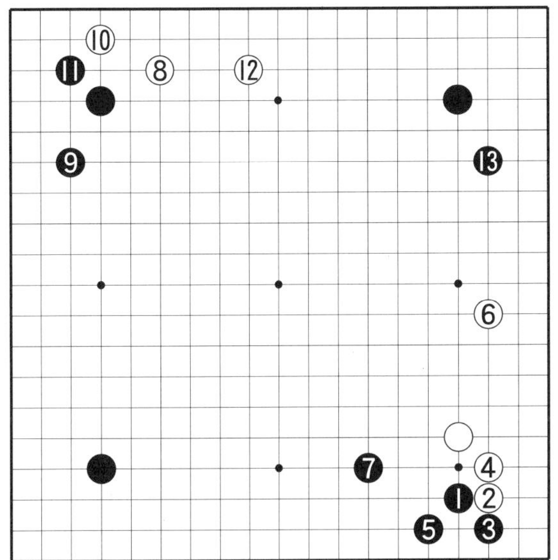

3도

3도(정석 이후)

흑1에 백2·4를 선택할 수도 있다. 백의 입장에서 유연하게 두어가려는 작전이고, 흑도 13으로 지켜 긴 승부가 예상된다.

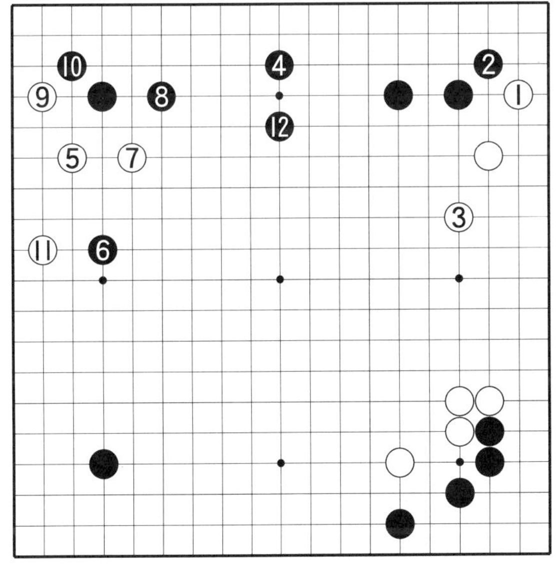

4도

4도(경과도)

1도 실전에 이어 흑12까지 진행된 모습은 흑이 아직까지 3점의 위력이 살아 있는 바둑이다.

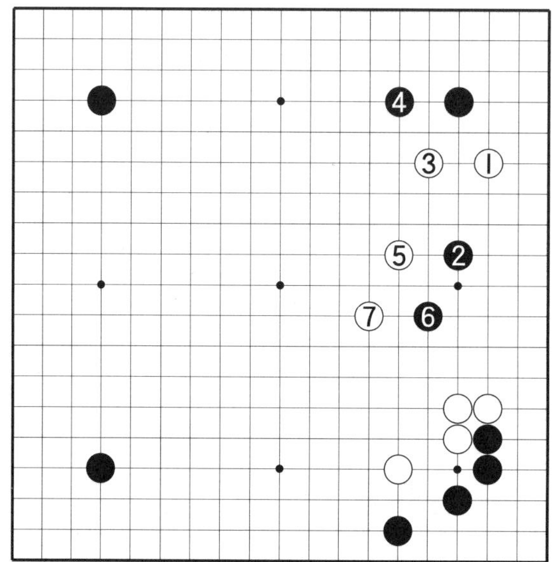

5도

5도(흑, 무리)

남의 집이 커 보인다고 백1에 흑2로 협공하는 것은 무리이다. 백5의 타이밍을 맞기 때문이다. 백7까지 흑이 안에서 산다고 해도 좋을 리가 없다.

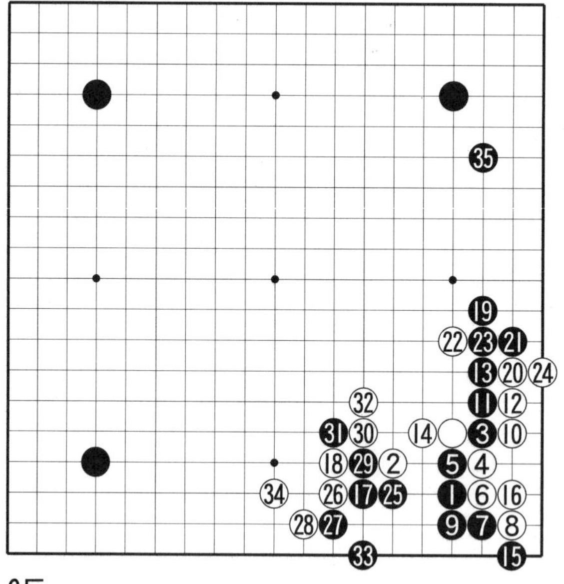

6도

6도(복잡한 정석)

흑3에 백4로 젖히면 복잡한 정석이 진행된다. 그나마 백34까지는 일반적인 정석이지만, 정석 도중에 암초가 많아 흑은 조심해야 한다.

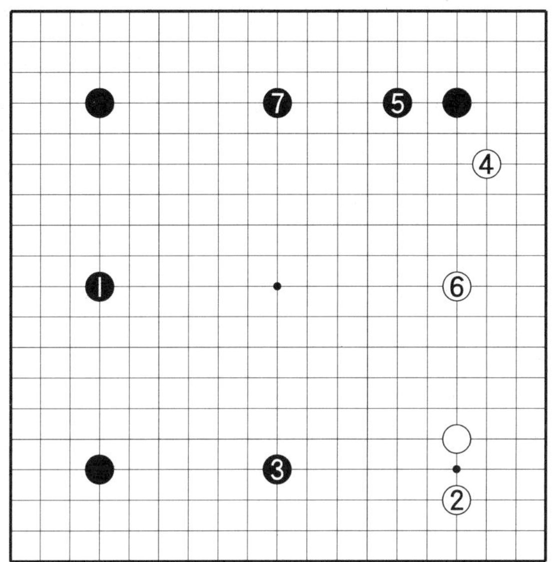

7도

7도(추천수)

백이 고목이나 외목에 두어올 때는 원거리 전법이 좋다. 흑1로 벌리고, 백2라면 흑3으로 다시 큰 곳을 차지하면 된다. 흑7까지 입체적인 모양이다.

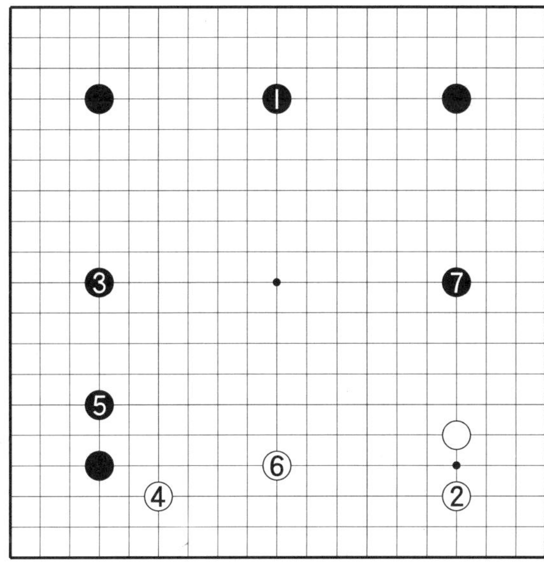

8도

8도(대동소이)

흑은 1로 벌려도 좋다. 백2로 지키면 흑7까지 전도와 비슷하게 진행된다.

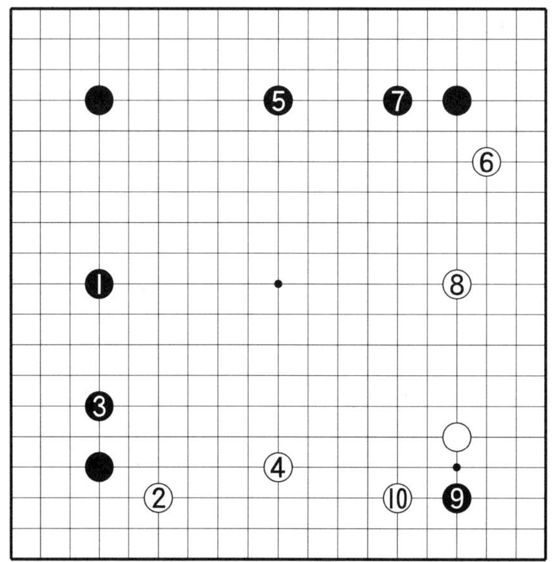

9도

9도(전투)

흑1에 백은 2·4로 전개할 수 있다. 흑5에는 다시 백6·8로, 이것은 앞에서 보여준 것과는 달리 백 모양의 폭이 크다. 그렇다면 흑9부터 전투가 예상된다.

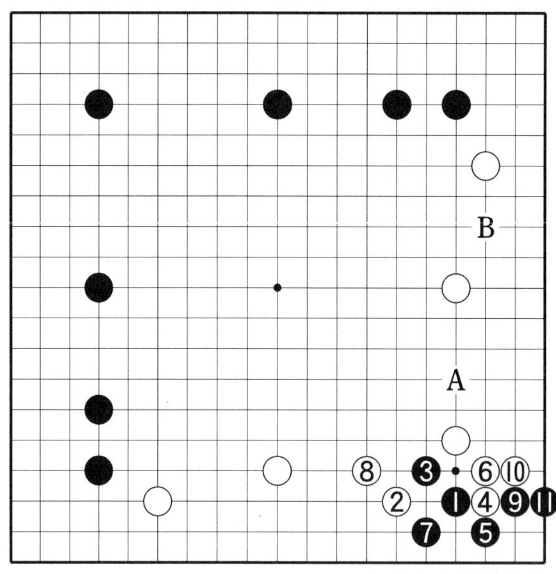

10도

10도(흑, 충분)

백2에는 흑3을 기억하고 있어야 한다. 백4·6에는 흑7부터 11까지 사는 게 간명한 수법. 이후 A나 B의 침입을 노리면 충분하다.

제69형 실전유형(1)

　　아마추어 5단과 프로기사의 실전대국을 갖고 집중 검토해 보자. 백3·5는 흔히 나올 수 있는 모양이고, 이후 흑의 작전이 중요하다. 흑에게는 여러 가지 작전을 선택할 수 있는 기회가 온 것이다.

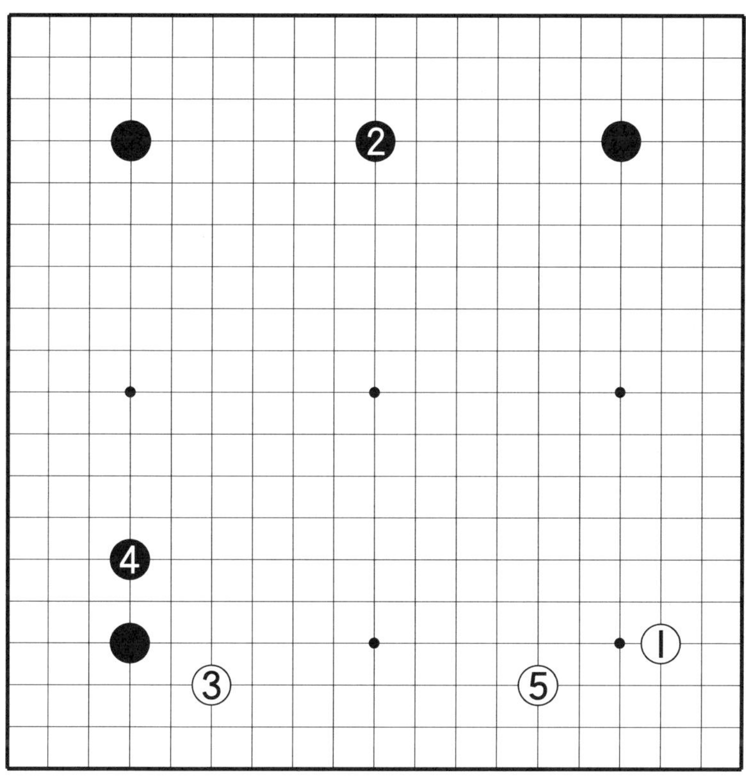

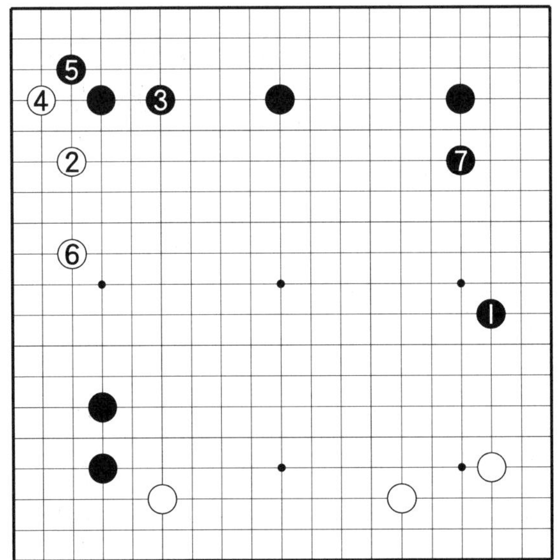

1도(경과도)

 계속해서 실전진행을 살펴보자. 흑1은 오직이 한 수의 곳이라고 해도 과언이 아닌 점. 흑7까지 무난한 진행이지만, 약간 다른 수순도 생각해 볼 수 있다.

1도

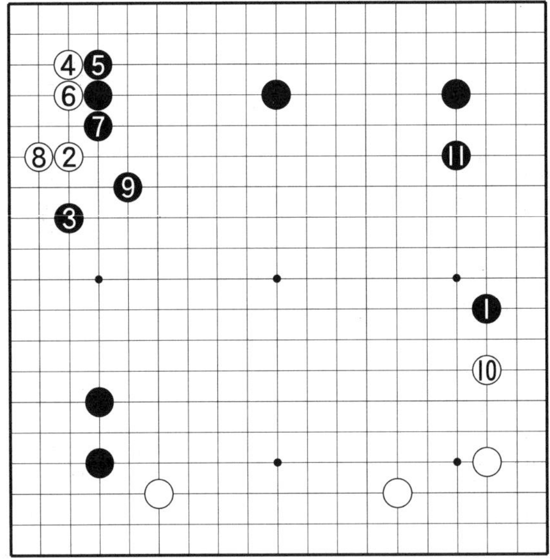

2도(요처)

 백2에는 흑3의 한칸 협공이 지금 장면에서는 요처에 해당된다. 백4라면 흑9까지 그림 같은 모양을 만들어가고, 백10에는 흑11로 지켜둔다. 흑 만족.

2도

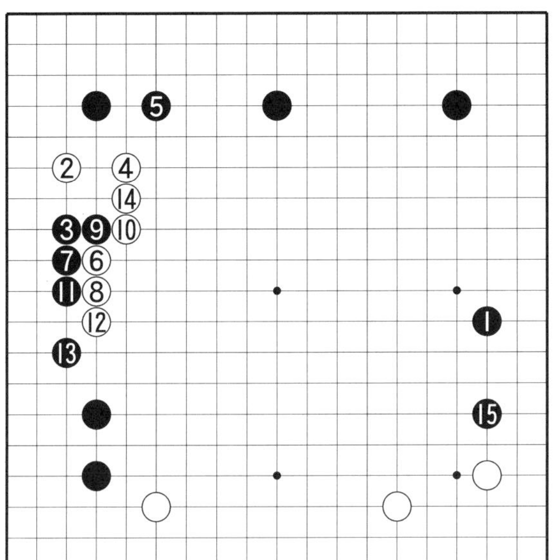

3도

3도(대세점 차지)

　백4로 뛰어나가도 상관없다. 백14로 지킬 때 흑15의 대세점을 차지하면 대만족이다.

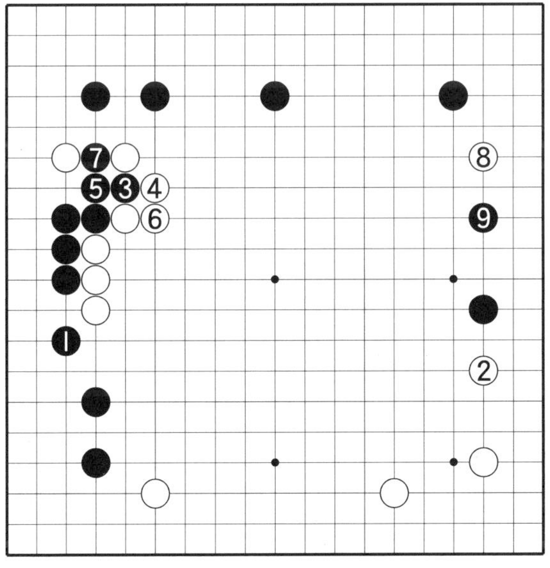

4도

4도(실리확보)

　흑1 때 백이 우변을 차지하면 흑7까지 백의 단점을 추궁, 실리를 확보한다. 백8에는 흑9로 협공해 충분하다.

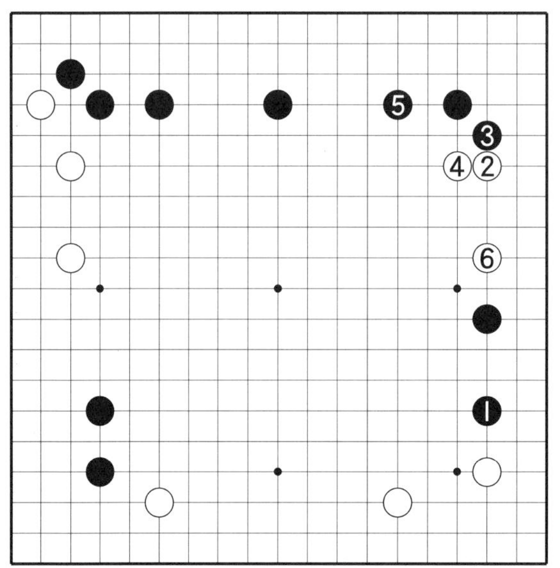

5도

5도(다른 한 판)

1도 흑7은 본도 흑1로 전개할 수도 있다. 그렇다면 백2부터 6까지 전혀 다른 또 한 판의 바둑이 된다.

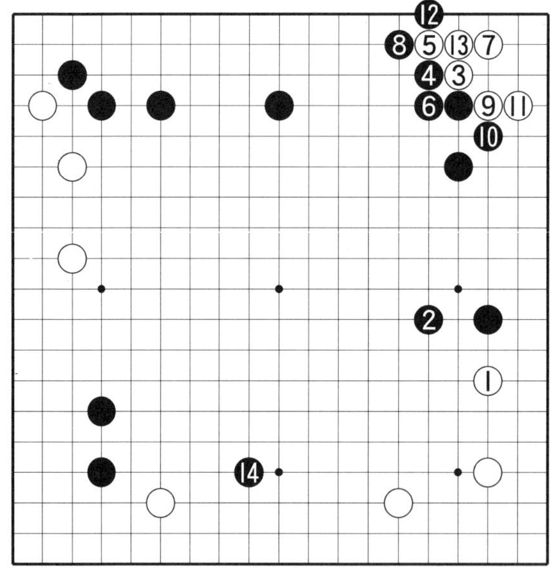

6도

6도(흑, 발빠름)

1도 이후 백은 역시 1의 곳을 차지했다. 흑2부터 14까지 진행되었는데, 흑이 활발한 모습이다.

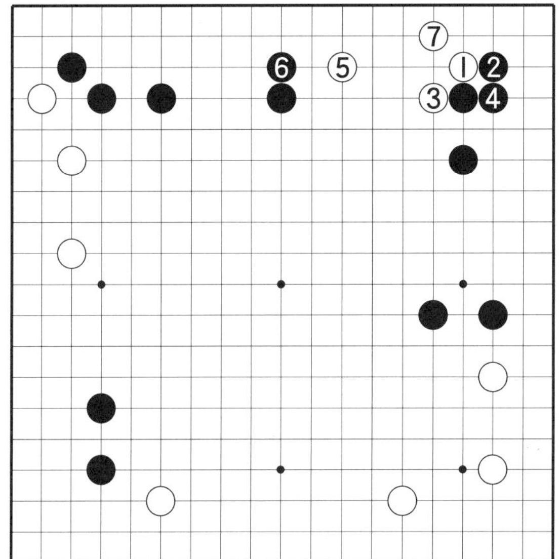

7도

7도(귀의 응수법)

백1로 붙였을 때는 여러 가지 생각을 해 봐야 한다. 이런 장면에서 승부가 갈릴 수 있기 때문이다. 백7까지도 한 방법이지만…

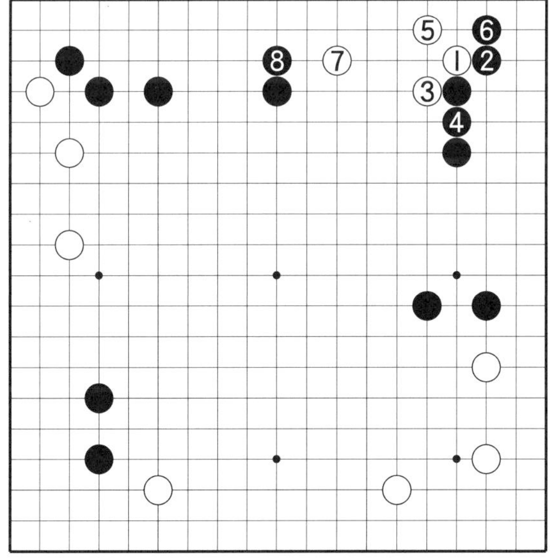

8도

8도(흑, 유력)

백3에 흑4로 버티는 게 강력하다. 백5에는 흑6으로 실리를 챙기면서 공격의 고삐를 늦추지 않는 게 좋다. 흑8까지 흑 만족.

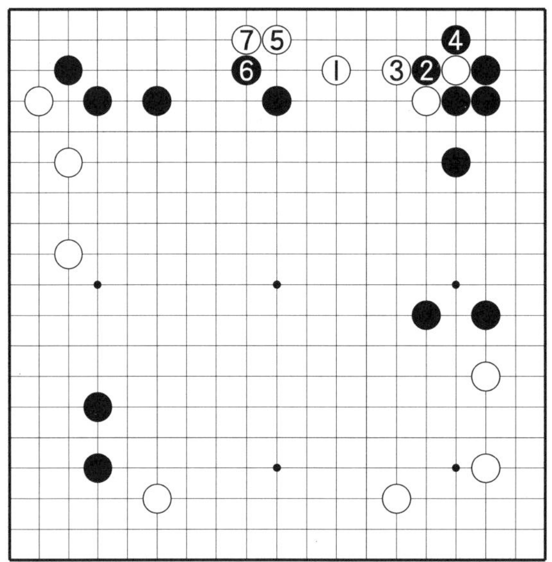

9도

9도(흑, 소탐대실)

　7도의 변화 가운데 하나이다. 백1 때, 흑 2로 백 한점을 잡는 것은 백의 주문. 백5 가 좋아 흑이 한 게 없다.

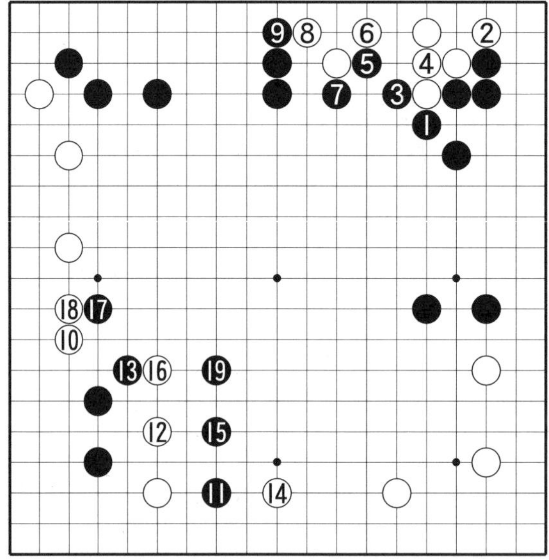

10도

10도(흑, 호조)

　7도 이후 실전진행이다. 흑5·7로 납작하게 만든 후, 백이 선수로 살고 10의 곳을 선착했지만, 흑17의 행마가 좋아 19까지 흑이 활발한 국면이다.

　　역시 아마추어 5단과 프로기사의 실전대국이다. 백 1의 외목은 흑2를 부르는 점. 흑2를 불러 복잡하게 판을 유도하겠다는 작전인 것이다. 여기서 흑4·6은 복잡함을 피한 점이며, 백11로 걸치며 새로운 한 판 이 진행되고 있다.

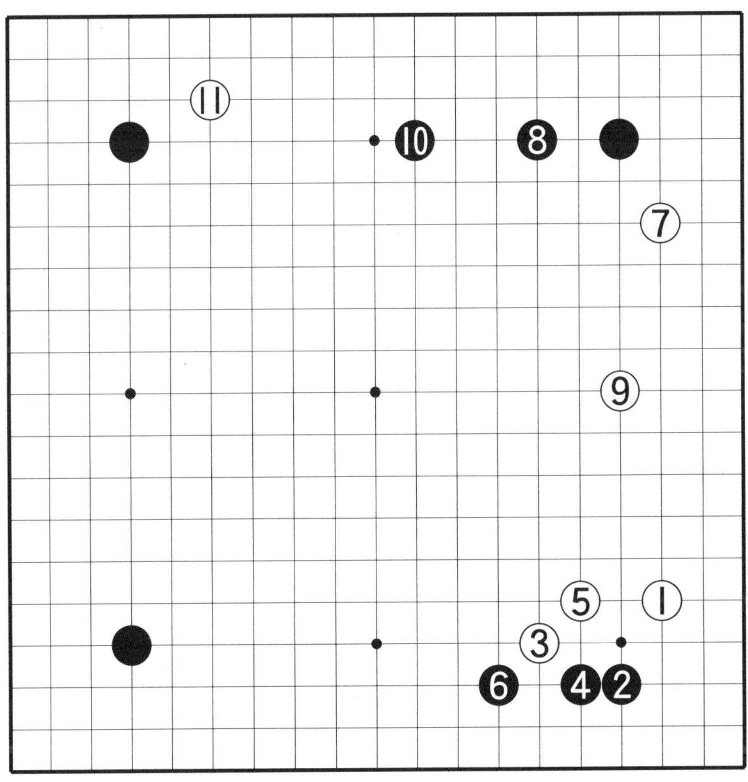

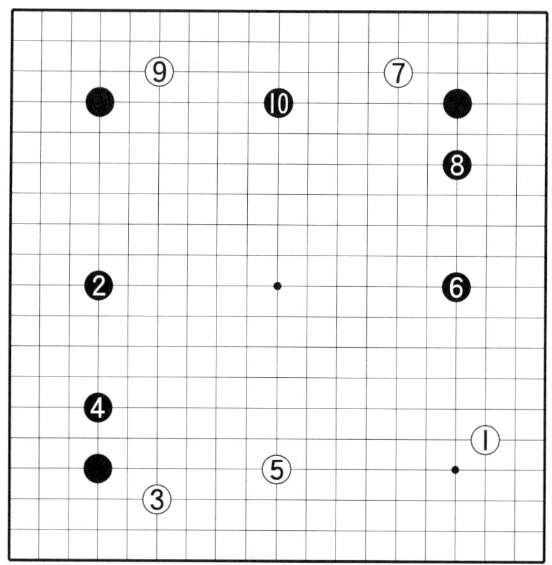

1도

1도(추천수)

고수의 외목에는 가급적 안들어가는 게 간명하다. 흑2로 진영을 넓히는 것을 추천하고 싶다. 이렇게 되면 흑10까지 전혀 다른 바둑이 된다.

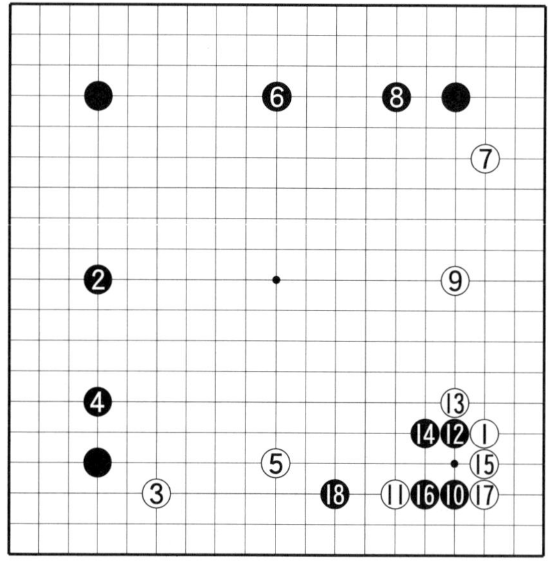

2도

2도(침투)

흑6으로 벌리면 백7의 걸침은 당연한 점. 백9까지 우하변에 그럴 듯한 모양을 갖추고 때를 기다린다. 백11부터는 정석인데, 가장 기본적인 진행이 흑18까지이다.

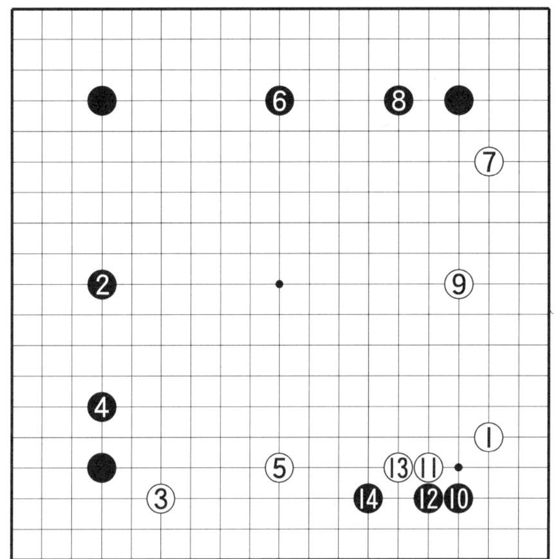

3도

3도(흑, 충분)

백11로 씌워오는 것은 두려울 게 없다. 흑14까지 자세를 갖추면 그만. 물론 우변에 백진이 형성되었지만 흑도 충분하다.

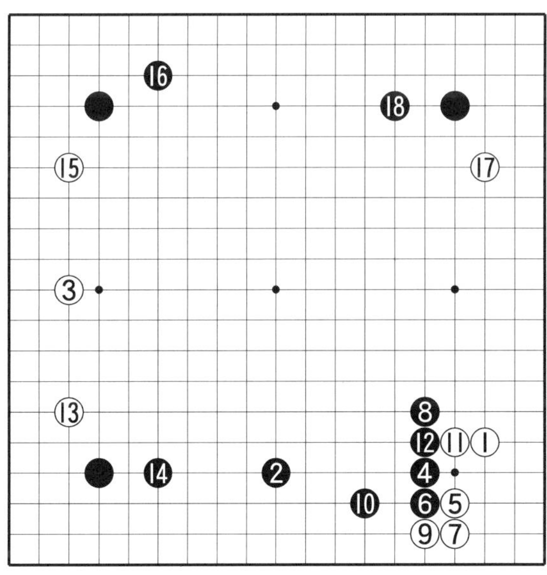

4도

4도(흑, 만족)

흑2쪽으로 벌리는 수도 있다. 하변을 견제하는 수법이고, 백3이면 흑4로 걸치겠다는 뜻이다. 흑2가 도움을 주고 있어 한결 편하다. 흑18까지 흑이 만족한 진행.

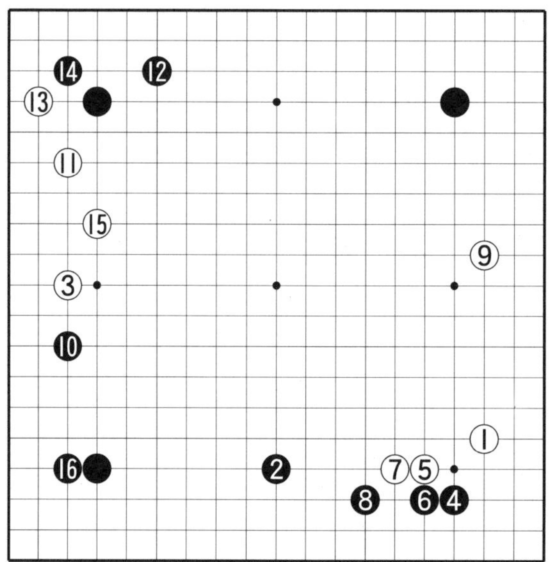

5도

5도(지키는 요령)

흑4로 깊숙히 파고드는 것도 지금은 가능하다. 역시 흑2가 도움을 주고 있기 때문이다. 흑16으로 지키는 것도 배워 둘 만한 점.

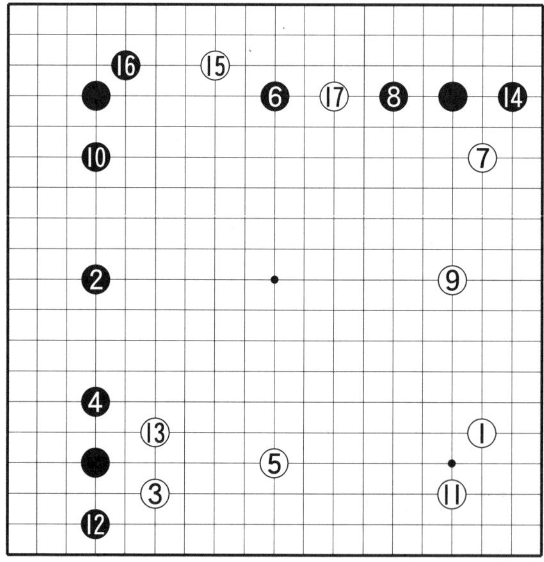

6도

6도(실전예)

백9까지 진행된 결과를 보고 흑은 10을 선택했다. 백11을 허용한 것이다. 백15로 침입하며 전단이 발생했는데, 백17까지 서로 잘 어울린 포석이다. 아직까지 흑의 치석이 살아 있다.

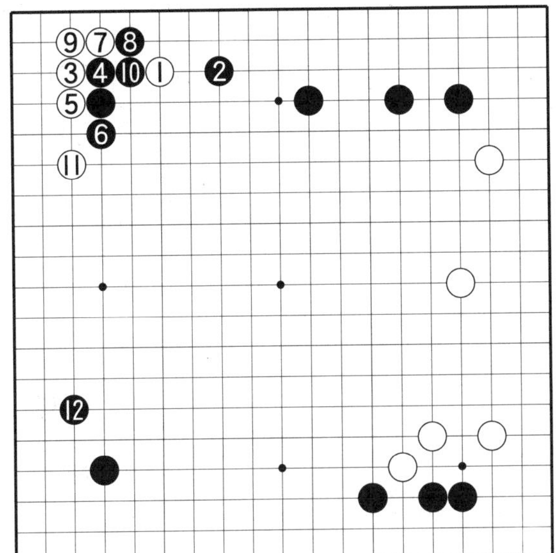

7도

7도(경과도)

 장면도 이후 흑2의
협공은 이 한수의 곳
이다. 백도 3으로 들
어가는 게 간명한 수
법이고, 이하 흑12를
차지한 흑이 활발한
모습이다.

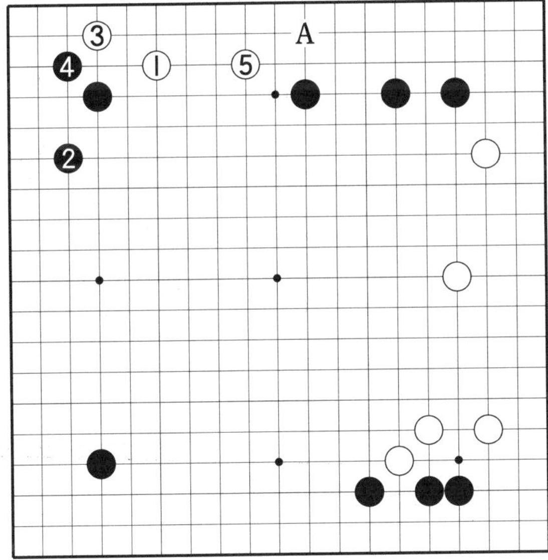

8도

8도(흑, 불만)

 '날일자는 날일자로
받아라'라는 말이 있다
고 백1에 흑2로 받아
서는 불만이다. 백5까
지의 자세가 좋아, 흑
은 이후 A의 곳이 부
담으로 남는다.

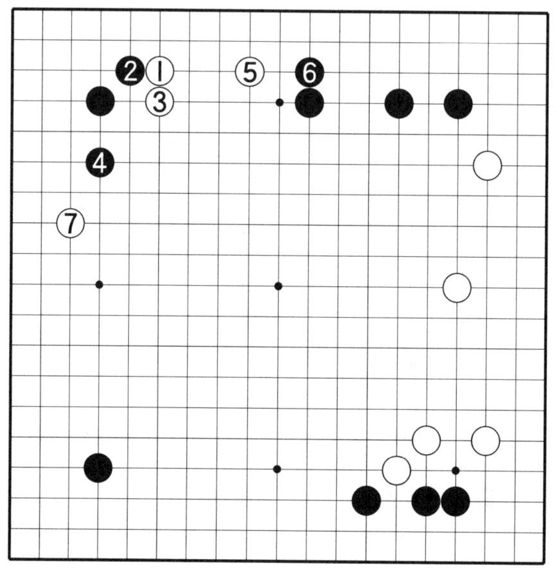

9도

9도(백, 여유)

흑2·4도 찬성할 수 없는 점. 백5까지 틀을 갖출 수 있기 때문이다. 백7로 방향을 돌려 백이 활기찬 모습.

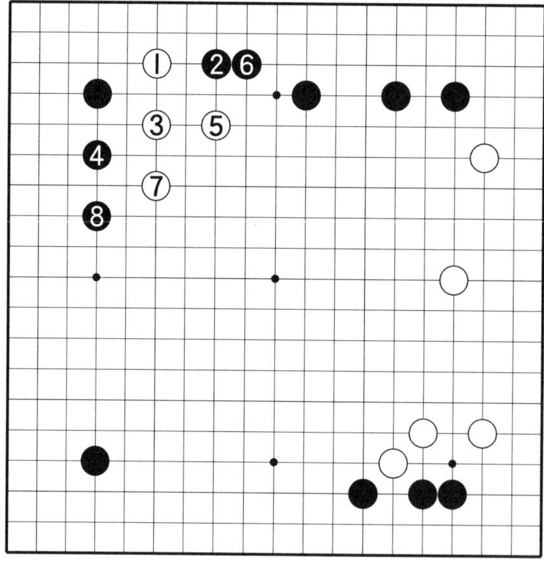

10도

10도(흑, 여유)

흑2 때 백3으로 나오는 순간, 백은 곤마가 된다는 사실을 알고 있어야 한다. 흑8까지 여유있게 집도 만들어 가며 백을 공격하고 있다.

2점 접바둑

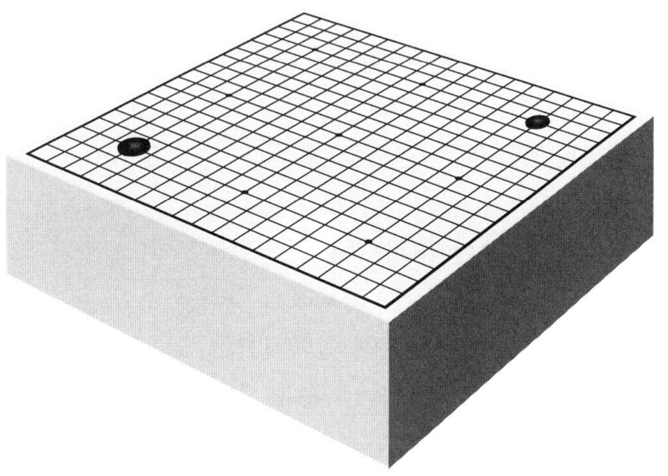

2점 접바둑의 요령

2점 접바둑에서 이긴다면 맞바둑에서도 이긴다는 말이 있다. 그 만큼 2점 바둑은 맞바둑과 아주 근접해 있다는 얘기이다. 이것은 또한 하수의 꼬리표를 떼는 날이 얼마 남지 않았다는 입증을 설명해 주기도 하는 것이다.

사실 실전에서 2점 바둑은 다음 수를 바로 상수가 놓게 되므로 어떻게 보면 치석의 효과가 거의 없어 보이기도 한다. 반면, 2점의 치석을 잘만 활용한다면 그 효과를 끝까지 유지할 수도 있다. 사람에 따라 그 차이가 큰 것이다.

본 장에서는 실전대국 위주로 변화되는 여러 가지 경우의 수를 다루었다. 2점 바둑에서 일어날 수 있는 다양한 패턴과 기본형을 실전에 접목시켰고, 그 변화를 보여 주었다. 그러므로 2점 접바둑은 본 장에서 배운 것뿐 아니라 더 많은 실전공부가 뒤따라 다양한 변화에 익숙해져야 할 것이다.

2점 접바둑에서 흑2의 선택은 두점의 치석을 활용하는 두터운 선택이다. 여기서 백3·5는 두점 바둑에서 가장 많이 나온다고 해도 과언이 아닐 정도다. 이때 흑의 작전은 여러 가지가 있는데, 하나 하나 살펴보자.

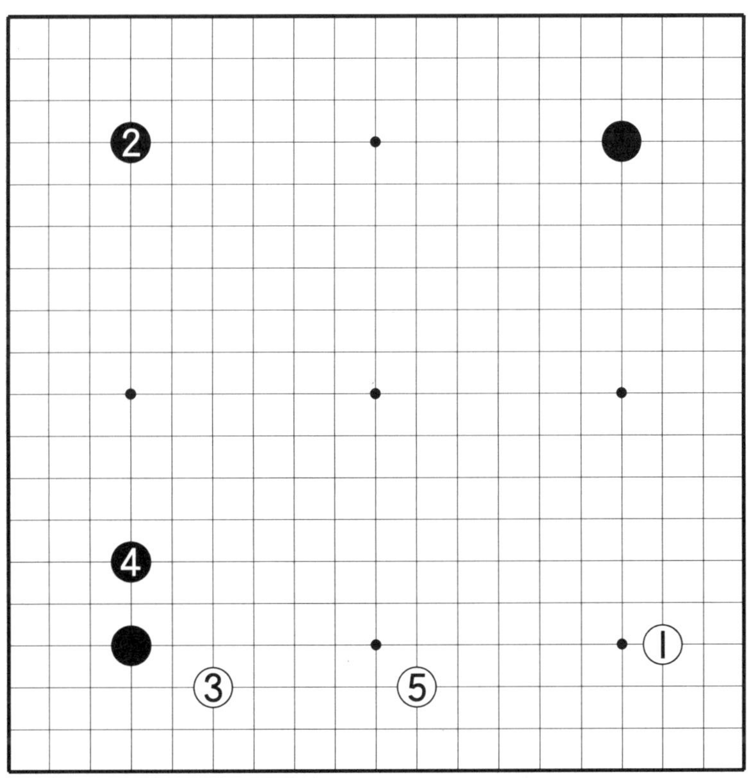

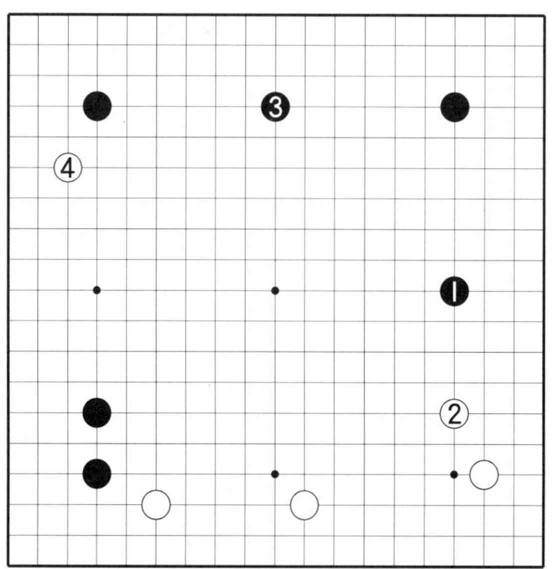

1도

1도(흑, 입체적)

흑1이 대세의 요처다. 백2를 기다려 흑3으로 모양을 펼치면 입체적인 그림을 그릴 수 있다. 백4 때가 작전의 기로. 계속해서…

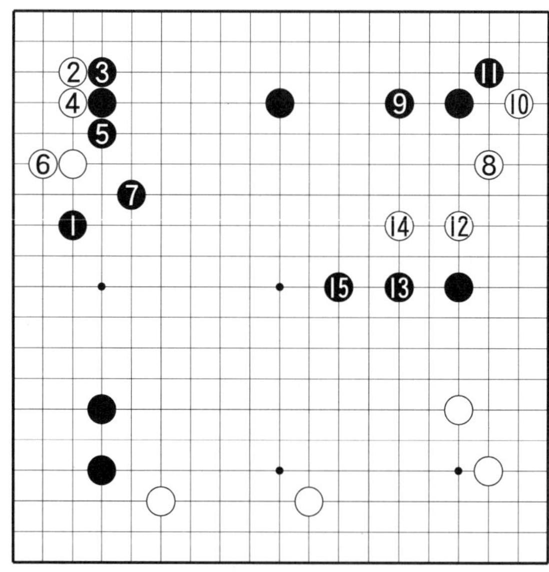

2도

2도(두점의 위력)

먼저 흑1을 생각할 수 있다. 백2라면 흑7까지 그럴 듯하게 모양을 갖추고, 백8에는 흑9로 받아둔다. 백12까지 흑 한점이 공격받지만 흑15까지 행마가 가볍다.

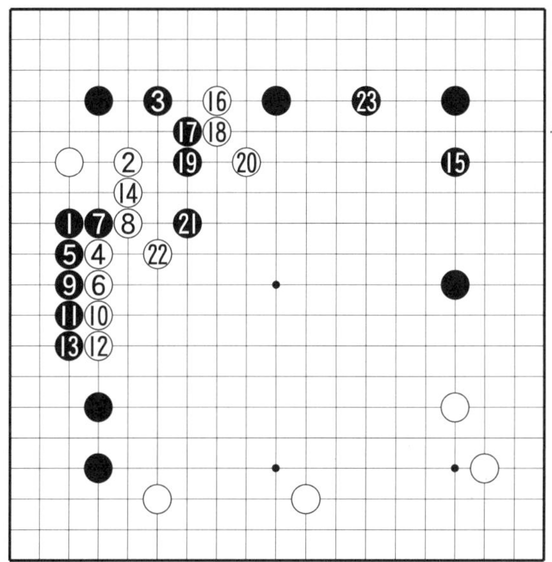

3도

3도(흑, 만족)

백2로 뛴다면 흑13까지 예상된다. 백이 14의 곳을 지킬 때, 흑15로 지키면 흑은 충분하다. 백16에도 흑23까지 만족이다.

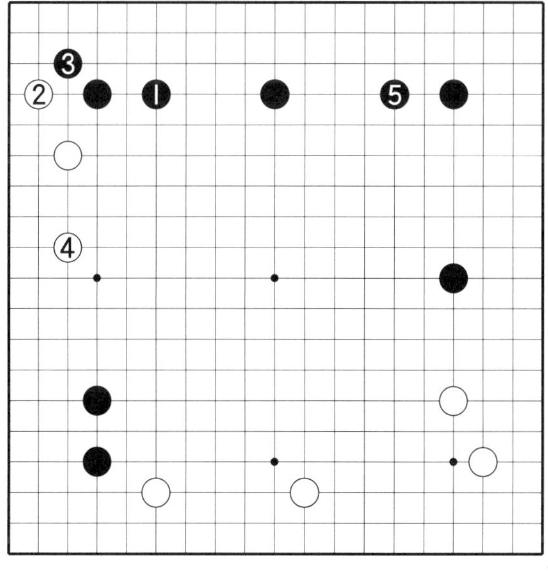

4도

4도(흑, 충분)

흑1로 가만히 받아두는 것도 나쁘지 않다. 백4까지 틀을 잡을 때, 흑5로 지켜두면 충분한 모습이다.

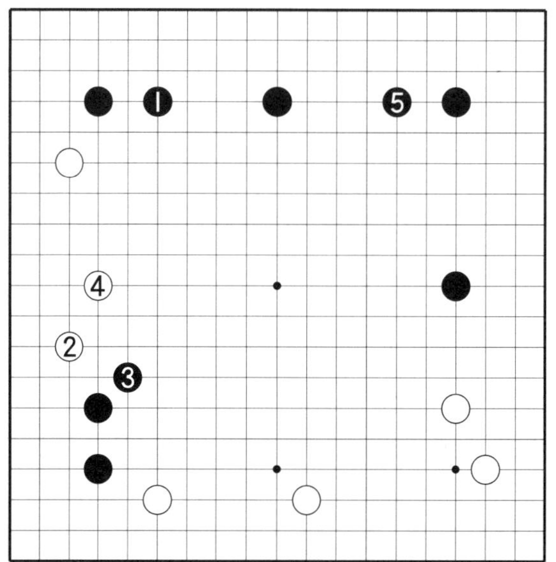

5도

5도(흑, 여유)

백2로 바짝 다가서는 게 기분 나쁘지만, 흑 3으로 받아두면 그만이다. 백4를 기다려 흑 5로 지켜둔다.

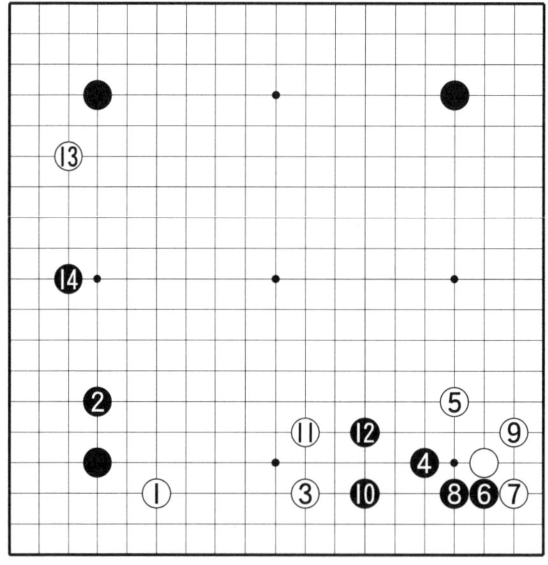

6도

6도(적극적)

백1·3에 흑4로 적극적인 걸침도 있다. 흑 12까지는 일반적인 진행이고, 백13, 흑14 까지 한 판의 바둑이다.

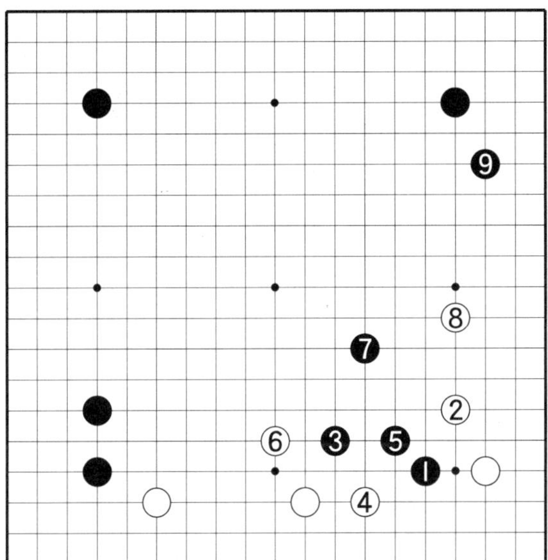

7도

7도(경쾌한 행마)

백2에 흑3의 행마가 경쾌하다. 이 점이 흑1과 호응해 추천하고 싶은 수. 흑7까지 가볍다. 백8에는 이제 흑9로 지켜 충분.

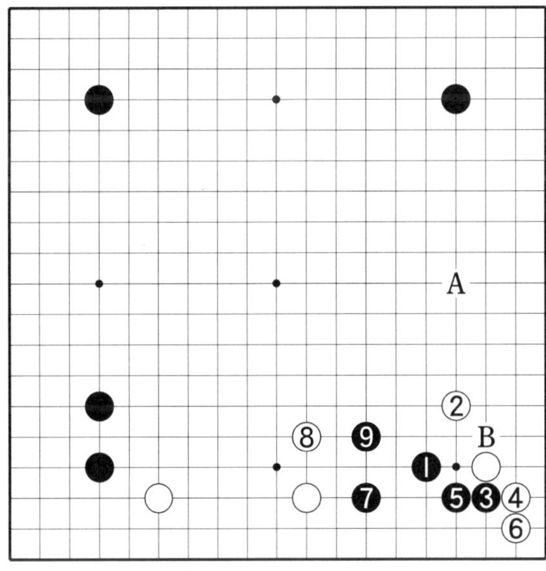

8도

8도(뒷맛 노림)

백6으로 빠지는 것은 지금 상황에서 좋지 않다. 백이 A쪽에 돌이 없다면 B의 단점만 남게 되는 것이다.

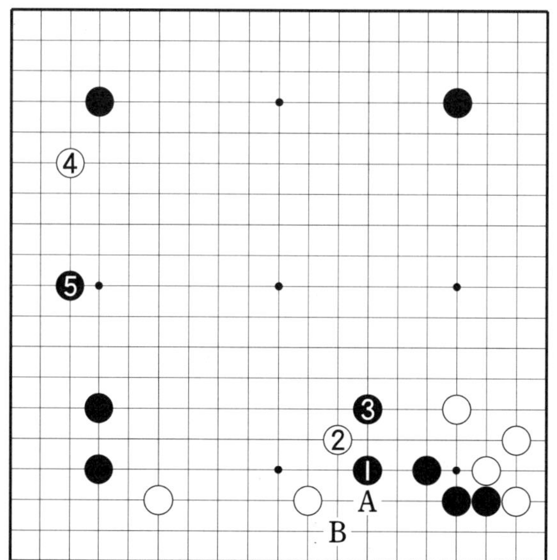

9도

9도(행마법)

흑은 A로 벌리는 대신 흑1의 한칸도 있다. 백2에는 흑3이 행마법이고, 나중에 흑 B면 모두 살아 있는 모습이다.

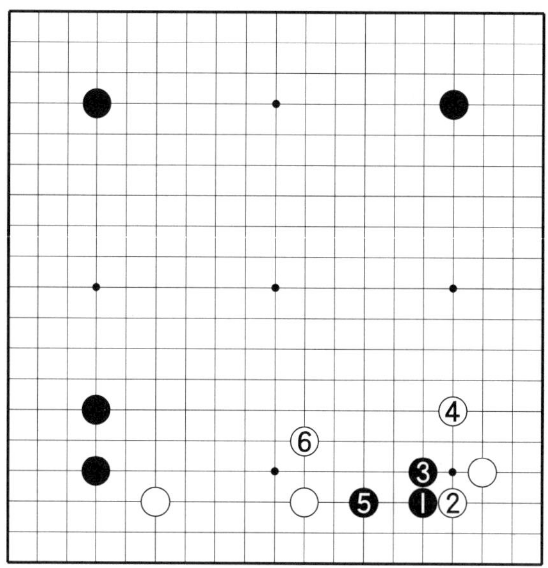

10도

10도(흑, 고전)

흑1의 날일자 걸침은 좋지 않다. 백2·4가 안성맞춤. 백6까지 흑이 일방적으로 몰리는 입장이다.

454

제72형 긴 승부를 보는 작전

상수들은 절대 서두르지 않는다. 하수들이 완착을 범하는 때를 노린다. 백3은 승부를 길게 보겠다는 견실한 수법이고, 이후 흑의 행마와 포석에 대해 살펴보자.

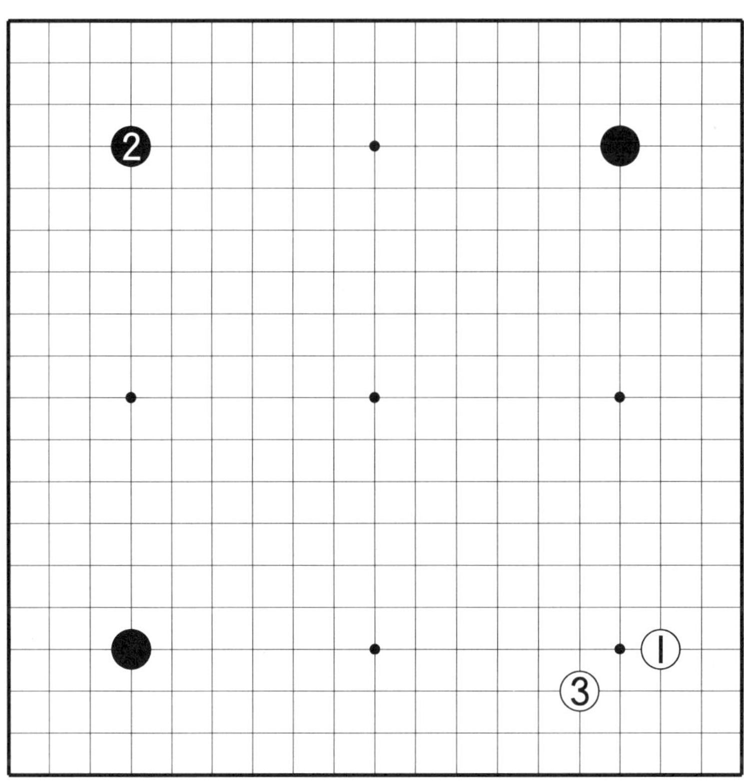

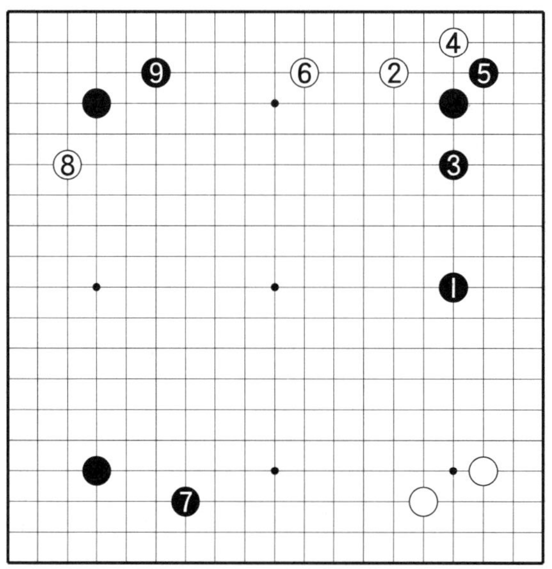

1도

1도(흑, 견실)

흑1은 대세의 요처. 우하귀가 굳어져 있는 만큼 이 자리는 놓칠 수 없다. 백6까지 허용하고, 흑7로 지키면 충분하다. 백8에 흑9 는 정수.

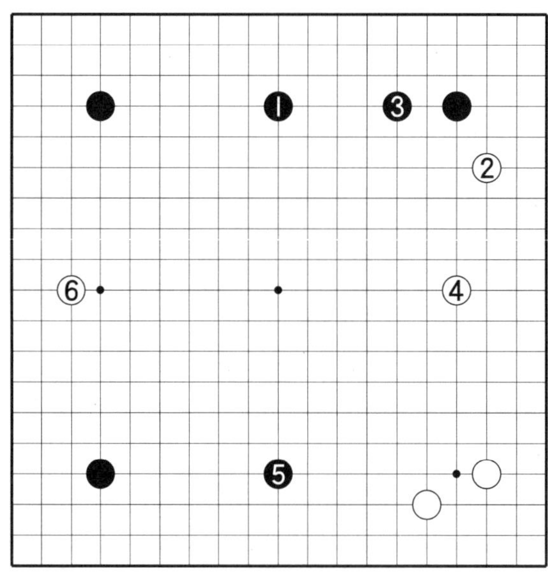

2도

2도(취향)

흑1에 지키는 것도 좋지만 백2·4를 감수 해야 한다. 우변이 부 풀어 자칫 잘못하면 큰 집을 허용한다. 백 6까지 새로운 한 판이 된다.

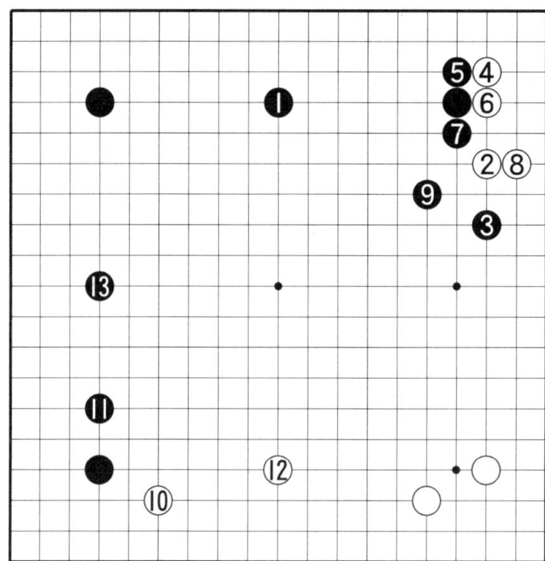

3도

3도(흑, 이상적)

　백2에 흑3으로 협공하는 게 적극적인 수법이지만 그 만큼 변화도 많다. 백이 4로 3·三에 들어온다면 흑이 9까지 이상적이고, 13까지 만족이지만 변화의 여지가 있는 것이다.

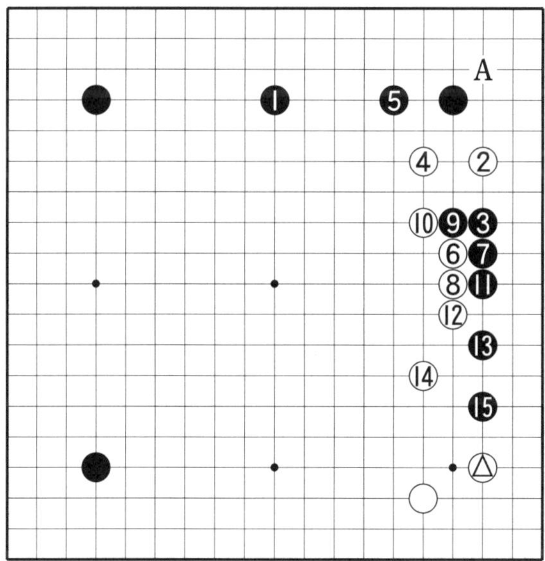

4도

4도(백의 변신)

　백은 A로 뛰어드는 대신 변신할 게 분명하다. 흑15까지만 변화해도 흑이 좋을 게 없다. 백△ 위치가 너무 좋다.

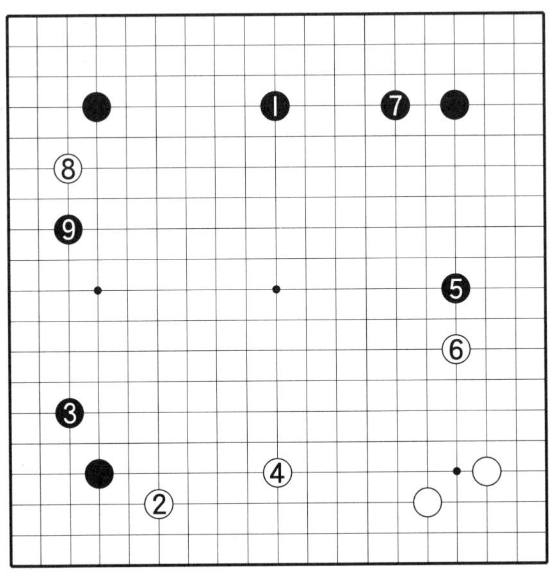

5도

5도(흑, 활발)

백2·4로 전개하는 것도 있다. 다음 흑5는 거의 절대적인 요처. 이하 흑9까지 서로 흠잡을 데 없는 포석진행이다.

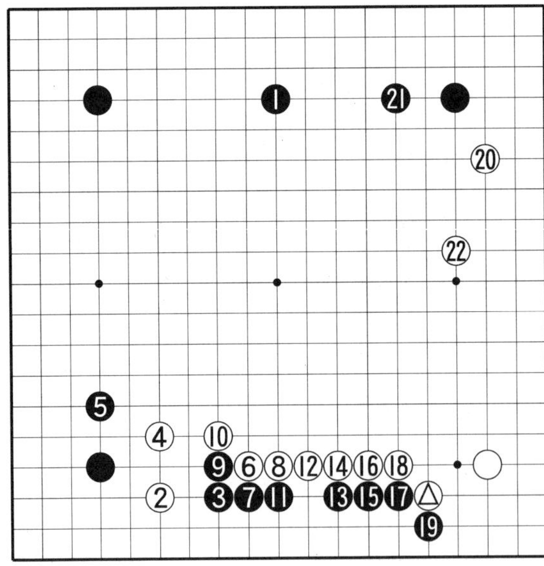

6도

6도(흑, 불만)

흑3은 백△가 있는 만큼 좋지 않다. 흑19까지 밑으로 기는 게 아프고, 백은 22까지 이상적인 모양을 갖춘다.

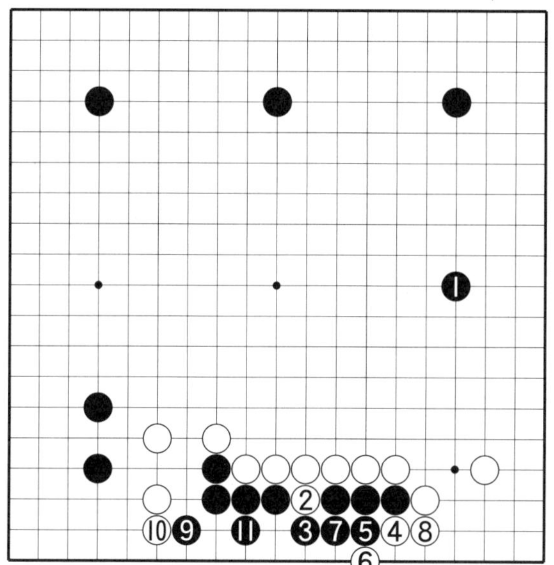

7도

7도(흑, 당함)

전도 흑19를 손빼고 흑1로 우변을 벌리는 것은 하변에서 너무 당한다. 흑11까지 쌈지를 떠서는 흑의 불만이 이만저만 아니다.

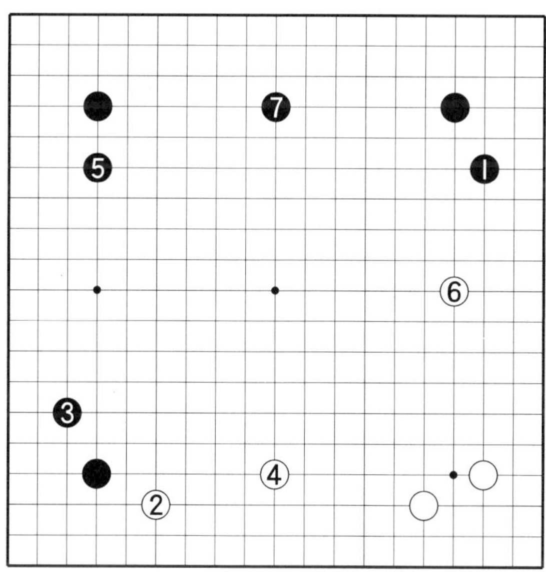

8도

8도(모양싸움)

흑1부터 백2·4를 허용하고 흑7까지 지키는 것은 서로 모양으로 대결하는 양상. 하지만 백이 하변부터 우변에 이르는 모양이 깊어 아무래도 하수쪽에서 부담이 되는 장면.

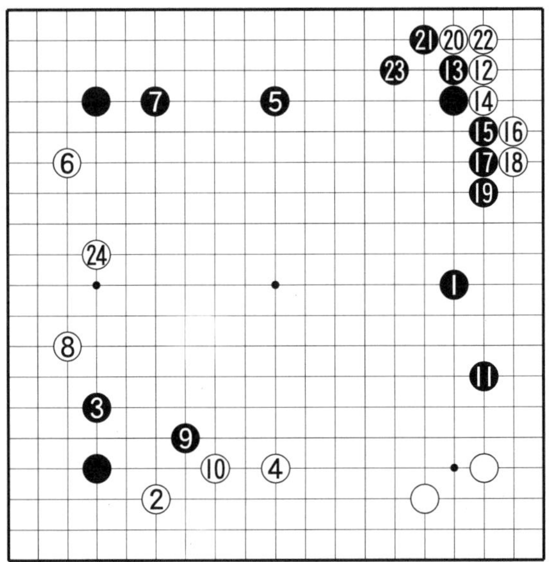

9도

9도(실전형)

 아마추어 고단자와 프로기사와의 대국이다. 백12는 간명한 선택이고, 24까지 서로 잘 어울린 포석이다.

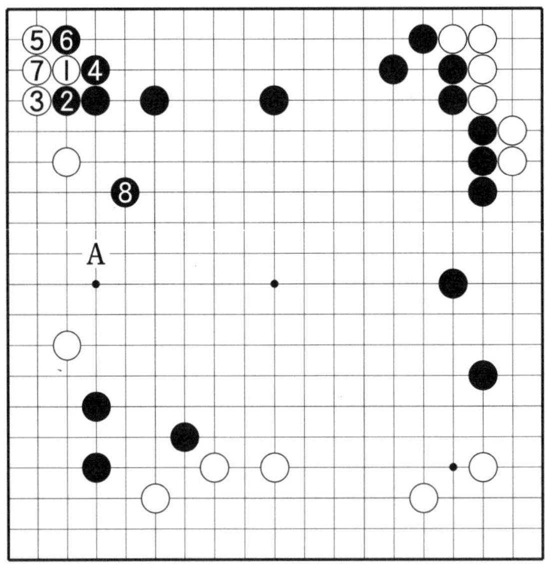

10도

10도(변화도)

 A로 지키는 대신 백1로 들어가는 것은 흑8을 당해 흑의 세력이 너무 깊어진다. 이것은 백도 장담할 수 없는 모양.

주도권 싸움

2점 접바둑은 거의 맞바둑과 마찬가지이다. 너무 약하게 물러나서는 절대 바둑을 이길 수가 없다. 백 3에 흑4로 걸쳐간 것도 그런 맥락이다. 백11 이후가 약간 어려운 장면인데, 자! 다음 수를 읽어보자.

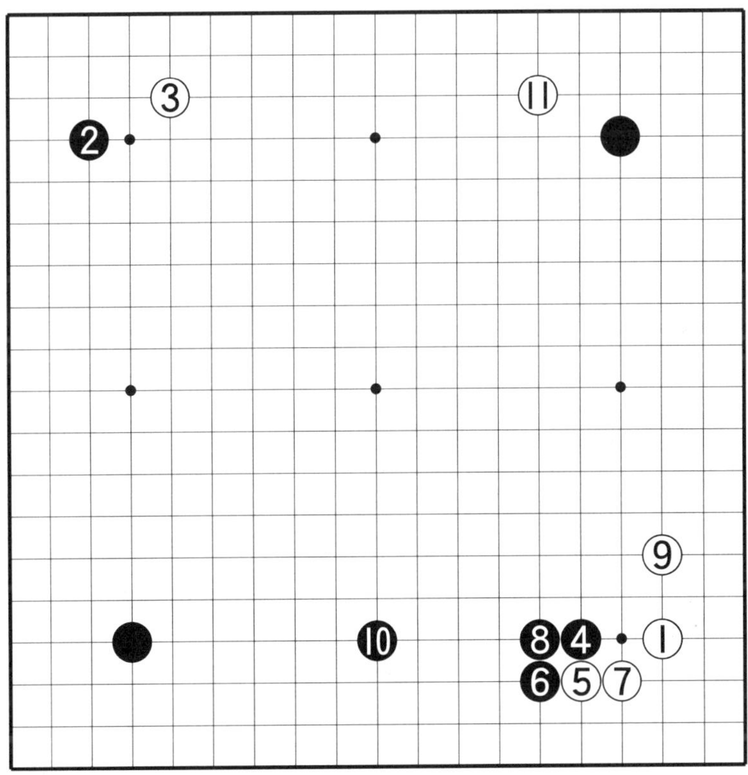

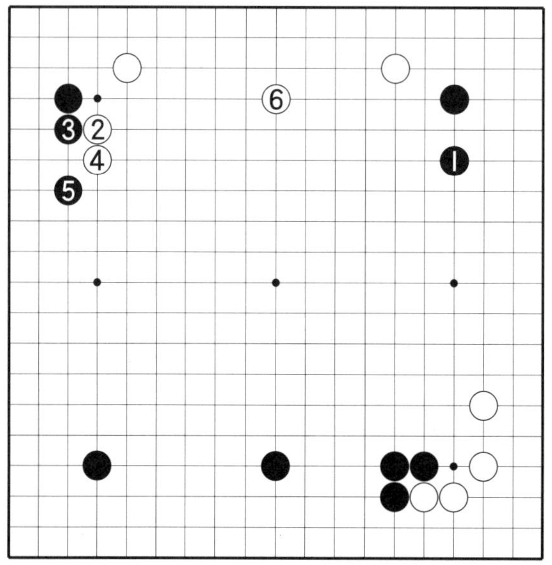

1도

1도(백의 작전)

　좌상을 손빼고 우상 귀부터 먼저 걸친 이유는 흑1로 받아달라는 것이다. 그렇다면 백6까지 틀을 갖추겠다는 의도.

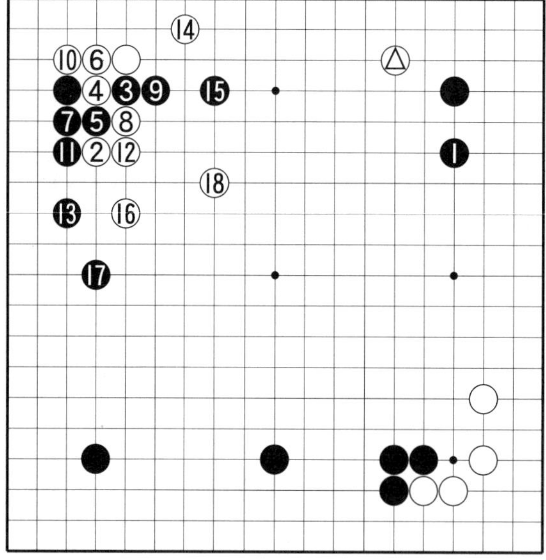

2도

2도(백, 활발)

　백2로 씌워올 때도 문제다. 백18까지 기본적인 정석만 되더라도 백△ 한점이 위력을 발휘하고 있다.

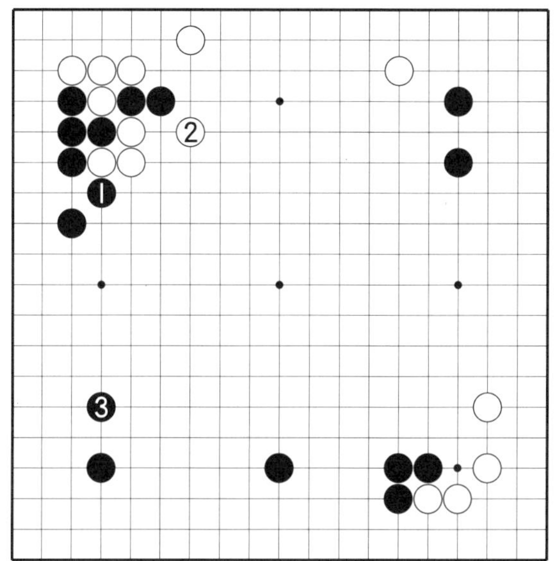

3도

3도(버리는 작전)

지금이라면 흑1로 변신을 꾀하는 게 좋다. 흑 두점을 버리며 좌변과 더불어 하변쪽을 개척하는 게 좋은 발상이다.

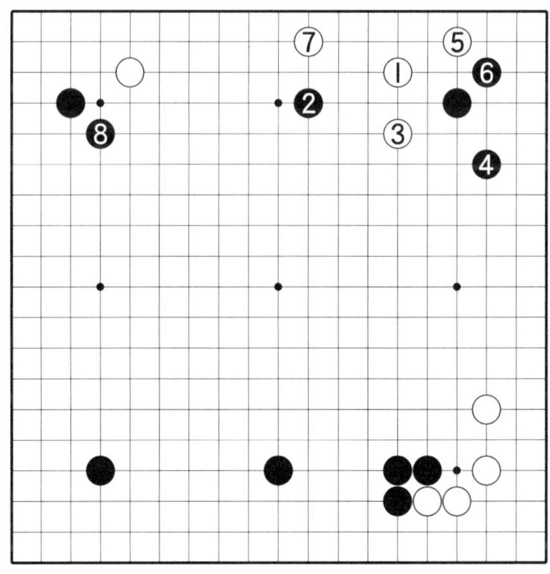

4도

4도(흑, 적극적)

지금은 흑2로 협공하는 것이 좋은 발상이다. 적극적인 방법으로, 만약 백7까지 된다면 흑8을 차지해 흑이 좋다.

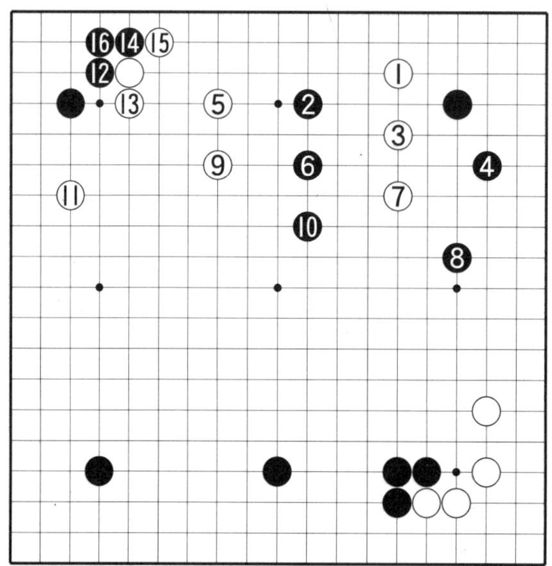

5도

5도(복잡하지만)

　백5로 협공하면 복잡한 진행이 예상된다. 하지만 흑은 가볍게 10까지 뛰어 놓으면 겁날 게 없다. 백11로 공격해 와도 흑16까지 살아두는 게 간명한 방법이다.

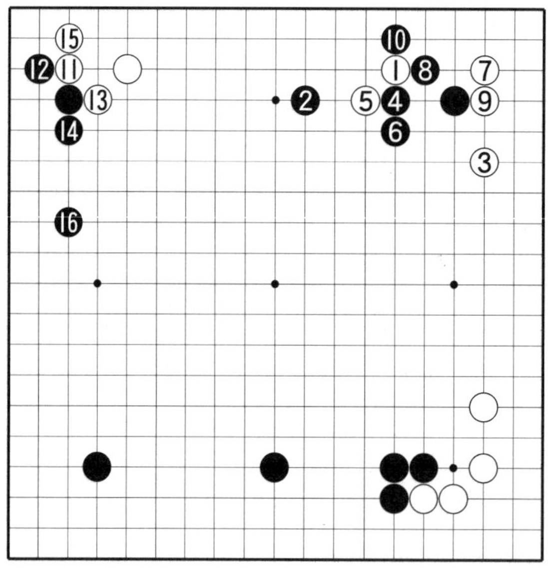

6도

6도(정석공부)

　백3의 양걸침에는 정석공부가 돼 있어야 한다. 그래야만 애초에 흑2의 협공이 가능하다. 백3에 대한 가장 일반적인 정석은 흑10까지이다. 흑16까지 예상되지만 흑이 충분한 모습.

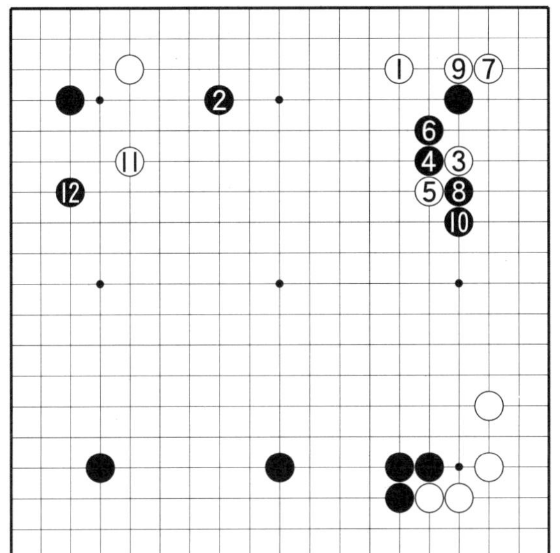

7도

7도(변화도)

흑2쪽에서 협공하는 것도 유력한 수. 백은 당연히 우상귀에 양걸 침하겠지만, 이미 알고 있는 정석으로 대응하면 된다. 백11에도 흑12면 간명하다.

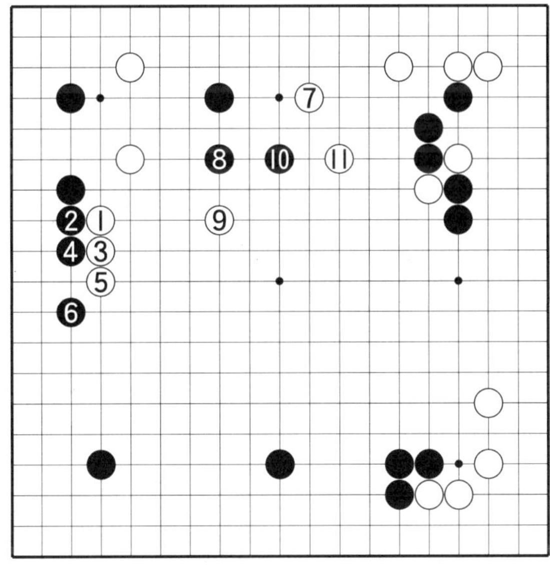

8도

8도(접전)

전도 이후 백1은 당연한 진행이다. 만약 여기서 흑2로 받아준다면 6까지 강요한 후 백7로 강하게 협공해 갈 것이다. 이것은 백11까지 치열한 싸움이 예상된다.

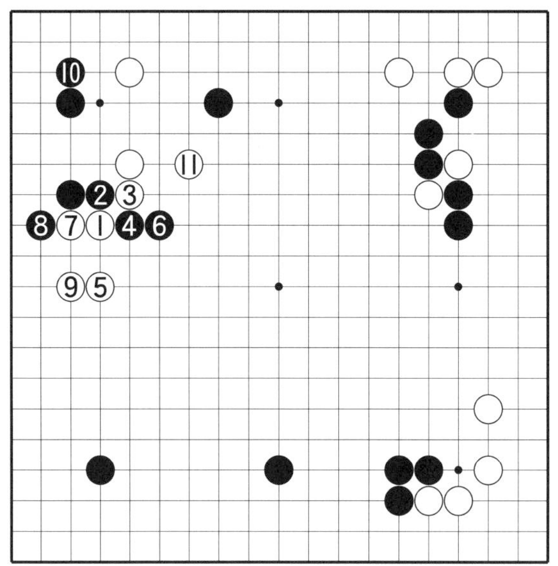

9도

9도(흑, 강수)

흑2로 나와 끊는 게 강수이다. 흑8에 백9 는 행마법이며 정수이 다. 백11까지는 꼭 익 혀두어야 할 변화이 다.

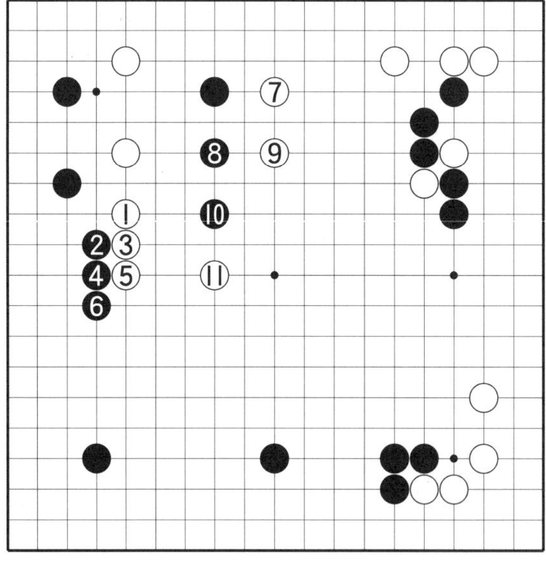

10도

10도(백의 취향)

백1로 뛰는 수도 생 각해 볼 수 있다. 흑 에게 실리를 허용하지 만, 백9·11로 흑 석 점을 공격하면 또 다 른 바둑이 된다.

466

균형을 잡는 형

　　백3으로 지키고 흑4를 허용할 수도 있다. 발빠르게 움직이자는 의도인데, 흑8에는 다시 백9로 방향을 튼다. 이 때 흑의 작전이 아주 중요하다. 어떤 변화들이 숨어 있을까?

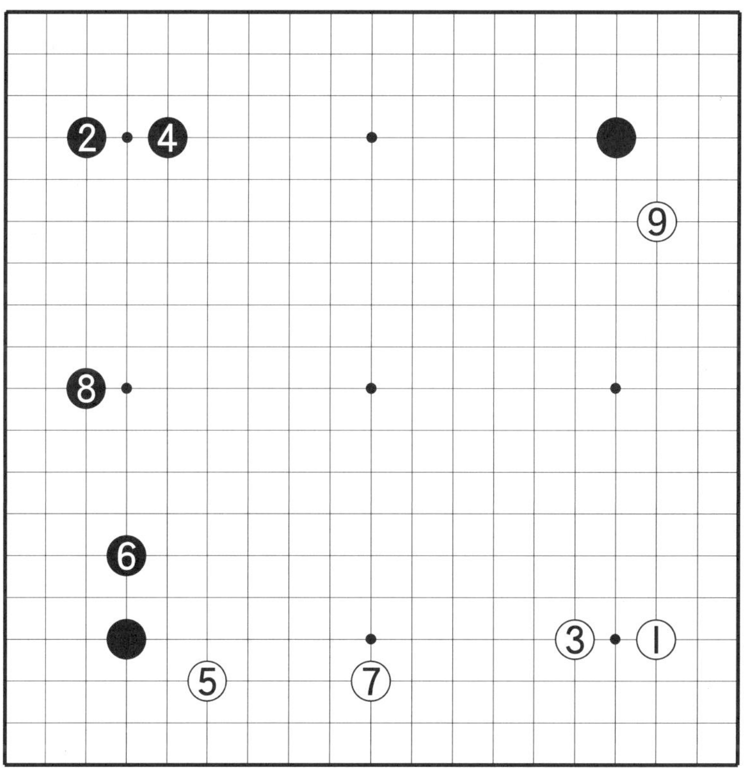

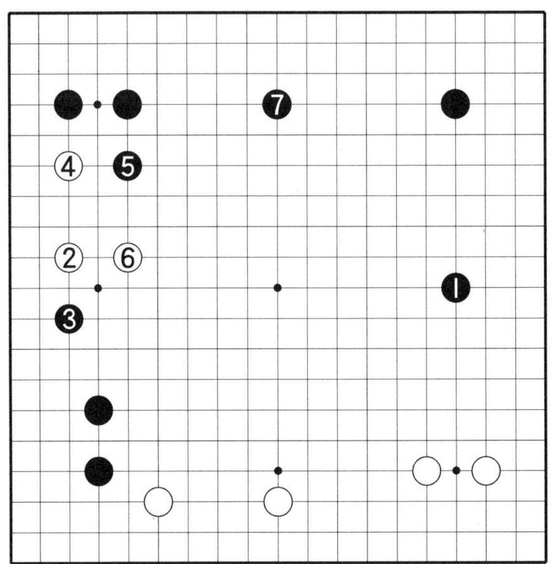

1도

1도(취향)

　장면도 흑8은 본도 흑1을 선택할 수도 있다. 그렇다면 백2부터 흑7까지 예상되는데, 이것도 흑이 나쁠 게 없다.

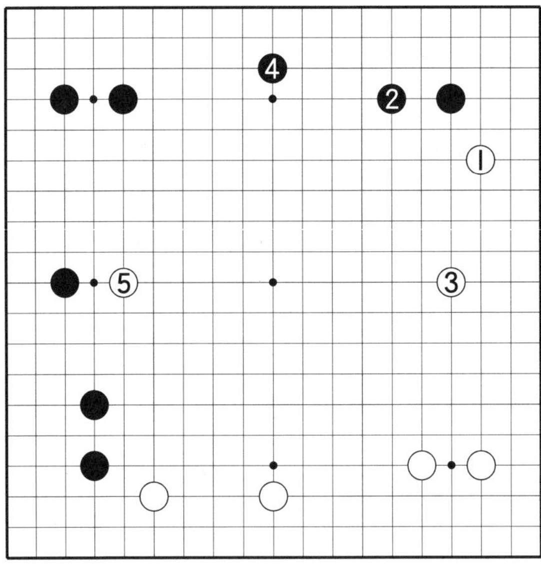

2도

2도(백, 만족)

　백1에 흑2로 받아준다면 백3으로 벌려 이상형이 된다. 흑4에는 백5로 삭감하면서 이제부터 새로운 바둑이지만, 아무래도 백이 활발한 모습이다.

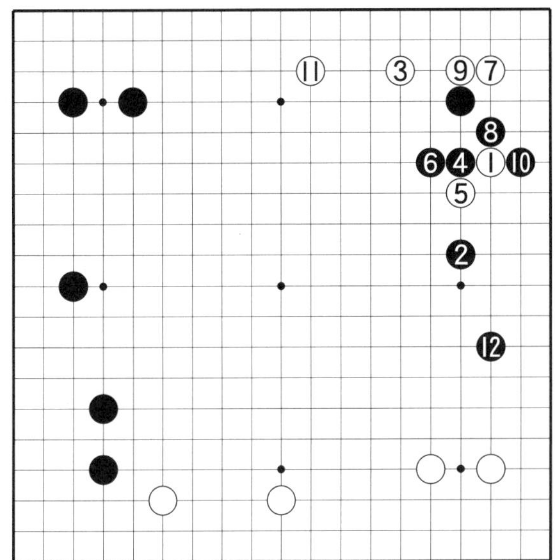

3도

3도(세력 견제)

아무래도 하수의 입장에서 상수의 집 모양이 커지는 것은 달갑지 않다. 그러므로 흑2의 협공은 냉정·침착한 한수며, 흑12까지 전혀 다른 한 판이다.

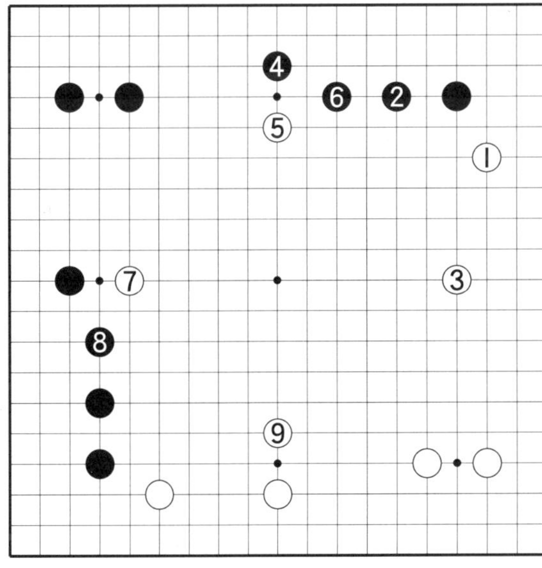

4도

4도(백, 이상적)

2도의 진행을 다시 한번 검토해 보자. 백5·7이 상수의 고등전략이다. 그리고 백9로 지켜서는 아무래도 흑이 무엇인가 당한 모습이다.

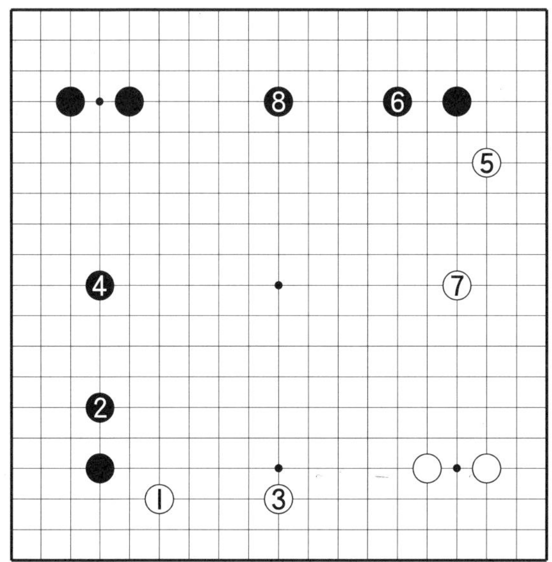

5도(한칸 높게)

현대바둑의 추세는 중앙을 중시하는 바둑이므로 흑4와 8을 4선으로 택하는 게 좋다. 전도는 아무래도 흑이 당한 모습이므로 본도 흑4와 8을 추천한다.

5도

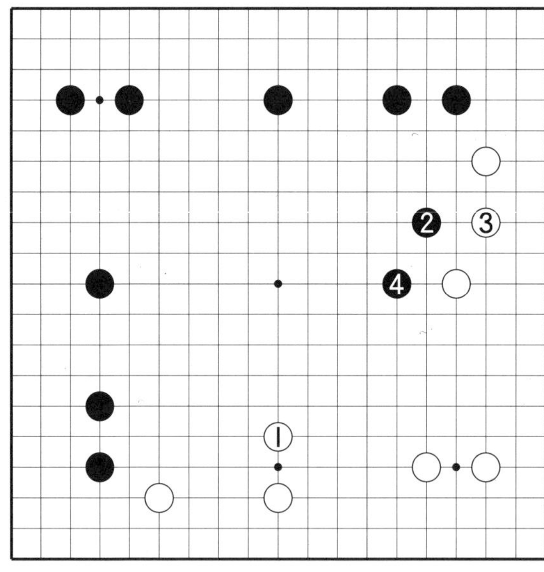

6도(흑, 이상적)

이제 백은 **4도**와 같은 삭감책을 쓸 수 없다. 고작 백1 정도인데, 흑2·4로 모양을 넓혀가면 흑진이 이상적이다.

6도

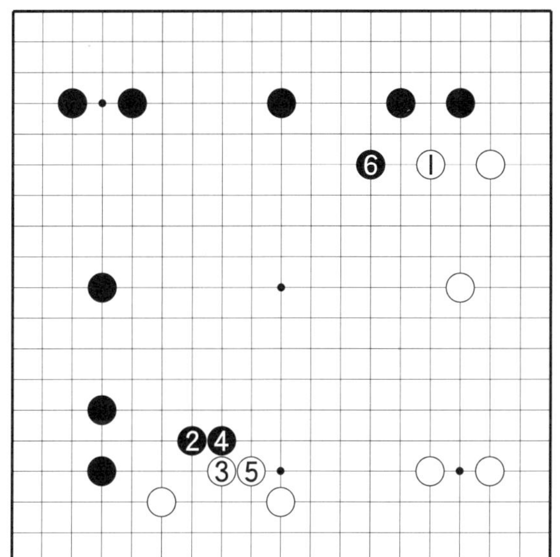

7도

7도(대동소이)

백1쪽으로 지키면 흑
2가 좋다. 백3으로 지
킬 때 흑4를 활용하고
6으로 지키면 전도와
크게 다르지 않다.

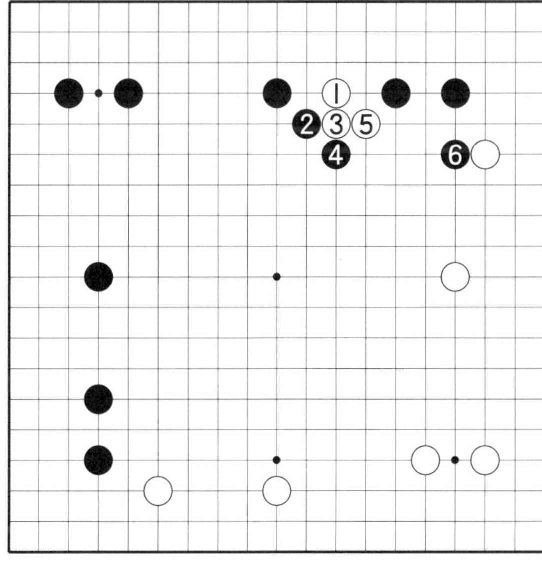

8도

8도(전투)

백1로 침입해 오면
전투가 발생한다. 하
지만 흑이 전혀 두려
울 게 없는 싸움이다.
흑2·4를 알아두고 백
5로 나오면 흑6으로
기대기 전법이 있다.

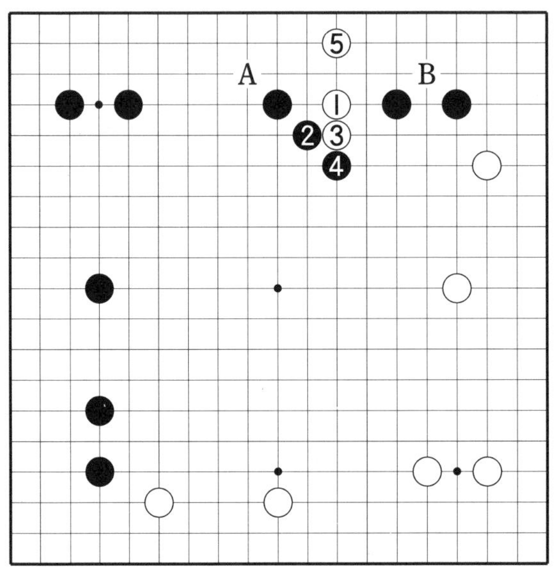

9도

9도(백, 타개)

그러므로 백은 5로 뛰어 A와 B를 맞보며 타개할 수밖에 없다. 이 그림 역시 흑이 충분한 모습이다.

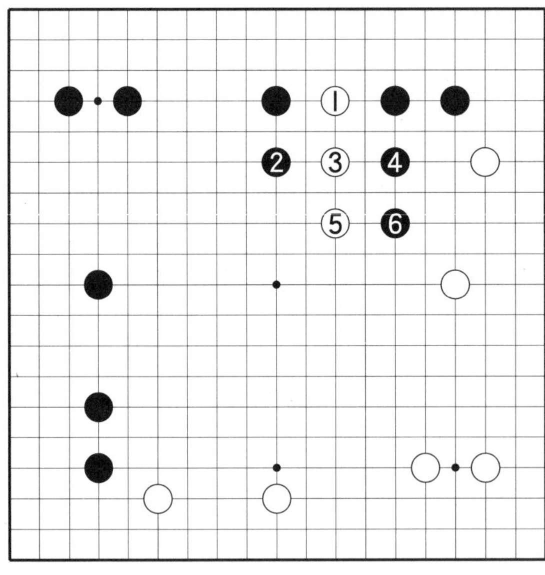

10도

10도(흑의 선택)

흑2로 뛰는 것도 무난한 선택이다. 백이 흐름을 따라 같이 뛰어나가면 된다. 흑6까지 리듬을 타는 행마이다.

백1의 외목은 상수들의 상투적인 수법. 백3·5가 백1의 외목과 호응하는 멋진 작전이다. 하지만 흑은 서두르지 말고 다음 작전을 구상해야 한다. 우변의 집이 커 보이면 안 된다는 것이다.

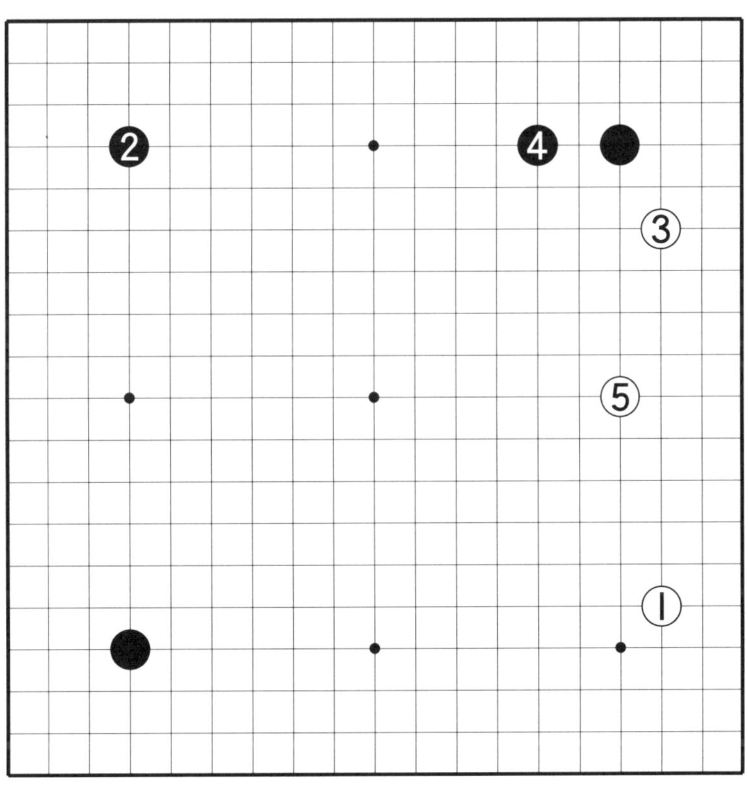

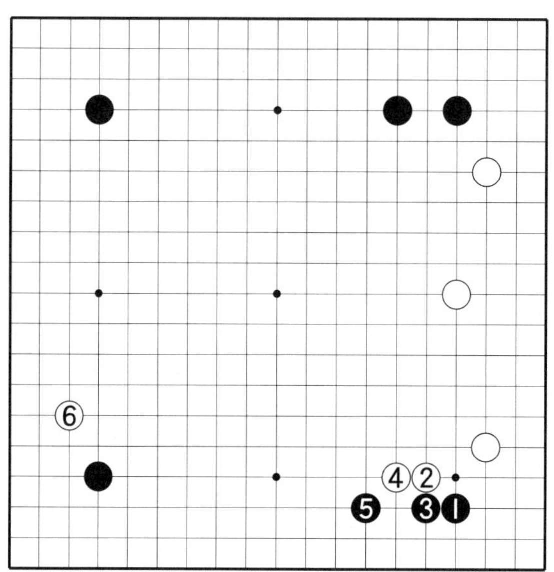

1도(백의 주문)

흑1이 정상적인 걸침이지만 지금은 아니다. 백2·4가 좋아 우변에 그럴 듯한 진영이 만들어진다. 그리고 백6이면 주도권은 백에게 넘어간 느낌이다.

1도

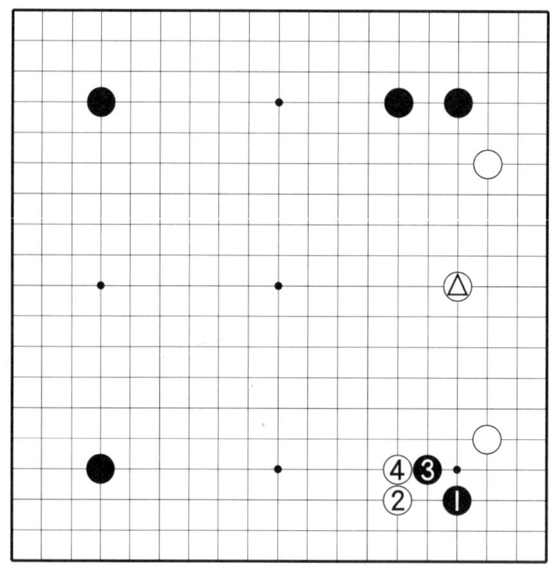

2도(흑, 불만)

백2로 되협공해도 안성맞춤이다. 흑3으로 나와도 백4로 밀고 나오면, 이제 백△ 한점이 말을 한다.

2도

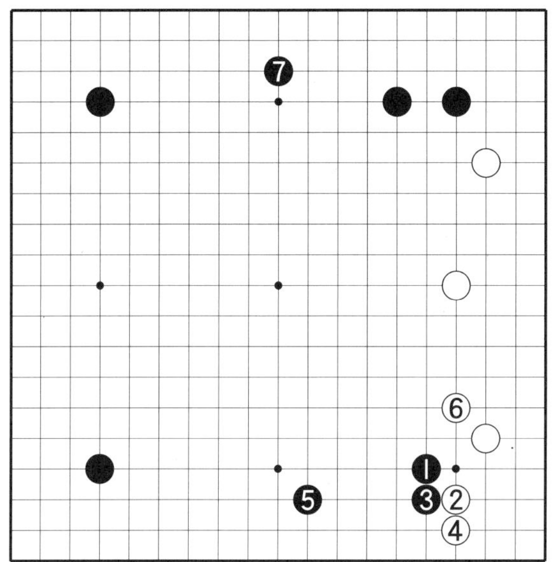

3도

3도(추천수)

 이 장면에서는 흑1이 좋다. 백2·4를 기다려 흑5로 벌려둔다. 백6은 거의 절대점. 이때 흑7로 지켜두면 흑이 만족한 모습이다.

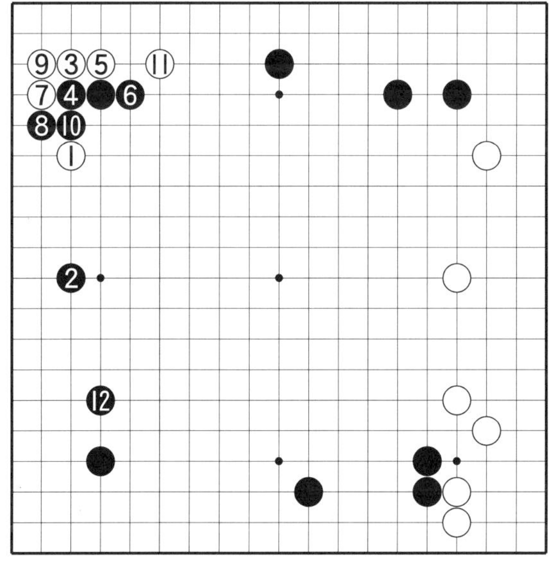

4도

4도(예상도)

 3도 이후 예상되는 그림을 그려보면 백1이 요처이고, 흑2도 벌림과 동시에 협공을 하고 있어 좋은 수며, 백11까지는 이런 정도. 다음 흑12가 좋아 흑이 충분한 모습이다.

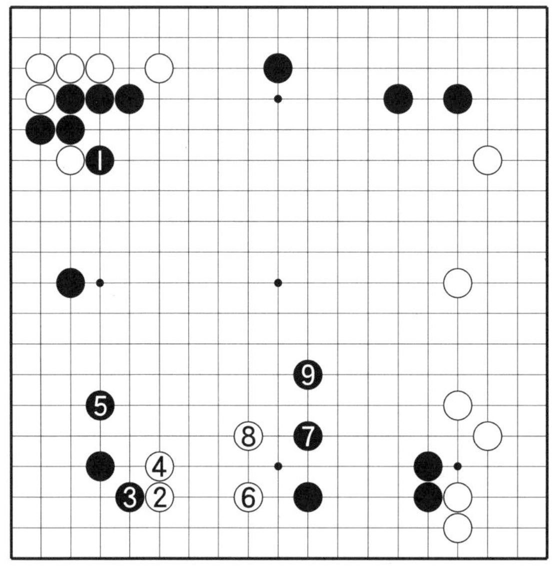

5도

5도(실전예)

4도 흑12로는 본도
흑1로 제압해 둔 실전
도 있다. 견실한 수법
이다. 그렇다면 백2의
걸침은 당연한 점이
고, 이하 흑9까지 다
른 한 판이다.

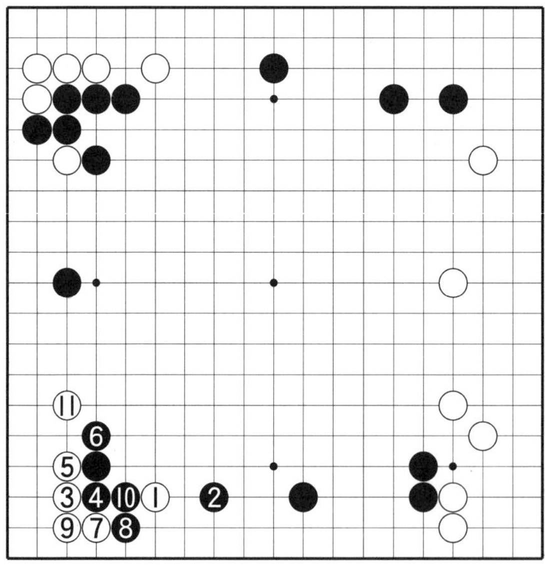

6도

6도(흑, 중복)

백1에 흑2로 협공하
는 것은 좋지 않다. 지
금은 백11까지 된 후
흑의 모습이 중복이
다.

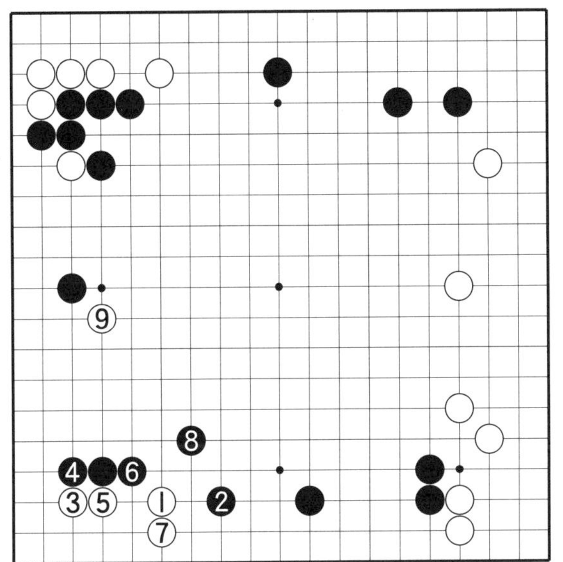

7도

7도(백9, 절호점)

그렇다고 흑4로 막는 것은 8까지 된 후, 백에게 9의 절호점을 당하게 된다. 흑 불만.

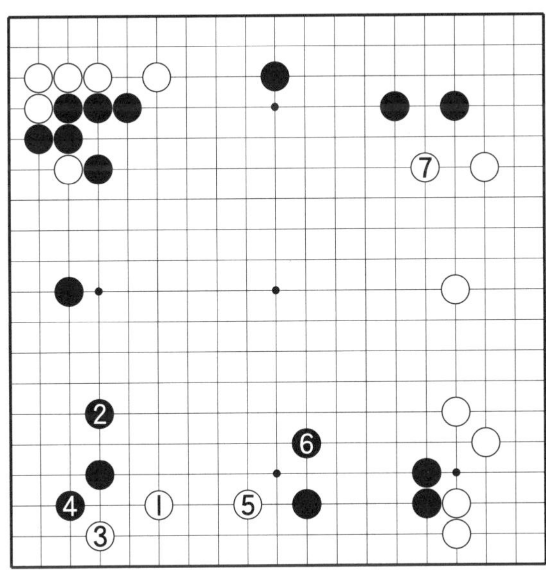

8도

8도(흑, 나약함)

흑2로 받는 것도 좋지 않다. 너무 나약한 수. 흑6으로 보강하면 백은 이제 손을 뺀다. 백7이 요처로 주도권은 백에게 있다.

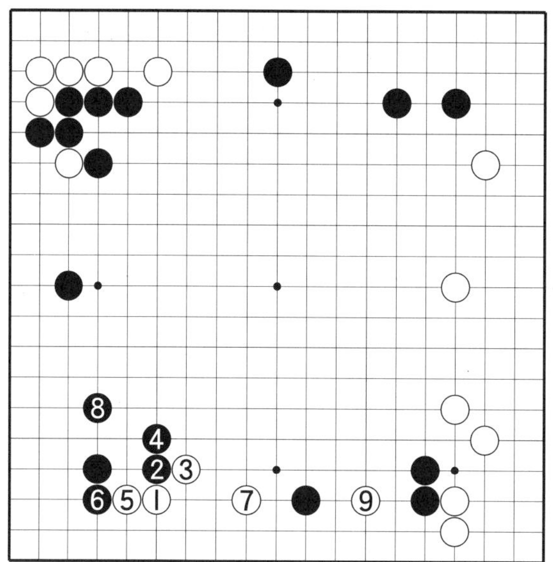

9도

9도(흑, 불만)

흑2·4로 붙이면 좌변이 두터워지긴 하지만, 백9를 당하면 하변 흑이 너무 엷어진다.

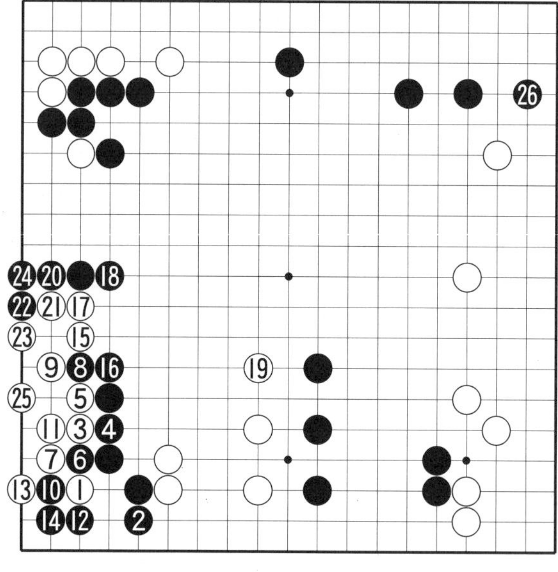

10도

10도(경과도)

5도에 이어 계속되는 진행이다. 백1이 날카롭지만 흑2는 정수이다. 백3부터 흑16까지는 정석. 흑은 백25까지 삶을 강요시킨 후 26으로 지켜 충분한 모습이다.

478

제76형

세력을 분산

백3으로 걸치는 것은 백7까지 흑의 치석(2점)을 완전히 분산시키자는 의도이다. 승부를 길게 가는 바둑이다. 흑으로서는 피곤한 포진이지만, 침착함을 잃지 않는다면 오히려 편할 수도 있다.

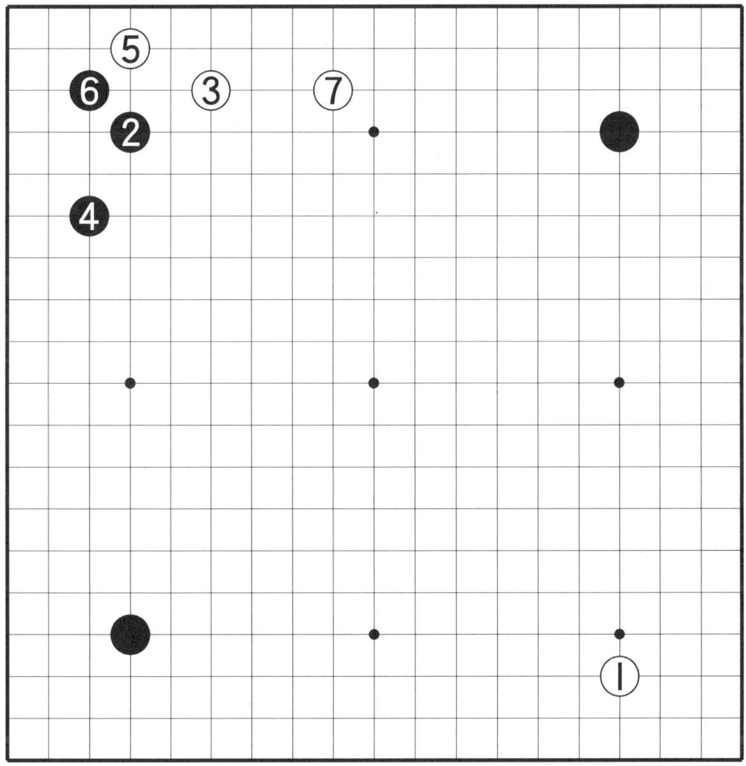

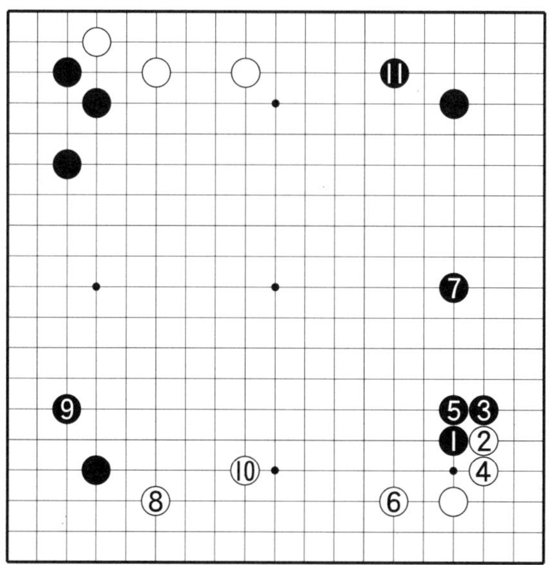

1도

1도(긴 승부)

 다음 흑1부터 11까지 흠잡을 데 없는 포석이다. 좀처럼 접전이 안 일어날 것 같이 보인다. 서로 조심스런 진행이라고 봐야 한다.

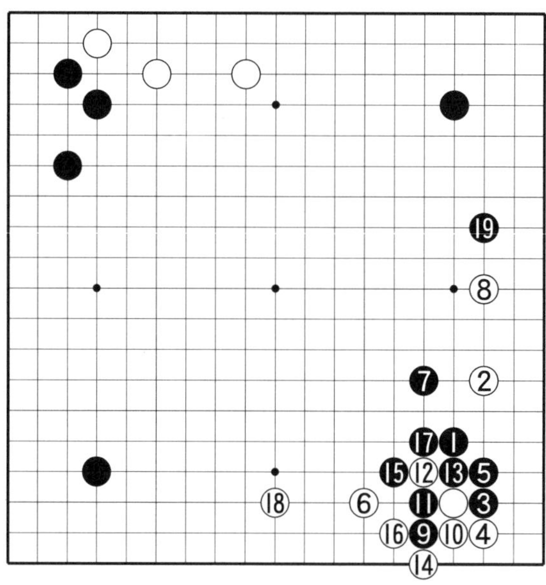

2도

2도(유행정석)

 백2로 협공하면 급박해진다. 백6이 최신 유행정석. 백18까지 가장 간명한 정석이고, 흑19를 차지해 흑은 아직까지 두 점의 위력이 살아 있다.

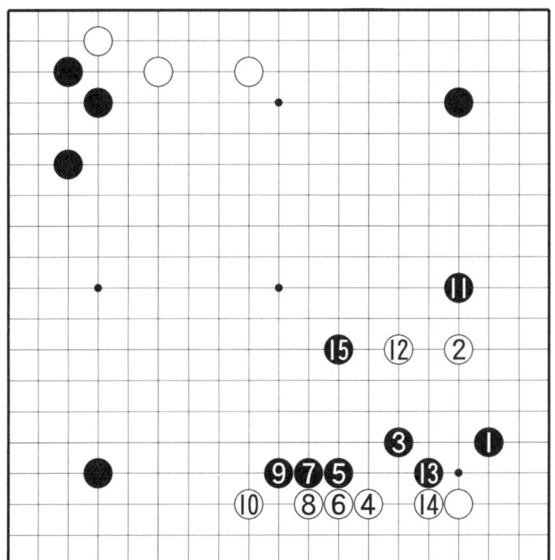

3도

3도(정석공부)

 일단 2점 바둑은 정석에서 조금이라도 손해를 보면 회복하기 힘들다. 그러므로 기본정석은 꼭 알고 있어야 하는데, 흑15까지도 한 방법이다.

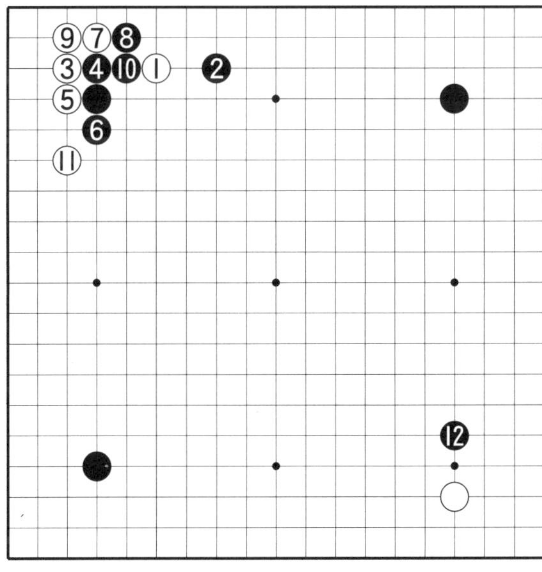

4도

4도(흑 발빠름)

 흑은 애초 백1 때, 흑2로 협공하는 수도 강력하다. 최근에 많이 사용되는 협공이고, 백11까지 안에서 살 때 흑12로 발빠르게 움직이는 장점이 있다.

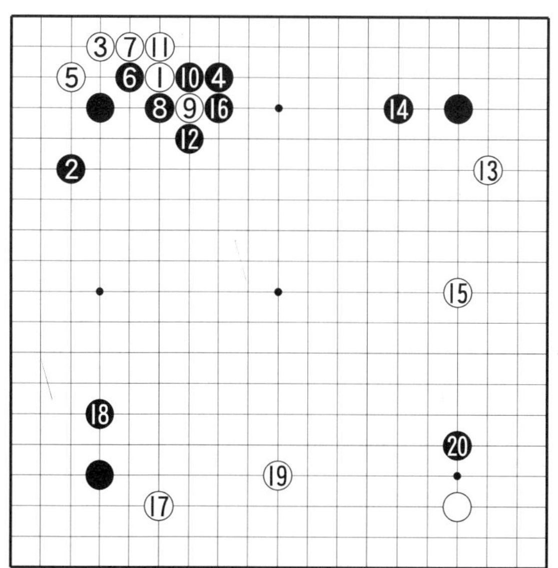

5도

5도(실전예1)

 백1 때 흑2로 받고, 백3 때 흑4로 협공한 실전도 있다. 흑20으로 걸치면서 새로운 바둑이 된다.

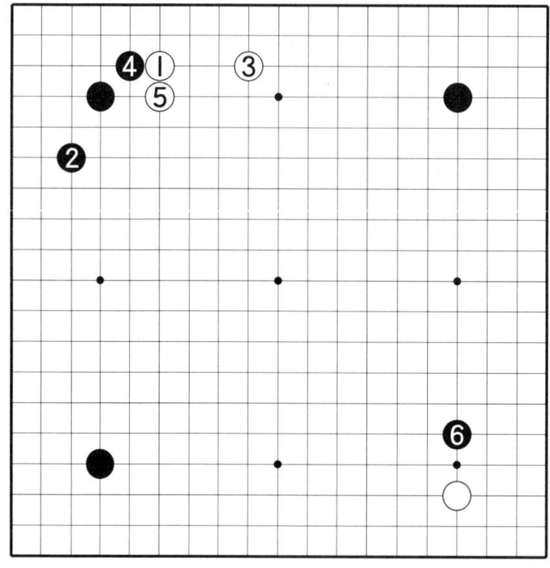

6도

6도(실전예2)

 그래서 흑2 때 아예 백3으로 벌린 바둑도 있다. 꼭 흑을 갈라치겠다는 의도이다. 흑6으로 걸치며 이것도 한 판의 바둑.

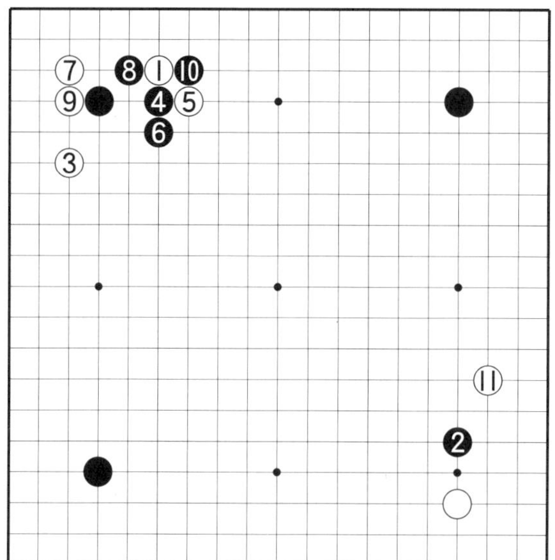

7도

7도(손빼는 작전)

백1에 아예 손을 빼고 흑2로 전환하는 것도 생각해 볼 수 있다. 흑10까지는 양걸침 정석이고, 백11로 협공하는 바둑이 예상된다.

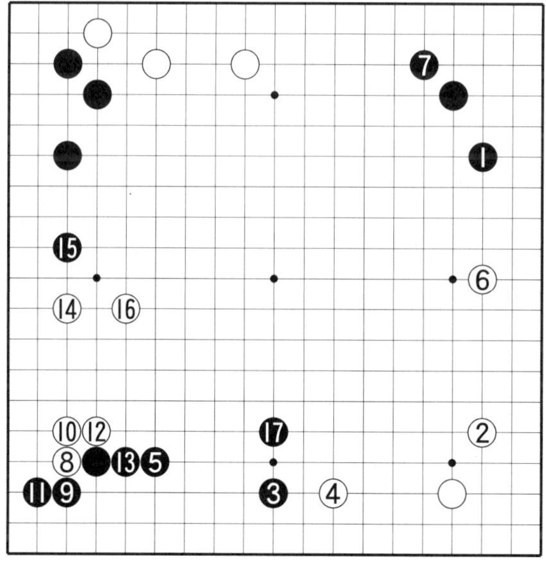

8도

8도(아마추어 실전)

아마추어 6단과 4단과의 실전대국이다. **장면도** 이후 변화된 진행도인데, 흑17까지는 흑이 두 점의 위력이 살아있다.

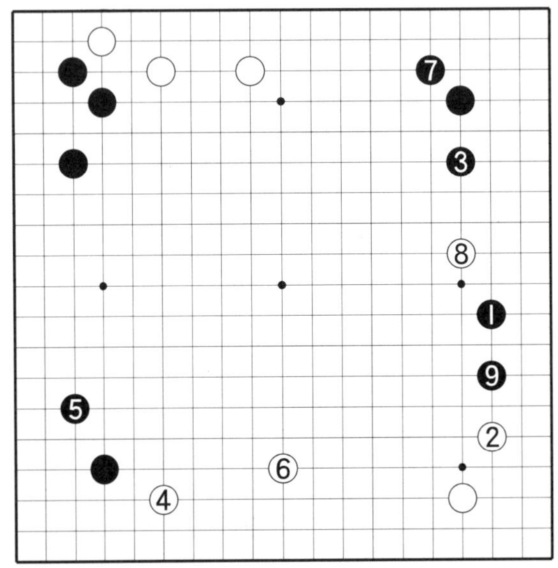

9도(변을 중시)

전도 흑1은 본도 흑 1과 같이 변으로 벌리는 수도 있다. 그렇다면 백2에 흑3의 보강이 불가피하고 하변은 백의 차지가 된다. 백 8의 침입에는 흑9가 견실한 벌림이다.

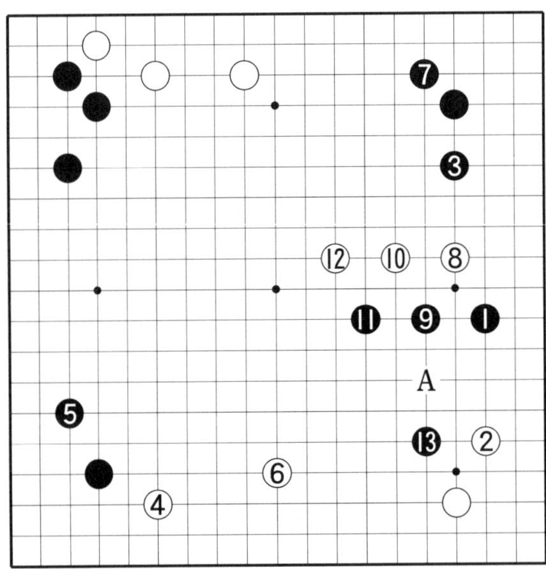

10도(흑, 과감)

흑9 이하 11까지의 전개는 조금도 굴하지 않는 행마. 흑13까지 이상적인 모양이다. 다만, 향후 백이 A 부근에 흑을 차단해 올 때, 흑은 이에 대한 준비를 하고 있어야 한다.

　　아마추어 5단과 프로기사와의 실전국이다. 흑24까지 흠잡을 데 없는 진행이고, 백25로 침투하며 접전이 일어날 조짐을 보이고 있는 가운데, 흑의 다음 진행이 궁금하다. 이후 어떤 변화가 일어나는지 살펴보자.

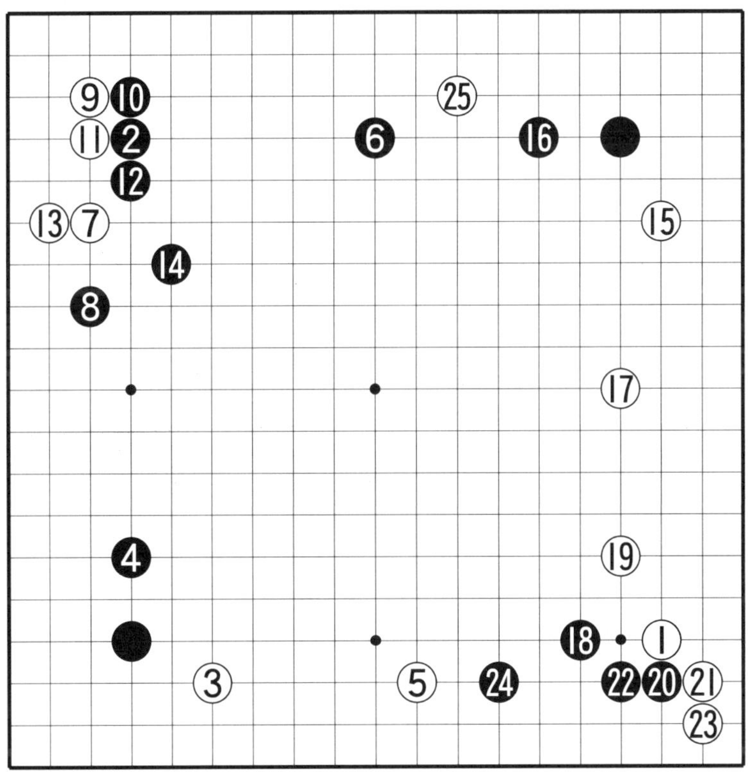

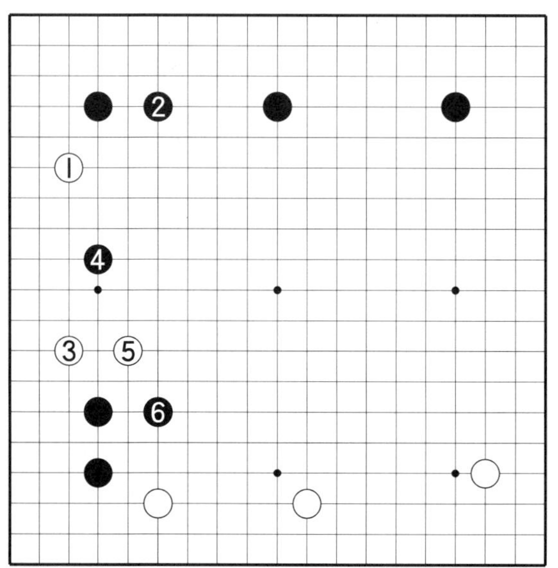

1도(유력한 협공)

백1에는 흑2로 받아도 좋다. 백3이 껄끄럽지만, 흑4의 협공이 유력한 수가 되어, 흑6까지 충분한 싸움이다.

1도

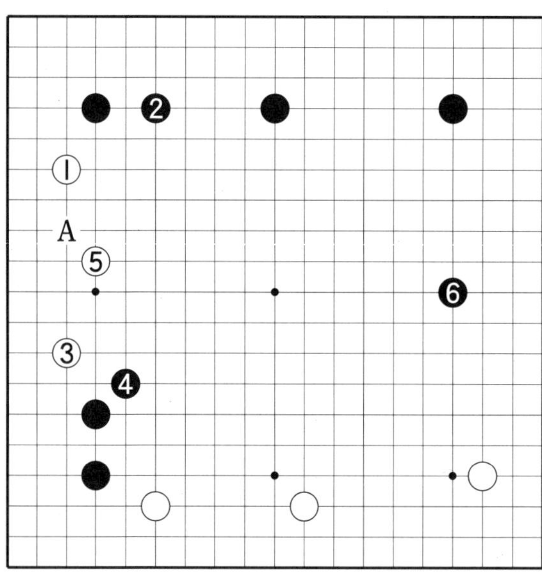

2도(흑, 온건함)

백3에 흑4로 받는 것은 흑6을 차지하자는 의도지만 온건한 수다. 이렇게 받을 바에는 애초 백1 때 A로 협공하는 게 좋다.

2도

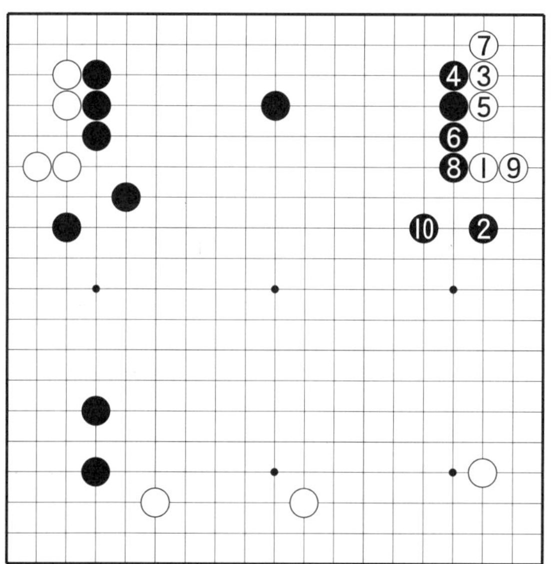

3도

3도(흑, 만족)

처음 **장면도**에서 흑 16으로 받은 수는 본 도 흑2의 협공도 유력했다. 흑10까지 되면 이상적인 모양이 형성된다.

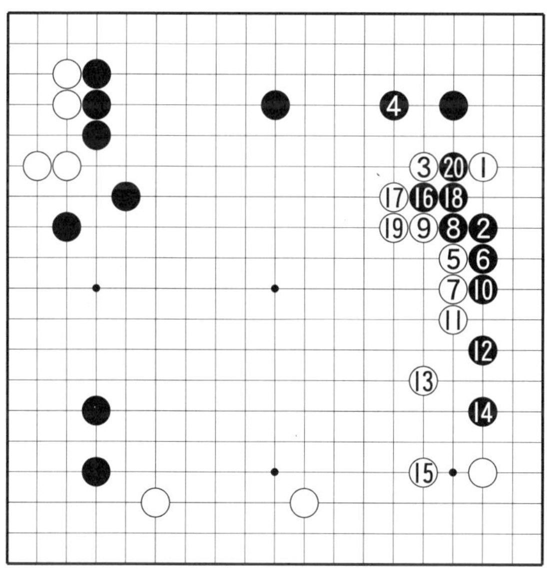

4도

4도(흑, 충분)

백3으로 뛰어나가도 상관없다. 백15로 지키는 게 기분좋지만, 흑16부터 20까지면 흑이 충분한 모습이다.

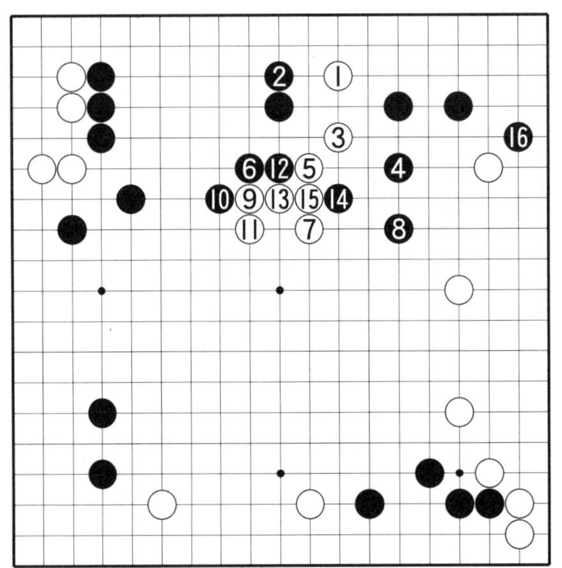

5도

5도(경과도)

　장면도 이후 진행된 경과도이다. 흑2는 배워둘 만한 지킴이고, 이하 흑16까지는 두 점의 위력이 아직 살아 있는 바둑.

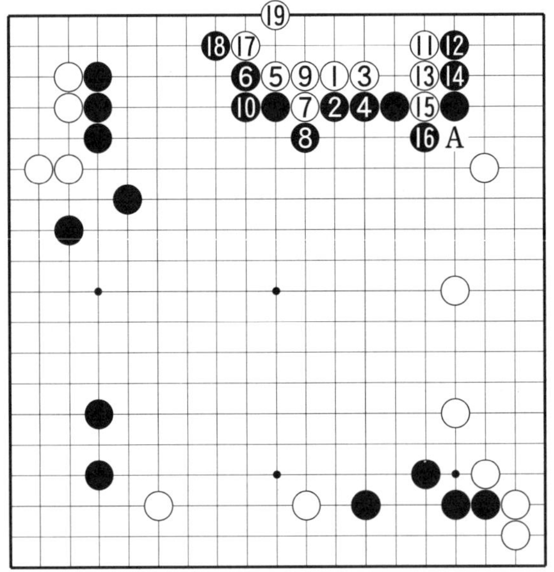

6도(흑, 한 게 없음)

　흑2가 고압적인 것만은 분명하지만, 백이 안에서 산다면 좋지 않다. 백19까지 흑은 한 게 없다. A의 단점도 눈에 거슬린다.

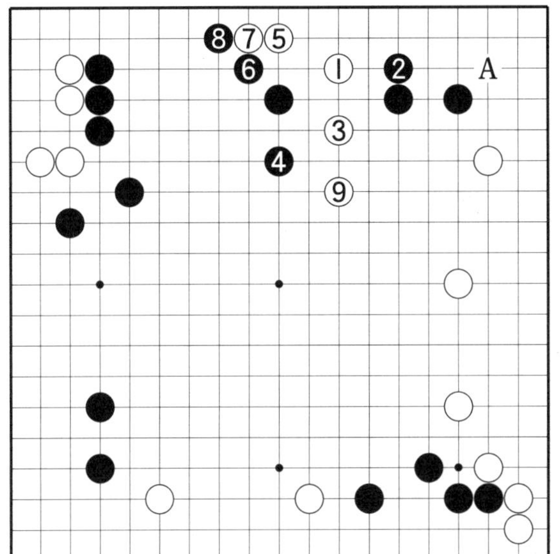

7도

7도(방향착오)

흑2는 방향이 틀렸다. 지금은 A의 곳이 비어 있기 때문에 흑2로 지키는 게 아니다. 백5로 삭감당하는 게 아프다. 백9까지 백이 경쾌하다.

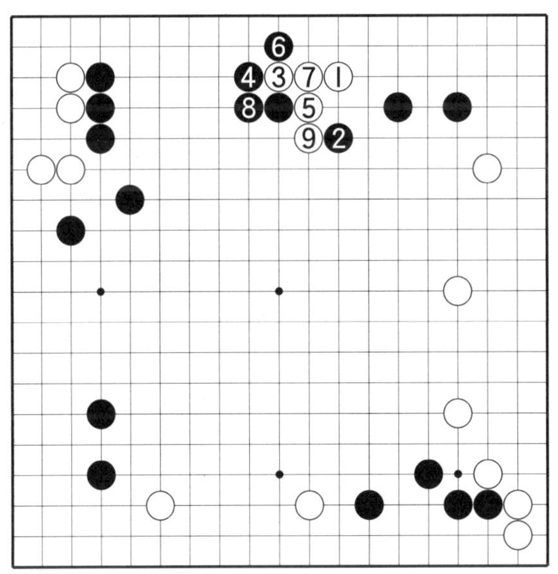

8도

8도(백, 탈출)

흑2도 느슨하기 그지 없다. 이런 수는 기억에서 없애야 하는 이적수. 백9까지 가볍게 탈출에 성공한 모습.

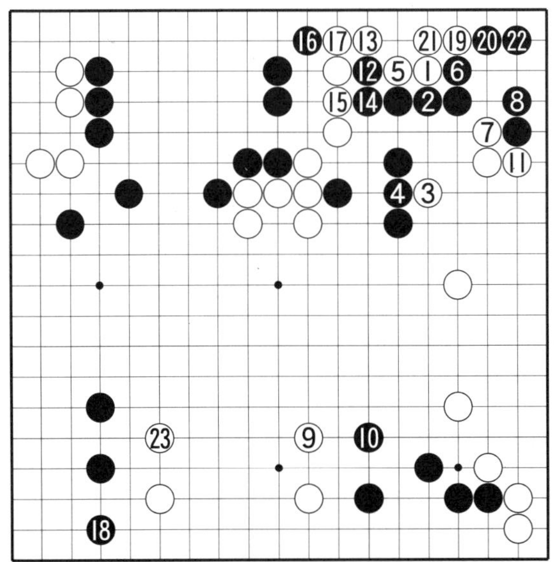

9도

9도(경과도)

 백1의 응수타진에 흑 6까지는 정확한 대응. 흑18을 차지해서는 아직도 흑이 2점의 위력이 살아 있다.

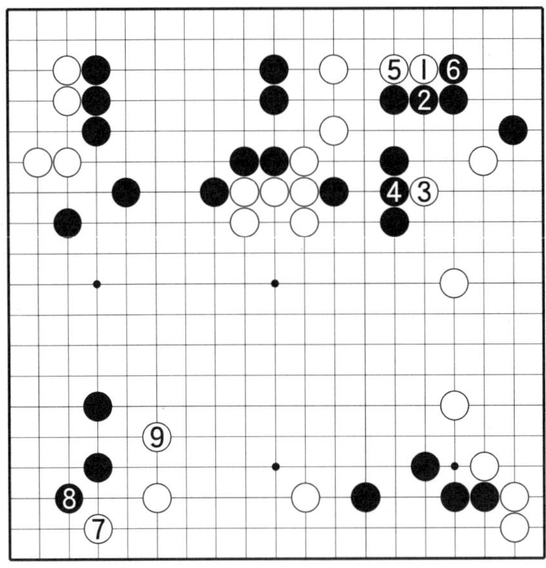

10도

10도(백의 실책)

 전도 백7은 본도 백7이 큰 자리였고, 이하 9까지 결정하는 게 백은 좀 더 좋았다.

　　역시 아마추어 5단과 프로기사의 실전대국이다. 백
7까지는 앞에서 잠깐 언급한 진행이고, 흑14까지는
정석. 백15로 급박하게 다가서며 전단이 마련되는 장
면이다. 이 후 흑의 행마를 살펴보면?

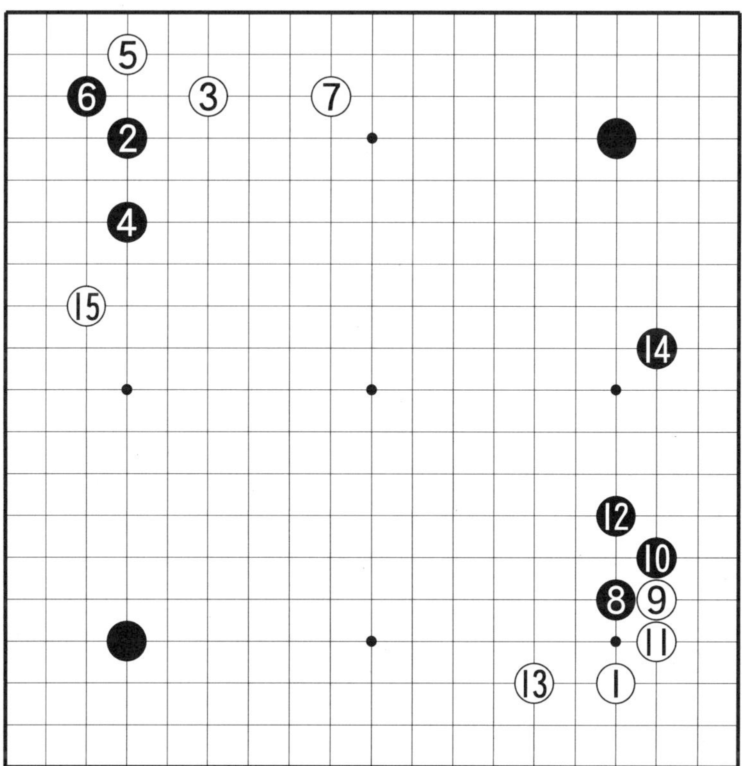

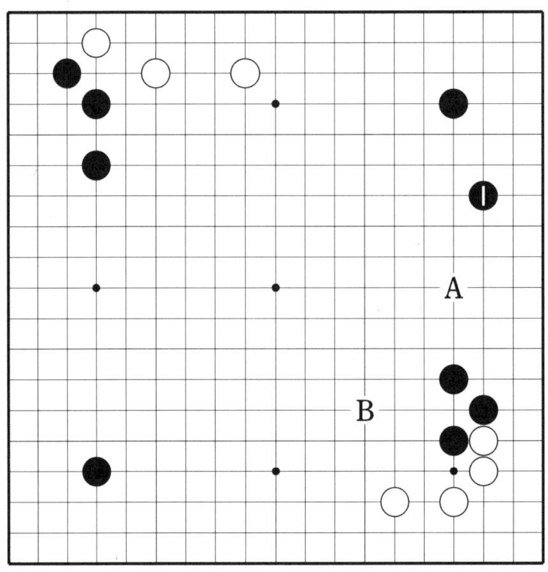

1도

1도(흑, 이상적)

접바둑에서 흔히 나올 수 있는 형이다. 흑1을 기억하고 있다면 좋다. 지금은 흑1의 지킴이 호수. 백A에는 흑B로 나간다.

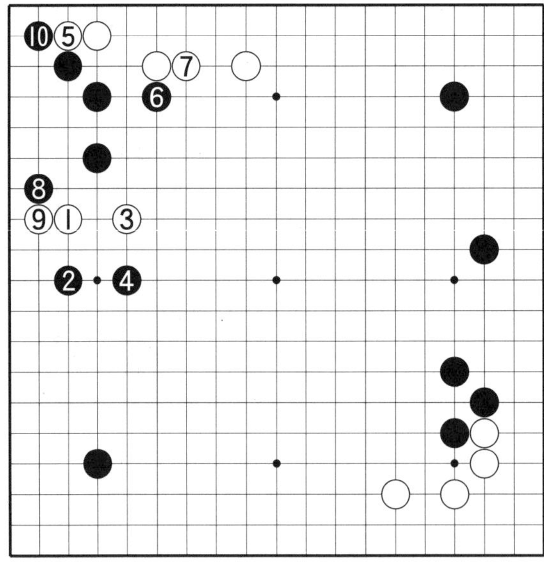

2도

2도(흑, 찬스 놓침)

백1에는 흑2가 적극적인 수. 두 점 접바둑에서 조금이라도 물러나서는 한 순간에 밀려버리고 만다. 흑10까지 안정에는 성공했지만 더 좋은 수가 있었다.

492

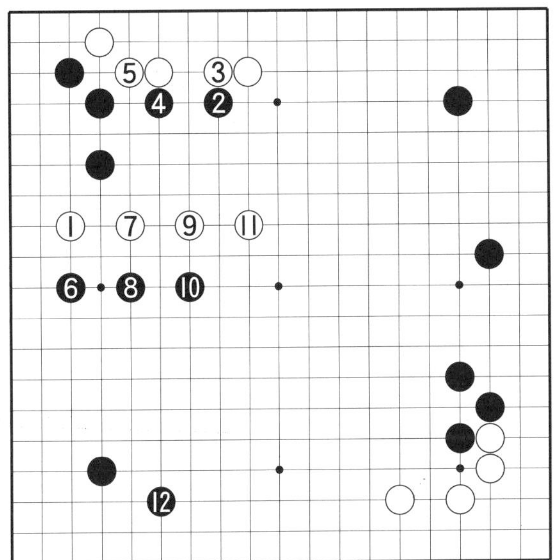

3도

3도(흑, 만족)

　백1에는 흑2·4를 교환하고 6에 협공하는 게 실전적이었다. 이하 흑10까지 뛰어나간 후 흑12로 지켰으면 전도보다 훨씬 좋았다.

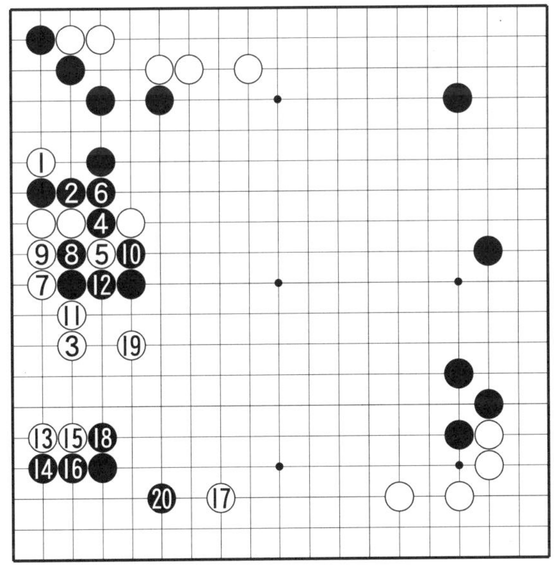

4도

4도(경과도1)

　백1로 붙이며 계속해서 흑을 추궁할 때 흑2가 최강수. 오히려 흑12까지 되자 백이 당한 모습이다. 흑20까지 깔끔한 모습이다.

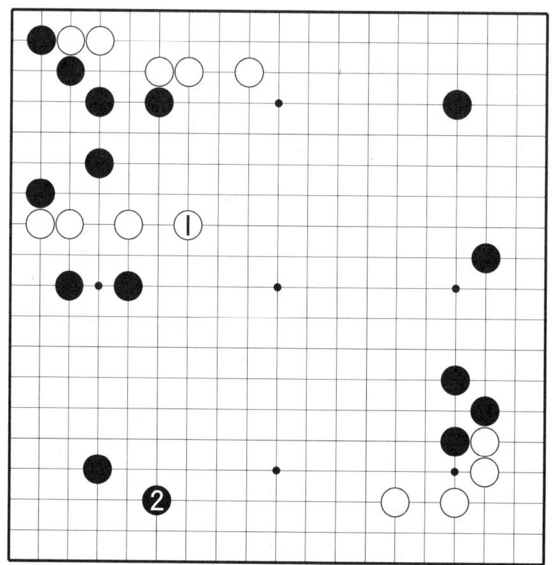

5도

백도 좌상귀를 건드
리지 말고 단순히 1
로 뛰어나가는 게 좋
았다. 그렇다면 흑2로
지키는 바둑이 된다.

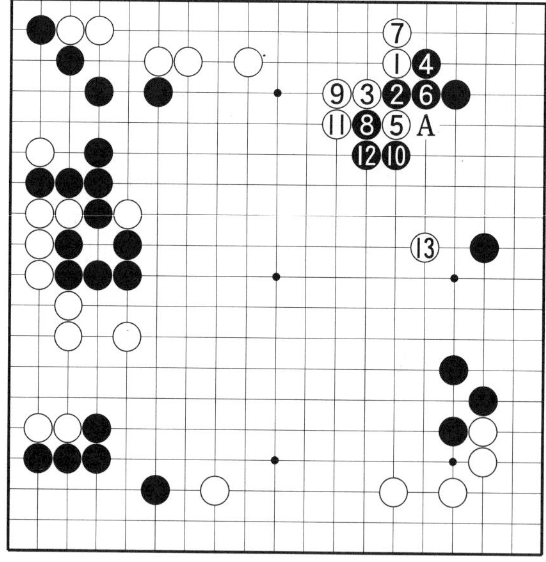

6도

6도(경과도2)

4도에 이어 계속되는
실전진행이다. 흑2·4
는 귀의 실리를 중시
한 점이고, 흑12는
A로 따내는 것이 간
명하다. 백13에 응수
가 만만치 않다.

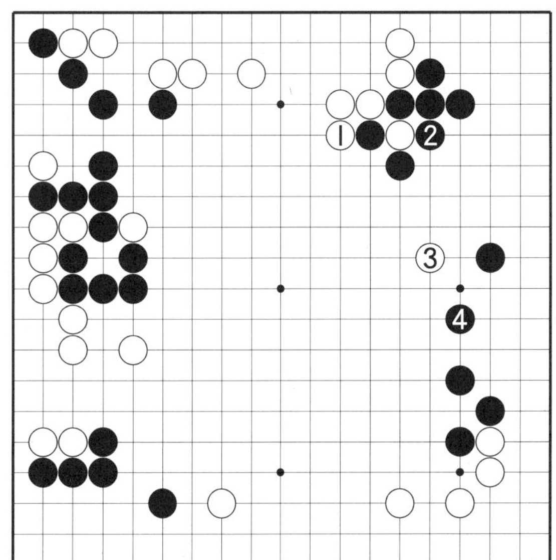

7도(흑, 정수)

백1에 지금은 흑2로 따내는 것이 간명하다. 백3이 날카로운 점이지만 흑2로 잡았다면, 흑4로 받으면 그만이다.

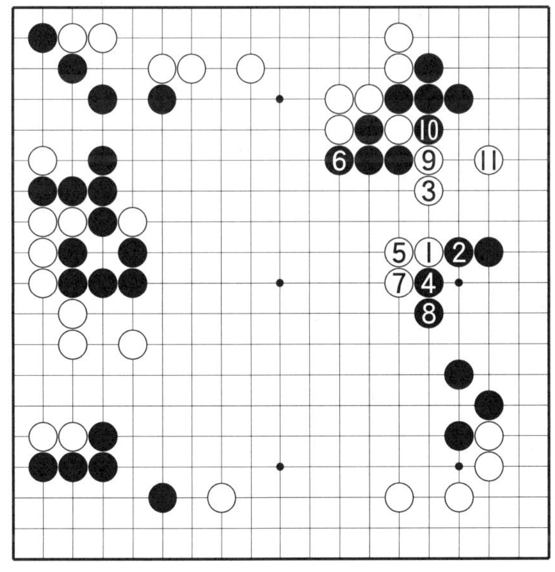

8도(흑, 완착)

백1에 흑2로 받는 것은 뒷맛이 나쁘다. 흑6이 최초의 완착. 백11까지 아직 흑이 못살아서는 불만이다.

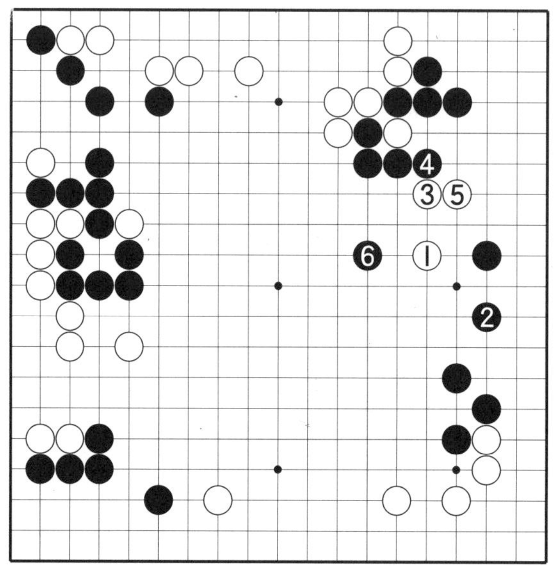

9도

9도(흑, 정수)

　백1에는 흑2로 받는 게 튼튼한 점이다. 백 3·5가 날카롭지만 흑 6으로 공격하는 재미가 쏠쏠하다.

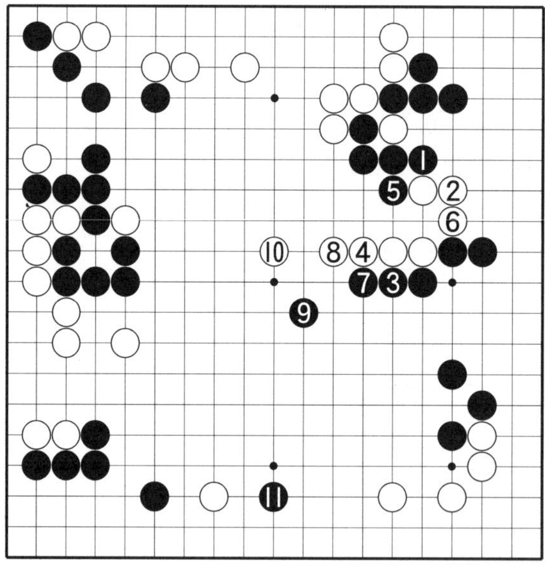

10도

10도(우세 확보)

　8도 흑6은 본도 흑 1이 정수였다. 일단 살아 놓은 후 흑9까지 선수로 제압한 후, 흑 11로 하변을 공략했으면 상당히 좋았다.

아마 최강자와 프로 최고수의 2점 접바둑이다. 백
3 때 흑4를 기다려 백5로 지키는 것은 맞바둑에서도
많이 두어지는 실전형이다. 여기서 흑은 여러 가지
작전을 생각해 볼 수 있다.

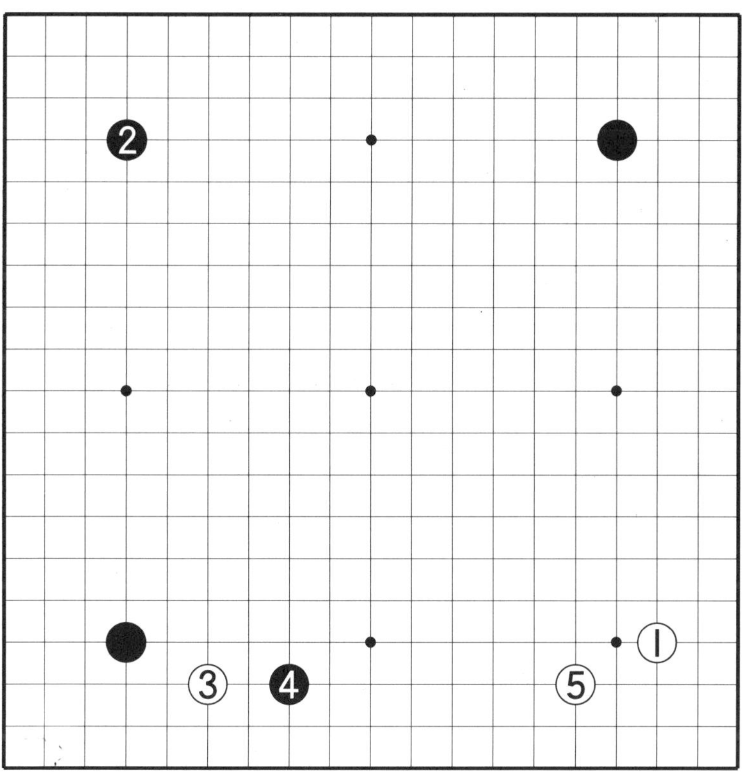

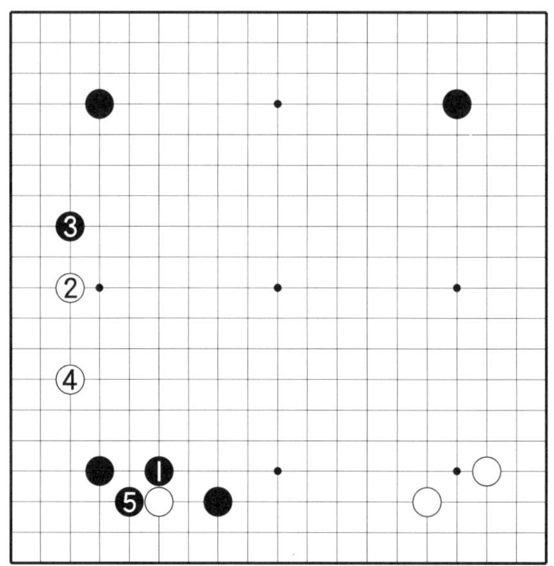

1도

1도(호각)

먼저 흑1로 붙이는 게 제일감이다. 이 때 백2·4가 바른 행마법이고, 흑5까지면 서로 잘 어울린 바둑이다.

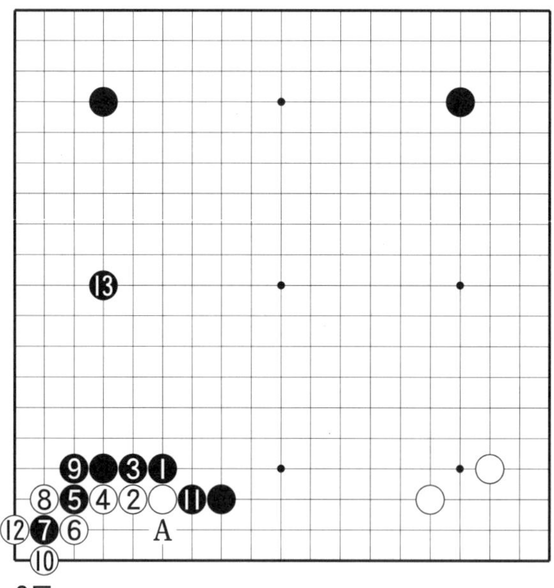

2도

2도(백, 곤란)

백2로 당장 움직이는 것은 좋지 않다. 백12 까지 삶을 구할 때 흑 13이 너무 빛난다. 흑은 나중에 A의 조임도 남아 있다.

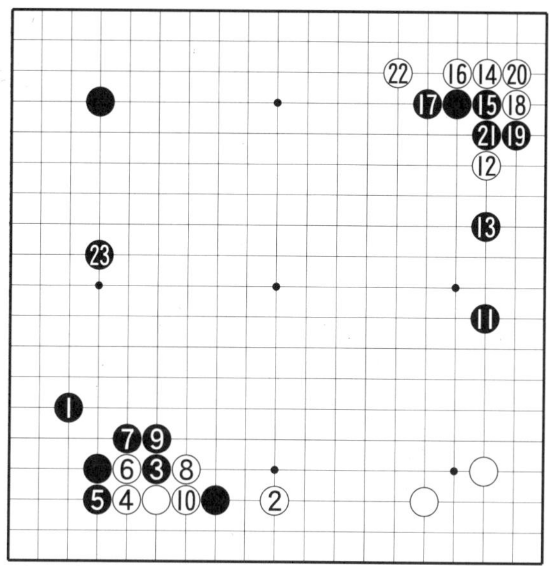

3도

3도(두 점의 위력)

흑1은 가장 무난한 응수이다. 백10까지 백의 실리가 좋지만 선수를 잡은 흑이 11을 차지해서는 불만없다. 흑23까지 두 점의 위력이 살아 있는 바둑이다.

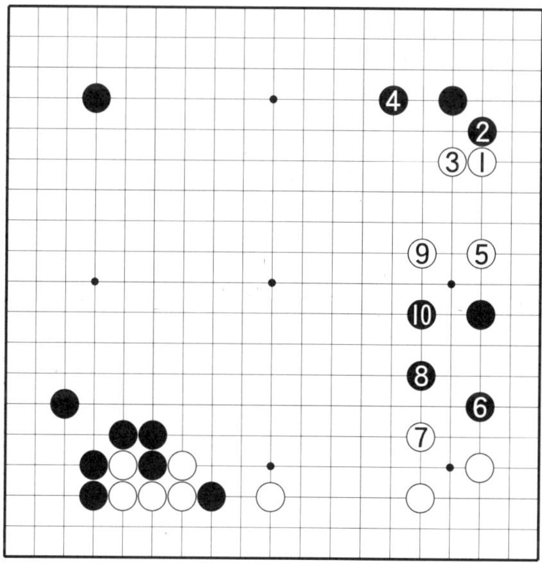

4도

4도(잘 어울림)

백1에는 흑2·4가 기세이다. 그렇다면 흑10까지 예상되는데, 이것도 아주 잘 어울린 바둑이다.

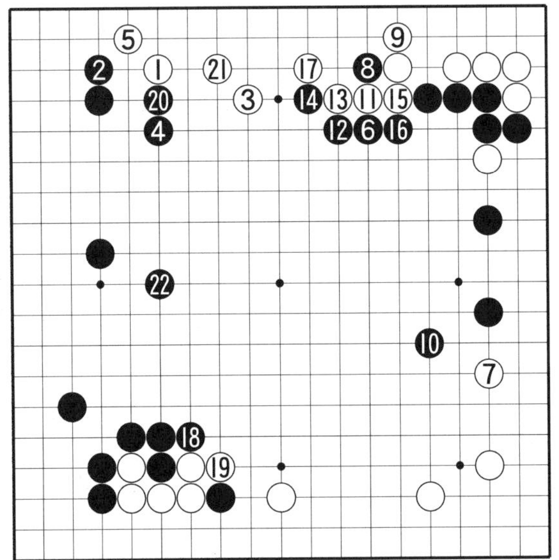

5도

5도(경과도1)

3도 이후 계속되는 경과도이다. 백1에 흑2부터 어느 곳 하나 흠잡을 데 없을 정도로 잘 짜나가는 포석이다. 흑의 필승지세.

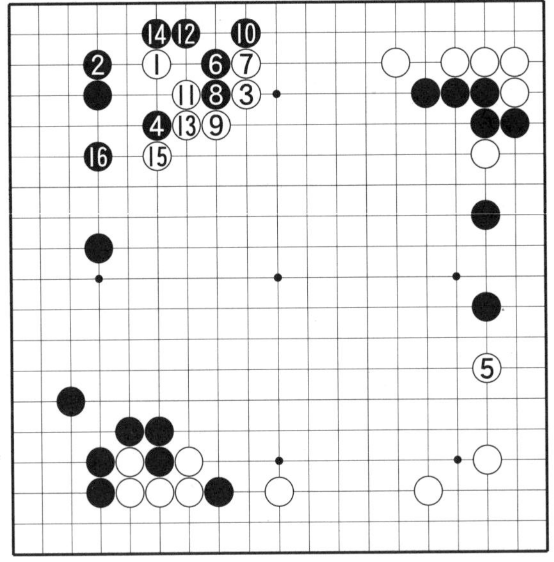

6도

6도(백의 선택)

흑4에는 백5로 벌리는 것도 한 방법이다. 하지만 흑6이 날카롭다. 흑16까지 흑이 충분한 모습.

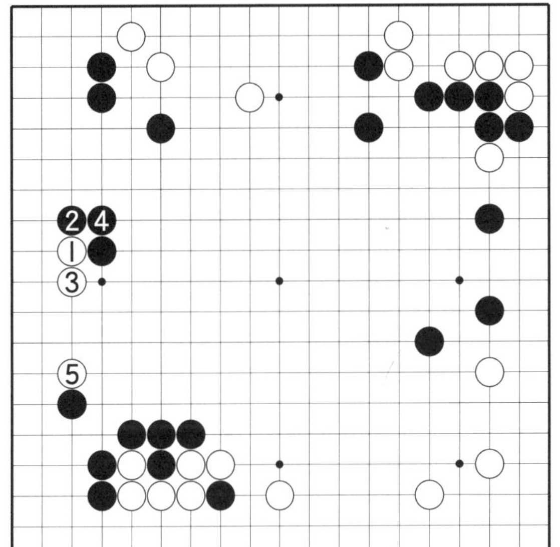

7도

7도

7도(침입수)

 5도 백11로는 좌변에 침입하는 것도 한 방법이다. 백1부터 5까지 타개하는 게 배워 둘 만한 수법.

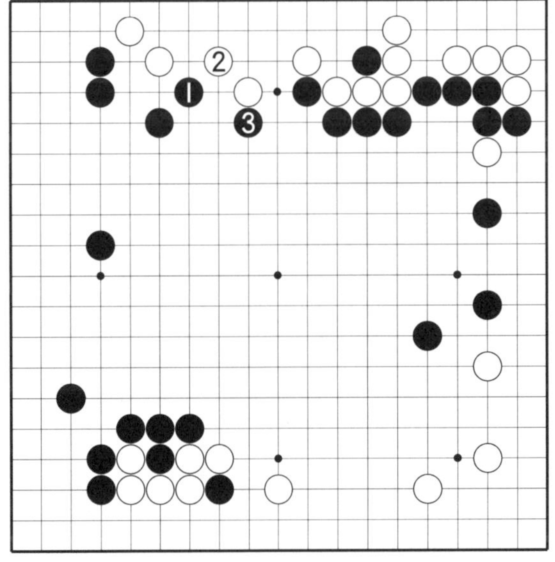

8도

8도

8도(봉쇄작전)

 5도 흑20으로는 흑1·3의 봉쇄가 확실했다. 이것이었으면 좌중앙으로 뻗어 나온 흑세가 천지를 진동한다.

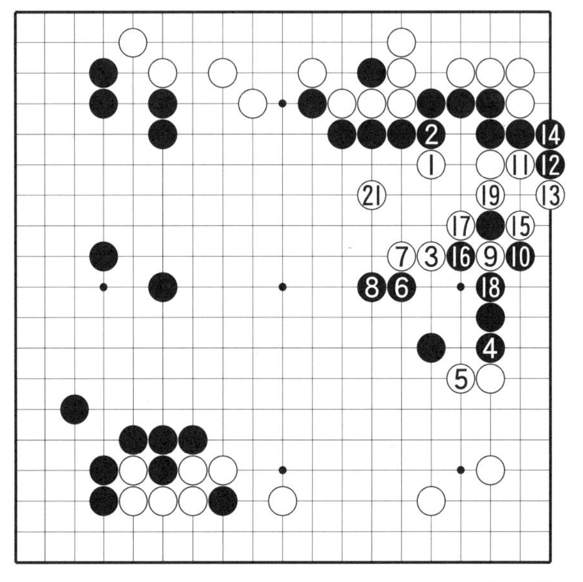

9도

9도(경과도2)

백1은 날카로운 점. 백3부터 치열한 접전인데, 아마 정상급으로써 손색이 없다. 백21까지 수습을 해나가긴 하지만 괴로운 상황이다.

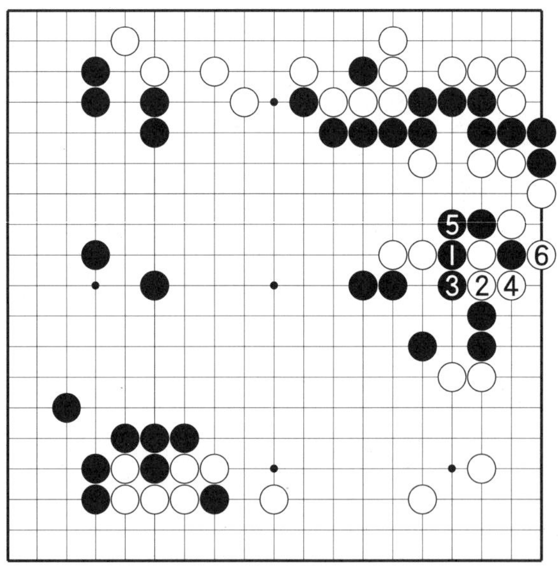

10도

10도(백, 최선)

백은 흑1 때 가만히 나가는 게 최선이었다. 백6까지 살아두고 승부를 길게 봐야 했다. 아직까지 흑의 위력이 살아 있지만, **9도**는 백이 몰리는 상황이라 좋지 않았다. 결과는 흑 불계승.

실전형(4)

　아마 최정상 대 프로 정상급과의 2점 접바둑이다. 백5에 흑6은 적극적인 수법이고, 이때 백7이 혼전을 꾀하는 상수의 횡포이다. 자칫 응수를 잘못했다간 낭패를 보기 쉽다. 침착한 수읽기를 요하는 장면이다.

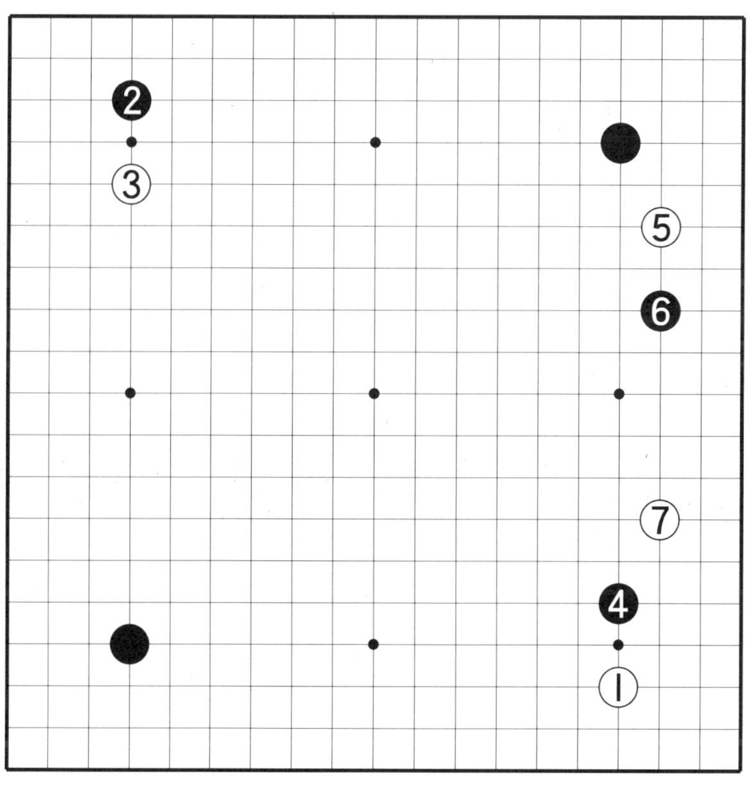

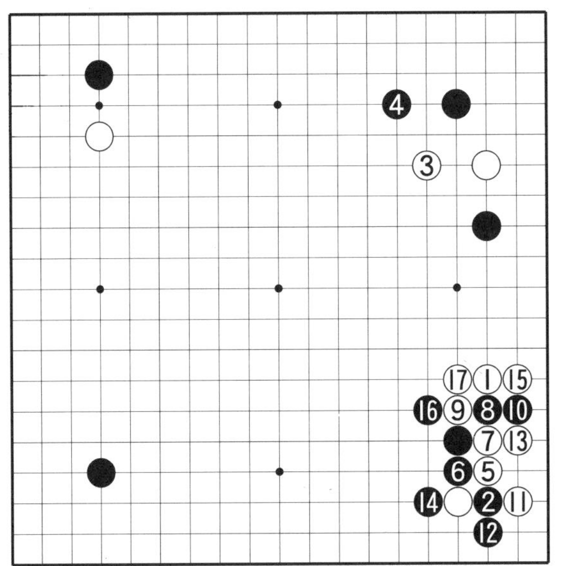

1도

1도(흑, 불만)

 먼저 백1에 흑2로 붙이는 것을 생각해 보자. 이것은 백3의 선수부터 17까지 우변이 좋아져 흑이 좋지 않다.

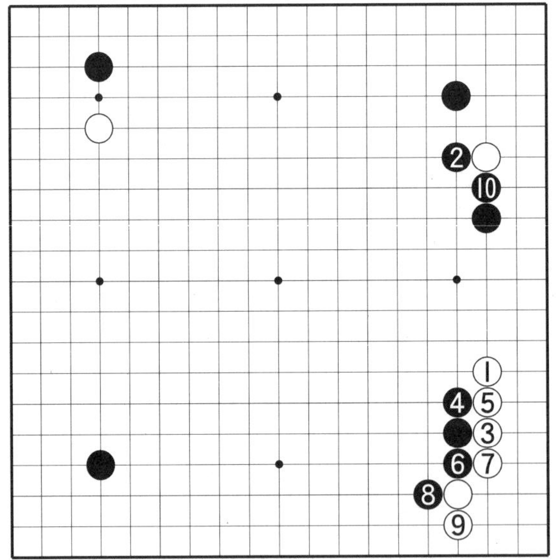

2도

2도(실전진행)

 흑2는 좋은 감각이다. 이하 흑10까지 흑이 전혀 굴하지 않는 포석.

504

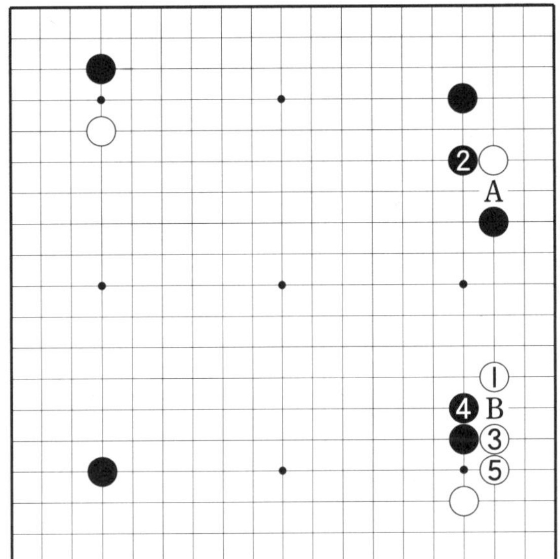

3도

3도(백, 정수)

흑4 때 백은 5로 받는 게 정수이다. 다음 흑이 실전과 같이 A로 지킨다고 가정할 때, 백은 B에 있는 것보다 5에 있는 게 더 좋다.

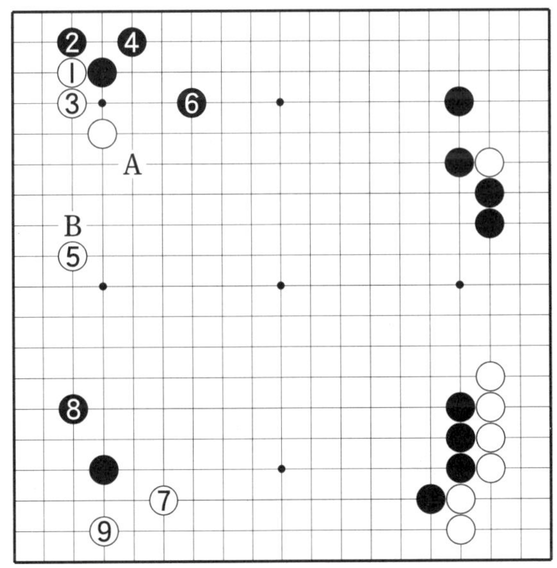

4도

4도(경과도)

흑6까지는 정석이지만 나중에 흑A가 보이므로 백5는 B에 지키는 것도 좋았다. 백 9 다음 계속해서…

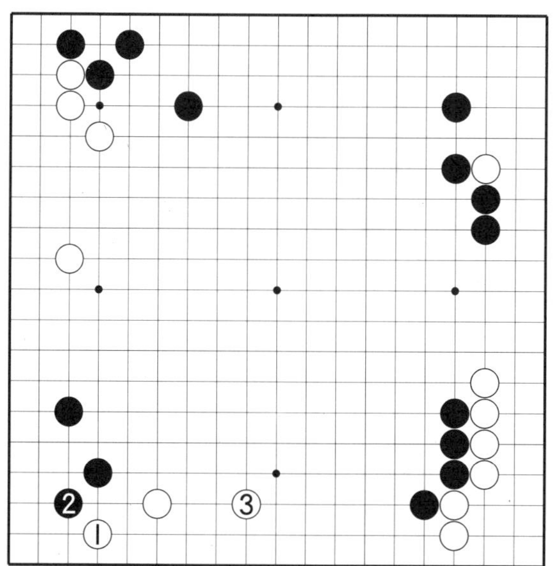

5도

5도(백의 요구)
백1에 흑2로 받는 것
은 백의 주문. 백3까
지 하변에 터를 잡을
뿐 아니라 우하귀 흑
넉점도 약해져 흑이
불만이다.

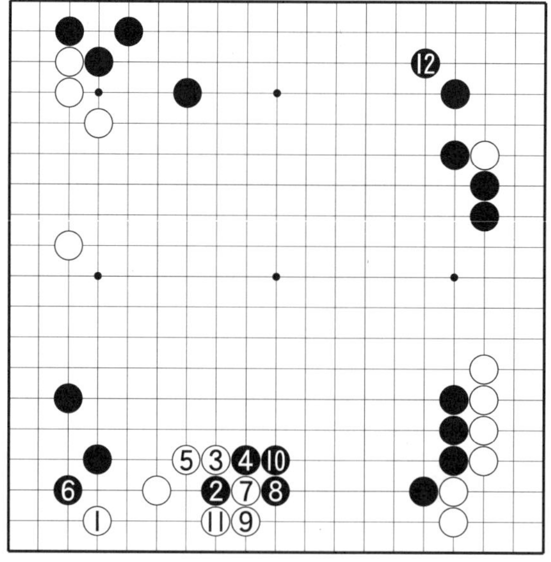

6도

6도(흑, 기세)
흑2가 좋은 착상이
다. 백11까지 서로 최
선의 대응이고, 여기
서 흑12가 아주 큰 곳
이다.

506

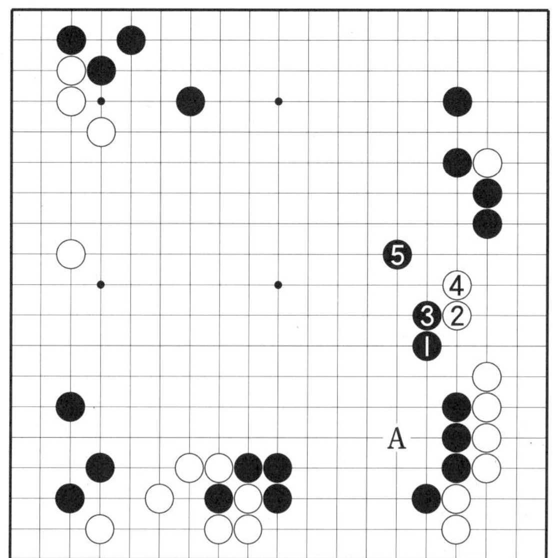

7도

7도(박력만점)

전도 흑12는 본도 흑 1도 있다. 우하귀를 보강하면서 흑세를 키우는 일석이조의 효과다. 흑1은 A로 지키는 것도 무난한 응수.

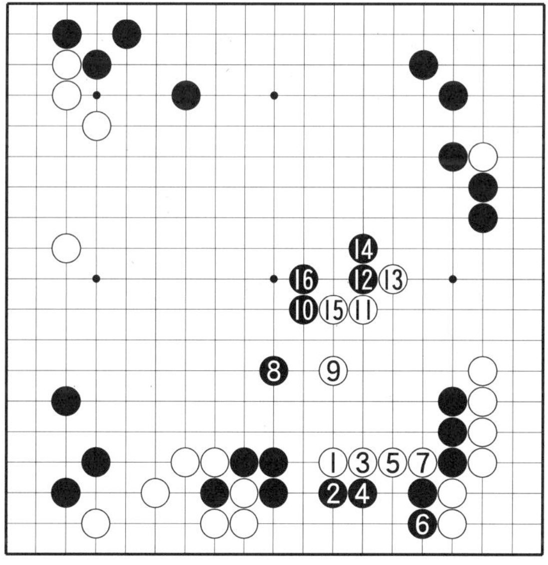

8도

8도(경과도)

하변을 손뺀 만큼 백1을 당하는 것은 당연. 백7로 끊으며 흑 석점을 수중에 넣었지만, 흑도 16까지 우상귀를 지키고 중앙이 두터워 충분한 모습이다.

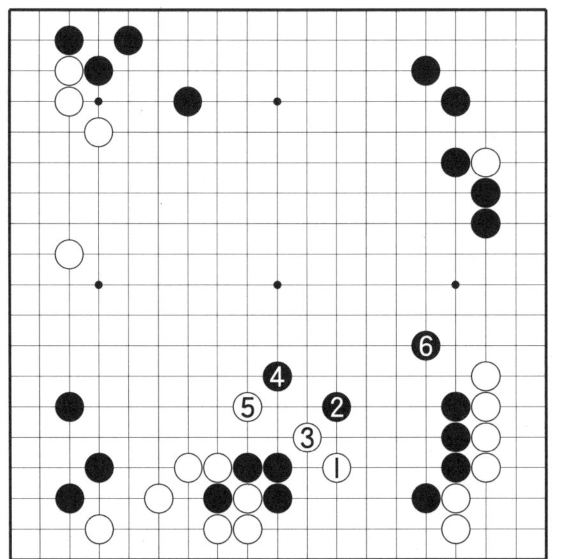

9도

9도(흑의 별책)

백1에 흑은 2로 씌워 하변 흑 석점을 버려도 좋다. 백5까지 강요한 후 흑6으로 틀을 갖추면 충분한 모습.

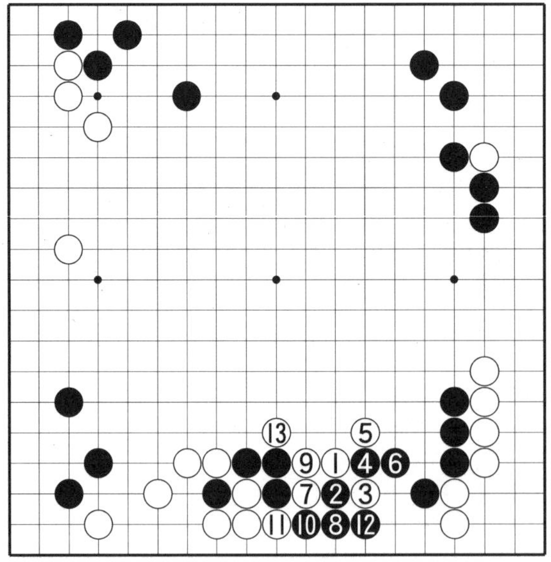

10도

10도(선후수 차이)

흑2로 붙였을 때 백3은 흑4로 끊어 백이 별 게 없다. 결국 백13까지 후수를 잡아서는 큰 득이 없다.

뉴 트렌드, 현대 바둑의 실전 안내서!
新 절대 강자의 명국 초반 해설집

2012, 2013년 진검 명승부!

절대 강자의 초반 열전

새판을 짜라

김일환 감수 | 이하림 편저 | 352쪽 | 15,000원

창조적 발상으로 새판을 짜라!

2012년, 2013년의 진검 명승부 30국에 바둑 전문가의 해설을 곁들인 바둑 해설집이다. 대부분 한국, 중국, 일본의 정상급 프로기사들이 타이틀을 놓고 겨룬 바둑들이다. 포석과 초반의 여러 모습들을 수비형, 공격형, 삭감형, 속도형, 정석활용형 등 5개 부문으로 분류하고 실전 기보와 참고 그림을 배치했다.

⊙ 이 책의 구성

1장_ 모양을 중시하는 수비형 초반
2장_ 모양을 파괴하는 공격형 초반
3장_ 활용을 중시하는 삭감형 초반
4장_ 효율을 중시하는 속도형 초반
5장_ 정석 활용형 초반
부록_ 실전에 연관된 현대판 창의적 수법

성안당 04032 서울시 마포구 양화로 127 첨단빌딩 5층(출판기획 R&D 센터) TEL_ 02.3142.0036
v.cyber.co.kr 10881 경기도 파주시 문발로 112 출판문화정보산업단지(제작 및 물류) TEL _도서 : 031.950.6300 동영상 : 031.950.6332

Foreign Copyright:
Joonwon Lee
Address: 127, Yanghwa-ro, Mapo-gu, Chomdan Building 6th floor,
         Seoul, Korea
Telephone: 82-70-4345-9818
E-mail: jwlee@cyber.co.kr

바둑 新 사전 시리즈 ❿

접바둑 新 사전

2001. 6. 25. 초   판 1쇄 발행
2009. 9. 18. 초   판 3쇄 발행
2011. 6. 24. 초   판 4쇄 발행
2014. 10. 27. 장정개정 1판 1쇄 발행
2016. 10. 20. 장정개정 1판 2쇄 발행

저작권
본사
소유

지은이 | 양재호 九단
펴낸이 | 이종춘
펴낸곳 | **BM** 주식회사 성안당
주소 | 04032 서울시 마포구 양화로 127 첨단빌딩 5층(출판기획 R&D 센터)
       | 10881 경기도 파주시 문발로 112 출판문화정보산업단지(제작 및 물류)
전화 | 02) 3142-0036
     | 031) 950-6300
팩스 | 031) 955-0510
등록 | 1973. 2. 1. 제406-2005-000046호
출판사 홈페이지 | **www.cyber.co.kr**
ISBN | 978-89-315-7775-4 (13690)
     | 978-89-315-7765-5 (세트)
정가 | **15,000원**

이 책을 만든 사람들
책임 | 최옥현
진행 | 정지현
표지 | 상:想 company
홍보 | 박연주
국제부 | 이선민, 조혜란, 고운채, 김해영, 김필호
마케팅 | 구본철, 차정욱, 나진호, 이동후, 강호묵
제작 | 김유석